近现代报刊上的宁波

JIN XIANDAI BAOKAN SHANG DE NINGBO

宁波市政协文史委员会 编 / 龚缨晏 执编

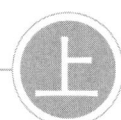
上

《近现代报刊上的宁波》编辑委员会

主　　编　范　谊

副 主 编　朱忠祥

编　　辑　陈银绍　吴艳芳　孙悦铭

编辑说明

1. 本书收录1873年至1948年中国各地中文报刊上关于宁波的各类报道及论述,其中宁波本地出版的报刊不予收录,但宁波本地报刊上的内容如被外地报刊转载,则予以收录,以说明宁波报刊在国内的影响。

2. 本书所说的宁波,以宁波城区(相当于现在的宁波海曙区)为主,兼及现在宁波市所属的各县(市、区);由于当时舟山属于宁波,所以本书兼收一些关于舟山的重要内容。

3. 由于《申报》上关于宁波的内容已经被辑录成书[1],所以本书不收录《申报》中的有关报道。

4. 本书主要收录关于宁波本地的报道及论述,仅收录极少数关于宁波人在外地活动的报道。

5. 本书不收录文学创作类作品(如诗歌、小说),但由于当时文学与非文学作品并无严格的界线,所以本书所收个别文章带有文学的色彩。

6. 本书编辑时,努力保持文献的原貌,如确有错误或疑问之处,以脚注的形式注出,而不改动原文;极个别无法辨认的文字,则用■代替;有些可能存疑的文字用(?)表示;有些文章本来是有标点的,在不影响阅读的情况下,编辑时也尽量不改动原标点;对于没有标点的原文,则予以标点;有些民国时期通用的文字,如"底"和"的","帐"和"账","覆"和"复","枝"和"支","分"和"份","谭"和"谈","钞"和"抄","画"和"划","的"、"地"和"得","狠"和"很","吧"和"罢","另"和"零","圆"和"元","做"和"作","惟"和"唯","与"和"予","只"和"止",

---

[1] 宁波市档案馆.《申报》宁波史料集[M].宁波:宁波出版社,2013年

"那"和"哪","连"和"联"等,则保留原样。

7. 本书编辑时,努力选取不同视角、不同类型、不同风格的文章,以期全面、深入地反映近现代宁波社会的各个方面,并说明宁波在中国的影响。

8. 本书所收文章,按照其最核心的内容而被列入相应的类别,并根据发表的先后时间顺次排列。

9. 本书所设类别是广义的,例如"市政",包括各级政府对城市的管理、各种硬件设施的建设、各项公共事业的兴办、居民的社会生活等。

10. 本书所选报刊共有180多种,按其名称的汉语拼音排序如下:

《安庆教务杂志》(安徽安庆)、《北洋官报》(天津)、《碧湖》(浙江金华)、《并州官报》(山西太原)、《播音教育月刊》(上海)、《绸缪月刊》(上海)、《出版消息》(上海)、《大美周报》(上海)、《大众呼声》(香港)、《导光周刊》(天津)、《道路月刊》(上海)、《电气工业杂志》(北京)、《电气月刊》(浙江杭州)、《电世界》(上海)、《电业季刊》(上海)、《电友》(北京)、《东方杂志》(上海)、《东三省官银号经济月刊》(辽宁沈阳)、《读书月刊》(上海)、《佛化新青年》(北京)、《妇女共鸣》(上海等地)、《妇女时报》(上海)、《复旦实中季刊》(上海)、《复兴旬刊》(上海)、《格致汇编》(上海)、《工商半月刊》(上海)、《公教周刊》(福建厦门)、《关声》(重庆)、《观察》(上海)、《光华大学四明同学会特刊》(上海)、《广济医刊》(浙江杭州)、《广州市市政公报》(广东广州)、《国际新闻画报》(上海)、《国民政府内务部内政公报》(江苏南京)、《国医砥柱》(北京)、《海潮音》(浙江杭州等地)、《海晶》(上海)、《海燕》(上海)、《汉奸丑史》(上海)、《汉口商业月刊》(湖北汉口)、《航业月刊》(上海)、《河海周报》(江苏南京)、《沪西》(上海)、《华安》(上海)、《华股研究周报》(上海)、《华年》(上海)、《华商联合报》(上海)、《华童公学校刊》(上海)、《滑稽时报》(上海)、《画图新报》(上海)、《蕙兰》(浙江杭州)、《吉普》(上海)、《监察院公报》(江苏南京)、《建设》(上海)、《江苏省公报》(江苏镇江、南京)、《江苏省政府公报》(江苏镇江)、《江西省农会报》(江西南昌)、《江西省政府公报》(江西南昌)、《交通职工月报》(上海)、《觉群周报》(上海)、《觉社丛书》(上海)、《觉讯》(上海)、《觉有情》(上海)、《教会新报》(上海)、《京沪沪杭甬铁路日刊》(上海),《经济导报》(北京),《经济日报》(上海),《经济学季刊》(上海),《经纬周刊》(重庆、上海),《精武丛报》(上海),《警光》(浙江杭州),《警光周刊》(浙江杭州),《警务丛报》(上海),《镜海丛报》(澳门),《矿业周报》(江苏南京),《礼拜六》(上海),《灵声》(上海),《玲珑》(上海),《论语》(上海),《绿旗》(上海),《闽声》(广东广州),《内务公报》(江苏南京),《内政公报》(江苏南京、重庆、巴县),《宁波人周刊》(上海),《宁绍新报》(上海),《农学报》(上海),《农业建设》(湖南长沙),《农友》(湖北汉口、上海),《平民》(重庆),《平民之友》(上海),《普福钟》(浙江杭州),《七日谈》(上海),《钱业月报》(上海),《青光》(上海),《青年界》(上海),《青年友》(上海),《青年知识》(重庆),《群言》(浙江杭州、上海),《人间佛教》(浙江缙云),《汕头市公报》(广东汕头),《上海宁波公报》(上海),《上海市水产经济月刊》(上海),《社会新闻》(上海),《摄影画报》(上海),《审计院公报》(江苏南京),《圣公会报》(湖北武昌),《圣经报》(广西梧州、上海),《圣体军月刊》(上海),《胜利无线电》(上海),《十日谈》(上海),《实业部公报》(江苏南京),《实业部月刊》(江苏南京),《实业公报》(江苏南京),《实用英文半月刊》(上海),《四海半月刊》(天津),《四明公所募集赊材捐特刊》(上海),《谈监丛报》(上海),《铁路协会会报》(北京),《铁路职工》(江苏南京),《通问报》(上海),《同工》(上海),《外交部公报》(江苏南京、重庆),《外交部周报》(江苏南京),《万影》(上海),《卫生月刊》(上海),《文饭》(上海),《文学旬刊》(上海),《文艺新闻》(上海),《希望》(上海),《戏剧周报》(上海),《戏杂志》(上海),《现代出版界》(上海),《新光》(上海),《新垒半月刊》(江苏南京),《新民报》(上海),《新青年》(浙江金华),《新上海》(上海),《新时代》(上海),《新闻杂志》(南京),《新医与社会汇刊》(上海),《新语》(上海),《星光》(上海),《兴华》(上海),《学灯》(上海),《学校新闻》(浙江杭州),《盐务公报》(江苏南京),《盐政杂志》(北京),《燕京新闻》(北京、四川成都),《医事汇刊》(上海),《医学杂志》(山西太原),《医药评论》(上海),《艺海周刊》(上海),《艺文印刷月刊》(上海),《银行月刊》(北京),《银行周报》(上海),《影与戏》(上海),《邮传公报》(北京),《余兴》(上海),《渔况》(江苏镇江),《语丝》(北京、上海),《月报》(上海),《越国春秋》(浙江杭州),《战时青年》(湖北武昌、重庆),

《长城》(上海),《浙光》(浙江丽水),《浙江经济情报》(浙江杭州),《浙江警察杂志》(浙江杭州),《浙江军政府公报》(浙江杭州),《浙江青年》(浙江杭州),《真光》(上海),《真光杂志》(上海),《真话》(上海),《征信所报》(上海),《征信新闻》(湖北汉口),《政府公报分类汇编》(上海),《政治官报》(北京),《中国工人》(重庆),《中国教会新报》(上海),《中华基督教教育季刊》(上海),《中华实业丛报》(浙江杭州),《中华图书馆协会会报》(北京),《中库通讯》(江苏南京),《中外经济周刊》(北京),《中外文化新闻》(上海),《周播》(上海),《作者通讯》(浙江金华)。

编者

目 录

第一编 市政与社会

一、中央及地方政府关于宁波的公文

（一）中央政府关于宁波的公文

工部学习主事陈畲为经理南田呈请代奏折 3

学部奏覆核浙省宁波法政别科毕业试卷循章请奖折 6

学部奏浙江宁波、温州两府中学堂学生毕业请奖折 7

学部奏浙江宁波府初级师范学堂简易科毕业请奖折 7

交通部咨农商部文 8

国务院致宁波周总长电 12

农商部咨浙江巡按使宁波电话股分有限公司准予注册给照文 13

临时大总统令 13

内务部为宁波禁烟电致浙江巡按使 14

实业部批（商字第五二六八四号） 15

国民政府内政部公函 15

外交部咨财政部 16

国民政府审计院咨 18

财政部盐务署训令（庚字第一〇二号，十九年二月十五日） 20

内政部呈 21

实业部咨浙江省政府（商字第一〇四四五号） 21

监察院行审计部指令（第六九号，二十二年十一月十三日）.......... 22
实业部训令（商字第一六三一六号）.......... 23
实业部批（渔字第一五六〇号）.......... 24
实业部指令（商字第二三五五五号）.......... 24
实业部指令（商字第二四二〇三号）.......... 25
实业部指令（商字第二五七二八号）.......... 25
实业部通知（农字第三五七六号）.......... 26
实业部通知（商字第三〇七四〇号）.......... 27
内政部准浙江省政府咨复宁波通讯社未送刊物审查处罚情形一案
函请查照（公函）.......... 27
实业部指令（商字第三一七七八号）.......... 28
实业部指令（商字第三二五七九号）.......... 28
实业部指令（商字第三八二二四号）.......... 29
实业部批（商字第四〇五三〇号，二十五年一月十五日）.......... 29
实业部指令（林字第一九七七号，二十五年二月一日）.......... 30
实业部指令（商字第四二七〇九号）.......... 30
实业部指令（商字第四四七三三号）.......... 30
实业部指令（商字第四八三一三号）.......... 31
实业部指令（商字第五〇二二七号）.......... 31
监察院训令（院字第五七九号，二十五年十月三日）.......... 32

（二）各省市关于宁波的公文
浙江巡抚冯汝骙奏宁波府法政学堂将届毕业请奖立案折.......... 33
浙江巡抚增韫奏宁波府属南田设立专官改为
抚民厅并移驻文武员弁折.......... 34
提法司照会宁波军政分府文.......... 35
江苏财政厅训令第一千二百五十九号.......... 36
江苏财政厅训令第七六一号.......... 37

江苏财政厅训令第二七一九号 37
江苏财政厅训令第二八三七号 38
江西省政府财政厅令（第一二〇七号）..................... 40
宁波市府重颁《市库收支简章》........................... 40
指令宁波旅汕同乡会呈拟向李烈记购买金砂乡粮田六十万丈
以建殡舍请核准备案由 42
令知宁波市政府取消 42

（三）宁波市及各县公文

鄞县告示 44
宁波道台半税告示 45
宁波鄞县告示 46
劝办社仓积谷示 47
宁波告示 48
宁波改庵为塾示 48
镇海县缉盗赏格 49
宁波市参事会会议规则 49
杨子毅报告宁波市政概况 50

二、市政与市政建设

宁波人参与南京自来水建设 52
宁波将造自来水 52
改建宁波甬江钢制开关老江大桥筑造说明书 52
宁波市政近况 54
宁波市政汇志 56
宁波开明桥路线近讯 57

条目	页码
市政筹备处要闻	57
宁波筑路通告拆让	57
宁波路政消息	58
宁波水利局评议会纪事	59
宁波续浚南塘河会议	60
宁波疏浚城河之计划	60
宁波改建老江桥进行讯	61
宁波江北市民大会	61
鄞城浚河之计划	61
宁波户口之调查	62
旧事新闻	62
宁波一月户口统计	63
宁属各县县长更动	64
更调县长	64
宁波设市消息	65
宁波剪影	65
宁波设市，明年一月势难成立	66
宁波设市殊无必要	67
甬埠公共汽车下月旬行驶	67
提倡火葬	67
四明暂缓设治，各县县道分年兴筑	68
宁波的老江桥	68
灵桥管委会昨举行秋祭	69
四明县治积极筹设	70
慈县召集各乡镇，商四明新治县界	70
浙省增设四明县治	70

三、军事与警务

宁波整顿各属营规 71
宁绍警政之进行（宁波） 71
宁波警察新闻两则 72
宁波警察厅复活预志 73
宁波通信（十一月二十八日通信） 73
浙军已退出宁波 73
联军王淼部退出宁波 74
宁波添设防守司令 75
宁波的防务及各种事业纪要 75
宁波水警扩充护渔实力 99
宁波税警扰民消息三则 100
姚治安会议决定修复城区碉堡八处 100
蒋经国、竺鸣涛二氏昨抵甬先后赴溪口 101
宁波警界消息数则 101

四、涉外事务

宁波英领事调任 102
江苏省长公署训令第五千五百六十九号 102
江苏省长公署训令第一万一百五十六号 102
江苏省长公署训令第八百七号 103
宁波"通商金洋证券物品交易所有限公司"交涉案 ... 104
江苏省长公署训令第四七七〇号 109

本埠外侨统计共有二十九人 109

五、社会团体与民众风潮

宁波闹捐 111
宁波青年会消息 111
宁波染坊工人罢工 112
宁波翻砂厂工人底生活 112
宁波对于沪案之热烈 113
宁波青年社之宣言 114
幼稚生慨捐谒岁钱之可嘉（浙江） 114
宁波国家主义派活动史 115
宁波青年会会务述要 116
慈溪的征谷纠纷 117
化学肥料私相授受　溪口贫农动公愤 118
宁波抢米风潮 119
宁波抢米记 119
宁波各界消息数则 120

六、抗日斗争

宁波抓获两名倭奸 121
到宁波募捐时所看到的面孔 121
贩卖日煤者之处罚 123
几种不舒服事 124
宁波夑昌煤号承销日煤 125

乏善可陈 125
宁波昨举行防空演习 127
国防线上之宁波 127
封锁宁波勒索商轮 129
抗战期中永嘉、宁波的贸易管理 131
宁波剪影 132
宁波的见闻 133
宁波在战时绝对安全吗？ 134
二年来之宁波商业 137
杂谈二年来的宁波 140
东南唯一吐纳口——宁波 143
日军在镇海登陆后，华军反攻战事剧烈 146
浙东战事紧张，镇海城郊激战 147
去年宁波一件大灾害：发生鼠疫及防治经过 147
宁波第一号汉奸陈蓼士 151
宁波的大号汉奸周逆士英 153
宁波汉奸蒋之光受刑目击记：身中十三刀 154
宁波汉奸无法逮捕 155
宁波汉奸的国币代用券 156
周士英被控汉奸　高三检处不起诉 157
宁波青年检举周大烈袒护汉奸 158
溪口镇民的抗战史迹 158
余姚汉奸劳乃奋处徒刑二年六月 159
伪宁波政卫局科长唐信根在汉被捕 159
同宁波共垂不朽的几件防空史话 160
抗战胜利后宁波消息数则 161

七、社会新闻

宁波新闻 162
小忿轻生 162
小忿杀人 163
宁波神仙粉事 163
宁波来信 163
再述宁波捕虎事 164
兄妹口角殃及女孩 164
军门搏虎 165
宁波求雨起冲突 165
牛庄轮在宁波失事 165
宁波社会之面面观 166
宁波近讯 169
宁波之大被教 184
郝培德在宁波被劫 185
谈谈宁波的堕民 186
谈谈宁波的堕民 187
检验抽血过多,宁波妓女大请愿 188
桑梓简讯 189
横行浙东之游"劫"大王田胡子就擒解除 189
祥丰机帆船发生惨案 192
雷击青年 193
宁波匪徒消息两则 193
少妇坠楼脑浆迸裂,姘夫逃逸死因不明 193

宁波唯一慈善机构,玉枢慈善会访问记 195

私娼再被捕,罚剃和尚头 197

周凯旋被控曾杀害两人 197

宁波匪徒消息 197

娼妓妙启及其他 198

宁波娼妓启事 199

海面不靖,劫案频闻 199

宁波专讯 200

一个好色的宁波老头子 201

宁波轮船中的"黄鱼" 202

宁波府桥街黑夜奸杀案 203

周凯旋发押入所,众囚犯攒殴受伤 204

一个荒唐的故事——宁波发现神仙 205

光德桥开光酿成惨剧,观众践踏死伤六十余 207

野猪作怪,吓煞局长 207

宁波一怪事：白蛇讨命 208

善救总署规定,配发居住对象 209

宁波新闻数则 209

八、市政专论

记参观宁波市政府展览会 211

论宁波筑路的公务 213

宁波道路之改良问题 214

宁波建设事业五年计划 217

吾所认识的宁波(宁波通信) 220

宁波设市问题研究 222
略论宁波市政建设 226
宁波自来水问题 227

第二编　经济与金融

一、社会经济概览

宁波商情 233
去年宁波之商业 233
宁波金融及商情 234
宁波金融及商情 234
宁波金融与商情 235
挽救宁波站货运站之商榷 236
宁波物价的高涨 238
二十七年度宁波经济动态 240
一年来宁波物价概观 248
宁波经济动态（上） 251
宁波经济动态（下） 252
宁波经济动态（五月份） 254
宁波经济动态（六月份） 255
宁波经济动态（上）（七月份） 256
宁波经济动态（下）（七月份） 257
宁波经济动态（八月份） 259
宁波经济动态（上）（九月份） 260

宁波经济动态（下）（九月份） ... 261
宁波经济消息五则 ... 261

二、工商交通电信等业

南京新造冰厂 ... 263
宁波东钱湖议设广济砖窑公司 ... 263
浙江宁波石版公司出现 ... 263
宁波商务总会移请火柴公司之免厘 ... 263
宁波电话公司办理情形报告书 ... 264
宁波妇女职业谭 ... 273
宁波铁路支线之动议 ... 278
宁波人制造罐头 ... 279
宁波电话公司落成 ... 279
宁波推广电话营业 ... 279
宁波四明电话公司民国九年度营业情形工程状况报告 ... 279
致宁波圣模女中学校函 ... 281
宁波第一消费合作社草章 ... 281
浙江路政新讯 ... 283
宁波进口栲皮 ... 283
建设鄞奉道近闻 ... 283
宁波雇工赶筑鄞奉省道 ... 284
宁波商会请减子口单印花 ... 284
宁波之草帽业 ... 285
宁波一带之女工提花业 ... 287
宁波余姚之草席工业状况 ... 289

宁波如生厂制造凉菜 291
宁波煤业集议增价 292
浙江奉县银山岗银矿行将开采 292
宁波永耀电力公司致本会代电 292
纱业衰落声中宁波和丰纱厂停工 293
宁波恒丰织染工厂宣告破产 293
宁波四明电话公司的创立与发展及其职工待遇与娱乐 293
宁波卷烟厂调查 299
宁波草席产销概况 300
关于宁波粮食问题 301
浙东邮汇未复　宁波一处可汇 305
宁波和丰纱厂 305
湖塘莳荄发明造纸 306
废物利用，炼化煤质 306
宁波电话之后顾与前瞻 306
宁波万丰祥纺织厂呈请迁台部令不准 310
酒捐近百万 310
宁波人恨煞招商局 310
宁波简讯三则 312

三、农业与渔业

宁波农业动态三则 313
宁波教育会员毛雍祥等上谕观察农业改良书 314
宁波慈溪委员禀报植棉织布情形 316
（宁波）禀复查明种棉情形 317

两浙运司训令宁波各场盐事长文 317

宁波本年鱼市之兴旺 317

宁波支所呈两浙分所文（第二零七零号） 318

疏浚宁波奉化县溪计划书 322

宁波抽捐兴修大嵩江塘 326

宁波电请撤销垦放局 326

宁波镇海之鱼行 327

宁波合作事业 329

奉化茶业渐苏设立茶厂制销箱茶 330

溪口农行发放化肥完竣 330

水利部郭处长视察雪窦水电工程，决于千丈岩设水力发电所 331

宁波冷藏库巡礼 331

石浦设立暴风警报台 332

宁波农、盐信息数则 332

四、金融业

宁波钱业 334

宁波金融简况（五月廿七日通信） 334

宁波金融消息（六月廿六日通信） 335

宁波金融信息（七月十六日通信） 335

宁波金融通讯（十月十四日通信） 335

宁波金融情形（十月二十八日通信） 336

宁波金融信息（十一月四日通信） 336

宁波金融通讯（十一月十一日通信） 336

宁波独立后之金融情形 337

宁波金融通信（十二月二日通信）......337
宁波金融通信（十二月二十三日通信）......338
宁波金融状况（四月二十一日通信）......338
宁波金融简讯（五月五日通信）......338
宁波金融消息（五月十二日通信）......339
宁波金融情形（五月十九日通信）......339
宁波平现风潮之善后谈......339
宁波改规银码头之研究......348
宁波九月底商市之乐观......353
宁波钱庄之概略......353
宁波金融状况......357
宁波金融情况......358
宁波金融状况......358
宁波金融状况......358
宁波金融状况......359
宁波金融状况......360
宁波金融状况......360
宁波金融状况......361
宁波金融状况......361
宁波金融状况......361
宁波金融消息（五月四日通讯）......362
宁波金融情形（五月七日通讯）......362
宁波金融状况......362
宁波金融市况......363
宁波钱业对于抬高规元行情之答辩......364
宁波革除现水办法......366
宁波查禁高抬现水办法......366

宁波现水高抬之原因 ... 367

美哉！宁波钱业青年励志社 ... 368

宁波钱业青年励志社组织缘起 ... 369

宁波钱业青年励志述成立大会记事 ... 370

宁波钱业概况 ... 371

宁波金融空前风潮 ... 372

宁波金融风潮之经过 ... 373

宁波钱业风潮，钱庄停业二十余家 ... 374

宁波钱业风潮回顾 ... 376

宁波钱业现况 ... 378

宁波钱庄联合准备库章程 ... 379

宁波不合法钱庄限年底结束 ... 380

中央合作金库筹设宁波支库 ... 381

宁波支库通讯 ... 381

宁波金融信息两则 ... 382

五、经济金融专论

调查上海宁波银洋交易情形之大概 ... 383

宁波过账制度之研究 ... 384

宁波之金融制度 ... 396

申论宁波平现问题 ... 406

论宁波过账制度与现水之利弊及其改善办法 ... 410

宁波之经济观 ... 412

宁波钱庄之清理与复兴 ... 413

宁波的金融风暴 ... 415

论宁波钱庄的组织 419
宁波钱庄风潮的感想 429
宁波之钱业与最近风潮 431

第三编　文化与教育

一、文化教育概览

宁波的文化运动 439
"芳子姑娘"游宁波 440
宁波文化轮廓 441
我怀念宁波三"天" 442
三年来宁波文化教育鸟瞰 443
宁波文化鸟瞰 448

二、各类教育

三一书院二十五年纪念 450
宁波改育婴堂为幼稚园 450
宁波府中学堂刘太守拨助经费 450
宁波学务状况（省视学之报告） 451
宁波四明中学定期旅行 455
宁波四中校长问题 455
宁波学界消息 456

宁波两中学联合毕业礼 457

海岛青年会与益德会合办之英美义务夜校 457

宁波教育消息汇志 457

报告宁波第四师范学校学生生活的状况 459

白沙职工学校宁波分校开学式 470

宁波民教馆筹设渔民服务处 470

介绍浙江省立宁波高工 471

省立宁波中学 472

宁波学校消息三则 473

宁波小学教师的变动 474

贫寒子弟福音：宁波地方银行试办教育贷金 475

宁波慈、镇两县教育新闻 476

宁波三一中学复校后之新气象 477

省立宁波中学的学校生活 478

征收学费直接税，宁波税吏生财有道 480

宁波教育简讯数则 480

三、报社电台

宁波通讯 481

日报广告在宁波 481

浙江省立宁波民众教育馆教育播音推行委员会简章 483

杂谈在上海出版的宁波报 483

吾甬报章之变迁 487

宁波报史略 488

三十年来宁波报界之鸟瞰 491

宁波文人大办日报 493
宁声电台台长全永钊访问记 494
宁声半月花絮 494
《时事公报》刊登贪污七罪被控处罚,《大众日报》
　揭露象中措置失当停刊 496
从《宁波白话报》谈到本报 496
宁波空中之声广播电台访问记 497
宁波四通讯社的暗斗 500
简讯数则 501

四、文艺活动

儿童文学讲演会 502
镇海文艺界近讯 503
宁波文化消息三则 504
宁波文坛消息片片 504
宁波文坛鳞爪 505
宁波文坛花絮 507
漫谈宁波的几个作家 508
宁波作家考 511
宁波文坛零讯 511
宁波文化团体和报刊副刊 512
宁波两作家 514
宁波《春风周刊》创刊 515

五、戏曲演艺

宁波新剧之悲观 516
宁波人之戏剧空气 516
老林发苦干宁波共舞台 516
宁波共舞台局 517
伶联会会讯 517
宁波戏剧概况 518
小杨月楼有赴宁波讯 519
谭谭宁波的戏台 519
宁波剧闻 520
火炬剧团二十六日在宁波演出《赛金花》 521
宁波戏剧回溯 522
宁波籍名伶 524

六、其他文化活动

睦娘娘宁波土音字典书序 526
《字语汇解》书成发售告白 526
宁波书店一览表 526
宁波世界语学会筹备成立 527
宁波印刷业概况 527
关于四明丛书 529
吴敬恒氏手书蒋氏家庙石碑昨运抵本埠即转运溪口 530
天一阁图书请求运回归藏 530

张苍水遗作藏者现愿割爱 531
政府即将修建之宁波天一阁 531
记宁波的天一阁 532
文献特种委员会昨开首次会议 533
鄞县续印《通志》，昨开董事会议 534
宁波文献馆昨开委员会 534
镇天后宫被参议会标费 535
鄞南秦氏续修宗谱 535

七、医药卫生

宁波牛痘局开施 536
除烟会近闻 536
宁波华美医院扩充之先声 537
宁波发起广济医、药、产三科同学会支部 537
宁波卫生运动计划大纲 537
宁波市医师公会上卫生部书 540
宁波同学分会大会记 543
宁波医师公会致电本会函 543
宁波仁济医院开幕志盛 545
宁波中医公会快邮代电 545
与宁波《中医新刊》王宇高旧医书 547
宁波访求仲景遗书记 548
宁波名医范文甫先生作古 550
宁波华美医院鸟瞰 551
宁波医药简讯 556

八、社会风俗等

- 宁波方言 558
- 宁波二月中之观察 558
- 宁波婚俗 560
- 宁波的"念盘" 561
- 典妻：宁波的风俗 563
- 宁波冥婚 564
- 宁波七邑地名考（附"四明"释义） 564
- 宁波人与杭州人 566
- 宁波居民杂论 570
- 宁波的鬼婚记 572
- 听听宁波人 573
- 宁波话 573
- 宁波赛会的追溯 574
- 宁波调 578
- 走遍天下不如宁波江厦 578
- 以山发身、以海发财、身财合一、现实主义：闲话宁波人 ... 579
- 宁波话山歌 580
- 宁波人不过八月半 580
- 变 581

九、宗教

（一）佛教

- 宁波佛教孤儿院告募疏 584

宁波王吟雪居士来函 585

宁波释显荫来函 586

宁波任正伦君来函 586

宁波圆瑛法师来函 587

宁波佛教孤儿院十五周年纪念 587

宁波佛教通讯 588

雪窦寺讲经志盛 588

雪窦寺设世界佛学苑禅观林 589

宁波观宗寺大殿中弹 589

天童、育王二寺近况 590

太虚大师抵奉化溪口，转赴宁波避寿 590

法海点滴 591

（二）基督新教

宁波长老会聚老会事略论 591

宁波教友信 592

宁波教友信 592

长老会教友宁波鲍先生苏州来信 593

宁波新闻 596

宁波路教友来问 596

宁波教会近事 597

宁波长老会事略 597

长老会大会记 599

宁波教友来信（附答） 600

宁波长老会近时清报 600

宁波长老会十一支会传道名单 601

宁波教友挽诗并序 602

收到宁波分送圣书 603

宁波寄来痴道人稿	604
宁波寄来教会近事	605
议会记略	605
宁波乡间会堂略成	606
宁波长老会近闻	607
长老会于宁波议事	607
宁波祈祷会记录	607
宁波教事近闻	608
宁波老会近时教化略说	609
宁波祈祷会记录	610
宁波老会书院启	611
宁波高桥公会近事	613
甬北礼拜堂生命册序	614
第六次中国勉励大会全录书后	615
宁波教会新闻	619
浙省教务麟爪	619
宁波中华基督徒会募捐启（来稿）	620
宁波府前教堂七十载志喜	620
宁波教会通讯	621
宁波圣道公会大议会略志	622
宁波圣道会记事	623
宁波教会记事	624
宁波教会纪事	625
宁波教会记事	626
宁波圣道公会添人	628
宁波谢志绍牧师安赴迦南	629
三一神学之所闻	629

欢送徐台扬先生 630
宁波临时奋兴会之佳音（浙江）.................................. 630
宁波布道团春假布道记 631
第十九队在慈溪宁波布道状况 631
宁波自立浸会募建新堂（浙江）.................................. 632
戴得生先生的祈祷 633

（三）天主教

宁波徐司铎逝世 633
宁波余姚二五银庆纪念志盛 633
宁波老妇之传教芳表 636

（四）伊斯兰教

宁波回教堂简略史考 637

十、各类人物

方公介堂传 639
宁波范文甫轶事 639
毛圣栋与奉化中学 641
朱维官对俞济民 642
礼敦、敦礼人名颠倒 642
方椒伯之涵养 642
宁波皇帝官途遭末路 643
记阮毅成厅长 644
"四明近代人物传"选刊 645

十一、游记

宁波一瞥 648

宁波风景琐谭 649

宁波风景线 652

旅行宁波奉化日记 653

宁波中山公园纪胜 655

从上海到宁波 656

今日慈湖 658

梁山伯庙半日游 659

宁波闲话 661

朱佩弦兄遗念 663

后记

第一编

市政与社会

一、中央及地方政府关于宁波的公文

（一）中央政府关于宁波的公文

工部学习主事陈畲为经理南田呈请代奏折[1]

窃三门湾为南田一隅，南田环象山半面，地为南五省枢纽，由此东则浙，南则闽。所谓湾者，以椭圆计之，殆如旅顺、胶州，欲得南田之全，分象山之半，以制五省之命也。方今时事孔艰，外人要求需索，兵舰商轮时来游弋测量，盛称一绝好停船坞殖民地。南田各岛，皆以粉圈为标记，意喻英旨法瞰日利，船来更多。臣籍隶象山，见闻较确，备稽成案，参证图说，仅为缕晰陈之。查南田向有居民，自古隶象山，向未著名，与《汉书》所称天门山只隔五海里，唐小说家类称十洲福地之一，说本荒唐。至明初始著名，明臣汤和以与日本毗连，赵宋遗族聚居，方氏伏莽未净，徙其民至十万户而空之，与今定海同为禁地。其著名者莫如大佛头山，日本取道，向由于此，查距长崎只一千二百余海里。及明嘉靖时备倭，始置守各门职。乡人俞士吉，永乐时奉使，取道亦由此。明王士性、茅元仪，国朝陈伦炯、顾祖禹，始稍稍以此为形胜。西人地学较精，金约翰《海道图说》言，三门湾口北面大佛岛有独峰，见此即识认湾口，盖进此即珠门也。要之，南田有六门，外则下湾门，与林门斜对；金齿门即金漆门，与八排门相对，天然形胜；内则东门，与铜瓦门相对，只入浙一路。三门有门而不言湾，言湾则以影射，愚我尽各门而欲有之，是其故智。明嘉靖时之倭患，国初时唐、鲁二王之余烬，皆据此一隅，几扰东南全局，延之数十年，以全力之盛，始克平定，其险可知。矧今日要策，莫如恢复海军。各处口要既多为租借，万一外人

---
[1] 原文不分段。为便于阅读，特分为几段——本书编辑者。

复先著及此,则东南又何堪立足?职愚以为欲靖外必先安内。妄议更张,虚縻款项,职所不敢。请谨就管见所及,急切易行者有二则:

一、宜兴租为科。查乾隆十七年,闽浙督臣喀尔吉善议覆御史欧阳正焕一折,声称地势潮湿沙冲,该地赋税不及饷粞杂费之一二,并引前督臣李卫奏开玉环、定海而不及南田为证,自此遂为禁地,而客民贪利窃往私垦者不免;台属向苦人满,犯者尤多。道光二十一年,徐、金二匪霸租戕弁,迭相盘踞。至同治三年,以湘勇偕西人兵船夹攻,始靖。乃自光绪元年,抚臣梅启照奏请开禁,委员监督,迄今反无事。是则开垦较便,其明证矣。计今已开报熟者万七千亩零,养淡报升者,岁有所增。合一百八坞计之,每岁每亩折收租税钱二三百不等。是此一宗折半计之,已万两有余。与其委员设局,种种作正开销,曷若定为科则,以昭画一。如今圩有董、粮有长,错杂纷歧,弊端百出,一遇有重要事件,仍移归象山县办理。睽隔二百余里,水陆周折,而一切词讼细故,教民入居者既近而便,反出而把持之,种种为难,询之居民,故有日夕祷祀以求兴科者。查道光三年,浙抚帅承瀛委臬司朱桂桢亲诣细查,复称开垦之利益有四:一、石浦为入南田之门户,应即归南田管辖,设同知一员,即为南田海疆直隶同知;一、严拿霸租之游棍;一、地亩应行丈量,报部升科;一、旧有私煎宜归官收。当时言已有三万余已垦之田,六千四百余户口,现已明许开禁,加倍可知。朱桂桢旋升粤抚以去,帅抚则仍持其议,仅移宁波内港大嵩之同知、象邑竹山之巡检于石浦,拨象山协标守备把总各一员,兵一百名同驻,为遥相控制之计。职愚以为,既移驻于石浦,胡不径移于南田?在石则简,在南则要。凡丈量、升科、缉捕、词讼,一以委之,事半功倍,名实较副,且如朱桂桢所言,各澳皆有私煎形迹,台州盐商以运脚较近,乞于南田收买,就地完课,应饬交运司妥议化私为公办法。职愚亦以为,象山玉泉场大使所收沙引尽敷土用,一无转运,公事本简,升科以后,不如竟以畀之移驻扎,或仍归同知兼管,于盐法似更有裨益。当时既兴屯租,未议及此,亦所未喻。

一、宜改巡为汛。查朱桂桢原议以金漆门为北面门户,移驻都司一员,水师兵百名;长山嘴对下湾门海口,驻千总一员,水师兵百十名;林门、大湾则各设汛弁有差。而师抚反定为更番巡哨之制:每年春,饬宁绍台道及定、黄二镇巡哨一次;夏则象山协同宁波府周巡一次;一季中或由藩司派委搜查一次;仍饬每月石浦同知与象山县分巡一次;又按月由二镇委营弁偕昌石、健跳二营分巡一次;年底,总兵、参将各员又各按水路各汛地搜巡一次,定为成例。无论于一岁之中、以一隅之地,牵涉文武各员奔走迭次,供亿浩繁,无此政体。即行之,而辗转周折,日久成为具文,势必废弛。职愚以为,象山所属之协,既为海疆而设,营弁可移驻于石浦,协标胡不竟移驻于南田?合象山、昌石水陆战守兵计之,从前额二千有奇,除节次裁拨右营已归并外,现尚存七百余名,诚得协标移驻南田,则向以防象者防南,常苦不及,今以防南者防象,自觉有余。康熙时,耿逆之变,系由南田入口,以掣浙之后路。南田无失,则府有提标,定有镇标,内港一水可达,象又奚忧?仅留原设都司兵一百名,分辖各营汛足矣。当时为防内起见,故扼重于金漆门及长山嘴。职并为防外起见,故扼重于八排门及三门。东路,金漆门拟请设明炮台一,辖以原设水师都司一员,兵百名下湾门隶之;西路,大佛头建明炮台一,辖以昌石守备一员,兵百名,长山嘴隶之;八排门正当坛头大洋,地名大南田,即令副将协同同知驻守,隶兵二百名;其自林门、珠门等内港,以水师兵五十名分汛驻扎,而于佛头下突起之花澳,似宜建暗炮台二,虽敌兵入港,可以横冲堵击。三门港中之未知名一小山中,适分闽、台、温三路而扼其冲,亦建暗炮台二,分拨海门镇及健跳水师各弁兵二百名守之;近闻拟以健跳为海军将来停船坞,似不如其地之险要;且兵则仍旧额,而营造亦不过费南田三年之租税,合二地而养一处之兵,驻一地而得数省之用,一切防哨设局之省费无论矣。

若此者,名虽二,事实则一端。伏见新章,以垦荒、并官、裁冗、汰弱为首务,故上年鄂督于施南、豫抚于繁城、盛京之洮南、新疆之通克,皆不惜经营,以因时制宜;四川于瞻对,一或迟误,至生枝节。况此则一兴改间,而安内靖外诸政毕举乎?事固有古戾而今宜者,玉环、定海两厅,固昔之南田也。顾祖禹言:"南田地皆膏腴,宜耕稼,为南路要冲";魏源至议"欲弃定海而移其兵于南田,以免外人要挟",在当日已然,况在今日?即如帅抚当时覆奏"岛屿丛杂、无险可守",职尝亲履数回,似异所闻。以职所见者,浙之蛟门,所闻者,粤南澳、闽金门、江江阴,各地图说,窃以为其地势殆尤过之。至外人盛称其地有美矿,比众更胜。前二年,有美国矿师至石浦招股。应如何先行开采以保利权?既有丁粮,建治后应如何振兴学务?石浦应否如朱桂桢所言即归南田统辖?统俟请旨,饬交督抚查覆后奉行。伏乞代奏。谨呈军机大臣、字寄署闽浙总督崇、浙江巡抚张。

光绪三十一年十月十七日,奉上谕:工部代奏主事陈畲"敬陈管见"一折,据称三门湾为南田一隅,南田环象山半,地为南五省枢纽,请经理南田、安内靖外等语,著崇善、张曾敫,按照所陈,察看情形,妥筹办理;原呈著钞给阅看,将此各谕令知之。钦此。

(《东方杂志》,1906年,第5期)

学部奏覆核浙省宁波法政别科毕业试卷循章请奖折

奏为覆核浙省宁波法政别科毕业试卷酌定分类等第循章请奖,恭折,仰祈圣鉴事。窃查宁波法政学堂于光绪三十二年二月设立,原拟照仕学馆章程办理,上年经臣部奏准饬令遵章改为别科三年毕业,业经咨行遵办在案。该学堂别科甲班学生合计三十六名,扣至光绪三十四年十二月,三年期满毕业,前经浙抚咨请给奖并汇送各科试卷、分数清册前来,当由臣部遴员覆核,酌定分数。复经臣等详加核阅,所授科目均尚完备,程度亦能合格,计取列最优等十一名,优等二十一名,中等四名。查奏定法政别科奖励章程,内开:最优等、优等内以八品录事二等书记官分部补用外,以直隶州州判分省补用、最优等并加升衔;中等内以九品录事三等书记官分部补用外,以道库大使按司狱、县主簿分省补用;如系候补候选人员,考列最优等、优等者外,官奖以尽先补用、尽先选用;各班次最优等并予加一级,中等各就原官保奖升衔等语;自应遵照办理。此次该学堂毕业各生,考列最优等之举人拣选知县王序宾、张恺,拟请以知县尽先选用,均各予加一级;考列优等之尽先选用训导周骏声,仍拟请以训导尽先选用;贵州试用知州郎允麟拟请以原官尽先补用;中等之福建遇缺先补经历叶济时拟请给予州同升衔,均俟吏部查明原官底案相符,再行注册;其考列最优等之增生张鹏霄,附生孙云澄、李宗鉴、洪绍祖、虞锡晋、钱玉麒、徐人骥、余名琮、董良史,优等之廪贡生孙教成,附生叶简、王彬麟、林邦翰、张之权、王保诚、罗韵珂、竺景崧、蔡瀛、胡学炎、陆费燏、侯锡封、叶文旭、梁绍鳣、朱庆棠、陈庆泰、施祖洛、蒋锡侯、卢肇琮,中等之附生张康达、郑世炤、谢瑞唐三十一名,均拟请按照定章,分别等第,奖给录事书记官、直州判、库大使按司狱、县主簿等官,俟该生等在吏部呈请指项,再行由部注册。如蒙俞允,即由臣部咨行吏部遵照办理,所有覆核宁波法政别科毕业试卷循章请奖缘由,谨恭折具陈,伏乞皇上圣鉴训示。谨奏。

宣统元年十二月初十日奉旨:依议,钦此。

(《政治官报》,1909年,第815期)

学部奏浙江宁波、温州两府中学堂学生毕业请奖折

奏为浙江宁波、温州两府中学堂学生毕业照章请给奖励,恭折具陈,仰祈圣鉴事。窃准浙江巡抚咨称,据提学使详称,宁波府中学堂由中西储才学堂改设,光绪三十年始遵章办理中学,于是年正月入堂,扣至三十四年肄业,五年期满;又温州府中学堂,于光绪二十八年七月成立,因创办之初,学科未甚完备,延长学期,随同续招,各生于宣统元年闰二月一同肄业,五年期满。均经由司派员照章考试毕业,核定分数,分别等第。计宁波府中学毕业生取列最优等五名,优等二名;温州府中学毕业生取列最优等三名,优等三名,连同两属各生履历、分数表册由该汇咨请奖前来;臣等查定章,中学学习年数以五年为限,又中学奖章最优等作为拔贡,优等作为优贡;此次宁波、温州两府中学堂毕业学生,核其年限、程度,均与定章相符,自应准照章请奖,以示鼓励;所有宁波府中学堂取列最优等之卓殿英、沈养厚、李炳奎、水澄光、孙从周等五名,拟请照章作为拔贡,取列优等之李贤熊、陆友篪等二名,拟请照章作为优贡;温州府中学堂列取最优等之任宏中、潘云路、陈闳恕等三名,拟请照章作为拔贡,取列优等之崔陈鸿、李廷镳、陈慕琳等三名,拟请照章作为优贡;如蒙俞允,即由臣部咨行该抚转饬遵照,所有浙江宁波、温州两府中学堂学生毕业照章请奖缘由,理合恭折具陈,伏乞皇上圣鉴。谨奏。

宣统元年十二月初十日奉旨:依议,钦此。

(《北洋官报》,1910年,第2326期)

学部奏浙江宁波府初级师范学堂简易科毕业请奖折

奏为浙江宁波府初级师范学堂简易科学生毕业照章请给奖励,恭折,仰祈圣鉴事。窃准浙江巡抚咨称,据提学使详称,宁郡初级师范学堂开办于光绪三十二年,上学期至本年下学期已届三年毕业,经道府议绅等会同学务人员莅堂考试,公同校

阅试卷，填注分数，并合历期历年总平均分数及毕业考试分数平均核算，造具表册，与毕业试卷呈请转送覆核详咨，除考列中等十五名不计外，其考列最优等乌人尧等六名、优等董仲修等十八名，拟请照章给奖等情到部，并咨送履历表册前来。臣等查定章，初级师范简易科由官设立年限在二年以上，成绩优著者得请奖励。此次宁波府初级师范学堂核其毕业年限与简易科相符，自应照章办理，所有该堂毕业列入最优等之乌人尧、张永睦、陈宗彝、胡藩、王裘裔、周景璜等六名，拟请比照初级师范中等作为师范科贡生以训导用，令充小学堂及程度相当之各项学堂正教员，俟义务年满，以应升之阶尽先补用；列入优等之董仲修、周薪傅、张圣范、卓慈涟、徐利宾、卓慈沛、冯彦轨、袁久壎、王誉闻、胡振滋、董义成、童友香、姜匡、方乃文、水成章、沈文勋、俞鹏飞、黄威彰等十八名，拟请比照初级师范下等给与及格文凭，令充小学堂及程度相当之各项学堂副教员，俟义务年满，作为师范科贡生奖给训导衔，以资激励。如蒙俞允，即由臣部行知该抚遵照办理，所有浙江宁波府初级师范学堂简易科学生毕业请奖缘由，谨恭折具陈，伏乞皇上圣鉴。谨奏。

宣统二年正月二十四日，奉旨：依议，钦此。

(《政治官报》，1910年，第856期)

交通部咨农商部文

(虞和德等接办和丰电灯公司，禀请立案，应请转饬详报查核由)

为咨行事。准二百八十五号咨开，据浙江宁波商会禀称，和丰电灯公司营业未能发达，现由虞和德等另招股本接办，改名为"永耀电灯股分有限公司"，附报合同及招股章程，请鉴核立案等情。查和丰电灯公司，此次经虞和德等招股接办，据该章程第四条内称，有"永远专利"等语，事关电政，咨行查核见覆，以凭批示等因前来。查甬顾钊创办和丰电灯公司，于宣统二年，经邮传部批准在案。惟该公司曾因工作不合程式，致电灯线与电报线引触，将角电局机器烧坏，几至肇祸；此次由虞德和[1]接办改组，并据声明改良办法，应即由公司将电气工程计划，及一切设备情形、

---

[1] 此处"虞德和"当为"虞和德"之误 —— 本书编辑者。

收支概略暨所用工程司姓名、籍贯、曾由何校毕业详报本部查核,再予立案。至该章程第四条所称"永远专利"一节,查电灯事业,非特别创造之件,无专利之理由,相应咨复贵部查核办理,并转饬遵照可也。此咨农商总长。

交通部印

中华民国三年六月二十四日

交通总长:梁敦彦

农商部咨交通部文

(据浙江宁波商会禀称,虞和德等招股接办和丰电灯公司,并改专利请予立案等情,咨商贵部核覆由)

农商部为咨行事。案据浙江宁波商会禀称,前由顾钊等创办之和丰电灯公司,因营业未能发达,现由虞和德另招股本接办,改名为"永耀电灯股分有限公司",附报合同及招股章程,请予鉴核立案等情。查和丰电灯公司曾于宣统三年经前邮传部批准,并农工商部注册有案。此次虞和德等招股接办,据该章程第四条内称,有"永远专利、以保利权"各语,是否业经贵部核准,事关电政,相应据情抄录原禀及章程等件咨行贵部查核见覆,以凭批示,此咨交通总长。附抄件。

农商部印

中华民国三年六月十五日

农商总长:章宗祥

照录宁波商会呈

为呈请事。案据永耀电灯股分有限公司发起人虞和德等略称,为订立合同开设电灯公司吁请转呈立案、再行注册、以符定章而资遵守事。窃宁波向有和丰电灯公司,由顾钊等创办,于前清宣统二年呈请农工商、邮传两部立案注册颁发执照在案,嗣因开办以来,营业未能发达,资本亏耗,于辛亥年宁波光复时,遽行停办。当时军需旁午,时机紧要,由宁波军政分府出资补助,并借该公司电机装设电话,以通军情。不数月分府撤销,复经电力公司招股维持,又因股本不足,旋即中止。惟念电灯一项,非专系营业性质,与地方公益有种种关系,似不能任其消灭。和德等有鉴于此,爰筹集资本银元十三万,重行组织,改良办法,定名曰"永耀电灯股分有限公司",另在北门外地方为厂屋地点,该处地旷人稀,装设电话,于人民并无何种危险,业与和丰电灯公司旧董事议定,将机器、炉子、电车、线杆以及其他需用物件,尽行盘与永耀公司使用,计盘价洋三万元,声明是项盘费不缴现银,即附作永耀新公司股本,双方承认于本年三月间订立合同;查现行公司条例,设立股份有限公司,须先期呈部立案,方准开办,为此抄黏合同,并招股简章具略呈请贵总会转呈农商部察核,批准立案后再行遵照公司注册章程第二条,于六个月内将应行声明各条呈请注册,以符定章,而资遵守,实为公感等情。查宁波向有和丰电灯公司,开设在和义门外地方,由顾钊等等创办,前清宣统二年经本会呈请前农工商、邮传两部立案注册,颁发执照,嗣后营业未能发达,遂行停办。当时适值宁波光复,由军政分府出资,暂行维持,旋又中止。兹经虞君和德等重行组织,改良办法,另在北门外购买相当地基,筹集资本银元十三万,定名"宁波永耀电灯股分有限公司",并由和丰旧公司董事议决,将机器、炉子、电车、线杆盘与该公司使用,双方订立合同。兹据略请转呈大部核准立案,并声明自立案日起,于六个月内再行呈请注册,核与公司条例及公司注册章程均相符合,应请大部准予立案,以符定章。为此抄附合同,并集股简章,具文呈请大部察核,迅赐准予立案,以便开办,而资遵守,实深公感。谨呈农商部。

计粘呈招股简章并附抄合同一纸

费绍冠、余承谊

计附抄合同

立合同盘据和丰电灯股份有限公司董事戴瑞卿、顾元琛、经理王荫亭,永耀电灯股份有限公司代表虞洽卿、常荣清、周仰山等。

今因和丰电灯公司营业失败,停办以来无人继续,业由各股东议决,将和丰电灯公司前置机器、炉子、电车及已装未装之电杆、电线、电灯与夫公司应享权利、生财杂物,尽行盘与永耀电灯股分有限公司(以下简称新公司)代表虞洽卿、常荣清、周仰山、费冠卿等为营业计,盘价洋二万元,又专利洋一万元,合计洋三万元,并言明此项盘价不交现款,作为新公司股本,所有双方议决各条开列于后:

一、盘价暨权利费洋三万元,即已作为新公司之股本;所有新公司应给之股票,须俟创立会成立后,股票、息折印竣,即行填齐,如数交与出盘人收执;该股票应得官利及各项权利,与新股东一律优待。

二、新公司定章,每股洋五十元,今徇出盘人之请,特设零股六千股,每股洋五元,以便出盘人之摊派;惟此项零股之议决权、选举权,均以十股作一权;即入场券,亦每十股给以一纸,不得争执。

三、新公司所给和丰电灯公司之股票,悉纪和丰电灯公司名号,不另填记名式股票;如执此项股票之人,有愿改填记名式股票者,须照新公司所定章程办理。

四、和丰公司所有未了债项,及种种未清之纠葛,与夫新股票之如何摊派,均归和丰公司出盘人自行清理,与新公司不涉,除双方呈明地方官立案外,并彼此登报布告,以清界限。

五、所盘机器、引擎、炉子、电车及已装未装之电杆、电线、电灯与各种生财物件,和丰电灯公司立有清册一本,交与新公司收执,以便查点。

六、自订立合同之日起,新公司即将清册上所载各件收管,移用装折[1],悉听其便;如有和丰电灯公司出盘之旧股东出面干涉,以及种种阻碍情事,和丰电灯公司新公司如因此而受损失,该出盘人并负赔偿之责。

七、此项合同一式两纸,双方各执一纸为凭。

  中华民国三年四月　日

  出盘人和丰电灯股分有限公司董事:戴瑞卿、顾元琛

  经理:王荫亭

  受盘人永耀电灯股分有限公司代表:虞洽卿、费冠卿、荣常清、周仰山

  居间人:余澜泉

  代笔:应季审

售股简章

一、本公司定名曰"宁波永耀电灯股分有限公司";一切章程,悉照股分有限公

---

[1] 原文"折"字应为"拆"之误——本书编辑者。

司律办理。

二、本公司厂屋地点设在北门地方。

三、本公司以专办电力为宗旨。

四、本公司非专系营业性质,与地方公益有种种关系,自宜呈请地方官暨农商部注册,并要求永远专利,以保权利。

五、本公司资本额定银圆十三万元,匀作二千六百股,每股计银圆五十元,一气交足,不分次数。

六、本公司官利长年八厘计算。

七、本公司寓有公益性质,无论国家地方公款,以及官商私款,均可入股,但只抵华股不招洋股。

八、本公司股分收到之次月朔日起息,以归一律。

九、本公司股分先给收据,俟创立会成立后,再行换给股票、息折。

十、本公司揭账每年分两期,自正月至六月终为上半期,七月至十二月终为下半期,每期将账略登报,以供众览。

十一、本公司股票、息折如有遗失,须将户口号码、股数报明本公司,再由本人登报三天,如一月内无人饶舌,准其妥觅保证,由本公司另行补给。

十二、本公司向和丰旧公司盘入厂房、机器、电车、炉子、杆线以及需用杂件等项一应在内,立有交代清册,其以前一切出入账目与本公司无涉。

十三、本公司收报处确定甬江慎丰、元益两庄,江北岸四明银行宁绍公司,合并声明。

(《邮传公报》,1914年,第6期)

国务院致宁波周总长电

(嘉奖提倡裁兵)

宁波周师长奉大总统谕,来电所称全国受军队之影响,致财政束手,险象环生,实为洞见症结。该师长拟由中央速定裁兵计划书,宣布实行解甲弢兵,请自隗始牺牲权利,字字血诚,洵足警告国民,讽劝诸将。现与国务员会议兵队善后事宜,正苦费巨难筹。招兵易而散兵难，为自古通病。须养成一种风气，令人人知拥兵之足以致贫，知散兵为军人最高之名誉，方免财政之危，而救眉睫之祸。近如徐宝山之请撤军政分府、朱先志之请解兵柄，均属深明大义，磊落光明。该师长又历陈险象，提倡裁兵，嘉奖不可言喻。使各将校闻风兴起，共矢热忱，不令该师长独为君子，民国前途庶几有豸，等语，理合电达遵照。

国务院

真元年五月十五日

(《政府公报分类汇编》，1915年，第10期)

农商部咨浙江巡按使宁波电话股分[1]有限公司准予注册给照文

为咨行事。前准咨称：商人王仰之等前后共集股银四万元，拟在浙江鄞县地方开设宁波电话股分有限公司，附报章程，缴纳册费，据情咨请注册等因。当经本部以电气事业系属交通部主管，咨请核复，并咨行贵巡按使转饬该商具禀交通部核办在案。兹准交通部咨称：业经查核，均属相合，应可照准，咨烦核办等因前来。查该公司禀请注册原案，系在本年三月公司条例等施行以前，检阅所报章程各件，关于公司组织均与向章相符，既准交通部咨称核准，应即按照旧《公司律》《公司注册暂行章程》准予注册。兹填发执照一纸，请给具领，并饬遵照《公司条例施行细则》第五条规定于一年内禀请改正注册，相应咨行贵巡按使查照办理，并饬属保护。此咨。

农商总长：章宗祥

中华民国三年十二月十八日

(《政府公报分类汇编》，1915年，第28期)

临时大总统令

(查办宁波宣布独立案内官吏)

据浙江都督朱瑞电称，查复顾乃斌、沈祖绵、范贤方等，此次宁波宣布独立一

---

[1] 原文即作"分"——本书编辑者。

案始末情形等语。顾乃斌身为旅长,当叛徒肇乱之际,应如何镇静自持,力维大局,乃竟被胁独立,殊亏职守,姑念其前年光复时,曾著劳勋,自奉令取消独立后,于地方秩序,尚能切实维持,既经褫职,应准从宽免于置议。至沈祖绵、范贤方,同为现任职官,竟敢电劝绍兴、台州等处独立,均属大干法纪。惟既据查明,系范贤方主谋,并曾设独立公署,致电陈逆其美,叛迹较著。前鄞县知事沈祖绵,应即褫职,交地方官严加管束。范贤方前因擅离职守,业经先行褫职在案,现已远扬,显系情虚畏罪,应由国务院电饬各省都督、民政长,一体严拿解案究办,用彰国纪。此令。

中华民国二年十月二十七日
国务总理:熊希龄
内务总长:朱启钤
陆军总长:段祺瑞

(《政府公报分类汇编》,1915年,第37期)

内务部为宁波禁烟电致浙江巡按使[1]

(电致浙江巡按使,据上海宁波同乡会沈敦和等电,郭少梗抵鄞禁烟,公然索贿,此外象山因查烟苗,乡民受害亦甚,希查办速复文——一月三十日)

浙江巡按使鉴:据上海宁波同乡会沈敦和等电,称禁烟善政,中外厉行,乃委郭少梗抵鄞,年轻行鄙,公然索贿不止一起。凡向无嗜好、或早经戒绝之人,稍有身家,便遭讹诈,调查员四出骚扰,视为发财捷径,甚至累及无辜妇女,擅带刑具,迹近掳勒,地方商市,均有损害。此外各属如象山因查烟苗,乡民受害亦甚,监察杨国彬等闻已查办。合并电陈,如何办理,伏乞主持,等情。希即派员秉公查办,速复。

(《内务公报》,1915年,第17期)

---

[1] 该标题为本书编辑者所加。

实业部批（商字第五二六八四号）

原具呈人宁波棉业交易所

（二十五年十二月三十日呈一件，为缴销经纪人陈乾刚原领旧照并请核发徐汝连营业执照由）

呈件均悉。费银照收。该所经纪人陈乾刚报请歇业，缴还原领执照，应准撤销资格，新充经纪人徐汝连缴具费件呈请注册给照，查核尚合，并予照准。除将旧照注销外，合行填发执照一纸，仰即转给具领，取具请领书呈缴备查。此批。

附执照一纸

中华民国十六年二月十七日

部长：吴鼎昌

（《实业部公报》，1927年，第320期）

国民政府内政部公函

径启者，案据宁波美球丰记针织工厂赵宇椿呈称，该厂出品概系机关仿制洋货，历经部厅有案，只完关税一道，其余税捐概准免纳。近因邮包税局仍主加征，呈请转商贵部，准照成案免税等情前来。查该案实际如何，本部无从悬拟，惟事关提倡国货，可否准予一律免税之处，除批示外，相应抄呈函达，请烦查案核办，至纫公谊。此致

国民政府财政部

计抄送原呈一件

中华民国十七年八月十三日

内政部长：薛笃弼

抄原呈

为呈请事。窃商厂出品概系机器仿制洋货，于民国九年一月间，经浙江财政厅核准，认为与浙江省各厂仿制洋货暂予免捐成案相符，准将商厂仿制各牌毛袜手套经过浙省各统捐局验明商标，暂予免捐放行；同年五月，又以仿造洋货均准于经过

第一关完纳征税一道,沿途关卡概免重征,亦经援案呈请前农商部咨行税务处,准于运出销售时按照机制洋式货物税现行办法办理;十年十月,复经税务处令准商厂所制冷衫等件,应视为机制洋式货物照前项办法办理,并由浙海关监督分别咨行税务司务员遵照;十三年九月、十四年六月,复将新增出品,迭请前农商部准照机制洋式货物现行办法办理,均蒙批准,各在案。是商厂出品向海关完纳经过正税一道,其余捐税概准免纳,有历届成案可据。按商厂寄递邮包,向由海关验明征收正税一道即可放行。近来设置邮包税局,委员征收,对于商厂出品力主加征,迭经据情陈明,迄未允准;复于五月间呈请财政部令饬该局准照成案办理。蒙批:呈悉;既据呈称,该工厂于部、厅均有成案,只完关税一道,何以二五内地税照章缴纳,而于邮包税独持异议,殊不可解;惟并据声称江苏邮包税局对于该厂出品仍不微[1]税是否属实,候令行该局查明具覆核夺,仰即转行知照;此批等因。当以商厂出品系机制仿造洋货,与国内土货性质不同,从未完纳二五内地税;前呈所称,二五附税系指海关征收之二五附加税而言等情,续行呈明在案。查商厂机制仿造洋式货物,自应依据该税现行办法办理,业经前农商部令准;现在京津克复,存部文卷,已经委员接受,不难复核。为此具呈,叩请钧部鉴核,迅予分别咨行财政部暨税务处,准照成案办理,实为公便。谨呈内政部。

具呈人:赵宇椿
中华民国十七年八月九日

(《国民政府内务部内政公报》,1928年,第5期)

外交部咨财政部[2]

(部字第一三四九号,宁波市呈报接办外人事务并请拨办公费仍由常关项下照拨希查照由)

为咨行事。据宁波市市长罗惠侨呈为呈报遵照《裁撤交涉署善后办法》,接办

---

[1] 原文"微"字当为"征"之误 —— 本书编辑者。

[2] 原文标题为"咨财政部",此标题为本书编辑者所加。

不关外交之外人事务情形,并请发给办公经费,仍由浙海关监督署常关项下按月照拨,仰祈鉴核施行事。窃本年八月三十一日,准宁波交涉署公函开,案奉外交部部字第二四八九号训令,内开案奉行政院令开,前据该部呈送《裁撤交涉署善后办法》一案到院,当经本院提出第二十九次会议,决议照办,并呈报政府;业已指令,并抄发原呈,通令遵照,既转呈鉴核,各在案。现奉国民政府第一六零二号指令内开:呈及《裁撤交涉署善后办法》均悉,案经本府审核决定,仰即由院分饬遵照办理可也,核定办法,抄发此令,等因。奉此,除分令外,合行令仰,该部遵照转饬所属,一体遵照,等因,奉此。查各交涉署裁撤时期,为本年八月底,前经令仰知照在案。奉令前因,合行检同《裁撤交涉署善后办法》,令仰该交涉员遵照办理,迅予结束,分别移交,并将办理情形具报察核,此令,附件,等因。奉此,除遵照办理外,相应函达贵市政府,希即查照办理为荷,等由,附送《裁撤交涉署善后办法》一件,准此,自应照办。查宁波为沿海通商巨埠之一,自《南京条约》辟为商埠以来,外国侨民来此通商、传教、游历、懋迁者日益繁多,英国政府派有领事驻扎甬埠,管理全浙商务。其他若法、若美、若日本,或有教堂医院,或有学校商店,加以宁波水陆交通均甚利便,外人入境游历络绎不绝,外国军舰亦常入口游弋,是以不关外交之外人事务,实校[1]他处繁重。现在宁波交涉署既已奉令裁撤,嗣后,市内所有上项外人事务,市长职责所在,自当恪遵法令,秉承钧长意旨,妥慎办理,以副钧部统一外交之至意。惟职政府系地方行政机关,所有职掌分配,均遵照《市组织法》规定办理,经常预算因收入短少,已是削足就履,勉强维持,案经呈奉浙江省政府核定,实属无法追加。现在市内不关外交之外人事务,已由职政府赓续办理,原有职员固属不敷支配,即办公经费,亦因限于预算,无从开支。思念及此,不胜彷徨。伏查钧部公布各交涉署经费等级表规定,宁波交涉署每月经费银二千四百元,嗣以该署系由浙海关监督兼任,照章应折半开支。该署现虽裁撤,然遵照《善后办法》,除重大案件发生交涉依照办法第四条规定,应即转送钧部处理外,所有寻常事务,实均由职政府赓续办理;依照兼任规定,本可照案请拨,惟此项地方外交官署既奉明令裁撤,职政

---

[1] 原文"校"字应为"较"之误——本书编辑者。

府虽接办其事，自未便援以为例；且国步艰难，市长仰体时艰，敢不竭力撙节，以省经费？兹为兼筹并顾起见，拟请钧部核拨办公费每月银四百元，以资维持，而利进行，并请将此项办公费准予按照前交涉署成案，仍由浙海关监督署常关项下按月照拨，请由钧部咨行政财部核发支付，命令饬令该关监督署照拨，以符旧案。如此，在钧部依照经费等级表已减去经费五分之四，即照兼任经费亦节省三分之二；在职政府接办其事，虽事务各方加增，而办公经费已酌得补助，自无顾此失彼、捉襟见肘之虞。所有呈报遵照《裁撤交涉署善后办法》接办不关外交之外人事务情形，并请拨给办公经费、仍由浙海关监督署常关项下按月照拨各缘由，理合具文呈请，仰祈鉴核施行等情。查宁波交涉署裁撤，所有外人事务业由该市政府据收办理，需用经费应归市政府预算列支，现因本年度预算规定未便增加，所请月拨四百元一节应准暂行通融补助，相应咨请查照办理，并希见复。此咨财政部。

外交部长：王正廷
中华民国十八年十月七日

（《外交部公报》，1929 年，第 8 期）

国民政府审计院咨

为咨复事。案准贵部部字第九二一号咨开（原文附后）等由，准此查宁波交涉员蒋锡侯答复本院审核通知书通字第一六六号查询事项，第四条所称"护照费收入并非每月固定，时有时无，均于每月终呈报外交部；此项收入亦于月终解部"。查护照费既据呈解有案，应汇集十七年七月，迄十八年六月，所有各项护照费收入，开列清单，补送来院。此外，答复书内声复各点尚无不合，一俟护照费清单补送来院后，再行核办。准咨前因，相应咨请查照转饬办理为荷。此咨外交部。

院长：于右任
副院长：茹欲立
中华民国十八年八月三十日

附：外交部咨

为咨行事。据宁波交涉员蒋锡侯呈为遵令将审计院通知审核职署十七年十二月支出计算书表,除书内注意事项,业饬办理出纳人员随时遵照注意外,所有查询补送事项,兹特分条详复,理合缮具清折,备文呈送,鉴核转咨等情,并清折一扣到部,相应咨请查核办理。此咨审计院。

附该署清折一扣

外交部长：王正廷

中华民国十八年六月二十六日

附：宁波交涉署答复书

谨将关于十七年十二月份支出计算书表单据查询补送事项分条详复呈送鉴核。

查询事项

一、单据第五条稽查翁文涛支领薪水八十元；交涉署本无设置稽查之必要,十六年十一月二十二日公布之《外交部特派各省交涉员及各埠交涉员服务条例》,亦无设置稽查之规定。该署设置稽查,有何根据？又报称仅雇员,但薪额八十元,已超过委任职第七级薪俸洋六十元之数；是就薪数言,谓系雇员,亦有待于解释,应一并声复等语。查公布之《交涉员服务条例》,本无设置稽查之规定,惟职置是项稽查于民国初年,由关监督兼任交涉员,因宁波系通商口岸时,有外国兵舰游弋,及侨民经商、传教、游历来往不绝,所来往船只侨民,不能限定国籍,临时接洽调查人员,非熟悉各国语言文字,深恐彼此发生误会,特设置西稽查一员,最初由宁波江北岸工程处西干事英人巴显荣兼充,每月仅支夫马洋一百元,不支薪水。民国十六年,国军定浙,宁波市政府成立,江北岸工程处归市政府办理,西干事同时裁撤,而职署是项稽查,因时有外国兵船侨民来往之故,不能不仍售设置,经张前交涉员于民国十七年二月将派员接充稽查情及月支薪数目呈报外交部在案。惟因政府公布之各交涉员服务条例无稽查之规定,且委任俸项下各职员均系部委员,缺有限,故此项稽查不能列入委任,只得于预计算书内列作雇员,其支领薪水收据,系从实支数目造报,理合声明。

二、单据第八号受款人张原燮盖张如田图记；张原燮是否即张如田,应申声等语。查张原燮即是张如田,前经查询八、九、十、十一等月份计算书,据案内业经详细声复在案,合并声明。

三、单据第三一号青炭三担、炭球两担共洋八元九角；该署茶水材料，系厨司王录生整包，计每月洋二十八元，此项煤炭究因何购用，应声叙等语。查职署茶水材料原由厨司整包，第上年十二月天气寒所购青炭三担、煤球两担，系各职员办公室及丁役伺应室内御寒之用，理合声明。

四、收入表中有无护照等项收入，未经声明，应声等语。查职署收入原有出洋护照费一项，惟此项收入，并非每月固定，时有时无，均于每月终呈报。

外交部遇有发给护照收入照费，亦于每月终解部，历经办理在案，理合声明。

补送事项

一、单据第一八号至二一号，共支邮费三十六元，应补送邮簿以资证明，核复发还等语。查外省各机关邮寄公文办法，多系随时开单向邮局总购邮票，于发文时自行粘贴邮票送局寄递。除关于挂号文件取有回执存照外，其普通文件并无回执，故无送邮簿可资检呈。除购买邮票票据业已粘簿呈送，并自即日起设备送邮簿以备送核外，理合声明。

(《审计院公报》，1929年，第2期)

财政部盐务署训令（庚字第一〇二号，十九年二月十五日）

令两浙盐运使，为令遵事。据两浙缉私第四营视察员张炳龙呈称，窃查本月十四日营部中士吕建勋据商民王福卿报告，日内有大帮私盐，由大夏宝岙装来运往宁波销售，已与宁波商办缉私接洽妥善；当即将巡船使至峃山洋面，果见盐船乘风而来，开枪示威，迫使抛锚过船查验，上面石板，下面果有私盐三万余斤，遂将私贩陈阿春、戴阿瀛、徐彩生、裘士荣、蒋庚土、蔡阿庄等六名，连同盐船，一并带来营部讯问，均称私贩首领在镇海等候，并每月共有八艘盐船，专事往返装运，已与宁波商办盐警打通是实，直认不讳，现罗营长将该私贩陈阿春等六名，解赴定海法院究办，盐斤缴由秤放局变卖。惟查宁波商办缉私局，屡次放私，前已呈请均署饬令防范在案，乃该商办仍阳奉阴违，对于肩挑小贩严缉勒罚，大帮盐船伙同勾结，此次若非士兵努力缉务，罗营长指挥有方，该私贩又必逍遥法外，商办缉私队又可坐收其利，影响国课，何堪设想。所有缉获私盐及商办勾结情形，理合备文呈报均署，恳析鉴核，严饬防范,以维缉务而裕课款等情。查宁属商警,屡次放私,前经令饬严究在案,据呈前情,合再令仰该运使,即便遵照,转饬严查究办以重缉务。切切,此令。

(《盐务公报》,1930 年,第 14 期)

内政部呈

为呈复事。案奉钧院第六二九号训令,以准国民政府文官处函,奉主席交下赵家荪等及宁波市商人组织统一委员会世电各一件,同以宁波市政府裁撤以后,应将原有市公安局改为商埠,公安局直隶于民政厅等情,抄发原件,令部核议具复,等因。奉此,查电称各节,核与《各级公安局编制大纲》不符,于法律殊无根据;惟本部依照此次内政会议议决,现正从事起草修正《各级公安局编制大纲》,除各省省会及市县之外,其他商埠及繁盛地方,在政治上、经济上有特殊情形者,拟增加规定,特设警察机关;一俟草拟完竣,当即呈请核定施行。宁波市公安局应准缓行裁并,暂名宁波公安局,由浙江民政厅直辖,候《各级公安局编制大纲》修正颁布后,再行遵照规定,分别改组,庶于法律事实两无冲突。所有核议情形是否有当,理合呈请钧院鉴核施行。谨呈行政院。

中华民国二十年二月十六日

内政部长:刘尚清

(《内政公报》,1931 年,第 2 期)

实业部咨浙江省政府[1](商字第一○四四五号)

(准咨以鄞县商会改称宁波商会应准备案请饬知由)

为咨覆事。案准贵省政府第一二○二号咨,据建设厅呈,据鄞县政府呈为该县商会改定名称一案,饬同原呈咨请查核办理见覆等因,准此。查原呈称,此案业经司法院统一解释法令,会议议决商会所冠之名称是否应与其所设立区域之市县名称相同,法无明文规定;若因历史上商业上之特殊关系而其所冠名称与现制市县名

---

[1] 原文标题为"咨浙江省政府",此标题为本书编辑者所加。

称不同,如果按之商会法第五条,以其所设立之各该市县之区域为其区域之规定,不致发生误会,即非法所不许等因,复经令据该县政府查覆该县商会名称,因历史上商业上之特殊关系冠以"宁波"二字,似与商会法第五条之市县区域尚不致发生若何误会等语,所请定名为"宁波商会"一节,自应照准,但须将本部原准该商会备案之章程第二条改为"本部以鄞县之区域为区域,定名为宁波商会"。准咨前因,相应覆请查照转饬遵照为荷。此咨

浙江省政府

中华民国二十一年二月二十五日

部长:陈公博

(《实业公报》,1932年,第60、61期合刊)

监察院行审计部指令[1](第六九号,二十二年十一月十三日)

(据呈实业部所属上海商品检验局宁波分处在国难期间支出计算超越减缩标准一案,候转呈核示由)

呈件均悉。候转呈国府核示可也。此令。

本院呈国民政府文(二十二年十一月十三日)

转呈前案由。据审计部呈称:"为实业部所属上海商品检验局宁波分处在国难期间支出计算超越减缩标准,呈请转呈核示事。案准实业部咨送该分处二十一年二、三、四、五、六各月份经常费支出计算书类到部,查此项计算,均超越原列预算之五成,核与中央政治会议第三二四次议决之减缩标准未能相符,惟超越之数,尚属不多,似应准予核销。可否之处,理合将该分处二十一年二月至六月份预算计算各数,另缮清单,备文呈请鉴核,转呈国民政府核示祇遵"等情,据此,理合将原开清单,备文呈请鉴核示遵,实为公便。谨呈。

附呈清单一份

(《监察院公报》,1933年,第21期)

---

[1] 原标题为"本院行审计部指令",此标题为本书编辑者所加。

实业部训令（商字第一六三一六号）

令浙江省建设厅

（据宁波商会呈请撤销鄞县县政府另订章则举办商业注册，令仰查明具覆由）

为令饬事案。据宁波商会陈贤凯等呈称，呈为呈请撤销鄞县县政府举办商业注册补充办法及小工商业备案给照暂行规则，俾免两歧而重政令事；本年二月二日，案奉鄞县县政府训令建字第一二二三号，内开：案查本县第一至第五区范围内之工商业，自民国十七年二月由前宁波市政府呈准省政府举办工商业登记，至二十年二月本府接管市政后仍继续办理，原为便行政之稽考、保工商之权利、进而谋工商业之发展起见，旋于同年十二月奉令废止，遵照商业注册暂行规则专办注册；惟商业注册暂行规则既无必须注册之规定，又商业注册不论资本大小一律收费，对于资本极少之商号均无力注册，而资本较大者以手续繁重亦多观望；如欲稽考工商业状况、保护工商业正当权益，均无由根据。虽有旧工商业登记册可查，但停办已久，不足为凭，致一遇纠纷，办理即感棘手，商业、公务两受其害，数年登记工作尽失效用；为补救此项缺憾起见，爰经拟订小工商业备案给照暂行规则及商业注册补充办法，以不紊乱实业行政、不影响工商生计为原则，俾地方政府对于就地工商业得有切实稽考，予以适法保障，庶可进谋市肆之发展，提经县政会议通过，并呈奉建设厅修正核准备案，各在案；除公布施行外，合行抄发前项规则及补充办法各一份，令仰该会知照，并转饬所属一体遵照为要；此令等因。计抄发鄞县商业注册补充办法一份、鄞县政府小工商业备案给照暂行规则一份下会。查商业注册早经钧部颁发暂行规则遵办在案；前宁波市政府举办工商业登记以于法未合，奉令撤销；现鄞县政府复举办商业注册加订罚则，迫令纳费领照，核与部颁商业注册规则抵触，更于现行商事法规未合；至小工商业备案给照能否取得法人权益，未列条文，保障自属疑义；其逾期加成征费，未免扰商病民；理合抄呈补充办法及暂行规则，呈请钧部迅予令饬浙江省建设厅转令鄞县政府撤销商业注册补充办法及小工商业备案给照暂行规则，以免两歧而重政令等情，并附抄件到部。据此查商业注册并非强制法规，与公司登记有别，注册与否本任商人之自由，惟未注册之商号，不受法律专用权之保护,注册主管官署自应善为劝导,使商人知法益之所在;该鄞县县政府所定商业注册补充办法及小工商业备案给照暂行规则,强制商人注册、加订罚则一节,如果属实,自有未合;究竟是何实情,合行抄发该项补充办法及暂行规则,令仰该厅迅即查明具覆,以凭核办。此令。

附抄件二件

中华民国二十二年二月十八日
部长:陈公博
(《实业公报》,1933年,第112、113期合刊)

实业部批(渔字第一五六〇号)

原具呈人宁波咸鲜货行同业公会

(代电一件。为江浙区渔业改进委员会宁镇区分处蔡主任征收渔业建设费由鱼行代行征收,请变更办法以恤商艰由)

巧代电悉。查征收渔业建设费,取之于渔仍用之于渔,能[1]普通捐税性质不同,案经中央政治会议审查通过,奉行政院令、转奉国民政府令办到部。各地鱼行自应依章代为扣解,以仰副政府整顿渔业之至意。如果渔民渔商尚有不明情形妄事违抗者,亦应随时予以劝导解释,免干咎戾。所请变更代征一节应毋庸议,仰即知照。此批。

中华民国二十二年五月十八日
部长:陈公博
(《实业公报》,1933年,第125、126期)

实业部指令(商字第二三五五五号)

令鄞县县政府

(呈一件,呈送宁波运水社注册文件费银请核准给照由)

呈件均悉,费银照收。宁波运水社所请商业注册,查核尚合,应予照准。兹填

---

[1] "能"字当为"与"字之误 —— 本书编辑者。

发执照一纸,仰即转给具领。此令。

附执照一件

中华民国二十三年二月三日

(《实业公报》,1934 年,第 163、164 期)

实业部指令(商字第二四二〇三号)

令浙江省建设厅

(呈一件,转送宁波立丰机制面粉股份有限公司增资登记文件,费银请鉴核由)

呈件均悉。费银照收。该公司所请增资登记,查核尚无不合,应予照准。惟原章程第十八条"及出席董事一人以上"九字应删,除代为改正外,仰饬照改。又:增资登记,依法不另收登记费,原缴变更登记费银五元发还。兹填发执照一纸,连同费银五元,一并随文附发,仰即转给具领。此令。

附执照一纸、银五元正

中华民国二十三年二月二十六日
部长:陈公博

(《实业公报》,1934 年,第 167、168 期)

实业部指令(商字第二五七二八号)

令浙江省建设厅

(呈一件,据华安水火保险股份有限公司呈为添设宁波支店请予核转登记等情转祈核示由)

呈件均悉。费银照收。该公司所请设立宁波支店登记,查核尚合,应予照准。兹填发执照一纸,仰即转给具领。又卷查该公司由前工商部核准换照,复经本部核准变更登记各在案。并仰知照。此令。

附执照一纸

中华民国二十三年五月八日
部长:陈公博

(《实业公报》,1934 年,第 177、178 期)

实业部通知（农字第三五七六号）

通知浙江省宁波通利源榨油公司经理杨容林

（准福建省政府咨复浙省通利源公司所制之棉子饼粉请免税放行一案办理情形，饬仰知照由）

案查前据该经理呈，为该公司出售之天然肥料棉子饼粉，行销福建，被当地税所征税，有碍实业，请求转令免税放行，以利农业，而维国产等情；经据情转咨福建省政府查核办理见复，并批示知照各在案。兹准福建省政府将此案办理情形，咨覆到部，合行抄发原咨，饬仰知照。特此通知。

附抄原咨一件

中华民国二十三年七月十三日
部长：陈公博

附抄福建省政府原咨

案准贵部农字第三四零六号咨开："案据浙江省宁波通利源榨油股份有限公司经理杨容林呈，为该公司出售之天然肥料棉子饼粉，行销福建，被当地税所征税，有碍实业，请求转令免税放行，以利农业，而维国产，等情；相应抄录原呈，咨请查核办理，并希见复为荷。"等由；准此，当将原件发交财政厅查明核办。兹据签呈，此案前据闽海属肥粉税征收所转呈，该公司所制'金钱牌'肥粉，与机制洋肥粉重量不同，价格互异，请予减税前来，业经准予减半征收。嗣据该经理具呈，又经明晰批示在案，各等情到府，查此项机制肥粉，既经减半纳税，已属体恤。现在省库奇绌，自未便全数豁免，致碍税收，准咨前由，相应咨复查照为荷。此咨
实业部

福建省政府主席：陈仪

（《实业公报》，1934 年，第 185、186 期）

实业部通知（商字第三〇七四〇号）

通知宁波华英鑫记药房代理人潘序伦

（该具呈人呈请核示新华英大药房使用"华英"二字是否冲突一案奉到司法院解释通知知照由）

案查前据呈为宁波新设华英大药房，使用"华英"二字，与该具呈人商号名称是否冲突，请核示一案，经呈请行政府转咨司法院解释，并批示在案。兹奉行政院第六五九一号训令内开：准司法院院字第一一三一号咨开"业经本院统一解释法令会议议决：同一城镇乡内，就他人已注册之商号，加以某字样，或极相类似之字形，营同一之商业，即系以类似之商号为不正之竞争。但仅读音相类似者，不能即认为仿用。（参照院字第一〇四四号解释）"等由，合行令仰知照，并转饬所属一体知照等因；奉此，合行通知知照。特此通知。

中华民国二十三年十二月八日

部长：陈公博

（《实业公报》，1934年，第208期）

内政部准浙江省政府咨复宁波通讯社未送刊物审查处罚情形一案函请查照[1]（公函）

中央宣传委员会：案查前准贵会二十三年九月十九日第四八八三号公函，抄送浙江省未送刊物审查各报社名单，嘱查照转咨，依法分别处罚等由，到部，当经转行浙江省政府，查照依法分别办理在案。兹准咨复内开："案据鄞县县长呈称：'案查本县前奉钧府令，以准内政部咨为本县宁波通讯社未履行出版法第十三条之规定，转饬处罚具报，遵即处以罚金四十元，令饬呈缴，去后，嗣据该社呈复社稿分送审查情形，请免予议处，节经转呈钧府核示指令，应再转

---

[1] 原文标题为"准浙江省政府咨复宁波通讯社未送刊物审查处罚情形一案函请查照"，"内政部"三字为本书编辑者所加。

饬该通讯社提出证件,以便转咨内政部核示,奉遵再饬该社提出证件,惟该社社稿寄递向不挂号付邮,证件无由提出,并一再呈称社费拮据,不敷开支,恳求从轻处罚,以免赔垫,经查确系实情,罚金准予减为五元,业已呈缴到府,准予销案在案。奉令前因,理合将处罚宁波通讯社经过情形,备文呈报钧府,仰祈鉴核备案,并转咨布备案'等情。据此,查此案前奉贵部开单咨嘱以该通讯社未送刊物审查,应予处罚等由,即经令饬鄞县政府执行在案。兹据前情,除指令外,相应咨请查照备案"等由。准此,相应函请查照备案为荷。此致中央宣传委员会。

中华民国二十四年十月十八日

(《内政公报》,1935年,第20期)

实业部指令(商字第三一七七八号)

令浙江省建设厅

(呈一件,据宁波冷藏股份有限公司呈为声请设立登记等情转祈鉴核由)

呈件均悉。费银照收。该公司所请设立登记,查核尚合,应予照准。填发执照一纸,仰即转给具领。此令。

附执照一纸

中华民国二十四年一月二十一日
部长:陈公博

(《实业公报》,1935年,第216期)

实业部指令(商字第三二五七九号)

令浙江省建设厅

(呈一件,据镇江贻成新记机制面粉股份有限公司为在宁波添设支店声请登记给照等情转祈鉴核由)

呈件均悉。费银照收。该公司所请在宁波地方设立支店登记,查核尚合,应予照准。兹填发执照一纸,仰即转给具领。此令。

附执照一纸

中华民国二十四年二月二十五日

部长：陈公博

(《实业公报》,1935年,第220期)

实业部指令（商字第三八二二四号）

令浙江省建设厅

（呈一件。呈送宁波自来水股份有限公司设立登记文件费银祈鉴核由）

呈件均悉,费银照收。该公司所请设立登记,查核尚无不合,应予照准。兹填发执照一纸,仰即转给具领。惟所营自来水业务,应呈经内政部核准,方得营业,并仰饬遵。此令。

附执照一纸

中华民国二十四年十月十六日

部长：陈公博

(《实业公报》,1935年,第253、254期合刊)

实业部批（商字第四〇五三〇号,二十五年一月十五日）

原具呈人宁波棉业交易所

(二十四年十二月二十五日呈一件,呈请注销经纪人和丰纺织股份有限公司原领执照并请发给新充经纪人王百年执照由)

呈件均悉。费银照收。该所经纪人和丰纺织股份有限公司缴还原领执照,请予撤销资格；王百年接充经纪人,缴具费件呈请注册给照,查核尚合,均予照准。除将旧照注销外,合行填发执照一纸,仰即转给具领,取具请领书呈缴备查。此批。

附执照一纸

部长：吴鼎昌

(《实业公报》,1936年,第266、267期合刊)

实业部指令（林字第一九七七号，二十五年二月一日）

令浙江省建设厅

（二十五年一月二十二日第六〇号呈一件，据宁波公安局呈为《狩猎法》及同法施行规则以何时为施行日期并违背《狩猎法》第五、第七等条者应如何处罚转请核示由）

呈悉。查《狩猎法》第十九条规定，《狩猎法》施行日期，以命令定之，应静候本部拟定相当日期，呈请明令施行；在未施行前，得暂行援用民国三年公布之《狩猎法》。至本法未规定处罚事项，如别无可据条文，自应依照行政执行法办理。据呈前情，合行令仰知照，并转行宁波公安局知照。此令。

部长：吴鼎昌

（《实业公报》，1936年，第269期）

实业部指令（商字第四二七〇九号）

令浙江省建设厅

（二十五年三月十七日第二九三号呈一件，据惇叙商业储蓄银行股份有限公司呈请设立宁波支店登记给照等情转祈鉴核由）

呈件均悉。费银照收。该公司所请设立宁波支店登记，查核尚合，应予照准。兹填发执照一纸，仰即转给具领。此令。

附执照一纸

中华民国二十五年四月十日

部长：吴鼎昌

（《实业部公报》，1936年，第276期）

实业部指令（商字第四四七三三号）

令浙江省建设厅

（二十五年五月二十九日第六八七号呈一件，据宁波大丰机制面粉股份有限公司呈，为遵令酌改名称，经股东会议决改定太丰，请核转登记给照等情，仰祈鉴核由）

呈件均悉。既据该公司改正名称并修正章程补报前来，尚无不合，所请设立登记,应予照准。兹填发执照一纸,仰即转给具领。此令。

　　附执照一纸

中华民国二十五年六月十五日

部长:吴鼎昌

(《实业部公报》,1936年,第285期)

实业部指令(商字第四八三一三号)

令浙江省建设厅

(二十五年八月十九日工字第九六九号呈一件。据宁波正大火柴股份有限公司呈请设立杭州支店转请鉴核由)

　　呈件均悉。税银照收。该公司拟在杭州地方设立支店,查核尚合,应予照准。合行填发执照一纸,仰即转给具领。此令。

　　附发执照一纸

中华民国二十五年九月二十八日

部长:吴鼎昌

(《实业部公报》,1936年,第300期)

实业部指令(商字第五〇二二七号)

令浙江省建设厅

(二十五年十一月六日工字第一三一五号呈一件。呈送宁波明心实业股份有限公司设立登记文件费银祈鉴核由)

　　呈件均悉。费银照收。该公司所请设立登记,查核尚合,应予照准。兹填发执照一纸,仰即转给具领。惟该公司董事监察人系何时选任,未据报明,并仰转饬补报备查。此令。

　　附执照一纸

中华民国二十五年十一月二十八日

部长:吴鼎昌

(《实业部公报》,1936年,第309期)

监察院训令[1]（院字第五七九号，二十五年十月三日）

令审计部，为令知事。案奉国民政府二十五年九月三十日第七二八号训令内开：为令饬事，据本府主计处二十五年九月十九日岁字第四零一号呈称："案准财政部会字第二三七二三号公函内开：'案据苏浙皖区统税局呈，以据宁波管理所呈报，本年五月商人组织成立浙东改良美种烟叶产销股份有限公司，播种烟叶，现先试种数千亩，征收统税，可得二万余元，将来逐渐推广至数万亩，收获比例增加，税收可达数十万元，自应派委专员办理，以期周密等情，并编送二十五年度宁波管理所办理熏烟经费岁出概算到部，查原送概算，计列一三 九八零元，月计一 一六五元，以目前税收情形而论，较之豫鲁皖各地熏烟场所经费，自觉过巨。惟该所管理试种美种烟叶，占地数千亩，零星散漫，至数县地境，非有较密组织，不易管理。兹由本部分别核定，（一）宁波管理所增加经费，原列四 七五二元，减列为三 零一二元（计减去调查员一人，检查员二人，删除雇员一人，办公费月减二十元）。（二）韩岭稽查处增加经费，原列九二四元，减列为二四零元（计减去检查员一人，其公役一人及办公费均删除）。（三）添设鄞县熏烟驻场员办事处经费，原列三 七六八元，减列为二 八四四元。（四）添设奉化熏烟驻场员办事处经费，原列三 四零八元，减列为二 四八四元。（三四两项，均减去办事员月薪二十员，检查员、公役各一人，办公费均月减二十元）。（五）添设台州熏烟稽查处经费一 一二八元照列。以上五项经费，共年支九 七零八元，月计八零九元，二十五年度内自八月份起支，计十一个月共为八 八九九元，应准在财务费类第一预备费项下动支。除令饬该局补编岁入概算，另行核转外，相应检同原送岁出概算，函请贵处查核备案，并转行审计部查照为荷'等由，附岁出概算书一份。准此，查苏浙皖区统税局编送宁波管理所二十五年八月至二十六年六月，十一个月岁出概算，经财政部分别核减，改列为八千八百九十九元，拟在二十五年度财务费类第一预备费项下动支，核与预算章程第二十七条第二项之规定尚无不合，似可准予备案。除将概算书提存备查外，理

---

[1] 原标题为"本院训令"，此标题为本书编辑者所加。

合呈请鉴核备案,并分令行政、监察两院转饬知照'等情。据此,应准照办。除指令并分行外,合行令仰该院转饬审计部查照。此令"等因。奉此,合行令仰知照。此令。

院长:于右任

(《监察院公报》,1936年,第101期)

(二)各省市关于宁波的公文

浙江巡抚冯汝骙奏宁波府法政学堂将届毕业请奖立案折

奏为宁波府法政学堂将届毕业,请援照京师仕学馆及京师法律学堂章程,酌给奖励出身,并先陈请立案,恭折仰祈圣鉴事。窃查宁波府法政学堂,前于光绪三十一年九月间经前宁波府知府喻兆蕃转据郡绅童德厚等合词禀请,将孝廉堂改为法政专门学堂,招考举贡生监既有职人员,专习法政以备任使,嗣于三十二年上学期由该府督率开办,并札委该府学训导孙树义为代办监督,自开办迄今已历二年,各学员尚为奋勉,原定三年毕业,本年十二月即届毕业之期,自应照章行。查京师法政学堂,前经奏定预科二年毕业升入本科三年毕业,比照高等学堂给予奖励;又《学部官报》第五期内载,京师仕学馆考选京外有职人员入馆肄习法政三年毕业,已由部遵照奏定仕学馆奖励章程奏咨在案;又查京师法律学堂简章,三年毕业,经学务大臣奏准比照仕学馆奖励章程办理。今宁郡法政学堂开办较早,查该学生资格、学科程度、毕业年限,均与京师仕学馆及法律学堂情形无异,经署宁波府知府夏孙桐禀请援案给奖,由提学使支恒荣核明详情奏咨立案前来。臣查法政范围甚广,学理精深,实非三年之短期所能通晓,只以风气初开,人才缺乏,既系该堂毕业期近,且有成案可援,似应量予奖励,藉昭激励,相应请旨俯准先行立案,俟将来毕业并请准予援照京师仕学馆及京师法律学堂章程奖给出身,以示鼓励,除咨学部查照外,谨恭折具陈,伏乞皇太后、皇上圣。鉴训示。

谨奏。

光绪三十四年三月十六日，奉朱批：学部议奏，钦此。

(《政治官报》，1908年，第169期)

浙江巡抚增韫奏宁波府属南田设立专官改为抚民厅并移驻文武员弁折

奏为遵旨将浙江宁波府属南田设立专官，改为抚民厅，并移驻文武员弁，以资治理，恭折仰祈圣鉴事。窃前准政务处咨，会同吏部议覆署闽浙总督崇善等奏，查明南田形势，拟设专官一折，奉旨依议，钦此，恭录谕旨咨行到浙，当经前抚臣张曾敭札饬藩臬两司、宁绍台道、参谋处会议详办去后，兹据布政使颜锺骥、按察使李传元、宁绍台道桑宝、参谋处帮办、杨立言会详称：南田兀峙外海，贴近三门，与宁海、定海、玉环等厅县相为犄角，诚为东浙屏蔽，南洋要冲；其地近接石浦，遥隶象山，分四乡十都一百八岙，幅员广阔，岛屿分罗，自光绪初年开禁以来，派垦务保甲委员设局办事，专司编户收租而无刑名专责；近来垦辟渐广，生齿日繁，报垦之户，多系温、台等处客民，去来无定，抚辑良难，自非专设文武员弁不足以资治理；拟请设一厅治，名曰南田抚民厅，以宁波府水利通判移驻，缺分与定海、玉环同一繁要，请定为海疆抚民通判冲繁要缺，仍归宁波府管辖；惟既设专官，即有刑事，须设监狱，自应添设管狱官，拟请仿玉环厅治，以向驻郡城兼甬东巡检事四明驿丞随通判移驻，改为南田巡检兼司狱官，四明驿丞作为裁缺，所遗驿丞巡检事务并请仿金华府双浃驿之制，就近改归宁波府经历兼管，各专责成，俸廉役食暂仍其旧；南田各岙以樊岙为适中之地，原设有垦务保甲，即就旧有局屋量加修葺，作为厅员办公之所；至武职员弁复经会同考查营制，并拟仿天岚山移驻营汛办法，请以提标左营游击移驻南田适中之樊岙，与抚民厅统辖水陆全境；原驻郡城守备千总二员，移设龙泉、鹤浦两塘分驻；巡防把总一员，随同游击驻扎樊岙作为城汛；凡原立左营驻扎郡城外额各弁以及水师巡洋战守兵丁，一律随同改驻南田各岙，择要设防；专巡洋汛，仍归提标统辖；应请咨由提督会同宁波道府确加查勘，分别妥筹办理；其各岙之中已经垦熟征租田地山塘，应行勘丈定则升科；未垦之地，劝民筑塘养淡；至于兴立学堂、普施教育、举办警察、共保治安，以及应建文武衙署、仓库监狱、汛地营房、巡洋师船，与夫各口门如何扼要建筑炮台用固海防，一切未尽事宜，统俟设移文武各官定案后，另行妥商筹款、次第兴办等情会详请奏前来。奴才查南田地处海疆，形势繁要，自非专设民官治兵刑、定户籍、兴养立教无以树久安长治之规，该司道等所议各节，系属因地制宜，规划尚善，合无仰恳天恩，俯准敕部议覆再行遵办，除分咨查照外，所有南田设立专官并移驻文武员弁，理合会同闽浙总督臣松寿、浙江提督臣吕本元合词恭折具奏，伏乞皇上圣鉴。再，宁波府通判萧福清现已另案休致开缺，新设南田抚民通判要缺应俟议准后拣员请补，合并陈明。谨奏。

宣统元年六月二十六日奉朱批：该部议奏，钦此。

(《政治官报》，1909 年，第 645 期)

提法司照会宁波军政分府文

三月三十一号准贵分府咨开，奉大总统令开，不论行政司法官署及何种案件，一概不准刑讯，凡鞫狱当视证据之充实与否，不当偏重口供，其从前不法刑具，悉令烧毁具报等因，即经分府札知执法部遵照在案；嗣据该部呈报，查刑具一项，前清审判厅凡罪犯应死、证据已确、不肯认供、应行刑讯者，概用竹板长五尺五寸、大头阔一寸五分、小头阔一寸，重不过一斤，每次刑责以三十板为限；至初次讯供时，及徒流以下罪名，概不用此；光复以后，两级审判厅改并本部，业已置之不用；兹奉札付，除遵即将是项竹板概行焚毁外，理合备文呈报察核，俯赐转详；至从前所用之镣铐链子等项能否仍旧沿用，并请详示办法以便遵行等情，除批示外，拟合备文咨请，为此合咨贵司烦为查照前清审判厅所用镣铐链子等项能否仍旧沿用，即希见复，以便饬遵，等因，准此，查镣铐链子等项本为防止犯罪人脱逃之戒具，与刑讯之刑具不同，新《刑律》逮捕监禁者脱逃罪中有"损坏监禁处所械具"之条，是对于按律逮捕监禁之人当用戒具固有明文可据，自应仍旧沿用，准咨前由，相应备文咨复，请烦贵分府转令知照。特此照会。

(《浙江军政府公报》，1912 年，第 66 期)

江苏财政厅训令第一千二百五十九号

（转行宁波翔熊工厂机织软席等项免纳海关税一年省令，不另行文）

令各局、所：

本年四月二十日奉省长公署训令，案准税务处咨开：前准浙江省长咨开，据实业厅呈，据宁波翔熊机织软席工厂呈称，商厂所出之机织软席及附属之席制椅垫桌罩等件，不特原料出自土产，即机械亦属自制，曾于国民[1]四年以"翔熊"商标呈准农商部注册，并蒙特别奖励，给予专利证书，应请转呈，分别咨行税务处、财政部准予通饬所属，将商厂所制出品经过关卡一律免税等语呈请核咨等情，应据情咨请饬属特免捐税等因，当经本处以该工厂所制软席及附属之席制椅垫桌罩等件，应将货样送处验明再行核办，咨复浙江省长转令遵照，并分咨财政部、农商部查照，各在案。兹准浙江省长将该工厂出品软席一条、桌罩椅垫席料一卷、花席样四块、三角草一束、草纱一绞、图说三张，备文咨送考验前来本处。查宁波翔熊工厂机织软席及附属之席制桌罩、椅垫、花席等件，经本处验明实系自出心裁，发明一种草料纺织品，应准自本年四月十一日起，扣至明年四月十日止，免纳海关出口正税及复进口半税一年，以示优异；在此一年免税期内，所有该工厂制成货品报运出进口时，应由经过各关验明翔熊商标，并无夹带影射情弊，即予放行；一俟免税期满，即当照章征税；至三角草及草纱系属未制成席之原料，不在此次免税之列；其内地税厘应如何办理，应另由财政部核夺；除分行外，相应咨行查照可也等因，准此；除分行外，令仰该厅长转饬所属一体遵照，此令等因到厅。奉此合行通令各该局、所长一体知照。此令。

中华民国九年四月二十六日

厅长：胡翔林

（《江苏省公报》，1920年，第2280期）

---

[1] "国民"当为"民国"之误——本书编辑者。

江苏财政厅训令第七六一号

（转省令准税务处咨宁波鸿信厂所制毛巾应照机制洋式货物税办法办理，不另行文）

令各局、所：

案奉省长公署训令，内开：案准税务处咨开，案查民国九年六月间，曾经本处根据呈咨各案漏订机制洋式货物税现行办法，分行知照在案。兹查有鸿信厂所制之毛巾，经本处审核应视为机制洋式货物，准照前项办法办理，除分行外，相应开列该厂设立地点及货物种类商标等项，咨行查照，饬属遵照可也等因，准此，合行令仰该厅长转饬遵照，此令，计抄单等因到厅。奉此合行抄单，通令各该局、所长遵照此令。

计抄单

中华民国十二年三月十七日

财政厅长：严家炽

商厂名称	鸿信厂	
设立地点	宁波北门内	
货物	种类	毛巾
	商标	红星
附记	此案系准农商部转据宁波总商会代呈并检送该厂货样商标咨处核办	

（《江苏公报》，1923年，第3302期）

江苏财政厅训令第二七一九号

（转部、省令。宁波均丰针织厂所制之毛绒背心应照机制洋货完税办法办理）

令各局、所：

案奉财政部第三五九号训令，内开：案准农商部第八四号咨开，据浙江宁波均丰针织厂茅鲤庭呈称，商人于民国八年一月间在浙江宁波江东张斌桥上茅墙门内地方设立均丰针织厂，专以机织各种袜子及围巾手套，出品以"大福"、"大炮"等为商标。业于民国十一年间检具样品商标，呈请转咨援案完税在案。兹因商厂新加机件添造毛绒背心出品一种,仍用"大福牌"为商标,用特检具货样商标呈送察核,转咨财政部税务处准予仍照机制洋式货物成例,凡遇装运出境,本国各省完纳征税一道余免重征,倘有国外贸易并豁免出口正税等情前来。查该厂所制袜子等品,曾于民国十二年一月间经本部咨送贵部暨税务处,先后准予援照机制洋式货物税现行完税办法办理在案。兹该厂又新出毛绒背心一种,呈请援例完税,自应援照前案一律办理,检同货样商标各一份,咨请查核见复等因,并准税务处咨同前由各到部。查该厂所制毛、棉、绒织各品,业经部处于民国十二年核准按照机制洋货完税在案。此次该厂增制之毛绒背心,既系同一工厂出品,应准按照机制洋货完税办法办理,以昭一律;除备案并分行各厅、关、局遵办外,合即令仰转令遵照此令并抄单等因,并奉省长公署令同前由各到厅,奉此合行,令仰各该局、所长一律遵照。此令。

中华民国十五年九月四日

江苏财政厅长:李锡纯

(《江苏公报》,1926年,第4541期)

江苏财政厅训令第二八三七号

(转部、省令。宁波立兴织造厂所制纱毛绒丝等类织物准照机制洋货完税办法办理)

令各局、所:

案奉财政部第三五八号训令,内开:案准农商部第三零一号函开,据宁波立兴织造厂呈称,商人于民国十年,在浙江鄞县君子营地方创设立兴织造厂,业于是年十二月呈奉鄞县公署注册给照,并将所用"立心"商标于十五年一月呈奉商标局审定公布,各在案;查商厂出品计有纱毛合织类短衫背心等十三种,纱织类手帕等七种,绒织内暖衫等五种,线织类汗衫等四种,毛织类小儿背心等二种,人造丝类裤带等三种,丝织类领巾一种,丝纱合织类手携袋二种,共八类三十七种,均系自购机具,尽力仿造,所出物品,远驾舶来品之上,理合附呈货样商标,请准转咨,援照机制洋式货物例纳税等情,应检同原送货样商标函请核办见复等因;当经部处将该厂营业情形分令浙海关监督查复去后,兹准税务处咨称,此案已据该监督将查明各节开列清单呈复前来咨行查核见复,以凭办理等因到部。查该厂所制之纱丝毛线等类货品三十七种,既据该监督将营业情形切实查明,所送货样复经详加审核,品质尚属精良,所请按照机制洋货现行办法完税一节,应即准予照办。除分令外,合将各种货品开列清单,令仰转令遵照办理可也。此令并发附件等因,嗣奉省长令同前由到厅,奉此合行,令仰该局、所长一体遵照。此令。

计抄附件

中华民国十五年九月十七日
江苏财政厅长:李锡纯

商厂名称:宁波立兴织造厂

设立地点:浙江鄞县君子营

货种,计开:

纱毛合织类出品十三种:短衫、背心、小儿衫、男袜、女袜、罗宋帽、拉毛罗宋、小儿罗宋帽、领巾、女背巾、全指手套、宽紧骆驼绒半指手套。

纱织类出品七种:手帕、手巾、男袜、女袜、领巾、汗衫、暖衫。

绒织类出品五种:暖衫、小儿暖衫、小儿帽、拉毛小儿帽、小儿袜。

线织类出品四种:汗衫、汗裤、男袜、女袜。

毛织类出品二种:小儿背心、小儿帽。

人造丝类出品三种:裤带、镶衣条带、镶衣条绳。

丝织类出品一种:领巾。

丝纱合租类出品二种:手携袋、手帕。

以上三十七种

商标:立兴

附记:此案系准农商部转据该厂具呈请愿并附商标货样咨处核办,商同财政部照准。

(《江苏公报》,1926年,第 4554 期)

江西省政府财政厅令（第一二〇七号）

令各统税征收局长：

　　为令遵事。本年三月二日，奉国民政府财府部令开：为通令事；据浙海关监督呈称，案据宁波草帽织工业涌丰、坤和、三泰、大隆源、泰顺余、泰丰、嘉泰、天隆、恒泰等行书称，窃商等鉴于本乡工业不振、生计艰难，而尤以一般贫寒妇女为最甚，爰有草帽行等之设立，利用本地所产席草，召集乡村老幼妇女，教以编织草帽方法，几经试练，始渐纯熟，近复参用外洋金丝草等原料，因其色白质纯较为美观，制成各式草帽行销国外，岁有增加，请准免税出口；可否准予免税，以维工业而裕民生之处，祈鉴核等情。查本部早拟设法奖励平民妇女手工编织草帽及草帽缏之出口，借维生计。此次涌丰等行请将草帽一项特予免纳出口税一节，与本部向来主张适相符合，当经批令照准，并将物品种类及免税范围酌予扩充，嗣后各厅、关、局对于各种草帽及各色草帽缏所有应征一切税厘，应自令到之日起概予免征，并先期广为布告，俾众周知。除批示并分行外，合行令仰遵照办理，并将实行日期具报查核，此令等因；奉此自应遵照办理，除呈复并分行外，合行令仰该局长即便遵照，对于各种草帽及各色草帽缏应征税款，自奉文之日起概予免征，并录令布告，俾众周知。仍将遵办情形具报，毋违。切切此令。

中华民国十七年三月二日
厅长：黄实

（《江西省政府公报》，1928年，第20期）

宁波市府重颁《市库收支简章》

　　中国官厅法团以及商旅室家，素习均不预算之设，或而有之，亦等具文，此乃中国人办事上最乏弱之点也。今宁波市政府，有鉴于此，乃召集各局科联席会议，议决自十八年七月一日起，决定依照预算执行之。兹探得令各局文云：为通令遵事，案查市库收入，向无划一制度。按照预算，既多出入，办理决算，复无根据。二年以来，带收借处，不一而足，若不整理，必至无法维持。兹为改良会计制度，并划一收入暂行程序起见,订定《市库收支暂行简章》,及《市库收支暂行程序》,召集各局科处联席会议。议决通过,应自十八年度起,即(七月一日)一律照章执行,决不通融,以示限制,而缴预算,除分行外,合行检管《暂行简章》及《程序》各一份,令仰部长遵照办理毋违,切切此令。计发《收支暂行简章》及《收支暂行程序》各一份。(一)自十八年度起(即十八年七月一日)市库收支款项,一律须先经计核员审计。(二)凡饬员征收之款,由财务科征收股先期制就捐票,经计核员审核后,通知征收股发交征收员征收之。(三)凡来府呈缴之款,先由主管办事员办理一切手续,送交计核员审核后,通知财务科征收股收款。(四)各局代收款项,其征起数超过百元以上,即须汇报计核员,通知征收股核收。(五)征收股应将每日征收款项,于四时前,随时解缴出纳股。(六)每月终了后,征收股,须按照岁入预算格式,编造收入计算书。(七)征股于每月份终了后未收各款,应以应收未收款项科目处理之。预征款项,则以预收款项科目处理之,以便分明,每月收入状况。(八)负债类之收款,如保证金探租等项,应专归出纳股处理。(九)本政府事业费,各主管机关具领转给。(十)各机关应于每月二十日前将本月份应领经常费,造具支付预算书。送呈市政候核。(十一)凡经常支出,于每月终,由计核员制成支付命令,送至各领款机关,由各机关填具借款证。向出纳股领取。(十二)凡临时支出,须由领款机关按期呈请市政府,经市长核准,转知计核员,制给支付命令后,如准填具领款证或领状,向出纳股具领。(十三)各机关应于次月二十日以前,造具支出计算书,送呈市府复核,倘延不奉行,即将其本月份应领款项扣留。二、[1] 各主管办事员,应将每日收入总数,汇报计核员核对。寅、[2] 各局代收款项缴款程序:(一)各局按照《宁波市市库收支暂行程序》,汇缴款项时,须备解款单,送交计核员,经审核无误,填写收款通知书,交解款员,连同款项,送交征收股核收。即在单上加盖"款收讫"戳子。并填发收据,或其他凭证。(二)各局应于每月终送具征收月报表,连

---

[1] 原文序号比较混乱,此"二"字应属于"(十三)各机关应于次月二十日以前,造具支出计算书,送呈市府复核,倘延不奉行,即将其本月份应领款项扣留"但前面漏了"一"字 —— 本书编辑者。

[2] 原文序号比较混乱,"寅"出现在"子"、"丑"前面 —— 本书编辑者。

同报告单(即呈缴一联之收据)送呈市政府候核。乙[1]、支款。子、经常费：(一)各项经常支出,于每月终由计核员,制就支付命令,发给各领款机关。(二)各机关于收到支付命令后,可迳向材[2]务科出纳股具领；出纳股于发款后,在支付命令上,加盖"款付讫"戳子,送交计核员存查。(四)[3]各机关每月终之前,有须先期请领是月份经费之一部分者,应填具预支请款单,经市长核准,饬材[4]务科核发此项领文。于月终领收经费时,全数扣除之。丑、临时费：(一)凡各机关请领,不列入预算之临时费,经市长核准,即由计核员制就支付命令,送交该领款机关,其余领款手续,与前项同。

(《东三省官银号经济月刊》,1929年,第3期)

指令宁波旅汕同乡会呈拟向李烈记购买金砂乡粮田六十万丈以建殡舍请核准备案由

呈悉。查金砂乡距离市区较远,于卫生、交通上均无妨碍,应准购地建筑殡舍,以妥幽魂。如果市区发达,该处开辟马路,势须拆及殡舍时,该会仍应遵照本府规定收用土地、割让房屋、迁徙坟墓各项章程办理,并仰知照。此令。

市长许锡清　九月五日

(《汕头市公报》1929,第49期)

令知宁波市政府取消

（只登本报,不另行文）

民政厅奉内部转奉行政院训令,宁波市政府取消,经奉国府指令备案,仰厅知照等因。当于二月二十五日,训令(第一〇九一号)各县县长一体知照矣。令云：

---

[1] 原文序号比较混乱,前面无"甲"字——本书编辑者。
[2] 原文"材"字应为"财"之误——本书编辑者。
[3] 原文没有"(三)"——本书编辑者。
[4] 原文"材"字应为"财"之误——本书编辑者。

为令知事：案奉内政部"民"字第二五号训令开："案查本年一月三十日，奉行政院第四二五号训令开：案据浙江省政府第八号呈称：'窃查杭州、宁波两市，前据该市府等查复人口税收等情形案内，即经咨请内政部转陈钧院，转呈国民政府准予继续成市在案。兹又据宁波市各法团暨民众等纷纷呈请将该宁波市废止前来。当就法律、事实、民意、财政各方面详细研考，似宁波一市，实有废止之必要！仅将其理由胪陈如下：查《市组织法》规定，凡隶属于省政府之市，人口必须在三十万以上；或人口在二十万以上，其所收营业税、牌照费、土地税，每年合计占该地总收入二分之一以上。今宁波市合为二十一万两千五百八十人；土地税、营业税尚未举办，牌照费收数甚微，而全年总收入则为七十五万元，其不及二分之一，彰彰明甚。虽前据该市府呈报举办土地税、营业税后，估计可达该地总收入二分之一以上；但是项估计，全凭理想，是否准确，殊无把握！此就《市组织法》之规定言，宁波市实有**废止之理由一**[1]也。又查半载以来，迭据该地党部、村里会、律师公会及民众等，纷纷呈请废市，文电交驰，积牍盈尺，类皆持之有故，言之成理。在职府当初设市之本意，原为谋市政之发展，与市民之幸福。今经过三年之试验，开支达二百余万元以上，而市政之进步无几，市民之反对日烈；为顺从舆情起见，似亦无继续存在之余地！此就民意言，宁波市实有废止之理由二也。再就目前该市之财政状况论，收支相抵，不敷甚巨，总计三年以来，负债达四十万元以上，市民负担日益加重，几于无业不捐，无物不税，公私交困，岌岌不可终日！且从前十八、十九两年度预算，省政府均列有每年补助该市九万元之专款；现在省库异常支绌，应付为难，此项补助专款，亦复无从筹措，似应即将该市废止，以省去一部分不必要之行政经费，而又可借此减轻人民之负担！此就财政方面言，宁波市实有废止之理由三也。其他如因杭、绍之直接通车，温台之直接通航，该市在商业上之位置，已大不如前；而工厂寥寥，企业衰微，尤无设市之必要！爰经职府委员会第三百六十八次会议详加讨论，众意佥同，议决：'将该市取消，由鄞县县政府接收管理，以符法令，而节糜费'。除分咨内政部暨令该市、县政府遵照外，理合具文呈报鉴核，转呈国民政府备案，实为

---

[1] 原文"废止之理由一"以及下文的"理由二"和"理由三"，均由大号黑体字醒目排出 —— 本书编辑者。

公便!等情况到院。当经提出本院第十次国务会议决议:'照准:转呈国民政府备案。'除照案转呈国民政府鉴核备案,并指令该省政府外,合行令仰该部知照!此令。"同年二月九日,又奉行政院第五七二号训令开:"案查前据浙江省政府呈:'为职府委员会议决将宁波市政府取消,由鄞县县政府接管,请鉴核转呈备案!'等情到院。当经提出本院第十次国务会议决议:'照准转呈,并令行知照'在案。兹奉国民政府第二二八号指令内开:'呈悉;准予备案,仰即转饬知照!此令,等因。奉此,除令浙江省政府知照外,合行令仰该部知照!此令'各等因。奉此,除呈复并分别咨令外,合行令仰该厅知照!此令"等因。奉此,合行令仰该县长知照;并饬属一体知照!此令。

(《江苏省政府公报》,1931 年,第 684 期)

(三) 宁波市及各县公文

鄞县告示

钦加同知衔、署宁波府鄞县正堂、加五级纪录十次姚为出示严禁事。同治十一年九月廿三日,奉府宪边札开,同治十一年八月初五日奉臬宪蒯札开,同治十一年七月初四日奉抚宪杨札开,案据钱塘县曾令禀称:卑县境内,有不法尼僧,妄行煽惑,一见良家妇女,往往意外殷勤,百般哄诱,竟若弥陀一卷,羽化可期,而其铺陈之靡丽、饮馔之精工,虽富豪无以过之;是以无知者,固尽入迷途,有识者亦渐投罗网;年轻妇女愿拜师而带发修行,奸诡尼僧逞私欲而损人名节,甚至假礼佛以为名作邪淫之巧计,申夜达旦,嬉笑喧哗,荡子游僧行踪混杂其中,暧昧情事是有不忍形诸纸笔者;此种恶习,非特有玷声名,且于风俗人心大有关系;虽经前县陈令出示严禁,无如日久玩生,复萌故智,现已重申禁令,谕令各庵少年、带发妇女一概回家,不得逗留,违则分别驱逐,即将私建之庵,一概改为恤嫠堂,以济穷嫠而全苦节,并禁尼僧如再擅收女徒,察出严拿究办,禀报察核等情到本部院;据此,若如所禀,伤风败俗莫此为甚,亟应严行查禁,以挽颓风;除批饬会同仁和县姚令一体认真查禁外,合行札饬札司立即通饬各属,一体认真查禁,毋稍懈忽,切切等因,转行到府,奉此除移行外,合行转饬札到该县遵照,一体认真查禁,毋稍疏懈等因,转行下县,奉此除密查外,合行出示严禁,为此示仰各庵尼僧人等知悉,自示之后,尔等所收少年、带发修行妇女,一概着令回家,不准容留在庵,至该尼等亦不准擅收年轻女徒,倘敢故违,一经访闻,定提究逐,并将庵堂拆改,各宜凛遵,毋贻后悔。特示。

(《教会新报》,1873年,第233期)

宁波道台半税告示

照得洋商运入内地洋货,照章完纳半税,由关发给税单行运,由来已久。忽于本年六月初二日以后,因有陈绅包定洋布等落地捐,商人偷漏半税;经本护关移查江海关运入洋货,无论华商、洋商,实系进口洋货,核与底簿相符,均准一律完纳半税清单行运,章程详请宪示。兹奉抚宪杨批,查落地捐一项,系货到地头应捐之款,出自铺户,与海关应征半税出自行商者两不相涉;据详该关自本年六月初二日以后,洋商应完洋布、羽呢、羊绒等半税清单行运之案忽然截止,由于陈绅改办包定落地捐,以致不完半税等情,阅之殊为诧异;若因包办落地捐而不完半税,直以半税为捐款,无此情理,仰候札饬浙省牙厘总局,飞饬该所董事,将六月初二日以后漏完运入内地洋货半税查明,逐起补缴清款,以重税课;至华商准其一体请领运入内地税单之案,江海关虽已开办,浙省并未见明,惟既据并详通商大臣察核,应候批示;此缴并奉通商大臣李批,宁波洋商运洋货入内地,向在该关照完半税,陈绅何得蒙混包捐,致令半税不完,自应查明漏完若干,着令补缴;若所包仅将省城落地捐,则半税仍以应运之商报完,方能赴运;至江海关所发运洋货入内地税单,现以华洋商人均可请领,该关应即遵照办理,仍候浙抚部院批示缴,各等因到关。奉此,除详请抚宪转饬省城牙厘总局通饬沿途各厘卡,并照会各国领事并税务司一体遵照,一面遵照钦、抚二宪批示,饬令洋布公所,自六月初二日以后,洋布等货半税逐起查明,补缴清款外,合亟出示晓谕。为此示仰华洋各商,以及关卡书巡人等知悉,嗣后无论华商、洋商,运入内地实系进口洋货,核与底簿相符,均准一律赴关完纳半税领单行运;凡遇沿途局卡,照章将半税单呈验放行;各该商遵照宪批半税,应由运货之商报实,方能赴运。自示之后,如查有偷漏半税、不请税单之洋货,即行扣留,按章罚办,以重税课。各该商不得以执有落地捐票之分运单,偷漏半税,自取咎戾,各宜凛遵毋违,特示。

(《教会新报》,1873年,第255期)

宁波鄞县告示

补用总捕、府代理、鄞县正堂、加五级纪录十二次、又记大功四次刘为出示谕禁事。同治十二年十一月十四日,奉府宪边札开,据广文惜字总局绅董陈劢、洪璇枢等禀称,前称拟呈禁字条程兼及关牒亵渎字迹,禀请道、府宪暨县主一并示禁,仰见崇文教而正风化;自禁之后,被玩僧静安等偏分知单聚众希图开禁,蒙前主姚提讯责惩,谕令勿再容留妇女入庙烧香等示,并各寺僧等具有念佛打七,以及妇女宿山、给牒敛钱,嗣后不敢藐抗,如违重究甘结;从此,城乡寺观等咸知禁止,不敢覆蹈故辙。讵有天童寺僧今铭,妄控绅民携带妇女至庵堂寺院,追荐先灵,超度亡魂,开设水陆道场,例所不禁,被棍徒绅衿索诈等,谎耸准给示。查该僧所称水陆道场亦给关牒,有供天牒、接收等牒,七日七夜,妇女食宿寺中,与打七、十王佛会无异;况妇女入庙烧香,尚且罪坐夫男,岂容玩僧违禁请示,容留无忌?绅等为惜字而禁牒,以崇文教,而正风化,除禀明县主外,为抄先今县断结底批示,公叩恩赐,饬县吊核前后卷宗,提案惩办等情。据此,查绅民人等,在庵堂寺院建设水陆道场,本不应携带眷属;如因追荐先灵,超度亡魂,家有夫男,则妇女何必同往?家无夫男,则妇女岂可独往?况有夫男者,既带同妇女入庙建设道场,则无夫男者何以禁之?向闻妇女至庙,无问老少,每有客僧接待,不成体统。试思男女如非亲族,尚应见而回避,岂于僧寺而独宽?世间僧道非无谨守戒行之人,而律禁妇女入庙烧香,别嫌明惩,自有深意。天童寺僧今铭在县请禁棍徒串诈。果系棍徒,自应严办。如该僧容令妇女入庙,应该将该僧一并严办。兹据该绅等禀称,水陆道场有给牒敛钱情事,自应查明谕禁,除禀批示外,合亟札县遵照查明。该僧开设水陆道场如有给牒敛钱以及容令妇女入庙情事,迅即从严究办;一面出示谕禁,以端风化,均毋违延等因。下县奉此，查此案前据该绅等并禀到县，业经示禁在案。兹奉前因，除确访查究外，合再出示谕禁，为此示仰合邑军民及各寺观庵庙僧尼诸色人等知悉，自示之后，该僧尼等如再煽惑妇女入寺烧香、宿山打七、开设十王水陆道场等项佛会，给牒敛钱，容令齐家女眷入寺等情，许绅民人等投保扭送，定行从严究办，决不宽贷。各宜凛遵毋违。特示。

同治十二年十二月十七日给

（《教会新报》，1874 年，第 277 期）

劝办社仓积谷示

（宁波府正堂宗示）

为劝办社仓积谷事。案奉抚宪梅札开，劝办社义仓积谷为防荒要政，必须未雨绸缪，今有江西积谷章程一本，制度妥善，行之已效，浙省亦宜仿照举行，等因。奉经札行各县，并照会绅董劝办在案。《王制》："三年耕，必余一年之食，九年耕，必余三年之食"，近岁西北各省连岁奇荒，饥民至数百万之多，死亡枕藉，人至相食，前车可鉴，殷鉴不远，岂得不思思预防？宁郡五方杂处，人烟繁密，可谓食之者众，而各县山乡错杂，产米不广，恒赖外贩以自给，海滨以鱼盐为业、种棉为利者，多不事稼谷；罂粟之种，尤害民生；可谓生之者寡，一旦岁祲，其乏食必甚于他郡。虽曰江海通津，米有来源，然使邻省亦歉，来路即艰，数倍之价，贫民何赖？贫不能保，富于何安？旧志谓地多风潮，又多咸水害禾之患。市价一项，居奇数倍，穷黎升斗，几至告籴无门，不可无先事之备，诚笃论也。明时郡中本有义仓，本朝乾隆年间，亦有社仓，今皆荡焉无存。本年二、三月间，邸报三次钦奉谕旨，社义仓所以济官仓之不足，劝谕绅民次第兴举，各乡责成公正绅耆经理。水旱、偏灾何时蔑有？全在悉心筹画，各等因。仰见国家垂鏖民生，谆切谕办，凡我绅民何可不跃然兴起，图匮于丰？除另刊小纸说帖，详叙办法，并捐谷与劝办者，各有好处，广为散布，以期必成外，合亟出示晓谕，为此示仰绅商士农人等知悉，积谷防饥安贫，即所以保富；或有田之户按田捐谷，或殷实之家量力捐赀，各乡各庄立仓存储，公举公正绅耆司其出纳；其给匾给奖章程，详载说帖；有利无害，速宜举行，切勿观望迟延，有负朝廷并大宪爱民、忧民之至意,本府尤拭目观成焉。毋违,特示。

(《万国公报》,1878年,第494期)

宁波告示

宁人周顺规寄

浙江补用道、特调宁波府正堂、加三级纪录三次宗为出示晓谕事。照得假神集众佯修善事煽动惑人民,律禁甚严。泰和桥地方,李云福等听信邻妇病中谵语,擅立土地堂,刊刻签谶诗,妄称治病,哄动远近。每日聚者数百人,添搭雨篷,街道几为阻断。致钉打桥游手之徒,亦思效尤。夫土地小庙徒未闻有求谶治病之事,李云福等公然与钱德阳、戴丰泰、沈德兴借此立簿捐钱,邀二十余人为柱首,自称聚义会,尤属荒谬。此神之由来,据称于钱姓病妇梦中坐其床前自求立庙。本府决其必非正神,现已将庙拆毁,一切器用、砖石,发交就近财神殿收管,谶诗板吊存储库。李云福经手捐钱,据供用存无多,愿缴钱二十千文充公,为打扫街道之用。本府念此案若照律办理,李云福等岂能当此重罪?姑念其中贸易人居多,纷纷投质,未免扰累,恕其颟愚无知,尚非有心敛钱惑众,已具有不敢再犯切结,故不深究。除将缴钱二千发交董事添助清街之用外,合亟出示晓谕,为此仰该处居民铺户人等知悉,嗣后如再有似李云福等之轻举妄动者,定干拿案照律究办,凛遵!特示遵。

光绪四年十二月十四日给
发泰和桥原墙壁实帖

(《万国公报》,1879年,第526期)

宁波改庵为塾示

宁波府正堂宗出示晓谕事。照得郡城设立感存公所,专恤儒门孤寡,法至善也。原定章程,凡孤寡子弟设塾授读,乃因经费不敷致未举行。本府现以感存公所屋旁之定香庵修为义塾,由府力筹经费,延经、蒙二师教读,以期教养,并施扶持士类,合亟出示晓谕。为此示仰儒门孤寡,凡无力读书之子弟,速尽正月内赴感存公所绅董处,报明姓名、年岁、籍贯,并父兄仕履,由公所开抄呈府,以便择期开塾,仍妥立章程晓示遵守,切切。特示。

光绪五年正月十九日给

(《万国公报》,1879年,第529期)

镇海县缉盗赏格

镇海县正堂于悬赏缉拿事。案据严一二庄职举胡宋旦呈称,伊系大溪头慎元当铺经理,本年正月十一夜,被匪越墙进内,劫去洋银,并将伙友王赞臣刀伤而逸,致当屋货物尽被烧毁,报叩勘验缉究等情。并据地保顾登柞禀,同去前由,各到县。据此,除会营勘验比捕限拿并分移协缉外,合行悬赏缉拿。为此,格仰本辖及邻邑军民人等知悉,尔等如能拿获是案首犯一名,讯系正盗者,赏洋五百元;从犯一名者,赏洋三百元;倘有知风报信,因而拿获者,赏洋二百元。此系本县捐廉给发,定当随到随发,须至赏格者。

(《万国公报》,1879年,第529期)

宁波市参事会会议规则

第一条,市参事会会议分常会、临时会两种。(甲)常会每月一次,定第三星期六举行之,遇必要时,得延长日期,但至多不得过三天。(乙)临时会由市长或参事三人以上之同意,函知秘书处召集之。

第二条,凡提出建议案,须经参事两人以上之连署,应于开会前一日交由秘书列入议事日程;但临时建议,有参事一人以上之附议,亦得讨论。

第三条,本参事会非有半数以上之参事出席,不得开议。

第四条,凡市长交议或市政府咨询事件,遇必要时,本参事会得请市长或主管机关之代表出席说明。

第五条,凡议案须经出席参事过半数之同意,始为议决。

第六条,本参事会遇有特殊事项,得组织委员会处理之。

第七条,凡因事不能出席者,应先期通知秘书,并得委托其他参事代表之,但每参事以代表一人为限。

第八条，凡议决案，应即函达市长。

第九条，本规则如有未尽事宜，由出席参事三分之二议决修改之。

（《广州市市政公报》，1927年，第269期）

杨子毅报告宁波市政概况

（在国庆大会中的讲演）

宁波杨市长子毅于国庆纪念大会中报告莅任施政情形，颇为详实，补录如下：今日大家如此热烈来庆祝双十节，可见大家爱国之热诚。可是庆祝双十节，今天已经是第十九次；兄弟以为年年空口言庆祝，不若个个国民，省察自己对于民国的工作，个个机关，省察对于本机关的工作，有无可以庆祝之处。积四万万人之成绩，积全国各机关的成绩，以庆祝国庆，每一度国庆，即有一度之成绩，即有一度之进步；成绩好的，益加奋勉，成绩无甚可言的，即加警惕勉励，以期下年国庆，务有成绩可言，然后庆祝国庆，方有意义。兄弟站在宁波市政府的地位，把对于宁波市的工作报告一下，与大家共勉。兄弟到宁波市已越七月，惭愧得很，实无甚可报告，不过财政已算有相当办法，且已上轨道。在兄弟初来两三个月内，天天闹薪、闹饷、闹工程费，原因前任亏空数十万，经常费又不敷甚巨，以致市财政发生恐慌；但经数月来之筹划，节流之外，加以整理，所有税收、工程及大宗用品，均改私人接洽为公开标投，并组织购料委员会，负责办理；结果每一税捐标投，均增加收入至五成左右，每一工程或大宗用品标投，均减少支出若干，因之财政渐有相当办法，近几月不特无闹薪、闹饷、闹工程费之事，一切财政，且已上轨道，此可为报告者一。至于建设方面，如濠河头至永宁桥的环城马路、大沙泥街、玛瑙路、宫后城基马路、永宁桥堍路面等工程，均已完成，并已通车；如东门至濠河头马路、南昌弄及糖行街马路、洋船弄、缸甏弄等路，均已浇灌柏油；如江东灰街、迎春弄、万泰弄、药行街、中山公园路，均已将柏油路面修理；如中山公园，则以一万六千余元，收归市政府管辖，并从事将一切破坏之处，加以修理；如第二屠宰场，不特早已完成，并且加凿自流井一口，添购三马力抽水机一架，以便抽水应用；余如玻璃棚、木猪栏等，均已分别设备；至于菜市场，则都神殿小菜场早已开办,灵桥门及小教场两菜市场亦不日竣工,其中尤以灵桥门的菜市场工程为浩大;其他如老江桥,则早已从事修理,各地阴沟亦次第疏浚,中山公园及公众运动场,亦已着手扩充,此可为报告者二。至于教育,中学方面,市立女子中学、工科高中学校、商科职业学校,均已各添一级;小学方面,除将本市划为六区,每区设一中心小学,并指定郧山等六小学校为中心小学外,另于梅园、义和渡等七小校各添一级,另筹添办二小学校;民众学校方面,第五期各民众学校,均已毕业,继续开办第六期民众学校十九所,并于民众教育馆创办一实验民众学校,以为模范;成年妇女学校,以原校址地方太小,已迁至城内鼎新街从事扩充;从前民众教育馆,原设立于城隍庙内,兄弟以该处环境不良,殊难振作,已令科将其迁至中山公园内,气象已见刷新,工作亦日见进步,并已划中山公园东部为民众乐园。市立图书馆,已从事扩充,将馆址迁至藏经阁,添置图书数千本,热心人士之送书馆者,亦所时有,阅书人数,日见增加,此可为报告者三。至于治安方面,数月以来,虽盗劫之案不能尽免,然破获之案亦属不少。当前方军事紧张之际,共产党及反动分子,时欲乘机扰乱后方,以为牵制,幸公安局均能与防军、水警联合防备,消弭于无形,此可为报告者四。关于卫生方面:(一)召集各机关团体及市内医学专家,设立卫生委员会,以筹划办理市区一切公共卫生事宜。(二)设立性病检验所,检验各公娼,并指示其疗治方法,如患毒者,停止其营业。(三)检查中等学校学生体格,并指示其保健方法。(四)派员于市内适中地点,施种牛痘,并令饬各医院一律施种。(五)收买苍蝇一月,多至数十万只,以减少传染之媒介物,并唤起市民卫生之观念。(六)规划北门外青林渡公地七亩余为公墓。(七)成立第二屠宰场,各肉商已遵令于十月十一日一律来场屠宰。(八)设立都神殿临时菜市场。(九)建筑灵桥门及小教场大规模之菜市场,约三数月可以竣工开办。(十)取缔江北岸沿途摊贩,并规划新式房屋,为摊贩售物之,所以壮观瞻而重卫生;凡此皆数月来所创办之事,此应报告者五。

(《道路月刊》,1930年,第1期)

二、市政与市政建设

宁波人参与南京自来水建设[1]

两江总督张香帅拟于金陵开办自来水,绅士陈某等联合名具禀,香帅并招延向办上海自来水之宁波人某甲参议其间,先拟由三叉河地方设立进水机器局,而自来水台即由西水关进城,用铁管通行各处,至用水之家,每担定价十文,章程大略如此。因城内无井之处,每逢春冬两季,外河水涸,东西关上闸后,城内各河水又皆日形淤塞,秽恶不堪,是以无不色舞眉飞,惟恐其成之不速。

(《镜海丛报》,1895年,第11号)

宁波将造自来水

宁波人烟稠密,水流溷浊,有妨卫生,今由绅商童君、郑君诸人集资,仿造自来水,由鄞东大沿山河水清漪,引水偏注城厢,已禀明官宪批准开办。

(《画图新报》,1907年,第1期)

改建宁波甬江钢制开关老江大桥筑造说明书

陈树棠

宁波甬江老江桥,创自明季,迄今三百余载。上铺厚板,下载巨舟,名之曰江桥。地当冲要,行人如织,帆船进出,开放不便,猝遇大风,必遭危险。鄙人留东七载,时萦于怀。民国前六年暑假回国,爰将江之宽度、水之深度、潮之速度,实地测量。及民国

---

[1] 原文无标题,此标题由本书编辑者所加。此条内容与宁波无关,但说明了宁波人很早就在上海、南京参加城市自来水的建设,故收录于本书。

前二年，在日本东北帝国农科大学土木工程科卒业时，遂将此桥作题论文，悉心研究。中座用人力起重开关，左右两座用淮林式钢装高架，设计制图，阅时半载，借备后日改筑之用。今秋风雨为灾，迭遭败坏三次，交通梗阻，船渡犯险，随修随坏，随坏随修，所费不赀，须时又久。近闻甬江诸公为为，[1] 一劳永逸之计，有改建钢桥之议，诚地方之要举也。用将前绘成详细图样四大幅，并说略三大端，详录于后（图刊图画栏）。

一、工程

（一）桥面全长计二百六十六英尺：（甲）中座人力起重开关桥面之长，计四十英尺，（乙）淮林式钢制高架左右两座，桥面之长，各计一百五英尺。

（二）淮林式高架钢桥之高计二十英尺。

（三）中间车道之广计十五英尺（今拟增广三英尺）。

（四）两边人道之广各计六英尺。

（五）桥台之高：（甲）桥台石材之高计三十英尺（今拟用水泥三和土建筑），（乙）底盘水泥三和土之高计四英尺。

（六）桥墩之高：（甲）桥墩石材之高计四十二英尺（今拟用水泥三和土建筑），（乙）底盘水泥之和土之高计四英尺。

（七）桥台、桥墩长宽载明图说。

（八）中座钢制高架之高计四十英尺。

（九）四方用人力动臂机起重。

（十）承轴台全用钢板构造。

（十一）承轴台之底板两层用铅板及钢板。

（十二）钢制转轴。

（十三）四个大转锤，每个重量各两吨。

（十四）大小滑轮八个。

（十五）大小钢索八条。

（十六）大小钢钩八只。

---

[1] 此处"为，"应为衍文——本书编辑者。

（十七）铁链八条。

（十八）系钉。

（十九）缀钉直径之大四分之三英寸。

（二十）铸铁花栏干。

（二十一）护卫木材。

（二十二）电灯三十二盏。

二、材料

（一）桥梁一切材料，全用钢制。

（二）桥台及桥墩全用水泥三和土建筑。

（三）椿木用松木，直径之大十英寸乃至十四英寸，长由土质之强弱。

（四）桥板用杉木或洋松。

（五）桁木用栗木。

（六）花栏干用铸铁制成。

（七）漆油。

（八）架木。

三、经费

（一）木材工料估洋三万洋。

（二）钢制桥梁工料估洋十万元。

（三）水泥三和土工料洋八万元。

（四）诸项杂费估洋四万元（附粘桥样照片一枚）。

中华民国十一年十月

（《道路月刊》，1922年，第1期）

宁波市政近况[1]

鄞县市政筹备处，拆城筑路之通盘计划，经组特务审查会审查终结。兹录其审

---

[1] 该标题为本书编辑者所加，原文在"各省市政近况"栏目中 —— 本书编辑者。

查报告书如下。市政范围,至广且大,原非限于拆城筑路,而拆城筑路,实为最急最先,前筹备员会议定具体计划,审慎周详,甚可取法;但本处筹备市政以来,已历多年,而城垣依然未稍拆除,固不足以释同人之职责,亦何足以副市民之期望? 故本会特务审查同人意见,以为通盘计划,首当视情势,量财力,先后缓急,分期规定,择要兴工,循序渐进,始能有成;因根据旧案,略为变通,草拟通盘计划审查报告书一通,一得之见,是否有当,希诸公从详讨论,议决定夺,以为执行之标准,不禁企予望之。《通盘谋划书》"第一期":拆城(先东半城后西半城)、填濠、筑沟、造路(环湖马路)等工程。"第二期"改筑城内十字干路、支路,新建浮桥,新建桥梁,下江设闸浚河,建设小菜场公园揭示处、公厕,及其他市政工程。"第一期前拆东半城":东半城有南至灵、灵至东、[1]东至咸仓三段;先拆南至灵近灵半段,次拆灵至东一段;次拆南至灵近南半段,再次拆东至咸仓一段;南至灵一段城墙拆除后,须先将靠近东岳宫一段,接做大阴沟,通入下江,以拆卸之泥土填江(自老浮桥至新浮桥沿江一带)、填濠河(灵桥门起至南门外永宁桥止)、填附城河(自小江桥至企桥头止),及填钉打桥南至莲花棚庙、药行街后河止等处,填平之地,除开辟马路、支路及公众使用外,所有余地,估价标卖;城墙拆除后,所有城基,余耳城标卖外,均供筑环城马路之用;环城马路路面及阴沟,均以城石为之,最狭须有二丈;北马道现已标卖者,暂不收回,或以地与之交换,惟过于弯曲处及有碍路线之房屋,应设法牵直,或购入拆除。"第二期后期拆西半城":西半城有咸仓门至北门一段,北门至西门、西门至南门二段;先拆咸仓至北门一段,次拆北门至西门一段,再次拆西门至南门一段;城墙拆除后,须先在通利门城跟开凿河道,以通北斗河;又于马眼漕城跟开凿河道,与城外河道通;又西门板桥须加高二尺;南、西二门水门旧址,新建桥梁各一座;城墙拆除后,所有城基,除耳城标卖外,均供筑造环城马路之用(路面及阴沟料用城石等项与前同),修筑南高塘。"第三期举办其他市政工程":(甲)改筑城内十字干路支路,东西干路,阔照警厅建筑章程办理;南北干路,分为三条,阔与东西干路同;(西条)北自旧道署起,南至仓桥,西折而至长春门为止;(中条)北自高远桥起,南至三

---

[1] 此处"南至灵、灵至东"中的"南"、"灵"和"东",分别是指当时宁波城的南门、灵桥门和东门——本书编辑者。

角地，西折而至日湖止；（东条）北自军械局后后市起，通至三角地止，西折与中条合；支路两条阔照警厅建筑章程办理，一自湖西警察厅前面起，至拗花河头搭桥至西干路，自孝宁坊过杨嘉桥，接西干路；一自紫微街赵天德弄，搭桥过范祠，再搭桥达水仙庙左近；（乙）下江设闸，和义门同一木行左近及报德观后，各设一闸；（丙）新建浮桥，于和义门渡口新建浮桥一座；（丁）浚河、填河，建设小菜场、公厕等。

(《道路月刊》，1923年，第1期)

宁波市政汇志[1]

市政筹备处昨呈宁台镇守使及会稽道尹公署文云："鄞县拆城筑路一案，前经旅沪同乡朱佩珍、王正廷及冯丙然、陈时夏、胡翔青、张传保等呈请钧使尹核示，转呈督军、省长核准，转咨陆军、内务、交通部会核照准，各在案。窃查本筹备处自改组以来，数月于兹，对于拆城筑路各节，根据前筹备处所绘地图，通盘计划，编制预算，现已就绪。惟兹事体大，进行着手，尤宜审慎周详，以免陨越，贤凯等逐次会议考察情形，审度财力，爰将先后缓急分期规定。兹拟先拆东、南、西、北、灵桥、咸仓六门之耳城，并赶紧修筑城内之东、西、南、北四大干路，为拆城筑路之入手办法。查宁波街道年久失修，石多高底，路甚崎岖，雨水一多，行路视为畏途，轿倒车翻，往往伤人；街沟污塞，路旁河道，秽物积聚，厕所沿途林立，夏秋之间，臭气四扬，每年发生传染病，虽经士绅募款设立临时防疫医院，究非正本清源之法；况宁波为通商口岸之一，洋商虽多处于江北，有时入城，一见街道秽污，辄为掩鼻，若不设法修筑，实属贻笑外人；且六门耳城，既同赘疣，砖石剥落，尤不雅观，一经拆去，将街路展宽，以余地变价充作修筑干路经费之用，诚一举两得之策也。素仰钧使尹注重路政，自必乐于观成，理合将先拆耳城、赶筑干路为入手办法缘由，函请核示，转呈督办、省长核准，并咨部备案，俾便即日兴工拆筑，以利交通，而重卫生，实为公便。"（下略）[2]

(《道路月刊》，1923年，第2期)

---

[1] 该标题为本书编辑者所加，原文在"各省市政汇志"栏目中 —— 本书编辑者。

[2] "下略"两字为原文所加 —— 本书编辑者。

宁波开明桥路线近讯

宁波市政筹备处计划之四大干路,关于开明桥地方南北直达之路线,有一部分适为军械分局基地,曾经督办核准,嗣该地由周姓商民向镇守使署承买而得,意拟于该处建造房屋,请求变更路线,未蒙允许。现悉,周姓已愿取消其从前之请求,别作主张,具禀镇守使核示云:窃商等前向钧署投标承买军械局基地房屋,经以请改路线等情,具呈钧署奉批在案,现因各方关系,决计变更主张,取消前项请求,惟原定路线,本作弧形,拟请改成直线,其南段入口之处,将路线紧靠实圣庙,照此直达,至北首巡更弄为止,使马路适当局址中心,东西两面地亩分配均匀,庶于路政上无所违碍,而商等所买地亩,亦不至因畸零而成废业,为此具呈,附上略图,敬乞钧使俯赐核示,并函宁波市政筹备处,即将原钉路桩重行改钉,实为德便。

(《道路月刊》,1924 年,第 2、3 期)

市政筹备处要闻

宁波警察厅准宁波市政筹备处函开:案查敝处改建东西干路,自二境庙起至开明桥止一段,早已兴工建筑,兹查该段街道铺户,尚有顺泰五金号等房屋凸出,未经让进,迭由敝处派员催其拆让,终归无效,殊于路政大有妨碍,相应抄录户名,备函请烦贵厅令行该管警署,迅予派警勒令该业主等从速拆让,以利工程,而便交通,至纫公谊等由。昨经令饬该管三分署警佐遵照办理矣。又,市政筹备处为江北岸一、二分署辖境之地名牌,业已由处制就,昨特备函送请警厅察收分钉。又为西门水耳城城石,据买主周坤泰声称,定动工拆卸,恐城石崩堕,危及行船,请函示通告,禁止船只往来三天等情。昨经一面函请警厅出示禁止,一面通告各船户,自届时起三日内,一律绕道南门,以免危险云。

(《道路月刊》,1925 年,第 3 期)

宁波筑路通告拆让

宁波市政筹备处,昨通告东西干路及江厦支路各铺户云:为通告事,案奉宁台警备司令部、会稽道道尹公署布告内开：为布告事，案据宁波市政筹备处函称，敝处于九月廿三日开会议决，自东门至西门止，为四大干路之一，此路自二境庙至开明桥，既已改建马路，完全竣工，则其上首二境庙至东门、下首开明桥至西门，未便久滞，应即兴筑，限今年阴历年终，改建完工，俾资衔接；该路阔度，仍依警章裁尺二丈，以归一律；所布两旁铺屋，应依照建筑二境庙马路，先令拆让；兹定于本年十月七日起，开工建筑，限日完竣；用特函请贵道尹会同宁台警备司令部会衔布告，并令行警厅，饬令该管分署，除二境庙至开明桥止外，所有东门至西门一带铺户，在十月七日前，按照二丈街道让足，饬令各铺户照章拆让，以便兴工而重路政。又据函称，敝处建筑东西干路，应将两旁店铺，照章拆让，业经函请布告在案；兹于东门口起，经小江桥至大道头止，又灵桥门外老浮桥下起，经半边街、双街、糖行街，至新浮桥下，均经敝处公同议决，改建马路，其阔度仍照警章裁尺二丈，与建筑东西干路同时并举，所有该路两旁店屋，亦应照章拆让，相应函请贵道尹查照前函，一并布告，并令行警厅，饬该处各铺户，在今年十月七日前，按照二丈街路让足，以利工作而便交通，实纫公谊等情；据此，查本埠市政改阔街道拆屋给价办法，迭经本总司令、道尹会衔呈奉总司令、省长令准在案，据函前情，除令宁波警察厅，转饬各县管分署遵照办理外，合行会衔布告各店铺屋主，一体知悉；凡接近该路两旁，未经拆让各店屋，务须依限遵章拆让，以重路政，毋得违延，政干未便切切此布等因，奉此，查建筑东西干路，准于阴历九月初一日兴工，该路两旁各店屋，未经拆让者，务各依限遵章拆让，万弗延误。特此通告。

(《道路月刊》，1926年，第1号)

宁波路政消息[1]

宁波市政筹备处，前以城内东西干路，如接近东门、西门之直街，皆路身狭小，难于建辟，经函省会工程局，询查筑路成案，以资仿办，旋接覆称：收用民地，拆让房屋，系临时斟酌，就地情形拟定价格，呈准省署执行；近年新建三元坊丰乐桥马路，拆让全部房屋基地给价之办法，系计楼房每橼给与拆费十元，平房七元，墙每方

---

[1] 原文无标题，本标题由本书编辑者所加 —— 本书编辑者。

二元五角,基地每方一角五分;若拆去一部,则概不给价,以路政改良,私人财产亦因之增价等语。该处已函会稽道署,请咨宁台警备司令准予援部照办理矣。

(《道路月刊》,1926年,第2期)

宁波水利局评议会纪事

鄞县水利局日前召集各区评议员,开第三次评议会,由局长张申之主席。兹将报告、提议事项及议决情形探录如后。

甲、报告事项。1. 修浚城河工程。北门新闸约夏历十月半可以告成;修浚城河,定夏历十月二十六日投标,分作十段,逐段施工,年内约需工费二万元,据各分署报告,征收例捐甚属困难,请诸君随时协助劝导。2. 南塘河浚河情形。该河前已浚至石碶小涨堰,现在续做南门至段塘一段工程,约需用工费三万元。3. 中塘河浚河情形。该河已浚约三里左右,目前续浚拟至集士港,约需工费一万元。4. 办理秦祠侵占案。据警厅云,对有占地案已给有许可证。现仍由本局会同市政筹备处、城自治办公处再函警厅,但尚无复信。

乙、提议事件。1. 沿江彼占涨涂实行取缔案。本届评议会提出,应仍会同筹备处办理,忻太僧主张用具体办法,收回公有。主席主张应由侵占人提出契据,以备审查;仍应从审查入手,实行丈量,会同筹备处函请官厅核办。徐犫青主张,无论何处涨涂被占,均应照忻办法。公决由该局会同各机关核办。2. 支配修养水道费。主席主张仍由本局复查一次。西城区周生麟主张,若限于碶板,未免狭义。丰和区郁穉庵主张,是项修产费,若全用碶于[1]闸堰坝,未免失当,为数无多,应留作别用。主席主张,择其大而要者,并对于山乡以及江之上游,更应注意,可援用奉化庄崧甫水利计划书中之障水去沙法。桃源区汪仲甘主张,该项余仗可用障水法,以便逐年备用。周生麟又提出并责成各自治员将沿河树木砍除。公决由局通告各自治区办理。3. 增加该局经费案。公决由局函请知事转致参会,提交县会议决之。4. 封闭道士堰案。由戎评议员说明理由,公决付审查。当公推蔡芳卿等三人为审查员,限

---

[1] 原文"碶于"当为"于碶"之误 —— 本书编辑者。

一星期报告。5. 城区屠时逊临时提出,通利附近处应另掘河道,其理由应由西北公会备函,再由局派技师前往测量。又,徐焘青提出取缔沿河不作铺,在河沿倾倒碎石。公决先行插标,惟城区河道,则先由此次修浚时实行取缔云。

(《河海周报》,1926年,第6期)

宁波续浚南塘河会议

鄞西疏浚南塘河自鄞江桥至石碶一带,去岁已经竣工,其南门至段塘一段,今冬即须继续进行。水利局为讨论疏浚事宜及筹募经费起见,于日前邀集地方官绅,假南郊灵显庙开会,官长朱道尹、士绅袁端甫等均列席。当由局长张申之宣读开会词,并报告河工经过情形,略谓该河自甲子年动工疏浚以来,已阅三年,全河工程得成十分之八,计费十一万余金;今拟浚向阳桥至段塘一段,所需经费,非四万金不办,且工程较难,前经募得诸款,皆已告罄,今又得旅沪热心诸君合助一万七千元,尚差一万余金,务希诸君竭力资助,以便进行,云云。次议募捐办法。议决分特捐、例捐二种,当由袁端甫认捐一千五百元,其余朱鸿福等亦各有捐助,统计南郊例捐一千二百元,段塘各船厂五百元,各铺户五百元,吴王沃基五百元,约可得五千金之谱,不足之数拟再行设法筹募云。

(《河海周报》,1926年,第7期)

宁波疏浚城河之计划

宁波城内河道年久未浚,壅塞污浊,殊于卫生有碍,前经朱道尹函请省中测量队来甬测量,业已竣事,现经订定办法三则。一治本之计,须在永丰门之东开一新闸,随潮启用,使城内之水改清排浊,流而不停。二治标之计,将河中所有堆积全线疏浚,将河底应有高度按段疏浚,冀去积垢而扬清流。三善后之计,既浚之河,警察须有取缔之法,已筑之闸,地方须有保官之司。惟综此三者,首当筹款。业将城河各图及经费预算各书表,饬由县转交鄞县水利局保存,迅速会商计划办法,并邀请绅耆十人为浚河董事,协同襄理进行。

(《河海周报》,1926年,第11期)

宁波改建老江桥进行讯

宁波老江桥,年久失修,危险堪虞,经甬沪两地绅商,发起改建新式桥梁,一面征求图样,一面筹募捐款,业经分头进行。日前甬沪两处筹备员开联席会议于宁波同乡会,到者为蔡芳卿、俞佐庭、应鸣和、应道生、陈器伯、周炳文、谢莲卿、钱雨岚、穆子湘、孙梅堂、赵沧容、楼恂如、乐振葆、何昭廷、王云甫、张继光、励廷侯等二十余人。兹录其讨论事项如下:(一)讨论,桥工用水泥与钢骨,以何者为合宜?公同赞成用水泥钢骨建筑;(二)研究,将来包工问题,俟工程股决定后,再行酌办;(三)临时浮桥,其地点由甬筹备处就近主持;(四)由陈器伯宣读宁波濮工程师意见书。

(《河海周报》,1926年,第13期)

宁波江北市民大会

本埠江北公会为改组工程局问题,由董事会议决,于十九日上午九时在崇敬学校开市民大会。到者约达六七百人,公推濮卓云主席。金臻庠报告改组工程局经过详情,大致以达收回改组为惟一之目的。次讨论名称,方刚主张定为"江北市政局筹备处",金臻庠、周心万、濮卓云等互有讨论;卒以方君之说通过。次议当选名额,公决一次选定,不再由道署复选,当选筹备员定十七人。次议组织内容,周心万主张,先定筹备员职权,①为接管工程局,②维持工程局现状,③于六个月内筹办调查选举,成立市政局;金臻庠谓:周心万之主张,于市自治制是否适合,请从详讨论;方刚等均有详细讨论。公决如六个月后,不能正式成立市政局,再另举筹备员办理;遂通过。次即公推周心万、金臻庠等十人为分票员,并推倪德昭、陈伦孝等十人为监察兼开票员,当场散票,选举结果,计选出陈南琴等十七人为筹备员。

(《河海周报》,1927年,第14期)

鄞城浚河之计划

鄞县水利局长张申之,近以疏浚城河工程拟定计划,表示于下:在施工之前,即经派员在各处河蹰,用石灰三角形作标志;在此标志以下,浚深鲁尺三尺,其河道较深者,但去浮泥已足,较浅者则浚二尺或三尺不等,总以合于全河之标准为止。至经费一层,则董事会业经决定预算,约需五万元,现在征收例捐,三、四、五各分署实收之数,约有一万三千余元;筑闸工程,计五千四百元;新开河道一段,约五百元;装置闸柱约三百元;总计已达六千数百元之巨。年内倘能收足例捐二万元,则用以充浚河经费者,亦仅一万二三千元耳。计划如此,究不知何日能告厥成功也。

(《河海周报》,1927 年,第 14 期)

宁波户口之调查

宁波全市户口,向无精确统计,市政府成立后,即由工商科派员,着手清查,至日前始告结束。计户口总数,为四万三千八月[1]零四户,内计住户数三万五千二百三十一,铺户数八千五百七十三,此外则有公共处所六百零二,寺庙数一百六十七,外侨户数三十四,人口总数为二十一万二千三百九十七人,内计铺户、住户男共十一万七千三百五十七人,女八万五千九百九十二人;公共处所,男六千零五十一人,女一千九百四十七人;寺庙,男七百三十七人,女二百五十一人;外侨,男三十四人,女二十八人。本籍约占总数三分之二弱,客籍占总数三分之一强。又查得入学童一万零七千三十,未入学儿童为一万六千八百九十;无职业男有四千三百八十人,女五万零六百五十五人;信奉天主教及耶稣教者,男女共八百九十七人。

(《银行月刊》,1928 年,第 9 期)

旧事新闻

蔡莲荪

本校四明同学会,将于月之二十八日,举行游艺会,并定同时出一刊物,以留纪念。吾弟同玙,被推编辑该刊,征文于予,嘱采桑梓近闻以实之。予不文,久客他

---

[1] 原文"月"应为"百"之误 —— 本书编辑者。

乡,未免多所隔阂,然据传闻所及,关于吾邑之交通及慈善事业者数则,贡献于同学会诸君,聊以塞责耳。

一、宁穿路之国防性。宁穿汽车路通行,于今半载矣,时人多目为民营交通事业,而忽视之。其实非也,盖穿山据鄞镇之东南,距离不过数十里,其地三面环山,大海在望,风景幽秀,形势险要。明季,倭寇侵扰,发屡经斯土而略浙江,迄于今,省防军驻焉。其重要性,概可想见。方今日人蚕食无已,我国国难,日益严重。而吾明州,据全浙海防要冲,密尔京畿,为东南屏藩,苟不急谋卫御之策。一旦寇至,唯有束手就擒耳。且军用所赖,厥为运输迅捷,否则周旋失灵,必遭危殆,故吾谓宁穿路之重要,岂仅邑人应加注意,亦国人所当重视也。

二、老浮桥重建感想。吾甬旧有新、老二浮桥,一通江北,一通江东。桥之制法,以木船浮江中,周围贯铁索,上架木板,以渡行人,因年久失修,船搅[1]霉坏,每届春潮秋泛,索断船散,往往溺人,而老浮桥尤甚。虽邑之人,屡图重建,虑力不及而废之,引为憾事。近闻旅沪邑人金廷荪君辈,集资兴筑,业已动工矣。新桥质坚实,怒涛侵击无所惧,定明年完竣之,予于此有所感矣!当兹国民经济极感困难之秋,金君辈不惜力斥巨资,竣斯工程,其仁心固是多矣。所视乎拥资自豪、拔一毛而利天下不为者,宁可同日而语哉?然财与才等也。吾邑应兴之公共事业,不知凡几,而我旅沪同学诸君,挟经济伟略,他年学成,深望一展所长,为桑梓谋福利,而多所建树,则幸甚焉。

(《光华大学四明同学会特刊》,1934 年)

宁波一月户口统计

宁波人口增加颇速,年来尤甚,一月份户口确数,业已由公安各分局汇报完竣,计住户四万七千六百八十一户,男十万另八百二十一人,女十万二千七百三十六口,铺户八千八百另三户,男五万另三百二十七人,女一万三千五百二十四口,寺庙户口一百九十三户,男六百二十二人,女三百七十五口,船户十九户,男四十三人,

---

[1] 原文"搅"字应为"缆"之误——本书编辑者。

女三十七口,外国人之寄居户口,二十一户,男三十一人,女三十九口,总计户数为五万六千七百十六户,男十五万一千八百四十四人,女十一万六千七百十一口,合计二十六万八千五百五十五人,比较十二月份增一百五十九户,男增一百九十八名,女增二百二十四口,共计增加五百二十二名口云。(三、二、《东南》)

(《警光周刊》,1935年,第5期)

宁属各县县长更动

(杭州讯)浙省府第一四六三次常会,决议:镇海县长雷霆呈请辞职照准,派葛延林代理。

(杭州讯)浙省府第一四六二次常会,决议更调十县长,调任六省立中学校长。象山县长贝再然调任于潜县长,以孟铸继任。三门县长陈诚调任乐清,派华国谟继任。定海县长沈溥调任杭州市警局长,以朱慕之继任。宁波高工校长,任命焦震继任。

(《宁波人周刊》,1946年,第2期)

更调县长

醒父

宁属各县县长,光复后之最早调动者为鄞县,俞济民卸县长兼任,专责督察六区行政。次则慈邑章驹,易以章鸿宾。自沈鸿烈主浙后,数月间逐渐更调,徐志道去鄞县长职,升任专员,鄞县士绅曾申一度挽留之热忱,继之者陈佑华。奉化县长朱炳熙以"另候任用"而由周灵均代理,沈溥调任杭州警察局长,换以朱慕之;象山贝再然,三门陈诚,调任乐清、于潜,以孟铸、华国谟分别代理;镇海雷霆呈请辞职准,派葛延林代理。

大批县长调动,有升任者,有转任者,有呈辞照准者,有另候作用者,而无一人革职,其已往政绩,当邀上峰之垂青(?)然朱、雷曾被控告,予以不起诉处分,要亦"事出有因,查无实据"而已。且沈溥滥施权威,擅捕议长,即此一端,足证其他。

行政处分,是否能使官常整饬,实使人不能不有所怀疑也。

(《宁波人周刊》,1946 年,第 2 期)

宁波设市消息[1]

据南京来人息,宁波又有恢复普通市讯,市长初定奉化人汪日章,汪表示不愿就,致此事尚须稍处时日。

(《宁波人周刊》,1946 年,第 5 期)

宁波剪影

孙绍

宁波的老百姓,似乎不愿意多说话,因为他们所说的,往往会不适合现代,甚至,会因了多说话而遭殃;因此,他们不敢说,也不肯说,将要说的话,硬往肚里咽……

距某部的驻扎地只有一二百步的地方,竟会有三五成群穿着制服的"偷儿",偷拆农人们的竹篱和农舍,给人家撞见了,就讳言是"采办军柴",这种假充军警,横行不法的事情,在宁波到处能够见到。

记得有一个农人这样说:"现在的驻军还比日本人凶,有在半夜里放出大群的马来,吃我们辛辛苦苦种出来的田苗。"让这种意见存在人民的心中,的确是令人寒心的。

宁波的出版界胆小得可怜!往往一桩事情,到了报纸上,就会走了样。因此,一般人也就把报章当作反面文章看,这虽然未免太过分了点,但,总比完全相信来的有意思。不久以前,听说开明书店有几种杂志被查禁了,不知是否是实,即便当真的话;那我又不明白为什么既许在上海出版,而却不许在宁波推销呢?

宁波的学校风气一向是"朴实,淳厚"。但是上学期这班善良的教师们,因了欠薪问题,忍不住发动一次"罢教"。年边,效实中学的一个学生自杀,不知为甚?

---

[1] 此标题为本书编辑者所加。

最近大批学生徘徊在校门前,原因是缴不起巨额的学米,而只好看着他的同学们办完了注册手续,含笑地出出进进,到傍晚,才含着满泡眼泪,蹒跚地回家。这次宁波中学返甬,他们一向校风很好,当能领导其余的学校办得上轨道吧!

近来电信局同人罢了工,以致和外埠的长途电话及电报都失了连,各界都希望当局从速调停,目前尚无结果。

物价不断的向上跳,小市民们即使双足装上强有力的弹簧,也抓不住往上飞升的百物,和义弗玉■慈善会门前领施粥的队伍继续的在拉长,也有抵不住饥寒冻死在马路边的。但是在同条马路的上段,汽车、包车阶级的"超人"们,却不断的出入中央大酒楼,"嘟!嘟!""叮!叮!"的飞驰着,吓得衣衫褴褛的一群,向左右乱让,偶然给撞破了盛残羹冷饭的破碗,也只好自认晦气。

诸如此类的事情,在宁波多得很,唉!宁波的老百姓,几时才能打破黎明前的黑暗呢?

(《真话》,1946年,第6期)

宁波设市,明年一月势难成立

宁波设市,将在明年元旦实现,市长一职,逐鹿颇不乏人,其呼声前以汪日章最高,汪为美国哈佛大学市政系毕业生,原系专材,惟汪辞不担任。兹悉中央已内定王正谊为宁波市长,王氏籍隶奉化,系王正廷之弟,美国哥伦比亚大学毕业,曾任军委会外事局东南训练班主任,现兼任浙省政府参议,闻王现在南京,即将摒档来浙履新云。

宁波设市,前经中央指令原则,已予许可,惟饬即勘察决定界域,测绘市区地图等报部,以凭核办,省民政厅日前派员前往勘察界域,并与宁波人士商讨,顷悉,对于宁波市区界域问题,该地意见有二,一为沿用前旧市区(即现有城区),一为现鄞县全境,其中偏僻乡镇不易管辖处,划归附近邻县,现正在商议踏勘中,昨据民厅负责人表示,此事须待界域划定呈报中央核准后,方可正式设市,明年一月成立势不可能,外传由王正谊任市长一说,省方亦未获悉。

(《宁波旅沪同乡会会刊》,1947年,第10期)

宁波设市殊无必要

（孙表卿等电省缓议认为组织庞大民力不堪负担）

本市耆绅孙表卿、赵芝室、张申之等,为宁波设市殊无必要,昨特电呈省府沈主席,请从缓议,兹特电呈省府沈主席,请从缓议,兹探录原文如下:

窃查宁波设市之议,迭据报纸传载,有业经核准,即将成立之讯,一般平民,弥滋惶惧,有识之士,咸知非计。谨按民国十六年间,固曾一度设置,终以各种条件未合称市之标准,故治理未臻,成绩难言,人民未受市政之实利,已不胜政费之负担,中央有鉴于此,旋即明令废止。前车之失,殷鉴不远,劫后疮痍,民困未苏,撙节爱养,生息有待,岂宜纷更治理机构,加重人民负荷,兵乱之余破坏方多,流亡未复,公路失修,海氛不靖,航舶减少,交通艰滞,农村破产,高利压迫,工商崩溃,失业增多,房屋恐慌,与十六年设市时之情形相较,人民普遍之财力,更不及畴曩于千一。若再设市,则机构增多,组织庞大,民力负担,何堪胜任。民等思难图易,准情察理,以为宁波目前殊无设市之必要,为此具文呈请钧长鉴核,俯赐转饬暂从缓议,以轻民负,实为德便。

(《宁波旅沪同乡会会刊》,1947年,第11期)

甬埠公共汽车下月旬行驶

（暂先自江东百丈路至西郊路）

前宁穿公司经理王文翰,为维持交通,拟定计划,并经该公司董事会通过,将在本埠行驶公共汽车各节,曾志本报。兹悉该事经原发起人王文翰、王贤隆等,积极进行后,业已粗具规模,备案手续,亦已完了,车辆已由沪起运中。闻起讫路线,暂先由江东百丈路至西郊路,以后再行逐步开辟。来往车辆,共计六辆,约下月中旬,即可开始行驶云。

(《宁波旅沪同乡会会刊》,1947年,第12期)

提倡火葬

（筹建化身塔,经费二亿元）

本县士绅陈如馨、张子相等,为提倡死后火葬,特于昨日下午,假救济院召开西效镇暨旧六区十一乡镇筹建化身塔座谈会。陈如馨主席,报告筹建化身塔之意义,即席决定:①筹建费定二亿元;②推陈如馨、王文翰、张子相、汪焕章、张申之、林德祺及十一乡镇长十七人为筹备员,并推林德祺为筹备主任,方运法、李儒林为副主任,由林德祺起草会章;③化身塔地点,暂定鄞西望春桥洪家庄;④成立会定七年[1]十五日假和义路合作社召开。

(《宁波旅沪同乡会会刊》,1947年,第16期)

四明暂缓设治,各县县道分年兴筑

浙省参会建议省政府不再设立新县,以顺民意而省经费,并建筑县道,以利交通而便治理一案,该会已准省府函复,略以本省设文成县已呈准国府备案,四明、括苍设治,亦已饬三、六、七、八专署拟具意见,绘具图说办理。现各该处均划设绥靖区,尚无改设新县之意。至建筑县道,已规定县与县间及县与乡间均应建筑干道,分年建筑。所有县境距离遥远之处,得先行计划兴修,已分令各县遵办。

(《宁波旅沪同乡会会刊》,1947年,第16期)

宁波的老江桥

海沙

说起宁波的桥,当然要算老江桥(又名灵桥)为首屈一指了。

它的历史,据说很远,在唐代的时候已有桥的雏形了。其后历代相传,虽然建造的方式时有改进,不过直至新桥完成之前,还是用着浮船,上铺木板,如果我们要看它的以前模形,那么现在的新江桥就是一个最好不过的样子。又因为这样的桥身,行人车马往来不便,既可想见。何况这里又是甬江与奉化江的汇流点;一逢江水暴发,水位高涨,浮船难免动荡,往往断舟定渡,所以地方人士早已有心要把它改建了。

然而这个计划,直至民国二十年才发其端,地方人士乐振葆、张继光、张申之、陈蓉馆、金廷荪等邀集旅沪及甬上士绅,组织筹备会,分设沪、甬两个筹备处,一面

---

[1] 原文"年"字应为"月"之误——本书编辑者。

请上海工部局工程师西人詹姆生设计桥,一面由建设局竖立水标,测绘附近地区平面,两岸及江底剖面等图,以供计划之依归。后由在沪筹备处征求国内外专家设计图样,决定式样为钢架独孔拱桥,桥面总宽十九.二公尺,人行道每旁三公尺,桥面离最高潮位三公尺。复于二十二年十月,在沪开标,由西门子建筑公司得标,并勘定桥址。二十三年五月一日行开工典礼,至二十五年春季始告完全落成。原有的浮桥,则于事前迁至姜山道头,所以并不因建造新桥而影响到交通的往来,设想可谓周到已极。至于建桥费用则由沪甬两方分担;大概旅沪绅商负责筹募五十万元,本埠各业及殷富摊募二十万元,总计七十万元之谱。这样才使新式的老江桥巍然矗立在我们的前面了。

记得举行落成典礼时,省方曾派了一位杭州市长周象贤为代表,沪上闻人杜月笙等也都亲莅出席。有那些平日茹素念佛的老太太们,都从远近赶来,香烛顶礼,齐至桥边宿夜。一时轰动城乡人士,何至十万,真可说是人山人海,实开本县有史以来从未有过的热闹。

如今,它仍巍然横跨在甬江之上,且更经一度修饰,重又焕然一新,我们除了希望永远保持这新式建筑成果以外,更企盼已经老朽的新江桥,也赶快动工能来一下改建。

(《宁绍新报》,1947年,第17、18期)

灵桥管委会昨举行秋祭

本埠灵桥管理委员会,昨召开常会,并举行秋祭,主席王文翰,决议要案:(一)西塊南首公坑,前次常会议决迁至桥下,嗣以桥下建造公坑,有碍卫生,准予免迁,并将公坑隔壁余地出租;(二)房租照原有房租加倍,以现市米价折算,推卓亭葆[1]办理;(三)筹款重建平政祠,预计需费一亿元,除向立有神位者劝募外,不足之数,将距离较远之市房变卖抵充。推陈如馨、卓葆亭、施求臧设计建筑,会后聚餐。

(《宁波旅沪同乡会会刊》,1947年,第18~19期)

---

[1] "卓亭葆"即为"卓葆亭"——本书编辑者。

四明县治积极筹设

浙省府前以四明山匪患众多,为使如期肃清,确收成效计,拟在四明山区划设新县治一节,曾志报端。兹悉:三区专员公署,迭奉省府电催赶办,闻该署除积极筹划进行外,并分电所属有关部分,迅将应划入四明县治之各乡镇制成详细分界图,并将划线区域之各乡镇保甲户口、学校、团体、水陆交通,以及农田山地生产等类数量列表报署。

(《宁绍新报周刊》,1947年,第20、21期)

慈县召集各乡镇,商四明新治县界

四明山区开设县治一节,早经着手筹备,慈溪县南区各乡镇之应划入四明县治者,曾于上年全县调整乡镇会议时,有所决定,并县参议会第二次会议,作成决议,兹省府以该区亟须成立县治,曾令该县将应行划入四明之区域详图及水利交通、保甲户口,并当地特产等,查明详报,县府奉电后,于昨召集南山、车厩、大隐、陆埠等四乡,在县府集议,经议决仍照前次县参议会大会决议案办理,并拟就详图及概况表等报省核示。

(《宁波旅沪同乡会会刊》,1947年,第21~22期)

浙省增设四明县治

浙江省政府以该省四明山区,崇山峻岭,向为盗匪渊薮,为便于施政及肃清匪氛起见,业经呈准行政院将该区改设为四明县。

(《外交部周报周刊》,1948年,第90期)

三、军事与警务

宁波整顿各属营规

浙抚冯中丞近为整顿营务起见,明定章程,咨请浙提吕军门通饬各营,嗣后如有弁勇开革请假,或病故空额,均须按旬列表具报,驻明某哨某弁某勇于某日某事开除、某日以某人补充、计空旷几日、应扣薪饷若干、共计若干,中旬连上旬并计,下旬连上中两旬并计,眉目既清,稽查自易;其应扣空旷饷数,应于每月请领薪饷文内声叙明晰,由发饷处所照叙扣存造册报查,听候拨用,倘各该营仍敢匿报冒领,则是有意侵蚀,一经查实,定按吞饷例从严办理,以肃军纪。

(《并州官报》,1908年,第13期)

宁绍警政之进行(宁波)

日前,宁绍各属警署长,在宁郡会议警察进行事宜,兹将议决事件录下:

(一)经费除南田县与别县情形不同,其四乡警察成立期限,暂行从缓外,各县四乡警察,极迟限本年十二月一日,一律成立。

(二)饷项、活支、衣械等费,议定除鄞县警察饷项及警察署江北岸分署活支特别规定外,其各县皆一律另列细表。

(三)开办费由本年县税盈余项下开支。

(四)派出所处理违警案件,罚金逾十元以上,或拘留逾十日以上,须送警察署办理。

(五)警察岗位,除由警察官规定执行职务外,其有特别事故,无论何人,不得任意调遣。

(六)县税十分之三,拨充警费,由司令行知事给照。

（七）固有经费及房捐，责成县知事经收。

（八）除活支经费办[1]，其应用司书生公役、补习所及添办器具暨修葺，并临时应用经费，由警署长预算列表呈报。

（九）长警罚饷及违警罚金收入，除充赏外，作为拨给拘留所及预备费，如有不敷之处，仍得列入，其他经费核实呈报。

（十）石浦分署，现因警察署将要迁入，该处警察分署，自应裁撤；其黄泽、澄潭二镇分署，人民不足万数，亦均应裁撤。

（十一）四乡新招警察，照章先行教练两月，惟成立期限急迫，得变通在补习所教授，以资历练。

（十二）各分署及派出所，处理违警案件，须随时呈报警察署查核，其违警罚金收入数目，须按月造册，解送警察署存储。

（十三）各分署及派出所，对于长警之升降、开补及赏罚款项，须呈请警察署长核准办理；其记功、记过事项，分署长警官得专行之，并随时呈报警察署查核。

（《警务丛报》，1913年，第1期）

宁波警察新闻两则[2]

谕禁长警入帮（宁波）。鄞县警察事务所长陈禹田君，访闻近有外来帮匪，勾结就地痞棍，散放票布，巧立会社名目，引诱人民入会，种种不法，殊堪痛痕[3]，惟恐各长警等误入其彀，自当预先告诫，日前令仰各分所长所员，转饬各长警等知悉，略云：各长警素受教育，深明大义，定能各自诫勉，互相规劝，断断不至甘居下流，误投罗网；倘有一时被惑，误入该帮者，即行设法脱离，或自首该管长官，取具切结，立缴票布等物，本所长当予以自新之路，决不咎其既往；若仍执迷不悟，不听告诫，一经察出，或被告发，定行加等治罪，决不宽贷云。

---

[1] 原文"办"字应为"外"之误——本书编辑者。

[2] 原文无此标题，本标题为本书编辑者所加。

[3] 原文"痕"字应为"恨"之误——本书编辑者。

警长防患未然(宁波)。警务所长陈禹甸[1]君,深虑目下匪氛不靖,特通令各派出所云:本邑城厢内外茶馆客栈,不下数百余家,际此谣诼纷纷,恐有匪党隐匿其间,限二日内管辖境内茶馆客栈地点字号,以及店主姓名,查明详报来所,以便严行取缔云云。

(《警务丛报》,1913年,第22期)

宁波警察厅复活预志

宁波警察厅之组织,喧传已久,因请求中央补助经费洋二万元,奉内务部电复无款可筹,暂从缓办。兹悉,屈民政长以宁渡为通商口岸,地方冲要,警察厅之设立,似不可缓。现在从节省上着想,姑就原有警费,量为支配,自厅长以至署员,薪月一律析减,其职务不属重要者,并归各料[2]兼办,业将现行办法无须中央补助情形,呈部请予核准。闻已得大部许可矣。

(《浙江警察杂志》,1914年,第9期)

宁波通信(十一月二十八日通信)[3]

本月二十五日,驻甬军界暨水陆军警,鉴于政局纠纷、国难未已、合谋自立、以捍卫桑梓,先于浙东方面宣告自主,与本省军民各署脱离关系,旋举前浙江都督蒋尊簋为浙军司令,以前浙江参谋周凤岐为前敌司令,分军防堵从事进行。中行虽处军事范围,所幸与驻甬军队,感情尚洽,于营业方面,不加干涉,是以收兑钞票、收交汇款,一律如常,甬市亦各相安耳。

(《银行周报》,1917年,第28期)

浙军已退出宁波

(开抵台境图保实力,但已与闽周部接触,联军亦由百官进击)

杭州快信云:浙军第一师,因联军相继占领富阳、桐庐后,甬、绍已在包围中,

---

[1] 上一则新闻写做"陈禹田"——本书编辑者。
[2] 原文"料",应为"科"之误——本书编辑者。
[3] 原文仅为"宁波(十一月二十八日通信)",该标题为本书编辑者所加。

一师兵力，防御甬、绍两属，尚属不敷分配，更无能于诸暨、浦江等处置配兵力，故首将萧、绍放弃，退守曹娥江。除少数部队扼守百官，在江边用麻袋灌泥，层叠作垒，并架设重炮七尊阻拦联军第三旅段承泽部，及第十三师刘士林部渡江截击，其步兵第一团朱锡祺部、第四团徐培根部、炮团林显扬部，及辎重营、工兵营等，则纷纷由甬曹路向奉化、宁海二方面络续退却，保存实力，拟冲过临海、宁海方面之周荫人部，开赴温州，与入浙党军何应钦联络，徐图再举。总计一师兵力，除第二团及骑兵营、宪兵队等在省被联军缴械外，外海水警炮台炮兵等，及警备队总司令在新、嵊、余、奉等处召集之警备队，唐大钊在台被闽军逐去之民军等，合计有一万余人，实力不可谓不厚，然形隔势禁，沿江既被包围，一、三师之联络又被联军截断，局处甬埠，内无供应，外无援兵，与其坐困，无宁夺围而出，与党军联络后，或可徐图再举。闽军败衄之余，自较易对付，故一师大队开抵宁海、奉化县境后，扼守百官、曹娥江之第三团朱耀焜部及炮兵等，亦即放弃曹娥，跟踪退却。临行时，恐联军渡江袭击，施放大炮数发，并将甬曹轨道拆毁数段而退。迨联军渡江进驻百官车站后，朱耀焜部早已全数退却矣。第一师甬绍路放弃后，即集合大队，向宁海前进，在宁海城南约三里之遥，遇闽军蒋起凤部先遣队，双方即实行接触，约有二小时之久。闽军因地形不熟，小受挫折。一师恐联军跟踪袭击，先后受敌，故将全力对付周荫人部，先发制人，亦所以保存实力，自谋出路耳。恐联军亦不轻易放手也。(十四日发)

（《兴华》，1927年，第4期）

联军王淼部退出宁波

联军第十一师王淼部五十五团，由宁波乘新宁绍轮船，(十七)日抵沪，至吴淞蕴藻浜起岸。(十八)上午八时，由吴淞装车二十辆，开往松江。嗣因松江车站兵车阻塞，故该兵车开抵莘庄暂驻，并在莘庄车站设十一师司令部。第二列挂车十二辆，于下午二时四十分开往莘庄，尚有第三列车，拟于(十九)晨由吴淞开往莘庄，并于昨夜十时，由沪杭路调空车二十辆，挂送吴淞蕴藻浜车站候装。

（《兴华》，1927年，第7期）

宁波添设防守司令

杭州函,宁波地处海口,为浙省门户,防务上颇为重要,当兹匪氛不靖之际,更不容稍形忽略,顷中央对于陆路防务,已委定国军第六师师长赵观涛为第八路剿匪总指挥,即在杭州设立指挥部办公。对于海防,则委王皋南为宁波防守司令,浙江省政府、宁波要塞司令部,已分别奉到军部咨令,兹将防守部组织大纲觅录如下:

①宁波防守司令部,掌管防区内一切战备,及一切警戒事宜。②宁波防守司令部,直隶军政部。其关于国防设计及作战事宜,须秉承参谋本部处理之。③防守司令之管区,为镇海要塞地带,及外海水警区,并宁波附近地区均属之。④防守司令官之下,设置参谋、副官等幕僚及军法官,处理一切事务,其编制如另表。⑤防守司令,承军政部长及参谋总长之命,对于管辖区内有管理一切军事设施,并指挥驻在地部队、要塞之权。⑥防守司令,关于辖境内防务及地方团警,并与地方行政关联之事务,应受浙江省政府之指导,遇事商承办理之。防守司令遇有非常事变,得呈请宣告戒严,时机迫切不及呈请时,一面报告事由,一面宣告戒严。⑦防守司令,遇必要时,得呈请直属长官或商同友军,派遣所要部队,任管区内之警戒。

(《四海半月刊》,1932,第 6 期)

宁波的防务及各种事业纪要

周东海

宁波防守司令部

宁波为浙东重镇,不但商业繁盛,冠绝各县,且镇海要塞,关系国防,自昔称为浙江门户,故执政当局,历派大员坐镇,以资防守,往昔史迹,不遑追溯。

民十六国军光复浙江,当局即任王俊为宁台温防守司令,就宁波广济街旧提署故址,设宁台温防守司令部,旋改组为浙东警备司令部,王氏去职,以蒋鼎文继任,后蒋氏调任国军第九师师长,且因台温一带匪势猖獗,急待清剿,及改组警备司令部为宁绍台温属剿匪司令部,任王文瀚为剿匪指挥。

二十一年夏,四属剿匪指挥部复改组为宁波防守司令部,且扩大其组织,将镇海要塞司令部改为镇海炮台总台部,易镇海要塞司令为总台长,直隶于宁波防守司令部。

现任防守司令王皞南,陆军中将,籍隶浙江黄岩,年四十二岁,先后毕业于保定军官学校及北平陆军大学。十五年北伐时,即充二十六军团长,旋升任总司令部少将参议,二十年复调任第四师副师长兼第十二旅旅长,二十一年夏,到甬就任,以迄于今。

宁波防守司令部组织大纲草案

第一条,宁波防守司令部掌管防守区内一切战备及警戒事宜。

第二条,防守司令部之管辖区域为宁波及其附近并镇海要塞地区,其地区如附图。

第三条,防守司令部直隶于军政部关于作战教育事宜,须秉承主管各部施行。

第四条,防守司令部编制及其直辖部队如系统表所列。

第五条,防守司令部为维持管区之军纪、风纪及保安警备起见,于区内保安警备等部队、公安局外海水上警察及地方团警有监督指挥之权。

第六条,防守司令遇非常事变得呈请宣告戒严,如时机迫切不及呈请时,一面呈报一面宣告戒严。

第七条,防守司令部在管区内一切军事设施有须地方协助进行者,应呈请军政部转咨浙江省政府办理之。

第八条,本大纲草案由军政部呈奉军事委员会核准后,以部令公布施行并呈请行政院备案。

宁波防守司令部编制

甲、原有编制:

守备步兵三团

工兵一营

通信队一队

高射炮一队

无线电一队

镇海炮台总台部

修械所

乙、现在编制：

守备步兵一团

机关枪三连

工兵一连

无线电一队

镇海炮台总台部

修械所

宁波防守司令部作战兵力配备

防守司令部现有兵力二千，枪支齐备，以湖北造为多，子弹勉足应用，一俟将来经费增加，拟招募步兵三团，工兵一营，及高射炮队等，作战时之计划，将镇海要塞地带划分为左右二个防区，甬江之北岸为左防区，甬江之南岸为右防区，其兵力配备如下：

右地区：

步兵一团又一营

重炮〇门

轻炮〇门

左地区：

步兵〇团

重炮〇门

轻炮〇门

总预备队步兵一团

宁波防守司令部整理镇海要塞预算

炮台附近：二八九〇〇元

防地：一六四〇〇〇元

通信网：七七〇〇〇元

交通路：一〇三〇〇〇〇元

镇海炮台总台部

总台部：在镇海港南沙蟹山旧营基

总台长：俞隐民

官佐士兵：共计四百人

直辖机关：宏远炮台，台长张柯林，炮台在大金鸡山

　　　　　绥远炮台，炮台在小金鸡山

　　　　　平远炮台，台长张秀松，炮台在竺山

　　　　　安远炮台，台长裘守全，炮台在招宝山南麓

　　　　　威远炮台，台长张友全，炮台在招宝山东麓

　　　　　修械所，所长包彦章

　　　　　观测所，观测员姚武

　　　　　探照台，探照员吴茂兴

　　　　　火药库，主任叶着先

宁波防守司令部修械所

地址：在镇海港南泥湾南澜江

所长：包彦章

组织：所长一人，技士二人，杂役二人，上士四人，兵卒十名

军械：水雷一百五十只，浮雷五十只，地雷六十只，浮标十二只，队盘一百五十只，电线三十二盘（价值五十余万，中法战争时留下），大索七盘，管推山炮三十二门，铜胆七十二个，水雷引信二百四十四个，抽电箱三十二只，水雷箱十八只，炮索四盘（白麻索，铁丝各二盘，每盘价值千元），电气表一个，电表七个，电门八个，前膛炮二十门（废），破甲炮弹一百五十发，入心炮弹一百发，开花炮弹三百发，铁丝网十六架。

镇海炮台港南观测所探照台

探照台：在镇海港南金鸡山上

探照员：吴茂兴

探照器：蔡式剪形镜，系德国出品，军政部兵工署于二十年十二月发下，同时

发下蔡式剪形望远镜使用法一册,兹将其内容说明,摘录于后:

封面　蔡式剪形望远镜使用法

Das Scherenferwrohr

19　14　Z

(S.F 14　Z)

C A K L Z E I S S

JENA

Bezeichnung Dieser Druck Schrift: T 196

绪言:

剪形望远镜,系军用望远镜中之最优者,可隐蔽于障碍物后,观察敌情,可以测量距离、地形、炮弹落点之状况、偏差等,构造精密,效用甚广。

内部编制:

第一章　装置

第二章　使用

第三章　附件

第四章　设备

使用法分为四节:

一、普通使用法;二、观测物之大小距离测视法;三、平面角度测量法;四、高低角度测量法。

剪形镜光学之性质:

一、放大倍:十倍 C 射出瞳之直径五公厘。

二、视察界:五度 A 光度二十五公厘。

剪形镜各附件之重量:

一、全体重:一八.〇公斤

二、木箱全重:一二.三公斤

三、定向盘:一.二公斤

四、三足架:五.八公斤

五、镜身重：五．三公斤

附米位与角位之区别：

一圆周分为三百六十份，每份为一度，一圆周（？）分为六四〇〇份，每份为一米位，其换算式如下：

1度=17.778米位

1米位=0.056250度

宏远炮台

炮台：在大金鸡山

总台长：张柯林

守备兵：一连

炮：克鲁伯炮共四门，其中明装一七生的口径一门，暗装二四生的口径一门，二一生的口径二门。

炮弹：共三百余发，百分比率为开花弹50%，破甲弹20%，入心弹30%。

现在将一七生的口径克鲁伯炮0身原文抄下：

前身　　EINHOLEN

　　　　FRIED KRUPP

　　　　ESSEN ^{A}/R　13

炮腰　　〇 1887 〇

　　　　Rh. Laff. fur 17cm $k^L_{30°}$ $._{80}^c$

后身　　LINKS　LOS 放松

　　　　№24

　　　　FRIED　KRUPP

　　　　RECHTS　FEST 夹紧

威远炮台

炮台：在招宝山东麓

台长：张友全

炮：克鲁伯三门，二一生的口径一门（炮座被海潮冲坏）

博洪克鲁伯一门(中法战役,曾发炮击沉法国军舰)

奥滑斯三门,四吋七口径

克鲁伯炮系德国出品(原文见前)

奥滑斯炮系英国出品,其原文如下:

VAVASSEUR

1876　№891

LONDON

据张台长报告每炮间隔八分钟发射一次,最大射程为四千码,有效射程为三千码。

宁波商埠

宁波商埠,地濒甬江,密迩东海,与外国通商最早,清道光时,因南京条约,与上海,广州,厦门,福州同时辟为商埠,轮舶辐辏,贸易繁盛,近年以来,交通更为发达,陆上有沪杭甬铁路(甬曹段早已通车)与萧绍曹公路相接,计八小时可达省会,鄞奉汽车道通奉化溪口,鄞慈镇汽车路路通慈溪镇海,俱不过一小时可达,航行内河有余姚江通慈溪余姚上虞各县,奉化江通奉化,外海快轮,北路出甬江经镇海而直达上海,南路则往来定海、象山、宁海、永嘉、临海、黄岩各县,快则二小时,至迟不过一昼夜,可以到达。他如电话普及全埠,电报与长途电话,早与省会及各大都市交通,洵为浙东各县之枢纽。全埠为城区江东江北三区,面积约计一百二十方里,烟户四万余,人口二十四万,营商者居大多数,职工与船夫次之。

人烟稠密,品类不齐,社会治安,关系綦重,故民国二十年一月省政府三六八次会议决撤废宁波市政府,其直辖机关如财政,工务,建设各局先后归并于鄞县县政府,而市公安局则以宁波具有特殊情形,不便归并县公安局,乃独立设置改组为宁波商埠公安局,直隶于民政厅之下。

宁波商埠公安局

局长:俞济民

局址:宁波湖西桂花井

警士:八百名

枪械：七九步枪六五〇枝

　　　手提械枪一〇枝

　　　木壳五〇枝

　　　其他八〇枝

经费：全年二十二万余

直属机关

机关名称	主任官长	地址
第一分局	后士杰	大沙泥街
第二分局	沈昌渠	中山公园
第三分局	斯信	新城隍庙
第四分局	万方	江北岸外滩
第五分局	罗致英	江北槐树路
第六分局	冯廷扬	江东百丈街
西郊分驻所	姚志钧	西郊卖鱼巷
警察队大队部	戚静之	西大路天宁寺
警察队第一中队	胡心白	
警察队第二中队	曹明道	
警察队第一分队	王达士	
警察队第二分队	丁书翰	
警察队第三分队	吴廷翰	
警察队第四分队	赵玉堃	
警察队第五分队	汪涛	
警察队第六分队	陈桂亭	
守卫队	郑庆祥	湖西
消防队	吕信敏	南大路
侦缉队	俞康树	大沙泥街
车巡队	曹明道	西大街
警士补习所	王绍阴	南大路

宁波商埠重要机关

机关名称	主任长官	地址
宁波防守司令部	王皞南	广济街

第七区行政督察署	赵次胜	府侧街
海关监督署	蒋锡侯	西大路
鄞县县党部	左洵	县学前
鄞县县政府	陈宝麟	县西巷
鄞县县公安局	赵斌	县西巷
鄞县县教育局	叶谦谅	府侧街
鄞县县财政局	张思傅	县西巷
鄞县县建设局	倪维熊	县西巷
宁波公安局	俞济民	湖西
鄞县地方法院	王秉彝	法院巷
浙江第二监狱	卫世杰	双池巷
浙海新闻	卢寿汶	江北岸中马路
硝磺局	石益三	演武街
宁波总商会	陈南琴	苍水街
鄞县县农会	金晋卿	县学前
鄞县反日会	张醒民	三湾巷

宁波商埠交通处所

交通处所名称	地址
沪杭甬铁路车站	车站路
军政部航空站	南郊柳亭巷
短波无线电台	开明街
电报甬局	战船街
长途电话局	公园侧
四明电话公司	义和门外 [1]
邮政总局	江北岸外马路
鄞奉汽车站	南门外
鄞慈镇汽车站	江北岸
摆渡口	大道头,和丰道头咸昌门外,北门外
三北轮船公司	江北岸外滩
英商太古公司	江北岸外滩
宁绍商轮公司	江北岸外滩
鄞奉汽船公司	外濠河

---

[1] 此处的"义和门"当是"和义门"之误——本书编辑者。

象山商轮公司	江北岸外滩
宁海商轮公司	江北岸外滩
浮桥	新江桥埠老江桥埠

宁波新闻事业

报社名称	社长或创办人	编辑	地址
宁波民国日报	周聘三	吴一飞	江北杨善路一五号
时事公报	金臻祥	邬一蝶	江北中马路一六号
宁波商报	金萝麟	王玄冰	崔衙前七四号
大晚报	陈伯昂	左洵	中山公园内
商情日报	表关福	庄禹梅	国医第二号
宁波大公报	张澹庵	史济行	
市情日刊	毕维萼		

宁波银行

银行名称	地址
中国银行	江北岸外马路
交通银行	东大街
四明银行	江北岸外马路
通商银行	江北岸外马路
中国垦业银行	糖行街
中国实业银行	糖行街
厦门银行驻甬办事处	建船厂跟捷美糖行

宁波出入口贸易船只统计

旗号	只数	吨数
美船	四〇	六 一二〇
英船	四〇四	六二四 四九二
和船	二	三 六六〇
意船	二	二 八二八
日本船	一四	一四 四七〇
华船	一三八七	二 二五三 八八三
挪威船	一二	一五 七二七
共计	一八六一	二 九二一 一七九

宁波出入口银元统计

出入口	中国银元数	值关平银
由上海入口	四〇〇 〇〇〇	二六六 六六七
出口往上海	二三〇 〇〇〇	一五三 三三三
计入超	一七〇 〇〇〇	一一三 三三四

宁波商埠工厂统计

工厂类别	工厂数	投资银数
纺纱厂	一	九〇〇 〇〇〇元
榨油厂	一	八〇 〇〇〇元
火柴厂	一	六〇 〇〇〇元
烛皂厂	八	三七 七〇〇元
罐头食物厂	六	三六 五〇〇元
针织厂	一〇	三五 八〇〇元
机械厂	五	二六 五〇〇元
布厂	六	二三 〇〇〇元
席厂	七	一六 五〇〇元
烟厂	二	一二 〇〇〇元
玻璃厂	一	一〇 〇〇〇元
翻砂厂	一	八 〇〇〇元
锯木厂	一	五 八〇〇元
电织厂	一	五 〇〇〇元
伞厂	一	三 〇〇〇元
酱油精厂	一	二 〇〇〇元
电池厂	一	四八〇元
总计	五四	一 二六二 二八〇元

宁波出入口土货统计

货别	出口值关平两	入口值关平两
棉花	四 四七七 六四四	九三 八五一
茶	二 三八六 一七二	九五六
棉纱	一 六八二 四〇九	一 一〇七 五五二
绸布	九五五 九六〇	三 三二五 九八四

海产	七四〇 六八九	一七七 七四六
药材	五九〇 九四四	五七七 九一五
菜	三五〇 五六八	三五五 四六一
烟	三一一 三六五	一八一 一六八
酒	二六六 四七二	四二 一三三
锡箔	二五六 五四六	
席	二四七 八七二	一〇 九〇一
柴炭	一六四 八一三	四五四 一三一
帽	一六〇 四二八	二 三八四
陶瓦器	一二四 一五九	五 〇九四
动物产	一一〇 八五六	五三 九八三
果品	六〇 五四二	一 一五三 六一六
植物	五一 八六二	五一七 五八九
纸	四三 四四七	一一一 五一六
生熟皮类	二 六五二	九八 九四二
带毛皮货	二〇 一五七	二一〇
制过肉类	五 二六五	三 六四六
鲜咸蛋	三八 九〇〇	一 一八三
米及谷		一 九九二 一七四
小麦及面粉		一 一四三 五四九
豆类	四〇 一二六	八四二 五五〇
其他粮食	四 六一五	七一 三三四
糖	三一	一三二 八〇二
纸烟	三一 七六〇	四 二五六 六一九
植物油类	三 〇二八	一 〇一一 三七九
棉线		一〇三 四一〇
毛巾	一 三九九	二〇 七一一
袜	二 四〇五	四六 六六三
煤		五一八 〇九二
玻璃及磁器	二 四四四	四四 四五三
五金	七 一〇一	三七二 一四八
建筑材料	二五一	一二三 七四二
军械军火		一 一八八
其他各种杂货	三二九 〇九一	四九〇 八六四
共计	一三 四七一 五八三	一九 三五七 七三九

宁波二十年份进口洋货统计

货别	值关平两
绸布棉毛织造品	一八〇 五六〇
五金	一二六九 三二九
米	一一五二 九七二
染料及颜料	四二二 五四七
煤油	四〇六 五三八
化学药品	五五一 七九一
木材	二八九 一六一
油类	二四四 〇四九
纸	一八四 〇二七
蜡	一八一 三〇七
小麦	一五九 四六三
海产	一四七 八七二
科学仪器	一四六 〇五二
纸烟及烟丝	一三〇 一二四
皮类	一三〇 一二四
玻璃磁器	六三 八六九
干鲜果品	四二 〇六七
糖	六 八七二
煤	一五一 七一〇
其他面粉	三五 一一三
其他粮食	三 七八八
其他各种货物	三 四二八 八五五
总计	一〇 九五〇 六八八

鄞县中等学校调查

校名	校址	校长	教职员数	学级数	学生数	常年经费	立别
鄞县中学	南门外	沈其达	六八	一七	六三五	九七 三三九	省立
效实中学	西门	冯度	四三	一六	五七五	四七 八〇二	私立
鄞县女中	湖西竹洲	杨菊庭	三〇	八	一九六	二四 四五七	县立
鄞县工校	泗洲塘	王诗诚	二八	四	一五九	七七 一四三	县立
鄞县商校	道侧	汪焕章	二八	七	二一八	二〇 二〇四	县立
鄞县乡师	茅山	边甘棠	一二	二	一一五	六 〇六二	县立
四明中学	北郊路	王实明	二一	六	一四八	二六 五三七	教会立

斐迪中学	泗洲塘	袁履登	一六	三	一三九	七一四〇	教会立
三一中学	白衣寺跟	徐家恩	一六	三	五七	一一五一〇	教会立
甬江女中	咸仓门	沈贻芗	二〇	六	一二五	二七〇九七	教会立
民强中学	演武街	陈伯昂	一七	三	五五	一八〇〇	私立

鄞县

鄞县为旧宁属之首县，位置四明山之东，甬江之南，全县面积四千余方哩，居民七十四万一千二百八十余人。（连市区在内）

县境东南临海，与定海县之六横岛，象山县之西泽埠相望，东北界镇海，南界奉化，西与西北界余姚，北界慈溪，沿界多山。南部之鄞江桥以西，北部之凤乔寺以西，为四明山与大岚山所绵亘，越岭非遥，即为新昌，嵊县，上虞三县交界之处，山岭重叠，溪谷蜿蜒，自昔为盗匪啸聚之所，杀人越货，惊耗频闻，因之县府当局，整理警卫，积极努力，如筹增警费，添购警械，招收新警，增设局所，次第实行，考查现有警卫力量，较之三年前，计增三倍有奇。

鄞县各区面积户口统计

区别	面积方里	住户	人口
第一区	一〇.〇	一六 五三四	八三 九五八
第二区	五.五	六 七七八	三六 四七八
第三区	八八.一	八 〇四九	九八 〇七二
第四区	三〇.四	九 八二三	四九 五五六
第五区	一五.五	六 九四一	三六 〇八七
第六区	六九二.〇	二九 一六五	一〇七 六四九
第七区	九八九.〇	一七 二二四	六七 一七八
第八区	五四八.〇	二九 九五七	一〇二 二九一
第九区	九一九.〇	二三 九二三	九五 四八五
第十区	七〇九.〇	二九 九四七	一二四 四二八
	四〇〇六.五	一七八 三五〇	八〇一 一八二

鄞县县政府职员

  县长   陈宝麟
  秘书   金煌

第一科长	颜本京
第二科长	张醒民
公安局长	赵斌
财政局长	张思傅
第一课长	沈祖修
第二课长	蔡和锵
第三课长	王锡龄
金库主任	胡同义
田赋征收主任	范伟臣
验契兼推收所主任	紫大方
旧市区税捐征收处办事员	徐养孙
建设局长	倪维熊
第一课长	骆肇修
第二课长	施求臧
第三课长	顾鼎泰
教育局长	叶谦谅
第一课长	周学文

鄞县县政府组织系统图

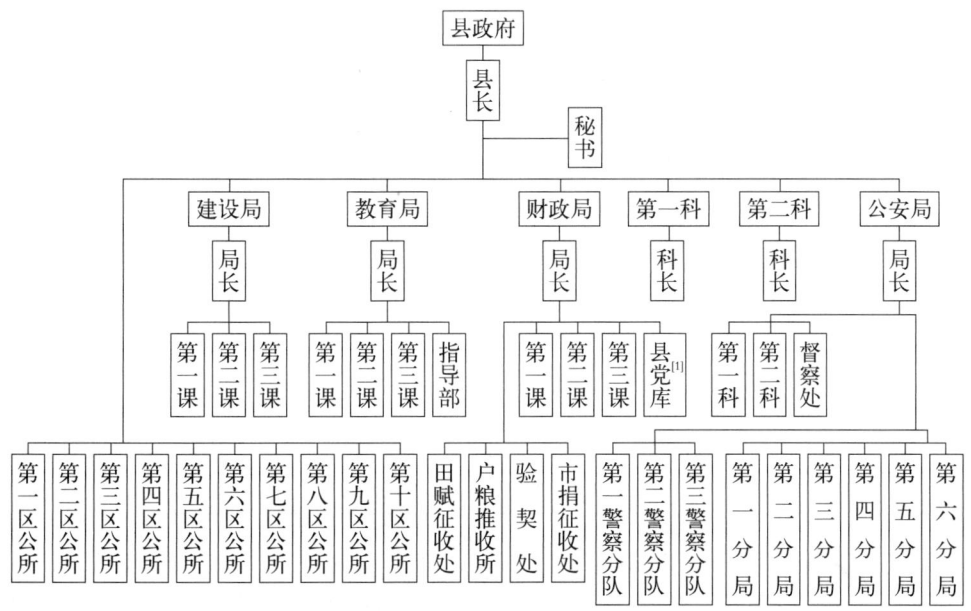

---

[1] 原文"党"字当为"金"之误——本书编辑者。

鄞县公安局及其直属机关

局长：赵斌

总教练官：胡福相

科长：王仁寿、沈鹏

督察员：梁镇远、马士麐

科员：钱毅、徐文彬、计敏

第一分局局长：贾颖魁、吴一雄、李沧潮、唐昌熙、黄惠民、朱启金

第一警察分队长：薛溱、陈国鑫、许树果

侦缉长：俞康树

巡官警长：四十一人

警士：二百八十五人

枪械：三百七十六枝

经费：七万三千三百八十七元

鄞县公安经费岁出入预算

岁　出　项		岁　入　项	
项目	预算数	项目	预算数
县公安局	一四〇〇四	地丁特捐三成	一二 六七九
第一分局	八 四五四	银米附加警费	二七 五六五
第二分局	五 一一二	屠宰附捐	一 七二四
第三分局	七 七〇八	店屋捐	七 二〇〇
第四分局	六〇〇〇	住屋捐	一 八〇〇
第五分局	四 七八八	商店捐	一 〇八〇
第六分局	五 八九二	股户捐	七 九九二
第一警察分队	四 四三四	轮船捐	六四八
第二警察分队	四 四三四	省款补助费	四 六〇八
第三警察分队	四 四三四	市款借入	四 七〇〇
长警服装费	三 三九〇	违警罚金	七 二〇〇
长警补习所经费	一 三〇五	共计	七七 二〇六

续表

岁　　出　　项		岁　　入　　项	
项目	预算数	项目	预算数
政务费	七二〇〇		
预备费	五一		
共计	七七二〇六		

鄞县公安局枪械调查

枪别＼局别	县公安局	第一分局	第二分局	第三分局	第四分局	第五分局	第六分局	第一警察分队	第二警察分队	第三警察分队	共计	备考
自来得	6	6	4	1	3	3	2	3	2	3	33	
白郎林	3	4			3	1		1	1	2	15	
五乡快枪	4	6	8	8	8	8	8	16	16	16	100	
马枪	4	2	8		4	2	2	6	6	6	40	
套筒毛瑟		9									9	
俄国枪				6							6	
洋九乡	2										2	
老毛瑟	5	20	10	21	10	28	23	4			121	
小口径		5		4							9	
林明敦				21		20					41	
总计	24	54	30	61	28	62	35	30	25	27	376	

鄞县民有枪弹

枪　别	枪　数	弹　数	备　考
白郎林	二〇七	一一二五〇	
木壳	三四	二三四四	
毛瑟	四二	八八五	
马枪	三	三六一	
手枪	六六	三〇六〇	
鸟枪	一二五九	八七一	

续表

枪别	枪数	弹数	备考
前膛	四八		
后膛	三	一〇〇	
汽枪	七		
废枪	六二		
土枪	八三二	三〇〇	
林明登	二九	二四九	
快枪	八二	一五〇三	
洋九响	五	九八	
十三太保	三	六九	
抬枪	二		
马蹄枪	一五	四〇	
腊枪	七	九〇	
双瞳猎枪	二		
水煎马枪	二		
共计	二七一〇	二一二二〇	

鄞县公安局违警罪别统计（二十年份）

月别 案件 刑名	一月	二月	三月	四月	五月	六月	七月	八月	九月	十月	十一月	十二月	总计	百分比
绑匪	1		1	2	2		1	1		1	1		10	5.4%
强盗	2	1	2	2		2		1	1			1	12	6.4%
窃盗	2	3	3	6	3	4	1	3	11	6	3	5	49	25.9%
妨害家庭	1		1	1	2	1	2		2	2	2		14	7.5%
妨害婚姻	2				1			4					4[1]	2.2%
妨害公务	1	1						2		1			5	2.6%
鸦片	3	7	5	3	4	6	4	2		1	5	4	45	23.8%
诈欺	1				1	1	1	2		1			7	3.8%
行使伪币		1				1					2		4	2.2%
赌博		2	3			3		2	2	2	2	1	12	6.4%

---

[1] 原文即为"4"——本书编辑者。

续表

刑名\案件\月别	一月	二月	三月	四月	五月	六月	七月	八月	九月	十月	十一月	十二月	总计	百分比
伤害		1	1			3		2	2			1	10	5.4%
妨害秩序				2			1		1		1	1	6	3.3%
公共危险			1								1		2	1.2%
妨害风化			1		1	1	2				1	1	7	3.8%
共计	12	16	17	17	14	18	12	14	24	12	17	15	190	100%

鄞县公安局违警案件统计（二十年份）

局别	数目\月别	一月	二月	三月	四月	五月	六月	七月	八月	九月	十月	十一月	十二月
县公安局	案件	2	2	4	4	3	4	6	5	3	2	3	1
	人数	3	2	5	5	7	8	10	10	3	2	5	2
一分局	案件	39	49	47	41	41	42	49	69	53	45	60	51
	人数	132	131	117	94	94	99	129	159	126	118	141	143
二分局	案件	37	34	34	37	37	29	31	29	64	27	32	33
	人数	118	909	119	97	97	76	82	80	106	73	99	102
三分局	案件	41	46	45	30	30	40	41	59	64	45	41	27
	人数	105	118	123	73	73	93	107	147	171	95	114	77
四分局	案件	43	55	29	39	39	28	31	53	28	30	53	41
	人数	83	110	68	90	90	70	77	104	79	90	129	97
五分局	案件	20	15	20	14	14	18	25	31	28	38	39	39
	人数	38	43	52	46	46	40	89	95	101	115	89	119
六分局	案件	24	30	43	8	8	14	16	14	27	7	19	13
	人数	62	89	59	30	30	56	46	41	89	51	75	36
合计	案件	206	231	202	146	172	175	199	260	243	194	247	205
	人数	541	602	543	344	437	442	540	636	675	540	652	576

鄞县查获烟案统计

缉获机关	第一公安分局	第二公安分局	第三公安分局	第四公安分局	第五公安分局	第六公安分局	第一警察分队	第三警察分队	莫枝堰卫团
烟案类别	私售私吸	私连私吸	私吸	私售私吸	私售私吸	私售私吸	私售私吸	私连	私吸
烟犯人数	二人二十人	一人四人	八人	二人十一人	一人十六人	二人五人	一人一人	一人	一人
证物件数	土膏灰共约四钱八分,烟具六四件	土膏灰共约十四两六钱六分,烟具七件	土膏灰共约九钱四分,烟具二十一件	土膏灰共约[1]三两二钱二分,烟具三十二件	土膏灰共三两二钱二分,红丸八粒,烟七十五件	膏灰共六两七钱,烟具七十五件	膏一钱,烟具七件	烟土三十四小包	烟泡三十枚,烟具八件
附记									

象山县

象山半岛处浙江省之极东,三面环海,一面接陆,盖仓山脉绵亘于西部,故地势西北高而东南低,地面东西一百四十里,南北一百九十里,人口二十一万,多数业农,渔盐次之,丰岁足以自给,凶年不免于死亡,年来经济阻滞,民生憔悴,且因税捐繁重,米价狂跌,农民流亡,致造成有田无人耕之局面,倘不急谋救国济之方,前途不堪设想。

县之北为西湖港与高泥湾,总称之曰象山港,海水齿入陆地九十余里,口宽不及十二里,湾势深邃,港澳重复,口外之六横山横列屏障,形势险扼,实为吾国唯一之军港,年前海军部派员莅象测勘,拟在高泥湾设立海军学校,现已鸠工庀材矣。

县之南端为石浦港,即总理建国方略中所指为渔业港者也。更南为三门湾,形如鲍口,因有航门三道,故名。湾外南田大佛诸山错崎,屏蔽天然,湾内岛屿棋布,山岚迴抱,水深面阔,可泊巨舰,自意大利要求租借后,遂著名于世,近因商民许廷佐徐信孚诸君之请,政府已准予筹组机关,从事辟埠矣。

---

[1] "共约",原文误为"约共" —— 本书编辑者。

象山县土地统计

	公有	私有	合计
田	一 五四六 二七一	三九九 四一七 五四六	四〇〇 九六三 八一七
地	三二 四一三 五五七	一〇五 七〇三 二一一	一三八 一一六 七六八
山	二 五八一 〇〇八	一三二 四六六 九八九	一五四 〇四七 七六八
荡	三八 六二一 一五七	八〇 六二一 八五四	一一九 二四三 〇一一

象山县田赋统计

项别	每两值银	备注
地丁	一元八角	正税
县税	八角三分	每两附加带征
建设特捐	一元	同
建设附捐	一角五分	同
教育附捐	一角五分	同
自治附捐	一角	同
治虫附捐	一角	同
巡缉队经费	三角	同
区经费	四角	同
征收费	一角六分二厘	同
救济院费	一角五分	同
亩捐	三角	同

象山县户口统计

区别	户数	男	女
第一区	九 六六二	二二 二六六	一八 一三九
第二区	一〇 四〇七	二四 三七一	二〇 九三四
第三区	九 五二六	二〇 八八八	一五 九四八
第四区	九 五三三	一八 一九二	一六 一二二
第五区	一二 八五二	二九 五八五	二二 六六四
总计	五一 九八〇	一一五 三〇二	九三 八〇七

象山县人民教育程度统计

余别	男	女
学龄儿童入学者	一 九八四	一 一二六

曾受五年以上教育	四一 四六四	三七 七二一
中学及大学毕业	一〇〇六	六六
学龄儿童失学者	一三 二八八	一 一二六
十三岁以上不识字者	四一 九六四	三七 九二一
三十岁以上失学者	五一 四〇二	四三 〇二四

象山县政府组织系统图

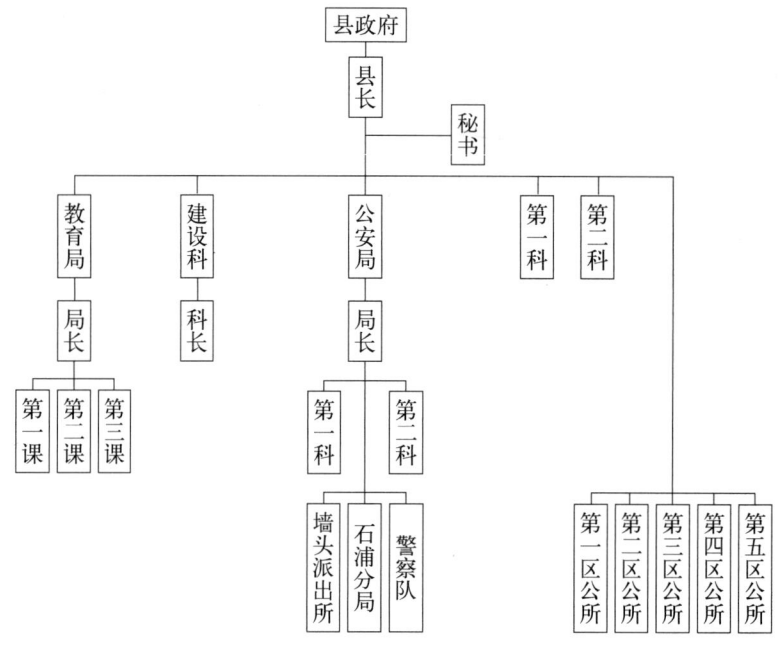

象山县保卫团

团总：张周汶（县长兼）

副团总：焦树靖（县公安局长兼）

基干队长：虞端

副队长：周成章

基干队员：一百名

临时基干队队员：四百五十名

常备队员：六百五十名

枪械：俄国快枪六十枝,三八式四十枝,毛瑟五十四枝,土枪七十枝

驻防地点：县城、平水庙、圆通庵、姜毛庙、圆峰庙、东乡、涂茨、海墩、爵溪、南乡、石浦、东陈、泗洲头、西乡、西周、下沈

象山县公安局

局长：焦树靖

服务员：施继鲁

科长：易丙爵、沈正时

科员：杨机、傅玉崐

书记：王诚章

巡官：魏朝品

警长：蒋俊卿、焦德光

警士：十九名

清道夫：二名

伙夫：一名

枪械：毛瑟十枝,木壳六枝,子弹四百颗

经费：一四 四二八元

象山县公安局警察队

队长：邓震阳

警士：十九名

枪械：俄国快枪十七枝,木壳二枝

经费：一 五一二元

石浦分局

分局长：胡嘉善

巡官：章执中

警长：楼守华、陈

警士：二十名

枪械：毛瑟九枝

墙头分局

巡官：周秉钧

警士：五名

预备警：六名

枪械：毛瑟二枝，手枪一枝

经费[1]：一二〇〇元

象山县教育局

局长：黎绍舜

督学：干伦第

第一课长：朱葆华

第二课长：仇训崇

第三课长：局长兼

区教育员：陈燕昌

科员：周宗浩

事务员：屠鸿逵

书记：汪成渠

经费：一二，九三四元

象山县立民众教育馆

馆长：白圻荣

指导员：翁混

书记：叶兴西

经费：一〇四九元

设施事业：民众茶园、中心民众学校、民众图书室、民众阅报牌

象山县党部

执行委员：叶秀（常委）、叶烊、顾鹏程

---

[1] 原文"经经"。

监察委员：孔宪斌

干事：谢略、王乃楫、潘乃恩、陈燕昌

党员：九十余人

区分部：九

区党部：三

经费：一三〇〇〇元

象山县商会

会员：一百七十余家商店

执行委员：桑宝章（主席）、许梅芳、王冶青、钱澄轩、吴根堂

象山县教育会

会员：二百五十余人

干事：王皋（常务）、叶秀、叶牂、林永怀、孔宪斌、周凯旋

象山县农会

筹备员：张在熙

（附记）该会所于二十年冬毁于火，印信文件尽毁，会务停顿，迄未恢复。

（《警光》，1933年，第9期）

宁波水警扩充护渔实力

宁波渔业警察局，奉令于本月底裁撤，关于护渔事宜，宜并水警第二大队接办。兹闻水警大队，已积极准备充足实力，将省府拨用之水产学校渔轮民生第一、第二两号，改装修理，即以原有业已废弃之水平舰武器移装该轮，所有实业部发用之海鹰、海鸥两舰，现正延弋渔区，缉盗护渔。浙省渔业管理委员会，以渔区辽阔，拟于各区渔业警察局撤销后，在宁波，临海，温州三区，各设办事处，协助一切。又水警第二大队长凌霄，因归并在即，所有接收来之宁波渔业警察局克威、克强、克刚舰之经费，均无着落，拟仍征收护费，于十一日赴省，晋谒黄主席面陈一切。（十一日）

（《实业部月刊》，1936年，第5期）

宁波税警扰民消息三则[1]

宁波

鄞县东乡塘头街农民叶岳生、周相生两人,于上月十四日,担米至市集售卖归来,路过永庆桥,被检查私盐之便衣税警队枪伤一案,事后由鄞县政府调查经过事实,呈请两浙运使署,准予饬查肇祸税警,按律惩治,并责令该管区队从优给恤伤人,以平民愤,并函请税警局,嗣后税警局下乡缉私,务须穿有制服,以免误会。

奉化

奉化松林乡居民王兴昌,以渔为业,日前下海工作,途经翔鹤潭洋面,突遇驻扎该处之税警多名,勒索食鱼,因无鱼以应,致被开枪射击,王即中弹身亡,事后,由家属报验,并请缉凶,死者家况甚窘,地方群抱不平。

余姚

驻陆埠两浙盐务税警第七十三队第三分队,日前派警至本县境内缉私,在候青门外东洋桥遇见私盐三船,私贩十余人泅水脱逃,缉获老大陆尧宾等三人。事有凑巧,由石堰载客回姚之划船,及老大沈阿狗一名,亦遭逮捕。是案经地方法院侦讯后,陆尧宾起诉外,沈阿狗予以不起诉处分。沈迭向陆埠分队部要求发还被扣之划船一艘,被该队拒绝,沈不得已昨具状向地方法院控诉分队长雷盈甫渎职侵占之罪。

(以上三则均载《盐政杂志》,1937 年,第 66 期)

姚治安会议决定修复城区碉堡八处

余姚县政府为确保城区治安,前曾召开治安会议,决议修复城区碉堡八处每一碉堡均装电话电灯,经各派警队驻扎并制备拒马共需修筑及电话费三千二百万元,并购十门总机一只,设置于警察局,预定于十日前缴齐兴工。

(《宁绍新报》,1947 年,第 11、12 期合刊)

---

[1] 原文在"税警扰民"大标题之下,此标题为本书编辑者所加。

蒋经国、竺鸣涛二氏昨抵甬先后赴溪口

主席长公子蒋经国氏,与浙省保安司令竺鸣涛氏,定三十一日来甬消息,业志昨日本报。兹悉蒋氏于昨晨七时,由杭乘专车起程,于中午抵甬,即至中央酒楼,午膳后乘原车经返溪口原籍。

(又讯)浙保安司令竺鸣涛氏,偕同应科长等一行,杭乘专车于上午九时动身,抵绍兴时暂憩,午膳后,起程来甬,当于下午四时半直抵江北岸通商银行稍事休息。五时许,仍乘原车迳驶溪口,并视察沿途防务。专员郑小隐,及陈县长,卢警察局长等,均至站迎迓蒋、竺二氏。

(《宁波旅沪同乡会会刊》,1947年,第13期)

宁波警界消息数则[1]

宁波警察局,本拟归并鄞县警察局,现此说打消,继续存在,经费将列入省预算,完全由省方发给。

(《宁波人周刊》,1946年,第5期)

(宁波讯)宁波各机关团体,以浙江第二监狱年久失修,发起兴修并组设募款委员会,上海方面推金延荪等劝募,闻已募得五千万元云。

(镇海讯)镇海县警察局,拟恢复义勇警察队,去七月十五日成立,凡民国廿七年义警经训练及格者,均可复员。

(以上两条均载《宁波人周刊》,1946年,第14期)

---

[1] 原文无标题,此标题为本书编辑者所加。

四、涉外事务

宁波英领事调任

英国驻扎宁波领事佛礼赐于客腊将及，岁暮至沪，乘兵船到温州查案。昨于新正初九日兵船返沪，佛公调任广东领事。接宁波领事之任者，亦已在沪。故佛领事即于十三日皆新任宁波领事赴宁交代，卸事后即赴广东领事之任也。

（《万国公报》，1876年，第374期）

江苏省长公署训令第五千五百六十九号

令各警察厅厅长、道道尹、县知事：

案准浙江省长公署咨开，案据宁波交涉员孙宝瑄呈称，本年五月七日准驻甬英领事函送该国商人孙爱飞游历浙江、安徽、江苏、江西等省护照一纸，请为加印送还，以便给执等由，并附护字第八十六号护照一纸到署；准此，除将原照盖印送还给执外，理合备文，呈请分别咨令一体保护等情；据此，除分行外，相应咨请贵省长查照，转行所属一体保护等因。准此，合亟通令一体遵照，妥为保护。

此令

中华民国十年六月二日
江苏省长：王瑚

（《江苏省公报》，1921年，第2674期）

江苏省长公署训令第一万一百五十六号

令各警察厅厅长、道道尹、县知事：

案准浙江省长公署咨开，案据浙海关监督兼宁波交涉员呈称，本年十月十三日准驻甬英领事函开,据本国女教士姚凤英禀称,拟往浙江、江苏、安徽、江西等省游历,请即颁发护照等情,本领事相应发给护字第八十八号护照一纸,俾得亲自执往,随时呈验,为此送请加印、移还、给执等由,并附护照一纸到署;准此,除将护照加盖印信、送还给执外,理合备文,呈请俯赐,分别咨令一体照约保护,实为公便等情;据此,除咨行并分令外,相应咨请贵省长查照,转行所属一体保护等因。准此,合亟通令一体遵照,妥为保护。

此令

中华民国十年十月二十九日

江苏省长：王瑚

(《江苏省公报》,1921年,第2817期)

江苏省长公署训令第八百七号

令各警察厅厅长、道道尹、县知事:

准浙江省长公署咨开,案据宁波交涉员呈称,本年一月四日准驻甬英领事函送该国商人施开士游历浙江、江苏、江西、安徽、福建等省护照一纸,请为加印送还,以便给执等由,并附护字第九十五号护照一纸到署;准此,除将原照盖印送还给执外,理合备文呈请钧署分别咨令一体保护等情;据此,除分令外,相应咨请查照,转行所属一体保护等因。准此,合亟通令一体遵照,妥为保护。

此令

中华民国十一年二月三日

江苏省长：王瑚

(《江苏省公报》,1922年,第2906期)

宁波"通商金洋证券物品交易所有限公司"交涉案[1]

一、宁波外商组织通商金洋证券物品交易所并未呈部核准且有碍市面金融希转饬停止进行函（十一年二月三日，致驻京西班牙公使）

迳启者，准浙江省长咨称，驻沪西班牙领事致宁波交涉员函称，宁波通商金洋证券物品交易所有限公司，系按照敝国商律组织，并在本领事署注册；该公司现聘英人美勒为经理，应请随时按约保护等因；当经交涉署以该交易所并未呈部核准立案，且关碍金融甚巨，请饬停歇等语，函复西班牙领事去后，该领事仍复请求保护，咨请查照，照会驻京西班牙公使，转饬从速停止进行等因。查物品交易所，营业关系市面金融，若兼以金洋为交易目的，其影响更属重大。此次宁波通商金洋证券物品交易所，着手组织后，该埠银行钱业等集议，佥谓该金洋交易所有碍金融，本部迭据浙沪各处商会函电，亦同此意。该交易所营业目的既经宣布，虽未开始营业，华商已各怀恐怖，若再任令设立，诚恐危及市面，扰乱金融，相应函请贵公使查照，令知驻沪领事转饬该所，从速停止进行，以安商业，实纫睦谊，顺颂日祉。

附：浙江省长来咨

为咨行事。案据宁波交涉员呈称，呈为具报办理英人美勒在宁波组织金洋交易所一案，情形并迭，准驻沪西班牙领事函请保护，节经职署驳复，该领迄未饬止进行，可否请由均署转咨外交部，迳向西班牙公使交涉，俾得从速解决，并乞钧鉴核夺事。窃查此案，前准会稽道尹咨复，即函致英领迅饬停止进行，业经呈报在案；同时又准驻沪西班牙领事函开，宁波通商金洋证券物品交易所有限公司，系按照敝国商律组织，并在本领事署注册，该公司现聘英人美勒为经理，应请随时按约保证等由，当即照案驳复，请迅饬停止进行去后，旋准英领复称，查该交易所开始聘请英人美勒为经理，嗣后美勒又有股本加入，本领事因闻该所经报部有案，均无不可，故先

---

[1] 原文仅公布一系列的文件，此标题系本书编辑者所加。所录文件按照原名，但文件的编号为本书编辑者所加，以便阅读。

后据情函达，并未声明英商营业问题；现阅本月二十日甬地报纸，载有驻沪日斯巴尼亚领事致贵署一函，谓该所在本署挂号注册，请其随时保护；又二十三日该所公告内称，蒙日斯巴尼亚总领事核准发给营业执照，各等语；是该所既系日国领事许可成立，所请转饬停止进行之处，本领事毋庸预闻；如日后该所有何情事，与本领事不相涉也等语，函复到署；而西班牙领事，则久未见复。该交易所亦仍在积极进行。复经职署函催该领迅饬克速停歇，并速答复去后，本月二十三日准复，该交易所系敝国商民所组织，宁波既为通商口岸，自有营业权利，务希按约保证等由。窃查此事，英领既声明不与相涉，当然已无问题。惟西班牙领事节经职署函驳，仍复请求保护，诚恐缠延，难速解决，除再由职署严切驳复、务饬克限停歇外，可否一面由钧署转咨外交部，迳向西班牙公使交涉，俾得从速解决之处，合将职署办理此案情形，并抄录与西班牙领事来往函稿，一并呈报钧鉴，并乞核夺施行等情，并抄附各函稿前来。查此案，前经咨准农商部咨复，经迭咨大部有案，据呈各情，除指令并咨达农商部外，相应照录抄附各函稿备文，咨请大部查照，速行查案，向西班牙公使严重交涉，以期早日解决，免滋纠葛，并希见复施行。

此咨

附：驻沪西班牙总领事致宁波交涉员函

迳启者，宁波通商金洋证券物品交易所有限公司，系按照敝国商律组织，并在本总领事署注册在案。该公司现聘英人美勒为驻甬经理，倘该经理有求助之处，应请贵交涉员随时按约保护，至纫公谊，相应函达，即希查照为荷。此颂日祉。

附：宁波交涉员复驻沪西班牙总领事函

迳复者，本月二十日准贵领事函开，宁波通商金洋证券物品交易所有限公司，系按照敝国商律组织，并在本总领事署注册在案；该公司现聘英人美勒为驻甬经理，倘该经理有求助之处，应请贵交涉员随时按约保护等由。查此案前准驻甬英领事函请备案保护，即经转行会稽道尹查复去后，兹准会稽道尹咨复，准咨当以宁波证券物品交易所添作金洋交易所与本埠金融有无关系，令县查复去后，兹据代理鄞县知事吴传球复称，奉查英人美勒拟办宁波证券物品交易所，职署无案可稽，奉令前因，遵经姜前知事函请宁波总商会召集本埠各银行及钱业领袖查议见复去后,兹准函复内开,查是案前据本埠钱业司年敦裕庄略称,近阅甬报广告,见有英商美勒与华商翁兆槐等,在甬创办金洋物券交易所,业已设置筹备处,完全成立其营业种类,以金洋为主目的;吾甬系内地码头,不通外国汇兑,对于各国金币,向无交易;按之该交易所所称金洋名义,大约包含标金与银洋两种而言;标金与市面无关,姑不具论;若以银洋为交易所定期买卖之目的,即从前之规元卖空买空,吾甬规元空盘遗害于社会者数十余年,有因而倾家荡产者,有因而杀身亡家者,种种祸害,笔难尽述,凡吾甬人莫不深恶痛恨;自民国成立之后,经同业之自身觉悟,出其毅力,实行禁革,以为数十年之流毒从此革除净尽,而熟知今日复有金洋交易所之发生,以银洋买卖为交易之目的,揆其弊害,实较前番之规元空盘为祸更甚,何则?盖卖空买空,从前向干厉禁,偿遇有人把持垄断,使金融发生扰乱之危险时,一经官厅出而干涉,犹能自知敛抑,不敢明目张胆;今交易所认卖空为适法行为,受国法之保证,将来为害市面,无法可以救济;兹略举其大者而言,约有两端:(一)扰乱金融。盖卖空系投机性质,捏多者将洋厘抬之使高抛,空者将洋厘揿之使低,多方垄断,百计营谋,于是规元之价格,不以市面为低昂,专凭多空之抬揿,金融生扰乱之危象,汇兑无真确之标准,各业之正当汇兑,均受莫大之损害;(二)操纵利息。甬市日拆向以银根之松紧定利率之低昂,由钱业应时制宜,公定价格,偿规元卖空之例一开,则利息实为空盘之利器,多洋空银者,势必重开洋拆,以图厚利;此后利息之定价,操控于一般投机者之手;利率之高低,恒视多空之势力为转移,不以市面金融为标准,不但各业深受重利之害,即普通人民亦遭莫大之损失;以上两端,不过仅就规元卖空中之重大弊害而言,如规元卖空之足以诱起一般商人之投机思想,因而发生奸盗诈骗等种种祸害,不胜枚举;钱业职司,金融祸害之来首当其冲,心所谓危不敢缄默;现在该交易所虽未开始营业,莫明真相,然以金洋为营业之目的业经明白宣布,究竟金洋二字是否包含洋厘规元在内,不得不详细研究,预为防范;为此略陈规元卖空之为害情形,恳请贵总商会据情转呈会稽道尹,咨请交涉员向金洋物品交易所详密调查,该交易所之营业范围有否包含洋厘规银在内,若果金洋二字确有银洋包含在内,应请与该交易所严重交涉,厉行禁止,以安市面,而保商业,不胜迫切之至,等情;当于十月十一日据情函达会稽道尹公署核办在案;

兹准前因,曾于十月十五日召集职员临时会议,并邀同本埠各银行暨钱业领袖查议,除钱业一方声明前已具送意见书外,其到会与议之银行中国、通商、华孚三人则称,俟在外另行会议后再具意见书前来,迄今逾时已久,未准函送,相应将钱业略陈意见,暨召集会议情形,函达贵知事查照,敬希核转等由到署;准此,除俟商会续将银行意见书转函到县,再行转呈外,理合先行转呈鉴核等情;据此,除指令俟总商会将银行意见书复到呈报核转外,相应咨复查核施行等由。查此事既经本埠银行钱业等集议,佥以该金洋交易所有碍金融,诚恐危及市面,牵扰治安,先事预防,自系正当办法。盖金融一被扰动,百业皆受影响,其为患实非浅鲜。又交易所为部定特种营业外,商附股亦与条例不符,准咨前由,相应函复贵总领事,请烦查照,迅饬停止进行,至纫睦谊,此颂日祉。

附：宁波交涉员致驻沪西班牙总领事函

迳启者,英人美勒在甬组织金洋交易所一事,前准来函,即经函复,并致驻甬英领事,请迅饬停止进行,各在案。现本署准英领事函复,以此事已归贵总领事办理,嗣后该交易所有何情事,概不与闻,等由。查本署前复贵总领事函距今已逾多日,尚未荷复,该交易所则仍在积极进行,合再函请贵总领事迅行查照,转饬克速停歇,并希于十日内见复,实纫睦谊。此颂日祉。

附：驻沪西班牙总领事复宁波交涉员函

迳复者,准贵交涉员十一月二十三日来函内开,关于宁波通商金洋证券物品交易所一案情形,敬悉。查该交易所系敝国商民所组织,宁波即为通商口岸,自有营业之权利,相应函复,务希按约保护,至纫公谊。此颂日祉。

附：宁波交涉员复驻沪西班牙总领事函

迳复者,查英人美勒在甬组织金洋交易所一案,前准来函,即经函复,并于本月十五日专函,请饬克速停歇,各在案。本月二十三日,准贵总领事复函,该交易所系敝国商民所组织,宁波即为通商口岸,自有营业之权利,相应函复,务希按约保护等由,准此,查宁波虽系通商口岸,究与租界不同,外人经营商业当然受中国法律之限制,交易所为部定特种营业,非经核准,不能设立。此次该证券物品交易所并未呈部核准立案,即自由进行,已属不合;嗣美勒加入股本,另增金洋名目,更与条例不符；所请保护一节，碍难照办。又金洋交易所关碍金融甚巨，设或牵动市面，尤属两无利益，业经前函声复在案。兹准前由，除呈浙江省长外，合再函复贵总领事，务希查照，迅饬克日停歇，至纫睦谊。此颂日祉。

二、宁波外商组织交易所事准西班牙公使复称已饬驻沪领事查明办理请查照转饬咨（十一年三月八日，复浙江省长）

为咨复事。接准上年十二月三十日来咨，以英人美勒在宁波组织金洋交易所，向驻沪日斯巴尼亚领署挂号注册，日领函请保护，节经交涉员驳复，该领迄未饬止进行，咨请向驻京日使交涉，以期早日解决等因，并将该交涉员与日领往来函件照录，附寄到部。当经函请日使令知驻沪日领转饬该所，从速停止进行，以安商业，去后，兹准复称，接准来函，宁以波[1]通商金洋证券交易所有限公司有碍金融，请转饬停止等因，本公使业经函饬驻沪领事官，如能照所请之办法办理，则令其照办等因，相应咨请贵省长查照，并饬知宁波交涉员，再催日领，以期从速解决。此咨。

附：驻京西班牙公使复函

迳复者，接准本月三日来函，以宁波通商金洋证券物品交易所有限公司，有碍金融，请转伤停止进行等因，本公使业经函饬驻沪领事馆，如能照所请之办法办理，则令其照办可也，此复。顺颂日祉。

三、准西班牙公使照称宁波外商交易所已自愿停止营业查照咨（十一年四月三日，致浙江省长）

为咨行事。英人美勒在宁波组织金洋交易所一案，前准日斯巴尼亚公使复称，已函饬驻沪领事，如能照所请之办法办理，则令其照办等因，业经本部咨达贵省长查照在案。兹又准该使照称，现据本国驻沪领事官复称，查通商金洋证券物品交易所经理美勒，已决定该所生意无多，自愿停止营业等语，特此照请查照，此事幸遇机会，照来函所请之点得满意解决，等因。相应咨达贵省长查照。此咨。

---

[1] 原文"宁以波"当为"宁波以"之误——本书编辑者。

附：驻京西班牙公使照会

为照会事。前于二月二十七日函复宁波通商交易所一事,现据本国驻沪领事官复称,查通商金洋证券物品交易所经理美勒,已决定该所生意无多,自愿停止营业。特此照会贵总长查照。此事幸遇机会,照来函所请之点满意解决,并甚喜本公使勿再用他法办理也。须至照会者。

(《外交公报》,1922年,第11期)

江苏省长公署训令第四七七〇号

（不另行文）

令各警察厅厅长、道道尹、县知事：

准浙江省长公署咨开,案据宁波交涉员袁思永呈,准驻甬英领函送该国女教士密露意、密立意、任姑娘、边姑娘、毛女教士等,男教士盖思明、麦教士、富述真、毕教士、烈教士、文教士等共十一人游历浙江、安徽、江苏、福建等省护照十一纸,请为盖印,移还给执等由；准此,查浙江之余姚、奉化、象山、诸暨、上虞、嵊县、新昌、宁海等县,安徽之皖北,现均因匪警停给外人游历执照,曾经函知驻甬英领事在案；兹准前由,除函英领转知密露意等勿庸前往上开各地游历,以免发生意外危险,并将原照加盖印信送还给执外,理合具文呈报钧署,俯赐分别咨令一体按约保护等情；据此,除分令外,相应咨请贵省长查照,转行所属一体保护等因。准此,合亟通令一体遵照,妥为保护。

此令

中华民国十二年六月一日

江苏省长：韩国钧

(《江苏省公报》,1923年,第3378期)

本埠外侨统计共有二十九人

据宁波警察局调查外侨来甬者,目下共计二十九人。其中美侨六人,业医师者一,教育者二,打字员一,慈善事业一。英侨四人,均为教员。爱（爱尔兰）

侨二人，均为传教士。法侨十三人，为传教士者十，为护士者三。荷侨一人，为传教士。意侨二人，一位护士，一从事慈善事业。西(西班牙)侨一人，为看护士。

(《宁波旅沪同乡会会刊》,1947年,第15期)

五、社会团体与民众风潮

宁波闹捐

宁波闹捐一事,今接来信,宁波官宪将城上兵丁撤去矣。而奉化乡民尚等候实信,不肯即去。宁绍台道宪见仍不退,出示准免厘捐。于是,奉化之事稍定矣。惟慈溪、余姚等处乡民亦欲效法而行,未知确实。近日传说纷纷,尚无的信。俟探续信再行登述。

(《万国公报》,1878年,第504期)

宁波青年会消息

宁波青年会,曾于本月七号至九号由宁波城市卫生促进会发起,假是会举行发生展览会,每日自上午九时至十二时,开放参观,下午二时为演讲会,以新剧助兴,晚七时继续开会,首演讲次电影,该会内容共分为五部:(一)展览部(二)演讲部(三)指导部(四)游艺部(五)贩卖部,综此三日内男女来宾,约千余人,本届上海青年协会组织之童子军,定于本月十四日率队来甬。驻在地点为宁波东钱湖,该处风景幽胜。童子营长为上海全国协会童子部干事华乐君,甬会派倪德昭干事参与是举,童子会员加入者亦不下十数人,该会教育部规定于本月十四十五两日开电影大会,每晚自七时半至九时半特向沪上租借最新大奇妙之影片为会员等消遣之用,该会附设英文夜校,开设以来,已历四载,平日对于管教等法日益周密,以故学员成绩大有可于,本月五日举行第一届毕业礼。(毕业学员名略)

(《学灯》,1923年,第16期)

宁波染坊工人罢工

宁波、镇海两邑染坊工人,因工钱实在太少,不够养妻活小,前天发出宣言,要求店主们每一匹布增加酒资五分;但店主们不允,工人们就相约罢工,现在把他们宣言里几句紧要的话,登在下面:"……我们工人照从前一样做活,拿从前的代价,而过着这样米珠薪桂的日子,实在不能够再支持下去了!……目前我们向你们要求增加每匹五分的酒资,这是比较各埠要算最低的价格了!如果你们不依,那我们现在拿这区区几百钱,横竖养不活父母妻小,大家也只得不干了!请你们凭良心说一句话吧……"

(《平民之友》,1924年,第5期)

宁波翻砂厂工人底生活

子藩

宁波翻砂厂的工人大半是很苦的,他们因为每日用黑砂做模样,所以身上都是污黑的,衣服上都起了很亮的油光。他们的衣服很厚,所以在夏天的时候更苦了。一面逼近熔铁的炉子,一面穿着厚布衫,汗像雨点滴下来,他们的全身,除了亮光光的眼睛以外,差不多像一团黑炭。有时要起发痧…[1]等病症,也没有好好的调养。

他们做工的时间实在太多了,有时竟从早,稍有差误,便要遭到大师傅用铁棍毒打(我亲见过的)。有时若有铁落在他们的脚面,他们也只有忍着痛,没有地方去诉苦,他们又要抬杠已经翻好的物件,往往两肩受伤,手足酸痛。

每年七月里,他们各人要拿出几角打醮来(出钱多少看工人职位的高低),我以为他们何不组织一个于他们有益的俱乐部?一来他们大家团结起来,二来可以拿这些打醮的钱,用在有益的地方。希望明年有人提倡。

最使人叹息的,就是他们没有工夫读书这一件事了。我有一次,替平民学校招生,也曾劝他们读书过,他们说[2]:"我们读书是愿意的,但是我们要做夜工,所以不

---

[1] 原文如此 —— 本书编辑者。
[2] "说"字原文所无,为本书编辑者所加。

能读了。"我听了以后,狠叹息他们没有团结力,不想法要求实行三八制度(做工八点钟,教育八点钟,休息八点钟)。

唉!朋友,他们这样受苦,我们如何救他们呢?

(《平民之友》,1924年,第15期)

宁波对于沪案之热烈

(浙江)范冕卿

上海西捕枪杀学生案,激动公愤。六月一日,宁波各团体在后乐团开紧急会议,到者数十团体。议决是案:(一)组织经济委员;(二)警告沪上领事;(三)警告本埠领事;(四)警告本埠西人;(五)电请外交部提出抗议;(六)电请交涉署严重交涉;(七)电请申各公团体继续奋斗;(八)电申各报转致全国一致声援;(九)电致各报馆慰问死伤工人,及学生家属等;(十)声叙华人,与外人经济绝交、种种服务。

宁波学生联合会,与救国十人团一体出发,并分发传单,演讲。无论公私立及教会男女学校,四日起一概罢课。是日,甬埠大小学校,均齐集于小教场,举行大游行,为西捕惨杀华人事,示威运动,计到者人数约有一万余。但场内有童子军维持秩序,工商二界与场,不下千余人,而场内人数拥挤,途为之塞。各校学生,均手执白纸小旗,一面上书"经济绝交,万众一心,凶手抵命,收回租界,取消领事裁判权,国民奋起,坚持到底"等字样,并散布传单,五六十种,沿途大呼口号,即"凶手抵命,收回租界,取消领事裁判权"云。

各团体游行经过地点学生分二队,起点由小教场同时出发,至鼓楼前直出东大门、小江桥、糖行街、过新江桥,复至江北岸外滩,过洋关弄,至英领事署门口,转后街至火车站,遂散会。有一队往江东,过老浮桥,至百丈街,循道游行,回校途次幸有男女学生、童子军竭力维持,秩序井然,约二小时半交通为之断绝。是日工商二界一致休业,宁台镇守使、宁波警厅长特委陆军保安队分队,向街头巷尾巡逻,以资镇慑。江北英领事署前,则有交涉署外交张科长,一分署周署员,以及军警稽查等,均率队逡巡,以免地方扰乱云。

甬地学生委员后援会,继续罢课,努力募捐,助上沪罢工人等,非常热忱。

三一中学,向以英人所办,此次学生委员会俟回校时,疾呼打倒帝国口号。该校长竟用手枪恫吓学生,以致全体公愤,与他交涉,当即全体学生离校,基督教同人等闻讯之余,群起质问,继该校长辩言曰:我乃打气筒,并无手枪,示威学生,云云。

宁波斐迪大学学生,对于爱国运动,素称热心。此次沪惨案,尤为愤激,故全体学生举行募捐演讲等,极为劳苦。乃该校校长裴德思(系英人)劝慰学生星期一上课,不参与爱国运动,不然即勒令离校,不得须臾逗留。闻该校学生得是项条件后,知在校难于作事,故即于八日立誓全体离校,态度颇坚决,现寓城中傅家房子,仍继续进行不置云。

(《兴华》,1925年,第24期)

宁波青年社之宣言

宁波青年社发出宣言云:"亲爱的青年们呀,你们处在这样的环境之下,你们也应醒来罢。黑暗的社会,还待我们去改造呢!我们为我们自身利益起见,也该起来奋斗呢!我们切不可要太看轻自己,我们不起来奋斗,还有谁起来奋斗呢?我们应该具着真确的见解,辨别的能力,认清我们的使命。我们的使命是铲除一切万恶的魔障,造成我们理想的国家,去享受我们固有的权利。我们应该起来团结被压迫的民众,起来实行奋斗呀!我们应该抱着热烈坚强的精神,切勿作那无病呻吟的勾当,做那自暴自弃的工作。好机会来了,恶魔的领袖曹锟、吴佩孚推倒了,代表被压迫民众求利益幸福的孙中山先生出来了,决定国民的利害关头的国民会议开起来了。我们要晓得诸是千古难得的良机呀!我们切勿要错过这样好的机会呢!我们为了救国救自己起见,应该速即起来奋斗呢!亲爱的青年们呀!快快起来奋斗罢!

(《闽声》,1925年,第32期)

幼稚生慨捐谒岁钱之可嘉(浙江)

范冕卿

镇海斐迪女学,自鄙人与贱内秀贞长校以来,历有年矣。日昨联络教职员,并学生集议报告上海西捕惨杀同胞情形,主张减食省费,无论多寡,任凭良心,速筹援救,学生等均异常愤悲。是日各学生纳助者一角至六角、一元、二元不等,内有七八岁幼稚生数人,将新年其父母给伊之谒岁钱,皆出而踊跃乐助,共得英洋十一元,角子八十角,铜元五千六百九十文,如数解交镇海沪案后援会经济部,特寄上海。此乃第一次所募。现已分队城厢各处捐募,大洋十二元,角洋一百九十角,又铜元一千五百六十九枚。此乃第二次所募,亦如数汇解镇海沪案后援会经济部矣。

(《兴华》,1925 年,第 24 期)

宁波国家主义派活动史

黄昏

当民国十三四年,狮子狗曾左、李漪钦盛哉之时,阿拉宁波社会,也曾凑趣一回五色旗帜之下"外抗""内除"的把戏。据记者调查,当时主持国家主义党者为《四明日报》总编辑、民治教育会主干、省立四中附小校长、镇海横河李琯清,《时事公报》副经理、上海爱多亚路某印刷公司经理、鄞县江北陈某,主持国家主义青年团者为四中学生林时懋、张锡玮。其余若效实中学校长董贞柯、商校教员陈叔谅、中工教务主任林黎叔(端辅),及《时事公报》编辑、有名投机分子姜伯锴,俱系此中佼佼,努力抨击中国国民党及诋毁中山先生者。实际上内部负全责者,闻系陈某,李、董、陈、林、张都是分负对外宣传与对内组织训练之责。此批二等狮子狗在北伐军底定金陵之时,有迁地为良、努力进行的(若陈某、林时懋),有红眼赤睛变成疯狗的(李琯清现在横河家乡发痴),盖见青天白日旗飞扬全国,其心爱之五色旗弄得给女人做卫生带用,受刺激过深所致也;有投机取巧坐包车成为党政要人者(若姜伯锴混入宁波鄞县县党部做监察委员,陈叔谅做某机关秘书,林端辅做浙江教育厅科长),有韬光养晦的(黄贞柯、张锡玮),最近据说狮子狗大人(英雄造时势者)听从二等狗林时懋之言,调派光华出身学生李某赴甬,与党委员姜伯锴联络,得常委陈伯昂默契,有卷土重整旗鼓的企图,一面因为所把持的全国各团体救国联合会遭中央查禁,令二等狗陈某(即南京影戏院西某印刷公司经理)用商人救国会名义向各银行、各钱庄熟悉行员拉拢,请其于十一月廿七日至牯岭路人和里各团体联合会旧址开成立大会,闻大多数皆不愿加入此种非驴非马组织,将精美印刷五件,弃置字纸篓中云。

(《社会新闻》,1932年,第23期)

宁波青年会会务述要

宁波青年会,集中诸干事力量,动员全体员工,在艰难之环境中,积极开展工作。最近该会举行第廿一届征求会,目的定为四千元,虽在环境阢陧、市民星散之时,结果竟征得五千余元,足见社会对于该会工作之深表同情。兹将该会重要事工列后:

(一)救济工作

自抗战开始,由沪杭各地流亡在甬之难民,为数甚夥,本会除携款物前往慰问外,凡各所被遣散难民,无家可归难以过活者,纷纷来会请求救济,均尽量酌予资助,并协助宁波国际救济委员会,训导难民,教育灾童,最近鄞县救济会复委任本会倪总干事德昭为难民收容所主任,自接事后,对难民管教训导,力加整饬,兴利革弊,所务一新。

(二)农村服务

本会在西乡章村设立农村服务处,迄今半载,工作计分四期进行。(1)聘请名医下乡施诊,救济贫病。(2)协助镇公所举办平粜,计章水镇蜜岩乡各三百石,大皎乡二百石,并进行施赈杂粮。(3)对教育方面,举办暑期补习学校,张贴时事简报,又鉴于山乡组织青年之需要,计划组织服务团。

(三)救护训练

本会历届举办救护训练班,训满后各队员已分别服务,因鉴于环境之需要,继续举办第八期训练班,教授科目分生理、急救、个人及公共卫生、护病常识,及服务之意义等五项,延聘当地各医担任教师,受训班员四十五名,已于九月十八日结束,为进修学术科起见,由队员自动组织成立同学会,由本会干事部负责指导。

(四)公民教育

本会为增高民众智能,灌输平民常识,继续举办常识演讲会,每星期举行二次,聘请各界专门人才担任讲师,每次听众数百人,又本会服务团话剧社,迭次演出戏剧如《父归》《烙痕》等,颇获社会人士之好评。

(《同工》,1939年,第183、184期合刊)

慈溪的征谷纠纷

华光

"天亮了,亩谷应停征了!"人人都是这样说,同时,不准再征亩谷的训令,也颁下来了,然而,亩谷停征,县乡镇的经费,如何开源呢?公务员的生活,怎样维持呢?谁愿以身试法,但在实际的困难之下,也只好阳奉而阴违了。

慈溪县长章鸿宾到任后的第一件德政,是停止催征各项欠谷,不过其中有附带条件,于欠谷免缴之后,应即开始收购平价食粮(收购平价谷的总数,约合农民欠缴各项公谷总数十分之三),配售给党政参各机关的公务员,这样大家都没有话说,而且都表示同意,后来又在乡镇长会议席上,提出报告,完成了这类程序之后,立即实行。大概自三月份起,每一个职员,可以配购三斗食米,这样县级公务员本身的主食,是可以解决了。

自从平购食粮工作开展之后,自然不能无反响,且时值青黄不接,谁肯慷慨开仓呢!在政府当局,则以事在必行,不能兼顾农民痛苦,于是在有些地方,只得运用武装的力量,派警队去"劝导",实际上派出去的警队,是不是仅仅做些"劝导"工作呢?那当然不必细表了。于是在两月之前,观海卫方面,曾发生了一次纠纷,原因是保安警察队向农民强迫征谷,激动了农民的公愤,于是缴下他们的武器,长途跋涉的扭到县政府来请求县长法办,同时又集合了百余乡民,向县政府请愿,要求免征公谷,接着第一届参议会席上,也有人提出,不准派保警队征谷。这个风波平息后的两个月,骆驼桥方面,又发生事故了,据说是为了镇公所收谷而不给收据所引起的误会,事实上可并不这样简单。

政府征购平价食粮,没有法律依据是事实,农民不体谅政府聚众抗缴,也是事实,在这两种矛盾的事实下,就制造出"问题",产生出"纠纷"。农民张阿岳、张维春、方云章三人在三十四年度业主租谷项下,扣除应征租谷共达数千斤,说是给公所称去了,同时对公所方面,却拒不缴纳,拖到今年三四月之间,讲一笔"倒账",准许他们三人,于今年新谷登场时,偿还一千二百斤左右,抵充应缴县政府的平购谷。现在新谷进仓了,公所当然要执行债权,农民呢? 他们听到天亮了,亩谷不应再征了,想抵赖前债。于是政府只好请教武装力量,要求警察代催,警察也预料到不会有什么反响,就把那三个债务人捉将官里去,可是现在的老百姓也不是好惹的,一刹时就哄集了一百多人,蜂拥地冲向派出所而来,警士们见路头不对,就带同了张阿岳等三人,并捉拿了哄动主使者方增、张兴根两人,一并送到上级机关去法办。这样一来,事情就闹大了,可是还好,究竟农民也有自己说不出的隐情—— 所欠的谷是短缴的租谷,况且他在短缴项下已经捞了不少油—— 不敢再闹下去,政府呢? 自然也要省事,于是这件公案,完了"具结"的程序后,就此了结。

(《宁波人周刊》,1946年,第7、8期)

化学肥料私相授受　溪口贫农动公愤

(镇公所将开会商讨办法)

　　奉化县政府,前为赈济溪口贫农,曾预备化学肥料二千斤,分令镇公所及镇农会,会同前往具领分发,并为普通计,规定每户不得超过三十斤,以示限制。不料有上白岩徐非尚者,竟用农会务理事名义,于上月底将此项肥料,全部领来,分给十余友好,既无手续,又无报销,事被镇公所及贫农闻讯,大为慨慣[1]。兹决定先拟召开镇民大会,令徐某到会报告经过情形,否则当谋法律解决云。

　　函各电台报告时不得任爱[2]删改稿件。

(《宁波旅沪同乡会会刊》,1947年,第16期)

---

[1] 原文"慣"应为"愤"之误 —— 本书编辑者。

[2] 原文"爱"应为"意"之误 —— 本书编辑者。

宁波抢米风潮[1]

十四日下午二时,东渡路及江厦街一带,有身着黑色学生装的疯汉一人,沿路高呼:"米商涨价太高,不顾穷人死活。"同时用粪汁向各米店投掷。四点钟左右,中山西路年丰米号暨谦禾米号先来贫民数人购米,他们各买一升,只付八元。不久小贩、老弱妇孺亦来云集,人数有四五百人,群众中间有数人自动奋取,一时你仿我效,秩序大乱,造成抢米风潮。六时后米店拿劣米应市,引起贫民不满,于是一倡百和,抢米食潮立刻蔓延全市。米店、米厂被抢共达三十九家之多。

(《群言》,1948年,第1期)

宁波抢米记

编者先生:宁波到底还有一点声音,本月十四日的下午发生抢米的事件!黄包车夫、码头脚夫、乞丐,在那天下午,他们成群结队闯进了米店,向那叠得高高的米袋,喊出饥饿的愤怒。他们扯开了袋子,用淘箩,用面盆,甚至把衣袋装得满满的。他们又把米店老板拖出来一顿"毒打",有人这样喊:"打死这黑良心的坏东西!"

警察先生也管不了,他们限于职务,实际上心里也着实羡慕。抢米是全县性的,宁波的警力本来就单薄,这一下也就闹大了,后来,不死不活捉到几个"暴徒"。

关于这次风潮的起因,我引用本地报纸的一段报道:

"本埠近来物价直线上涨,尤以米价为甚……昨日一日间,米店铺门售价,竟自九五〇万,而九八〇万,而一〇二〇万,而至一〇八〇万,小米铺则有减[2]价至每石一二六〇万者。自晨以迄午后,售价屡更,涨风之盛,已入疯狂状态。升斗小民,莫不叫苦连天。开明街董兴昌米店首遭贫民拥入抢米,风声所播,霎时蔓延城区各处,成群结队,叫嚣震喊,争先恐后,势如潮涌。弹压警队,疲于奔命。此等贫民抢米,多以淘箩、面盆、小米袋及衣帽等器贮盛,沿途狼藉,散布满地,犹如飞雪……"

---

[1] 该标题为本书编辑者所加,原文为"抢米风潮漫延各地"之标题下的一则新闻。
[2] "减"应为"涨"之误——本书编辑者。

事后统计,被抢米店有四十家之多,从下午四时起至十一时止,其中一家损失六百石之多。

郑义,六月二十三日,宁波

(《观察》,1948年,第19期)

宁波各界消息数则[1]

(慈溪讯)县府全体同仁,为准松阳县政府同仁,要求改善待遇之迫切呼吁,并续准新登、天台、建德、镇海、淳安等县同仁响应函电,深滋同情,昨特分电各县,一致响应,以冀群策群力,坚决要求改善待遇。

奉化自卫队长王东位,于上月十六日,枪杀无辜毛兴寿(岩头乡茅洋头人),毛妻痛不欲生,向地院控告。奉化参议员毛翼虎、叶廷鳌等,函请地院依法审办。

慈溪郭姆乡乡民五百余人,于七月一日冒暑向县府请愿,提出要求查办乡长李苇初,保释被诬代表赵永铨,彻底清查乡镇账目。县府尊重民意,已于二日晚将赵永铨释放。

(以上三则均载《宁波人周刊》,1946年,第2期)

定海军警欠薪多月,请愿结果允发三、四两月。

(《宁波人周刊》,1946年,第6期)

(慈溪讯)慈县孝中镇教育经费,以县政府拖欠五月未发,日前该镇教育会召开紧急会议,如最近不得解决,实行总请假。

(奉化讯)奉化中学全体教职员响应浙大教授呼吁,改善公教人员,于六月二十日总请放假一天。

(以上两则均载《宁波人周刊》,1946年,第14期)

---

[1] 原文各条无标题,此标题为本书编辑者所加。

六、抗日斗争

宁波抓获两名倭奸[1]

宁波捉获倭奸两名,皆系僧人,押解杭州,禀闻巡抚,廖谷帅遂以军法从事,九月廿九日已刻押赴清波门外处斩。

(《镜海丛报》,1894年,第17号)

到宁波募捐时所看到的面孔

崔观鑫

今年江浙两省的人,流年不利。为了倭鬼在山东济南的地方,将贵国的人民,杀死了几千。于是丘八底弟弟丘九(编者按:丘九出自《黎明》胡寄南的《被丘九抢了一次》)大动公愤,即日实行其丘九的精神,组织军队,募捐军饷,并在各处宣传。

尽管你去组织军队,尽管你去演讲,宣传这些把戏是值不到我们贵国同胞的注意,可是一听到募捐,个个都要苦眉皱脸,大家都叹气说:"什么革命?简直拿我的老命都革去了。"(这当然不能一概而论,但是我们这趟到宁波去募捐,从我们经验观察起来,觉得像这样的同胞也实在不少。)

我是丘九,当然不能例外,当然要实行丘九的义务。我们这趟的目的地是宁波。照道理宁波学校很多,丘九也不少,为什么学联会还要派我们去。或许以为宁波地方的丘九,刮地皮手段,不若上海丘九来得高明。倘若刮得不精,岂非失了丘九素来的威名。至于我们一方面,多刮一下和少刮一下,本来没有什么要紧。所不幸的,不过宁波地方上的人们而已。

---

[1] 原文无标题,此标题由本书编辑者所加。

丘八底弟弟丘九,总算是凶了。然而别的地方,你尽管去凶,至于说到募捐,要使他人袋里面的钱,放到你的竹筒里来,你无论如何总凶不出。非但凶不出,却还要看他人的面孔。

我这趟到宁波去,钱虽然捐得不多,但是各色各样的面孔倒看得不少。现在我将最出色的几种面孔写出来,给诸位同学看看。

(一) 夜叉面孔

夜叉我虽没有看见过怎样的一个形态,但从小说上能观察,幼年时候,听母亲讲夜叉故事,心目中总以为夜叉是一个狰狞可怖的鬼怪。这趟到宁波去捐钱,曾经同了几位同学到一爿钱庄去捐。我身上挂着一个竹筒,手中拿了一本捐簿,一走进去,忽然一个满面通红,青筋暴露的面孔,显示在我面前。在那忽然之间,我实在大吃一惊。以为久所梦想不到的夜叉,突然在宁波的钱庄里发现。但后来一听声音,方始知道是一个人。不过那一副急形急状的面孔,活像一个夜叉的样子。

这位夜叉先生,当我们一进来的时候,眼睛睁得像铜铃一样大,嘴巴张开像狮子的口一样,恨不得将我们进去募捐的几个人,一口吞下去。他大声的叱道:"请走!请走!请到热心爱国的大店家去。像这样的捐法,我们这爿店简直不能开,一齐捐给你们好了。"我们当时就把理由讲给他听,但是夜叉先生听了,脸愈变愈红,面上的筋愈涨愈粗,并且很愤怒的说:"你们都很爱国,你们血都是热的。可是我们都是冷血动物,现在几位热血的爱国者,请快点走!请到有热血的店家去捐吧!我们冷血的地方,是不配诸位热血在这里。"我们把这位夜叉先生弄得实在没有法子,如果真的是夜叉呢,那也好办了,我们就要将对付野兽的手段去对付他。但是现在不是真夜叉,不过面孔像一个夜叉。那时候我们弄得实在狼狈,进退两难。

(二) 弹簧面孔

弹簧这样东西,你用力一拉,看上去很长。但是你一不注意,手一松,他就缩回恢复原状。这次募捐遇见夜叉面孔,固然为难。然而遇见弹簧面孔,更加比夜叉面孔来得棘手。因为弹簧面孔,不像夜叉面孔,一味的瞎凶,他专请讲敷衍功夫。请坐,吃茶,与你乱谈天。倘若你说中国人要爱国,他马上就会说:"兄弟是中国人,当然要尽国民一份的责任。"或者你说济南的地方,中国同胞惨死了这许多,他立刻就会答应你："是的，日本倭鬼实在是野蛮。我们中国同胞大家应该起来一致的抵抗他。"至于你要问他捐钱，他就要但是……然而……心有余而力不足的一类推托话说出来。这种好像弹簧一样，看他一种很客气的面孔，听他所说的一番话，很像马上就能够捐出一百二百的样子。但是霎那之间，面孔突然一变，就像弹簧，倘手一松，马上就缩回恢复原形。夜叉面孔这一类的人，你还能够教训一顿，骂他一顿，能够出出气。这种弹簧面孔的人，对他翻脸又不好翻，实在弄得笑亦不是，哭亦不是，真所谓哑子吃黄连，苦处无处伸。

（三）傀儡面孔

这种面孔，捐起钱来，比前两种人面孔便当得多。这种面孔，你初看上去，好像很严厉的一个钱不出的样子，可是你几句话一说，或者大家恭维他几句，拍拍他的小马屁，他自然就肯从袋里拿出钱来，向你竹筒直掼进去。所以这种面孔像木头人一样，看上去实在得乎其神的样子，其实你只要将牵线一拉，他就会随心所欲，照你所想的做去。

这次我到宁波募捐，虽然住的是四等舱，吃的是咸菜臭黄鱼。物质上可以说吃亏极了，但我自己还认为很满意。因为素来不能认识真正的人生，这次到宁波，居然给我认识出了。

（《复旦实中季刊》，1928年，第2期）

贩卖日煤者之处罚

宁波宏泰煤号罚金三百廿元：鄞县反日会对于宏泰煤号于九月十三、十九、二十、二十一等日运售宁波裕昌、祥源隆、洽森、新合兴等号煤四船，又八月十二日、十一月一日先后由帆船向汉治萍栈英平轮，进口之煤斤共计二百五十九吨，运售于宁波南门外恒丰厂提卸，意图渔利，行销日煤，依惩治奸民罚则第十二条第二款、第三十八条第二款及第二十七条之规定，处罚金三百念元，前项混合煤，着另缴代价二百三十元，如乏力缴纳罚金，准以三十元易料，停止营业一天云。（十一，十八，《宁波民国日报》）

宁波燮昌煤号两船扣留：鄞县反日会于十七日据人密报，谓江北岸新开燮昌煤号近日有进日煤情事,该会派员前往调查,即于是日先查获已卸栈煤屑两船,于十八日又在江东和丰纱厂查获尚在船内煤屑两船,当时并传该号主余东白到会,虽据余供称,所购煤屑并非日货,因尚未鉴定,交保释放,兹据源泉盛、裕昌两煤号证明,燮昌所购煤屑,确系日货,故于昨日特函请江东第六分局派警前往和丰厂跟将煤屑两船扣留,并传船夫朱吉照、邬世荣到会讯理,并派警管守煤船云。(十一,二十一,《宁波民国日报》)

(《矿业周报》,1932年,第216期)

几种不舒服事

（宁波通讯）

华严一丐

编辑先生：贵刊改革后,似乎有添设读者信箱一栏的必要,以通各地之声气。现在,我且来谈谈阿拉宁波的消息。

宁波虽号称五口通商要埠之一,但是实际上,一切情形都黑暗得很!兹把宁波的几种使人不舒服事件,分述于下：

第一,宁波的反日救国会,里面腐败得不堪言状,听说把充公没收来的日货,偷窃一空,进出的账目,也从未公开露布过。依照反日会的定例,如果奸商私藏日货,是卖国,是没天良,应该要游街、站木笼,再坐牢;宁波这种事也曾经举行过几次。但是前几天发觉了反日会重要职员应梅村、张自迁等的受贿,这是应该称为双料卖国,双料没天良,理当加倍处罚,然而不知如何？反日会只轻轻地移到法院,办了一个诈欺取财罪。

第二,宁波有一家《宁波商报》,月前有一篇秋衣君的社评,题目叫做《祝御用的国难会议》,内容大约是这样说：“现在所出席国难会议的会员,好似从前皇帝雇用的一般；皇帝要他议什么,他就唯唯听命。”不料为了此文,却引起宁波的鄞县党部的处分,闻此案至今尚未了结。际此言论自由全国正在高唱入云的时候,想不到宁波有这种怪现象,呜呼！

第三,宁波新近添了一种国难捐,是把原有房捐加上去的;听说是奉了省令,人民因近年苛捐杂税累累,苦不胜言;况且目前政府已对日签了伤权辱国的协定,似乎当局对于国难早已置之脑后,人民何必再来负担这种徒有其名的国难捐,所以多相率不缴。听说宁波的鄞县县长陈宝麟,定本月十五日重行征收,如再不纳者,以抗税论罪,究不知如何了结也!

好了,好了,其他尚有许多的不舒服事件,写出来恐怕要受了反动的嫌疑,且闷在肚子里吧!就此祝贵刊发展!

华严一丐敬上。

(《礼拜六》,1932年,第455期)

宁波燮昌煤号承销日煤

宁波燮昌煤号运销类似日煤一案,业经鄞县反日会分别重行议处,其审议报告如下:燮昌煤号运销之各种煤块煤屑,除开六十块贾旺煤及白煤等业经鉴定,认为国货外,所有开平屑九十吨,及大同屑一百吨二种,本会鉴定员等,认为均系二号抚顺煤。

据燮昌煤号言,前项煤屑系山西大同煤屑,由上海运到,每吨进价六两七钱五分,核与《新闻报》(二十一年十一月十二日)"经济新闻栏"第八格"煤市厂销转谈"一节所载之大同屑每吨九两五钱之价格,相差甚远。(摘录一,二十三,《宁波民国日报》)

(《矿业周报》,1933年,第227期)

乏善可陈

宁波石狼

因为有几位鼎鼎大名的爷们,是出在宁波,所以阿拉宁波就由长袖善舞的商业区,一变而为你争我夺的半政治区了。这新兴的半政治区,不消说是已为时人所注意,且亦为穷小子喜欢作闲谈的资料了。

认真地开始谈吧:

(一)萨门鱼

九一八以后,宁波人一样厉行抵制日货,像东洋鱼一类的萨门鱼,经上海某洋行向该地各爱国的主要人物疏通一下,就在咸气充天的宁波城里销行了。不行,那些喜欢爱国的后生们,不问底细,遍贴标语,以示反对;不够,还拿起棍子,把分销处的经理项某打得落花流水,这么一来,毕竟把萨门鱼当做了东洋鱼,驱逐出境,无法逗留。

时过境迁,大约是四分五十九抄了,不知那么一来,这驱逐出境了的萨门鱼,又经反日会的核准,由洪某、毛某等包销了。

现在也有人说这是俄国货,但是小菜场上、茶馆店里,仍有人在私议反日会又受运动了。

(二) 训练班

听说国民党办得最有力量的,要算浙江省,而该省中之各县党部要算鄞县党部最有力量了。其实所谓力量也者,究竟从何说起,有何标准,非党员的我,无从臆断。

一位办党有经验者说:"县长要仰委员们的鼻息,那就是力量。"

另一位办党有经验者说:"凡民众视委员似猛虎,土劣视委员似兄弟,那就是力量。"

又一位办党有经验者说:"凡党员或委员,能做一般人所做不出的事,那就是力量。"

不管他吧,无论其何种力量,鄞县党部,据说是有力量的。

是的,以一县范围之小,他们也会办过什么民众团体工作人员训练班,大约是不会错的,在马路上有几次碰见过佩着训练班学员等字样的证章的未来老爷们,在当地的报上,也见到过训练班组织同学会的启事。

不错,这就是力量,证章、同学会等等,不过是力量的外形罢了。

(三) 看白戏

宁波城里现在一共有五六座戏院,如果你有心去调查他们的营业,那些老板们就蹙起眉头,像煞有不胜其苦的神气。事情是这样的,我且以一个趣剧来说明他们蹙眉的原因。

一次,上海名角到某戏院的第二天晚上,票价特等一元二角,正在号召观众的紧急关头,不料当地某机关的一位委员来了一个电话,叫戏院老板留起特等最前排的位子一整排(约十二位),老板无可如何,只得暗里流泪。

又一次,某委员的准太太独自到戏院去,案目不认识她,请她买票,她非但不买,还赏了耳光两下,并狠声的叱道:"你不认识老娘么?"案目连手都不敢回,结果还是请老板出来,道歉说好话,了事。

"既然是亏本生意,不做就行。"我这样劝着戏院老板。

他们说:"早年看白戏的事情少些,现在一年不如一年了,我们也被革命革得粉碎了,不做要改行,无行可改,只有死路一条。"

(四)极平淡

"有周贤芳者,某日由沪运甬日布四匹,货至甬埠,适被朱子华者瞥见,乃尾随其后,迫至西门外花墙弄地方,时周某已觉有人跟踪,恐系反日会调查员,遂奔入该处胡姓家内,将日货寄藏。讵朱亦相继而入,自称反日会调查员,百般恫吓,并谓周私带日货,定欲带会究办等语。当时由胡某等再三苦求宽免,朱遂向周索诈贿洋一千元,允免带会,嗣周又苦求数次,结果始说妥给朱贿洋六十元。惟当时周因凑集洋数尚少一元,朱乃受洋五十九元而去云云。"

当发觉这件贿案后,反日会说周贤芳是冒充调查员,我们不管他,冒充固好,非冒充更好。总之在宁波城里,九一八以后,凡是有耳目的阿拉同乡,对于此种事实,听惯了,见惯了,已视为极平淡的新闻了。

(《礼拜六》,1933年,第512期)

宁波昨举行防空演习

宁波城市防空演习,十八日下午起举行,中央航空学校派飞机六架表演投弹,军警演习巷战,民众参加救护、消防,晚实施灯火管制。

(《导光周刊》,1936年,第31期)

国防线上之宁波

匪伪侵绥,既尚未已,而国际风云,又复日趋险恶,从我酷爱和平,但为维护领土完整，实亦不能不作万一之准备，宁波民国日报二月十七日有"国防线上之宁波"一文，足资警惕，兹录如次：

宁波位濒东海，在经济方面言，为浙东工商业之重心；在军事方面言，为海防之重镇；就全国对外作战关系方面言，又居国防第一线。是则宁波在对内对外地位之重要，已彰彰明甚，固毋待深论矣！但吾人所亟欲言者，即如何防护此要地，使免遭敌人之袭击。此种责任，虽应由政府负其全责，然民众亦宜尽其所能，以为之助。盖现代化之战争，并非"兵与兵"的战争，而为"力与力"的战争。须知民为国之积，故国家的力量，全击于民众。换言之，今日之战争有多方面之关系，即关于军事的、政治的、经济的、文化的，若非全国上下一致合力对外，则不能救亡图存。

故宁波人应有一种坚强的信念，即以宁波人的力量来振兴宁波，防护宁波，协同政府积极的建设而成为铜墙铁壁的宁波，决不使敌人的铁蹄越雷池一步，务期宁波人所滴的一点汗，所流的一点血，都是可歌可泣，成为历史上光荣灿烂的一页，值得纪念，永垂不朽！要达此目的，并非不可能，只须宁波人有爱乡爱国的精神，利用其固有丰富的地利，得天独厚的人力便可。总理尝言："宁波所管腹地极小，然而极富，其人善企业，其以工作手工知名，肩随于广州。中国之于实业上得发展者，宁波固当为一制造之城市也。"据此观之，宁波不但为富裕之地，而且其人擅长企业，环境又宜于振兴实业，宁波人正应善用此经济上地利上之优点，努力于爱乡爱国之工作。

盖振兴实业为国民经济建设之重心，亦为富强国家必由之路径，更为国防资源之命脉，夫战争之工具虽为飞机大炮，铁甲战舰，但飞机大炮铁甲战舰在制造方面与消耗方面所需之材料，如煤、铁等，在中国虽蕴藏极富，但货藏于地，亟待开发。小之若一弹之微，犹需种种材料配合而成。若一旦对外作战，则沿海各省必被敌人之海军封锁，中国如不能自给自足，将何以为继？他如粮食方面，仅就宁波言，本不能自给，平时全赖上海方面之接济，但一俟战争开始，海运断绝，温区产米较丰，然势亦不能供给，而其他各县类皆不足。虽然可借沪杭甬路及浙赣铁路向上海、江西方面设法运输，惟其时军运纷忙，必受种种牵制，亦属远不济急。又如棉花一项，为衣被及军事的必要原料，年来虽当局积极推广，但在全国产量言，亦感不足，战时需要增大,更将困窘。故增加农业生产,实为目前不可或缓之要图!

查宁波工业过去曾经蓬勃一时,频年以来,日趋衰落,如规模宏大之和丰纱厂,已有今昔相距千里之感!其他手工业如草席草帽业,均一落千丈,而渔业本为唯一出产之大宗,近来亦江河日下,远非昔比。然而总该各业衰落之原因,均由于经济之关系,考宁波之金融,基础向极稳固,日常使用货币,皆以信用流转,钱业大同行三十余家,每年收付达五千万元,沪汉放款,闻有二千余万,至于银行近来亦达十余家,收付亦不下五六千万,且沪上甬人握有极大金融势力。故宁波人亟应利用外流游资,复归故乡,从事于振兴实业,一方面所以发达宁波,他方面亦所以为国防建设基础。

况上海处国际帝国主义势力之下,从事工商业,平时本不自由,战时经济封锁,交通断绝,必全部破坏,故应迁移内地,较为安全,且需用原料便捷,工资亦较低廉,则谋利当更有把握。宁波位居内地,扼象山港之险及舟山岛之屏蔽,苟能军备上加意经营,当属万全。盖现代战争,政治中心,已不及经济中心之重要。如经济中心点,被敌军占领,即可制全国之死命。故举世各国以兵船领导其商船,而以军港掩护其商港者,盖为此耳。故为应付非常时期,宁波人亟应认清当前的环境,改移其观点,努力振兴故乡之实业。则救乡救国之道,庶几两全之矣。

(《新闻杂志》,1937年,第22期)

封锁宁波勒索商轮

本年一月廿三日《大陆报》登载下面一种警人消息,大旨说宁波军事当局屡次宣布欲将在镇海的封锁线,即直达这个滨海的城市那条河的入口地方,实行封锁,完全是出于金钱动机。据那段新闻,该地当局曾需索每只进口轮船四千元这么多做"入口费"。本刊发稿的时候,这条封锁线,虽则官方宣布,仍没有封闭。这是否由于轮船公司照付"勒索"之款,我们不得而知。但这段新闻,尚没有得着官方否认。无论如何,这种丑事对于中国军事领袖名誉实发生极严重的影响。——编者

宁波港口封闭,不许上海轮船通过,据本埠中外航务界昨天的消息,这件事并不是军事的必要,而是出于"牟利的动机"。在宁波附近并没有日本军舰,亦没有

日军登岸,但当地的将领竟实施所谓"安全办法",这种办法完全是"金钱"作用。中央政府完全没有核准,亦没有晓得。本埠那班航业界是这样说的。

几个月来,上海宁波船只交通,比较平时,是重要得多。在上海战事初起的时候,难民纷纷由上海逃到宁波。后来又有整千整万的人民由宁波一带回到上海。他们恐怕宁波有发生战事的可能。

并且宁波已经成为上海的一个很重要的粮食的来源,尤其是关于鱼类和菜蔬。往来的轮船舱里总是载满着货物,拥塞着难民。船费至少每位三元。所以轮船往来,获利甚巨。有几次那些轮船载着五千个旅客这么多,要到上海逃难的。

在镇海地方,就是到宁波那条河的入口地方,好些时已经有条局部的封锁线。这条封锁线是沉了半打的轮船和很多的帆船造成的。其中轮船有些是跑到宁波来,以免在上海被日本人扣留的。

那些轮船和帆船一半载满了石子(宁波附近一带产石很多),沉下去,留开一个空口,轮船可以继续由这个口通过。在这条河浅水的地方,放着一堆堆的石子,一直排列到这条河的两岸。

宁波军事当局留意到航业获利优厚这一点,所以两星期前宣布这条封锁线是定了要封锁。他们并进一步,把一艘两千吨的轮船向上游移动。这只轮船已经保留着,准备把封锁线尚余的缺口封闭。

他们需索每只入口轮船四千元,才可以把这条河开放。现在这次封闭是在星期三发生效力。据航业界消息,目的是要增加"入口费"。

两星期前,第一次封闭之后,上海的轮船先到定海。定海就在舟山岛,离开入口地方不远。所以虽有不便也可以一部分消除。旅客们可以乘小轮到穿山。这是陆上一个小镇。然后再乘公共汽车到宁波。

可是现在这一次,这种办法是不行了。除非旅客们愿意徒步行二十英里,由舟山到宁波,当作别论。因为当地的军人已经把沿途一带的公路破坏,若干座桥梁亦被拆毁。

闻本埠航业巨子虞洽卿氏近往他的原籍宁波,曾与该地警备司令接洽,请求将这种情形整顿。闻说商量并没有效果。虽然那司令同意他的提议。但他的同意是以宁波居民缴付一百五十万元为条件。那些居民对于宁波的命运都是担心啊。

太古公司的新北京轮船向来开往宁波,现在在该公司的浮筒抛锚着,明天要恢复航程。德国轮船莫兰那及挂着意大利旗的"谭边号"轮船,又有两只向来开往宁波的轮船,现在都暂时调派开往南通县。

(《实用英文半月刊》,1938年,第3期)

抗战期中永嘉、宁波的贸易管理[1]

(二)宁波

贸管班团员杨国祥

宁属本缺乏食粮之地,向来由各米商自由采办以给民食,自抗战开始,根据抗战建国纲领,暨战时政治纲领,实行物产调整,保证战时生活品自给,宁波也乘此潮流,以原有商业机构,组织一个食粮运销公司。其资本三十五万元,大小职员六十余人,并在定海设有分办事处,温台方面有常驻采办员,自本年六月间开始营业以迄于今,进来食米约二十万包,由公司逐日分配宁属各县,故每天工作紧张,颇有蓬蓬勃勃之气概,食粮公司就全省而论,要算宁波了。

为了战事的关系,全省物产加以统制,把当地的特产设法运销出去,以活泼农村金融。同时民间日常必需品,设法运进来,使供求相应,市价稳定。宁波自亦不在例外。这里在省物产调整处监督指导之下,允许原有商人密切联系,设立各出入口公司,负有运销分配之责,由丽水在这里分设茶叶运销处,由永康在这里分设桐油运销处,这里人民向来大都以经商为业,也跟着时代之需要,次第设立棉花运销处、箔类运销处、纸类运销处、纱布运销处。这种组织,都由宁绍两属商人,互相联合,共同经营,负有物产集中与运销之使命,使农村经济流通,不致影响社会秩序。最近复有水产运销处之筹备,纷纷而起,好像雨后春笋一般,从此把散漫无组织经济状态,逐渐加以改进,使一变而为有组织的能够调整供求的一个集体经营。

(《碧湖》,1938年,第6期)

---

[1] 原文中永嘉部分省略,仅收录宁波部分 —— 本书编辑者。

宁波剪影

林世堂

抗战开始后，各大都市相继沦陷了；五口通商的几个商埠中，只有宁波海巍然独存。两年来，虽经过多次的紧张局势，但他毕竟还在祖国的怀抱里生长着。宁波，是多么地荣幸啊！于是，有人喊出了"宁波是安全的孤岛"！真的，自南昌失陷、浙赣路中断，宁波和内地的交通，无疑地受到阻碍不少。说他是"孤岛"，未始不恰当。

但安全的孤岛，始终不安全起来了。今年四月二十八日起，敌人的铁鸟，接连轰炸宁波市区，——大规模的轰炸，连续到九次。在这样情势之下，政府下了疏散人口的命令，人民也早已是惊弓之鸟，自动地搬到乡村去；没有搬到乡村去的，也是早出晚归，白天是没有这样大胆敢留恋在城中了。当时的宁波市区，真可说是十室九空。

一般人认为宁波是不安全了，都在乡村作久居之计。投机的电影院老板，看透了这一层，把电影机也搬到乡下去，一时各乡村竟十足繁荣起来，几有喧宾夺主之概。可是敌人自从六月三日最后一次小规模轰炸后，到现在已十足的三个月，宁波竟幸运地没有再遭到一次灾殃过。虽然警报还是时常的鸣着，因为连敌机的影子也不大有看见，人们的胆子又大了起来。迁到乡下去的人们大多搬了上来，本来在每天四时或五时后才开门做生意的店铺，现在是全日营业了。

于是又有人高喊宁波是复活了。

真的，宁波是复活了。

一度停止过的外洋航行，现在是恢复了。沪甬线平均每五天总可以有一艘轮船开行。虽然因了过去风声紧张，甬江已彻底封锁，但轮船停在口外，乘着驳船进出，人们还是以为一样的。

沪甬复航，宁波做了浙东唯一的吐纳口，这是促进重新繁荣的主要原因。

倘使你有空的话，能够向宁波市区作一番巡礼，那么一定可以把你脑中的印象转变过来。这会使你忘记钱江隔岸的炮声，这会使你忘记敌人的魔爪，已踏上了宁属的定海。

一到晚上,那被称为宁波唯一热闹市街的东大路,两旁是挤满了人。店铺里的霓虹灯和电灯,发出炫目的亮光。那所巍峨的大鸿运酒楼,门前放满了包车,里面不断传出歌唱、狂笑。这歌唱和狂笑,响彻了整个街道,就只这些,也足使你忘记现实的一切。

宁波在表面上的确复活了,繁荣了,但另一方面,日用品价目高涨,却也有惊人的进展,火柴卖到十八个铜元一小盒,火油要十四元钱一听。生活的困难,使每个人有惶惶不可终日之势。一位乡村小学校长曾苦着脸对我说:"日用品价目不断高涨,学校办公费用却减至九元一月,买一听火油,还要借下个月的办公费。"言下大有不胜唏嘘之慨。

宁波,就是这样矛盾的一个宁波。

(《作者通讯》,1939年,第8期)

宁波的见闻

陈福生

在一六六,那天的早上,别了一个随抗战而成长活跃在浙江每一角落做着建党建国工作最热烈的浙青工团团部,和领导青年有方面仁慈的陈总干事,由方岩西雅搭汽车,路经东阳、长乐、嵊县、新昌等县,一直到了奉化的溪口。

翌日坐了四小时光景的人力车,再换上三点多钟的轮船,就到达了目的地:浙东第一都会、全省最大的商埠 —— 宁波。

宁波的处境是在甬江的下流,即滨东海,通航上海,为交通要塞,自敌舰骚扰沿海破坏了正常航路以后,宁波仅成了东海半壁唯一可以通商的海口,宁波在浙东地位的重要,当为读者所熟悉。抗战中的宁波,宁波市面繁华,大街小巷,商店林立,再加上了四处集来的客商,如鹜趋云集。在这抗战烽火中,正造成了宁波商埠畸形的繁荣。中山公园这游览的场所,每日来往的游客总口数千以上,其中有的是到民教馆里去听讲时事的,有的是到图书馆里忙着看书阅报的,还有那些一批批的青年和时髦女郎,得意地口着,在什么快乐林、饮冰室谈天说地,饮冰抽烟,倒似脱离了抗战时代,忘怀了国家民族当前的大难,不知置身于何地似的。据说这里的生意,每家每夜收入可达三千元之谱,节约救国的口号,在这抗战期中,几已唤彻云霄,但醉生梦死者,仍迷梦不醒,真可痛心呢!伟大的"七七",抗战三周年纪念日的那天,中山公园的门外抗战阵亡将士碑前忽然长跪了汪逆夫妇的奸像,霎时,围聚了不少男女老幼,大家唾骂他,好似捉住了汪逆夫妇般的严重,每人莫不咬牙切齿,磨拳擦掌的打骂着这可杀的汉奸……顿时紧张的空气,已传布了整个的中山公园,甚至连三尺童子也随了大人的呼骂手起拳落的,先剜了汪逆夫妇的眼睛,次用石块打落了头,未及一天功夫,汪逆夫妇的奸像即化为泥土,足见国人对于汉奸莫不痛心切骨,我相信不久的将来,抗战胜利了,汪逆精卫以及那批大小汉奸等的没落,正会这样无头没眼的被消灭了吧!

(《战时青年》,1940年,第29期)

宁波在战时绝对安全吗?

周雪夫

抗战将进入第四年的今日,地处海滨,随时有被日机日舰侵袭可能的宁波,仍光荣地在祖国的怀抱中,傲然地披着征衣而站在最前哨。这恐怕不是一般人始料所及的吧?诚然,宁波是在日机与日舰的威胁之下;但因此断定宁波的危险,而迄于今日仍保持安全为偶然,那就未免是一种错误的观察了。

首先得指出的,宁波虽是地处海滨,但除了是商业的口岸以外,仅有足资防御来袭的军事设备和武力,这里不是军港,亦没有出洋袭击日人的准备。抗战初起的时候,日人或有从宁波登陆取浙江腹地以动摇东南士气的企图,但自钱江西岸若干据点被日人占据之后,宁波连取道的价值亦渐减低了。因为这是比较易守难攻的迂回曲折而交通线缺乏的一条路线。宁波在军事上既失去其应有的价值,因之就不是必争之地了。

战争的出发点虽有多方面的意义,不一定以夺取与军事有直接关系的地方为惟一的目标。如有矿产工厂与军事有间接关系的地方,以及可以影响对方民生的若米盐燃料出产之区,亦在争取之列。然宁波在这方面,亦并不具备任何一个特点,所以亦未必被重视。

诚然,宁波今日是祖国重要的一个吐纳口,有数十艘庞大的航轮来往不绝的在转运物资,这是可能引起对方的注视的。但我们要知道出入宁波口岸的,大都是民用的日需品,在这些物品之中,绝无军用品。日人在这些转运的物资中,反可能改头换面掺入他们的出品混进口去,而巧取许多必需品在出口的物资中。况自上海海关被日人控制之后,这里有一笔惊人的税收,亦是他们所不忍舍弃的。这样,宁波口岸进出虽繁,而日人又何必亟起觊觎之心。

有人以为宁波属的人物多有主持抗战的,日人为打击他们抗战意志,可能对其故里采取一种攻击的姿势。日人的偏狭胸怀,确有这种趋势。但我们必须知道军事不是儿戏,在军事的动作下绝对不允许一部分人的纯然的意气作用。即使有这种鲁莽的动作,必将引起断然的反响:除了使吾民众的抗战意志更为坚决、抗战热情更高涨外,事实上对方不能获得些什么的。

同时,我们应该明了,日人对这次战事,初以为在短时期内即可解决,所以其初步攻势锐利非常,并以占据名城为目的,但时至今日,日人固已自知这种奢望完全落了空,更当知道占据一个名城的困苦,盖据点与支点必须保卫,巨量兵力与给养的分配的艰难,他们已不更采攻占名城以张声势的策略,除非确与他们军事发生直接效果的地方。宁波虽亦为名闻世界的都市,在对方改变策略下亦未必是一个目的吧。

我们更应该明白的,是宁波地处海滨,若果发生战事,所遭遇的一定是日本的海军。日本海军的传统政策是南进,而不是西进。日本海军在这次战事中,亦偶然辅助陆军作战,但从未见其单独当过一面。因为策略不同,出发点就不同,而可能的自身矛盾,自然亦随之而发生。日本海军对于"中国事件"是有意无意的让陆军一手去办,这种现象我们屡见不鲜。

以上所述的,是过去与目前情形的一般,今后呢?今后如果不特殊的变化,宁波仍将保持原状,而可能更趋于安定。

这话是怎样说的呢?第一,我们要明白日本陆军的攻势已挫,而在其想象中的未来的可能战役,确已够使他很困难去支持,自无余暇顾及与整个战局无大关的宁波。第二，日本在华的海军力量，当春汛以后，必将集中于长江一带，以新的攻击姿势威胁湘赣，并向沿江的游击队作战，宁波因之亦可暂趋安谧。而与第一点有密切关系的，即因苏芬战事解决以后，苏联对日的态度更趋严峻，日人必须节省可能的消耗准备应付未可预料的事变，不要说是宁波，就是若干已被侵占的次要城池或据点，日人亦将被迫退却。与第二点有重大关系的，则因欧战转入第二阶段后，日海军的南进机会，似趋有利，他们必然把大部的注意移到另一方面，如最近海南岛建筑巨大的飞机场与威胁澳门等举动，俱是这个倾向的象征；而美国海军在太平洋之演习更使日本不能不谨慎将事。若日本海军进攻我东南海岸，但镇海口是中国第二个坚固的要塞，使日人在进攻中损失几艘军舰，亦是极可能的事。在今日物力维艰的日本，它自然不会轻作这种无价值的尝试吧。况且，宁波究竟比不得孤悬海中的岛屿，日人可以不甚费力的"登陆"，不留一卒的"引退"。攻取宁波固有相当困难，固守之更有许多的不可能，而所谓"飘然引退"也对于日军声望将受重大打击，亦是可以想象得到的。

那末，这样看来，宁波不是绝对的安全、没有受袭击的危机了吗？不，决不！如果作这样的想法，却也是根本错误了。

我们要知道日人现在虽已处于颓势，但如果有便宜的机遇让他们到一到宁波，他们是不会拒绝的。萧山的偷渡，就是个明例，不幸如有奸伪的引致，自然更是他们所愿意。因此，在这里我们必须指出，问题不是日人会不会到宁波，而是宁波愿不愿让日人到。是则宁波应该怎样地努力于本身各方面的防卫，是不待详言的了！

最后，我们应该明白，日舰与日机时常在宁波沿海及领空出没的作用，我们千万不要疑惧，以为他们会有什么举动。这仅在对于吾民众威胁与捣乱，连"试探"与"侦察"的作用都谈不上。但我们必须可能的减少目标，以免无谓的牺牲。

写到这里，想起侯涛山下的故里，不禁神驰！离乡已有十月，但愿在这十个月的过程中，故乡各方面都有了长足的进步。现在，谨向故乡为保卫桑梓而工作着的朋友们致敬！

(《上海宁波公报》，1940年，第19页)

二年来之宁波商业

卢梦侠

抗战后已成为东南唯一出纳口岸,空袭的威胁不能挫折我商业经济。

翻开近百年的我国历史,我们的宁波,是首先被帝国主义者认为是通商良港之一,因此,在辛丑条约里,宁波很"荣幸"地被选为五口通商之一[1],不过,话又要说回来,当时的宁波是具备着优秀条件,它是控制着钱江上游金衢严以及赣东各处的咽喉,甬江姚江沿岸各县更在其挟制下,所以在经济地理上讲起来,宁波无疑地,是东南各省的经济动脉,但曾几何时因沪杭铁路之贯通,宁波已失其过去之优势,更以近十年来内地公路网之扩展,使逐渐降成一个死港,其贸易范围,亦仅限于宁属各县而已。

宁波的商业,在抗战之前,大约民国廿三年时,曾已受过一次极大的筛动,这是由于各地农村破产,市场交易衰落,而影响到宁波钱业之倒闭,当时大小钱庄,受影响而闭歇者有廿余家,其幸存者亦赖各股东之周旋灵活,勉力支持,但钱业是一向被誉为各业领袖,把握着各业的经济总汇,因此由于钱业的闭歇,而间接影响各业周旋不灵,存款被累者,不知凡几,资本薄弱的商家亦不免卷入倒闭的漩涡里。

八一三全面抗战以后,更当杭州沦陷,南昌失守之后,宁波不时遭受日舰炮轰,和飞机炸弹的骚扰,在某一时期,商业成了半停顿的状态,但结果,非但未蒙战事之摧残,有所衰颓不振,反致愈挫愈厉,而蜕为更生的姿态,其经济地位却远超于五口通商时代,而更形活跃,这是因为沪杭线已丧失货物输送的效用,沿海各重要口岸亦多为封锁,南昌受侵,南浔路与衡阳株洲路线中断,皖南沿长江各岸被占,交通亦受阻碍,因此不得不视宁波口岸为唯一运输线,而各处商贾云集,货运频繁,宁波便由沉寂的商港,一跃而为控制内地贸易的要口。

---

[1] 宁波不是在 1901 年的《辛丑条约》中被定为五口通商城市之一的,而是在 1842 年的《中英南京条约》中被定为五口通商城市的 —— 本书编辑者。

宁波商业在民二十七年度的上期，仿佛是在摇篮时代，浑浑噩噩受着战事影响在摇摆，尚未确定它的命运，一方因初期受空袭的威胁，商店多缩短营业时间，将货物移乡，另一方面因航运时阻，外来货物不能畅达内地，待战事西移以至南浔战局吃紧，皖赣各地商人多集甬办货，一方沦陷区商民亦在甬组织商号，而沪战已成过去，各外轮亦渐次复航，萧绍各地亦因杭州沦陷而集甬办货，因此宁地一时臻于蓬勃之象，不过经此畸形发展，以存货究属有限，为了来源缺乏，兼之供过于求的两种关系，遂造成囤积居奇猛抬物价得现行，一方经营日用品的商人，遂大量输运外来洋货，以应客帮的需要，不过这样资金外流，虽见宁波商市之繁荣，但于战时统制经济是有害的；何况中央的国策，是以发展内地资源，而臻自给自足为目的呢。二十七年度下期，政府为谋战时经济合理化，并谋管理外汇防止资金外溢起见，对于战时物产之调整，产销运输之管理与统制，以及调剂土货，限制外货入口等的放任的商业制度，予以改善，而食粮、纸类、棉布、水产各运销处，亦应时而产生。浙江省政府，并在甬设立战时物产调整处及出入口货物查验处，此外政府并为防止工业原料资敌起见，曾由财部电颁五十四种土产禁止出口，一时引起各业纷纷函电交驰，吁请放行，佥谓宁波土产以茶叶棉花为大宗，一旦禁运，则数百万依次为生者，遽告失业，且时当二十七年农历岁尾，土产堆积甬埠者，为数达一千余万元，莫不群情惶急，要求补救办法，以免商业金融呆滞，经了宁波商会和宁波同乡会沥陈利害，要求免予禁运以后，始由财政部和经济部会商补救办法，一部分土产由经济部所属农本局及贸易委员会备价收买，共运销上海租界区而确属华商工厂所需要者，经上海商会之证明，亦得姑准放行，于是土产禁运出口的问题才得解决。

二十七年大结束后，宁波各业虽多获盈余，不过大多数是在存货或是转售上获利，至各业以类别看，最获厚利的首推经营日用品的各业，如棉布业，洋广业等，惟当时一部分商号对门市并不十分注重，其营业鹄的是在专销外来客帮的批发，而且货价远较门市为高，这大约因沪甬一线之隔，门市价目未能过于提高，而外来客帮，因急于得货后运送内地，故恒出高价批售以去，且多数掮客贩运商掮得货物后，即在金华脱售，而金华方面之掮客，则运赴长沙或衡阳各地以销售，如是辗转输运内地,犹如货物联运站,执是之故,因掮客层层剥削利润,而内地物价亦因而提高,他们于脱售后因时间与销令关系,故每于返甬后即搜集各货以去,所以宁波商业之得渐趋繁荣,大半是仗着地理上的优势,得为转售上的媒介上,盖去年报关运输业欣欣向荣,以及旅舍酒肆如雨后春笋,也是由于客帮云集甬地办货的明证。

但在另一角落里的非日用品,以及不能运送内地之各货业则均平平,是则宁波商业的繁荣完全由客观条件所造成,其本身则仍处沉着状态,反之,各种土产不能出口,农村经济与一部分商号亦蒙受不少影响,例如山北特产的棉花,因被农本局收买,共每担价则仅五十余元,不过这是政府抗建政策,商民亦当乐于拥护;其他如公路之破坏,航运之阻碍,于交通上更使土产滞积,不能畅销,或以资金不能周旋,每致贬值以售,当二十七年岁腊时,甬埠堆积土纸、竹器、土酒等,数逾万计,而且航业方面因土产水脚未能过事提高,每多挨诿延搁,结果货主忍痛抵押于报关商;若不能久居旅邸候轮者,每致将货贬值脱售。

宁波商业直到了二十八年"四二八"空袭惨剧以后,乃骤告衰落,各地客商亦多纷纷回去,即本地商号货物,亦不敢集积城区,疏散四乡安全地带,即赖为营业者,亦仅日常必需品,而陈列于城区者,数量亦不多,所谓物极必反,是处在艰苦的时期了,当时商号有幸未遭殃者,亦类多暂停或闭歇,各商店为减轻货物损害起见,亦多削价廉售,但问津者则寥寥,此时商业景象之萧条,全市无异一座死城,当时营业较佳者,厥惟内河小轮与民船而已,盖为载运货物及避难者也。

是年七八月间,日机大轰炸始渐停止,各商店始渐扩充营业,然而又以台属松门停航,瓯江又告封锁,各处客商又渐云集,而内地需要孔亟,且七八月又为平时商店之旺月,人民嫁娶等事每于此季节中行之,购买力大增,枯寂的甬市,又一跃而为浙东唯一的吐纳港口,新张如棉布、洋广、五金等店亦较"四二八"前增加,尤其报关运输盛极一时,不过当时货运进口方面略感困难,即赴沪办货须申请登记,经商会县政府以及货物调整处签证后方准进口,而一方面进出口货物滞积甬埠,为数至伙,须待浙海关查验后方准提取,以致时间上颇感稽延,或因而坐失销令因此造成不少的投机商人,即甬谚所谓"单带客人"者,他们往来沪甬,把沪上货物贩进,在甬售出,既无捐税开支,又稳获巨利,业此者多属精于贸易的掮客。但一部分经营日用品之商号,为着时间销令关系,往往向沪定购远期货物,如冬季物类多于夏季购运,虽因申请签证及查验,手续之费时,但早经预购,适逢其需要销令,且以各种物价逐步渐涨,往往其预定货价,超出销令时一倍以上,是亦意外之收获也。

迨二十八年岁末,萧山战事爆发,浙东风云又告紧急,致一时人心浮动,市面亦为之剧变,此时景象,又与"四二八"被炸后相仿佛,货物停运,客帮归返,又以政府明令疏散集甬货物及城市人口,大有"山雨欲来风满楼"之概,但所幸我忠勇战士,坚卫前线,宁绍尚趋安谧,当此二十九年大地春回之时,各业又呈蓬勃气象矣。最近则轮驳货运之调整,物价评议会之合法管理,使战时经济口岸的宁波,予以周密的扶持,而奠稳固之基础,所望宁波各业更以坚定之情神,而于此东南重要商港,庶不致动摇现状,而不负为东南经济门户也。

(《上海宁波公报》,1940年,第27页)

杂谈二年来的宁波

红絮

物价暴涨自一倍至十倍不等,为求运货便利当局革除陋规,乡村疟疾流行奎宁利市三倍。

这两年,宁波已显示了一个剧变。——这个剧变的时限,无疑地要把去年四月大轰炸来做它的界限了。

当日人的铁蹄停住在杭州时,钱塘江的东南岸的城市,又渐渐恢复了他往昔的繁荣。尤其甬瓯两地,因通航上海的轮只经常地行驶,这两个地方不啻成为出入口的咽喉。以物价指数上说,这两个口岸的货价较全国各地为低廉,而且自广州陷落后,西南诸省的客货,居然也爬过山岭,渡过湖泊到这两地来采办,这就是甬瓯两地在抗战烽火里趋着独特的繁荣之理由。

宁波与温州比起来,温州又不及宁波,温州到内地的路径,虽较宁波为短,然而沪瓯线轮只常在温州洋面遭日舰的滋扰而迫着停航。而宁波,既有着旧时繁荣的通商历史,又因镇海口沉封了"太平"轮,封锁线固若金汤,而沪甬航轮停泊于口外,由驳运公司的小汽轮往来迎送,旅行上虽多周折,而交通就畅利无阻。现在且有"常德"、"高登"等船直驶甬江,停泊江北岸,那对一般客商便利更多了。

自去年四月轰炸以来,物价暴涨自一倍以至十余倍不等,一半是受了外汇暗盘的抑制,一半是宁波商人经过大轰炸后,惊魂未定,一般商铺都雇了船只,黎明时把货物装在船上疏散到乡区,至傍晚再将货物载回城区来应市,光是船费一项,一家较大的店铺,每天要增加十余元意外的损失。他们为弥补起见,只有把货价没命的提高。至去年九月欧战又再次爆发,兼之英汇由一先令二便士二五跌至四便士左右,于是货价大高特高,尤其五金一项,涨到十余倍的比比皆是。且说日用品吧,铅丝自每斤二角涨到一元四角,铁钉每斤由二角涨至九角,这种涨法,正是一个不祥之兆。在土货方面,乘着外货的飞涨也提高了它的卖价,几角钱一枝的毛竹,现在涨到一二元,七八分一斤的箬壳也涨到二毛钱。此外涨得最凶的像火柴、香烟、煤油等,在两年前火柴只有七厘一包,现在要涨到六分钱了。香烟,因浙省战时卷烟管理处增抽特税,小仙女从三分三涨到一角八,金鼠牌自四分六涨到二角。煤油则自四元逐步涨上了十多元。至于食米,在去年轰炸前每石十元左右,而现在竟涨到三十余元,与上海相比,也相差不多,并且有了钞票籴不到整石的米。一般米店大都不求营业广大,只求利息优厚就是。本来县政府组有"日用品评价委员会",柴米油布一切都有限定的价格。不过据主持人员表示,宁波在这种局势下,货价暴涨是势所必然,只有设法把涨得程序拖慢一些而已。若照评价委员会评定的米价,上号米每石仅二十六元,但你走到米店里去籴时,一石、五斗,自不应命,只许你零碎籴三升五升,每升为三角三分,还是一种最低黄糙的早米;你要好一些的,回答你没有,除非打一石年糕米,那每石自四十二元至四十八元不等。这和上海一比,也比得过了。去年年底时米业巨子洪宸笙,他在评价会席上经对人发过宏论,据说:宁波食米的缺乏,是因为有人在漏海,如果宁波的米价和上海相等,就没有这个毛病。如今这目的差不多快被他达到了,而食米的恐慌依旧存在,到处仍是有钱无处买米的苦闷。这里我们该崇仰王文翰先生,他为了救恤贫人起见,与各乡镇公所合办举行平粜,现在城区方面除灵桥镇(该镇居民均属小康)外,各镇的贫民都有平粜的权力。不过平粜米也要粜到二角五分一升。希望沪甬巨商能来贴补一二,则贫民受惠不浅了。

因为大轰炸后,宁波城区的居民,纷纷疏散到乡村,大约是饮料不洁,及气候不正的缘故,去年夏秋之际,疟疾盛行,差不多全县居户,每家必有一半以上的人患着此疾。因为乡村对疟病向来不甚加以注意,称此疾谓"卖柴病",意思是"卖柴不留夜",最短期间即能脱除。可是去年的疟疾就比往年不同,热多冷少,医学上称之曰"恶性疟疾",死亡于此者,据调查约有三倍于日炸弹下所牺牲。治疟以奎宁丸为特效药,双桃牌奎宁每粒自二分而涨到一角二分,从此疟病照常患而不除者据调查约有百分之三.二五,所以双桃牌奎宁虽不在时令之中,现在也要卖到九分一粒呢!只此一项药品,各药房都赚了厚利,而一般非药商囤积居奇的,亦莫不利市三倍。据本埠某药房的意见,目下屯在宁波的奎宁丸至少尚有一吨以上。而每只沪轮开进时,夹带奎宁者仍络绎不绝。他们以为今年再来发一次横财。然而今年疟疾是否再像去年那么盛行,在已是一个疑问,而现鄞县政府会同华美医院国际救济委会合办了一个"防疟疾委员会",预防疟祸之来临,而国际救济委员会宁波分会会长裴雅民(译音)先生已经向美国分会呼吁援助奎宁丸三千公斤(合六千市斤),如美国分会能早日将此项奎宁如数送到,则那囤积商人的死期不远了。(因为多数商人变换了全部家产来囤积的。)

至于轰炸以后,灵桥两堍的焦土上,现在差不多都盖起临时房屋,在重重威胁下继续他们的营业了。

从两年来,宁波的生活程度平均提高了三四倍,首当其冲的为薪水阶级,赚了固定的薪水去应付"步步高升"的物价,没一个人不是焦头烂额。像六区徐专员,他本是一个廉洁而节俭的长官,而家常往往穿了有缝补的裤子。

而另一方面,繁荣的一面,各运输公司的客运堆积如山,该船的,不但没有空船的时候,多数的第一批货物尚未运出,而第二批定钱就接下来了。码头上的"野鸡"乘此非常时间,用种种刁难的方法提高他的运费。有的一件货物除正式水脚栈费外,要付好几笔搬运费。船舱运到码头一笔,从码头搬到栅门外马路又是一笔,由马路搬到栈门口,又是一笔,栈门口搬到堆货的地方再一笔,弄得一般货客叫苦连天。现在已由俞县长会同县党部,商讨革除陋规的办法,务以一货一费为标准,并不得擅自抬高搬费。若这办法实行后,宁波的客商可称便不少。

现在宁波共有头等妓院六十余家,二等娼数百家,其他私娼、暗门子则不计其数。调查此等娼妓之由来,多数因了家破人亡,或生活维艰。他们表面是繁荣,内心却是苦楚!—— 这和最近的宁波情形恰成了一个正比例。

(《上海宁波公报》,1940年,第28页)

东南唯一吐纳口 —— 宁波

自"八一三"沪战发生直到现在,宁波始终在日海空军的威胁下,而宁波还始终是一个自由中国的一区。

中国沿海许多口岸,在甬江以北的不必说,甬江以南的如台州、温州、福州、厦门、汕头、广州,北海等,或已为日军占领,或为日军完全控制,或为我军事当局自动封锁,都已失其吐纳的功能。因此,因此宁波便成为内地与上海间的孔道,东南唯一的吐纳口了。

战前来往于沪甬间的计国营招商局的新江天、商办宁绍公司的新宁绍、三北公司的宁兴、英商太古公司的新北京,吨位均在二千吨左右,隔日来往一次;每日在沪甬两埠各有两轮"美国伊里诺大学运动教练鲍勃左泼基氏"、"在亚里松那州凤凰城乡间消磨假日"开出。此外尚有商办达兴公司的鸿兴,吨位约六百,间日一往返。抗战军兴,新江天首先应征为国捐躯,殉葬于镇海口,宁绍盘顶于德商礼和洋行,宁兴盘顶于意商中意公司,新北京改驶其他航线,鸿兴闻早已沉没于黄浦江封锁线。抗战到现在将近三年了,宁波港随着军事的忽紧忽弛,有时通航,有时不通航,有时船少,有时船多。自从去年五六月间,镇海口由我军事当局加强封镇后,虽然七月间就恢复通航,而轮船不能直接进口,抛锚于镇海口外,货客进出均须由驳船装载,行旅上没有从前的便利了。后来有几艘船身较小吃水较浅的轮船,由当局特许直航甬埠,兹将沪甬线最近行驶的轮船,调查如下表:

船名	国籍	装载	净吨	附注
谋福	德	客货	二一〇〇吨	客位约三五〇〇人
海福	德	同	〇七六〇吨	客位约一〇〇〇人
德平	意	同	一八〇〇吨	客位约三〇〇〇人
宝利	意	同	六三〇吨	客位约九〇〇人
哈纳	德	同	六三〇吨	客位约八〇〇人
飞康	德	同	四七〇吨	客位约四〇〇人
瑞泰	英	同	一三五〇吨	客位约四五〇人
常德	意	同	四二〇吨	客位约五〇〇人
高登	德	同	二四〇吨	客位约二〇〇人
永茂	英	货船		无客位

至于货物的进出，出口货当然都是各地的土货，但是土货之中很多是受着限制，经济部指定的禁运资敌物品，那是绝对不准出口。其次便是受政府统制收买的物品，如桐油、茶叶、丝绸、棉花等，必须要经政府管理机关办理，出口手续。进口货除日货及财政部规定的几种洋货不准进口外，其余的进口货也必须经航运管理处转呈省政府核准。所以一件货物的进口，经过申请、核准、驳货、验关等等手续，非三四个月不办，愈是这样困难，办货的人愈多，因为这是东南唯一吐纳口的缘故。只看宁波的报关行、转运公司如雨后春笋的勃发，随之而旅馆、菜馆、戏馆，几乎触目皆是了。

政府对于人的进出也是限制得很严，商人办货必须两千元以上铺保两家做保，限期回籍，经商会的查核，由县政府发给出口通行证，登轮后由军事机关派员稽查。内地来的必须要县政府以上的证明，否则到了宁波，无铺保可找，只可望洋兴叹了。妇孺老弱也，样要两千元以上的铺保，经乡镇公所的查核，由县政府给证。限制得确是很严厉了，然而出口的人终是那么拥挤。在宁波县政府所设的通行证办事处的门口，轮船公司的卖票处，码头上等候轮船的，常是要挤得水线不通，很多人挤了半天一天，连饭多没有吃呢，一轮船一轮船装出去，究竟干些什么呢？办货、押货，似乎也不必这样多，许多妇孺老弱不怕艰难地进进出出，是否为了探亲望友也不无疑问。自从驳客小轮船发生后景升惨案发生后，在二百多枉死者行李中、尸体上，发现许多秘密。据说:有金子馅的年糕和馒头,有夹着法币的打捆草纸,头发里也有,鞋底里也有,裤裆里也有,这真使人骇然。关员们也是意想不到的,从此对于检查方面有了大进步,男有男检查,女有女检查,任何地方都要搜摸到,一听罐头食物也要看个明白,偷运的人还有其他新发明否? 可不知道。这辈人私带法币现金出口,是不是在心资敌呢? 这倒又不是的,因为想发国难财的人多,多想从上海多办一些货物进来,到内地去卖好价钱,要办货物,必须要把法币带出去,否则就应该托银行钱庄汇划,但是出口货少进口货多,沪甬两地的法币供求不能适应,那末一笔款子汇到上海,除了汇费外,还得加上百分之几的汇水,汇水当然颇有上落,从百分之一二至百分之十七八不等,因为汇水高,偷运的人愈多,海关限制每人只准带法币二百元(以前限带五百元),于是想发国难财的朋友,就设法雇佣了一班妇孺老弱,分带法币出口,仅仅分带,每人亦只二百元,事情虽然不很正当,尚不算违法,因为想多带,于是挖空心思,种种花样出来了,法币不易带,就改带现金,好多人,就专做这些买卖的,于是进进出出,川流不息了。这个问题现已在当局严密注意之下,想必有制裁的办法。

镇海口在去年五六月间,日机连日轰炸,一掷就一百多弹,日舰也连日炮轰,一轰就几百炮,镇日里隆隆不绝,过后慢慢缓和下来,日舰不时在沥港洋面停泊,有时开开炮,有时掳几个渔船去,过后又放回,有人说这就是走私,也不知其究竟。镇海是浙江的门户,而宁波是浙江的堂奥,宁波的市政,在过去几年来经地方政府的积极经营也颇现代化,城墙早已拆除了,一条条柏油马路纵横着,巍峨焕新的灵桥,如长虹卧波,灵桥两块,便是宁波精华所在。而在去年四月二十八日起,日机连续在市里轰炸九次,所有精华都毁灭了,只剩着几所里面空空钢骨围墙耸立云霄;地上一片瓦砾而已,现在这瓦砾场中,又改样子了,一排排新建的小屋,依然百货杂陈,市里罗列,热闹不减当年,"野火烧不尽,春风吹又生"。日军一次次疯狂的屠杀,只加深了民族的仇恨,而且中国正在这样艰苦的处境下茁壮了起来,这是日人意想不到的。

抗战中的宁波,确是繁荣了,我们希望他确能担当经济战的前哨,还须政府和民众的加紧努力。

(《大美周报》,1940年,第52期)

日军在镇海登陆后,华军反攻战事剧烈

(甬江密布水雷戒备森严,宁波各银行已奉令内迁)

浙东镇海战事激烈,十七日在老虎山强行登陆之日军,经华军迎头痛击,残余日军不难聚歼,同时日舰炮轰,及飞机投弹,整日不断,隆隆之声,遐迩可闻,顾华军咸抱必死决心,前仆后继,终日与日军周旋,故已将登陆日军大半被歼,余则恐慌万分,似已无法进展矣。

窜城日军已遭围歼

新声社记者昨向关系方面探悉,于十七日在镇海西北强行登陆之日军千余名,遭华军迎击后,死伤极众,后日军大量增援,企图窜犯镇海,华军即加派生力军奋力堵击,一时战事激烈,华军奋不顾身,白刃肉搏,往返冲击,情况壮烈;华军勇猛反攻,火焰益烈,后因战略关系,将主力转移城郊,现镇海城内日军,甫在围歼中,并已将四顾及小港攻克,日军死亡无算,闻华军亦有相当牺牲,窜抵城内日军不难完全消灭。

宁波安谧人心镇静

日舰集中杭州湾,在镇海登陆后,镇海要塞区一带战事异常激烈,小港正面及其左右两面,战事继续进行中,镇海区情况混乱,且有大火,宁波方面虽因受镇海战事刺激,形势不免紧张,但地方秩序仍称安谧,民众亦殊镇静,商业市场依然如恒,惟因日机时向侦察,乃警报频传,昨据本市金融界消息某某等宁波分行为防范万一起见,业已内迁,并闻沿海沿江华军云集布防,待命应战,甬江之镇海封锁线缺口,已于日前由防守司令部命令将浙海关巡船二艘凿沉堵塞,甬江内密布水雷等防御物。

饬令疏散宁绍民众

进犯镇海之日海军,现正遭遇华军之坚强抵抗中,并华方精锐部队,星夜增援前线,闻浙省当局已采取紧急措置,饬令宁绍两县政府,开始作有计划疏散民众,以防日军之轰炸,一面即由第X集团军总司令调派部队分别布置铁般阵地,准备痛击进犯日军。闻七里屿、黄蟒岛两小岛位于镇海口外,孤悬海隅,仅设置灯塔一座,本无进队驻扎,更无军事价值,而黄蟒岛面积尤为狭小,系孤悬荒岛,故该岛苦果失陷,亦无足重视云。

(《大美周报》,1940年,第60期)

浙东战事紧张,镇海城郊激战
(象山附近寇军图强行登陆未逞)

(中央社浙东某地十八日下午九时电)镇海附近地区之战斗,益形激烈,十七日在老鼠山强行登陆之敌,经我军迎击,激战至烈,同时敌舰上大炮及空中飞机整日不断轰炸,我军咸抱必死决心,与敌周旋,迄中午,另有敌军千余,在镇海西北之俞范强行登陆,经我军痛击,敌死伤极众,复大量增援,窜犯镇海,并有敌一部冲入城内,我军奋力堵击,敌死于我白刃肉搏下,尸遍街衢,旋我为逐行歼敌目的计,乃主动转进于城郊,十八日晨,即对窜据镇海城之敌,猛烈反攻,现镇海城内残敌,已被我军紧密包围,加紧集歼中。至与我激战于镇海以东之四顾山及小港一带地区之敌,经我猛烈痛击,已将四顾山及小港攻克,毙敌无算,残敌不难消灭。又:十九日电:镇海一带战事,十九日中午为止,仍在滨海地区激战,相继登陆之敌,遭遇重大之打击,已狼狈不堪,现我正加紧痛击中。

(中央社浙东某地十九日电)镇海象山港驶来敌舰三艘,放下汽艇多只,满载敌兵向象山港之横山埠强行登陆,经我军奋勇迎击,敌死伤惨重,仍落舰逃去。

(中央社金华十八日电)十八日晨,象山港洋面敌舰三只,向我松岙、狮子口两处断续发炮三百余发,我军沉着还击,敌不得逞。

(《新华日报》(重庆),1940年,7月20日)

去年宁波一件大灾害:发生鼠疫及防治经过

矢石

鼠疫之害,甚于洪水猛兽,吾甬不幸,于去年十一月底,发见斯症,幸赖当局防治得力,迅速扑灭,蔓延未广,当此本报三周年纪念之日,对此腾传众口之大灾象,不可以不志,爰将发生情形及防治经过详录如下:

起初病状

宁波城区开明街转角至东后街一带,于去年十月三十日,发生一奇突之传染症,一日之间死亡九人,其初起病状,为头痛、恶寒、发高烧,旋即不省人事,闻时有疼痛性腺痛,小便中白血球增加,地亚差反应阳性,蛋白质阳性,死后皮肤有黑斑,在传染后,潜伏中一二日不见病象,至发热后,淋巴腺肿胀,即多告不治。越二日,患者愈多,死亡愈增,鄞县政府以此病蔓延颇烈,经县府卫生指导室、鄞县卫生院及各公私立医院检验结果,断定确为鼠疫,并有患者八人,至华美医院诊治,初尚不能断定其为鼠疫,后将病人淋巴腺血液,抽取少许注射于荷兰鼠内,越三十一小时后,即行死去,经化验结果,始告确为鼠疫,即于十一月四日,在开明街民光大戏院旧址,设立扑灭鼠疫临时办事处,开始扑灭工作,嗣改组为鄞县防疫处。每日之间,死亡人数六七人,或十余人不等。至十一月上旬,居住于隔离病室之病人,势均好转,后即未见死亡。至二十二日诊愈病人,由防疫处发证出院,以后未闻续有发生。

封锁疫区

扑灭鼠疫临事办事处全体人员,于三日晚出发漏夜工作,将疫区暂行封锁,不准住民出入,以防传染。其划定疫区范围:(一)中山东路开明街至太平巷,(二)开明街之关帝巷,(三)太平巷至东后街,疫区外周,初以绳索绷紧,四面均有警士把守,以防病人逃往别处,继由防疫处决定警卫疫区,分内外二线,内封锁线由保安警察负责,外封锁线由行政警察负责,并为封锁疫区房屋起见,在疫区周围,建筑一隔离围墙。

施行消毒

一面以科学方法,进行消毒,并捕杀鼠疫及传染媒介之蚤类。四日晨七时开始,由防疫卫生人员督率建设科工程队、卫生警清道夫等,穿着防疫制服,入蔓延严重之地区,施行消毒,并用硫磺蒸熏,事前疫区房屋门缝及板壁缝中均用白纸贴封,以防透气,同时为防治火患起见,由消防队救火车至各街道防备,当时有工务队队长二人被蚤咬叮,立时红肿发炎,经医治后,幸未染疫,蒸熏完毕后,再将屋内天花板地板拆毁,搜索死鼠,同时屋内发现大如碎米颜色深红之疫蚤甚多,一并予以焚化,区内粪便,令粪夫参入石灰后,掩埋于地土中,不再充作肥料,关于由疫区逃出之病人，其居住或死亡处所，均由消毒组前往消毒。待至鼠疫扑灭后，区内物品，如账簿及贵重什物等，于二十八日起，一律施行消毒，检查后一一发还户主。

交通管制

鼠疫发生后，县政府以公共场所，聚集人众，恐遭传染，即于十一月四日起，令各戏院一律停演，旅馆业同业公会亦通告各旅馆客栈，切勿容留患鼠疫之病人。江北岸大同旅馆于五日自动停业。慈奉余姚各县政府，为严防鼠疫，均限制人民来甬，并在各路要口，严密盘查，禁止来往，余姚奉化各小轮，亦曾奉令一度断航，其形势之严重，向所未有。上海方面由江海关布告，凡自浙省沿海口岸驶来船只，均经于吴淞口外，施以检验手续，方准入口。

组防疫处

当甬埠发生鼠疫时，俞县长适赴省出席各县长会议，得县府电告后，于五日晚偕浙江省卫生处第三科科长王日栋由方岩抵甬，即于次日召集各科室重要职员，及各医院医师开会讨论，决议组织防疫处，推定俞县长为主任，秘书章鸿宾为副主任，并派定各组组长，规定时间，集中在县府办公。防疫处组织，在正副主任之下，设防治等四组，防治组下设隔离医院。甲部设在同顺提庄内，收容症状显露之病人。乙部设在永耀电力公司营业部，收容疫区居民有潜伏危险性者。丙部设在大禹王庙，收容疫区之疑似病人。院下设治疗室、消毒室，及消毒队、担架队。总务组下设调查统计股，征集布置股、会计庶务股、供应股、宣传股。工务组下设工程队、掩埋队。警备组下设搜索队、警卫队、埋葬监视队，各尽其职，努力扑治，七日中央防疫队闻宁波发生鼠疫，由中队长叶树棠率领队员九人，于九日晚由松阳赶抵宁波，省卫生处长陈万里，携带可供三万人之用之预防鼠疫注射苗药二千九百瓶，亦于九日由省抵甬，协助防治工作。经会同商讨后，决以中央、省、地方，三单位通力合作，在鄞县原有防疫处组织中，加设技术室、预防注射队、环境卫生队、检疫队等，以臻完善。十七日军政部防疫队亦拨助能注射一万七千人之鼠疫苗，派员送甬，因是时甬埠疫势以戢，此项鼠疫苗，遂留作预备军队注射之用。

协力防治

最初防治工作经县府召集有关人员、各分局长等开会，决定设立隔离病院，分甲乙两部。甲部设该区附近同顺提庄内，乙部设在开明街开明讲堂内，凡受疫重者送甲部救治，未患病者送乙部留居。一面布告民众拒绝收容疫区内逃生之亲友，以防蔓延，并通告各乡镇，如有发现鼠疫病症者，迅即电告，以便派医救治，同时又通告各学校如系疫区寄宿生，绝对禁止返家，如系通学生，暂行停课一月，以防传染。县东镇镇长毛家生，赠送防治鼠疫之工作人员消毒口罩一百只，并奖励人民捕鼠，无论捕获死鼠活鼠，每只可领奖一角。捕获之鼠，由防疫处另行增设焚鼠组，在新河路、鸿头、南门薛家山等处焚鼠所焚化。关于染疫而死者之疫尸，均深埋于北门外老龙■一带，并于埋葬地周围，挖有沟渠，实以石灰，以防毒水渗入河流。

搜索病人

当时疫区居民，恐遭波及，有私自逃回原籍或亲友家中暂住者，中有潜伏疫病之人，死亡后，致谓某处亦发生鼠疫，某地亦被传染之说。防疫处恐疫症蔓延，严饬警备组搜查患疫之病人。九日慈溪县亦有患疫者二人死亡，经该县召开紧急会议，决定半浦至城区，实施交通管制，分电各分局在观海卫严密防范，断绝至永明寺交通，一面请省卫生队派王科长赴慈，协助预防工作。嗣由鄞县防疫处派消毒组将死者之住所房屋，予以消毒后，未闻续有传染。又传鄞南姜山史家及奉化孔岕等处，亦发生鼠疫，经查明均系疫区病人逃反家中躲避者，由搜查队一一追回，送入隔离医院救治。

注防疫针

鄞防疫处，为预防传染起见，决定零行增设预防注射队，于十三日起城区各校学生，注射鼠疫预防针，每日三次。疫区附近划定注射区域，东至碶闸街，南至大梁街，西至南北大路，北至苍水街，由鄞县卫生院，会同各该镇公所，携带户口册，按名注射。

焚毁疫区

鼠疫扑灭后，防疫处决定于十二月一日晚，处及警察局动员三百余人，先将疫区房屋，用煤油灌浇，而后纵火焚烧，同时消防队在疫区前后，预事防守，焚毁疫区房屋，是晚五时许，防疫以防蔓延。历二时，火始自熄，计共焚去房屋一百三十余间，住户一百十五户，焚烧前后情形，由防疫处派员摄影存案。

死亡人数

此次鼠疫死亡人数,据调查所得,染疫区域,自中山东路一四八号起经开明街至东后街一四二号止,其居住人口,为一七三人,罹疫者八十人,死亡者七十二人,毗连疫者之家,无一幸免。且发生疫病时,均在十一月三十日起至十二月十七日止,其传染力之大,可见一斑!

救济灾户

防疫处为彻底扑灭鼠疫,经第七次会议议决,不能消毒之房屋,决予拆毁或焚毁,决定募款五十万元,救济无家可归之灾民。第一期募三十万元,第二期募二十万元,除房屋捐抵补外,其余款项,另组机构讨论。事前曾由徐专员、俞县长、商会周主席等致电宁波旅沪同乡会,请转致旅沪同乡,一致劝募振款汇甬,以安居民。嗣经甬同乡会开会议决,先由会垫付五千元汇甬,一面登报劝募。同时浙江省府黄主席闻宁波发生鼠疫,极为关怀,电俞县长拨款一万元救济善后。嗣经防疫处十次会议议决,成立防疫经费筹募委员会,推金延荪、竺梅先、周大烈等为委员,并推金延荪为主委,竺梅先副之。该会成立后,各筹款方法,由宁波商会劝告各同业公会及会员商号劝募薪金一月,由各商号与职员各半负担,自开始征收以来,各大工厂及职员因境况优越,当无异议,一般普通商号职员,以自身生活窘迫,无能为力。

防疫展览

鼠疫扑灭后,鄞县卫生院发起防治鼠疫展览会,会地设青年会内,于十二月二日起举行展览三天,陈列死鼠,疫菌模型,及各项挂图,说明鼠疫传染经过,及鼠疫种类,种种病象并防治方法,每晚并请名医师担任演讲,以唤起民众注意卫生,保持清洁,而勿使再有发生此不幸灾象也。

(《上海宁波公报》,1941 年,第 46 页)

宁波第一号汉奸陈蓼士

在"维新政府"当过秘书主任,在"汪记政府"当过"大东亚文学者大会"出席代表,自称名士,自夸诗家的无耻文人陈蓼士,已在南京被拘了,这是汉奸们应有的一日,何足道哉。可是,在上海的宁波人,和在宁波的宁波人,却以此为互相问讯的资料,好像这个消息,和日本无条件投降,一样令人兴奋,一样令人先听为快。这里可以概见宁波人痛恨这无耻之尤,罪无可逃的汉奸陈蓼士之甚了。这陈蓼士,原名企曰,亦名器伯,又名道星,蓼士是他做伪官的官名,近年在京沪各报及杂志上投稿,署名"十园"。他是宁波江东东胜街人,今年四十九岁,他的老子叫陈荔汀,他的母亲叫止止老人,他的妻子叫谢黛云,妹子叫陈兰言。一门风雅,《大世界报》全盛时代,陈家父母妻妹都有诗词歌赋的作品,排日发表。五四运动,宁波轰轰烈烈参加抵制日货,打倒汉奸的工作,他是小白脸,不但卖相好,而且善于慷慨激昂的演说,因此,被他吸引了不少男女学生,便在东胜街住宅里开了一所甘白学校,相当温饱,不料保[1]暖思淫欲,父子俩大闹其桃色案。陈蓼士不容于地方便只身来沪,至南阳桥办了一家学店,也叫甘白学校。民国十七年,戴雍塘做渔业局长,陈蓼士便由他的干老子宁波同乡会坐办张甲之的保荐,做了该局总务科长,那时的官名就叫陈道星。不到一年功夫,为了大华渔轮营私舞弊,触犯了当时实业部长陈公博,便下令通缉,于是他不得不改换姓名亡命于绍兴乡下,因此结识了诗僧印西。直至陈公博交卸实业部,他才敢出头露面,借印西到杭州西湖畔一小庵耽搁,结社吟诗,大卖诗人野人头,激动了上海若干旧诗人,居然,结伴到杭,大打其诗雷[2]台,上海各报竞载其事,引起华北诗人李释戡、王逸塘、梁聚异等的注意,便与他诗书往还,尤其老奸梁聚异,物以类聚的特别赏识,要是他还未结婚的话,朱朴之老婆,早已是随蓼士了。抗战军兴,他便离杭开沪,初居虹口尤少与同乡见面,及至"维新政府"在南京出现,他就一跃而为"维新政府"秘书主任,这不问可知是他"前辈同志"梁老汉奸提拔关系了。那时,宁波尚未沦陷,上海傅筱庵还未成"逆",他是宁波人之中,第一个汉奸,宁波人面子被他剥光了,于是便有许多爱国志士,赶到东胜街,把他老窠封闭,也有人主张把他的祖坟捣毁的,结果由陈氏族人,公决把他们三代驱逐出族,这才平了一般同乡公愤。他的大儿子叫马午,是一个漫画家,也是染有祖父之风的色鬼,在伪政府之下,假了他父亲老汉奸牌头,奸污了不少女学生。有一

---

[1] 原文"保"应为"饱"之误 —— 本书编辑者。

[2] 原文"雷"即"擂" —— 本书编辑者。

时期,陈公博忽然想起十五年前利害冲突的旧恨来了,便借着他的儿子不法行为,和陈蓼士父子为难,结果,还是梁老奸和日本人的说情,缓和下来,父子俩便在那时到上海避居数月,在华懋饭店开一个"马午漫画个展",这些都是旧事,不必多提。且说,日本投降,我军进入南京之后,陈蓼士避居秦淮河边一份[1]扬州人家,这家主人,还当他们姓马,居然把"马午先生"介绍到军队里,当宣传班绘画员,先后三日,南京闹区的墙头上都是马午手笔的胜利漫画。却巧中宣部特派员陈训悉氏抵达南京,在旅京同乡口中,发觉马午就是"前后汉一脚踢"的陈逆蓼士的儿子,立刻通知宣传班,把自称姓马名午的绘画员,撤职查办,同时,还把他绘的胜利画一概毁灭,这是九月九日前后事件,如今陈逆父子被拘了,大概就是上文撤职查办的后果吧!

(《汉奸丑史》,1945年,第2期)

宁波的大号汉奸周逆士英

宁波地方,提起"周大板"三字是人人知道,个个晓得的。

周逆,鄞县南乡新塘沿人,原任永中乡乡长。三十年四月十九日,宁波事变,周逆以永中乡长名义,号召八区各乡乡队长,组织"游击队"当时部下约有千余人,武器弹药尚称殷实。以周逆善于沽名钓誉虚伪掩饰的手段,亦颇能获得一二赞许。

敌东京浪人子原兵三郎,在事变之前已潜入宁波,对于宁波情形,在众敌之中比较熟识些,于是他便领着兽兵下乡掳掠。得知有个周士英在八区,干游击工作,于是便到处捕捉,软骗硬吓要他去降,但以引诱无方未能遂愿。后来他们打听得周逆是个怕老婆(怕小老婆),便想个法儿,将周逆的小老婆阿四,抢到宁波宪兵队里来。那时周逆以"红颜流落","伊人难舍",便毅然赶到宁波,向敌人摇尾乞怜,只要放还阿四,虽赴汤蹈火,在所不辞(据消息灵通方面,阿四在宪队中已被"动洋装"数次)。

敌人派周逆一个"鄞南保安队主任"的头衔,命他刮削八区的地皮,以利"皇军"通行。周逆将旧部移至姜山镇(有骨气的走了),命其心腹"徒弟"王坤做保安

---

[1] "份"应为"户"——本书编辑者。

队的大队长，自己处在"太上"地位，过他"笃定泰山"的奴隶生活了。

周逆出身无赖，不懂军务，纵任部下，为所欲为——其实即使懂了也不会管的，买"炸弹榖"[1]、买"炸弹酒"（"炸弹"：低价强买之谓），老百姓恨之切骨，无处诉苦，只能背地里咒骂咒骂，他们的唯一的安慰便是：胜利以后国法决不宽容这种逆贼的。

周逆是个色鬼，在这四年中受他愚弄的女子不下十个，但是当着阿四的虎威，周逆总不敢将秘密公开。阿四为了要管束丈夫，所以每逢周逆到宁波来时，阿四总是跟着同来的。去年春天阿四怀孕临足月，周逆应众逆之招又到宁波来了，阿四因为不放心，依旧继续着她"跟"的工作，在众逆宴会的当儿，大喊腹痛，一时宁波人传为笑话。

胜利以后，周逆潜居新塘沿地方，他的遭遇，并不像我们人民所想象的程度。他虽然失了势，但他有的是钱，从人民身上刮来的钱。依旧可以过他奢华逸乐的生活。他的钱是从什么地来的啊？是他老子遗着他的吗？政府当局为什么不追究这祸国殃民的逆贼呢？难道就此轻易地算了吗？公务人员的眼睛给钞票贴瞎了吗？但是话又得说转来，当局对于这种败类或许另有妙计，暂不发表，亦未可知，宁波的同胞们！静待着吧！（方砚）

（《汉奸丑史》，1945年，第5期）

宁波汉奸蒋之光受刑目击记：身中十三刀

江毅

（宁波通讯）汉奸们在平时作威作福，胡作胡为，一旦大地光复，则销声匿迹，间或有落纲者，亦自食其果，孽由己作。蒋逆之光之死，其状至惨，但忆其平时恶行，实死有余辜，兹将其附逆即受刑之经过，略述于下：

蒋逆之光，年二十有八，奉化人。平时不务正业，流浪街头，国都内迁重庆，曾跟随蒋经国达五月，其后因不受蒋经国约束之苦，乃乘隙遁回宁波。民国三十年

---

[1] 原文"榖"字疑为"穀（谷）"之误——本书编辑者。

春,宁波沦陷,蒋逆等献媚于敌,组织特务机关,政治保卫局,及社会福利局等,伪机构,爱国志士及无辜良民,惨遭杀害者不计其数。且更拜日人子语平山郎为师,凡与人有仇,或觊觎他人财物时,每不惜罗织人罪,被捕者,往往私刑打问,可怜老百姓在淫威之下,害得体无完肤,奄奄一息,死难者为数甚多,究其罪行擢发难数。但好景不常,子语平山郎于去年五月间,因他故被调日本,蒋逆失其后盾,气焰略减,未及一月,即至奉化故乡小住。不久日本屈膝,大地光复,俞济民先锋部队抵达奉化时,即以迅雷不及掩耳手法,将蒋逆活掳,经审问后,决予刺死,受刑地点,即在宁波横溪。是日,观者人山人海,道为之塞。同死者,尚有二人,先蒋逆杀头而死,蒋逆目睹之余,面色灰白,但仍不动声色,除了"能否给我杀头?"一语外便无遗词,观者称奇。旋即将其反绑树上,以枪上刺刀将其连刺十三刀而死。蒋逆遗有母一妹一,其兄凤年在蒋委员长西安蒙难时殉职,若其兄尚在人世,当也不允此卖国殃民之胞弟苟活于今日也。

(《新上海》,1946年,第6期)

宁波汉奸无法逮捕

(俞济民办事操切,朱桂棠部下得贿)

乡人

浙江省第六区专员俞济民当上年敌寇屈膝之时,尚兼鄞县县长,及宁波警察总队总队长,驻宁海冠庄办公,警察总队原有四个支队,三十三年冬第四支队长赖云章,由俞推荐为慈溪县长,因此尚余三个支队,宁属军政,操诸一人,声势煊赫,浙江专员,堪称绝无仅有之红人,而俞虽为行政官,其性则近军人,惟刚愎特甚,嫉恶如仇,对于汉奸,尤恨之刺骨,故常有彼必杀尽宁波汉奸之预言,在敌寇无条件投降消息传播以后,俞氏即率部向宁波推进,到达横溪之时,已经捕获汉奸多人,如蒋逆之光之处以极刑(见上月二十七日本报),及伪侦缉队长潘耀椿,伪侦缉队员毛某,特务机关特工黄宝奎,周逆士英部下葛才章等约十人,均被枭首,一时人心大快,而宁波汉奸,莫不闻讯丧胆,栗栗危惧,群谋逃避,实则俞氏所诛之汉奸,除蒋之光一人,罪大恶极,死有余辜外,其余尚非著名之辈,如此一来,反而打草惊蛇,群奸无不惶惶离甬,此为重光后宁波汉奸无从逮捕之前因。其后日寇宣布投降,宁波特务机关宪兵队,先后撤销,而国军尚未到达,政府亦未进驻,接收之时,俞部情报队长兼城区区长朱桂棠,即派所部洪一飞、范孟伦等多人,先行入城,并以敌宪兵队原址为区署办公处所。所有敌宪兵队密探部下之无名汉奸,悉数收容,其余著名汉奸,任令兔脱,甚至有谓彼等得贿故纵者,当时人言籍籍,要非无因,及正式接收之时,除一号称小囡牌之袁端甫,自投罗网外,更无第二人就逮,自不待言矣。总之宁波汉奸,逃避一空之前因,由于俞济民办事操切,尚属情有可愿,而朱桂棠部洪一飞、范孟伦等,得贿纵奸,其罪责实不容轻恕也。

(《新上海》,1946年,第8期)

宁波汉奸的国币代用券

陈志高

胜利消息传至宁波,宁波的老百姓莫不鞭然雀跃,当去年九月初俞济民及其部队,初抵鄞南乡的姜山甲村一带时,鄞南乡的老百姓,皆引以为荣,杀鸡屠猪日设数十席,待为上宾,达一月余。是时大小汉奸,均畏罪暂时销声敛迹。被捕者仅有大汉奸蒋之光及小汉奸数名,经俞济民分别在横溪、姜山一带处死。此举虽不甚合法,但在当时老百姓心理中,倒称快一时,满以为继此以后,汉奸将自食恶果,谁知不数日后,大汉奸如周士英之流,不但未见被捕,反而招摇过市,老百姓见此反常形态,内心惶惶,大失所望。同时跟随俞济民而来的,就是国币代用券的问世,国币代用券分五百元,一百元,五十元,十元四种。五百元与一百元的阔约二寸,长三寸,作蓝色,用道林纸印,五十元与十元的比五百元约小一半左右,作红色,用白报纸印;上有"鄞县商会国币代用券"及"×百元"或"×十元"字样,除此以外,尚有二颗红印,算作真赝的辨别,事实上这种单面油印的国币代用券,经过数人之手后,早已破旧不堪,所以老百姓均怨声载道,但被军人强迫使用,只得敢怒而不敢言。直至去年十一月中旬,据说因上峰命令,方始准许国币代用券兑换国币,起先限五日,后来因各方要求,再度延长十日;兑换处只有商会一地,拥挤之状,可想而知,四乡损失,更无从确计。自从县长调任为徐志道后,外间舆论对其颇有好感,但一切税收,多为当地流氓所承包,取诸老百姓者,不减俞济民在任时。去年度,除按田分派每亩十六斤的谷税外,尚有论间作价的房屋税,每只自五百元起的船税,更有屠杀税,杀猪一头,收价二千,暗杀不报者,任意敲索。胜利后的宁波施政如此,希望蒋主席有一天"圣驾到此",给予同乡一个陈诉的机会。

(《新上海》,1946年,第10期)

周士英被控汉奸　高三检处不起诉

（前经六区专署判决无罪,认为事实证据仍足采信）

鄞县南乡人周士英,于胜利后,被人向前六区保安司令部控告汉奸一案,经该部判决无罪后,呈奉国防部代电,以汉奸案件,除被告原属军人,复任伪军职,应受军事审判外,余均应由高等法院或分院审理之,移转高三分院检察处侦查。兹经检察官曹秉喆侦查终结,认被告罪嫌不足,予以不起诉之处分,录其理由如次:

本案被告被控有汉奸嫌疑,以系浙江省第六区行政督查专员兼保安司令公署上尉副官,因由该公署受理判决,呈奉国防部代电,以汉奸案件,除被告原属军人,复任伪军职,应受军事审判外,余均应依特种刑事案件诉讼条例之规定,由高等法院或分院审理之,发交浙江省第三区行政督察专员公署,另为不受理之判决,移转侦查到处,三十一年调充宁波警察总队驻鄞通讯处主任,三十三年为第六区专员公署参议,在宁波沦陷期间,始终与六区专署持续隶属关系,与忠义救国军派赴宁波工作同志欧阳萍,及军事委员会调查统计局宁波组组长徐乃东等,均密切联络,营救鄞县县党部秘书张维,并执行专署之命,将其叛属王坤,借敌人之手予以枪杀,有欧阳萍函件及县党部奖状为证,告诉人巫山在,浙江高等法院指陈各款,均乏积极具体证据,所称被告假伪十师名义,向民间派谷派款,有收据在保长陈项胜处,经六区专署传讯陈项胜,否认有收据在手,并称该被告未参加伪职,及有派谷作恶情事。告诉人金彰荣所控被告惨杀区警队官兵,及非法逮捕用刑、抢夺各款,亦经六区专署传案质讯,系被告旧属朱一鸣、王坤等于叛变后之所为,尚难认该被告共有刑责。此外告诉人徐定等,均无有其人,系属捏名具控,均经六区专署先后调查明白,认定该被告罪嫌不足,判决无罪在案。兹经以管辖问题重移本处侦查,对于上开认定之事实及证据，自得仍予采信，爰认该被告罪嫌不足，依特种刑事案件诉讼条例第一条、刑事诉讼法第二百三十一条第十款，为不起诉之处分。

(《宁波旅沪同乡会会刊》，1947年，第16期)

宁波青年检举周大烈袒护汉奸

（宁波讯）最近鄞县参议长周大烈被人检举"包奸、纳妾、赌博"。他们揭露在应酬贿赂下被当选国大代表暨参议长的周大烈，拥有三个妻妾；不出席国民大会，包庇汉奸、贪官；使宁波的民意机构变成周派清一色之天下；使宁波经济汉奸如谢逆子平及朱维官、王尔昌等减刑的减刑，无罪的无罪；那些来路不明的商号及同业机关，现在周大烈不是顾问，就是总经理，或是董事。因此，均感不满。

(《宁绍新报》，1947年，第5、6期)

溪口镇民的抗战史迹

任成

上月，《宁波日报》载着美国著作家马丁，《世界报道周刊》特派记者蓝凡克，和美国新闻处女记者耿美伦，由沪来甬，调查溪口镇民抗战史迹，和蒋主席详细历史，翻述给美国各种报纸、杂志，并征得张超所著《倭祸九年记》一书，借作参考。我阅毕这一段消息，赖使我回忆起溪口镇上有二个热心国家民族的人士，都有了一段抗战史迹！实不愧主席故乡的良好国民。

二人是谁？一是青年有为的蒋孝成，当宁波沦陷后，他任职于我方税警四区部警备分队长，敌人冲进，当时势如破竹，其锋不可犯，蒋乃退至晋云县，旋奉命调查奉化情形，蒋即潜至距溪口可五六里上白岩地方，伪奉化维持会，屡诱他任要职，蒋知不妙，经同乡第九军毛参谋主任的介绍，担任了我方九军谍报组副组长，奉令再往溪口，破坏了敌伪民运组阮某的图谋反抗本国以后，立被溪口敌军拘获，监押在溪口五天，蒋誓死不屈，敌人无奈，始允由就地人士保释，过了一个相当时间，又投入我方郭青白部下，比至国土将要光复的时候，却在三战区长官司令部调查室担任通讯员。孝成为国家民族，确也尽了不少的职责，这在溪口镇民中，不能不算有力的抗战的一员。

第二个是未沦陷前溪口镇镇长蒋立祥,他到了敌军驻居溪口以后,因为一时逃不出,被敌军抓去,强迫他充任要职,不畏强暴,也能以国家民族为重,抓去被押在监狱里,他居然能情急智生,假装疯癫,效宋江吃粪的故事,故示敌人,敌军信以为真疯,知不可用,释放后挥之使去。立祥既出牢狱,飘然远遁,不敢入溪口一步,到了溪口光复,始欣然返里,现在被选为该区镇参议员,所以他也不能不算溪口镇民中,有力的抗战份子。

我写到这里,又想到了汉奸蒋孝齐,也是溪口镇民,在沦陷时期,依附张逆侠魂恶势,在鄞县栎社镇带令[1]武装队士,做了一任很威风的伪乡长,和他们二人,互相比较,不禁有天壤的判别呢。

(《宁绍新报》,1947 年,第 8 期)

余姚汉奸劳乃奋处徒刑二年六月

(余姚讯)余姚伪县长劳乃心胞弟劳乃奋,在沦陷期内,恃其兄势,充任该县北城镇伪合作社总务科长,光复后,经人检举,由高三分院检察处提起公诉后,复经胡推事憩棠等判决,以其通谋敌国图谋反抗本国,处有期徒刑二年六个月,褫夺公权三年,所有财产除酌留家属生活必需费用外,余均没收。

(《宁绍新报》,1947 年,第 11、12 期合刊)

伪宁波政卫局科长唐信根在汉被捕

伪政治保卫局宁波分局第三科长康信根(绰号康麻皮),年卅二岁,宁波人,沦陷时联络敌伪机关,借势敲诈,杀害地下工作人员,胜利后潜逃汉口,经宁波民众历举罪证控告,鄞县法院提起公诉,通缉在案,日前闻已在汉口拘捕,将提解宁波本县审讯云。

(《宁绍新报》,1947 年,第 20、21 期)

---

[1] 原文"令"字应为"领"之误——本书编辑者。

同宁波共垂不朽的几件防空史话

汇川

在第二次世界大战中，对于宁波有历史性和国际性的几件防空史话，恐怕大多数已健忘了，现就记忆所及，追记如下：

第一次发布防空警报——在二十四年三月二十六日，正是国际风云日变当儿，政府举行防空演习，教导民众怎样防空，可说宁波有防空史的开端。

第一次敌机飞临宁波——在二十六年八月十四日，时敌木更津飞行队，倾其全力，意图一举颠覆我杭州空军根据地，不意为我打得落花流水，我们宁波上空，就是那天才见敌机。

第一次敌机投弹宁波——在二十六年八月十六日，敌木更津飞行队为我空军击败后，它已无赖了，就在宁波不设防的栎社飞机场附近，慌忙的投了两颗炸弹飞回，目标毫不准确，结果毫无损失。

第一次敌机轰炸市区——在二十六年十一月十二日，这次是宁波民众直接领略到抗战人无分男女老幼，和地无分东南西北的洗礼，敌机分批漫无目标的狂炸江北火车站，一片的荒凉瓦砾场，至今还没有回复旧观呢。

第一次我机飞临日本——在二十七年五月十九日，由徐焕昇飞将军领队，架了马丁式轰炸机二架，从汉口起飞，经南昌、衢州，于十七时五十五分降落栎社机场加油，二十三时三十分在我全国民众的殷切期望下起飞，直捣日本三岛，投下了文明炸弹"传单"，凯旋而回，哄动了全世界，增加了宁波军事地位的重要性。

第一次宁波损失惨重——在二十九年四月二十九日，敌机九架，在灵桥路一带投下爆炸弹，烧夷弹五十余枚，焚毁了精萃商店百余家，炸死无辜民众七百余人，血肉横飞，笔者当时亦险遭不测，这个不幸的仇恨日子，没世难忘啊。

第一次敌机坠落宁波——在三十年四月八日，敌运输机一架，由南洋飞往北方，中途左发动机发生故障，迫降在宁波东郊宋诏桥，经我警队包剿，捕获了飞行员渡边政吉，机械员佐藤驹吉二名，飞机完好，由衢州空军总站拆运内地。

第一次盟机炸日本土——在三十一年四月十九日，刚巧是宁波沦陷周年的纪念日,其中有一架美机,归途中迫降在鄞东敌后虾爬头地方,美籍驾驶员胡佛尔等六人,以为在敌区无复生望,把飞机自动炸毁了,逃向山上跑,为我游击队发现,护送入内地,这件事美人现在尚盛赞我神秘的伟大的中华民族,系留着永远不可朽灭的友情。

(《宁绍新报》,1948年,第22、23期)

抗战胜利后宁波消息数则[1]

敌伪产业管理局宁波分处,公示接收敌伪产业,计①国营军政部宁波仓库移交非军用品物资;②国营招商局宁波分局移交敌伪遗留船舶物资;③鄞县县立中心医院移交敌伪遗留医疗器械;④鄞县县党部移交敌伪遗留物资各部分。

前伪军姚华康部任中队附之王金银(四川人),杀人奸占侵屋,经被害人郑素贞、郑彩贞诉请伸雪,已由庄桥警局将王金银解送慈局,蟹浦及骆驼桥一带受其荼毒之人民,不胜其数,一旦就逮,人心大快。

(以上两则载《宁波人周刊》,1946年,第4期)

宁波第三批敌伪产,于八日假外商会标卖。

(《宁波人周刊》,1946年,第6期)

(鄞县讯)曾任敌情报组长汉奸马立本,于上月二十日在鄞西百梁桥缉获。

(鄞县讯)鄞东咸祥镇此次当选之县参议员朱先,及前镇长朱静之,因不满于民众,已被该镇镇民代表朱绣芳,搜检证据多种,向高三分院控以汉奸之罪。

(镇海讯)镇海伪鱼市场全部房屋原料,系前县立中学公产,经党政参各代表证明保留,业由敌伪产业处理局宁波分处准拨作县立简师之用。

(以上三则载《宁波人周刊》,1946年,第14期)

---

[1] 原文各条无标题,此标题为本书编辑者所加。

七、社会新闻

宁波新闻

于本月初四日,在宁郡南门外,斩盗五名。其一系癞头元,临行时,载欣载喜,载笑载言,忽而强词妄说,詈官骂吏。怪哉,何其不畏刑法如此耶!俄而闻知该盗系台州府地方拿获,前经带至宁波,业已讯供确凿,于是遂杀之。今夫法令滋彰,盗贼愈多,其故何哉?盖小人所好者利乐,所贪者货财,目无法纪,泯不畏死,是贪欲无艺故耳。圣书云"贪为万恶之根"是也。夫刑戮既不能使小人有所警惕,是以天上独一真神明设有永远极苦极重地狱之刑罚,以治其罪。今国法之杀人,究竟非人杀之天杀之也。书曰:"天讨有罪",呜呼!世上万国之人,粤自元祖考妣亚丹、亚夏听魔之诱,贪食真神所禁食善恶树之果,从此方命获罪以来,乃厥罪根蔓延后世,而万古世人皆是其枝叶,是故,人人无不有罪,难免地狱之永苦,今而后,诸君虽无为非作歹,却是安分守己,但总不离乎原罪,故须弃邪归正,改恶从善,祈求圣灵,信倚耶稣十字架之苦难,庶可免地狱之苦,享天堂之福。诸公其勉之。

周国光拜稿

(《中国教会新报》,1868年,第12期)

小忿轻生

宁波东南乡有鲍某者,夫妇衰老,有一女,年将及笄,以邻村章某为婿,约婿养老,婿允之,此美事也。不料,六月初一日,翁婿偶争,翁击婿,婿愤懑,以钱四百买生鸦片吞之而毙,则变事矣。婿之伯叔鸣官。初三日,官验以自服生鸦片死,非殴死,勿论嘻击。虽有因,死殊无谓,死有轻于鸿毛者,此之谓矣!登此,可为轻生者戒。

(《中国教会新报》,1871年,第149期)

小忿杀人

宁波东南乡居人多捕鱼为业,春潮初长,渔舟出洋者以数万计。有渔人张某者,乘小渔舟招余某为伙。徐惰,张詈,徐隐恨欲报,蓄是心而未发也。四月晦之夜,二人浮海张网。雨如丝细,天黑如墨,徐某以昏夜也,念宿恨起杀心,推张某入海。张某坠水,以手攀舟。徐某斧断其指,更劈其顶,遂死。徐某放舟遁,为邻舟追获。越旬日,始得张尸,惜死者无昆弟妻孥,无人鸣官。闻有一姐,居远乡。今宗族公愤,将徐某闭室,以俟其姐来鸣官置法。噫!因小忿起杀心,抑知杀人者死,杀人即自杀耶?

(《中国教会新报》,1871 年,第 149 期)

宁波神仙粉事

神仙粉之谣,起自广东,嗣后香港、厦门、汕头相继而起,近日宁波亦聚讼纷纷矣。匿名揭帖,到处轰传,然皆海市蜃楼,毫无实据也。滋事匪徒,从中煽惑。惟先访拿造谣者,治以重罪,又何神仙粉之有哉?上海商民,闻此谣已久矣。倘上海有此谣,吾知必不为所惑。

(《中国教会新报》,1871 年,第 151 期)

宁波来信

怀棠山人

去年六月十九日第一百四十七号《新报》内曾言,鄞令姚徽典大禁赌博,密拿严杖,合郡赌风一清。然此皆街市之小赌,未能惩殷绅之大赌也。今年七月间,有一客官至宁,作寓于江北岸洋药公所,拜会宁城文武各官。嗣后,文自道宪,武至提宪而下,俱来回拜姚令后,至在堂中与客官坐谈,闻楼上斗牌声甚闹。姚令问客"上面何事"?客以含糊答之。时有人上楼通知各人,谓下面已经查问,须暂且停歇。赌友云:"大官府都来过,未曾停歇,何况一令,怕他怎么?"姚令闻之,即辞客而退。相近有一洋药局,遂入局,停下叫差役到公所去拿赌友。差役到公所,上楼见桌上四人:一是北直举人,一是钦赐举人,一是秀才加捐同知衔,一是监生加捐同知衔,俱系贵人,怎敢动手?只得覆以难拿。姚令即亲至公所,叫上楼去拿。差役上楼,四人已逃其三,惟一秀才尚在,即将秀才推挽下楼。客官闻知,急去劝阻,向姚令面再三讨饶,说"人交于我,明日要人,我必要送来"。姚令暂准面情,叫差放手,含怒回衙,立点原差二十四脚,到公所拿人;不着便到各家去拿,势甚利害。四人知姚令终不肯休,只得穿衣帽,各自亲去认罪。姚令大加训诲,各责手心数十而出,方始了案。或云北直举人与秀才,俱未受责,但严训而已。夫地方官之权本大,往时知县,反被殷绅所挟制者,以畏势与贪财也。畏势恐得罪巨室,有碍于自己之前程。贪财则利欲熏心,一遇富人犯法,如获至宝,赃一入手,即大事可化为小事,小事则化为无事矣。此等官,焉能执法耶?姚令惟不畏势、不贪财,故能奉法而行,殷绅亦无如之何也。

(《教会新报》,1872年,第204期)

再述宁波捕虎事

昨有宁波友人来馆,道及捕获大雄虎一只。宁绍台道宪以虎皮为己之座褥,取虎眼为虎睛丹,熬虎骨为胶,以济世矣。所有虎肉分送各官,即宁波海关之税务司与各国领事官处皆有馈送云。

(《万国公报》,1875年,第322期)

兄妹口角殃及女孩

宁波来稿

襁褓提携,人心一辙,恩勤鞠育天性使然,此无足怪也。近据谢教师口述一事,而竟大有不然,闻者不能不为之伤心蒿目也。上虞县东门外,有某姓者兄弟二人,长娶妻,已有弄瓦之庆;弟亦于前月毕婚,妹出嫁邻村,为弟燕尔,故接伊在家。偶一日,兄妹二人,顿起口角,兄责妹,妹应之曰:"妹既不足称贤淑,愿兄善训已,女持躬淑慎,夺闺秀之先声,秉性幽闲,成蛾眉之懿德。今不必以琐琐者责妹矣!"语斯亦不过止兄之喧闹而已。兄闻是语,则曰:"有女如汝,不如无女。"说又未了,走至楼上,人以为上楼取物,亦不之防,讵意将床上熟睡之女孩自楼栏上掷于楼下,首分四处,血流满地;继下楼,又以脚重踏女身,腹裂肠流,惨不忍言。可怜为小忿,一刻功夫,置呱呱者于死地矣。父母有爱子之心,何竟有杀子之人哉吁!

(《万国公报》,1876年,第384期)

军门搏虎

宁西乡望春桥之南,有白龙王庙焉。月之初十卯刻,乡人负耒过庙门,遇虎蹲于庙后,虎见人咆哮跳跃,乡人赶即逃奔,大腿已被虎爪所伤,幸尚能行步,同庙祝赴提署禀报。黄军门遂率亲兵三十名,着乡人前导驰至该处掩捕,而虎已失所在矣。寻至荒冢间,虎尚蹲伏,一兵勇而无谋,持刀直前,砍虎之耳,而肋下转被咬伤;一兵突出握虎之尾,虎掉首势将反噬,军门随以洋枪击之,各亲兵亦齐开排枪,虎随毙。舁之以归,置诸提署门前,反复审视,乃一雌老虎也。身躯肥腯,围约四尺许,项圆约二尺许,自首至尾长八尺有余,毛色黄杂,黑尾,白口中尚流腥血。是日观者不下万人,东西辕门为之壅塞,旋即脔剥剖分爪牙皮肉于属僚云。

(《万国公报》,1878年,第494期)

宁波求雨起冲突[1]

月之初四日,宁波人舁草龙求雨于东乡,农民数百来自江东,将过老江桥,突遇士勇二名,头戴草帽。求雨最忌戴帽,乡人呵禁,勇不让,而互殴;势不支,奔大教场,召伍各带刀助斗。乡农无械,被广勇伤到二名。各店哗噪,闭门。适水龙局团入城协御,广勇惧,乃弃号衣遁。获勇一名,送官求正法。杨樨虹大令未即惩,农噪而攻毁宅门,守勇拘得二人,始退。是役也,乡农重伤二人,微伤四人;团勇伤一人,广勇重伤二人,微伤四人。

(《镜海丛报》,1894年,第10号)

牛庄轮在宁波失事

停泊宁波江北岸外滩太古码头之牛庄轮船一艘,于上月四日晚七时,由香港装

---

[1] 原文无标题,此标题为本书编辑者所加。

米到甬。各米行栈司共二十余人，因前去运米，与该输管舱忽起冲突，致双方殴伤多人。兹将详情探志于后。

粮船并埠

英商太古洋行之牛庄运轮，向系行驶汕头、香港之间。四日晚七时，由香港装有食米二万四千包到甬。该米系本市米商所定办，为发给本市平粜之需。

五日下午三时许，各米行栈司共二十余人，奉店主之命，前往运米。骤见舱中所堆米袋，多有破裂，散米满地。当由泰和栈司董寅富，向管舱头目颜四川等诘问，务要过磅补足。旋因颜四川坚执不肯，并出口谩骂，致起冲突。初尚口角相斗，继将该轮之铁器相击，以至互相用武，殴伤米行栈司三人，而牛庄轮亦有二人微伤。

警署讯问

各栈司受伤后，即投诉二区一分署，声请严办。当由该署将该轮肇祸人陈辉春、颜四川、游阿四、姚阿法、陈世和等五人传案。经周署长逐一讯问后，着令解送地方法院核办。

头破血流

至受伤人姓名一为董寅富，年二十九岁，奉化人，泰和米行栈司，伤左腿、右肩、右腰等处。一杜桂芳，年二十六岁，象山人，谦泰栈司，伤左腰肋及右臀部等处。一楼阿传，年二十九岁，奉化人，协顺米行栈司，伤后腿骨及右腰部。至牛庄轮受伤者为陈辉春，年四十一岁，汕头人，牛庄管舱头目，右眼青肿，手有指痕。另一名颜四川，年二十四岁，汕头人，牛庄管舱，头额微伤。今各伤人于法院验伤后，均送入医院调治云。

（《航业月刊》，1930 年，第 2 期）

宁波社会之面面观

王欣鑫

宁波之商业，在唐宋时代，已极繁盛，自上海辟为商埠，"喧宾夺主"，宁波市面，渐趋衰落，近年受不景气之影响，市廛尤觉一落千丈，坐商行贾，无不同声慨叹也。作者旅居甬渎有年，兹就宁波之一般观察，约述如次：

一、人口问题

人口全市二十一万人有奇,县属五十二万人左右,人烟稠密,每方哩达四千人以上,本地虽有丰富之物产,以生齿颇繁,尚虞不给,故纷纷向外自求发展,凡我国内之各通商巨埠之间,靡不有甬人之足迹;至在海外运筹帷幄而经营商业者,亦颇不乏人,尤其是宁波人在日本开设之料理铺,理发店,衣服店,在彼邦占有相当之势力,甬人亦靠这"三把刀",在日赚得东洋钱不少。

二、粮食问题

据庄崧甫先生之统计,宁波每人平均食米二石五斗,则年需五三一.二九五〇石,鄞县则需一二九四.七六〇〇石。然耕地平均每亩年产二石五斗计之,仅一二四.三六八五石,不敷之数,达五八五.七八六五石之多,故每年不得不由外埠或海外运入之粮食,以资挹注,又据海关报告,一九一一年输入米谷有一五四.三七二三担之多,亦可证明庄氏之言不谬矣。

三、教育问题

甬人虽有端木之遗风,却乏孔孟之流亚,尤其视入仕途为亏本生意,其不甚重视教育,概可想见,据本市户口调查之结果,失学儿童,竟达一万六千人之多,其数额占全市学龄儿童三分之一,在风气夙开,号称富庶之处,犹有此种现象,诚使人不能悉其底蕴。

四、失业问题

自产业革命以还,手工业为机械工业所打到,工人失业,便成社会上之严重问题,我国工业落后,民生凋疲,失业问题,更难避免,宁波的失业人数,据户口调查,失业者男凡四千三百余人,女有五万余人,若以僧尼、星相等合而计之,其数当更可惊,又因本年和丰纱厂之缩小范围,立丰麦粉厂(和丰、立丰,统在宁波之江东,都是极大的工厂)因股东之纠葛涉讼停机以来,失业工人,忽又增加许许多多。

五、犯罪问题

宁波市面,向本安谧,而数年来,忽变常态,掳人勒赎,白昼行劫,几月有所闻,先前仅在乡间有此现象;而新近在城垣亦已数见强人之光临,虽宁波公安局侦缉努力,破案迅速,于无形中寒强人之胆而减少抢劫之情事,但究未能完全绝迹,此中原因，盖以生活日高，饱尝失业之痛苦，懦弱之辈，即相率铤而走险，失业问题一日不解决，彼杀人越货之强盗，即一日不能消灭，如不釜底抽薪——谋根本之解决，决非扬汤止沸——以侦缉兜捕之方法能弭戢于无形也，以上所述，便侧重于强盗一项，兹再录民国十七年一月至十一月，市政府之社会病态统计，以见宁波犯罪之一般，自杀案件，四十八起，盗案二十八起（盗案在鄞县已觉今非昔比，进步得多了，据鄞县公安局本年六月份由各分局队所报呈之据报表，大大小小的案子，计有十六起之多，如月以十六起计算，则年可一百九十二起，以较民国十七年前市政府之统计，不是进步得多吗？），窃案一百四十九起，此种犯罪案件，均属社会之赘疣，宜乎社会日见骚乱，负治安当轴责任之非轻矣。

六、消防问题

在都市中，市廛栉比，居户毗连，一遇火警发生，往往延烧多家，性命财物，每遭无辜之牺牲，为避免此种危险起见，非有缜密妥善之消防组织不为功，查鄞县现有救火团之组织，除宁波公安局设有消防队专司火患外，其由商民自动组织者，有永安、同安、天一、丽安、来安、咸安、宁安、临安、皆安、均安、靖安、普安、长安等十三个救火会；而联络各会之精神，沟通各会之声气，以及擘画消防事业之进行者，则有"救火联合会"以综其成，论各会分布地域，则日隅均周，论各会经费来源，则挨户摊捐，多能踊跃输将，不虞缺乏，论各会之救火器具，皆属新颖良善者其消防组织之完密，较之省垣已无分轩轾，惜乎救火人员，平时缺乏消防技术之训练，临事手忙足乱，未能迅速奏效，殊感美中不足耳。

七、交通问题

凡属商业繁盛之区，必系交通便捷之地，宁波为五口通商巨埠之一，交通自亦灵便无疑，兹就本埠之交通状况，概要言之：

（甲）城内

宁波城内，因为街坊的狭窄，街道的不平坦，城内仅人力车可往来行走，有时虽有汽车进城，亦属应时之点缀品，不似杭垣之络绎如织，平淡无奇也。

（乙）乡间

鄞县乡间之交通，在本省言，几较任何县份为便利，虽公路尚不如杭县（惟目前已在积极赶造中),而各乡镇之汽船往还,则处处可通,虽远至五六十里,亦计时可达,曩日之路上人,今几尽作舟中客矣。

八、卫生问题

宁波之街道狭隘,业如上述,就卫生言,而且龌龊不堪,街道上则垃圾纷陈,瓜皮满途;里巷间亦到处藏污纳垢,难觅一片干净之地,又兼内河年久失于疏浚,河水污秽,现当夏令,臭气熏天,偶触鼻官,尤觉令人欲呕,凡此数端,已可见甬人于卫生一道,漫不加意矣。

九、娼妓问题

本埠之娼妓,可分公私两种,公娼在后市,住有高大之房屋,室中陈设之什物,亦颇珍贵,设非王孙公子,纨袴子弟,固无缘问津也。私娼则到处都有,听说数量亦大有可观,尤其是国医街太平巷一带,已成秘密之公开,此外犹有所谓"咸肉庄"者,亦属宁波特有之人肉市场,怨夫旷妇,淫僧少尼,多在此中活跃着。

十、特殊民族问题

宁波一带,住有惰民,都凡二万余人,居于宁波者近二千人,此种特殊民族,社会颇加轻视,大率男充吹手,或习贱业,妇女均为喜娘,近闻当轴有解放之议,惟现尚未见诸实行,未知何日始能获得自由平等之地位也。

(《警光》,1934年,第6、7期合刊)

宁波近讯

令杭采集

1. 鄞县农民借贷所,呈省核准后即可成立

鄞县政府为发展农村经济,增加农民生产力量,曾于九月间,与地方银行宁波分行洽商设立鄞县农民借贷所,资本暂定五万元或三万元,系信用贷款,月息定一分,收办公费二厘,业经数度核准,即行正式立云。(十一月十三日《宁波民国日报》)

2. 奉化环城马路将完成,业日订定名制成路牌

奉化环城马路,自动工兴筑以来,业已完成东南及西北二段,而东北一段(即耐寒路),由朱孔阳君斥资独造,本月底可完成。至西南一段,现亦筑成土方,完成

期当不在远。现县建筑科以城西凤山至东门路线,业已完成,昨特定路名,制成路牌,标示各路,兹照录如下:(一)凤凰路,自凤凰山至北门;(二)公园路,自北门至芦荻弄;(三)青锦路,自青锦桥至梅园;(四)耐寒路,自梅园至资福桥;(五)资福路,自资福桥至东门。(十一月十三日《宁波民国日报》)

3. 慈县府积极编组保甲,加委许方成、郑凤毛为临时指导员

慈溪县政府,奉令饬将整理乡镇,及编组保甲二案,同时并举。乡经令饬各区,将原有乡镇,迅即斟酌地方情形,酌量划了。兹经各区先后划并,兹经各区先后划并[1]定妥,具报到县。计原有一百〇一乡、二十一镇,业经整理区划后,计有四十一乡、十九镇。现因举办保甲期限紧迫,先行按照此次整理区划之乡镇范围,编组保甲。所有保甲指导员,除委各区长兼任外,因时迫事急,昨又加委许方成为第一、第三、第四,三区临时保甲指导员,郑凤毛为第二、第五、第六,三区临时保甲指导员,以资协助进行云。(十一月十三日《时事公报》)

4. 镇九轮将湾沥港航线,修竣出坞后即可实行

镇海县属沥港地方,人烟稠密,市面繫[2]盛,惟以地处孤岛,既无陆路通行,又乏轮只,交通甚感不便。兹闻本埠三九商轮公司,为便利该处住民及贩商起见,拟蒋[3]行驶甬定航线之镇九轮船,每日兼湾沥港,以利交通。闻俟在坞修理之姚北轮船修出坞后,则镇九轮即可实行兼湾沥港航线云。(十一月二十六日《宁波民国日报》)

5. 比国留学生周作霖返甬考察汽车,对鄞奉汽车公司颇为赞许

鄞县周作霖君,留学比国,究研汽车,颇具心得,已于前日返甬,准备服务汽车,颇具心得,[4]已于前日返甬,准备服务汽车业。廿六日下午偕同其兄周礼棠,往鄞奉汽车公司参观,当由车务主任元文亨,面饬职员楼朝达按见,领导参观各项配件材料,暨修理、电料、车匠、补胎、打铁等机器间,及各种表格,均经详为指示,认为设备完美,规模宏大诸多参考之处,甚为赞许云。(十一月二十八日《宁波民国日报》)

---

[1] 原文后一句"兹经各区先后划并"当为衍文——本书编辑者。

[2] 原文"繫"字当为"繁"之误——本书编辑者。

[3] 原文"蒋"字当为"将"之误——本书编辑者。

[4] 原文"已于前日返甬,准备服务汽车,颇具心得,"应为衍文——本书编辑者。

6. 江东浚河工程全部告竣，各处航已说直达新河头

本埠江东镇安桥、二眼桥、三眼桥、笆头之一带河道，因年久失浚，河床日浅，自城河委员会议决开浚，由包工承包开工以[1]，已及数月。兹该部工程，已于日前全部竣工。现该处航船已能直达新河头，恢复原状。闻此次开浚结果，工程优良。自镇安桥至二眼桥，长三百六十公尺。四眼碶至镇安桥，长四百四十公尺。三眼桥至笆头，至一百五十公尺。疏浚河道长度，共计九百五十公尺。河口阔十六公尺，深五英尺，开掘起土方二万一千方。全部工程费约八千元左右云。（十一月二十八日《宁波民国日报》）

7. 定海长涂寿[2]设贝介鱼殖场，叶奇峰赴杭请示

宁绍区技术专员叶奇峰，于日前由甬赴定，与定海县府会商，在该县长涂等处，筹设具贝介鱼类殖场，旋与该县建设科长一度会议，决先从事测量工作。叶氏即于前日由定赴杭，请建设厅确定经费，计划进行云。（十一月二十八日《宁波民国日报》）

8. 冬防期内，奉县编六个预备队，业奉省保安处核准，拟订服务细则令各区切实遵办

奉化原为多匪之处，防务本属重要，而因保卫经费支绌，将原有兵力缩编，现仅存县临时基干队六个分队，兵力单薄，不敷支配。保卫委员有鉴于斯，提出第四次保委会讨论。经议决在冬防期内，召集第一期第一后备退役团士，骗[3]为六个预备独立分队，分驻各区要隘，服务三个月，以资协助冬防。各节详情，业志本报。作[4]日奉化县保卫团县团部，拟订服务细则，训令各区团长遵办，文云：案查本县基干队兵力单薄，不敷配备，冬防防务，殊堪隐忧；经第四次保委会议决，在冬防期内，召集第一期第一后备队退役团士一百八十名，编为六个预备队独立分队，分驻各区，期以三个月为限，以资布防；曾经编具预算，呈奉保安处核办在案；兹由本部拟订服

---

[1] 原文"以"之后面可能脱漏一"来"字——本书编辑者。
[2] 原文"寿"字当为"筹"之误——本书编辑者。
[3] 原文"骗"字应为"编"之误——本书编辑者。
[4] 原文"作"字应为"昨"之误——本书编辑者。

务细则,通令各区切实遵办;除分令外,合行检发细则一份,令仰该区团长查照细则切实办理;并将办理情形具报备查;此令。(十二月一日《时事公报》)

9. 宁波电报局更改局名,并装用双工快机二部

交通部宁波电报局,奉令自十二月一日起,改称特县电报局。又该局因业务拥挤,原有机件,不敷供应,特呈准交通部,新购莫氏双工快机二部,值洋三千余元,分装沪甬两局。应用本埠新机,已于前日运到装就,昨与上海局试验,成绩极佳,双方同时收发,字迹显明异当,日内即将开始实用。此后沪甬电报,较前当尤为迅速云。(十二月一日《宁波民国日报》)

10. 宁横路赶筑支线(一由塞基至横溪,罗家桥至陶工山,预定半年内完成通车)

鄞县政府以宁横公路即将竣工通车,依照原定计划,决另筑二支线,一由塞基至横溪,一由罗家桥至陶公山,每线约长五里,定本星期内开始测量。筑路工款,县府已向宁穿长途汽车公司洽商承借,可无问题。预定半年将二支线完成通车。县府并计划俟该二支线竣工后,将该路终点横山站,移建至象山港边,俾与西泽路实行联运时,便利旅客云。(十二月三日《宁波民国日报》)

11. 慈绅徐文卿所筹办临时警察队即成立,经费解决即日招募成立

慈溪城中公民徐文卿,前鉴于西郊劫案迭出,匪警频传,际此凶荒之后,饥寒起盗,城区方面,非增厚防务力量,不足以维治安,拟斥捐巨款,发起组织临时警察队,轮流守巡,详情已志前报。现慈县公安局,虽已将临时警察队成立,但系就县公安局及第一公安分局,原有警士抽编而成,在质言,固因实施军训而改进,在量言,实不啻剜肉补疮,故对民办警察队之筹办,仍不遗余方[1]。现经费已完全解决,由徐绅每月斥资六十元,由各商家担负每月三十元,复由公款中每月发十二元,每月一百另二元,决先设警士一棚,更夫二名。闻已在招募,即日即可成立加入守巡云。(十二月五日《宁波民国日报》)

12. 鄞县府廿四年栽植行道树计划,昨经建设委员会议通过

鄞县政府以本县县道宁穿、宁横二线,均已建筑完成,通行车辆;江北岸外滩马

---

[1] 原文"方"字应为"力"之误 —— 本书编辑者。

路,不久亦可竣工;环城马路即将完成中;月湖辟作风景区,以上各处行道树,均拟于明春栽植完竣,特拟订二十四年栽植行道树计划,提经昨日第五次建设委员会议修正通过,兹将计划书摘录如次:

宁穿、宁横

宁穿路及宁横路(一)树种之选择。树种以树冠雄大、正干挺直、宜于土性、易于成活、生长迅速,及性质强健为标准。行道树采下列数种:白杨、洋槐、银杏、垂柳、枫杨、法国梧桐。车站车库周围采下列数种:常绿树、冬青、女贞、落叶树、洋槐、白杨、垂柳、花桃。(二)栽植方法。宁穿路之宁育段(在鄞县境内),计长二十公里,宁横路计长四十公里,全路左右距路边约六十公里,分处各植一行,二树间距六公尺,各种树木,以分段间为原则。每段长一公里,如在一公里上下,适有弯度时,得照其弯度分段。车站车库、宁穿路、宁育段计七处,宁横路计十二处。各站视其地形及面积之大小栽种前项规定苗木五十株至一百株。树苗高度定二公尺以上。每种树木,务求大小均匀,以免参差不齐。在铁道处半径三百公尺以内者,其内侧间隔,须酌量放长以免妨碍视线。以上行道树,中县政府分段招标承种包活,期定为二年,并须于每年冬季,将树姿修整。如有枯萎,须由原承包人种植完竣。前项种植费,除将工资于验收后照数核发外,其余苗费于六个月后,照查验已活株数给价十分之三。两年后照查验已活株数价十分之四(投标章程及承价另定之)。(三)保护。栽植树木,如果苗木良好,栽种甚重,多易成活,惟于保护方面,因行道树展布甚长,既不能雇工守护,又无从封林,只能每树斜插竹签或木桩之支柱,用绳缚于树干三分之二处;为防树皮擦伤计,可先用棕皮将树包好,然后缚树干于支柱上。此外只可责成承租之汽车公司随时照护,一面并由县政府通令该管公安机关,及沿线乡镇公所,并布告保护。(四)经费。两路行道树及车站周围,约共须植树二万二千株,每株以一角五分计算,共须经费五千五百元,拟于出售城基濠基款项下拨充。

外滩马路

查外马路种植行道树处,均须先留有空隙,计须植树八十株,树种纯用法国梧桐树苗,高须在二十公尺半以上,大小高度以及树姿,均须整齐划一。施种后,每树周围均围以行篱,以免摧残。篱高二公尺,大小照原空洞,每篱打桩三个,以免移动拆毁。每年冬季将树姿,使正干挺直,树冠成为室搭状。经费每株以一元三角计,共约须一百元,亦拟在出售售[1]基濠基款项下支拨县政府雇工种植之。

环城马路

及月湖周围北斗河对岸,查环城马路除自南门经月湖至西门一段,已于二十三年春由三胜农场包植,有未成活者,应饬该场于二十四年春补植完竣外,自西门至北门江边、月湖周围,及北斗河对岸等处,栽种洋槐、垂柳、白杨、棕栏[2]四种树苗,左右二行,苗高定二公尺以上,两树间距六公尺。月湖周围,可种垂柳、花桃二种。以上树苗栽种后,须围以竹篱,以资保护。篱高五市尺,每篱打桩三个,以免移动拆毁。此段因有数处毗连市房,可否植树须随时酌定,故拟由县政府用留芳办法,征求栽种,即于二十四年植树节行之。约须植树一千五百株,经费连竹篱桩子每株约五角。征求办法如下:(一)组织征求队五十队,每队聘请队长一人,负责征求,队员三十人,多多益善。(二)人[3]至少植树一株,每植树一株,出资五角,充作植树费。(三)行道树施种后,每株悬挂出资种植人姓名以志纪念。(十二月六日《宁波民国日报》)

13. 奉海路筑告竣,决一月五日通车

奉海路自去年兴筑以来,工程进行,甚称顺利,全各部工程,均已大致告成,现经承租此路之鄞奉长途汽车公司董事会议决定一月五日正式通车,现已经部署一切云。(于二月七日《宁波民国日报》)

14. 勘灾委员潘藻莅南,拟举办工振兼办平粜,业已会同县长呈报氏[4]财两厅暨振会

南田县本年旱灾奇重,为空前所未有。兹悉省方为求灾情详确起来,特派潘藻来南会同该县长励穿祯赴乡查勘结果,认为被灾较重田亩,计九千一百七十三

---

[1] 原文第二个"售"字应为"城"之误——本书编辑者。

[2] 原文"栏"字应为"榈"之误——本书编辑者。

[3] 原文"人"之前疑脱漏一"每"字——本书编辑者。

[4] 原文"氏"字当为"民"之误——本书编辑者。

亩,歉收田亩计五千三百九十八亩。按照灾歉条例,应蠲应缓上下期田赋共计八百二十六元另。该委员会与该县长以该县自佃农实占少数,而殷实业主,概居异藉,与以蠲免田赋,穷民毫无获益,不若于冬季经过以后,民间粮食缺乏之时,凡无力自给而能任劳动工作者,及因灾失业之壮丁,悉以举办工振方法救济之,其他不能工作之妇女老幼,仍开办平粜,以瞻其穷较为普惠灾黎,现经该委员会同县长呈报民、财两厅暨振务会核夺云。(十二月七日《宁波民国日报》)

15. 渔汛不佳渔民生计断绝,奉县府指示救济办法(由县筹设渔业银行及渔区借贷所,所有渔业灾民并入赈灾案内办理)

奉县旧西忠议区,栖凤、桐照等处沿海一带渔民,本年因渔汛不佳,兼以厂方受社会经济不景气现,多半倒闭,渔业经济,周转不灵,生计断绝。该处渔民四千余人,啼饥号寒,急待赈济。曾由渔民代表应兆松等,呈请拨款救济,经由奉县府据情转呈在案。兹闻本案已奉专员署训令,关于救济渔村一节,奉建设厅令,查照本省生产会议议决,发展本省渔业以增水产案内第二项所列发行渔业债,或筹设渔业银行,及渔业借贷所,同时督促渔民组织运销,及其他各种合作社等办法,并案查明品该实在情形详拟救济办法,呈候核夺。至赈济灾民一节,并奉民政厅令,迅即查造灾民清册,并入赈灾案内办理,合行并仰遵照办理,并转饬该公民等知照云。(十二月七日《时事公报》)

16. 旧府学尊经阁移建天一阁,建记健身房将另筹经费

鄞县县立体育场,前以建设计划内,有最关重要部分,厥为健身房,将旧府学旧址全部划充,并将所有不适用房屋斟酌拆除标卖,充建设经费之用。近因鄞县文献委员会议将该场所有之尊经阁移建天一阁,致建设健身房经费无着,曾具呈县政府请予以制止,或激[1]纳代价二千元,详情曾志前报。兹闻总政府已指令体育场未便照准,原令探录如下:呈悉,查天一阁旧阁虽系范姓私产,但阁后地面现系由本县文献委员会给价收用,捐款修建新阁,亦当为本县公有,绝非私人建筑可比;尊经阁为本县教育公产,既经文献委员会决议,移建于天一阁后,作为图书馆,以公济公,

---

[1] 原文"激"字应为"缴"之误 —— 本书编辑者。

事属可行,且建设该场与建设该阁,同为教育事业,均须设筹经费,亦难显分彼此,所请制止文献委员会移建尊经阁或转请缴纳代价一节,可毋庸议;仰即遵照,此令。(十二月八日《宁波民国日报》)

17. 蒋委员长关心渔民生活,令周骏彦调查奉化渔业情形,周氏电陈转请拨款十万救济

奉化第六区桐照、楼[1]凤一带渔民,本年因渔汛不佳,厂方及行家多半倒闭,停止放款,致一般渔民生计断绝,曾由渔民代表应兆松呈请奉化县政府转呈省府拨款十万,以资救济一节,曾志本报。兹悉蒋委员长在京亦曾据乡人报告奉化沿海一带,本年渔业衰落情形,一般渔民,实非救不活。蒋氏为顾念地方治安,及灾黎生计起见,曾面谕军需署长周骏彦来奉时,调查奉化渔业情形。日前周氏在奉化沿海渔民代表应兆松、吴锐东、沈昌佑等,报告本年桐照、栖凤一带渔民四千余人,上年因渔汛不佳,无法过活,下年因行家停止放款,无本捞捕,必致生计全绝,若不急谋振济,恐懦弱者死于肌[2]寒,强悍者铤而走险,胎[3]害地方,殊非浅鲜,面请周氏转电蒋委员长拨款十万,救济渔民。周氏以各代表等所报,俱系实情,在奉时曾电陈蒋委员长转请救济,日内当有示覆,昨日桐照、栖凤一带鱼行行主,均来甬集会讨论,如得蒋氏转令浙省拨款救济,鱼行虽有款可放,但厂家亦须继续开设,不得以物价低落,产销无由,拒绝收买,否则渔民虽得有本捞捕,其所获鱼鲜,无人过问,销售无路,目前倒悬虽解,日后痛苦难除,此亦非渔民之福。为兼筹并顾言,行方定月内与厂方交换意见云。(十二月九日《时事公报》)

18. 省府饬县详查鄞县孔庙历史及财产(业经查明,今庙建于宋嘉定十三年,财产归教育款产会保管)

浙省府以鄞县孔庙之历史沿革与文献,甚关重要,乃由民厅令饬县府详查具报。该府乃转饬鄞县教育局办理。昨已调查完竣,转报备核,兹探其内容如次:

---

[1] 原文"楼"字应为"栖"之误——本书编辑者。
[2] 原文"肌"字应为"饥"之误——本书编辑者。
[3] 原文"胎"字当为"贻"之误——本书编辑者。

历史沿革。旧庙在县治东半里,唐元和九年建,宋崇宁二年移于县治西南,建炎四年毁于兵火。今庙在县治西南县学街,宋嘉定十三年建,元代凡三修,明代凡七修,清代自雍正至周[1]治凡经九修。至现状计大成殿一间,崇宫三间,庑廊两行,关门三间,其阙门两旁东西各三间,均尚完整,共占地五亩七分九厘八毫。

财产状况。县学街平房九间,园地一方,又内园地及平房三间,现已拨充县党部建筑新屋,由党部捐出一千五百金,充教育基金。学田七十九亩二分,又六十三亩,鄞西学山一万三千七百余亩(现尚在整理中),以上不动产,所得之庄恩,除供洒扫文庙,及祭孔用度外,余充作县教育经费,均归教育款产会保管。

借用机关。现明伦堂为县党部礼堂,县学东斋先为县议会,现为县党部址。其西斋中部为县参议会址,原为县教育会会所,现转借与官产清理处。而文昌阁已改设县学前初级小学,射圃则大部改建为县立中心医院云。(十月十日《宁波民国日报》)

19. 堇江通讯服务社积极发展鄞西交通,乡村电话支线在筹设中

鄞西为鄞县蚕丝及贝母等出产区域,地方辽阔,堇江桥则为该乡之最大市场,交通尚称便利。该镇之电话,向由冯振康号承办,现该乡公民刘璋瓒、邵三超等以该号承办未臻完善,组织堇江通讯服务社,从事于该乡之交通事业。该社业已成立,刘璋瓒任经理,邵三超任社长,其已承办事业为乡村电话,冯振康之话机已撤销,改由该社接办,其他如邮政、印花、代售官契纸、承销报拿[2]杂志等等,办理颇称完善,近正在筹设该处至樟村之电话支线,以利交通云。(十二月十日《宁波民国日报》)

20. 慈镇通车今日起实行,暂由慈通至镇邱王站止

行驶慈骆路之利行汽车公司,原定十一月一日,与鄞镇慈路通车,开至该路镇海之邱王站,嗣以第一号福特车,在孙家地方发生覆车伤人不幸事件,虽重要机件,并未损坏,但车身有待修理,故通车遂告延期。现以第二号福特车,试以木炭代油,

---

[1] 原文"周"字应为"同"之误 —— 本书编辑者。
[2] 原文"拿"字应为"刊"之误 —— 本书编辑者。

结果颇为良好。而第一号福特车,亦已修漆一新,鼓轮如飞,自可实行通车。兹特决定,今日(一日)起实行鄞镇慈通车,暂通至邱王站为止云。(十二月十一日宁波《民国日报》)

21. 世界伟人、青年良友艾迪博士莅甬演讲

甬青年会,邀请世界伟人、青年良友、大演说家艾迪博士来甬演讲。艾氏于十二月七日莅甬,备受各界之欢迎。兹探得艾氏演讲情形如下:艾氏于八日上午在宁波中学演讲,讲题为《中国之危机》;同日下午三时,在府前礼拜堂演讲,讲题为《中国问题之我见》;九日上午在青年会大礼堂演讲,讲题为《今日教育之五个原则》(一)教育是思想,(二)教育是劳作,(三)教育是生活,(四)教育是生长,(五)教育是服务。同日下午在府前礼拜堂作有系统的第二次之演讲,讲题为《社会改造的原动力》;十日上午,艾氏在施宅为西教士讲演,讲题为《今夏在欧洲各国及苏俄游历的感想》;下午及晚间均在府前礼拜堂讲《今日青年的出路》;十一日上午九时在青年会作个别谈话,十一时赴溪口参观蒋委员长家乡及武岭学校等建设,即日下午三时返甬,乘轮过沪赴厦演讲云。(杭)

22. 浙海关派舰赴舟山巡弋,调缉帆船装漏税货物

江海关[1]以迩来舟山各帆装运漏税货物,如人造丝、白糖、布匹等,已数见不鲜,影响税收颇巨,前曾添置巡船数艘,驶赴各处洋面巡弋探察,曾在沥港等处先后缉获汽油船拖帆船,满载各项漏税物件,业已依法罚办。兹悉该关前复派二十三号巡船,驶往舟山洋面,停泊竹山门内,放下舢舨在各处游弋。江海关昨得该巡船无线电报告,某区将有大批偷税货物,拟至某岛竹卸,再由帆船装往上海,意图偷税,现正从事巡弋云。(十二月十二日宁波《民国日报》)

23. 赵处长维护交通,分段组织有力警卫,令各县即日会同组织

本埠保安第二分处,以旧宁绍两属各地公路渐告完成,交通更形便利,惟时值冬防,边境赤氛未靖,旱魃成灾,内地匪警频闻,现赵处长为维护交通行旅计,令该管各县长于即日内,会同关系县局,分段组织有力警卫,随时警戒,以期安全,并将

---

[1] 正文中"江海关"应为"浙海关"之误 —— 本书编辑者。

护路组织办法,暨警段区域,及警戒程度,令县一并具报云。(十二月十二日《时事公报》)

24. 奉化旅甬同乡请拨赈灾公债疏浚奉化江,呈赵处长恩转呈省府核示

奉化旅甬同乡会,以奉化江年久失浚,日渐淤塞,一遇水潦,山洪暴发,排泄水量减少,两岸田地,顿成泽国,如遇本年亢旱之时,江水浅竭,咸潮侵入,上流淡水,无可阻蓄,致本年沿江两岸农田,无水灌溉,受灾较他处尤为深重,若不急谋疏浚,关系鄞奉两邑沿江岸之水利农田甚为重要。该县旅甬同乡会,特呈请第五特区行政督察专员赵次胜氏,恳请转呈省府,提拨赈灾公债,以资疏浚。赵专员据呈后,定日内转呈省府核示云。(十二月十二日《时事公报》)

25. 大好湖山犹如绝色佳人,东钱湖组织整理委员,悉心擘划不难致西湖媲美,鄞县政府呈请赵专员主持

鄞县县政府,为组织整理东钱湖委员,昨呈第五特区行政督察专员文云:查东钱一湖,为鄞镇奉三邑七乡农田灌溉所资,其功用资于水利,关系国计民生者,至重且巨;本府暨地方人士,亦屡有建议,并奉省政府建设厅迭派专家视察,业由省水利局施以测量,一俟计划完竣,当进而谋工程之实施,行见五十余万农田,咸资利赖;兹所欲陈者,除东钱湖水利上自有不朽之价值外,就东钱湖之名胜言,殊有同时整理之必要;查名胜古迹,吸引游客,为繁荣市面条件之一,杭之西湖,即其明证;东钱湖承环湖诸峰七十二溪之流,湖面既广,湖岸尤曲折有致;只以楼台亭榭之布置、名人学士之题咏,桃柳未能遍栽,道路复嫌偏僻,遂致浙东最著名之大好湖山,如绝代佳人离世独立,其美未显其名亦不彰;今自宁横县道落成,自城至湖,瞬息可达,且车经莫枝堰、观音庄、隐学岭、韩岭市等处,悉属环湖要镇,交通既便,发展尤易;设能罗致人才,悉心擘划,积极经营,则不难与西湖媲美;届时游客纷至,非特农村经济,得借以挹注,即工商事业,亦得以繁荣;本县名胜管理委员会,有鉴于此,迭经推员履勘,认有整之价值;惟以兹事体大,非有德劭望重如钧长者之主持、计划提倡指导,实不易乐观厥成;爰经第二次会议议决,另组整理东钱湖委员会,负责办理,呈请第五特区行政督察专员主持组织之等语,记录在卷,理合录案呈请,仰祈鉴核施行。(十二月十二日《时事公报》)

26. 慈东热心公益士绅发起建设学院医院养老孤儿院,继承先人遗志即可动工建筑,购田一百余亩已在移迁坟厝

慈豁[1]县政府昨布告略云:案据洋墅镇镇长徐松平呈称,案据属镇善士徐懋堂、徐懋昌,为先人遗志,购田建设学院、医院、养老院、孤儿院等,其田业已按户购买百余亩,在田上有老坟浮厝,曾经贴资墓户,各墓户皆以事关善举,争先允让,惟尚有少数浮厝,以及多年泥坟,一时不明其主,无从接洽;但上述四院,动工在即,须将田上浮厝迁出后,始可进行建筑,为特呈请迅予转呈出示,限十日内催领,如期限内无人领迁,只得归并公墓,俾可早日着手建筑;迁墓费规定,厝坟每穴贴洋十二元,泥土糊厝每穴贴贴[2]洋十五元,由各墓户备具领给,向洋墅镇公所具领,并具保以照慎重等情,事关善举,理合转呈俯准布告迁让,等情;据此,查该镇善士徐懋堂、徐懋昌,购买田亩,建筑学院、医院、养老院、孤儿院等,系属慈善事业,裨益地方诚非浅鲜,据呈前情,除指令外,合亟布告周知,凡我民众,如有厝坟泥墓在于该地,应即于布告后十日内,向该镇公所领取迁费,妥为迁让;如果逾限仍不领费遵迁,准由该公所代为选葬,以免妨碍建筑;倘敢捏造伪证,冒名领取,一经查明证实,定即提案究办不贷,其各凛遵毋违,切切此布。(十二月十四日《宁波民国日报》)

27. 宁波新建设,老江桥重新建造

今之所谓浮桥者,自古有之,孟子言:"岁十一月徒杠成,十二月舆梁成",则必水浅之时,乃能承之以架桥,水大时则惟有用舟济渡耳。《尔雅》所谓"天子造舟(比船为桥),诸侯为舟(连四船),大夫方舟(并两船),士特舟(单船),乘栿庶人(并木以渡)"者也,此即后世之浮桥也。我乡亦有所谓浮桥者,曰老浮桥(亦称老江桥),曰新江[3]桥(亦称新江桥)。老浮桥原建自唐朝,县城江东两岸之交通,得能贯通,然每当风雨交作之时,浮桥被坏,交通顿形断绝。我乡当地人士,及旅沪诸公有鉴于斯,特发起重新建造,且得各界之赞助,现已正式兴工,闻进行颇为顺速

---

[1] 原文"豁"字应为"溪"之误——本书编辑者。
[2] 后一"贴"字应为衍文——本书编辑者。
[3] 这个"江"字应为"浮"之误——本书编辑者。

云。(杭)

28. 慈洋国防道慈西塔岭另辟人行道(省令县府遵照办理)

省政府昨训令慈溪县长云：案据该县第四区相岙乡乡长王松安等,及该乡乡民代表桂鸿发等,先后呈报,为该县建筑慈洋国防道,经过该乡塔岭,业将大道开掘,严冬渐届,雨雪之后,步履艰难,前经该县批准另辟人行道请饬得迅予辟成,以维行旅等情；查该慈洋国防道,开工已久,自应加工进行,以资完成；该塔岭既属该乡往来大道,如果年前比能竣工,亟应设法另辟人行道,以重信诺,而利交通；除批示外,合行抄发原呈,仰即遵照办理,具报察核,此令,等云。兹悉县府奉令后,已转饬筑路公程处戌主任遵照办理云。(十二月十五日《时事公报》)

29. 编纂奉县志,俞济时慨助二百元

奉化县政府昨接省保安局处长俞济时来函,略谓前准《奉化县志》编纂筹备委员会函请捐募经费,兹以同乡在杭甚稀,无从代募,惟本人谊切桑梓,自应略尽绵薄,兹特认捐二百元,由本处会计股汇寄至希查收。(十二月十五日《宁波民国日报》)

30. 捐资修筑官道,部令褒扬,郭永澜获匾额一方

奉化旅沪巨商郭永澜,历年捐资,修筑官道桥梁为数颇巨,前由当地绅士周苇南、凌道生等造具事实清册,及证明书,呈请转呈国民政府准予褒扬在案。兹奉省政府转奉部令颁到。题给"义重乡闾"四字匾额一方,礼字第二八七号证书一纸,饬由县政府转给具领云。(十二月十七日《时事公报》)

31. 重修天一阁委员会推员验收旧阁工程,定期迁回封存图书

鄞县重修天一阁委员会,于昨日下午举行第十三次会议,出席者张峄桐等多人,主席陈宝麟；行礼如仪；报告事项,略。讨论事项：(一)冯委员孟颛提,推员验收旧阁修理案；决议：1. 推陈委员宝麟,倪委员维熊,冯委员孟颛,叶委员友益,范委员多禄,范委员佑卿,杨委员菊庭,及李志青先生会同工程组验收之；2. 定本月二十日上午九时。(二)冯委员孟颛提,定期迁回封存范氏中堂之圆[1]

---

[1] 原文"圆"字应为"图"之误——本书编辑者。

书于天一阁楼上案;议决,定二十四年一月十日云。(十二月十八日《宁波民国日报》)

32. 方椒伯函复镇党部,允救助镇县教费,桑梓教育未容漠视

镇海县教育经费竭蹶已趋极点,第十二次全代大会曾电曾[1]请旅沪同乡会,转旅沪邑绅虞和德、方椒伯等,设法救济。兹悉县执委会昨准方椒伯函复云:迳复者,据准宁波旅沪同乡会函开,顷接中国国民党浙江省镇海县第十二次全县代表大会秘书长周利生陷日电开(录去原电),准此,查镇海教育经费之支绌,由来已久,前曾迭次会同设于无从着手,惟事关桑梓教育,未容漠视,既准函述前因,自当与旅沪同乡共商救助办法,相应函复,即希查照。(十二月十八日《宁波民国日报》)

33. 溪口魏家庄开辟分园计划,蒋令奉县府赶速筹备

奉化十八日电,魏家庄开辟公园计划,前曾令奉化县政府购买民地筹备在案。此次蒋委员长返里,又令奉化县政府于一星期内,收买民地完毕,呈报核办。(十二月十九日《宁波民国日报》)

34. 镇北范市镇,开辟复兴农场

镇北范市镇镇长范锦荣,对于地方公益事业,夙具热心。迩者鉴于旱魃肆虐,农村破产,农民难以聊生,为若辈失之东隅收之桑榆计,乃与族人范荣良、范维琨、范允德等,发起辟一农场,名曰"复兴",招灾农入股。该农场资本约万余元,地广可数百亩,栽植除虫菊、薄荷及其他农物作等。复兴农村,其以此为嚆矢乎?(十二月十九日《宁波民国日报》)

35. 蒋委员长将视察公路,宁穿公司赶筑各段工程

本埠江东宁波穿长途汽车公司,以蒋委员长此次返籍后,闻有乘闲视察鄞奉慈各县国防路消息,该公司以所属宁穿、宁横二路,均系国防要道,为特谕令沿线各站大加整理,其宁横路未成之横山段路线工程,亦限于最短期间竣工云。(十二月十九日《宁波民国日报》)

---

[1] 此"曾"字应为衍文——本书编辑者。

36. 上海市公安局派警协缉码头匪徒,函复宁波旅沪同乡会查照

上海宁波旅沪同乡会,据甬民报告由甬抵埠输船,适在清晨,以致旅客行经小东门一带,常发生流氓拦劫情事,该会曾据情函请市公安局设法保护。兹悉该局昨复该会函云：接准大函,以甬轮到埠,时值清晨,妇女行经小东门等处一带,辄被流氓成群拦劫,嘱于每日清晨,派警在该段巡缉,以资防范等由,准此,查警察服务,不眠不休,并无清晨时间不站岗之规定,除令饬该管分局及警察所,于每日清晨加派警士巡查,并由侦缉队派员在码头一带,协同查缉外,相应函复,即希查照为荷,此致宁波同乡会。(十二月十九日《时事公报》)

37. 镇巨商长媳独资发起平粜(向沪购米数百石,至新谷登场为止)

镇第五区大喫[1]头已故巨商陈瑞海之长媳,鉴于去年东碶、新碶等处秋收告歉,最近独资发起平民粜米所,向沪购得洋米数百石,照原本八折出售云。(十二月十九日《时事公报》)

38. 慈石步至叶家兴修道路,王养安捐助石板

慈溪石步至叶家,计长二十里,为慈县西乡要道,每日乡人往来甚多,惟该处道路,因年久失修,崎岖不堪,行人苦之。现经该乡富久王养安大发宏愿,捐助石板七千块,作为修补,其余经费,由叶家兴负责募集。该路已于前日起,开始雇工修筑,闻在废历年底,可以竣工。(十二月十九日《时事公报》)

39. 定海盐场办理归堆后,税收可激增至十八万,虽盐民反抗均设法敉平

定秤放局长卫鸿模,办理归堆,不遗余力,虽经各处盐、民暴力反抗,卫局长均设法敉平。东西蟹峙、黄家墩岙山、田螺峙、平洋浦首先实行归堆税收,大有起色。北蝉、北马峙、大支、小支、白前浦五处五处,因民性强悍,不肯就范,近两月来,一再聚众反对归堆,殴打秤放员,捣毁局址,缉私营前往弹压,开枪击毙盐民。卫局长以盐民反对归堆要政,已报准上峰劈板。兹悉谢县长以该处盐民,知识浅薄,应善加开导,于前日偕同卫局长轻车简从,往北蝉召集盐民首领,晓以利害,盐民感激之余,自愿限期归堆。自二十四年一月起,晒得盐斤,存入堆屋,是则定海一场,办理

---

[1] 原文"喫"字应为"碶"之误——本书编辑者。

归堆,供全告成。据卫局长谈,定海场税院,自十九年以来,年有起色,按十九年为三万余元,二十年增至六万余元,二十一年再增至八万余元,二十二年又增至十余万元,今年五六月间,天气亢旱,产盐尤多,预料税收必在十八万元以上云。(十二月二十日《宁波民国日报》)

40. 三北公司"明兴"号,明年一月可开航(行驶沪甬之间兼湾镇海,并开礼拜班与"宁兴"对开,"宁兴"轮廿八起兼湾镇海)

三北公司新轮"明兴"号,现在上海石晖港船厂改装舱位,年内可告工竣;计有房舱四十间,官舱二十间,特别舱十二间,统舱、下水舱可容搭客千余人;其客价目,连同带收酒资在内,计房舱二元,官舱四元,统舱一元,下水舱七角,特别舱六元;明年一月十日左右可开航,其航线为沪甬之间,兼湾镇海,并开礼拜班;其班期乃与"宁兴"轮对开,例如今日"宁兴"由沪开甬,则"明兴"由甬开沪;礼拜班货物,先于礼拜六报关纳税云。

镇海三北公司新筑码头,日内即可工竣,该公司行驶沪甬间之"宁兴"轮,定于廿八日起兼湾镇海。(十二月二十日《时事公馆[1]》)

(以上 40 则均载《光华大学四明同学会特刊》,1934 年)

宁波之大被教

倚玉

宁波余姚有医士胡百龄,现年五十二岁,在白沙路地方赁屋,创设大被教会。哄动男女教民二百余人,凡入坛者,均须纳香资二角,及礼师贽金一元。胡自称大仙,并言能以符水治人百痍,愚民多入其彀中,被胡敛得资金不下三百余。教义之荒唐,如教徒对其须叩头礼拜,甚至大被同宿,共参欢喜禅,谓可种仙缘。该地镇公所闻知大被教如此荒谬情形,乃请求所在地第六公安局,由保长龚和贵率警前往,当将胡所设之大被坛陈设加以拆毁。距事后胡竟被人唆使,向县法院控龚和贵妨害自由,及抢夺之罪。昨经县法院检察官胡一天,开庭侦讯。得悉胡百龄自称大

---

[1] 原文"馆"字应为"报"之误 —— 本书编辑者。

仙,妖言惑众,种种胡作妄为情事。当谕令将大被教主胡百龄,发押看守所。自此以后,此教始告平息云。

(《玲珑》,1935 年,第 7 期)

郝培德在宁波被劫

浸会郝培德教士,服务于上海圆明园路一九六号,其住宅在巨福路一七五号,日前郝氏偕其女来甬,暂寓北门华美医院美医师汤默斯处。一日晚间,郝氏偕其女及另一女友,同至咸仓门圣模女校,访美籍教授裴君,晤谈颇久。至十时零,辞出回寓,当觅街车代步,惟仅获一辆,遂让其女友先行乘坐返寓。郝氏与其女乃步行回院。讵至十一时许,行经环城马路永丰路口,突有暴徒四人,自暗处跃出。一匪执手枪对住郝氏:"不准声张。"另一匪用手电灯照射郝之双目,使之不能开张,郝女亦被监视,不能自由行动,余匪即动手搜劫,当在郝氏之上衣袋内劫得钞票三元,又见其腰袋外有表练垂露,亦被拉下,连同其所系小刀一把,一并劫去(尚有铜表一只,因表练被匪拉断,遗留裤带中)。匪得赃后,仓皇逸去。郝氏遭劫后,即疾返华美医院,告知其友汤默斯,由汤氏用电话报告该管公安局第二分局。该局以案关拦劫,即派长警多名,分在各要隘兜捕。至十一时另五分,该局警士在秀水街三叉路口,见有三人,迎面而来,该警即喝令止步,听受检查。讵其中一人,即探怀欲拔手枪,为警士张明愈所见,即将其左手揪住,夺下四寸白郎林手枪一支,该三匪当场一并就获。检视该枪,腔内有子弹一粒,弹夹中贮有子弹三粒,复在该匪身畔,搜出郝案原赃白金表练及小洋刀、银洋等,乃一并解局。据一匪供,名鲁阿文,临海人(四寸手枪系该匪所持有),一匪名戴阿阳,宁海人,一匪名岳阿根,镇海人。据称四匪是夜同坐在环城马路地上,意图向北门附近行劫,因见有一着西装者偕一女子经过,未辨其为外人,故拦住肆劫,劫后逃至疏[1]水街,被警获住云云。旋复由该局在中山公园后面,获住案内逸犯陶得华一名,一并移送公安局侦缉队,研审曾否犯有其他案件,以凭法办云。

(《兴华》,1935 年,第 35 期)

---

[1] 原文"疏"字应为"秀"之误 —— 本书编辑者。

谈谈宁波的堕民

鄞县县立女中　钱茗香

堕民可以说是一种特殊民族,散居在宁波各地,只要你有事往外跑跑,便很可能在街头巷尾碰到着黑衣黑裙的妇女,而背上还背着个漂亮的花包袱,姗姗地往大户人家跑,这就是堕民中的女性。

这种女性的堕民,通常命名为"送娘子";一家姑娘出嫁了,她必须伴着这位姑娘一同到男方去,姑娘至新地,自然羞答答的不讲话,于是她就很灵巧地在中间斡旋,使笑闹新娘的喜客,不至索然乏味;于是无形中便把新娘和喜客间连系成一条谈话阵线。这样新娘所不便答复的话语,或窘碍难行的玩意,"送娘子"便可代她应付过去,因此她真是新娘的极好护身符。

不幸人家死了人,照例悲号之声溢于室外,沉痛非常,那时她可不必跨入人家门槛去了,但是通俗惯例,她也挤在里面,东跑西窜,忙碌地干着琐碎事务,在斋间,儿女成行,舒齐地坐在一桌,吃了个大饱,心里还不足,还要收拾他桌剩余之羹汤,满盛在提桶内,带回到家去。

婚丧间,中产阶级以上之习俗,多少有些音乐,于是堕民中的男性,便充当"吹手",就是宁波特有的花轿,也由他们抬;其余热凑间杂务,及"上祭"、"拜堂"之奔走,这男性的堕民,极尽其作揖打拱之能事。

新年初上,"送娘子"带了女儿,踏入家家门道,好语如珠:"什么老太爷!大少奶奶!大小姐!新年大发财,元宝滚进来!年年如意,代代加福!"号为"拜岁"。这样使人发生难却的好感,于是多数家庭便送钱米之类,作为拜岁的报酬,轮流的家家拜过,为期差不多以月计,在此时期,定有一笔可惊的收入。

岁时伏腊,"送娘子"也东西奔波,以自制之糖饺,用红提桶盛着,负入"大家",虽其量微薄得可怜,正因为人家体恤她一番亲身奉承的苦心,也就情愿甘心的送她些钱币;至于平时,则男的替人剃头、剔脚、挖耳朵;女的替旧式的闺房妇女去修饰颜面。

堕民的生活,大略如此;至于他们为什么这么殷勤的愿为人下属,这是大可研究的一个问题,不过以我的观评,或许是这种好生惯会的轻易工作,曾大大地吸引了他们的方便,养成了他们贪懒恶习,不思上进,所谓:"讨饭三年,做官不愿"正是个极好的譬喻;这种自甘堕落的习惯,确无良法,以图改进。所谓"哀莫大于心死",改良内心是最困难不过的事。所恃以为挽救这种颓风的,唯有以他们奋发自觉为先题;一方面社会在不断的变化中演进,新社会的人群,将渐渐地废除封建式的许多烦文俗礼,而趋于简单化,决不需要这种寄生式的人,那末他们也有渐趋于社会淘汰的途径。以团体的力量,无形中加以排挤,使他们不得不为自身之衣食计,出幽谷迁于乔木。

或者以为要解放他们,如设立学校,以教育之,但是根本上堕民生活的水准,只会比挣扎在饥饿线上的劳苦大众高得多;并且一般学校,也并没有拒绝堕民子弟入学的通则。总之,法律上并无特定制定堕民严法,加以虐待,且民国以来,早已取诸极端的平等,所以只要他们不自甘堕落,努力为自身之改造,不久的将来,也不难成为我们宁波的有为分子之一部分哩。

(《浙江青年》,1936年,第2期)

谈谈宁波的堕民

悦英

堕民(亦称惰民)是宁波的一种特殊的民族,相传是蒙古人的后裔。(传说,当年明太祖灭元,顺帝北奔时,蒙族人民,因不及同奔,流落南方一带,后来永为奴隶而免死,即为堕民。)明时,很受汉人的歧视。清康乾时,虽下令令他们出籍,但他们仍安之若素。民国以来,政府虽本民族平等原则,下令将他们释放,但事实昭示我们,这一纸公文,毕竟是等于零的。

兹将我所知道的关于堕民的状况,略述如下:

(一)住居地 —— 所居自成村落,大多往在江东三眼桥,和西门外效实巷一带。

(二)职业 —— 男女都是生产者:男的职业为"随堂"优伶、吹手;女的职业多为喜娘(俗称送娘子),都为本地人婚丧之家供奔走。平日,喜娘还替女人们修脸,以钱或米作为代价,出入常背一格子花纹的包袱。过时节,有拜岁拜节之事。

职业是世袭的；也有所谓"拜先生"的，期限是三年。在此时期中，不但所得的收入，属于先生，就是自己的身体，也不能自由。

（三）知识——他们因受历来种种的桎梏（如不许和汉人同受教育、互通婚姻，和转他种职业等），所以知识浅陋，思想简单，自甘陷于奴隶地位，而不知自拔。

（四）服装——和本地人不同：男的常穿玄色长罩衫，女的常穿玄色短衣，庞大的蓝竹布（现多改着玄色）长裙，和普通男女，很易识别。

（五）地位——地位的不平等，简直无以复加，她们（或他们）称呼我们汉人，男的总叫老爷、少爷，或相公；女的总叫太太、奶奶或姑娘。十足地表现出专制时代阶级的遗风。

我们知道，在现今高唱民族平等的我国，是决不允许再有歧视堕民的心理存在的；同时，更应注意他们的教育，促进他们的自觉，恢复他们的文化和天赋的权利，以改良他们的生活，消除阶级的桎梏，达到平等的地位。

（《青年界》，1936年，第5期）

检验抽血过多，宁波妓女大请愿

（列队游行燕叱莺娇，群集警局丑态百出）

萧冶

宁波市后街一带，好像上海的群玉坊、众乐里、福致里，是妓院的集中地。宁波妓院的等级，于灯上可以辨别，二字是上等，三个字则较次。在那里，有共妓女达千人之多，最著名的妓院是"秋萍"、"慧香"二家，布置相当摩登，与海上之长三相仿。在那里请客和做花头，较海上便宜得多，普通三四十万即可。较之浙江路神州旅社，西部的宁波堂尤廉，可是精彩的毕竟很少。然而在宁波当地，小黄泥螺们视之若天仙了。为了要验明妓女的花柳，宁波警察局指定美华，抽血检验，首先饬一等妓女检验，各部门检查非常严格，并由警局民政科麻科长讯问从妓原因，一切使妓女感到麻烦到极点，同时医生临血要抽五西西之多，一月二次，须抽十西西，只以影响身体，尤其是妓女，多引患贫血症，何堪受此损失，于是集合妓女一群，作集团请求，排列一字长蛇之阵，莺红燕绿，由妓女尚梅员、顾丽英二人领导，赴警察局请愿，抽血时减少其规定之数，由麻科长询问一过，允于考虑后答复。群妓始退，了无秩序，若鹊语啾燕，观者如堵，亦宁波胜利后第一次怪事耳。

(《海燕》,1946年,第1期)

桑梓简讯

（宁波讯）周大烈一再坚辞商会理事长，近经该会临时会决议，改推朱常务理事维官继任。

（宁波讯）鄞奉四轮船局，已于本月三日复航。嗣后每日上午八时由西坞开甬，下午二时由甬开回西坞。该轮局一面筹集资本，整饬内部。

（宁波讯）五月三十日肇事之"甬川"轮大副俞志法，经检察官侦查终结，俞志法轻举妄动，草菅人命，以过失杀人案向刑庭提起公诉。

（宁波讯）宁波复兴公益事业委员会改组后，公推周大烈为主任委员，并议定轮帆船进出口货物、轮船客票等，均照旧带募公益费，进口香烟每箱减为五百元（本地香烟及棉纱免予带募），草席每件增募为二千元，肥皂每件四百元（即五小箱）。

(《宁波人周刊》,1946年,第2期)

横行浙东之游"劫"大王田胡子就擒解除

（慈镇姚虞民众欲手刃为快，不知徐州绥署将怎样处置）

白坚

（宁波通讯）前挺进第四纵队司令田岫山（绰号田胡子），最近突以非法纠集武力，企图煽动余姚县自卫队叛变，复在虞姚境内到处劫掠，缴取民枪，致为上虞自卫队包围攻击，卒致就擒。兹探志经过情形如下：

胡子姓田，反复无常

田岫山，山东人，现年三十九岁，为四十五旅张銮基部特务长，抗战军兴后，转战南北战场，自称幼小因在家乡杀伤人命，投入军伍。民国卅年，奉命驻守宁绍。嗣叛变亲敌，投入伪税警队，不久，与伪警发生意见，联络三五，在镇海北乡（山北），抢劫掳掠无所不至，旋即雄踞四明山区，接受第三战区第四纵队司令名义专负绥靖浙东六县匪患之责,因其部属多为流亡之徒,每于战机初发之际,乘势抢掠民户,以致民怨沸腾,造成三五支队有利地位,得以巩固掩蔽环境,使田氏失却优越之军略地位,其后迭次整训,渐入正轨。

少将谘议不合胃口

日寇投降,抗战胜利,田部首先奉命开入浙东首府鄞县,接应国军进入鄞镇。鄞镇占领军事完毕,即奉命开赴萧山集中,任徐州绥靖公署监护旅副旅长,随同顾主任祝同,前往徐州驻扎,最近该部受命整编,由绥靖公署委为上校谘议。田无意就任,旋晋级为少将谘议,田因军柄旁落,遂决意辞去新命,于五月初旬离徐至余姚省亲。

煽动叛变,阴谋败露

讵知田竟于此时因一念之差,铸成大错。盖田早已胸有成竹,拟首先招致在姚旧属,联络现在自卫队中前为挺四之士兵多人,煽动县城全部自卫队士叛变,遂其割据阴谋。其计划中并拟缴收青年军一部枪支,同时洗劫余姚全城后,遁入四明山区结寨为寇。田之旧部由于天良激发,不愿附逆,竭力脱出田之监视,向县府告密。

余姚城内,紧急戒严

时田已于五月十六日偕其部属向外佯称遄返徐州就任,实则已在二十里俾登岸,潜伏凤亭乡之高庙地方等待时机,十七日凤亭乡发现匪徒一批,盖即田之部属也。十九日,深夜十时,县府接获密告,城区遂即宣布紧急戒严,一面通知青年军协同警戒,县府为避免发生流血,当时即命令自卫队第二中队出动,将一、三两中队监视,所有官长士兵,全部徒手集中,绕行野外一周以观动静,然后返回驻地。

闻风而逃,溜到上虞

事后查明有士兵多名逃逸,一般推测,或即为田之内线,于是危机安然渡过。次日拂晓,县府续派自卫队会同青年军向凤亭乡高庙搜索,田等已闻风向上虞方面逸去,二十日起至廿六日之一周中,上虞境内即发现有衣草绿呢制服,灰色军服,黄色军服之什色军队多人,拥有手枪四支,短枪十余支,手提式一支,到处抢劫,廿四日横塘镇公所即遭包围,缴去步枪五支,木壳一支,手弹卅余发,事毕由杨家溪向梁湖窜逸，上虞县府据报后，当即派队跟踪追击，同时接获本县及省方电告，始悉该批军人，确系田岫山等一行。

会同兜击，被围落网

当复电绍兴县府会同兜击，是月廿六日田等又窜入丁宅街一带，向上浦方面进行，在章家埠附近之董家山，与上虞自卫队遭遇，相互轰击数小时，田等深陷包围，势呈不支，遂相继就擒，上虞自卫队死一人，伤十余，田之侍从一名，伤重当场毙命，重伤者多人，一部七八人漏网向汤浦方向逃逸。

慈溪党参，电请严惩

慈溪党部及参会，以该县曾遭著匪田岫山荼毒，已分电省党部省政府请求严惩，兹探录电文如下："查著匪田岫山，三十一年率部初至本县西乡，勾结游匪意图劫持盛前县长，幸早觉察，寅夜移至南山，而该匪竟敢率部追击，并在途中击毁竹江至甬快船，趁客数人受伤，该匪见目的不达，返西乡三七市后，纵部饱掠，即至余姚投敌。同年复又以'清乡'之名，奉敌派至北区鸣鹤场、沈思桥、裘市、古窑、东埠头、掌起桥等较大市镇，均为掳掠殆遍，甚至有强奸妇女，杀伤民众情事，种种暴行，罄竹难书。光复之后，该匪因收编而奉命驻防东区，乘国军及政府鞭长莫及之机，以剿匪为名，至镇海口头市、邱王等处，胆敢又复施其旧技，驻庄桥时，虽未闻有抢劫，然时向乡镇强索硬派，恣求无厌，同时敌遗留车桥、苏湖等处水泥木材等物资，被彼强行窃去颇伙。总之，本县民众深受该匪之荼毒，痛恨刺骨，咸以不能食其肉寝其皮为憾，此次在上虞因煽动部属叛变，而就逮解省，人心为之大快，纷请转电严惩前来，理合联电均核，仰祈严予惩处，以惩不法以慰人心。"

三官会审，万众旁听

三区专员兼保安司令郑小隐，对田匪岫山犯案情节，极为重视。七月一日上午七时，在上虞县府大堂审讯，民众闻悉，纷纷聚集县府殆五千人，持香跪肯就地正法，郑氏首加抚慰，并申明政府决循法律途径，顺从民意，除暴安良。审讯时，郑氏正襟中坐，由周县长、虞军法官陪审，民众公推代表五人陪审，各乡镇保长一百七十余人代表全县三十万民众书面沥诉田匪种种匪行。田岫山入审时，观众无不愤激，皆欲手刃为快，郑氏以严正的态度，对煽感余姚自卫队叛变、劫夺横塘镇公所、弹枪劫曹江航船等，以及其过去作恶案情罪状，反复鞫审。田匪初犹狡赖，郑氏提出田匪亲笔及与其随同为匪之何家生口供质对时，始俯首供认。郑氏以案情确凿，即令褫去军服，并令警押至火烧场，以证其残酷之罪迹，田匪来往自若，视若无睹，可谓泯尽天良。复讯被害民众，受祸情形，及审何家生毕，发警还押，一面谕慰民众，决予转请省峰，伸彰国法，民众报以热烈掌声。

发稿时据息，田匪已由徐州靖绥公署令饬解徐，则田匪生死，犹在不可知中也。

(《宁波人周刊》，1946年，第2期)

祥丰机帆船发生惨案

（宁波特讯）镇海六溪头人王性立（即荪兰），侨居沥港经商多年，鉴于交通重要缘于上月间，向闽商戴修善租赁金祥丰机帆船一艘，航行甬沥间，王原定将该船航线沪闽线，因顺沥港镇公所之请，改航甬沥线于本月十三日开头班，十七晨六时半，祥丰船由沥开甬，搭载男女旅客二十余人，驶抵镇海口，已十时许，当在税关道头停泊，以俟客货上下，斯时，老轨以轮机"泊司"已冷，汽油未能上升，遂持冲灯灌火油于其上，讵料冲灯之下端有一裂痕，因打气太足，霎时火星四溅，已身之两肩，被火烫伤，幸渠神志尚清，即将冲灯之打气部分开放，否则，该船全部必被焚无遗，当火星四溅时，船主沈凤品及舵手何阿五，均烫伤，上衣均焚毁，二轨李良海，售票员张福来，机匠许才根，及搭客徐瑞龙等以上六人，均在舱面，故难幸免，幸搭客与轮机有一壁之隔，得免波及，肇事时，当有卫生处警察局，闻讯而来，将伤人敷以药膏转送甬埠医院求治，当日午后，各搭客及七伤人均打梅浦来甬，伤人除何阿五，张福来二人伤势较轻外，其余五人，俱车送华美医院求治，经该院外科马医生悉心救治，船主沈凤品，因伤重于当晚八时毙命，机匠许根才，亦于昨晨二时伤重身亡，其余五人，伤势尚轻，昨均出院。

十八自午后四时许，祥丰船自镇海驶抵甬，老轨戚志丕，验得轮机无损，定十九由甬开沥，照常航行，在医院死亡之两尸，已由李买办备棺成殓，一面电知定海船东王性立，来甬办理善后。

(《宁波人周刊》，1946年，第3期)

雷击青年[1]

二十二日午十一时许,天气热闷异常,空中彤云密布,突然霹雳一声,讵料江东镬厂巷四十九号,附近有一路过青年,为雷击毙,嗣经记者调查死者应文龙,系百丈路十九号应深记水果店主第三儿子,是时适由首南乡负米返店,竟遭此惨剧,死者身穿元洋纱短衫,下着花条布裤,蓄发赤足,雷电由背后穿入,覆卧地上,四肢发蓝,上衣短衫亦为雷击穿,据目击者云,当时曾有二孩步行于后,得免于难,闻死者尸体,已由其家属收殓。

(《宁波人周刊》,1946年,第3期)

宁波匪徒消息两则[2]

浙保警察第三大队驻江口第八中队,派驻江口汽车站第三分队排哨,于前日在汽车站附近地方,缉获张阿法等匪徒二名,并在身上搜出金戒五只,金环一副,国币四万四千元,当经带队讯问,据供该批金货,曾伙同金秀才等,在鄞西梅园乡新石岙抢来,后因三人分赃不均,遂与金秀才二人,以柴爿将林绍雄击毙于新石岙路旁。

本月廿二日午后四时,由甬驶奉大桥快船二艘,至鄞奉交界之北渡坝头地方,突由后而追来小舟一艘,跳出匪徒四人,手持短枪,跳至金大升航船,劫去旅客法币十余万元,又跳至沈阿福航船,抢去大桥各商家所配来之货物,约计十余万元。

(《宁波人周刊》,1946年,第4期)

少妇坠楼脑浆迸裂,姘夫逃逸死因不明

鄞县后市巷杭州旅社,于十九日中午十二时许,有男女旅客二人,相偕辟三号房间,未几即闻龌龊声,殆下午二时许,该女客突然坠楼,因为伤重不救而死,一时轰动全城,往观者如堵。记者闻讯,经问各方探询,兹将详情录下。

---

[1] 此则新闻原无标题,此标题为本书编辑者所加。

[2] 本标题为本书编辑者所加。

伪职期间姘识范氏

前充伪鄞县保安队项才根部下之分队长麻德才,民国卅二年间与女性范姜爱卿姘识,迨光复后,伪军改编,麻某失业,家庭开支,全以典质为生,于是夫妻情感,变告破裂,后因经济问题,时起冲突。

开住旅店发生惨剧

周前姜爱卿偕母赴梅墟看会,路经新江桥旁,辟杭州旅社三楼三号房间,是时在三号房间内仅有麻及其妻两人,龌龊之声,达于户外,茶役等以夫妻口角,乃为常事,不疑有他,后闻女客大叫救命声,茶役即急上楼,不料甫启房门,该麻某突然夺门而出,行色慌张,匆匆下楼,茶役见状,意欲拦阻,同时忽闻路人大呼女人坠楼,更引该茶役注意,遂尾追于后,大呼捉人,旋见该麻某向二十条桥逃逸。

麻某捕获又被免逸

经咸塘街时,被该处岗警汪大庆捉获,途径狮子街竺家巷口,麻德才回身一击,用力挣脱,向竺家巷同仁巷方向出南门而逸,警士见该犯脱逃,除大声呼盗外,并用枪遥击,子弹被轧,不能发出,麻德才逃逸无踪,该警士当将经过情形,报告一分局,严局长据报后,以该警士竟使已捉获之主犯脱逃,疏忽职务,当日下午,转解总局侦办。

法院检验伤重致死

地方法院派徐检验员到出事地点,检验死尸,当验得死者名姜爱卿,年二十五岁,鄞县人,确由三楼坠楼伤及后脑壳而死,验毕后,死者之母姜章氏,偕堂侄姜丕全闻讯赶到时,其女已横卧街上血泊中,见状大哭,旋经徐检验员讯问其母口供毕,饬令棺殓,其母不愿,必须捉到凶手后,再行棺殓,代女偿命云,尸体当由地保成殓。

德才发妻由镇缉双

二分局警士,复将死者之母及堂兄姜丕全二人,带局讯问,供如上述。宁警总局卢局长,以事出奇突,颇有研究之价值,且死者究由麻德才推跌死,抑跳楼自杀,现尚不能明了,必须获到麻德才后,方能明澈真相。又查该逃犯麻德才家居镇海南门外打箍街四号,于二十日午后,饬巡官杨中,带同警士余文魁,杨庆祥,搭轮赴镇,讯悉,麻于出事后,并未来镇,经该巡官等在其家内搜查一过,亦无违警物,乃将麻妻带甬质讯。

(《宁波人周刊》,1946年,第4期)

宁波唯一慈善机构,玉枢慈善会访问记

顾绥之

玉枢慈善会创设于民国廿二年,迄今已垂十三年之久,该会最主要的救济工作,是施粥和施米,已发出的施粥券,计有一千七百十四张,即施给的人数,连赤贫,老弱,乞丐在内,达一千七百十四名;每日上午八时,在宁波和义路县东镇公所门首列队,每人挨次发给两瓢,足够二餐之饱,由该会全体职员出动分发,并由难童十余人担当纠察,每天费时约二小时。

施米证的发出,已逐月增至五百名,每人每月施给的米数自三升至一斗,视其赤贫和老弱残废程度如何而定,按月一次发给。这些受米的穷苦无依者,只有少数来自本城的僻远之区,大多数则来自四郊,也有少数来自奉镇各县的。

除了施米和施粥以外,就是数字不能算小的施金了。已发出的施金券,共三百名,每人每月一次施给一千元;这,虽然是杯水车薪,而于老弱残废的人,也不无些微的裨益,而且都是兼领有施粥券的。

比较进步的措施,是该会举办的无息贷款,其贷予的对象,是给无力小本经营的穷苦小贩的,只要有相当的介绍人,填具保单,就可向该会具借。虽然数字只限一万元(七月份以前仅四千元),但于贫苦小贩,实惠不鲜;它的规定是借后每隔十日,抽还本钱一成,百日之内,就可无息还清。这种无息贷款,截至目前,名额已在百名以上,如果该会经费有办法的话,该项贷款,将在名额上无限制的贷放。

而且,为了目前物价的高涨,小本经营匪易,该会正准备再度酌增个人贷放的数字。

其次是施衣。每逢冬季,该会要举办舍施棉衣一次,数字最低,是土布厚棉衣一千套:由适当店铺或熟人证明其确系赤贫者发给一袭。

同时,该会所经营的慈善业务,一切都是积极的,所以救生重于泽死,施诊给药,重于施材义葬;因此施诊给药部门设备相当完善,虽然,按日诊视的医生,只有

中医一人，但求诊和附带请求给药的贫民，所挂的号次，每日至少有二三十个；此外，虽然没有西医义诊，但治疗时症和防治疫病的西药，如伤风片、止咳丸、止泻丸、治疟丸、大王油、人丹、八卦丹、十滴水等西药，却是一应俱全，施给贫民。时际盛夏，疫疠流行，该会为响应防疫运动，正在扩大布施中。

该会虽然不是难童教养院，但自战后迄今，却始终收容着难童廿名，善予教养，直至及年，即随时由董事会介绍适当职业。目前收容的难童（改称贫儿），已超过预定额，为廿三名。

难童生活，很为愉快，这廿三个难童，个个眉目清秀，活泼可爱，服装虽是土布却也清洁整齐；他们的膳食是二饭一粥，最近二月以来，每天副食费是三千元，每月规定理发二次，赴浴室沐浴三次，如果有正当另用仍可由会方酌为津贴。有教员一人，每日授课八小时，课程书籍除普通小学应有者外，还有社会和职业方面底各种活的课程的教练；现在虽是暑期，但是他们仍不辍学习。总之，他们虽然是难童，但他们生活和教育享受，却为中国一般平民家庭儿童所望尘莫及。

此外，该会设有义教的设施，就是赤贫无力负担子女教育的父母，可向该会请求义教学读，请准之后，一应书籍及学费，皆由会方负担，由会方介绍人指定小学求学，或入该会与难童同时受教；所以虽限于会址狭窄，但在会内的学生，难童在外，尚有七名；而会外享受义教教育的小学生，则有七十余名。

以每月所需施米数目来统计，施粥方面约四十五、六石，施米约十五石，难童食米约六七石，因按月受施的人数有参差，所以数量无从确计；假定以平均每月所需的米数是六十七石来计算，则米的支出，根据目前每石五万元算，是三百三十五万，难童副食、教育、衣物供给、零用等支出，平均每月约三十万零，施金支出约三十万，施衣今年冬季以每套至少一万元计算，则一千套就是一千万，每月平均支出需八十三万。义教经费每月平均约十五万，施诊给药支出月差约四十五六万，则每月支出总约数，就需五百四十万元，而无息贷款这笔巨大准备金的利息负担，当然还不计在内。

因此，我们除了敬祝它——这个宁波唯一的慈善机构的永生以外，同时，更希望沪甬各界热心公益人士，和宁属各县士绅，对这一慈善团体，慨为捐输，以维护慈善事业，为社会造福。

（录自《宁波时事公报》）

（《宁波人周刊》，1946年，第5期）

私娼再被捕，罚剃和尚头

宁波城区娼妓，迩来数量日渐增多，宁波警察局有鉴于此，特于三日派督察员盛浪平、黎复荣、王启球等，会同各分局长警，分别检查各该分局辖境内旅馆及街巷，计在榕城、环城等各旅馆，及灵桥、药行街、江北岸等各地，捕获公私娼妓周阿娥等四十一名，于当晚解送总局。慈悉局方对于该娼等全体摄关，以资识别；如有家属者，令其领去，无家属者，觅保具结释放；并告诫该娼等，应行改过，以后如仍为娼，一经捕获，将迫以剃光头处罚。

（《宁波人周刊》，1946年，第5期）

周凯旋被控曾杀害两人

现任象山县党部书记长周凯旋，前在象山临参会议长任内，为房屋纠葛，擅用权威，唆令其卫士谢永兴、王世福，先后杀死象山上南区署职员柳庄、丹城镇镇长黄杰，由死者之妻柳蒋氏、黄钱氏，移转管辖，向鄞地法院检察处告诉，检察官因案情复杂，乃迭次传证侦查，但凶手谢永兴、王世福始终未曾到案，因此案未能讯结，三日，鄞地法院检察官作八次传讯，而凶手仍未到案。庭讯时，柳黄二氏，涕泗交流，哀求庭上昭雪，检察官廉悉其请，责令被告限期交出凶手。

（《宁波人周刊》，1946年，第5期）

宁波匪徒消息[1]

石浦铜瓦门

（三门湾讯）八月三日晚九时左右，石浦铜瓦门口外，发现匪船四艘，配备有轻

---

[1] 此标题为本书编辑者所加。该版面载有数则宁波匪徒的消息，这里仅选几则。

机关枪,拦劫帆船,时有温州满装杉树之大船三艘,驶至该处,遭遇匪众,发生激战,石浦居民,清晰可闻枪声,商船因匪众难敌,一艘被掳,两艘由东门岛门口逃进,匪尚紧追不放,后因距离石浦较近,方始窜回,驻石浦水警队据报,当即率警追剿,匪已远去无踪。

慈溪汶溪乡

(慈溪讯)汶溪乡居民黄耀生家,曾于本年一月间及上月间一再遭匪图劫不逞,本月一日午夜,又来暴徒多人,潜踪抵黄家住宅后披牛栏间,正欲开门劫牛时,因门上悬着火油箱,发生震动声,当被黄耀生警觉,鸣锣呼救,邻人闻声齐集,匪已远扬,虽无损失,惟盗风之炽,民难安枕,有赖当局加以注意云。

陈小猫判死刑

(宁波讯)剧盗卢铁山同伙陈小猫,剽悍残忍,嗜杀成性,于本年七月间,在鄞县南门外启文桥地方,杀死同参弟兄陈根发及其妻妾幼子全家四人,被捕后,解送地方法院法办在案,五日由刑庭派武装法警二名,向看守所签提陈犯到庭,当庭宣判被告陈小猫,犯四个杀人,及连续强盗等罪,处死刑,褫夺公权终身,即由法警将陈犯钉大镣还押入狱云。

(《宁波人周刊》,1946年,第6期)

娼妓妙启及其他

闲人

闲来无事,流览各地报章,每在广告栏中,读到奇文妙启,令人玩味无穷,此等文字虽均不甚工细,然皆足以反映现今社会之一角,我人实不可等闲视之。兹录两则[1]于后,俾有目共赏焉。

宁波娼妓告顾客

迳启者:查吾"家"本寒微,年来复遭风雨袭击,招致一蹶不振,幸赖上下戮力,转危为安,惟其创业维艰,百废待举,苟无忠勇干仆司理"家务",难期复兴,用

---

[1] 第一则"南京公馆征干仆"省略——本书编辑者。

特明文征求,倘确系家世清白,干练多才,能保证根绝内争,礼遇主人,服膺职守,不营私舞弊;不遇事退缩,内谋"家道"繁荣,外促"社会"进步,无喧宾夺主之势,有唯命是从之风,而愿意应征者,"家人等"决以所有信心寄托,绝不食言,此启。某"家"主人启。

(《周播》,1946年,第6期)

宁波娼妓启事

阿拉

前期本刊内有一篇妙文,是说的常州书寓要求复员,这一则呈文的确妙趣横生,不料天下事无独有偶,在宁波居然也有类乎此的妙文发现,不过并非呈文,而是娼妓们的一则启事,是专门通知顾客的,兹特照录如下,俾大众欣赏:

"宁波众娼妓启事:窃妓等均受家庭环境而操此贱业聊以口糊,在敌伪盘踞之间,处处鞭策,强征暴敛所受痛苦,罄竹难书,庆现时国土重光,郁气尽吐,奈生活仍在极度高涨,百物高贵,区区贱业,亦蒙相当苦衷,贵客请宴来宾,过去习惯,筵席等均由妓院代办,兹值端午节关相近,银根奇紧,以致赊欠,无门代垫,更属无本,为特登报请求顾客如蒙光降蓬门宴请宾客,当竭诚恭迎,至于筵席一项,成本较巨,无力措办,敬请宾客自行向各大酒馆包办,妓等当奉敬茶点,而减负担,并有贵客代步之包车,兹后车夫开支及膳食,亦请作东诸君自理,以简手续,而免麻烦,不尽之处,伏希谅鉴!"

(《文饭》,1946年,第7期)

海面不靖,劫案频闻[1]

骆驼桥

(宁波讯)宁波江北岸三宝桥至骆驼桥快船,于八月廿四日拂晓前,在距三宝桥十余里地之镇海县属四脚凉亭,因河干水浅,行船受阻,突有穿蓝黑短衣裤五人,各执短枪下船洗劫,全船旅客十余人,均系由上海返乡者。闻被劫现钞手饰总计二百

---

[1] 该版在"海面不靖,劫案频闻"的标题下载有十多则关于宁波劫匪的消息,这里选取三则。

余万元,洗劫后向庄市方向逸去云。

警匪激战

(象山讯)驻石浦外海水警第二大队第四中队部,以连日海氛不靖,八月廿五日夜八时半,由叶、杨二分队长亲自率领水警四班兵力,分乘爵独捞渔船三艘,至台州湾牛头门一带海面巡逻,突与台州著匪乌嘴三股遭遇,匪众七八十名,分乘二三十吨之帆船五艘,拥有轻机枪一挺。发现警船,以为渔船,喝令警船下帆,水警佯为答应,一面探明确系匪船,即下令向彼攻击,双方激战约半小时,匪因警方船小,反向警船作包围形态,水警乃用抬枪轰击,及机枪扫射,匪始不支,向蒋儿岙方面溃逃,警船跟踪追至杉树头,终因船身过小,海作风浪,竟被免脱。

四方亭

本月二十日沪甬线江亚轮,进口抵甬后,有旅客数人船在甬三宝桥价讨划船四艘,迳返镇北原籍,讵料是日上午八时许,该划船驶至镇海沙堰乡四方亭地方(即张氏山庄附近),忽有匪徒五人,其中四人,手持木壳枪,上前喝令靠岸,当即一拥上船,任意搜劫后,登陆而逸,计被劫去金饰现钞等物,总计一千六百余万元,并闻该批匪徒,系自宁波三宝桥跟踪而来,迨该船驶至四方亭时,始行下手,当肆劫时岸上行人,往来如常,而匪徒态度,均极从容镇静。

(《宁波人周刊》,1946年,第9期)

宁波专讯

朋友!宁波的疫势,因为秋行夏令,患真性霍乱的很多,报纸上天天看到,街头巷尾也常听到,真使我不敢向外走动。

据警察局发表,宁波的公娼尚有一百五十二人,一等的九十四人,起初每月检验二次,现在将从宽检验,大概是她们的熟客多系绅士老爷罢!二等三十五人,每月要检验两次,三等二十三人,每星期须检验三次。一等妓女为了华美医院抽血太多,在三日聚集了一群(大约七十多个)向警局请愿,保持她们的健康。不知医生们能否允许那班可怜虫的请求否?

《时事公报》副刊《四明山》,在六日起换了一个编辑,编排内容是比从前进步了。九一记者节,各界为表示慰劳起见,纷纷赠送礼物,有现钞,有茶点,有银盾,有立轴,有香烟,有糕饼,有戏券,而且各机关又联合招待一顿晚餐,现在做记者的终算给人家稍稍看得起了。据说定海、镇海各县,也在那天有人请记者们的客。

虞铁山这个剧盗,看看外貌着实看不出,二十七岁年纪,好好生意不做,竟干起杀人放火越狱等事来,真是出了宁波人(鄞县北门外人)的丑。他的生母虞陆氏在越狱后密为藏匿,可知舐犊情深,一味放纵儿子,遂致自己也被捉落狱(处徒刑二年四月)。因家庭教育的不良而影响社会,我们宁波此后实非大大整顿教育以改良风习不可。(虞铁山今日开审,以后详告)

由盗犯而谈到监狱。这次鄞县第二监狱的建筑,地方人士出了不少的钱,否,钱还是大半从你们上海同乡捐来。内中据说有一个市侩夸口地答应出一笔费(大约为二千万或四千万),可是等到主持人要叫他拿出时,他却羞答答地回不出话来,当然更加拿不出钱来,这个人你可猜猜看,本刊在"乱话三千"上已提到他的大名。

其实不是我存心要去丢那市侩的脸,我们宁波地方许多人,都是看他不顺眼。问问那市侩,财从哪里发来? 我们已听到那市侩已被人检举数次了,仗他的神通,目前还未捉进监狱里去。记得在前二个月,那市侩因一跃而为理事长,就替他的父亲大做生日,想趁此捞回一笔礼金,无奈人家也知道他的存心,偏偏甲向他募捐,乙求他津贴,任他鄙吝脾气,怎能东西弄得圆满,因此反而招人的怨恨。呸! 谁教他爱出风头阔排场! 如果检举成功,倒要请求法官问问他的财产,究是国难前发的,胜利后发的?

一连串地告诉你们坏消息,疫、盗、妓女、市侩。可是天时还很热,你得原谅我,我又不是正式记者,没有人来慰劳我,哈哈!

宁波特约记者国斌(九月六日付邮)

(《宁波人周刊》,1946 年,第 9 期)

一个好色的宁波老头子

抗议

(宁波特训)宁波人陈章法,向居宁波城内开明街,高龄已逾耳顺,妻王氏,生一子,其子已成家立业,携眷在外经商。章法家中略有薄产,两老之衣食,本可无虞。然章法精神矍铄,性喜渔色,老当益壮。数月前,章法家中之老佣人,因有要事须至他乡一行,遂告假,介其远亲爱妹庖代,爱妹新丧夫君,正当绮年,笑靥细腰,犹跻白颈,竟使章法一见倾心,但爱妹碍于礼教,虽经章法百般蛊惑,仍不为所动。某日,章法乘其老妻出外访戚之机,竟对爱妹强行非礼,事后,爱妹恐被人蔑视,未敢声张,继而章法得隙,即连奸续欢,并诱将以财物作报酬,爱妹深信其言,心有许意,两情缱绻,殆甫二月,初不料爱妹之骤起生理变化也。及老佣人归宁波时,爱妹腹部隆起,隐约可见,叩其故,知为主人所奸。责陈主,主即密授爱妹以少数钱遗去。但此事终为章法老妻所得悉,大发雌威,除对章法大事詈骂外,还遣人把爱妹追回,然后再将爱妹骗至南乡一小镇上,集壮男数人拷打以泄愤,幸而打人者天良发现,手下留情,未及爱妹要害,可怜一个弱女子,被人蹂躏之余,还遭此毒打,真不幸之至,事后闻爱妹将诉诸于法,则此一重风流公案,不知将如何了结也。

(《新上海》,1946 年,第 9 期)

宁波轮船中的"黄鱼"

郎公

　　往来上海宁波间的轮船,统称宁波轮船,而不叫上海轮船的。自战事发生"新宁绍"失事,沪甬间交通,因船只减少,使旅客益感不便。直至最近,交通仍未恢复到从前一样便利,不论宁波人到上海来,旅沪的同乡想回故乡去,都视乘轮船为一件畏事。

　　新近,我的一个戚串从宁波到上海来,他乘的是轮船,但所感受的痛苦,他说比那坐牢监还要难过。他情愿坐牢监,不情愿再乘轮船了。船票贵,倒是情愿多搅落些钱,只是船票难买。买到了船票后,费了吃奶的气力挤进了船舱,便像挤在豕羊群中,气闷是不必说,身体动都动不得。可是挤进去的人毕竟还是幸运。有许多人正苦无隙可钻,原因是他们买不到票子,莫说是白市,就是黑市票,亦是为数有限,于是异想天开,多数皆与轮船中的茶房商通了,让茶房赚些外快,于是造成逃票乘船的事实。逃票亦要利用了聪明的技巧的。这些不买票而乘白船的旅客,大家都称他们为"黄鱼"。他们都是茶房的捕获物,好像黄鱼船中被捉的黄鱼。

据有一个乘白船的黄鱼客人的自传,他这次从宁波来上海时,在船中为逃避查票者的视线,身子便匿在一只大麻袋中。不想乘客多,没处立足,于是有人坐在这麻袋上面,恰巧查票的来了,他虽然看不见查票的人可是听得见查票的声音,只好蜷屈着身子不动,起先还能忍受,后来查票的久久不去,时间一长,他渐渐地感觉到腰酸、背痛、四肢麻木、半身不遂,再加气闷、眼花,他几乎昏了过去,只差一口气还没曾断。他想挣扎着起来,可是又有些不敢,于是还是忍受了。事后,他告诉人家:当时的经过,真好比害了一场大病,他虽然不曾受过绞刑,可是他相信那时身受的痛苦,大概与罪犯在刑场上受绞时差不多。他感慨地说:"娘西乱泡,介种消苦,阿拉还是头遭吃。断命东洋五车,真真害人勿浅。"

(《吉普》,1946年,第14期)

宁波府桥街黑夜奸杀案

(轰然一声血肉随弹片四飞,奸夫当场死,淫妇受轻伤)

(本报宁波特约通信)本埠府桥街,六区保安司令部斜对门,十五号内于前晚十一时发生一妒奸惨杀案,探志各情,分述于次:

凭借恶势力,姘识一荡妇

凶手陈伯清,青安人,年四十八岁,来甬已二十余年,历充保安队缉私营兵士,甬城沦陷,遂充当伪警,后又投伪第十师为兵,于四前年曾与寓甬之奉化妇人孙阿萃姘识,而即同居于府桥街十五号内,孙今年已三十二岁,其貌不扬,于前年产一子,名志仁,已三岁,陈于光复后,畏罪潜逃,迄今已八月,未通音信,阿萃以陈在外生死不明,母子衣食无着,且亦不奈独宿,乃与潘兴聚者相姘识。

门庭虽依旧,娇妻已不贞

潘系浦江人,今年四十二,于某粪便承办处为伙,所入不恶,因无家室,乃与阿萃姘识,俨若夫妇,不料,上月初旬,陈忽由沪启甬探望妻儿,时在清晨,当由阿萃启门迎入,床内已卧另一男子,一时怒不可讲,经阿萃缓言解劝,以衣食无着,而逼处此,陈之怒气始息,然终不免怀恨于心而埋下此次惨案之祸根,陈于数日后,又搭轮离甬赴沪,但仍谋事不成,复于十八二次回甬,次日即离往鄞来五乡碶找差使,因事不谐,由乡抵家时即抑郁寡欢,是晚九时,阿萃在外买香烟,巧遇姘夫潘某,因潘已与陈碰面数次,故不避忌,乃随阿众相偕而返。

抛掷手榴弹,一死两受伤

阿萃处两夫之间,为融洽二人情感计,乃出外沽酒,待阿萃沽酒归来,已近十一时,讵料陈不知于何处拿来手榴弹一枚,佯为至门外小便时,邃向屋内抛入,霎时轰然一声,弹片穿入潘兴聚头际,血肉同飞,时潘犹能挣扎,奋门而出,终因伤在要害,仍扑地毙命,阿萃于榴弹投入后意图为潘作掩护,致亦被弹片炸伤右臂,而已睡在床上三岁之子,竟亦被弹片擦伤头部,奄奄一息。

当场获凶手,解押入警局

当榴弹爆炸,潘兴聚奋门而出时,即为对门六区司令部守卫队士所■,当场即将凶手扭住,一面电知该管之二分局杨巡官带局究办,阿萃及其子亦一并带局,嗣索局长以二人伤势颇重,乃派警分送中■、华美二医院求治,旋即提询陈伯清,陈直认以手榴弹伤人不讳,索局长以案情重大,将解送总局讯办云。

(阿龙自甬寄)

(《海晶》,1946年,第21期)

周凯旋发押入所,众囚犯攒殴受伤

(朱所长将肇事犯钉镣惩戒,周凯旋要求追究主唆凶手)

象山县省参议员周凯旋,于民国卅四年间,在象山临时参议长任内,有唆使其旧部王世福、谢永兴,杀害该县丹城镇镇长黄杰,及上南区办事员柳庄嫌疑,去年四月,经黄妻钱氏、柳子康济声请移转管辖,状诉鄞地检察处,控周凯旋教唆杀人及王、谢杀人等罪,经检察官迭次侦讯结果,提起公诉在案。昨由刑庭推事张宗绍传案讯问。凶手王世福、谢永兴在逃未获,经被害人家属黄钱氏、柳康济,沥诉其夫若父当时被害情形(业已志本报,不赘),要求依律抵命。旋由被告律师起而辩护,庭上以案情已明,庭谕辩论终结,定期宣判,被告发押。当周收押看守所时,正值囚犯放笼之际,瞥见周凯旋入所,突被攒殴成伤,经看守警竭力喝阻始已。看守所长朱启金,以囚犯胆敢攒殴新犯,殊属胆大妄为,不法已极,除呈报检察处法办外,并将所有肇事人犯予以钉镣惩戒,周凯旋以身被囚犯无故攒殴,必有从中主使之人,由周面请朱所长转呈检察官追查主唆凶手云。

周凯旋于去年秋间被该县前丹城镇镇长黄杰,公民柳庄之家属,控诉教唆杀人罪于鄞县地方法院,以周嫌疑重大,庭谕收押,讵周凯旋于被送看守所后,被在押之象山汉奸犯周宏士,纠同囚犯八、九人,周凯旋凶殴各节,曾志本报。兹悉周之家属,已向省党政民意最高机关呼冤。同时派人赴杭,叩诉最近来杭之司法部次长洪陆东之前,周之友好亦将为之洗雪耻辱。关于被处五年徒刑一节,周已延请律师向高院上诉,并决向最高法院要求转移管辖。

(《宁波旅沪同乡会会刊》,1947年,第16期)

一个荒唐的故事 —— 宁波发现神仙

张意

宁波西门外竹桥头地方,本来是一个不甚热闹的地方,可是近日来,车水马龙,仕女如织,往来不绝,显得异常热闹,这究竟是什么缘故呢?这里就包含了下面的一个神奇而荒唐的故事。

原来这里来了救人的"活神仙"了。"活神仙"看模样是一个五六十岁的老头,谁也不知道他姓什么叫什么,大家都称他为"大师父"。据说已经有五年不吃烟火食了,每天只吃几个桔子之类的水果为生。

最初来的时候,是寄居在一个亲戚家里,天天到竹桥头替人治病,治病的方法很奇怪,只有一杯净水,念了"神咒",或是一片果片,令服下去。据说有许多人,就这样的给治愈(?)了。他并不收诊费,只要你是愿意的话,就加入他的教,作他的弟子,因此倒也收了不少的弟子。据说城内有一家富绅的妻子,发疯得很厉害,西医中医皆无法治,可是送给他治就治愈了,全家诚心悦服得很,就都加入他的教,并令那个妻子,住在那里,随地学"仙"。

说起他的"教",亦非常奇怪,他是以儒、道、释、佛、回、耶稣等六教合并为一的，一个弟子向人称道，他的大师父法力无边，还请得到外国菩萨哩！所谓请菩萨，他们叫做"圆光"，是一间满布黄绫的屋子，前面列了几尊佛，要看菩萨、请菩萨的就跪在那间屋子里，据说真的看得见佛，我的一个表哥去试过，结果跪了三个钟头总算看到了，他描绘着当时的情景："当我跪了三个钟头模样，我已感到非常倦乏，突然眼前一亮，亮过处人仿佛受了催眠亦觉不到是跪或是立，糊糊涂涂的睁大了眼看，一个约似五磅热水瓶大的'佛'，有着很多的手臂，显现出来，又隐去，又一个笑嘻嘻的弥勒佛，出现又隐去，过后大师父在叫了'××，不要多看了，罪过的！'我方如梦初醒，站起来归家。"这就是看菩萨的玩意儿！连"信徒"也有些怀疑，"菩萨可以随便给凡人看的吗？"

其间还传说着这么一个插曲：有一个天台山的和尚，闻其盛名，特地赶来，拜在门下为徒，他最重的戒律是叫他勿吃烟火食，于是这和尚便随他学仙了，还常常派他出去代理治病，一天，城里有一家有钱的，他的八十岁老母病得厉害，差人来求治，他就派了那个和尚去治，并切嘱其勿破戒例，和尚到了病家，治完病后，主人就请他吃非常丰美的素斋，和尚好久未吃素斋，看见如此丰美的食物，不禁心动起来，思念道："横竖师父又看不见，吃一点也不要紧吧！"于是他坐下吃了。等到回去，他的师父已经怒目而待，坚决不要这个徒儿，因为他破了戒，和尚羞愧无地，只得离他而去。

听说"活神仙"本来也是一个商人，有一天晚上，梦到神仙传授他"仙法"，于是他就弃家修行了，据他自己说，还有一个儿子，一个儿子在重庆经商，去年年底，汇给他数百万元，因此他遂用此钱买了四间大屋，二间小屋，供他修仙、传道、治病之用。

因此宁波的百姓，有病的都请他去医治了，医生差不多没有了生意。每天，从清早到晚，竹桥头的行人不绝，有的是求治去的，有的是去拜师的，也有的是怀着一颗好奇的心，去探望探望，到底是一回什么事。竹桥头市面繁荣了起来，大有应接不暇之感。

这是一件似神话而非神话的荒唐故事，在二十世纪，时称原子时代的今日，居然在我们中国还出了"神仙"，这是一个天大的笑话，多少愚夫愚妇在受骗，说不定"先天道"之流再会盛行，我除了将众人口中探听所得的，告诉读者，同时还希望政府注意一下,这种弄弄幻术的骗子,是应予取缔的!

(《宁绍新报》,1947年,第3期)

光德桥开光酿成惨剧,观众践踏死伤六十余

(伤者分送鄞奉各医院治疗,周县长亲赴江口处理善后)

奉化江口光德大桥,于三十四年八月间,因军事关系,曾遭破坏。唯该桥横跨鄞奉边境,往来频繁,当地士绅乃于去秋募款重建水泥桥,业于本月完竣,于昨日举行通桥典礼,桥上挂灯结彩,五色缤纷,并聘张家班演戏志庆,远近居民,咸来观光,数在万余人。上午十时,由士绅陈小龙行通桥礼,时两时,由两埭观众,急欲过桥(俗谓行先桥),一时前拥后挤,势如潮涌,讵有一人被挤扑倒桥上,后拥者不及止步,相继跌倒,而桥埭来者,犹如蚁阵,重重叠叠,壮强者挣扎践踏而过,俯卧者惨呼之声,震彻四野,情形紊乱不堪,死伤多人。当地警所睹此情形,立加施救,一面电达本埠中心医院,驰车往救。第一批载来重伤妇女四人,计王陈氏五十三岁、陈安姐五十七岁、男孩十四岁、汪妙恩二十三岁,于十一时半抵院时,除汪女尚可救治外,其余两妇一孩因伤势过重,已成不治,仍由原车载返。其时鄞中心医院及奉化公立医院院长,偕医师护士多名,亦专车驰赴该地,伤者予以急救,分送鄞江桥卫生分院及奉化公立医院疗治,复由原车载甬重伤莫邬氏一人,年五十三岁。事后调查计惨死男女二十三人,伤者四十余人,可谓惨矣。

(又讯)惨剧发生后,奉化周县长,地院赵首席,均率领干员,亲赴该地处理善后云。

(《宁波旅沪同乡会会刊》,1947年,第15期)

野猪作怪,吓煞局长

(甫章自甬寄)

上月[1]三十日清晨七时半,宁波江东后塘街,突发现野猪一头,体庞大约重四百

---

[1] 该期杂志出版于1947年1月8日,据此,"上月"大概是指1946年12月——本书编辑者。

斤，耳耸，脸长，双牙外露，踽踽向南缓行，一老妪为其咬伤背部，一女孩则伤及颈间，行人犹不知其为猛兽也。至灵桥堍，该处系甬城闹市，因为识者大嚷，行人四窜逃避，兽亦惊，窜入桥堍源生祥油行，伙友均上楼躲避，店主俞某以木椅阻挡，兽嘴一掬，木椅破碎，而俞某魂不附飞，躲入油篓堆体中，卧其旁喘气。隔邻知其事，即报告第五分局，局长惺忪之间闻讯大恐，回言事关重大，当报告上司而后决定，结果由总局卢局长调派赤塔来武装警察大队，全体出发，实行特别戒严，禁止交通，对于挺机枪架在油坊门口为前锋，后面步枪三十余支，均上肩瞄准防范之，命令甫下，枪声大振，猛兽周身穿洞，早已气绝，由武士哄扛而去，而油坊主人亦已僵仆无知觉矣，经急育[1]后，幸未中弹，实亦不幸中之大幸。该兽来处不详，有说系甬江上岸来者，然亦不能证实。

（《国际新闻画报》，1947 年，第 72 期）

宁波一怪事：白蛇讨命

镡焦

（甬江专函）宁波南乡陈埠头镇礼拜堂内设有义务小学校，礼拜堂的旁边，都是农家种豆菜的田园，去年秋季刚开校之数日，学校儿童课余，都出校门到田园中去游玩，正在滚铁环之际，一个儿童大声呼叫说：“白蛇一条，一条白蛇游来了。”许多小孩都奔过去竞看，学生中有一个女学生名鲍金贞的，奔回家中，拿锄头来敲蛇，有许多老妇人看她打蛇，对他们说：“不可以打蛇，蛇是龙王菩萨。”小孩子都不肯听，大家都说：“今天龙王出来游战，我们要捉住它，打死它。”女学生中鲍金贞打得更起劲，蛇当时打死，学生都很得意，奔回学校各小孩都很高兴，述说他们捉蛇打蛇的本领，他们的教师，因为是信耶稣教的，也不去阻挡。过几天，中秋节到了，学生们都很高兴地吃月饼过节，鲍金贞患病非常厉害，教师到她家去探望，鲍金贞已奄奄一息，对教师说：“常常看见那天打死的白蛇对她说话，要索她的命。”过几天鲍金贞就去世，临死时，大声呼叫：“白蛇来了”、“白蛇来了”。

（《国际新闻画报》，1947 年，第 78 期）

---

[1] 原文"育"字应为"救"之误 —— 本书编辑者。

善救总署规定，配发居住对象

镇海筹建善救新村，近在积极进行中，兹闻新屯建成后，善署规定配发居住对象，(一)流离远乡而在露处状态中者。(二)旧居被毁，而又确实无力复原者。(三)确系抗属而无房屋者，不得作任何用途云。

（《宁绍新报》，1947年，第11、12期）

宁波新闻数则[1]

此间负盛誉之古董家王麟君，平素除爱好古董外，尤喜园艺，近得一盆琼花，悉心灌溉，枝叶繁茂，本年秋季，竟于叶上生出枝条，数日数，又生蓓蕾，远近邻居，均引为异。殆至九月六日晚间十一时琼花大开，先后开二次，计有六朵之多，大如荷花，观者云集。中山公园显庭照相馆主闻讯用电光摄影二帧，底片现存该馆，爱好园艺者可往添印。据王君夫人云，琼花实祥瑞之花，往昔隋炀帝观琼花，而花则已萎谢矣，盖炀帝为一亡国之君，故无福得见此祥瑞之物。闻者咸觉解释新颖，譬喻恰当。

（《复兴旬刊》，1939年，第19期）

府桥街清秘阁装裱店，近忽有人向其定制金字寿轴、祭轴各一，今尚悬于门首。寿轴中为"寿"字，上款为"莫洛托夫七十大庆"，下款为"希特勒敬祝"。祭轴中为"奠"字，上款为"昭和仁兄千古"，下款为"墨索里尼拜挽"。谓余不信，请往实地参观，或向清秘阁主问讯有无其事。

此间有古董癖之王麟，今秋于绍兴泥水匠手中竟得宋磁古印一方，文曰"柯山刘浩"，经名家鉴定确系宋代书画家无锡人刘浩之遗物，形同瓦爿，沪古董贩闻讯特来参观，愿以法币一千元易去，王君以浙江宋磁近来出土虽多，惟独无印章，况系名人私印有保存之必要，不肯轻易外流，现仍什袭而藏，本刊特为制版附印于后以供

---

[1] 此标题为本书编辑者所加，以便将一些零星的新闻汇集在一起。

同好。

（以上两则均载《复兴旬刊》，1939年，第24、25期）

（吴阿桂假名撞骗）最近有余姚人吴阿桂，年约四十岁，右手患有疯痪，假冒中国救济妇孺总会外勤员名义，向各商店骗订日历，诈取订款，该会通告社人士勿受其愚。

（《宁绍新报》，1947年，第20、21期合刊）

八、市政专论

记参观宁波市政府展览会

赵恩钜

市政展览应有两种目的：作本市之宣传及教育市民是也。宣传又可作两层看：对内的宣传，是报告市府成绩于市民，得市民的信仰；对外的宣传，是广告的性质；在美国此风气最盛，无非招徕商贾，勾引游客，以便扩充发达本市的营业，市政府的经记行为，到此可谓十分显明了。

第二层关于教育市民之一点，关系市政前途甚重大。一市市政之良窳，固然要看市府当局本身之成绩，一方也要看市民之合作程度如何。地方政府区域之划分，原要谋地方人民之幸福的，将地方政府特别组织成市政府的用意，是要利用一种特别原动力去谋地方人民之幸福。此特别原动力，就是市民自身。换言之，就是要使市有比较多量的自治能力，如此，则市自治程度要看市民程度而定。普及教育运动，固是提高人民智识程度之根本办法，而同时不可不有直接的方法以唤起市民对于市政的兴趣。市政展览之价值，可谓在此。市与市民不能相离，市政亦即市民本身之事。所谓训政时期的市政，是提携保抱式的市政。市民还是婴儿，还是小主人的地位，小主人的事虽还不能自己作主，然不可不慢慢地说给他听，使他领悟将来可以作主。市政展览就是要将市政上设施，慢慢说给市民听，使他们领悟市政府同自己的关系如何？市政的性质如何？市政府一举一动于市民的利益有无增进？市政府这一期有无成绩？等等。对于市政府有相当的认识以后，自然对于市政有相当的兴趣，市民的合作是根据于认识同有兴趣而来的。市民了解市政府的措施并无恶意，而且积极的谋他们的幸福，自然发生一种狠亲切的信任心。市府、市民合为一家，毫无隔阂，然后市政办起来，更外顺利，更外容易见成绩。中国市政方兴，不防出了首都修筑马路的横暴办法修马路，固为市政应有设施，然所择的手段太专制无理，不免使市民对新市政之信任心理上，重重的受一大打击，这是与我们全国市政发展的前途，很有影响的地方，暂且不论。所以市政展览，是教育市民一种好方法，使他们市政的好坏，于他们有切肤的利害。普通的地方，政府是官治；市政府的市行政，是要以市民自治为归宿，这是市民所不可不先认清的。

我觉得此次宁波市政府展览会，颇能了解展览的两种目的。从展览品上看来，宁波市府是处处要观众认识；在宣传这一方，可谓作到几分，观众人人给了一个好批评。我因招待者的请求，也随着旁人在批评簿上写了几句赞美的话，但是有一点我要问："这展览是否曾经教育过宁波市民？如真在宁波展览过，但一次不够，要不定期的多来几次，才可达到教育的作用；如果只为对外宣传才办展览，不免犯舍本逐末之病！"

年来中国有市政展览，还不多见。去年在国货展览会中，看见上海市政府的陈列品，总算是中国行政机关公开之破天荒第一遭。今年又难得在上海看见宁波的市政展览，故将对于展览的感想，约略说一下。至于宁波市展的内容，可以提出几点大略，讨论一番。

宁波市位置有水陆之利，在昔已是中国南方沿海一个大埠，人民风俗并不闭塞，是市政发展最有希望地方。市政府成立不到两年，还说不上有大成绩，现在市府所作者，无非维持旧有酌渐改进而已，诸如修理马路、整顿路灯、开一个自流井、调查人口、办理土地登记、成立市图书馆等等，一些表面工作。此等设施，固属目前重要之图，然尚有较重要者在，即是城市设计，不仅制一张分区图便算设计成功，是要为地方千百年发展大计设想。宁波将来要成为何等城市？其发展程序为何？几种大公用事业应如何设置？总言之，宁波市生命的前途，统要在这设计上规划出来。城市设计就是城市根本计划，目光要远，所以不是一蹴可就的。纽约的设计，费了几年时光，费了几许专家的精力，现在还未完全规定。纽约是大城，不能以宁波相比。宁波的设计，比较容易，但是现在应极力进行，早定百年大业，于是宁波每日的发展，皆在指导的规划的范围之内，不但有秩序，且属合理之发展。展览会中有分区地图一幅,着色不甚清晰,但足表示当局有设计之动机。其余如开自流井、拆城垣、修干路等,亦算零星设计,但此等设计,须汇合一处,用科学方法,作精密研究,然后按步实行,将宁波市全体看作一个整物全盘计划方好!

所可贡献于宁波市政府者,即此城市设计一点。如设计定妥,其他问题,皆不解自解。至于行政上诸种设施,非当其事者,难言其得失。盖一切行政,贵能适合环境,切当需要,不能据数纸之微即能具道所以也。宁波市政府办事人员四分之一强皆属高等教育出身,人才比例,不可谓弱。其余统计,均有兴味。会内最触目者,乃图表制作之精美,颇受观者之赞许耳!

(《道路月刊》,1929年,第2期)

论宁波筑路的公务

童爱楼

修筑地面,不是我塌自己的台,要算宁波人最无进步了。我宁波通商,为时很早,至于修筑地面改建马路,直待三四年前始行发动。我记得在二十年前,曾作有宁波建筑马路之必要的几篇文字,登在《四明日报》里,当时见了这篇文字的人,都笑我是一个不知分量的怪人,以为这种事,只好让上海工务局外人建造,我们宁波是万万办不到的,只可以挑重担走狭路,守建城以来的老规矩。我说:上海接近长江,地位虽然比宁波好些,但是,他聚人的无上妙策,也无非是马路造得阔阔的,电灯点得亮亮的;还有一个兴市的秘诀,就是在三十年前,工部局下一个严令,路旁不许砌墙,只惟建造店面,住屋须要建在弄堂之内。自这个严令下后,上海得有今日之兴盛者,就是这个严令的结果。我时常深深地痛惜宁波人在上海,并非都与洋商做交易的人,也不过在马路上,你买我的柴,我买你的米的自己做交易吧!既然自己做交易,何必来来往往运输呢?且远离乡井的人,还要出极贵的房金,想到此处,不得不恨我宁波提纲挈领的人才缺乏了,从前早应该拆城筑路,大小路旁,建筑店面,使市面兴旺,热闹起来;现在上海工部局每岁收入的捐款,达一千余万,十中的七八,出自我们华人,这也是一个大损失,倘或我们宁波人能够个个觉悟,还可以收桑榆的效果,立刻设法筹建环城马路和南北干路,再放阔东西干路,将所定的路线,最好由工务局关照居民，由居民自动拆让，静听工务局的计划，以符那市政合作的主义，政府应该仿上海工务局的式样，也下一个严令，命大小马路的旁边禁砌墙垣，旧有的墙垣，亦须改造店面，果能如是，则本城西南西北的冷街，也都变成热闹的市场了，照这样做来，难道宁波码头，还在四五等之列吗？我做成这篇文字，有人对我说道：你讲是容易，做是难的。我说：老兄！这话你又错了，你不知世上做的与讲的，是有两个地位，警[1]如报馆是专门讲的，工务局是专门做的，你不能说报馆不能做事，工务局不能讲话咧？工务局最好派专员在大街小巷时常巡视，如路旁私坑有否拆卸净尽（如咸昌门瓮城一个，为外人集合的地点，亦未拆去）？咸昌门渡口，几间小屋，有否碍路？应当如何改良？路旁房屋已让进的阶沿，应当即用水泥做好。上海工部局有巡工司，凡遇以上种种的事，转瞬既已做好，他不但租界内建筑迅速，他还要越界去筑路，而且每每因此大起交涉。我很奇怪外人，无路可筑，偏要越界筑路，华人有路可筑，反弃而不筑，由此可知外人的重视路政了。至于我们华人未免太不研究交通的利益，因循坐视，至于今日，在无形中不知失却几多的资财哩？

（《道路月刊》，1931年，第2期）

宁波道路之改良问题

张人骏

（一）宁波在国际通商史上之地位

宁波位于浙东北部之甬江口，为余姚、奉化两江会流处之一重要商业地也。在唐时曰明州，置府于是，称四明，由于旧名明州之称，或谓宁波四周有四明山环之，故今即以四明为名。考宁波原系名鄞，始于汉代，隋朝废之，五代梁时又复称鄞，其旧城在奉化县之东，其距杭州约百哩，水路至上海为一百三十余哩。

宁波及其附近，实为中国造船与航海之发轫地，而甬江且为中国第一次驶行轮船之启碇定处也。夫历代有事海外，多自宁波港出发。至今甬地人民习练海上生活者，若水手，若渔人，更仆难计。而盱衡中国谈民办之航业，尤称宁波人经营之三

---

[1] 原文"警"字当为"譬"之误——本书编辑者。

北轮船。总之，中国驶行轮船，宁波市实为发祥之地。此乃中国航海史上辟一新纪元，尤足炫耀焉。明代因倭寇宁波，时来时往，势成流寇。当政因杜防计，宁波港遂有二百余年之封锁。后以时势变迁，交通日形称便，大都无须借道于此，遂致日就衰落，一落千丈。至于市政建设方面，过往诸执政者，每因畏难而苟安，对于鄞市交通之设计、道路桥梁之修缮，与公共建筑及私家房屋之建筑或取缔，遂多不复重视。频年以来，筑路方面，方稍有改良与整理，然为财力所束，虽有鄞奉段公路之建筑，鄞慈镇公路尚在建议中，除此则阒焉无闻。

（二）关于市路及公路建筑问题

中国年来建设呼声，已高唱入云。窃思建设之意，乃在解除人民之痛苦，与增进人民之幸福，改良社会之实际。今以灾祸迭至，外侮又逼，因之建设事业，只成畸形之发展。

凡取材不难，而进行又易，必先竞事建设，故从事于建设者，必多趋重于重要都市，然建设之中又尤偏重于筑路，以"行"能与人生三要素有并驾齐驱之势，且为执政者见干练地方、体面观瞻所系。以是，后者遂误建设即建筑道路也。自国民政府成立以来，通都大邑，皆追逐于此潮流之中，且均有相当之收效卓绩。若首都前本荒凉过甚，街道狭小，咸兴行路之大难；今则干路如砥，焕然一新矣。他如广州、无锡、苏、杭诸地，俱为重要都市，以与工商攸关，故力求都市美增进之必要。然宁波乃五口通商之一，亦一商业繁华兴盛之都，何未见有改良之言？今虽市面衰颓，如能悉心培植，何患无复兴之日、难图繁盛之有？诚令人百思不得其解也。友顾慰余曰："俟外侮内乱安宁之日，政府定可从事建设整理，各地改良刷新，预计定有充分之发展与繁荣，宁波市一重要商埠，道路市政自必先事改良，将来与各都市并驾齐驱可预卜也。"余则唯唯否否。然则宁波路市之改良，在今日情势之下，道路之修缮，已成急亟进行之局面，如城内之东门街，为宁波全市商业精华所在，今仍石子铺路，街道狭窄异常，此路之繁盛犹之海上之南京路，只可容两辆汽车之阔面，其他不言可喻矣。兹将宁波道路急应改良原因两则述之于后。

1. 修筑地面以便交通、以聚商旅。现在宁波市马路已筑成者居十之三，未成者居十之七。然所成者，多东西各处，每不能毗壤相连，故宜亟筹款项为大规模之建筑。最狭之路,亦须以四十尺起码,多则五十、六十不等,如能依此修筑,方可汽车通行。宁波道路因皆为石子所砌成,平日车马行人往来其间颇称不便,如逢雨日则尤感难行。至宁波汽车,只有奉鄞段公路汽车,包车颇形缺罕,虽有之,又多往来于城外,故城市中人,每不易睹。今如不事兴筑,他日也必有重议之日。故一静不如一动,宜统筹全局于事先。商埠之大小,全视其建筑而定,且建建崇宏,交通便利,易于聚人,该地居民,亦不致经商外省,人聚则贸易广,贸易广而市面自兴。

2. 广辟车路以通远近、以易有无。交通一端,内容实含有数种大利益在,如(一)舟车众多,内地之货易于运出;(二)转运便利,成本自可减轻,获利则厚;(三)往来迅速,可减省无限之宝贵光阴;(四)游客众多,舟车宿食均有特殊之收入。以上诸端,皆为亟应建筑之要素。若鄞奉汽车道,成绩卓著,可为往事之师。今鄞慈镇段公路已正在计划修筑中,但尚可筑由江东至天童、育王、灵峰、东湖之一路。又如老江桥年久日深,铁链、桥板形将锈烂,前次飓风过境,该桥因被冲断,如能改筑铁桥,即可免拆毁之虞。且东、北、西、南各乡皆可改筑马路,完成之后,皆可互通汽车,远近成为一气贯通矣。

(三)简捷之筹款法

凡事不能速行者,皆为经济不裕之故,但办理地方事业究与私人事业大异,地方事业可组织董事会,向银行抵借款项,如海上工部局成立其时,怡和、公平、太古、沙逊各洋行,皆为该局董事,建筑马路之款,由诸董事筹填,俟巡捕捐及其他之收入,逐渐缓付归还,银行钞票之发行,既可借此以畅销路,未有不赞助之理,且于地方公益又可功绩告成,是非一举而备数善者耶?故有云:"凡任何的大事,只须有钞票一叠,即足以成之。"是亦以纸币役人一大妙法也,何忧万事之难成?而国家建设工程,亦得以日新月异、进行无疆矣。

(四)筹款又一法

窃思西洋瑞士国之立国,专恃外客游览山水所得之旅资,以济国内经济之孔亟,杭州西湖,每年游客游览其间,舟车旅食诸费,约达数千余万,宁波名胜亦有普陀、天童、石窗、雪窦诸名山,每岁来游者不见有亚于西子,如能稍事整理,加以建筑,旅食诸费或能驾于其上,每一游客劝纳修筑费一元,十万人即可捐募十万元,数年之收入,大可作筑路之资矣。

(《道路月刊》,1932年,第1期)

宁波建设事业五年计划

鄞县建设事业五年计划大纲,计自二十一年度至二十五年度止,业经草拟。兹录于下:

一、交通

(一)完成县道干线。县道计划分五大干线,长约三百五十华里,第一干线自宁波经五乡堰、宝幢至天童育王;第二干线自宁波莫枝碶、韩岭市至象山港;第三干线自宁波经姜山、甲村至道成岭;第四干线自省公路鄞奉线横涨站,经鄞江桥、嶂村至大皎;第五干线自宁波经集士港至凤岙市。业经测竣者,为第一干线全部,自宁波至天童育王;第二干线之韩横段,自韩岭市至横山;及第四干线之横鄞段,自涨桥至鄞江桥。现横鄞段,已在借款筹筑中,需款约七万元,以新增置产捐为县道借款基金。拟于此路筑成后,用抵路筑路办法,渐次完成其他各线,同时采用招商承筑办法,以期于五年内完成此五大干线,通行汽车。(二)改良乡村道路桥梁;(三)整顿水上交通;(四)扩充乡村电话。

二、水利

(一)疏浚干支河流;(二)修治堤塘;(三)整顿碶闸堰坝;(四)完成大嵩江铁闸工程;(五)整治东钱湖。

三、市政工程

(一)整顿江涂。

(二)整治城河。

(三)展筑马路。查前宁波市政府时代筑成之马路,为江东灰街、府前前街、公园路、业行街、江北中街、江北后街、滨江路、糖行街、南昌弄、灵桥门至永宁桥环城路、大沙泥街、玛瑙路、宫前宫后马路、洋船弄、缸鬶弄等路;由县政府继续完成者,为南昌弄接东门环城马路、皂荚庙马路、怡园弄马路、香客弄马路;正在进行中者,有江北岸外滩马路、江东灰街至两眼桥马路、南门至西门环城马路。今后计划,分为三期举办,列举于后。

属于第一期者:甲、完成环城马路。该路除已成及正在建筑者外,尚有自东门绕盐仓门至西门一段,长三千二百五十公尺,及永宁桥至南门一小段,长三百五十公尺,未曾建筑。兹拟自东门至盐仓门一段路线,援照宫前宫后街办法,利用江心寺街原路,拓宽为十三.五公尺,将原有城基标卖,充作完成全部环城马路之建筑费。乙、完成江北岸外滩马路。该路自新江桥至洋船弄口一段,长四百五十公尺,宽定十九.二公尺,已在兴筑。自洋船弄以迄洋关弄一段,长八百三十公尺,宽亦如之,拟继续完成,其经费由政府与沿路各业主分摊;其政府应负之数,先由沿路各业主借垫,即于筑路后政府应得之岸线使用费,分年抵还。丙、完成滨江马路。该路自新江桥步大道头一段,长二百四十五公尺,业已筑成;自大道头至老江桥一段,长四百三十公尺,宽定十三公尺,拟继续完成。此未筑成,沿江岸线可筑码头,故其经费亦可援照前项外滩马路所举办法。丁、建筑新河头马路。该路因新河头菜市场筑成,交通拥挤,故须提前建筑,长二百八十公尺,宽定十公尺,其经费拟以菜市场收入作抵,借款兴筑。

属于第二期者:甲、建筑江东百丈街马路。该路为江东之东西干路,长八百八十公尺,宽定十三公尺。乙、建筑竹行弄马路。该路为新江桥至火车站要道,长五百公尺,宽定十公尺。丙、建筑自洋船同经玛瑙路达火车站马路。该路为火车站至外滩要道,长二百九十公尺,宽定十公尺。丁、建筑江东后塘街马路。该路为江东南北贯通要道,自老江桥至木行街长五百公尺,宽定十三公尺。

属于第三期者:甲、南北干路。子:自义和渡经贯桥头、千岁坊、三角地至南门,接环城路,过永宁桥与鄞奉省公路相接,为南北干线,长二千三百公尺,宽定十六公尺,将来筑成后,由义和渡可直达省道,交便至为便捷。丑:自中山公园经鼓楼、紫薇街至南门,接环城路直达南门段塘,长一千四百八十公尺,寡[1]定十一公尺(中山公园至平桥头一段已筑)。乙、南北支路。子:自三角地经开明桥通后市,接环城马路,长一千二百五十公尺,宽定十公尺。丑:自甘条桥经万泰弄,

---

[1] 原文"寡"字当为"宽"之误 —— 本书编辑者。

接大沙泥街,长八百公尺,宽定十公尺。丙、东西支路。子:自怡园弄经海神庙,接开明桥直街,长七百公尺,宽定十公尺。丑:江北后街自洋船弄至老青年会,长三百公尺,宽定十公尺。丁、东西干路,该路为甬市繁盛之区,有筑干路之必要,现成者,系前市政筹备处所铺筑之条石路,宽仅七公尺,将来自东门至鼓楼一段,长一千一百八十公尺,宽定十六公尺;自鼓楼至西门一段,长八百公尺,宽定十三公尺,均拟改建柏油路。以上各线,除属于第一期建筑路线之经费已定有办法外,其余第二期、第三期所筑各线之经费,已定有办法外,其余第二期、第三期所筑各线之经费,均拟依照鄞县筑路征费章程,由政府、业主分别负担;而政府负担之数,均随时随地以新增收入为担保,借款兴筑。

(四)建筑南门附近及西门外航船埠头菜市场。

(五)建筑湖西公园。市区公园虽已有中山公园一处,然以二十余万人口之城市,尚感未能普遍;且中山公园至缺点,在缺乏天然风景之点缀。查湖西月湖一带,风景本甚清幽,拟于湖之两旁,开辟堤岸;又于竹洲拓展,广植树木,兼备草地,不必多设建筑物,似美国之郊外公园式,藉资市民之休憩;其经费与设计,则拟组织湖西公园筹备会从事计议,筹款方法以募捐为原则。

(六)改建老江桥新江桥。

(七)筹设自来水。自来水之装设,筹议已久,业已组织自来水设计委员会,从事选择水源、筹划经费,详细计划固有待于从长计议,而大体方针则拟将余姚江改道,于新塘附近开辟新江,通入甬江,并建筑闸门,阻咸蓄淡,即利用此余姚江所蓄淡水;另凿蓄水池,以为自来水水源。而自新江桥起至余姚江旧道,俟新江开通,即行填塞,约可得地六百余亩,以之辟为市场,即以他[1]价所得,作为发行公债,或借款之担保,以充改道筑闸及装设自来水之经费。

(八)整理路灯。路灯之整理可分下列数种:1.随街道之扩展,改装街心灯,并增加支数;2.改装丝灯头及耐震灯泡,以节消耗;3.添装路灯并规定支数等级。

(九)继续编订路名牌。

---

[1] 原文"他"字应为"地"之误——本书编辑者。

（十）设立广告场。

（十一）设立交通号志。

（十二）设置电气标准钟。

四、农矿

（一）设立农业改良场。

（二）提倡机器灌溉及采用新式农具。甲、林业机关之整顿及设立。子：整顿县立苗圃并增设乡村苗圃。丑：成立县有林事务。寅：督促各村里组织林业公会。乙、已成林之保护。丙、保安林之规定及营造。丁、县有林之营造。戊、奖励私人造林。

（四）[1]防治病虫害。

（五）设立蚕桑改良指导所及指导桑园。

（六）筹办渔村合作实施区。

（七）调查农村经济并促进合作事业。

（八）成立县农民银行。

（九）筹设渔民银行。

五、工商

（一）筹设县立工厂。

（二）各乡村设立小规模工厂。

（三）提倡机器工业并电气事业。

（四）筹设国货公司

（五）成立国货商品陈列馆等云。

（《道路月刊》，1932年，第3期）

吾所认识的宁波（宁波通信）

王守伟

宁波是清道光鸦片战争失败后，与英缔约时，被辟为五口通商之一。因为海禁

---

[1] 原文缺"（三）"——本书编辑者。

早开,及自然地理环境的优越,工商业的兴旺自然是在我们的意中。

可是近年来因为农村破产及受世界经济不景气的影响,宁波的繁荣时期似乎已经过去了,一切工商业都呈显着衰落的现象!

宁波虽说是一个商埠,但她的市政卫生等公共事业却还不及几个比较进步的普通城市。街道除了几条新式马路稍稍整洁外,其他多系高低不平的石板路,坐在车子里经过这些街道时,每要担心着怕跌下来。天一下雨,那更糟了,走路时一不小心,踏上了一块不平的石板,污水就会在你身上溅个"落花流水"!所以下雨天在宁波街上走路,必须提心吊胆地要"脚底明白",因此也就觉得非常的费力!

讲到宁波的卫生,也许已养成了那种"如入鲍鱼之肆,久而不闻其臭"的习惯。除了江北岸外滩新马路及钱行街等几条马路稍洁净外,大抵是垃圾乱置及污水泗流。最使人惊叹而认为是奇迹的,要算那几条河流;有的绿得浓得化不开,有的青得像松花皮蛋,甚至有的变成了紫褐色简直像一个酱缸!譬如后马路前的后河和东门大街后面的那个河浜,像这些有害无益的污水河早该填平了,然而当局却非常姑惜地任令它们横陈着显丑。还有一件事可以同样和这市河互相媲美的,就是近郊的那些露天棺材,尤其是在北郊外及江北岸泗洲塘一带,几乎每块空旷地上都杂乱地展览着白皮的、黑漆的、年久破烂的、新近搬来的;甚至有几个棺材横躺在长途汽车道的旁边,路局也似乎视若无睹。好像活人的事体也干不了,哪里有闲工夫管这些死人的事情?所以这些已亡人尽多过着"太平日子"!

这些污水河道,露天棺材,一到热天,给强烈的太阳光一蒸发,在宁波市的空气中又得多添了一份厚味!宁波市民既然"安之若素",当然当局也落得"坐享清福"啰!

宁波人饮的水都是天落水(又称檐头水),这些水平日都积储在水池浅井或大缸里。日子一久,饮时常带有污泥臭或咸味的,实在不太合卫生。若逢天旱或几个月不下雨,那可就起恐慌了。水是每人一日不可或断的饮料,我以为要避免这两个弊病,应该设法在相当地点多开自流井。或由人民自动集议办理,或由官民合作。

宁波人是以经商闻名于全国的,所以因经商而白手起家的"富户"所在皆是。因为宁波人善于经商,父以此望其子,子以此期其孙,自然养成了一种风气,天天在一个算盘上做功夫。其他如教育文化等事业,当然没有精力去顾及了。据最近县政府调查宁波城区人口约有二十一万六千,户口约有四万五千。而全城中学却只九所,而私立的竟占了五所! 学生平均每校不过二三百人,其中一部分还是从外县来的。全城报纸只有《时事公报》《民国日报》及《商报》三种,其他定期刊物则绝少看见。宁波的日新街算是当地的文化区,约有书店六七所,但是思想稍新的书报都不易购订,即关于学术方面的著作亦绝无仅有。他们所有的就是学校的教科书和新旧小说而已。有一个县立图书馆是设立在中山公园内,该馆建筑尚佳,而其内容实在贫乏得可怜,旧籍不讲,即现代出版的书报亦是寥寥可计。但在这里似乎应该特别提起的,就是在浙东很负盛名的藏书家范氏的天一阁,阁在宁波西门,是一座破烂不堪的大房子。阁中藏书很富,计有五间,以所藏方志题名录最多。清薛福成宰鄞县时,曾经编查一次,今夏北平图书馆亦曾派赵万里先生来甬编过一次目,据说历年遗失的很多。此阁常年紧闭,不轻易开放的。我觉得这些中国古籍照这个方法"深锁琅环饱蠹鱼"终不是一个办法。不给人利用,依旧不能与人发生什么关系,未免太可惜! 闻最近宁波热心于文献的士绅们,有"重修天一阁委员会"的组织,这倒是一件很有意义的文化工作。

最后,有一件事值得我们赞许的,就是在宁波茶馆难得看到的,不像别处如苏杭一带茶馆林立,这倒可以证明社会上的人都很忙着作事,很少游手好闲的人。

总之,宁波人经商理财的天才与本领是值得我们钦佩的,但我却很希望在他们向外发展的全副精神中应该划出一小部分的功夫注意一些自己家乡的一切建设事业,才不致使人对于宁波人生着两种不同的观念。

(《长城》,1934年,第1期)

宁波设市问题研究

应斐章

一、前言

宁波设市,前经定案,今成悬案。主张设市及反对设市双方,各有理由,欲就双方理由,权衡轻重,下一断语,大非易事。本报毛独时兄,嘱为此一问题发表一点意见,惭愧识浅,不敢妄作主张。惟以此一问题,确有研究价值,因随手搜集一些资料,择要摘录一些在后面,供关心宁波设市问题者参考。

二、宁波地位之重要性

《浙讯》第二期,载有张其昀先生《建国时期宁波之地位》一文,中有云:"中国历史上明州(宁波)向来是沿海最著名的港口,也是海陆联运的门户;大运河最南终点,非为杭州而为明州。所谓楼船十万,破浪乘风,北指辽海,南下岭海,可以说明宁波历史上的威权。明清之际,宁波人为恢复故国,遭受挫折,牺牲极大。道咸以后,吾国更迭受外力之打击,以致丧失了民族自信心。近百年来,宁波人实在辜负了历史的权威、海国的环境,真是惭愧。所以在眼前大时代中,我们格外要振起精神,奋勇前进"。所谓"要振起精神,奋勇前进",虽然不一定即是说明宁波应设市,但宁波这一块地方,值得好好地干一干,该是毫无疑义的。

三、参议会的提案

大概也是正因"宁波这地方值得一干"的缘故吧,鄞县参议会于去年七月首届第一次会议时,提出并通过如下案题:

案题:建议省府准予恢复宁波市案。

理由:查宁波为通都部大邑,商业繁盛,交通辐辏,人口在三十万以上,营业税收年约二十万万余元,浙东渔业产物,在此集散供销,不但为浙东重镇,且为吾国沿海大埠,曾于民国十八年间,设有市府,推行市政,旋以邑人误认设市为增加人民负担,请求撤废。今据事实而论,城乡治安问题,两感严重,各项建设事业,均待兴启,设市以后,省府例有辅助,人民负担,未必因而增加,为展拓宁波前途起见,恢复市府,实为因事制宜之举。

办法:1. 由大会建议省府转呈中央恢复宁波市;
　　　2. 由大会推出筹备委员从事筹措。

四、宁波设市沿革

参议会的"办法"实行以后,据报载,宁波设市,原则已由行政院通过,设立时期尚未确定,市区界域还待勘察。在此将设未设期中,各方反应颇多,约可分为三类,一为对宁波设市作史的研究,二为赞成,三为反对。兹先摘记《甬潮》第三期阙先生的一段话,以明宁波设市的沿革:

"宁波在唐代设市舶使,宋设市舶务,元设市舶官,明设市舶司,清设甬东司,专门的对外招徕远商,以通贸易,可以说是宁波的远因。至宁波设市,可分三个时期。第一期是民国九年十月成立的'宁波市政筹备处',当时全国各地都有所谓'道路协会'的组织,浙江也有'省道路协会',一般人对市政的看法,仅以道路为限,所以顾名市政筹备处,其职掌却是些拆除城墙,修筑街道等。且因当时经费竭蹶所以规模狭小,成绩未著。至民国十六年二月,国民革命军克浙江,'宁波市政筹备处'一变而为'宁波临时市政府',是为宁波设市的第二期。这临时市政府,虽为时短促,组织却一再变易,初为市长制,继为委员制,又为市长制。设有公安、工务、土地、教育、劳勤各局,其成绩除工务局收回江北岸工程处略留纪念外,余无可述。至民国十六年七月一日,始正式成立市政府,此为第三期。第一任市长罗惠侨由国民政府简任。市府的组织,最初分秘书处及财政、工务、公安、教育、卫生五局;秘书处下分机要、文书、统计、工商、庶务五科;辅助市政府的机构,有参事会、建设委员会等。到了同年十月,因经费关系,缩小范围,除工务、公安两局仍旧外,秘书处改为秘书室,设总务、财政、工商、教育、卫生五科,直辖于市长;又添设工商登记及土地登记两处。十七年十月,遵照内政部颁布之市组织法及浙江省政府委员会第一四七次会议议决案,复改设秘书处及财政、公安、工务三局,土地登记、社会、卫生、教育四科。未几,罗氏去任,由杨子毅继。至廿一年间,因各方感觉经济力量不支,乃废市归县。在罗、杨二任重,确曾有不少建树,其政绩至今尚多遗存。"

五、反对设市

历史上的被重视,当然有其地理上的重要性为条件;宁波设市,应无问题,但反对者亦持有理由:"在昔时交通未臻发达,宁波对中国沿海各埠,均有海船直接往回,北至辽、燕、苏、鲁,南至闽、粤,浙东各县与宁波发生经济关系之地区亦广。自沪甬间航轮增多,宁波反成为上海之尾闾,失其独立口岸之地位。浙赣铁路与沪杭铁路接轨,绍属暨金衢各属之客货来往,均不必取道宁波海口,以是宁波之地理交通地位,大不如前,工商亦不复如往昔之繁荣。当抗战初期,京沪杭相继沦陷,宁波取位以代华中吐纳口,皖赣湘桂客商云集,造成空前繁荣;然未几宁波陷敌,在沦陷期内,尚不失为一走私路线;光复后,各地交商恢复,宁波市面骤形低落,兼之在整个工商业衰退之逆流中,惨淡情形,可以想见。一旦恢复市制,不特未能挽救当前之厄运,且多一庞大之市政机构,省财政既无力负此巨大支出,势必加重市民负担,一切市政设施,必仍感巧妇难炊,无由兴办,曩年(民十七)宁波设市时期,市民不胜负担,卒告取消,前车之覆,所鉴不远,至市政兴革,尤不在机构之设立,往昔鄞县政府兼辖市区,以主政者与地方人士之融洽合作,举凡市政应有设施,如灵桥,马路,菜市场,城河,下水道等,所表现成绩,远胜于市政府时代,有目共睹,事在人为,若徒有'市'之名而无'市'之实,不如不设之为愈。'县''市'分治,就目前经济状况言,必致市县交困。"

六、准备设市

归纳反对派的意见,为(1)宁波已失其地理上的重要性,(2)财政困难。以上两点,就现阶级[1]的情形看,确系实在,因之有主张暂不设市而应准备设市者,试抄《宁波时事公报》本年元旦增刊倪维熊先生《漫谈宁波建市》一文中之一节,以见一斑:"抗战胜利以后,中国必须'现代化',都市必须'现代化',若固步自封,必贻落伍之讥。吾人如不希望宁波之日臻繁荣则已,否则决不以现状为满足。宁波恢复市制,出于一般人要求'进步与改善'之理想,无可非议。'政治'之解释,为管理众人之事,政府不能推诿无钱可以不管事,或者不做事,是以虽不设市,市政不能不办。就目前之政治状况尚在制宪过程中,社会经济尚在不景气空气笼罩下,设市不妨从缓,而设市准备不能不做,尤其社会经济不得不先培养基础,市政设施不可偏废。宁波之被称为通商口岸,虽已成为明日黄花,而国父实业计划中之列为三等港,确是有辅佐东方大港之价值,一个都市之经济基础,不尽在都市之内,而在与都市脉息相通之乡村,宁波既擅水陆交通之利,物产有鱼、盐、棉、茶、席草、药材、竹、木等,若增其产量,改其品质,并可为工业之原料,地价人工均较上海为廉,自与上海密迩,则宁波可能成为一工业区,同时兼为鱼业市场及花纱布市场。东钱湖整理计划中,同时顾及风景之点缀,天童、育王、溪口、雪窦寺诸名胜,亦皆整治,则亦可成为游览名区,逭着胜地,招致中外游客,繁荣市面。如是则宁波已非如目下之贫

---

[1] 原文"级"字当为"段"之误——本书编辑者。

血状态与荒凉废墟,'市容'与'市实'表里一致,故宁波将来必须设市,但亟宜先充实其都市应具之条件。"

七、个人的意见

目前中国,政治与经济,两见混乱,此为毋待讳言之事实。故在目前,宁波确无设市必要,即使设了,我们有理由可以相信其必无成绩。但宁波设市,有其先天的优越条件,亦有后天的迫切需要。城市工业化,为建设未来中国前提。宁波交通便利,只要加上经济与人力,便有办法可以使之加速度发展工业,此着在行政上,实非有市政府不办。所谓"加重市民负担",就目前情形言是对的,但不宜硬据此点以因噎废食,一切上轨道,一切肯努力,取之于民者多,还之于民者必更多。是故,准备设市之说甚是。至市区界域,个人赞成照旧市区界,西、北、南三面不变动,向东沿甬江两岸扩展至镇海县界。市政府一经成立,新江筑闸,姚江改道,必为其第一课题。此举而成,江北岸上下白沙一带,必成宁波港准中心,未来繁荣,极有希望。语云,"事在人为"。"人为"之第一着,不能忽视"市政府"这一行政机构所可能发生之便利上的力量也。

(《宁绍新报》,1947年,创刊号)

略论宁波市政建设

宁波是浙东著名的巨埠,其热闹繁华,虽然比不上京沪平汉,但也不下于普通市之林,在敌伪窃踞期中,地方元气,砍伤殆尽,对于市政方面,只有破坏,没有建设可言,光复以后,在主观方面政府及人民限于经济条件,不能按照计划来积极开展市政,在客观方面讲来,虽然甬沪航运,已是恢复原状,可是沪杭甬铁道,迄未建筑,加之宁绍各地的土产品(棉、茶、烟叶、桐油、席草等),不能在外畅销,以至内地经济枯竭,大大的影响了宁波市面的繁荣。

在目前,我们要想宁波一时达到理想中的商埠,当然是不容易的事,但是"事在人为",我们不应为着困难重重,而不去设法克服,我们曾记得张其昀先生的《建国时期宁波的地位》一文中,曾这样说过:"中国历史上明州(宁波)向来是沿海最著名的港口,也是海陆联运的门户……道咸以后,吾国更迭受外力之打击,以致丧失了民族自信心。近百年来,宁波人实在辜负了历史的权威,海国的环境,真是惭愧,所以在眼前大时代中,我们要格外振起精神,奋勇前进。"这几句话,说得多么中肯和沉痛,凡是每个宁波人,都该痛下决心,来共同建设这个浙东唯一的巨埠。

上月间鄞县参议会举行第一届五次大会时,曾有建议按照市沪[1]杭市办法征收建设捐充实市区经费及市区公共汽车等案件,足证"来自民间"的参议诸君,关怀市政的情切。我们盼望政府当局,来切实执行这些议案(虽说这些还是建设市政的一小部分)。

我们都知道,一个商埠的繁盛,全赖着市政的健全与进步,宁波在战前的市政建设,确是比较现在良好得多,市面的繁荣,也大非今日可比。时代是在进步,我们不应肩着历史来倒退。

关于建设宁波市政,说不尽千头万绪,范围是很广大,非一时间所能急切完成,我们只有拟定计划,按部就班,埋首耐心的干去,同时还需地方人士的群策群力,热烈协助,才可进行顺利。

宁波在地理上历史上,是具有世界都市的条件,倘能奋力加以经营,那么理想中的文化城、工商区、名胜地,必有实现之一日,宁波人现患穷,但旅居沪上颇多小康,如能热心桑梓,慷慨解囊,则为数真是可观,以之建设故乡事业,必有辉煌成果。

临末,我谨引应斐章先生的话:"用敢正告旅沪同乡,天下方多事,来日有大难,欲求此身长安乐,勿却周遭的社会,勿忘却自己的故乡,赚钱一万,捐出一千,因果铁律,必得好报,为自己留一条退路,即为万千同乡造生路也。"这确是至理名言,深望我旅沪同乡共勉诸。

(《宁绍新报》,1947年,第17、18期)

宁波自来水问题

倪维熊

宁波处浙东沿海,扼甬江咽喉,开埠甚早,只以密迩上海,未能形成国际口岸,

---

[1] 原文"市沪"当为"沪市"之误——本书编辑者。

然尚不失为一浙东要埠，民十七至民二十间曾一度设市，后废市并辖鄞县，由于宁波人士之富有进取，市政建设亦复斐然可观。惟久经筹议之自来水，以抗战军兴而延搁，胜利后亦议而未行，诚以地方元气未复，经费筹措为难，而水源之未能先决，实为一主要原因。

宁波旧市区，即鄞县城厢，包括鄞县城区、江东、江北，暨西南北郊之一部分，人口作战前约计二十五万，战后调查未有所增，良以战时迁徙靡定，未可以常例测之。且地位于甬江、余姚江、奉化江，三江交汇之区，潮汐进退，水质咸涩，周围三十里内均系平原，或培塿之山，虽四乡河流交错，足以通舟楫、利灌溉，惜蓄量未宏，欲就近郊觅取自来水水源，以期工省取便，势有所难。各方意见，有待采择者，其说有四：

一、开凿深井。此乃舍远图近之计，我国天津租界之自来水即以此为水源，青岛亦多年取给于此，是其先例。宁波市政府与上海汉中公司订约开凿试验井，一二两井均告失败，乃在北门试凿第三井，凿至二百余尺，遇砂石层，贯穿石层，水质渐佳，至四百七十九尺乃止，经上海工部局卫生处化验水质结果，硬度虽高，幸属"一时性"的，经沸即失，盐质占全固形质百分之四十，对肥皂使用，尚无若何影响，出水量经V字于测验水量计算表测验，每分钟出水二百二十美加仑，每小时可出水一万三千二百美加仑。每日可出水三十一万六千八百美加仑，以此推测，则全市井凿十口，每日可出水三百十六万八千美加仑，按现时人口廿五万人，亦足敷用（南京及杭州自来水计划以每人每日十五加仑为准）。但所成问题者，在同一地层之水量，有其限度，设或甲井与乙井互为消长，其效立失，前市政府以经费支绌不能续为第二第三井之试凿，迄今仍属一疑问而未敢冒险采用。

二、导引东钱湖水。东钱湖距城五十华里，面积九二八方英里，乃一人工蓄水湖（唐天宝时废田为湖），为鄞、奉（化）、镇（海）三县五十余万亩灌溉所资。就此湖利用东塘河、中塘河作天然输水总管，顺流以达宁波之江东，为理想水源中之最简易者。然所应顾及者，东钱湖之蓄水量是否足供农田灌溉而有余，又其余量是否适当宁波自来水之消费，若其无余或患不足，则应进一步推究东钱湖所承受之水源与全湖可容量是否适应，如源富而贮量少，犹可借水利工程设施增益其贮量。此外则东钱湖外之高地区水源亦可使贯通塘河作灌溉之需。前宁波市政府曾聘专家唐宝桐草有"宁波自来水初步计划",对此有详密之推算,其所估计东钱湖灌溉所及之田亩仅二十万亩,既较一般说法为低,且与浙江省水利局勘测报告约合五十万九千亩,亦相差甚巨,是以唐氏之推算未可尽以为据,有待工程界之重作研讨也。就实际观察所得,东钱湖沿湖各碶与沿江各碶之漏水情形与夫湖床受水源泥沙之侵积,葑草之蔓延,容量渐减,罅漏有增,乃为事实。整理东钱湖水利工程之主要方针,为"开源"、"节流"、"增蓄",能如是,则灌溉所资不患匮乏,有余以供宁波自来水源之一部份非不可能,或在创办初期用水量不多之时期以之作为第一水源,将来另辟第二第三水源亦未使非计之出者。

三、大隐建蓄水塘。此亦唐氏计划中所述及者。大隐山处鄞西之余姚境,距城五十三华里,大隐市十首之山谷,就图上所示之分水区,广凡十一方英里,合四二七四〇亩,其附近就有适当山谷,于必要时亦可筑堤蓄水,扩大水源,以供意外之需。就每年平均雨量推算,当得水量二九三〇 〇〇〇 〇〇〇加仑,蓄水塘位置约高出宁波平地一百公尺,足使塘中之水凭地心吸力流达甬市。宁波余姚之间有大路经大隐山麓,来源水管即可沿该路径埋设,可免侵越田地。唐氏于此计划中详列出水量与工程费之估计,虽自认各种勘估,未必绝对可靠,尤其对于宁波地平与蓄水塘之高差,须经详测,蓄水塘附近必须施行钻孔或掘地坑,以明了地层构成与性质,是否为坚实不透水之地基。然认此计划实大有应用之价值。

四、余姚江筑闸蓄淡。此议之主要目的在改良余姚江水利,而宁波自来水水源问题可因此计划之实现得一根本解决。最早发动倡议者,为宁波市政府参事陈萱(仲慈)君,洎陈宝麟氏主县政,参合唐氏大隐山建塘引水之说,以为大隐虽为姚江水源之一,但筑堤设管引水,费用未必省而水量尤嫌小,不若利用此长约一百公里之整个江流之为善也。余姚江源出四明诸山,经余、慈诸县,出鄞江新江桥与奉化江合流为大浃江,至镇海口入海,江流所经,支河如蛛网密布,上溯源流,一部来自上虞县境,下游如储汇得当,并可使溥溢于镇海县境。自新江桥上溯至慈局丈亭,蜿蜒曲折,约四十五公里,平明咸潮溯江而上,可至丈亭,遇久旱则更上可至余姚县城;自丈亭至姚城,江流曲屈可二十公里,姚城再上至通明江可八公里,再上则细流矣。水源既富,蓄水量实可惊人,只以咸潮源不阻,淡水虽蓄,非惟无灌溉之利,且受咸潮侵入之患。如能于余姚江口筑一新式碶闸,以阻盐蓄淡,则不特沿江瘠土化为沃壤,其灌溉之利,实遍及上虞、余姚、鄞县、镇海五县,设遇亢旱,均得引取江中所蓄淡水以为灌溉。更查余姚江曲折回绕以入大浃江,其两江距离最近处,在宁波之江北岸新港遗址,相距仅七百公尺,若于此处筑闸开江,不特屈曲之江流,变为径直,出水可畅,且原有江道,即可填塞为地。计自新江桥至北郭堰约可得地六百亩,以供宁波市政府设施之用。原有城区与江北岸可以系成一片,旧都市顿改旧观而成新都市,实一举而数善备焉。此一创议,确具远大眼光,有识之士无不赞助其说,乐于观成,惟范围广及于整个余姚江流域,又非限于自来水水源之一单纯目的,非政府下绝大决心,先施测量,继以设计,则此计划之可能实现性,未可臆断。盖姚江之水源面积若干、雨量若干、姚江之源水量若干、沿江农田所取灌溉之水量若干、每年中之最大排水量若干,未经精确之测量与记载,则水量足否问题,殊未易言;若纯为宁波自来水水源计,或反以兹事体大因而延搁矣,此则有望于政府之早为先决,若其不可能,则自来水水源尽可舍之他图。

上述诸说,均已为人所提及,综述崖略,备工程界暨继起筹备者之参考,作进一步之研究。至尚未为人所道及者,如鄞江水源、奉化江水源,亦均足资探索,又如某一水源不足,更以某一水源补充之,或分取之于诸水源,亦未始非计。笔者抛砖,甚企引玉。

(《宁绍新报》,1947年,第17、18期)

第二编

经济与金融

一、社会经济概览

宁波商情[1]

去年甬埠商业，获利不丰，除和丰纱厂最占优胜外，只药业差强人意，然亦苦乐不均；其他各业，大概有绌无盈。钱业中亦只元亨、瑞余、裕源数家，结有盈余一二万，此外罕有盈利。其业经宣布清理者，计恒源、震恒、钜丰、乾源、泰来、乾泰、慎往、源昌等八家。甬埠市面非经切实整理，商业前途颇形岌岌。至甬庄阴历年终，街底约存卅万之谱，亦可略见一斑矣。

(《银行周报》，1919年，第4期）

去年宁波之商业

宁波厂家获利以和丰纱厂为最。该厂自顾君元琛经理以来，力加整顿，故每年获利甚巨。去年上春花价过高时，市上纱价未涨，顾君见机，遂于三月停工，将所存之棉花辗转脱售，获利已属不少；秋后见纱价逐涨，复即开厂，日夜赶工。至年内结账，除官利七万、提存二万、置产二万外，尚获净利二十万零八千，可谓甬上商业界之巨擘。其他各厂如通利源榨油厂、正大火柴厂、光明皂烛厂、大纶织袜厂、傅泰记打米厂等家，亦均有微利可获。其余商号均属平平。

(《银行周报》，1919年，第5期）

---

[1] 此标题由本书编辑者所加。

宁波金融及商情[1]

金融状况

申江一号停工,市电无到,故甬市规元二号亦未评开,元价最高为一四一八八,现升为一元三角五分。盖时沪上洋厘常在七钱一分四厘左右,最低之价为一四〇八〇,现升则为八角五分,盖二十一号申洋自七钱一分四厘涨至七钱一分七厘七毫五忽。故规元现升之价,不得不稍事减小,洋拆自一号至八号,均开二角。后此并未开过,目下甬地银根尚属轻松。值此年关将近,各路乡村店号,收得账款纷纷携带来甬,故日内现升有看小至直出云。

市面情形

本月初上,因捐赈加税一事,引起全郡人士之反对,声势所趋,几成罢市之象。后赖各界要人出为调停,风潮遂息。然市上人心,固以惊惶不定。幸银根尚松,现升平平,故得粗安。今年甬地获利最丰者,首推和丰纱厂。该厂开设甬地,历有年所,每年所获盈利均在百万左右,九年之营业,更形发达。虽受先令汇水之耗,然经济手腕,高出他家之上。故年终结账,盈余至百二十万有奇,实业前途渐见发展,诚可额手相庆也。余如面粉、杂粮、油、豆、药材等,获利亦较他业为优。亏耗最甚者,大都洋货、棉纱、五金等之进口业。此各埠市情,类皆如此,固非宁波为然。

(《银行周报》,1919年,第43期)

宁波金融及商情[2]

金融状况

一月来,甬地规元最高之价为一百三十八元六角,最小为一百三十七元九角二分。近日现洋因略有茧用,现升已高至三角五分,洋拆亦高至四角。现升最小之价为五分,最大为三角五分,洋拆最小之价为五分,最高之价为四角。目下银根尚觉

---

[1] 此标题由本书编辑者所加。
[2] 此标题由本书编辑者所加。

松动。

实业消息

近来甬地市上,流行一种草织凉鞋、拖鞋,不特颜色妍丽,花纹新颖,抑且光滑凉爽,轻软舒服,骤视之诚不知其为草织品;尚有新出细席一种,亦复制造精良,远胜台湾席。闻此种出品,均系道属后面秃水桥之通利席厂所制造,以草为纱,仿织绸法翻成各种新奇花纹,光彩夺目,物美价廉,故能备受社会之欢迎,营业发达,大有蒸蒸日上之势。工艺进化,如该厂者,可谓速矣。

(《钱业月报》,1921年,第5期)

宁波金融与商情[1]

金融状况

本月甬地金融,稍见紧急。现洋因新棉登场,须用较多,故现升逐步增高。惟狂风暴雨,再接再连,江水暴涨,新、老江桥屡遭吹断,申轮时至不到,故一日、四日、十三日、三日,均因申市不知,规元价遂不开。各业生意,仍未见若何转机,惟棉花业交易甚多,米业汇款颇巨。本月汇申之款,多至四十余万两。规元之价,最小为一百三十九元七角九分,最高为一百四十一元七角一分,现升最小为九角四分,最高为二元二角半。洋拆最高之价为五角半,最小为三角。角子最高为八八六,最小为八七二。赤金四十六元,纹银一元二角。

市面情形

棉花市面,昨日申信报姚衣高档廿六两八钱,中档廿六两,其次廿五两,成交一千二百包,系杂路帮办去,现通花码头交廿八两,火机廿七两,标准花十月期廿七两五钱,十一月廿七两二钱,十二月期廿七两;甬市做开,十月期四十元〇八角,下至二角,高至五角,十一月期四十元〇九角,九月期四十元〇一角五分。闻义成丰多额出来,反多为空鸿兴抵空进三千对,论之市势,仍觉疲弱,而无升高之象。又市宏大、玉蝴蝶为四十五元五角,源记、双象四十元五角,隆茂、红和合四十五元

---

[1] 标题由本书编辑者所加。

五角,和丰、宁庄、荷蜂四十五元一角,蕃寿、丹凤四十五元一角,美人、新花四十元〇二角。

米市

此间米市,因甬属各地,多遭水灾,秋收无望,由沪装来之米虽多至三十余万石,惟市价不但仍未跌,且有逐步涨高之势。据可靠消息云,此种食米,到埠后不数日再复运销出洋,以售善价,故米价仍难望跌。此言因无左[1]证,未可深信。幸会稽道尹黄涵之君鉴此亦颇有疑窦,日前已令林警察长查覆,民食前途获益当不浅鲜。今日西黄售九元二角,三河七元七角,机白尖八元七角,芜机白八元七角,机禾白十二元,机野稻九元,新早米现货七元六角,曹青八元五角六分,暹白九元一角六分,芜禾白九元七角,白仰米九元二角四分。

(《钱业月报》,1922 年,第 9 期)

挽救宁波站货运站之商榷

黄祖濂

宁波为甬江与奉化江交汇之区,东北有巨轮通上海,东南通舟山群岛、象山、天台、温州,及闽粤等处,西沿甬江而接姚江,通上虞、新昌、嵊县、绍兴、萧山,及旧属之金衢严等。因交通之便利,各地产品集中于此。相传唐代即与日本通商,明代与葡萄牙通商,至清代末叶鸦片战后,复辟为五大商埠之一,其在地理上贸易上所占地位之重要,概可想见。

本路曹甬段自通车以来,已有二十余年之历史,而营业几全赖客运维持,货运绝少。考其原因,固由于曹闸两站之未能衔接与夫水路竞争之剧烈;然即就现状论,似亦人事方面尚有未尽也。窃观年来曹甬段除水路竞争以外,又为公路所包围,益以农村破产,工商业凋敝,不惟货运清淡,即客运亦日趋衰落,长此以往,实有难以维持之势。为挽救计,似可举办二事:①就宁波站货场添设自备驳船,②就宁波之江东或江厦等地设立营业代办所。理由如下:

---

[1] 原文"左"字当为"佐"之误 —— 本书编辑者。

考宁波现今交通，以江北岸为中枢，即沪杭甬路之终点地，各地航路停泊于此，宁镇慈长途汽车亦以此为出发点。该处街道近已改造，较前宽畅，且有本路自筑之煤屑路，直通外滩（即各轮船码头），各处汽轮与铁路之客运颇称联络。至货物之集散地，则在江东及江厦等，陆距车站约二三公里，水道距宁波站货场较近，可通船只；以地势言，商市与车站间似太不联络，铁路既不克横渡甬江，另设车站，又不能将商市移近车站，故唯有在江东或江厦设立营业代办所，一面由货场自备驳船，仿浙赣铁路之三廊庙车站办法，专收包裹及零担货物，用驳船送至宁波站货场装车，运往各站。如是，客商采办货物交易成就之后，立可向营业代办所托运。买卖两方可免另觅驳船，转折搬送之烦。自当乐于趋向路运，此其一也。

复查宁波客商向铁路托运之货物，大率为易腐烂之鲜鱼水果及应他方急切需要之一小部分；其他多由水运。盖讬铁路运输，势必交转运业代办（查转运业皆有自备驳船或与驳船帮联络），而转运业为顾全自身利益起见，极尽应酬兜揽之能事，一面仍使用其一贯的蒙蔽政策，对于客商除应缴之运费外，复私收种种小费，总名之曰"外加"，为数几高出运费。客商因无利可图而停止办货者，殊不在少。铁路设立营业代办所，为之办理运货手续，并自备驳船，往来接送，客商负担较轻，办货自较踊跃，本路货运当亦可随之增进，此其二也。

宁波站自备驳船并设立营业代办所后，即可与沪轮办理货物联运（现已与三北公司办理旅客联运，但包裹行李不在其内，而旅客所最感累赘者，即在行李之照料。故虽在轮船上买得联运客票，到宁波后，仍须自行携带行李，送至车站重做行李票，致实际上买联票者，寥寥无几），则由沪采办货物运至慈溪、余姚、上虞、新嵊、绍兴等处者，商人在沪一经装船，即可至目的地领取。中途之装卸搬运等皆可避免，其负担之减轻，时间之迅速，不可同日语。直接为商人谋便利，间接即为铁路增营业，此其三也。

上述各节，均就个人见闻所及，抒其感想。际此曹甬段营业衰落之候，刍荛之见，或不无可供采择也。

（《京沪沪杭甬铁路日刊》，1935年，第1394号）

宁波物价的高涨

屠白麟

　　战时的经济原则与平时不同。平时的经济活动,受自由竞争及价格制度两种原则的支配,在价格制度之下,各人量其能力的大小交易,分配适当,如不采用价格制度,强由政府直接分配,则谁应分得,[1]谁应分得多少,难有一定的标准,勉强规定,反失公平。在战时,则有不同,若仍听物价之自由调节,军需用品和必需品的价格皆有高出情理以外之可能,足以造成发大财获暴利之幸运者,是价格制度在平时的作用,到战时,不特无利,而有大害。尤其对于劳苦大众,因必需品的腾贵,艰困万分,易引起其心理的不平,且亦妨害其正常的生活,所加于战事之影响,严重可知。

　　所以,从经济的观点立论,价格制度在平时尚不失为个人主义经济制度下分配的中心;而在战时,价格制度,实难适用,对于物价,应严加统制,对于物价高涨的不劳利得,应严予取缔。根据上述价格制度在平时经济活动上的作用以及战时物价处置在原则上应有的认识明了之后,请进而言宁波物价高涨的趋势及其高涨之原因,似较有意义。

　　据附表所列三十五种重要商品趸售价格自二十七年一月至二十八年八月间之比较,可以窥见一年零八个月中物价高涨的趋势。小麦、鸿基煤、开平煤、白术、草边、草席等,涨价一倍以上,米、棉、柴油、金、麻油等次之,面粉因本埠厂商颇能体恤民艰,涨价尚不过巨,但以八月份每包六元二角八分价格计算,较二十七年一月份每包四元四角,增加亦达一元八角八分。

　　商品趸售价格高涨的趋势如此,商品另售或门市价格高涨急增的情形,更可想见。物价的涨落,恒系于商品的供需关系:求过于供,则价昂,供过于求,则价廉;或一时虽呈过剩现象,日后来源稀少,行见奇货可居,有人从事囤积,则供需关系有调和的可能,价格涨落,仍有相当限度。至构成商品供需关系的因素,则为运输、市场与生产量二者。自运输方面言,宁波对外有关物品的流通,多以上海为枢

---

[1] 此处"谁应分得,"应为衍文——本书编辑者。

纽,大凡沪甬航运通运,土产外销畅旺,价格步涨,商品到货踊跃,市价可望回平;一旦海口封锁,则待输出的存货雍积,价必低落;输入困难增大,日用品的价格即日益高涨,如二十七年五月份柴油每吨廉[1]格为一百另五元五角三分,六月份突涨至一百二十二元二角,而力鱼每担价格反自十四元四角七分降低至十一元三角二分,白术每百斤价格自十九元五角减至十六元。所以在原则上输出品与输入品价格的涨落,适成反比。来自内地的物品,其价格高低与运输条件息息相关,亦复相似,他如市场的优劣,生产量的多寡,时有变动,影响所及,亦可以使供需关系改变。金价与外汇发生异动,一切物价,皆将亦步亦趋,这是经济上的一种自然现象。就宁波一般情况而言,无论为输出品或输入品:

（一）因金价狂涨,外汇紧缩。

（二）因战区扩大,产量减少。

（三）因交通困难,运费高昂。

物价均直趋向上,少数商人从事投机活动,操纵居奇,更不可忽视的为物价上涨的一大原因;至一般居民尽力储备生活必需品,这是需要的突然增加,亦影响物价加速的高涨。

非常时期物价的高涨,本是一件平常的事。要在政部统制之下,有适当的处置方法,自不会引起重大的社会危机。如稳定币值,使外汇恢复常态;努力生产,使供需得以平衡;维持交通运输灵活,运费减轻;这都是防止物价高涨的治本办法。至商人的投机操纵,尤必须予以严厉的制裁。抗战建国纲领经济篇第八条规定:"严禁奸商垄断居奇,投机操纵,实施物品平价制度";参政会第四次大会决议:"平抑物价,调剂供求,以维护社会生活基础",是对于物价实施平价制度,早定为战时经济政策中的一环,足证朝野各方对物价问题密切的注意;最近六区专员公署通令各县对于日常生活必需品之物价,迅即令饬各业公会,设法劝令平允,以及本县战时日用品平价委员会评定日用品价格,取缔私人囤积入量日用品,商号违反评价准人民检举,亦不失为防止物价高涨初步的消极的贤明对策。至物价统制的准则,理论的约有三种:

---

[1] "廉"字当为"价"之误 —— 本书编辑者。

（一）最高价与最低价。

（二）用途等级法。

（三）定量分配法。

物价统制办法见诸事实的，在欧战时，如德国曾设立价格检察部，凡在人口有一万以上的地方，得成立该种机关，以公定最高的物价；美国在大战中对于普通商品采取平时价格基准法，即以平时价格为基准，按物价与工资之腾贵，为比例的增加；英国则采用一般竞争投票法。这许多办法，足供我们良好的参考。其次，我们更要求一般商人，请以人类的同情，能放弃趁机谋取大利的心念！多数国民的生命财产正为求国家民族之生存而牺牲，如再向他们层层剥削，步步榨取，何异趁火打劫，于心何忍！于情奚合！

（《复兴旬刊》，1939年，第21期）

二十七年度宁波经济动态

甬行

宁波一年来，为东南各省主要海口之一，其地位甚为重要。兹将二十七年经济状况，概述如后：

甲、重要农产品之收获量估计及其平均价格：

我国社会经济，基于农产品收获之丰歉，及其价格之涨落，影响社会经济至深且巨。甬地之经济状况，自亦未能脱此范畴。顾自抗战以还，甬埠虽迭遭敌人海空威胁，而农村方面，不惟仍能保其原有安定状态，且以秋收丰稔，谷价高昂，形成相当景气。兹将农产品收获量及价格陈述于后：

稻谷类

农产品最重要者，当推稻谷。大抵可别为四种，曰早稻、晚稻、糯稻、籼稻（湖白、籼尖、飞来晚、梁湖等均属之）。早稻、晚稻本年每亩收获量约四担，糯稻、籼稻约三担半，晒燥大约可得八折。鄞县耕田因清丈未竣，尚无精确统计，惟据县府田赋征收处估计为八十五万八千七百九十三亩，故本年全县稻谷收获量总数约为二百五十六万担。查全年谷价，早稻最高四元五角，最低三元五角；晚稻最高五元，最低四元;糯稻最高六元,最低五元二角;籼稻最高五元四角,最低四元四角。总值约计在一千万元以上。

蔬菜类

蔬菜种植,一般农人,多未予注意,仅就田塍间稍稍种植,或秋收后为之,惟北乡湾头、东乡湖田则有专业此者。蔬菜种类繁多,不胜缕举,其产量估计约六十余万担。抗战期内,鱼鲜进口减少,蔬菜需要激增,价格提高,每担平均价三元余,约计总值二百万元左右。

席草

席草为鄞县之特殊农产品,广布县之西南区,该区农民多借此为副业,大有男耕女织之风。本年产量,据席草业者估计约一千万斤左右,价格每斤最低一二分,最高六七分,平均价格三四分,约计总值三四十万元。

竹笋

本县山地多产竹,而凤岙、翁岩等处尤著,竹以毛竹最为社会需要,颇多装运出口,本年产量计四万余件,每件平均价格约三元五角,总计十余万元,笋则毛竹出产最多,冬笋次之,边笋等又次之,本年产量不亚去年,约有十二万担,每担平均价六元五角,总值约七十万元。

贝母

浙贝为国药中之重要药材,产于鄞县江乡、樟村一带。自前年合作社解散,价格暴落。抗战以来,运输困难,愈无起色。农民虽从事减种,无如地租既高(因贝母田田价甚高,每亩值二三百元),改种他物,更不能抵偿租价,故本年产量,仍未见减,估计为七千余担,每担价格自十二元至十八元不等,约计总值十万元有奇。

棉花

鄞县植棉不广,仅产于东乡一隅。本年籽棉收获总量约计三百六十余万斤。每斤价格自八九分至一角二三分不等,盖质有粗细,而航运时通时阻,尤为价格起落之重要原因,约计总值在四十万元左右。

乙、重要工业概况及制成品之总量及其价格:

甬埠工厂事业,尚未臻发达程度,盖原料、燃料,供给不易,运输销售亦未十分便利，关税壁垒未能建立，致就沪埠外厂之侵销，但根本上我国整个经济，尚是农业社会经济，故手工业在甬地工业上，犹不失其重要性，兹为叙述便利起见，分为械制工业[1]与手工业：

一、机制工业

工厂大者共计六家，为和丰纱厂、太丰面粉厂、通利源榨油厂、正大火柴厂、恒丰染织厂、美球针织厂，其中以和丰纱厂规模最大。此外如烛皂厂、机器厂、罐头食品厂、碾米厂等小工厂，不下百余家，以碾米厂为最多。本年度最发达者首推纱厂及面粉厂，火柴厂次之。揆厥原因约有数端，敌货侵销完全绝迹，货价高涨存货润利，上海及长江下游一带，工厂多为敌人所毁，内地需要货物极殷，故各厂均日夜开工，获利颇为可观，至如美球针织厂，停顿已久，应环境需要亦已恢复。但在另一方面因机器材料奇贵，原料燃料缺乏，致各厂未能有新的展开，间有因运销地点交通阻绝而遭受损失者，其他小工厂大致均能获利云。兹将各厂制成品之总额及其价格分述于次：

和丰纱厂

有纱锭二万六千枚，出纱总额一万八千七百五十五件，每件价格最高三百三十八元，最低二百另五元，总值计五百三十余万元。

太丰面粉厂

本厂出粉总额三十五万七千五百十四包，实销三十九万七千零七十五包，每包价格最高五元六角五分，最低四元六角五分，总值二百十余万元。

正大火柴厂

本年出品火柴总额五万七千四百六十一篓，每篓价格最高十八元，最低十三元八角，计总值九十余万元。

通利源榨油厂

有榨油机五座，本年因原料不敷，兼运销梗阻而减色，全年出品棉生油总额一百四十万七千五百斤，以一百二十六斤为一担，计九千一百担，每担价格最高二十四元，最低十九元五角，棉仁饼总额五百七十万斤，每百斤平均值约三元，共计

---

[1] 原文"械制工业"即后文"机制工业"——本书编辑者。

出品总值约三十七万元。

恒丰染织厂

该厂仅一部分开工,另一部分则在沪开工,本年甬埠出品棉布总额一万匹,每匹价格最高十四元,最低十元,总值约十二三万元。

美球针织厂

前以股东乏力经营,停顿已久,自五月间重新组织后出品颇丰,盖能适应环境需要,销路特佳,开厂阅八月,出品总值约计二十六七万元云。

二、手工业

甬地手工业,以草席、草帽为最普遍。草席产于西南乡,销路几遍及全国。各埠农家因种植席草,故大都备有席机一二架。男耕于野,女织于家,虽农忙时节,亦不间断,而贫家妇女尤依以为生。席机须二人合作,一持竹签,一把木扣,每日每机能织大席一条,小席二三条,俟市日售于席行。其价格涨落不一,由席行视销路畅滞而定。本年因各路阻塞,沪销独旺,故价格凌乱,每条自两三角至一元余,估计出品总量约一百余万条,约总值五六十万元。草帽为一人独编,轻便清洁,未若织席之笨重,故城市妇女亦有为之。其工作,因系手编,颇为迂缓,技工熟练者每顶亦须四五日,工资视编工之高下而定,每顶自八角至一元三四角不等,本年因海外销路畅达,出品激增,估计总量约五六十万顶,计总值一百二十万元云。

丙、林矿畜牧及渔获物数量之估计及其价值:

森林

查本县山地仅占十分之一二,故森林极少,所产木材,仅供橡桶桁杆之需,至栋梁桅樯之属,则惟他处是赖,本年出产计松木一百余万株,每株价格自三角起至十余元,杉木五六十万株,每株价格自二三分至四五角,约计总值五六十万元云。

矿产

本县无金属等重要矿苗,仅有石矿数处供建筑碑刻之用,以梅园为最佳。自抗战以来,本县建设停止,开采量自亦减少,总值约为四五万元。

畜牧

本县畜牧,当推孵坊,专事养鸭,散处各乡;每坊养鸭数千只万余只不等,以孵卵为主要收入，出售新鸭，犹在其次，惟以散处各乡，产量无从统计。

渔获物

渔获物可分内河与外海二种，内河方面有鱼荡二万余亩，本年捕获数量约五十万斤，约计总值十余万元。此外尚有绍帮渔民，以小船网捕鱼虾于河道中者，约有一百数十艘，捕获数量约计二十余万斤，总值当在二三万元。至海外方面，为东钱湖湖民之"大对船"，例于秋后"落洋"，翌年夏初"回洋"。往年约有二百余对，二十六年为一百念余对，本年又减至八十余对，其减少原因，不外敌舰窥伺，海盗猖獗，且因放款紧缩，就地借贷非易，资本短少，故本年收获量，益见减少，估计每对可五千元，总值不过四十万元。

丁、主要进出口货物数量估计及其运销情形：

自上海沦为孤岛，厦门广州相继陷落，宁波遂一跃而为重要商港，凡皖、赣、湘、鄂等省，进出口货物，大抵取道于此，甬埠之进出口货物数量于以激增。兹就调查所得，廿七年度全年统计收入进口税共计一百六十九万另三百四十六元九角三分，出口税九千六百五十二元三角一分，收入转口税二百四十一万另四百八十三元九角六分，合计海关全年收入四百十一万另四百八十三元二角，出口货物以茶叶、棉花、锡箔、棉纱为大宗，纸类草帽丝织品次之，进口以卷烟、布匹、糖、煤油为大宗，生油煤次之，上述进口货物，多由上海运甬转销各地。出口货物，则多运沪转销他埠，间亦有直运香港者。

戊、主要商业营业情形及其盈亏：

甬地商业情形，自抗战以来，内地各处货物皆由宁波转口，是以各业均显呈活跃状态，应运而兴者，当推运输业，旅馆业亦应环境需要频见新张普通商号，因货价步涨，获得厚利者，比比皆是，惟鱼鲜业、木业为稍逊耳，兹将主要各业营业情形分叙于次：

商输[1]公司

查各商轮公司名义上虽改悬外商牌号，实则仍为国人经营，本年因水脚高涨、

---

[1] 原文"输"，当是"轮"之误——本书编辑者。

客货拥挤,营业均称良好。

长途汽车公司

长途汽车公司,惟鄞奉以衔接浙赣路,营业颇称发达,货运客运,均属不恶。其他如鄞慈镇、鄞穿二路,以接近海岸,均已全部破坏。

报关业及转运公司

专代客商,报关纳税或运输各地,因甬埠进出口货物之激增,客商装运各货,莫不争先恐后,其繁盛自在意中。

旅馆业

旅馆业在曩年向甚式微,迩者各路客商麇集甬地,居停之处,自所必需,故新张者极众,大小均沾利云。

棉业

棉花为重要原料之一,上海方面,因豫鄂各处棉花,交通隔绝,故姚花之销路益广,价格逐步趋挺,每对自四十余元上升至六十余元,此业获利殊丰。

布业

花纱价格并昂,布匹市势自亦迈进,货存即可获利,客销尤其畅旺,秋间市价曾一度挫落,不久又复转俏,专营批发之"里号"因皖赣湘鄂及浙东一带客帮水道受阻,多来甬采办,故营批发者,获利尤丰。

绸业

市价亦颇挺勃,门市营业,因岁收丰裕,故颇不恶,批发商号,以销路扩展,亦均能获利,虽不足比拟棉布业,然较胜往年多矣。

洋广货业

洋广各货,多为日用必需品,虽货价高涨,仍有供不应求之势,故存货丰者利亦倍之,营业极为畅盛。

米业

查本县食米向不足自给,端赖输入,以资挹注,自抗战后,来源阻塞,米行遂移转视线向农村收谷,谷价腾涨,米价亦随之。故大小行号均能获利。政府为调整食粮,杜绝囤积操纵,于六月间成立食粮运销公司,对于粮食采购供应,颇收相当之效果,而行号因有入股利及固定之手续费,故仍得沾利云。

糖业

糖价承二十六年涨风,逐步坚挺,内地客销增长,故获利较去年尤为优厚云。

油业

油业上春当镇海口封锁,沪轮中断,时生油市价猛涨,各油行存货丰厚者,均可沾利。

鱼鲜业

本年因海不靖,大对船出洋减少,到货缺乏,以致逊色,惟同业自二十六年起团结一致,故尚不致亏损也。

药业

中药业长路行,因津粤川各路来货受阻,虽存货沾利,究属有限,不得不缩小营业范围。惟山货行、拆兑行,以有内地销路及城区居民迁回,尚能获利。西药在抗战中为必需之品,故业是者甚为发达,获利亦颇为优厚。

提壮业

中产以下阶级,鉴于衣料之昂贵,遂多有购买满当之旧衣服。提壮业在此种情形下,故亦颇见兴盛。

木业

抗战时期,建筑停顿,洋松杉木等行,以到销两乏,营业清淡,竟有收歇者,杂木行尚有另星交易,营业较好,然亦皆紧缩范围以图存在而已。

己、金融业营业概况及动向与货币流通情形:

廿七年度甬埠金融业,以际此抗战时间,放款无不极度紧缩,稳健经营,藉谋金融界之安定。政府统制外汇,巩固币制,奖励土产输出,限制非必需品输入,此种经济阵容之建树,赐予金融业不少助力。各银行存款在上述因素下,渐见恢复,汇兑数量,亦渐扩增。仓库业务,因进出口货之激增,尤形发达。种种情况,显较抗战初期为长进。故金融业此后动向,仍当依照政府策略,以稳健步伐,向前推进。至于货币流通,显见宽畅,上半年承二十六年波澜,汇划贴水最高达每千元七十元,自英美借款成立后,递减至二十余元,循此渐进,将有稳定之望,亦即法币流通宽畅之好现象也。法币在民间之信用,非常良好,镍辅币亦殊受欢迎。惟不多靓银辅币(广东双毫),以私版充斥市上,几难流通,而一般市侩,乘此牟利,私为掀抑,其价值遂未能符合财政部所规定。故在辅币方面,市上以辅币券最为通行,其流通额,以本行[1]为最多,中央、农民次之,中国、交通又次之。法币流通额,以中央、中国为最多,交通、农民次之,兹更就金融业各业分别述其概略如左:

银行业

甬埠银行计有十一家,大抵可分为三类,即国家银行,省银行与商业银行是也,前者为中央、中国、交通、农民及本行,后者为四明、通商、中国实业、垦业、浙东、敦叙等行属之。中央兼营国库,本行则经理省县金库,业务较为繁重,抗战后,仍本以往精神对调剂金融,推行币制,征课税收,不遗余力。中央并联合中、交、农等四行经营贴放,总数约四十余万元,商品融通亦与有力焉。汇兑一项,因甬埠商港地位重要,内地货物均以此间为吞吐之所,故汇出汇入之款,亦较往年为多。

钱业

甬埠钱业渐见消沉。大同行为元益、天益、福利、钜康、瑞丰、瑞康、恒孚等十二家,小同行为源源、源吉、通源三家,较之过去旺盛时期,不可同日而语。惟自抗战后,放款转回上海方面推进,且亦多营汇兑,年终结算,大小同行均有盈余。元益承做和丰纱厂押款,盈余独多计七万余元,余则自数千元至二三万元不等。

典当业

该业在抗战期间,因物价增高,平民添置衣具者,皆转向于旧货,故取赎者增多,即典物满期,亦屡能畅销,故营业盛者其盈利亦愈多云。

仓库

本埠仓库本年春夏两季,因受抗战影响,沪甬停航,营业甚为清淡。自厦门被占,广州、武汉相继沦陷,宁波遂一跃而为重要商港,加以湘桂路完成与浙赣路联络,于是川湘桂赣物品多由甬埠转口,装运货物山积,故各仓库堆栈营业顿见起色。

本年份甬埠钱业自抗战以还,放款绝对紧缩,对于存款利息亦开出极微,全年

---

[1] 本文所说"本行",指的是"浙江地方银行"——本书编辑者。

平均统计每千元为十七元四角六分,开向来未有之最低记录。

庚、县财政状况及国省地方税收情形:

本年鄞县县政府各项税收,虽受战事影响,较去年减少,但政府以处此非常时期,对于各项经费,均极力紧缩,故财政状况,较往年为佳。二十七年度计征起国省税十八万三千二百七十七元四角四分,县地方税三十四万五千六百九十八元八角三分。

辛、经济建设状况:

鄞县各项建设,最近数年,正在突飞猛进,自前年战事发生后,即行停顿,故本年无何项建设可言。

(《浙光》,1939年战时半月刊,第24期)

一年来宁波物价概观

丽卿

宁波自最近一年来,物价步涨,人民生活之困难,已至绝顶。其高涨之原因,不外乎下列数点:(一)海口被封,运费高昂。(二)限制现钞出口,汇水津贴加重。(三)奸商囤积居奇,操纵市价。(四)外地来货缺乏,市上供不应求。(五)食粮飞涨,家庭手工与土产出品,同时提高卖价。(六)各项捐税繁重,意外开支增加。基上原因,故甬地物价,日益高涨,有时虽因销呆到旺,暂时回降,但不久又趋上升。如以涨市与跌盘,两相比较,其所跌者亦属微乎其微。试观下文,即知非虚:

去年四月下旬,甬地物价,照县评价会评定者,计十六磅双象粗布,每匹五十元,十四磅三鹿粗布每匹四十五元,十三磅飞熊粗布每匹四十元,十一磅三猫粗布每匹卅五元,九磅猫鹰粗布每匹卅二元,足三尖每斤九角八分,生油每斤一元,豆油每斤九角六分,菜油每斤七角六分。

五月上旬,评定为陈木柴每斤一分三厘至一分八厘,新木柴七厘至一分三厘,十六磅双象粗布骤涨至六十五元,十四磅三鹿粗布涨至五十六元,十三磅飞熊粗布涨至五十二元,十一磅三猫粗布涨至四十三元,九磅猫鹰粗布涨至四十二元,足三尖每斤涨至一元一角二分。五月中旬木柴价每斤涨二厘,各档粗布,除九磅猫鹰粗布外,每匹又涨一二元,足三尖每斤涨八分,生油评价为一元〇四分,豆油九角六分。

六月上旬,足三尖跌四分,提青评价为八角四分,菜油八角六分,余尚无涨落。六月中旬,评价为盐一角六分,鹰油每听十八元五角、每斤一元,而各种粗布,因销路不旺,每匹约跌十元。六月下旬,鹰油每听跌五角,生油每斤跌四分,各种粗布又继续回跌至四月下旬之所定原价,绿牧童面粉评价为每包十二元五角五分。

七月中旬,因日军犯镇,宁波吃紧,各种粗布续有跌价,当时十六磅四十二元,十四磅跌至卅七元,十三磅跌至三十六元,十一磅跌至三十元,九磅跌至念九元,惟绿牧童面粉涨至十六元八角。

八月上旬,局势安定,粗布价又回涨七八元至四五元,盐评价每斤一角八分七厘,生油一元○八分,豆油一元○四分,菜油九角四分,鹰牌煤油涨二元。八月下旬,物价无甚涨落。

九月上旬,糖油两项,均告涨价,足三尖评价每斤一元五角二分,生油一元二角四分,豆油一元○八分,菜油一元。

十月下旬,食盐亦告涨价,趸售每百市斤念四元,另售每斤二角五分,较六月中旬每斤涨九分,鹰油每听步涨至念七元,较八月上旬涨四元五角,另售每市提一元五角二分。同时各种粗布,又告续涨,计十六磅价五十九元,十四磅五十四元,十三磅五十三元,十一磅四十元,九磅四十六元,均较八月上旬涨八九元;生油一元五角,较八月上旬涨四角二分,豆油一元二角,亦涨一角六分。

十一月中旬,各油市无变动,各种粗布,稍跌二三元,惟绿牧童面粉涨二元,评定最高足三尖趸售价一百六十元,特提青每市担一百卅元,零售一元八角。

十二月上旬,木柴又告涨价,陈木柴一分八厘至三分九厘,新木柴一分五厘至二分三厘,较五月间涨五厘至二分,白炭评价为九分,双桃奎宁片每粒九分,较前涨二分,最高足三尖每市担售一百六十五元,另售一元八角八分,特提青一元三角七分,余尚少涨落。十二月下旬,炭价又较上旬涨一分,鹰油每听售十八元,较上旬飞涨六元,每市提二元二角,较上旬涨四角,最高足三尖每市担一百八十元,较上旬昂涨十五元,每斤二元一角一分,涨二角三分,特提青一元五角六分,涨六分,生油一元六角八分,菜油一元一角八分,则各涨四分。

本年一月中旬,各项物价,又趋高涨,经评定煤油每听售四十四元,每市提二元六角,十六镑双象粗布每定六十三元,十四镑三猫粗布五十六元,十三镑飞熊粗布五十三元,十一镑三猫粗布四十八元,九镑三猫粗布四十六元。最高足三尖每担一百八十九元,每斤二元二角四分,特提青每斤一元六角四分,生油一元六角,豆油一元三角六分,菜油一元四角八分,酱油每一百念斤一〇七元,每市斤四角四分,绿牧童面粉叠售每袋三十四元,另售卅五元七角。一月下旬各项日用品价无甚涨落。

二月上旬,其余物价无变动,惟煤油因来源缺乏,价格飞涨,暂时评价每听四十六元,每提二元七角。二月下旬,俞县长以甬地物价飞涨,影响平民生计至巨,当召开评价会时,向各业代表提出,谓商人采运日用品进口,本人自应予以种种便利,并议决规定日用品之最高利润,绝对不得超过百分之五,商号或私人囤积日用品,另订奖励密告办法。

三月上旬,重新评定物价。杂粮七十八元,蚕豆八十三元,小芋四十元,干番薯每斤八角。肉类:鸡每斤一元二角,鸭每只三元二角,肉每斤一元六角四分,羊肉一元六角八分;油类:生油二元零八分,豆油一元三角六分,菜油一元四角六分。二月中旬,各类物价,评定燃料白煤每吨五百六十元,烟煤三百七十元,无货。棉布:元色假直贡呢每市尺一元〇五分,花假直贡呢九角,元色假哗叽一元三角,花色假哗叽九角,元色小布八角五分,蓝斜纹七角,灰斜纹六角五分;茶叶每斤一元八角八分,生油二元二角,麻油一元七角六分,豆油一元三角七分;白糖二元一角六分,红糖一元六角,料酒八角。三月下旬,食盐每斤涨至六角,绿牧童面粉涨至五十七元五角。面每斤一元一角六分,番薯干评定价一百十元,番薯四十五元,肉每斤二元,咸黄鱼一元二角,咸鳗七角六分,千层每张七分,豆腐每板六角,黄豆芽每斤六角六分,绿豆芽三角二分,咸菜一角四分,生油二元四角,菜油一元九角六分,白糖二元二角二分,红糖一元七角二分。

四月初旬,燃料棉布等各货均无涨落,惟猪肉涨至二元二角。四月中旬,面粉稍跌,评价为五十二元五角;猪肉又涨至二元八角八分,统鸭蛋每十只一元二角,鸭蛋每十只一元三角,咸带鱼每斤一元三角八分,咸力鱼一元四角四分,酱油四角八分,生油二元四角,麻油二元四角,上白糖二元三角二分,次白糖一元九角二分,红糖一元八角,砂糖一元四角八分。

上述每月物价,均由鄞县政府评价委员会评定公布者,尚有暗盘,自当超出于评价之外,中有违反评价之商号,经查获而处罚者。一二月间,有柴业锺泰、天星、李万泰、立记、永兴、福兴等数家;一月间有油业乾康、恒康、恒义、新乾茂、源泰隆等五家,以棉油,■[1]油渗入生油,混销市上,各罚金十元。三月与四月间,查获违反评价之商号,计新泰等十三家肉店、甬裕泰南货店、祥和等五家油行、信和酱园、石恒利、邵太和咸货店、万源、大昌、洽一烟号,除处以五倍罚金外,并依照非常时期农商工管理条例第十二条送法院讯办。

综观一年来各项物价,昂涨最高者,日用品中,生油每斤涨上一元四角,豆油涨一元一角,菜油涨一元二角,酱油涨三角一分,盐每斤涨四角四分,火油每听涨卅八元,白糖每斤涨一元三角四分,次白涨九角六分,红糖涨一元二分,面粉涨卅六七元,其他鲜咸货亦涨一倍以上,无怪甬民生活,大受窘迫也。

(《上海宁波公报》,1941 年,第 43 页)

宁波经济动态(上)

正

宁波自友军[2]进驻,迄今已逾九阅月;经当局之锐意兴革,市况得逐渐繁盛,兹将其年来经济动态,就采访所得如左:

一、金融。甬埠原有银行计:"中"、"中"、"交"、"农"[3]、浙江地方、四明、通商、垦业、中国实业、浙东等十家,及大小钱庄约三四十家,银号三家,其中除旧"四行"及"地方"外,其余行庄,经营之业务方针虽各有不同,而大都皆获盈余,全部实力,亦称不弱。及友军进驻,渝方四行及"地方"相率内迁,各行庄亦皆移业沪埠,一时甬埠金融,遂陷入停顿状态。嗣后市面秩序渐次恢复,于是乃有新兴小钱庄数家,

---

[1] 此字无法辨认,类似于"苍"——本书编辑者。

[2] 此处的"友军",指的是日本侵略军。1941 年 4 月 19 日,日本侵略军在镇海登陆,第二天占领宁波城——本书编辑者。

[3] 此处的"中"、"中"、"交"、"农",指的是民国时期四大银行:中央银行、中国银行、交通银行、中国农民银行——本书编辑者。

皆以收兑大钞为主要业务（其时大钞兑价约在六八折至七五折左右），未几复有甬商数人集资创设企业银公司，资力规模未臻完备，除经营存汇以外，亦承做货物押款，然力量浅薄，未免窒碍。嗣横滨正金银行来甬设立支行，挟其雄厚之资力，酌盈剂虚，甬埠金融，至此始行稳态，迄今大小钱庄，不论新设与复业，共计已达四十余家，其经营之业务，约可分下列数种：

（一）套做申汇：同业每日公会开评行市，在前月（去年十二月）金价飞腾，银根奇紧之际，汇率最高曾一度达九六〇元申交千元，卒因正金银行巨量供给，波动旋即平落，目下约盘旋在九八五至九九五之间。

（二）收兑大钞：甬埠因年来内地客商众多，驯致大钞充斥，迨去春友军进驻，积留犹巨，各钱庄乃相率收兑，借博利润，市价自七五折陆续上升至九五折，目下虽存底渐稀，而钞票受打击之余波，中、中、交三行钞币未免轻视。

（三）承做货物押款：物价步昂，商人经营贸易大都获利，间或不敷周转，向行庄申请抵押借款，亦均能于短期清偿，缘货物高涨，人人图博盈利而去，由于大多数货物化为零数疏散四方故也，行庄厚利贷放，既不虞短欠，似亦有利可图，惟甬地夙乏仓库设立，致不能大规模设施。

（四）代收内地存款：渝四行挟甬人三四千万之巨额存款，而迁入内地，甬地人民执有存单、摺者，靡不痛心疾首，由富厚阶级而入贫困之境，因是各行庄乃有代收内地存款者，或即以八折左右承买，惟于存款内有未计入之应得利息，则都抛弃，而为行庄额外利润，行庄则将所受存单、摺，派员前往收取，再向内地套取申汇。查金华与上海之间，汇率最低，曾达每百元三四元左右，故行庄辗转之间，获利亦殊可观；惟自东亚战事爆发后，内地与上海之间不能通汇，现是项业务亦将无法承做矣。

（《经济日报》，1942年，第305期）

宁波经济动态（下）

正

二、贸易。甬埠自事变以来，因曾一度为渝方之东南唯一吐纳口岸，且因密迩上海，而与内地之交通，又属便利，以是商贾云集，市况鼎盛，其间虽沪轮通航，时续时辍,然商人重利,咸不畏艰险,辗转运售,其冒险愈大,则获利愈厚,一时进出口贸易额,遂激增綦巨,而甬地受内地抬高价格影响,致人民受一倍十或倍七之负担,洎乎去春,友军进驻,内地商贾因统制严密,始见绝迹,贸易范围,因是狭小,惟沪轮畅通,土产得源源出口,而甬埠日用品什九皆仰给上海,缘物价日增,消耗量虽觉减少,然进口数量,尚属可观,缘私贩辗转运入内地也。太平洋战事发生后,素称大量出口之草帽,因海运告绝,外销无望,遂致全部停顿,影响于甬埠整个经济殊巨,至进口贸易如棉布、糖、北货、香烟、水产等,经当局统制管理,贸易尚见畅旺,因此新设行号,逐渐众多。

三、工商业。甬埠工厂规模较大者,原有纱厂、面粉厂、火柴厂、染织厂、罐头食物厂等各一家,其中和丰纱厂,及太丰面粉厂两家,尤称巨擘。和丰拥有工人千余人,向以姚花为原料。自事变以来,以纱价步昂,获利殷巨,不幸于前年春间机房失慎,机器全部被毁,至厂务停顿,工人失业,损失至大,当时虽经当局力谋复兴,至沪购办机器,方略有端倪,而渝军后退,其议遂寝,现其厂基、货栈、码头、一应设备,犹属完整,剩余财产,固犹匪鲜也。太丰面粉厂原料系向沪、绍两地采购,产销均称不恶,现因主持乏人,亦告停业。兹闻已有当地绅商积极图谋恢复,倘原料筹有办法,当可早观厥成。正大火柴厂虽已开工复业,终因原料稀少,出品难见畅旺。其他各厂,则均在停顿中。

四、物价。旧法币尽量滥发,形成恶性通货膨胀,致物价昂腾无涯,甬地各类物品,多仰赖外给,致所有物价,咸皆超出沪埠,爰就调查所得,将一月份日用品价目列下:

米,每石(合一百五十市斤)二百元;柴,每市斤一角;火油,每斤十一元,每听二百元(无货);生油,每市斤六元;火柴(菊花牌),每小盒四角五分;白糖,每市斤三元八角;黄糖,每市斤三元六角;食盐,每市斤五角;祥茂肥皂,每箱一百二十元;十二磅细布,每匹一百四十元;士林布,每匹二百三十元;二十支天女纱,每包五千元;大英牌,每小包一元七角;老刀牌,每条八十元;三星牙膏,每支一元三角。

总之,目前甬埠金融、贸易、工商业等,似均未臻健全;木糖等行,本为甬江之中心枢纽,今建木不到,已同晨星之寥落,有待于本行开业之后,充分予以扶助,俾整个市面得以迅速恢复，市民籍资扶助；旧四行钞币既因物价倍十之增高，曾为一般人民之轻视，故本行[1]发行钞币可资调剂，实为甬人士所深切期待者也。

（《经济日报》，1942年，第306期）

宁波经济动态（五月份）

宁波支行

一、金融：甬埠同业，除横滨正金银行宁波支店外，原有旧式钱庄五十余家，及公司组织之企业银公司一家。平时除承做存放款外，皆以套取沪汇为主要业务，每日在钱业公会市场公开买卖，本月因受进口锐减，出口增旺关系，致由沪汇甬之需要激增，每百贴水，最高曾达十五元之巨，嗣经本行设法调剂，始稍回平。迨本月二十四日，甬地当局命令停止汇兑市场，并改组银钱业公会，及公布"暂行管理银钱业条例"，实施以后，钱业均将大部头寸，调沪套取汇水，一时殊皆无法解付存户，乃纷纷向本行申请至上海各该申庄托收，兹事影响甬市金融殊非浅鲜。至本行券发行以来，因本地税收等各机关奉令须一律缴纳新币，以是需要增旺，及至连日改定兑换比率，旧币价值日趋低落，人民对新币之信仰益坚，门市兑换，亦更拥挤，一面当局业已厘订依据新币为单位之物品限价，甬上金融，至此当可步入一新阶段也。

二、贸易：甬埠日用所需，向赖外给，而土产出口，又远逊进口货物之数量，当局为力求平衡起见，乃限制进口品额，一面极力促进土产出口，本月出口货物较前畅旺，其中以草席、木材、茶叶等为大宗；嗣因浙东有战事，甬地贸易乃形成呆滞状态。至一般囤户，则亦以银根紧绌，未能活跃云。

三、工商：甬埠工商业向称繁盛，比来新设行号，亦甚众多，其中以贸易行、及纱布号为尤甚。惟至上月下旬近郊及市区发生恐怖行动，当局实施警戒线严密戒备，前后数次，一时人心惶惶，市况顿呈衰落。兹以匪患消泯，人心安定，商市稍复；惟一般门庄店铺，究以物价过昂，购买力终见薄弱也。至原有纱厂、面粉厂及布厂

---

[1] 刊登本文的《经济日报》，是由日军伪政府的"中央储备银行调查处"编印的，因此这里所说的"本行"，即指日伪"中央储备银行"，该行总裁即为周佛海——本书编辑者。

等,除面粉厂现闻已有当地殷商筹划复业之消息外,余皆以原料阻断,厂址损毁等关系,均在停顿之中。

四、物价:(暂以旧币为本位)白米每石二百三十元,麦每石一百十五元,苞米每石九十六元,猪肉每斤九元,香烟——大英牌每箱一万一千元,火柴——玫瑰牌每箱一千一百元,洋烛——船牌每箱三百二十元,砂糖——白每市斤九元、赤每市斤七元五角,食用油——花生油每市斤十二元四角,肥皂——黄祥茂每箱四百元,二十支天女纱,每件一万一千元,十二磅细布——大鹏每尺三元二角,白报纸——每令二百八十元。

(《经济日报》,1942年,第394期)

宁波经济动态(六月份)

甬支行

金融

本月初财部发表整理旧币条例,甬地各业一律遵令改换新法币为本位;惟银钱业则以适在停顿时期,致各行庄库存均异常单薄,除各依法缴入本行按率换给新法币外,嗣因各行庄为解付存户,咸急欲将以前调沪之款,设法套回,而其自身又奉令停止汇兑,乃呈请本行转向当局申请;经核准后,先后委托沪行代收,总数约达二百万元,空前紧绌之甬埠银根,得此调剂,始略见松弛。本行自八日起开始办理收兑旧币,十日起委托本埠殷实行庄公司及镇海企业银公司、慈溪、余姚、奉化等乡镇联合会,代理收兑。迨至月终,除乡区及邻县外,其余均告全部结束。观察一月来收兑范围,业已随和平区域之拓展,普及于乡僻之区。甬埠接壤内地,情形素称特殊,获此成绩,未始非和运前途之曙光也。

工商业

本月份工商业,初以银根奇紧,继因运销呆滞,是以迄未起色;客帮固以交通阻梗,统制严密,不获活动,门庄则因货价过高,购买力薄弱,实销亦稀。一般观察,非待秋收以后,总难望有转机。新设裕民编织厂一家,专营席草织品,半为应时,半亦救济平民,惜规模欠宏,未能普及。

贸易

本月进口,除万康公司曾有数批卷烟及烛皂等运到外,其他棉布洋广等,均以沪甬价格悬殊,乏人采办,致到货绝稀;出口较旺,中以草席、松板、茶叶为大宗。贸易行新设及停业均有,惟获利者不多。

物价

本月因一律改换新币本位,当局恐奸商乘机抬价,致损新币信用,乃厉行物价统制,必要及次要日用品,均厘定公定价格,严格执行;无如在产制运销未经统筹完备之前,执行愈严,形成无货无市,因之产生暗盘,即如食米一项已由每石二百二十元激升至四百余元;余如菜蔬鱼肉,莫不狂涨;平民生计,打击殊巨。兹将公定价格,酌录于后:

品名	烟草(大英牌)	又(老刀牌)	火柴(仙鹤印)	又(中国印)	白糖	赤糖	肥皂(固本)	洋烛(船印)	白米(现地米)	苞米	柴(干燥品)	生油	菜油	棉纱(二十支)	大鹏(细布)	白报纸	连史纸	毛边纸
单位	一小箱	又	一小箱	同	一市斤	同	一块(大)	一本	一升	每斤	一〇斤	一小箱	同	每小包	每尺	每令	同	同
价格	一.五〇	一.一〇	四五	四五	五.九〇	五.三〇	二.三〇	一.一〇	一.一〇	五〇	四五	六.二〇	五.七〇	一五.〇〇	一.六〇	一三三.〇〇	一〇六.八七	八五.五〇

(《经济日报》,1942年,第418期)

宁波经济动态(上)(七月份)

甬支行

一、金融

(1)收兑旧币。甬埠自上月八日开始收兑旧币,宁波城区,遵限于六月三十日结束,乡区及余姚、镇海、慈溪、奉化各邻县,先经呈准宽展至七月五日截止,次复经奉准援照苏州、南通等县成案,再予展期至七月十四日,作为特别兑换时期,但以各该地方情形特殊,复徇当地友军当局之请,付给各代兑处所兑换资金,以供赓续办理之用,其收兑额如下:

宁波城区收回旧币六百九十七万九千三百元另二角,兑出新币三百四十八万九千六百五十元另一角。

宁波乡区收回旧币四十六万七千九百元,兑出新币二十三万三千九百五十元。

余姚收回旧币一百七十二万八千六百七十元,兑出新币八十六万四千三百三十五元。

镇海收回旧币一百四十万另一千八百元,兑出新币七十万另九百元。

慈溪收回旧币十二万二千六百元,兑出新币六万一千三百元。

奉化收回旧币五十一万元,兑出新币二十五万五千元。

以上宁波乡区及各邻县收兑数字,截至七月二十七日为止,合宁波城区并计,共收回旧币一千一百二十一万另二百七十元另二角,兑出新币五百六十万另五千一百三十五元一角。又中、中、交三行破损程度良好之旧钞,呈奉核准,酌加收兑,于本月八日开始,至十二日结束,计收回该项旧钞七万另一百另一元,兑出新币三万五千另五十元另五角。

（2）同业。自五月下旬当局公布银钱业管理条例以后,甬埠银钱业,即停止活动,从事改组,其改组完竣之大同行二十二家,已得当局之许可,于六月三十日成立公会,七月一日即行复业,其牌号为宁波企业银公司、益康、晋祥、恒丰、康甡、源丰、怡康、久和、庆余、铭记、永余、诚昶、源泰、志鸿、顺源、九康、同德、复康、和济等钱庄,及汇丰、顺利、建华等银号;此外尚有改组将成及新设之大同行八家,小同行十三家,正在申请加入中。

(《经济日报》,1942年,第446期)

宁波经济动态(下)(七月份)

甬支行

（3）汇兑。同业沪甬汇兑,已获有关当局允许,由统制汇兑改为管理汇兑,在经营本行或横滨正金银行之原则下,准予经营。

（4）拆息。本月份钱业公议拆息,每千元存息日拆一角,欠息日拆七角计算。

（5）金银市价。本月份饰金挂牌,最高为二千五百元,最低为二千元,月终盘旋于二千一百至一百五十元,纹银由十三元降至十一元,站住不动,同业互做均略小。

二、工商业

浙东行政公署于本月十日成立,对甬埠工商业之复兴,进行不遗余力,如和丰纱厂及太丰面粉厂,均在计议恢复之中,顾在目前环境之下,机器、原料之补充采运,及燃料之供给等等,均不易一蹴即就,能否早观厥成,似难预期。通利源榨油厂现已开工,先制菜油,惜产量不多,一面正筹集资金,以备新棉登场后,向姚北一带采购大量棉籽,榨制花油,藉供当地食用。另有韩岭烟厂,已于上月间招标,改组成立,运到制烟原料,制造低级纸烟,值此烟价昂腾之际,成本愈廉,则销售愈易,该厂营业,较有希望。商业方面,因币制政策改革成功,新币信用坚强,一般物价,除粮食外,渐趋稳定,囤货之风,亦告段落,但实销仍难起色,以是各业殊鲜进展。

三、贸易

本月份贸易,进口货有卷烟、赤白糖、洋广货及少量棉布,出口货有草席、药材、纸类及水蜜桃等,惟以迩来沪地取缔投机雷厉风行,物价抑平,已较甬市为低,棉布等业准备赴沪采购,一二月后,进口贸易行将增加。

四、物价

本月份物价,大体稳定,惟粮食独涨,食米及杂粮,均续向上,月终米价,已售二百三四十元,趋势犹未可遏止,当新谷登场之秋,而有此种现象,殊出常情之外。普通日用品评价,已有一部分更定,约略统计,烟草涨百分之二十至八十不等,肥皂涨百分之三十,洋烛涨百分之十,布匹涨百分之三十至五十不等,其未经改评之货,实际上仍有暗盘。

(《经济日报》,1942年,第447期)

宁波经济动态（八月份）

甬支行

金融

同业：本月新创及改组完竣之同业，申请加入银钱业公会为大同行会员者，计有同丰银号、信成银公司等十家，股本自八万元至五万元不等，加入为小同行会员者，计有洽利源钱庄、元春银号等十四家，股本自五万元至三万元不等，已依照浙东地区钱庄业管理条例之规定，办理手续中。

汇兑：沪甬汇兑，向称繁多，友军当局以管理贸易首在统制金融，本年度特限订自沪汇甬汇款额度，其必需汇入之巨额款项，则须由本行或正金银行代为收取，藉便管理，而资统计，现应工商各业之请求，业已于本月二十五日起，开放限额，惟数在十万元以上者，仍须说明用途，以便查核，其同业头寸之总算，则须经由本行或正金为止调拨，此后甬埠整个金融之紧驰，将全赖本行之调剂矣。

拆息：本月同业存放拆息，改为存息日拆一角，欠息日拆八角，较上月增加一角，不啻予囤货者以间接的制裁。

金融兑价：饰金挂牌，本月仍盘旋于一千九百元与二千一百元之间，纹银则始终站住十元不动，同业互做均略小。

工商业

本月份热浪袭甬，炎威逼人，百业俱蒙影响，门庄营业，清淡逾恒，批发亦仍乏起色，以是一般货价除粮食、菜蔬、食油等项外，俱趋挫折，执货者犹冀回涨，不愿削价出售，其中颜料、西药、棉布等虽皆猛泻，然交易寥寥，均存观望，更有多数商号，因伙食激增，营业未有把握，俱拟紧缩范围，裁汰职工以图节省，如数月后，市面仍无转机，恐年度结束之时，闭歇者将屡见叠出也。

贸易

本月沪甬进出口贸易，仍行呆滞，一部分商人乃转移目标向余姚等处，采购豆麦杂粮等运甬销售，大部游资争置田地房产，致价格日高，亦缘正常贸易未有门径，不得不改弦易辙耳。

物价

本月份物价仍以粮食腾涨量巨,食米每石二百八十元至三百四十元,较上月杪提高百元左右,揆以粮价领导物价之义,鱼肉蔬菜亦随之而涨,其余日用品,涨跌互见,差额尚微。

(《经济日报》,1942年,第477期)

宁波经济动态(上)(九月份)

宁波支行

金融

同业:甬埠钱业小同行业经当局核准设立者计有洽利源、盈泰、元春、怡生、志诚隆记、仁丰、协泰、盈丰、安康牲记、德丰等十家,于本月二十五日召开会员成立大会,当场产生执监委员,并经推选洽利源庄严厚坤为主席,依照当局所颁暂行管理条例开始营业,今后甬埠小工商业金融上之调剂,当不无裨益。

汇兑:自本行及正金银行会同公告宽放沪甬汇兑数额,并划一汇价后,人民汇款咸称便利,经由本行汇入者,为数尤众,一般大同行钱庄,则需视自身之头寸,以定收受汇款之多寡,因是其所获利益,亦荣辱互见,至本月下旬,纱布业向沪办货,有巨额套出,镇海方面比来进口亦旺,款项多由甬转汇,故甬埠银根,已回松不少。

拆息:本月份钱业公议存息改为每千元日拆一角五分,较上月加五分,欠息不更仍为每千元日拆八角,业经呈奉当局备案。

金银:饰金挂牌上半月平定未更,下半月受沪埠影响,稍有波动,统计一月来最高价为二千三百元,最低为一千八百五十元,全月差价在四百五十元左右,同业互做均略小,纹银平疲仍挂十元。

(《经济日报》,1942年,第498期)

宁波经济动态（下）（九月份）

宁波支行

二、贸易

新秋入序，早禾登场，一般贸易亟盼稍有转机，纱布业经五阅月之沉寂，开始集中派员至沪埠办货，虽数额未广，终望其能源源不绝，其他洋广百货业等，亦纷纷购办冬令货物，藉资应市，实销如何，尚乏把握，万康公司本月续有数批卷烟及糖类烛皂等装来，除一部摊销甬地外，余则分供浙东各县之需要，出口有民生贸易公司之茶叶，中支烟草协会之烟叶及松板麻袋等。

三、工商业

本月甬埠工商业，仍鲜起色，当局虽厉行平价，惟商人贪利心重，致未能收普遍之效，然正因其不肯减值，销路自不克进展，欲图挽救颓势，有待于商人之自动觉悟矣。

四、物价

本月米价，因早禾尚称丰稔，平民户口米亦见配给，暗盘价格，略行回小，在二百八十元至三百四十元之间，生活必需品如杂粮、菜蔬、鱼肉，续有上涨，其他货物尚见平稳。

(《经济日报》，1942年，第499期)

宁波经济消息五则[1]

鄞县县政会议

（宁波讯）鄞县县政府前日举行鄞政会议，议决要案中，有关于经济节目如切实查获契税，及减低房警捐率四成等。

鄞公务人员配给食米

鄞县县政府为提高公务人员待遇起见，定于下月份起实施食米及其他各种必

---

[1] 原文无此标题，该标题为本书编辑者所加。

需品配给制,以安定生活,加强工作效能,中小学教师亦一律同等待遇。

宁波规定物品移动标准

宁波经济分局以举办主要商品总登记期内,为维护民众需要,顾全商人营业计,特规定物品移动标准,布告民众一体遵守。

中央储蓄会鄞支会开幕

中央储蓄会设立宁波支会,经理王嵋珍,抵甬后即积极筹备,于日前正式开幕,各机关长官及各界来宾参加者甚为踊跃,入会储蓄者亦颇多。

(以上四则均选自《经济日报》,1943年,第724号)

宁波经济分局　配给居户用品

(宁波讯)浙江省经济局宁波分局,为谋减轻宁波居民生活负担,特订定办法,自本月份起,开始配给居民日用品,以户为单位,按户发配给证一份,配给物品暂以卷烟、火柴、肥皂、棉纱布四项为限。

(《经济日报》,1943年,第850期)

二、工商交通电信等业

南京新造冰厂

有宁波人合股在南京定淮门外置买田亩,搭盖草厂,收罗冬冰密藏,古人"二之日凿冰冲冲,三之日纳于凌阴"是也。其办事人员寓于下关四明会馆,其卖冰处,一在下关轮船码头,一在夫子庙前,或汉西门外。

(《画图新报》,1907年,第1期)

宁波东钱湖议设广济砖窑公司

鄞县东钱湖年久失修,淤泥湮塞,蓄水无多,收成歉薄,今由孙君廷源、周君衡甫等倡议,于钱湖之梅湖设立广济砖窑公司,招集股本三万元,挖取湖泥烧造砖瓦,俾转害为利,振兴实业云。

(《并州官报》,1908年,第26期)

浙江宁波石版公司出现

近日各堂学生所用之石版,大都出自日本,利权外溢,此亦一端。现闻宁波胡国珍君悉心研究,忽得一法,即令工匠徐海阁仿造所出之版,于日本无异,而质坚耐用则又过之。曾经禀请农工商部批准专利十年,近已招集股本,定于本月在三官堂地方设厂制造,将来销场果旺,亦可借以少挽回利权云。

(《并州官报》,1908年,第31期)

宁波商务总会移请火柴公司之免厘

宁波总商会日昨移请厘饷局,谓据正大火柴有限公司孙德厚等略称:职商等在宁波江北岸草马路地方设立正大火柴有限公司,业经呈由商会,转呈农工商部及抚宪核准在案;职商等遵即出洋购办机器等项,于五月间,陆续购运到沪转宁,照章纳税,现经试造土货,尚属合法,足以抵制洋货;今先拟定钟、鼎、鼓三种商牌,以示区别;惟公司创办伊始,配置机器,选购各项材料,工本浩大,在在非易,兹试造出货,核计成本不轻,亦不得不平价减售,以遏漏卮,而免滞销;如经过各关卡,再加捐税等耗,势必亏蚀,于是前经呈请运往出口销售,完一正税,沿途子口落地等捐,概免重征,以保商业,当蒙咨请税务大臣核办,迄今未奉饬遵;伏念职商等试办之初,出货在即,此项火柴原为抵制洋货起见,所以装饰与盒数亦照洋货无异,每铅听一百二十封,每木箱装六听,计七百二十封为一箱,即经成货出厂,自应分设各府属商埠销售,请援照机器制造,如洋布、洋纱、玻璃、火柴、洋纸、洋粉等项成案,经各局卡,一律准免捐厘,以畅行销而保商本,将来办有成效,应照章缴捐,以重厘务;恳呈乞抚宪察核,俯恤商情,准予免捐而维补助,并准刊用浙宁正大火柴有限公司图记,加盖运单,得便行销,庶杜影射等语;除呈请抚宪外,移请该局核办。

或问记者曰:宁波通商较别埠先,设立商会亦较别埠先,何以除纱厂油厂外,并无别项实业闻耶? 记者曰:子宁人,亦知宁波商会之性质乎? 总协理则徒拥虚名,坐办则只知利己,洋拆之日大,现申之日涨,米价之腾贵,铜元之减折,置于不闻不见之地,求所谓保护商家,提倡实业者,彼固不知为何事也;今何幸忽有正大火柴公司豁免重征之移请乎,此后实业界中放一线之光明,俾商业得以扩充,利权得以挽回,吾不禁为宁波前途贺,吾尤不禁为商会诸君勖焉。

(《华商联合报》,1909 年,第 19 期)

宁波电话公司办理情形报告书

宁波水陆交通为五口通商之一,地方辽阔,商务繁兴。惟市场向分三区,曰城厢,曰江北,曰江东,中梗以江绕道,往来交通素称不便。朱君葆三、李君征五及仰之等,有鉴于此,爰特奋然兴起,组织宁波电话公司,谬承股东公举仰之为总理,珪爵为经理,自维简陋,措置未周,久深惭恧。幸开办一载,营业尚称发达,通话将满四百户，一切置备得以略具规模。兹将办理大略情形，谨记于后。岁甲寅秋七月，王仰之、蔡珪爵同订。

交换机部

交换机系瑞典依力克生厂所制造，现备用户台六座，监机台一座，测量台一座，其用户台每座宽约二尺，容坐一人，下列白质圆管百支，嵌入接线塞箐之中，铃摇则伸线，接则缩，以为用户通达。公司之信号中，列接线指明器一具，断线指明器一具，电流通塞指明器一具，以为断续之标识，而验机线之良否。此器之上更列通达各段之多数，塞箐容量一千二百家，现在实备六百号，各段配合如一字形，置于室之一隅，备将来扩充也。

配线部

配线盘系用铁质为之，一面横置试验眼内，一面直装避雷质物，中为纵横线路，现备六百回线外，用开合之布罩围之，防尘埃侵入也。

线路部

线路计分东、西、南、北四干，散布于城厢内外及江东、江北两区；以创办之初，暂设架空明线柱，用方圆两种，长约三丈至五丈不等，分别枝杆安设六线、八线、十线等；铁担惟东、北两杆，必须经过大江，故各用五十二对之水线二条安置江中；其线以二十磅铜丝，用纸包裹，藏于铅管之内，铅管之外护以平蔴麻绳两层、圆扁钢丝两层、钢皮一层，再外以麻绳一层，编为铠装，全部涂以胶状臭油；每线一买，约有五千袜共之拒力；现在营业渐行发达，不得不改用电缆；业已订购五十二对及二十六对两种，约二三个月后，即可运甬安放。此线路之大略情形也。

宁波电话公司营业章程

甲、关于装户

一、各户装设电话，必须先将姓号、住址详细开明，送交本公司挂号，并说明装用何种机品及是否装用避雷机。

一、本公司电机计分两种，一装于壁上者曰壁机，一装于桌上者曰桌机。

一、本公司装机时，备有装户收到机件收据一纸，请各装户于收据上签字盖戳，交原匠带回存于公司，俟将来撤机，仍将此据交还；若工匠未持此条，即系假冒，请勿令其撤卸。

一、装机地点必须择一刻不离人之处，以便应接迅速。

一、各户电机如日久稍有不灵，于铃声微细，或说话模糊，请即函告本公司或电连领班室，即时派人修理。

一、本公司饬匠修机、修线，均执有本公司编号铜牌，以凭查验。

一、本公司饬匠修机、修线，不准索取酒资。

一、本公司接线生如有错误及开罪装户之处，务请即将事由、时刻及具函人姓名详细开明，送交本公司经理处，或电达领班室，以便照章惩罚，决不庇护。

一、每次传话以五分钟为度，如因要事必须延长时刻，即请先行告知接线生。

一、本公司接线，春分以前自晨六点钟起至夜二点钟止，秋分以前自晨五点钟起至夜二点钟止，任凭装户传唤。

一、各装户不得在电机上互相争执，及接唱歌曲，违者及时拔断并停机三天。

一、各装户于电机上或有彼此错传消息，本公司无从查察，概不认咎。

一、凡于雷电交加之时，务请稍停传话，以免触电。

一、撤机时，所有机器、线料等件概由本公司收回。

一、撤机时如壁上稍有损坏，本公司不代修理。

一、各户如欲装用电铃，本公司亦可照办。

乙、关于租费

一、装费：壁机每具十五元，桌机每具二十元，避雷机每具二元（不装者听），均须于挂号时先行缴足。

一、月费：衙署、局所、学校、桩号、店铺，每具每月四元；公馆住宅每具每月三元。

一、装户移住须将电话随同迁往者，须先至本公司报明，并缴移费十元。

一、以上所规定之装费、移费，均以距本公司五里以内为限，逾则按里议加。

一、如所装之地位不便，欲移于他室者，其移费视所移之远近临时酌定。

一、各户如因事务繁冗，一机不敷应用，欲于正线之上附设一机者，装费、月费减半；若于正线之处另设一机者，装费、月费全收。

一、各户于正线之上不能私设附机，违者照章收纳全费。

一、如有两户交接事多欲设专线，不由公司转接、不通他处者，其月费照章减半，装费全收；然装费仍以五里路为限，远则酌加。

一、新装各户，其月费于接通之日起按日计算，次月即按月收取。

一、各户月费，必须按月付清，不得出月；如出月后五日不付，即行停机；十日如再不付，即将电机撤回。

一、各户装设电话，至少以六个月为期；不及六个月撤去者，月费须照六个月补足。

一、装机无论久暂，撤去时，收过各费概不退还。

一、姓名、店号一经报明，装机后即不能更改；如必欲更改，即须重出装费。

一、所装电机及附设各品，如为装户损坏遗失，须照后开机件价目表如数赔偿。

一、装电铃一具，收装费洋三元，每月月费洋五角。

一、本公司收到各费，均给收据为凭；如无收据，请勿付给。

丙、关于用法

一、欲说话时须先摇铃三转，将听筒取置耳边，俟公司答应，即告以所要之号数。

一、告知号数之后，其听筒仍置耳边，一闻彼户答应，即可与之说话；说完后仍将听筒置于机上，摇铃一转，以示谈毕。

一、凡铃响时，即知有人与之说话，务须从速趋前，将听筒取置耳边，与之接谈。

一、凡摇铃时，其听筒必置于机上，不可取下，因取下虽摇亦不响也。

一、平时不谈话时，其听筒必常置于机上，切不可取置别处，因置别处则铃不响矣。

一、欲与某户说话，须先查明该户号数告知公司；若但告以某店某人，接线生无从记忆，即亦不能接。

一、凡欲与某号说话，公司告以稍等，则是该号适与别处说话，务请将听筒置于机上，稍为等候。

一、每日清晨由本公司试线一次，倘一闻铃响，请即答应。

一、接线生专管接线，除报号数外，请勿与谈别事；如有事欲与公司接洽者，请与经理处或领班室接谈。

公司通守规则

一、本公司设总经理一员，秉承总协理办理全公司一切事物，并稽察各员勤惰，报告于总协理。

一、总稽查一员，襄助总经理稽核出纳，并查察全公司一切事物。

一、本公司办事拟分六处，曰会计、曰庶务、曰材料、曰文牍、曰工程、曰总机，各设专员，以专责成；其职守规则另行规定，务当一律遵守。

一、现因开支短绌，文牍、庶务暂不设立专处；文牍由总经理兼任，庶务由会计兼任。

一、各项职员须常川驻于公司，不能兼治公司以外之事。

一、本公司员司，均须有的实保人出具保函，担认其一切责任。

一、各员均须实心任事，廉以奉公，并可各就职司陈述意见；惟当和衷商办，不可意气相争。

一、公司一切文件器具，不得擅携出外；关于银钱事项，无论何人，尤不得擅自通挪。

一、大门于夜间十一钟上锁，一过钟点，无论何人不得擅开。

一、无论何人不得在公司赌博，违者即行辞退。

一、饮食只取清洁适口，不得以个人好恶任意挑剔。

一、凡宾客过访，均须于客厅接见，不得引入办公处所。

一、职员薪膳均于月望支给，工役工食分月望、月底两期匀给，不得预支。

一、职员如有特别勤劳有益公司，或能自出心裁，创造机件，为本公司适用者，当由总理酌量奖励之。

一、职员如有不正当行为有损公司名誉，或办事不遵守本公司规定章程者，当由总理裁度，轻则罚薪，重则辞退。

一、本公司开办一年之后，各员果能勤慎将事，毫无贻误，俾营业日就发达者，当由总理酌量分别加薪。

一、本公司规定章程，如有应损应益之处，须由总理酌夺认可后方能执行。

总机处规则

一、本处设总管一员，领班一员，监督诸生接线，并检查接线有无错误及开罪装户之处，随时笔记，以备查察。

一、本处应设之副领班及接线修线生无定额，视事之繁简随时酌定。

一、编号、装机、撤机、修机、试线、修线等事，均归总管及领班掌之。

一、查线、机器各匠，均归本处管辖，听总管及领班指挥。

一、总管、领班有约束接线诸生及查考所属之工匠手艺优劣、服务勤惰之权，倘有反抗或违背规则者，得随时规劝警戒，如再不听，可告知总经理照章惩罚。

一、诸生非有特别意外事故不得临时请假。

一、诸生每月事假不得逾三天，且须先时告知总管、领班，得其许可派人代理职务，方可离处，否则作旷班论，记过一次。

一、诸生服务时间由总管派定挨次轮替，不得紊乱。

一、每届班次须于规定时间先五分钟到班，以便于前班接洽一切；倘届时不到者，记过一次。

一、本班服务已满而不俟后班接洽擅自先离者，记大过一次。

一、在规定班次时间，务宜专心致志以尽职务，不得吸烟、食物、闲谈、看书及其他一切分心之事，违者记过一次。

一、落班以后，非有总管、领班之命，不得常入机房。

一、各装户传唤，务当按序衔接，不得迟缓。

一、装户每日传话无论次数多少，均须随时代接，不得稍有怠慢。

一、装户倘有出言不逊之处，亦宜婉言对答，不得与之争论，违者记过一次。

一、两号接谈，不得催促，并不得从中窃听，致漏装户事机。

一、两号接谈未完，非违背营业章程第一条第十一项之规定外，不得拔断。

一、机线稍有不灵，一经试得，或由装户报告，务宜即时通知领班派人修理。

一、装户号数务宜熟记，以免错误。

一、装户如有询问事件，务宜接至零号，由领班详细答复。

一、已坏之机线，一经修理完善，当即时电知装户，以便随时传话。

一、每日须将修机、修线及关于机房一切临时发生事件,由领班详细列表,报告总经理。

一、如有人入内参观,只由领班起立致敬,接线生不必招待,致误职务。

一、接线生除问号数外,不得与装户闲谈别事,致稽时刻。

一、诸生如果勤慎从公、接线娴熟,三月以内毫无错误者,由总管领班报告总经理,记功一次。

一、每记过一次,扣薪三天;记大过一次,扣薪九天;每三小过记为一大过,连记三大过者,即行开除。

一、功过准其抵销,如半年以内有功无过者,由总经理分别提升,酌加薪水。

一、以上规则务宜一律遵守,违者照章办理。

会计处规定

一、本处设总会计一员,掌管银钱出入,及整理各项簿籍。

一、副会计二员,襄助总会计办理各事,并收取月费。

一、庶务一员,襄助总会计办理关于庶务事项。

一、仆役之进退赏罚,器皿之支配添置,及其他一切庶务,概由总会计掌之。

一、公司为营业性质,总以俭约为主,苟于额支外有活支款项,须与总经理商酌行之,若为数过巨,即须陈明总理核办。

一、装户月费须按月收取清楚,不得任其拖欠。

一、装户接通日期及迁移机器,均以总机处保单为凭,并须粘存备考。

一、各种簿籍均须随时缮清,切勿积压,并不可添改挖补,致难辨认。

一、购入各种材料器具等项,均须将发票逐一粘存,以备查收。

一、无论何人不得宕欠银钱,如有是项情事,由总会计担其责任。

一、账目按月一结,半年总结,年终统结,均须造具四柱清册及简明帐略,按时报告。

一、各处灯火除会计、总机两处外,均须于十一钟一律熄灭,由本处随时查看,以防不测。

一、凡洒扫各处、整理器具等事,由本处派役为之。

一、参观机器之宾客由本处接待。

一、前后门户由本处责成仆役按时开关,不得有违。

一、饮食有关卫生,总以清洁为主,由本处随时查看。

一、日用消耗品物最宜省俭,倘系例用之物,则须酌定数目以示限制。

一、凡不属他处之事,概归本处办理。

材料处规则

一、本处设正、副管理两员,掌管收发材料器具及整理各项簿记。

一、凡新购、撤回各种材料器具,均须详细查点,一经入册,即归本处担其保存责任。

一、材料最关紧要,务宜珍重存储,不时察看,以免遗失损坏。

一、本处应立簿记,曰收发流水、曰收发总清、曰分类总清、曰制作汇总,均须随时分别登记,切勿积压,致无稽考。

一、材料之发出、现存及其平均价值,每三月一结,半年总结,造具四柱清册及简明帐略,按时报告。

一、发出各件关于路线者,以工程处领单为凭;关于机件者,以总机处领单为凭;其领单均须逐号粘存,切勿遗失。

一、应用各件务须预先配置,以免临时缺乏;倘应添购,亦须预先开单报告总经理,以便制备。

一、物料名称各处不同,本处宜择定一名,以免前后歧异。

一、各料有应计只数者,有应计磅数者,有应计尺数者,有应计斤数者,均须前后出入一致,以免紊乱。

一、凡购入之品,须将店号、价值注明,以便与会计处核对。

一、凡发出及拆回各件,须将地名注载,以备查考。

一、各处干路、支路完工后,即会同工程处将木杆编列号数,并将所用材料数目详细列表,以备稽查。

一、凡查点材料数目及铁器上油等事,须于天雨不能工作时派人为之,免旷工程。

一、凡工程处缴还损坏之器具,须即时修理发还应用,倘非正当之运用损坏或遗失者,即责令其照价赔偿。

一、凡木料及笨重等件堆集他处者,宜记载地址、数目,不时派人查点,以免遗失。

一、凡关于材料事件概归本处办理。

工程处规则

一、本处设监工一员,督率工人从事工作,兼有约束儆戒之责。

一、每日工人若干、工作地点、所作何事、用料几何,均由监工员详细列表,报告总经理。

一、工人技艺之优劣、工作之勤惰、用料之省费,均由监工员悉心考究,随时记载,以凭查察。

一、应用各种器具由监工员领交,工人分别登簿;倘有遗失或非正当损坏者,应即责令赔偿;如系因公损坏,则缴还材料处修理。

一、应用各种材料,均须先日开具三联领单,一送经理处报告,一送材料处领料,一存本处备查。

一、勘定路线,由监工员报明该管警察区长,请其派人随同覆勘一遍,以期无碍交通。

一、所定路线如与灯线彼此有碍者,应由两面监工员和衷商酌,彼此通融,总以两无妨碍为主。

一、建筑路线时,如有损坏房屋之处,由监工员即时饬人代为修理。

一、如挖好杆眼不及竖杆而散工者,应将杆眼用物盖好,以免妨害行人。

一、凡笨重材料不得置于通衢要道,致于交通有碍。

一、工人服务时间,春、冬上午七句钟起,下午六句钟止,午膳休息三十分;夏、秋上午六句钟起,下午五句半钟止,午膳休息一小时;如值酷暑,则午间休息两小时;倘遇紧要工作超过所定时间者,由总经理酌量给奖。

一、本处置工头一名,约束群工,指挥工作;如有反抗违背者,即时陈明监工员转告总经理开除。

一、本处设有铜质号牌,挂于监工员处,上工领取下工归还;如于规定时间晨逾十分钟不到者,停其本日工作,晚先时而散者,扣半日辛工。

一、散工后,须将所用器具收置一处,并将所剩材料缴还监工员检收。

一、无论何人,如有偷窃材料器具者,一经查觉,即时报告总经理,除追还原物外,即行开除。

一、不准吸食洋烟、酗酒、赌博,违者即行开除。

一、如有不守规则,在外滋生事端者,轻则由公司分别罚扣工食或开除,重则送官惩办,决不庇护。

一、以上各条均须一律遵守,违者照章办理。

(《电气月刊》,1914年,第8期)

宁波妇女职业谭

斧

日本蟹江义丸曰:"女子之堕落,多于生计困难之所致。"经济学家勃朗克义曰:"妻女居家,与以适当之事业,而利用其能力,其利益甚大。然必择其高尚、有裨于经济之点者,庶卫生与理财交受其福。"旨哉斯言!我国今日经济程度可谓低矣,社会生活可谓难矣,女子苟能自食其力,男子亦得分其家室之负担。不分利而生利,不为社会之蠹,无愧尽人之责,未始无利益可言也。然我国妇女之从事蚕桑,经营家政,是实一正当良好之职业。他日女学发达,则教育、慈善、银行、美术等事业,彼西洋妇女子所常为者,亦得仿行之。此不佞所旦夕祈祷而为未来愿望者也。顾今日中国之妇女,泰半未受过普通教育,乌有女子职业教育之可言?奈何醉心者流不问利害,贸贸然驱此无知无识之女子从事职业,遂令粥粥群雌,竞为雄飞,其流弊曷胜言哉?(参见拙著《女子职业问题之商榷》一篇;又《东方杂志》第八卷第九号中有钱智修君《女子职业问题》一篇亦详论之)而况变本加厉,异想天开,怪剧日出,无奇无之,徒令识者齿冷,智者腹诽,而社会风化之蒙其毒殃,将靡有底止,不亦大可悲乎?其就吾四的[1]而言,妇女正当之营业固多,而光怪离奇之生涯,亦屡

---

[1] 原文"的",应为"明"之误 —— 本书编辑者。

见不鲜。胪举之,为寻风问俗者一助云尔。

（甲）刺绣

（一）绣花

女子从事针黹,乃分内事。幽居深闺,且为消磨岁月之良伴侣。于是兢妍斗巧,花样日新,琳琅触目,美不胜收。一言以蔽之,凡吾甬妇女,虽贫富悬殊,劳逸难以道里计,然鞵帮等绣品,皆可不必求诸市肆中（在购买者亦多有之）。他若茕茕孀雌,或家无儋石之储者,则甚至借此纤纤十指以糊口焉。

此项大概分两种。由绘花者剪纸样而买线绣之者,曰"做花",凡鞋花油帖之类皆是。由绩花者以粉画成模样而架绷绣者,曰"做绷子",凡蟒袍戏服等大件者属之。

（二）平金

绣花者由彩色花线按实物之彩色而挑成者也,平金者依实物之图样而以金线填成者也。金线分两种,曰"白金线",大率以黑绿等花线钉成之;曰"黄金线",以红黄紫等花线钉成之。此绣最艳而炫目,与绣花之以幽雅素淡胜者,各擅其长。

（三）蜒金

其主要部分为绣花,而以金线蜿蜒绕其周围者是,亦美丽鲜艳可爱。

（四）压花

由花线各自为排,压叠而成者也。绣石榴子等最相似,而尤美观。

以上四种皆盛行现时者也。

（五）挑纱

用线于凉纱上挑成字画花卉是也。为物甚高雅,盛行于六七十年前朴质之世,而不合于今日繁侈之时者也。

（六）剜花

用线剜成花卉虫鱼鸟兽人物者是,亦不盛行于当世。

此两物皆工多而成物不甚艳丽,不如近日之奇巧玲珑。区区女红,亦可见世风之日趋于浮靡,而离坚长古朴之日益远也。

（乙）美术

（一）造花

不能名为普通女子之职业，不过稍数人与一二女校研究此物而已。前年开展览会，于郡城万寿寺内，余曾见有镇海胡菊人女士造有菊桃等花数盆，色浑[1]形态逼真，得其形神，较之海上所出植物模型，有过之无不及，且枝干婀娜，别有会心矣。

（二）绒线编物

前年开六邑成绩展览会，予见编制出品，多为丝线或绒线出品，毛织物则绝然无有，与今年赴美教育成绩览会所出一例。如围巾、手套、钱囊、小帽、鞋袜、花篮之类，多以绒线编成。宁波府女学与慈溪东城女学校所出居多。

（三）缀花

以绒线绸绢造成琴棋书画人物花卉等，点缀于花盆之上，析黌送允等事作为馈赠品。大率每盆价两元至十余元不等。锦绣灿烂，点缀繁华（盆中植以吉名之花草或用缀成鸟兽等形态植物），故编入美术项。（此物为女子专买品，间有空购店中者）

（丙）手工

（一）裁缝

近来吾甬女裁缝一业，极为发达。盖以其工资较男工为廉（每工只八九十钱，男工则大洋一角五六分），而与女子又易接近，故生涯有蒸蒸日上之势。惜其技远不及男工，不则男工将受天演淘汰焉。盖此类裁缝，大半略能缝纫，即出而应世，日得数十钱，亦甘之如饴。亦可见近今生活之难也。然而借此以作无廉耻之生涯，所在皆有，故装束妖奇，姿势可丑，与社会风化未始无关系也。

（二）编草帽

以一种席草编成凉帽，每顶约可得廿余钱。鄞西之乡女皆优为之。闻后以互相跌价，冀广销路，而此种可获厚利之生涯，卒大受影响。呜乎！此亦未受过职业教育而商业道德之缺乏，可见一般[2]也。

---

[1] 原文"浑"字，应为"泽"之误 —— 本书编辑者。
[2] 原文"般"，应为"斑"之误 —— 本书编辑者。

（三）结草屦

此项大概年老妇女为之。每双值钱二十文，获利甚不溥也。乡间之人业此。

（四）缝鞋袜

缝鞋花结袜，为鞋袜店所佣者是也。城中妇女间亦为之。

（五）磨锡箔

此项职业最奇。无薪水。例如百张锡中，理应有几张可落，此即代为工资者也。落得之箔，再卖与倩我磨者，乃始得值，殊发一噱。

（六）制冥锭

制成大小元宝等冥物纸锭，卖与市肆。冬季业此甚多。天寒指战，获些薄利，甚可怜也。

按吾乡巫风滋盛，故五六两项生涯亦颇旺。年终有谢年、送神等许多迷信，故纸锭销路尤畅。贫女赶做，乃大忙。

（七）背袹

将旧碎破布层叠成厚坚之袹，用以为鞋底之类。鄞县西郭一带，业此甚多，且谓可以自赡一身云。

（丁）纺织

（一）织布

公父文伯之母，子为大夫，躬织不懈，孔子称其贤。孟母及乐羊子妻，皆以断机杼，而成其子若夫之学。古人之从事纺织缝纫，亦可想见。今则织布一业，乡间妇女尚优为之。至城市，则并织机而无有寓目焉。前年邑绅于湖西竹洲开办崇正实业工艺厂，招集妇女从事织机，然不久亦归消灭。

（二）纺纱

乡间妇女为之。普通人家，抽暇或嘱佣人为之。

（戊）农艺

（一）养蚕

间有为之。一依天然，不知改良，毫无成绩可言。

（二）制茶

此则稍有出产之可言。乡间妇女为之。

（三）树艺

尝见乡间妇女常有亲自种植者，瓜果蔬菜之类，得利甚薄。

（己）**婢仆**

（一）房佣

如上海之娘姨之类充之，月薪可一元七八角，专服侍主人。

（二）灶佣

司烹调、供奔走，月薪可一元左右。慈西陆家埠人居多，间有余姚县人。

（三）乳佣

哺乳于孩提，月薪三元左右。最刁蛮。

（四）保佣

保育儿童，月薪如灶佣。

（庚）杂项

（一）耕作

奉化某乡之妇女类优为之。

（二）产婆

不知生理，妄用手术，贻害匪浅，亟宜取缔者也。

（三）觋

专业关亡（俗称"讲肚里仙"）等事，敛钱伤风，亟宜干涉者也。

（四）乞丐

可以糊口，而甘心作叫化婆者，大率他县人居多。亟宜驱逐者也。

（五）惰民妇女

专侍吾甬人，见男则呼老爷、大人，见女则呼太太、奶奶，恬不为耻。虽禁止之者不止一次，（前清及孙总统皆有开放蛋户、惰民之政令）无如甘心放弃人权，执此下流贱业，毫不为怪。耻孰甚焉！且此等称呼，朗朗满口，未免于共和政体有关。此亟当改革者也。

（六）货贩

一肩货担,蹀躞街头,奔走呼号,赳赳巾帼,有丈夫气,甚可敬也。

（七）作中人

卖买物事,居间其中,如媒妁然,从中取几分佣钱。此以口才胜者。

（八）洗衣

生业亦颇佳。

（九）念经

老妇为之,亦得赚些微利。

於戏！大千世界,滋不平等。食五侯鲭,簪八宝钗,燕支红袖,颐指气使,人也！鹑衣百结,鹄面鸠形,炊爨婆,牛马走,亦人也！此岂平哉？此岂平哉？虽然,吾闻西哲有言："人生于世,无论何种职业,苟为适合于我者,我决不可视为卑贱,当视为神授之天职。"噫嘻！人苟能自食其力,不为社会之蠹、国家之蟊贼,职业之高下,何足论哉？何足论哉？

(《妇女时报》,1914年,第12期)

宁波铁路支线之动议

镇海县公民虞和德,日前禀请屈爵使转咨交通部建筑龙山镇至周巷镇铁路,以惠商民,当经屈使据情分别咨饬以便兴筑而利交通。兹探得屈使咨部原文如下：(上略)窃据虞绅和德禀称,镇海龙山镇至余姚周巷镇一带铁路,曾由前浙路公司测绘估计设法建筑,嗣因路归国有,当由公司于订立正式合约时,即将此段拟筑铁路列入条款,经部允准,归部建筑有案；现在事搁一载有余,是项铁路尚未兴办,致商业不振,民生日艰,仰恳咨请交通部,按照原订合约,准将是路建筑,以惠商民等情。据此,查该处为镇、慈、余三县毗连之地,称为三北,濒海涂坦系棉花出产地,近来产息颇丰,人口麇集,徒以交通不便,致土产输出、米谷输入甚为困难。自应设法便利交通,以惠商旅。惟据称各节未知于合约条文有无出入,当经本公署函致沪杭甬铁路管理,调取前订合约,以凭核办。去后,兹据该局抄送前来,查该合约内列第一条,曾将宁波三北一县声明拟筑由部直辖处理,核与原禀相符,应请将此项支线提前修筑,以振商业而便交通。除批示外,相应据情咨请大部察核办理,并希见复云。

(《铁路协会会报》,1915 年,第 39 期)

宁波人制造罐头

近来罐头食物畅销甚广,浙江之宁波,地滨大洋,出产丰富,有商民陈永泉在灵潮门外,开设泰昌罐头铺一座,各种罐头食品,制造精良,色味俱佳,以故营业异常发达,在江厦设立发卖所,又在杭垣城站附近设立发卖所,以广交易。闻其制造诸法,皆用德国头等机器。此项罐头,亦为农产制造家所宜留意者。

(《江西省农会报》,1916 年,第 1 期)

宁波电话公司落成

宁波电话公司自开办以来,装设尚形踊跃,惟总机之容量无多,交换之手续迟钝,亟待改良,以利交通。今该公司于数月以前,即从新翻造局屋,改建线路,购换总机装置,通线之塞筒,并附动铃之机件,规模阔大,已告落成。特具柬邀请各界人士前往参观,可见该公司不以故步自封、求教若渴之苦心也。

(《电界》,1918 年,第 10 期)

宁波推广电话营业

宁波电话公司,自民国元年开办以来营业本极发达,现复乘机推广。上海友华银行华总理厉树雄君,已于本年四月间纠合同志招集廿万元,以十四万元收买前公司全部财产,以六万元为扩充营业之用,现正改放架空电缆,增添新式总机,督饬各科办事人员,极力整顿,并减轻装费,以期招来装户。闻近日挂号者,甚形踊跃云。

(《电气工业杂志》,1920 年,第 3 期)

宁波四明电话公司民国九年度营业情形工程状况报告

线路种类

架空裸线:线路里数,一百四十五里六;线条里数,三千九百八十二里七。

水底铅包：线路里数，一里七；线条里数，一百七十六里；心线根数，一百零四根。

电杆及横档：电杆数，一千四百五十六根；横档数，四千四百七十条。

局内机件

交换机种类：磁石复式机，八台。

电话机种类：墙机数，四十四具；桌机数，九具。

电池种类：干电池数，一百五十二个；湿电池数，一百二十四个。

用户及用户宅内机

通话用户：普通用户，五百八十八户；专线用户，四户；附加用户，十四户。

电话机类：墙机数，五百九十四具；桌机数，十二具。

电池种类：干电池，六百零六只。

办事人数：员司人数，十五人；电话生数，二十五人；内外线工匠人数，十四人。

电话用户职业别：衙署类，十一处；局所类，五十一处；学校类，十二处；宅第类，一百四十二处；商店类，三百二十五处；公会类，二十处；医院类，五处；外宾类，十六处；军队类，六处；乐户类，十八处。

全年障碍数

电话局内：交换机，一百五十七次；配线盘，九次；发电机，十一次；电池，十八次；局内线，三十次。

用户宅内：电话机，一千九百五十三次；电池，四次；宅内线，六十四次。

线路：架空裸线，一千四百七十六次；水底铅包，三次。

收支款项：资本总额，二十万元；全年收入，二万三千九百六十三元一角一厘；全年支出，二万一千二十七元二角六分六厘。

说明

查本公司系于民国二年成立，于民国九年四月分改组为四明电话股份有限公司。业奉交通部核准，颁发电字五十四号执照在案。上列工程状况及营业情形，系自四月份起至年终止者。现因机线不敷应用，已向瑞典依立克生厂订购新式总机两座，并拟改用地下铠装电缆，约下半年可以鸠工。其内部办事分五处：曰会计、曰工务、曰机务、曰材料、曰庶务,所有办事规则容后抄寄可也。蔡西生注。

(《中华实业丛报》,1921 年,第 2 期)

致宁波圣模女中学校函

敬启者:顷阅贵校致张君四维函,知已就校中筹设分会,并拟暑假期内于各处召集新会员等因,具见关怀路政、志切改良,钦佩无似。张君现已赴俄,拟于下半年回国后,就贵处组织分会,期与协会联络,以利交通,而资提倡。兹寄奉月刊印刷各件,祈察收,广罗同志,先行筹组,鼎力进行。专此奉申。即颂校祺。

中华全国道路建设协会

(《道路月刊》,1922 年,第 3 期)

宁波第一消费合作社草章

一、定名:本社定名为第一消费合作社。

二、宗旨:本社集合资本,联络群力,以购买分配之方法,供给各种衣食住之必需品,使社员得经济上之实益。其目的不在谋利,而在改造经济生活,并使本社社员有通力合作之精神为宗旨。

三、社址:本社社址设在宁波。

四、社员:凡赞成本社宗旨者,无论男女,均得入社为社员,惟须填具社书,并认本社一股以上十股以下之资本。

社员如有妨害本社之行为,转卖购买之物品,或因犯罪及其行为丧失信用时,得由董事会议决除名,返还其资本。

五、资本:本社资本金,暂定为五千元,分作一千股,每股五元,一次缴足。本社资本,已由社员认足后,仍有人欲入社认股者,得将社员之股较多者依次返还之,至每次社员以一股为止。

六、股权:本社社员选举权,以社员为单位,而不以股额之多寡为股权之大小。本社社员有将股权转移情事,须经本社董事会之认可。

七、利息:本社资本,每股内二元,作为营业费,无息,其余三元,年息八厘。

八、营业：本社营业之种类如下：绸布……棉花……日用品……食物，以国货西货为限，有毒质及过事奢侈之物品，则概行拒绝，以符合本社之宗旨。

上项营业种类，由主任随时随社员之需要而更定之。

社员购买物品，同时支付代价，其物品之代价，依照进价稍加手续费，由本社主任定之。非社员购买物品，其物价得照定价酌量加增，亦由主任定之，惟不得超过于市价。

本社营业细则另定之。

九、盈余：本社结账期，每六月一小结束，自一月至十二月为一届，除社员资本利息及营业费外，如有盈余，以百分之六为公积金，百分之四为教育费，百分之十为公益费，百分之二十为董事、监察人及办事社员酬劳金，百分之六十为社员红利。社员红利，以购买力之强弱分配之。

十、损失：本社如遇损失填补时，先以公积金充之，次则资本中之每股二元营业费充之，如捐失超过资本中每股二元营业费之上，必经社员大会之通过，否则由本社主任负其完全责任。

十一、职员：本社设主任一人，总理全社业务，董事七人，监察三人，统理全社事务，均由社员投票选举之；会计员一人，办事社员若干人，由董事会会同主任于社员中公推之；顾问员无定额，襄理本社主任关于业务之事项，由本社主任及董事会于社员中或非社员有商业经验者（然直接生产人）聘任之。

上项董事会规则另定之。

职员任期：董事二年；监事、顾问员、主任、会计员、办事社员均一年，连举得连任，如有特别事故，不在此限。

职员除主任及会计员、办事社员有薪水外，余如董事、监事、顾问员均义务职；惟社中营业发达，遇有盈余时，得酌给车马费。

十二、会期：本社社员大会，定一、七两月举行之；董事会每月一次。

上项会议规则，另定之。

十三、本章程自社员大会通过后施行。

（《平民》，1922年，第135期）

浙江路政新讯

发起宁波长途汽车。宁波旅杭旅沪绅商沈椿年、余名铨、周礼臣、严乾一、童炳蔚、柴常春等，近拟发起长途汽车公司。预定路线由甬埠直达慈溪三山为干线，西达慈溪县城，东达镇海县城，为两支线，计干线长约一百里，山南五十里，山北五十里。支线达慈城及镇城者各三十里，共六十里。干支两线，合计应筑路一百六十里，预备绕避村落、庐墓约二十里，合为一百八十里。照本省杭余汽车路筑路经费，每里二千元计算，约共需筑路费三十六万元，已决定招募股本五十万元，从事建设。闻沈君等曾于月初赴杭，面商省道局局长周恭先，得其同意，将来仿照杭余路办法，与省道局订定收回期限，大约定位五十年。查该公司预定路线经过之处如河头市、骆驼桥、团桥头、贵驷桥等处，均为大市镇，慈北终点观海卫，尤为富庶之区，将来搭客装货，势必应接不暇，故其前途希望颇大。又闻沈君等近拟来甬，邀请甬埠绅商加入发起，并亲往该处实行履勘，以便雇工测绘，呈省立案云。

(《道路月刊》，1924 年，第 2 期)

宁波进口栲皮

作染料用之栲皮(Mongrove Bark)，近年以来，中国约输入二十万担至二十五万担，其中三分之一系销售浙江，尤以宁波所销为多。民国十二年，宁波进口栲皮七万五千担，曾有人竭力劝导该处染色商人，改用儿茶(Cuich)以代栲皮，但尚无听从者。据言儿茶所费较省，使用较易，且收效较速，而其效用则与栲皮无异。

(《中外经济周刊》，1924 年，第 69 期)

建设鄞奉道近闻

省道局为建设鄞(宁波)奉(奉化)线事，于前月招商投标，以沪上李润记为合格，即由李润记承包是项路线工程。先筑由江口至溪口一带，该路计长十英里，约计土方五万余方。该路勤加工作，无间风雨，按日筑建，进行甚速。惟自江口至溪口一带多山，为全路最难施工之地，在工作上不无困难。按溪口为蒋总司令之故乡，待江口至宁波一段筑成，即可衔接。计该路全线共长三十余英里，合一五九一一九呎。待全路筑成，即当行驶长途汽车。拟设各站地点名称，计为宁波、樟家、栎社、黄张桥、西城桥、江口、大埠头、畸山下、溪口、入山亭、溇塘村、奉化十二站云。

（《道路月刊》，1928年，第1期）

宁波雇工赶筑鄞奉省道

鄞奉省道溪口段工程，前蒋总司令莅奉视察后，原拟十月二十日内完竣，惟以该道筑路石子搬运困难，工竣期不免延缓。兹该道工程处，以转运石子，除水道由驳船运载外，其陆路搬运，非用牛角车装载，不能便捷，特于日前派员赴沪，雇用牛角车及车夫等多人，已于昨晨有钱永初，率领前项车夫工人等五百余名，并带有牛角车一百辆、筑路器具三百余件，分乘新宁绍、新北平二轮来甬，抵埠后，因无如许小轮拖带，故由钱某率领徒步前往溪口，赶紧工作，以期早日完工。

（《道路月刊》，1928年，第2期）

宁波商会请减子口单印花

宁波总商会为子口单贴用印花事，特函海关监督署，转请酌减。大致以子口单贴用印花，前奉财部令饬，凡纳税在一元五角以下者，即按照其所纳税银数目贴用印花，纳税在一元五角以上者，仍照条例贴用，业经转知各商遵照在案。但宁波进洋货，以洋糖、洋布、洋松为大宗，除本埠销售，此外均运入内地。该项货物估价既高，查其平时装运件额，每张应纳税银当在五钱以上、二两以下者为普通，亦占最多数。关税以银两为本位，印花税以银元为本位，平均以七钱五分关平银，折合银元已在一元二角左右，是每张子口单应贴印花一元二角，核与旧定条例相去无几。今拟定一折中办法，凡纳税在一元五角以上者，仍照条例办理，在一元五角以下者，按其所纳税银数目，贴用印花百分之十，如此于所拟变通办法，既不致大悬殊，而于各商纳税多寡,亦不有畸轻時[1]重之分。务希贵署加以切实按语,转呈财政部核准施行云。

(《银行月刊》,1928年,第 8 期)

宁波之草帽业

衡南

浙江宁波及其附近各地之草帽业,近年来日趋兴盛。此业最初开始于宁波西乡,后推广至慈溪、镇海、余姚与海门等处。今试将近五年来宁波一县所出口之粗制草帽与全国各地出口之草帽相比较,即可见宁波在草帽业中所占之地位矣。

年份	宁波出口之草帽		全中国出口之草帽	
	顶数	值海关两	顶数	值海关两
一九二四	四九八四二〇一	一〇九九二	五八三一二三	二三四九四四
一九二五	六五一〇二九一	一八二一九七	七一八三三四	二九〇九四九
一九二六	四〇一四六四八	二〇三一三九	五六九三二七三	三八七一三五
一九二七	四九七一二七九	三一五六九二	七一九三六三〇	六三二〇四七
一九二八	三〇八五三四五	六四一二六四	五五〇〇六六〇	一〇五九六八六

宁波、余姚、海门等地制帽所用之草,可分为五大类。一曰金丝草,二曰玻璃草,三曰麻草,四曰藤草,五曰本草。金丝草系自马尼刺进口,价格每千克自银四两至二十两,视其质地之美恶而定。此草余姚制帽者最喜购用之,认为最良之制帽草,以其光泽明亮而抗张力又强也。玻璃草系自瑞士及德国进口,价值每千克自银二两至十二两不等。此草大半为宁波及其附近各地所销用。麻草亦由马尼刺入口,价值约每二百磅银售一百三十两,其消费之中点心在海门。至本草系产于宁波西部黄古林等地,乡农大批种植,视为正当之收获,惟其质极组[2],故每二十五斤止能售洋五角而已。

---

[1] "畤"字当为"畸"之误 —— 本书编辑者。

[2] "组"字当为"粗"之误 —— 本书编辑者。

制草帽在宁波为家庭手工业之一种，工人几全为妇女，大都在家务之暇，从事此业，以作消遗[1]。惟以工作简单，故近来制帽者日众，夜以继日，收入亦颇可观焉。制帽之工资以件数计，又视所用原料之种类而定其工资之高下。普通制金丝草帽一顶，可得洋三元八角；玻璃草帽每顶可得四元；麻草帽每顶可得银三两。至用本草制成之帽，每顶均可得两元。编草缏及制帽之工作，皆以手工制成，工人除帽形之木模外，并无其他器具。凡一熟练之工人约五日可制帽一项，初学者每月止能成三项。

除制帽之工人外，宁波尚有一种工人，专以进口之麻草编成草帽缏。麻草有两种，一曰长麻，其长约有四十八英寸；二曰短麻，其长自二十英寸至二十四英寸。制缏之手续甚为简单，止须择同长度之麻草三四根编织即成，有时因欲使草之黏性增加，常涂以一种特制之胶水，此胶乃用鸡脚草提炼而成。草缏既编就，乃捆扎成束，然后送与制帽者。惟草缏包扎之法，又因所用之草而异。如为长麻制成之草缏，则每包分为十束，每束又分为十小束，每小束计有草缏五十根。至短麻则每包分为十束，每束分为十小束，每小束计有草缏一百根。编草缏之工资亦以件数计，每编长麻草缏一千根，约可得洋一角二分，短麻草缏一千根可得洋七分。在宁波一处，编草帽缏之工厂不下数百所，雇用工人以数千计。

宁波所制之草帽，种类极多，价格亦高下不等，视其所用原料之佳劣及其手工之粗细而定。凡用金丝草及金线制成之帽，价值最贵，每千顶可售银一千三百五十五两，粗三丝帽最低劣，即普通农夫、工人所戴之粗草帽，每千顶只可得银十二两而已。

宁波所制之草帽，除少数国内销用外，大部输往国外，其中以欧洲各国为最多。上海为草帽输出之中心点，草帽或由贩子携来上海，或由草帽行为出产者与上海外国行家之中间人，但普通多由上海外国行家在产地设立代理机关，直接收买运沪。如由草帽行介绍而成之交易，卖主与购主皆须出百分之五之佣经[2]以作酬报。外

---

[1] "遗"字当为"遣"之误——本书编辑者。

[2] "经"字当为"金"之误——本书编辑者。

商收买草帽最多者,有英商安利洋行及信记有限公司、德商鲁麟洋行与法商茂孚洋行等家;至华商亦有坤和、嘉泰二家,直接输往海外,不经外商之手。

凡出口之草帽,皆用木箱或布袋装运,每件装帽六百顶,自宁波运至上海,每件运费计一元。去年由宁波运沪草帽之总数,据海关统计,止二千箱有余,惟此数当然并未包括贩子偷运来沪之数目也。

目下在宁波经营草帽业之行家,共有十七家,资本各家自五千元至二万元不等,其中十三家曾于十七年联合组织宁波草帽业协会,以图研究改进该业之种种问题焉。

(《钱业月报》,1930年,第12期)

宁波一带之女工提花业

提花一业,在宁波已有十余年之历史,从前女工不多,营业亦不发达。最近数年,突飞猛进,在家庭工业中占重要之位置。倘能推广维持,其有益于民生者,诚不可限量也。

提花俗名刺绣,最先由法国天主教徒传授。宁波药行街之仁慈堂,即宁波提花业之发源地,堂中女工千余人,皆以刺绣为业,制造品以手帕、台套、椅套为大宗,出品皆运往法国销售。经营全属法人,唯门禁森严,一切皆守秘密,参观视察,一概谢绝,故详情如何,不得而知。

华商之首先提倡提花者,以呼童巷之吕琢记为鼻祖,其制法亦得自仁慈堂之女工。厥后小沙泥街之吴志记、冷清街之荣成公司继之。今则风起云涌,大小不下三十余家,爰就其范围较大者,列举如下:

店名	地址	店名	地址
吕琢记	呼童巷	吴志记	小沙泥街
荣成公司	冷清街	王东记	三角地
竟成公司	三角地	华丰	三法卿
林记	美雨桥	信记	谢御史第
美刺	南门外	宝华	湖西

店名	地址	店名	地址
美兴记	小沙泥街	光华公司	行香街
昶记	小沙泥街	瑞纶	大沙泥街
竞腾公司	毛家街		

上列各家，以吕琢记、吴志记、荣成公司，营业为最大。林记、宝华次之，年皆在十万元以上。内中吕琢记，专做樟桥、洪塘、半浦、慈溪一带生意。吴志记以柴桥、小港、镇海为主。荣成公司专发本城女工，林记亦以本城为主，宝华则发海门，其余各家则四乡皆发。唯每年贸易总值，为数有限。总之宁波一带之女工提花业，以鄞县、镇海、慈溪三县为限。此外台属之海门，营业十分发达，刺绣公司不下二三十家，就中以民生公司为最大，且以海门工资较廉，故商人趋之若鹜，大有后来居上之势。

至于提花之制造，全用手工，制造步骤，可分写花、绣花二部。绣花皆用女工，原料以印度绸为多，间有用软缎者，出品分裙、衫、裤三种，工资以件计。裙每件自大洋二元至四元，衫每件自大洋一元至二元，裤每件自大洋三角至一元，原料由上海发来。唯刺绣用之二扣线，则在就地趸购，每两大洋七角六分。女工需用之线转向公司零买，每支大洋一角。总计宁波城厢内外，不下二千余人，散处于鄞镇慈各乡者，亦千余人，普通每人每月收入十余元，差可维持生活，刺绣皆在本人家中，故膳食一概自备，绣成衣料，或由女工送交各公司，或由各公司派人收取，工资分大小月底发给，凭折支取，尚无拖欠情事。唯上海行家，对于宁波各公司款项往往分三节清账。故非资本雄厚者不可，他若各刺绣商向上海领取原料。除信用卓著者外，有时非担保不可。写花皆用男工，亦系仁慈堂写花部学习而得。总计宁波一带，共有写工四五十人。每日每人写花二三十件，每件工资大洋五分，花色式样不一，皆由上海行家发下。提花需用绷架，故又称印度绷，花样或系平花，或为胖花，凡属胖花，须先用纱线为底，然后再以二扣线为盖，所需二扣丝线，皆向镇明岭之董香记，及冷清街之李金泰定购，预先选定颜色，大批染色，以便女工零购。女工除应得工资外，并可收授学徒，每人纳费洋二元，学习期限，自三月至半年不等。凡学习期内,制成之衣料,其工资概归教师收取。

产量随公司之资本而定,大者每月出品九千件至万件,小者亦二三千件。销路以上海为主,再由上海分销欧洲各国,香港之销路亦广,宁波各公司之衣料,皆系上海洋行帮批定。凡出口行家,莫不兼做提花生意,而开达洋行之范围最大,运货皆用轮船,唯并不经过报关手续,由便人随带。

(《工商半月刊》,1930年,第17期)

宁波余姚之草席工业状况

草席一项,为浙江出口货之大宗,其主要产地,首推宁波,余姚县次之。查制造草席,本为家庭工业之一,从前概用土法,自民国四年抵制日货以来,国人鉴于利权之外溢,于是提倡国货,而新式之织席工厂,亦于是产生焉。

制席工业,大概可分三种,即土席、改良席及软席是也,制造之手续,大致相同,产量销路,则以土席为最,改良席次之,软席又次之,至于品质成本,则适与前者相反,今分别述之如次。

土席。土席一名旧式席,出产于宁波西乡,原料为席草,于冬天下种,翌年夏至收割,高梗四五尺,作青绿色,曝日中三日,变为白色,凡石碶、栎社、黄古林一带(皆宁波西乡)遍地皆是,农民视为副产物(席草收割后仍可种稻),乡妇依之谋生。播种用秧,法将长成之席草,割去干枝,其留下之草根,在立春后抽芽,每年施肥二次,一在立春前,一在清明后,肥料以豆饼、人粪尿为主。一亩之草,每年可收割四五百斤至千斤。市价每百斤,自大洋三四元至十元左右。农民于席草收割后,晒干扎捆,肩负至黄古林市集销售(每逢三、七、十市集)。席行之欲采购席草者,可派人于市集采办,交易多用现款,卖买由秤手经管,总计黄古林一带,秤手不下十余人,秤草概用司马秤,唯高低不一,每斤自十二两至十四两八钱不等,佣金每银洋一元,取费四分(小洋)。总计西乡一带,年产干席草五万担,市价平均每担售洋六元,销路十分之七供本地制席之需,十分之三运销天津、余姚等处。制造土席,多用木机,每机需用二人,一人司扣,一人加草,席机每架值洋四五元,大半系就地制造,每机每日可出席一条至二条,随面积之大小长短及工人之勤惰而增减。工人不论性别,平均每日收入约大洋三四角。土席只有一种,但长短大小阔狭不一,故于每条席上,书有号码,重量最高七八斤,最轻二三斤。市价最低每条二角,最高二元,制造草席,需用苎麻、线麻,每斤大洋一角,每条需麻二三两至六七两,运输皆用民船,运费每船十余元,捐税由席商认定,设有席捐公所。销路以本省为最,卖买亦在黄古林市集,席行到处皆有。每逢三、七、十日,乡人负席至市,席行派人收买。黄古林席行之最著者,有德裕、施源记等六家。席行于席子收集后,运至宁波各席行,然后转销各埠,营业尚称不恶。

改良席。改良席一名花席,规模较大,席厂设于宁波城厢内外及余姚城中,原料计有二种,席草出产于西乡黄古林一带,龙须草则来自温州,前者与制造土席之原料无异,后者品质较软。席草之市价,前节业已谕及,故不赘述。后者每百斤约十二元,制造亦用木机,机分二种,织席机每架售洋五元,枕席机每架三元,制造之手续略繁。法将干燥席草,发给女工,拣去碎断,次用石轴滚过,然后上机编织,最后车边印花。织席以纱为经,用草为纬。纱系本厂出品,普通为二十二支及二十四支二种,应用时须先合线。洋纱每包售洋八元。席有粗细之分,粗席每条需用原料三四斤,洋纱二角左右。细席需草一二斤,洋纱四角。上机多用女工,唯滚草则委之男工。席上皆印花纹,颜料分洋红、洋绿二种。洋红每听大洋六元,洋绿每听二元。包装分麻袋装箱,每包自二十余条至五十条,木简每箱百条。运费连关税在内,每值银百元,需洋十元。运销本省,由转运公司代办,每值银一元,捐洋五分。销路以上海为主,营业以三、四、五三个月为盛。各席厂皆于上海设立批发处或代理处,推广承销,批价照零售以七折计算。

至于工资,则随工人之能力以定高下,但依织物之种类为标准,统扯每人每日至多不过四角,膳宿自备。

花席厂之最先发起者,首推史翔熊主办之翔熊席厂,唯今年因营业不振,现已停办。次之为华丰织席厂,创办于民国十二年,后于翔熊厂者八年,现亦因亏本倒闭。目下席厂之存在着,有明心实业公司、仁安、仁丰、和丰、华盛、华达、金源记等席厂七家,资本最大四千元,少者只五百元,工人多者五十人,少者三十人,产量每年自千余条至二三万条,营业范围以枕席及铁床席为大宗,各厂贸易总值自五千元至二万元,工人工作时间,普通皆为九小时,全年停工时期,约在八个月以上云。

软席。软席因仿造台湾席而来,最先亦由翔熊厂创造,原料为三角草,出产于宁波西门外之马园,亦于隔冬下秧,至翌年伏天收割。每亩之收获量,自七八百斤至千余斤,晒干仅收七折,市价每担约四元零,制造软席之手续甚繁,故成本尤大,制造方法约可分为十六层,最初由男工抽草,剔去碎叶,然后举行拣草以整理长短;破草、刮草次之,务使合于实用;摇草次之,摇湿纡子、摇燥纡子又次之,盖所以便利编织也。摇草多用铁车,每架值银二十元,自抽草至摇草,百斤之草,至多只剩四成,工程之大,可见一般;再次牵经、上经,制造手续,至是大半就绪,乃举行编织。织席亦用木机,每机售洋三四十元,每机每天可出席一条。织席既毕,织边、补席继之;最后看席、上砑石、剪边、折席,以便出售。织席在刮草前织席后工作,均由男工担任外,其余借用女工。软席分平纹及格子二种,最大六十五吋,最小三十六吋,各软席厂以编织二席为主,有时兼织枕席拖鞋等。

至于工资,皆以件计。男工每条工资,大洋四角至九角,女工每纡子铜元八枚(每银元以一千五百文计算)。各厂除伏天外,全年工作。销路以上海为主,皆设有经理处,以为推销机关。唯因售价太昂,故销路不畅,若论品质,大可媲美舶来品之台湾席。

至于姚方面,本有花席厂二家,其一规模甚小,时开时停,唯城内之明华席厂,规模甚大,出品颇多,就中尤以枕席及花床席为大宗,约计全年产量不下十余万条,销路亦以上海为主。原料皆来自黄古林、温州一带。余姚地处乡僻,工本较轻,且竞争者甚少,故营业颇称不恶。

(《兴华》,1930 年,第 39 期)

宁波如生厂制造凉菜

凉菜一名洋菜,又名冻粉,为素食品中要品,夏令有煮之冻为凉粉,以供饮食者。西餐馆中之所谓香蕉冻、玫瑰冻等等,均以凉菜煮化冰冻而成,为用至广,惜来至日本，漏卮甚大。今岁海上有设厂试制者，惟色欠白而成本又贵于日货，不久即告失败！或亦感于资本之不敷及原料之难于运搬耳。宁波如生笋厂最近亦试制，在沪甚畅销，一时获利倍蓰；且当此抵货声中，沪上得此代替品，为国货生色不少。按该厂出品，色白汁浓，胜于日货，价亦与日货相仿。又，其制品之原料为海藻之一种，名石花菜云。

（《渔况》，1932年，第47期）

宁波煤业集议增价

宁波煤炭业于十二月十七日议决：鸿基白煤筛每吨四十四元，每担一元四角五分，小号每担二元二角，头号烟煤二十八元，二号二十四元。

十二月十八日

（《矿业周报》，1932年，第173期）

浙江奉县银山岗银矿行将开采

奉县第六区银山岗一带银矿，清末曾一度主张开采，后因地方民智未开，无理反对而罢。至民国十二年，又复议开采，卒以成本过大中辍。现邑绅庄辛墅又议集股开采，前日并派刘某由沪来奉采取矿苗，如化验成分尚佳，拟于十月初开始动工采取，现暂预备资本二十万云。（九，五，《宁波民国日报》）

（《矿业周报》，1933年，第254期）

宁波永耀电力公司致本会代电

全国民营电业联合会台鉴：顷接武昌竟成电灯公司电称，敝公司为武昌市政处接管，将全部财产估价十六万一千元，请援助代恳发还，以维电业而保民产等语。查民营电气事业法令定有保障，如果竟凭片面估计，无端接管商民资产，损失何堪？为此电达贵会，迅赐转电湖北省政府，转饬武昌市政处查案发还为感。商办宁波永耀电力股份有限公司叩宥。（八月二十六日）

（《电业季刊》，1935年，第4期）

纱业衰落声中宁波和丰纱厂停工

宁波和丰纱厂,开办迄今,已有三十年之历史,平日有工人二千余名,为本省有数之大工厂,在国内纺织界中素负相当荣誉,自今春开工以来,因花贵纱贱,售价廉于成本,维持困难,但为顾全全体职工生计计,仍勉开单班,每月上工十六天,迄今三月,情势未见改善,而各项开支及流动资金、利息、统税、营业费等,更属不赀,不得已宣告停工。惟照现在形势观察,恐一时难期恢复,二千工人生计无着,情形可悯云。

(《实业部月刊》,1936年,第4期)

宁波恒丰织染工厂宣告破产

宁波南门外,恒丰染织工厂,于民国十八年创办,初仅资本一万五千余元,旋以营业发达,当年添置纺织整理二部,购地建屋,备有新式铁木机五十四架,出品有海昌色布、红洋布、直贡呢、洋纱哔叽、漂布、绉呢等,运销全国。至二十年,全厂职工,达千余人,全年营业总额,计达二百余万元。于是大事扩充,聘请高等技师,添购大号印花机、水洗机、丝光机,及酸化上浆机等,督造各种印花色丁花布,印花哔叽,印花直贡,出品精良,为国货工厂之最出色者;距自九一八后,货销停滞,金融周转不灵,日渐衰落,直至今年,亏欠已达八十余万,经各债权人向法院追诉清偿,实已无法维持,乃宣告破产,现正吁请政府设法救济云。

(《实业部月刊》,1936年,第5期)

宁波四明电话公司的创立与发展及其职工待遇与娱乐

何揆一

宁波,是浙东的一个交通口岸,它具备着各种现代的交通建设,有轮船往来于上海、温台、象山、定海之间,有沪杭甬路甬曹段火车,也有宁波奉化、镇海、慈溪、嵊县、曹娥江边,以及临海、天台间的公路可以通行汽车,邮政电报局、电话局及长途电话局等，无不具备与国中最繁盛的都市相较，仅缺少市区公共汽车。但在最近，市区道路改建以后，已经人发起组织市区公共汽车公司，并已与鄞县县政府订立租路合同，积极筹备拟于明年一月一日开始通车了。

以上是宁波交通近况之一般，以下，则单述宁波电话事业的过去和现在，以及电话事业经营人员劳力的报酬、业余的娱乐和他们的生活情形等等。

宁波电话公司成立于民国二年，到现在，已经有二十四年的历史了。那时候的发起人是：朱葆山、李征五和王仰之。设备，是异常的简陋，只在战船街地方，租赁民屋数椽，装置容量百门的磁石式机两座，名称呢，是叫做"宁波电话有限公司"，以后改组为"四明电话股份有限公司"。直到创办以后的第三年，才买进了租赁的房子而改建为西式楼房，可是地面不大，一共只有三间，并将容量百门之磁石式机两座扩充至四座，是依力克生厂的最新出品。在经营的人，以三年为以来，业务的进展，使基础逐渐的稳固，扩充后，必定是一帆风顺了，那知事实，却没有理想那么乐观，经过了五年之久，营业毫无起色，当然不但会[1]利可图反蚀了不少的股本。一般股东们因为亏折过多，便议决解散。这是民国九年的事。

正当那时候，现任四明电话公司的董事长厉树雄，从欧美归来，他以为宁波的电话事业，不该中断，便出而担任续办。一面从孙宝琦、刘翰怡那里，以及本地的同乡们那里召集股款，得资二十万元；一面和公司负责人，协议接办，以十二万元的代价接收前公司全部的财产，以八万元作为改良设备的经费，并改称为"四明电话股份有限公司"。

厉君接办不久，宁波全市，遭遇了一次空前的风水灾，全部杆木，摧毁无存。事后乃收拾残余，改装电缆，经过六个月之久始恢复原状。从此营业日渐发展，设备也更见完善了。到民国二十年，从二十万元的股本增至三十万元，共计有二千用户左右。营业的收入虽然逐年增加，其开支也随之增大。从下面的一个表中，我们可以看出四明电话公司营业进展的过程。

---

[1] "会"字当为"无"之误 —— 本书编辑者。

年份	用户总数	收入总数	支出总数
十九年	一五二二	九二 八六三元	九一 六八一元
二十年	一六七九	一〇八 五八〇元	一〇三 八一八元
廿一年	一八三五	一二一 四三一元	一一一 二六七元
廿二年	一八三五	一三一 四六八元	一一三 七八三元
廿三年	一九五七	一三八 一〇九元	一二六 九〇八元

所以，在民国二十四年以前的三十万元的股本，虽会[1]一分红可言，但尚有年息八厘可得，历年提出之公积、折旧、准备等金：至二十四年止，共计有五万元内外。

近年来，自动电话普遍于中国各大都市，而宁波的电话，尚依然如故，因之用户们在通话时，往往遭遇着"等一等！"之不便。至于接线的迟缓，声音的嘈杂，更足以引起用户对于电话公司的不满，因此电话公司，方有自动改进的计划。

关于改进的计划，起初，是拟将共计二千四百门的原备总机三台，合而为一，增加复式闸上，并将外线改为复线。这样的改进，预计所费，约在七八万元之间，这样的费用虽省可是效力不大，经该公司负责人等再三考虑，并和电话专家商讨的结果，不必改为自动电话（改为自动电话预计的费用太大），但亦不必采取上述办法，决定将原有机线房屋，一概摒弃不用，全部更换，改用共电式。线路方面，概用地下线缆及架空线缆（线缆总和的长度是十四万五千一百三十一尺），进屋及屋内各线，概用双纽皮线；一面将公司的房屋及地址扩大，建造四层的大厦。计自二十四年初春动工，至全部工程完竣之日止，费时约九个月，约计工程费用四十六万二千余元。改良电话机线、建筑房屋及各种设备的经费，可以看下面所列的表。

科目	元数	科目	元数
房屋基地费	一四 九六八元	消防设备	四四四元
建筑费	六四 五〇〇元	地板设备	四 三九三元
填土工程费	一〇八八元	钢窗设备	二 五〇〇元
打样费	一 六八三元	器具设备	四 三一一元

---

[1] "会"字当为"无"之误 —— 本书编辑者。

续表

科目	元数	科目	元数
电力设备	二九五五元	监工员薪给	一八〇〇元
卫生设备	一八〇〇元	外洋购置材料	二九九〇四八元
自流井设备	一八五〇元	国内购置材料	二五五五九元
工程工资	二五五五九元	材料增加关税	四一八二元
工程设备费	五五三二元	材料运费	六三七一元
保险费	七八六元	其他杂费	三〇一二元
总计	四六二三三二元		

正当四明电话公司在大兴土木从事改进以及扩充设备的那一年，不幸正遇到社会经济恐慌逐渐尖锐化的时期，用户逐月的减少，于是入不敷出，在去年（廿四年）是四明电话公司最感受困难的一个时期，它因此负上了四十几万元的债务，股东们的八年息金，也没有着落了。一至改进的工作全部完成以后，公司为推广营业起见，有百号免费装置的办法，而装户，却也并不怎样的增多。一直到今年，装户的数量，才恢复以前的旧观。

其次是关于职工的生活、待遇、训练、组织及娱乐方面的种种了。

一、公司的组织。[1]四明公司的组织，是设置经理一人，综理全公司的一切事务；工程师一人，管理全公司的机务；凡是话机及各路杆线的装置、修理，都由工程师负责。经理以下，分二科，八股。第一，事务科，由经理蔡西生君兼任科长；第二，工务科，由姓徐的工程师兼任科长。事务科分文书、营业、会计、庶务等四股；工务科分修养、设置、材料、交换等四股；线工十七人，机工十一人，工头一人，此外话务员（即接线生）五十五人，班长五人，正副领班各一人。

二、员工的待遇。四明公司的职员待遇，计分二十四级；话务员技工薪给，分十八级。职员的薪给，最高额是月薪八十元，那就是经理了，其次是七十六元，以下便每低一级减三元，但至月薪四十元以下，则每低一级减二元，所以第二十四级最低职员的薪水是每月二十元。话务员及技工薪给，最高额是五十二元、四十九元、

---

[1] "公司的组织"及下面"员工的待遇"标题前，原文并无"一"和"二"，但自"考绩与晋级"开始有"三"等序数，据此而在"公司的组织"与"员工的待遇"前面加"一"和"二"——本书编辑者。

四十六元、四十三元、四十元,四十元以下每低一级减二元,最低额是十四元。事务科及工务科各股主任,自十九级(每月三十元)起至第六级止(每月六十四元),办事员叙薪自廿四级(二十元)起至第十四级(每月四十元)止。班长叙薪自十三级(月二十四元)起至第一级(月五十二元)止,正额司机生叙薪自十五级(月二十元)起至第五级(月四十元)止,高额司机生叙薪自十八级(月十五元)起至第十级(三十元)止。工头叙薪自十三级(月二十四元)起至第一级(月五十二元)止。正额技工叙薪自十五级(月二十元)起至第五级(月四十元)止,副额技工自十八级(月十四元)起至第十级(月三十元)止,至于特别技工之具有优异技能者,其叙薪得依各股副主任待遇办理。至于练习生及技工之在练习期内者,则概不叙薪,由公司月给津贴费八元,其升任为话务员以及技工,须经过考试录取之规程。话务员及技工录取后,先行练习十二个月,期满后以副额司机用之。副额司机及副额技工之成绩优良的,得升正额司机及正额技工。在技工一项之中,除分副额技工、正额技工外,并且有工头以及特别技工之设置。

三、考绩与晋级。至的增加薪给的办法,公司的章则规定是如下:

员工考绩,每年分上下两届,于六月底、十二月底结算之。

考绩分特别优、优良、平常三项。

特别优得三分,优良考语二分,平当[1]考语为一分。

各股主任副主任考语,由经理、工程司会同科长核定之;各股职员考语由科长督同各股主任拟送经理核定之;其每届服务不满四个月者,不给考语。

技工考语由股主任督同工头核定之;工头及特别技工考语,由科长同股主任核定之;其每届服务不满四个月者,不给考语。

各届考语积满六分时,得晋薪一级,所余胜分数,得并入下期核算。

晋薪已达最高级时,非遇升迁,不再加薪。

晋薪至最高级后,考语存分满六分者,得另给本薪半月以示奖励,此项存分,应即核销。

---

[1] 原文"当"字应为"常"之误——本书编辑者。

四、奖金与劳积金。四明电话公司的职工,每年考绩二次,其两届考语得有六分者,除晋薪一级而外,并奖给月薪一个月;满五分者奖给百分之八十;满四分者奖给百分之六十;三分者百分之二十;不满三分者不给奖金。至于劳积金方面的给予标准,则如下:

职员服务年满六十岁,司机服务年满四十龄,班长满四十五岁者,应令退职,如精神尚健,得斟量延长之;但班长、司机生、及技工之延长期间,至多不得过五年。

员工身患痼疾,不能服务者,应随时令其退职。

员工退职时,应按其服务年限,每满一年按照现支薪额给予半个月之退职金(即劳绩金);但至多不得过十五个月。

劳绩金应于退职时一次付给;但如为数过巨者,得分期支付之。

员工在服务期内因病身故,亦得照第三项之规定,给予劳绩金。

公司员工,应按月抽薪百分之五作职员储备金,至退职时一次发还,其储蓄金由会计处于发薪时按月扣除之。

可是以上各项,是民国二十三年规定的,及至民国二十五年该公司开股东会议后,因支出增加,收入减少,除劳绩金条例无所变更外,对年奖一项,已经决定停发了。

五、职工之娱乐。四明电话公司的职工,在他们娱乐的嗜好上,大抵是普遍的爱好平剧,公余之暇,三三两两上戏院去听戏的很多。因此,他们的同好者便组织了一个"雅声平剧研究社",自已去学习和演唱,其中有几位,已能上台表演,在宁波有几家的喜庆堂会上,曾得到观众很好的批评。此外的娱乐,便是国技了,他们全体职工,组织了一个"合人国技社",请国技教师一员,于每天上午,训练各种拳技,到现在,据说已经有两年多的历史了。所以,该公司的员工在娱乐上,除了会唱几句皮簧以外,还会来几手"双龙抢珠"、"将军捧印"那些玩意儿。至于爱打弹子和爱拍篮球,以及寻求其他娱乐的亦不乏人,但这不过是个人的娱乐,而非团体的娱乐了。

六、职工之训练。为中国多数机关的缺点,机关职员缺乏进修的机会,四明电话公司当然不会例外。他们的员工,没有一种组织,借以研究技术上的改进而求增加工作上的效能。在公司方面,亦没有训练员工的办法。然而现在,他们已经知道这个缺点了,他们认为电话公司的业务,与普通商店性质不同,机械线路以及一切装置,均须合于电学原理,所以公司对于各种人员,应灌输以相当的常识,而各股职工,也应互相研究以期达到增进工作之效益,因此,在最近,由职员任伯章君,发起组织各科研究会,请一位姓徐的科长为义务教师,是采取上课讲演的方式,已于本月(十月)初开始实行了。

(《交通职工月报》,1936年,第10期)

宁波卷烟厂调查

而山

吾浙每年卷烟消耗,数在五千万元以上。外货占十之六七,国货仅十之三四。近年虽受新生活运动之影响,比较稍减,但总难降至五千万元以下。此项漏卮,其影响于吾浙国民经济力量甚巨。宁波一埠近年进口,以下等烟最多。当地商人以制造卷烟利息甚厚,一时开设者风起云涌,自永安厂闭歇并入立新厂,迄今尚存七星、韩岭、三新三家。兹列表如下:

厂名	地址	制烟机数	备注
立新厂	宁海西垫	八部	内六部系宁波永安厂并来
七星厂	宁波城内	二部	
韩岭厂	宁波韩岭	四部	

以上三家,计有制造卷烟机十四部,每机一部,开足马力,一小时可出卷烟五万枝,普通每小时约出三万五千枝至四万枝左右。各厂因资本微弱,一年间停工时期过半。即或开制,而制造机亦难全厂皆开,甚有日仅开车一部者。以平均每日七机开制,每机一小时产烟四万枝,一天工作十小时计算,每日约可出烟二百八十万枝。以五万枝装一大箱,每月约可出烟一千五百九十箱。常年开工时期以六个月计,每年约可出烟九千五百四十箱。以其所制均属下等卷烟,故售价特廉,每箱低者一百十余元,高者一百八九十元,平均每箱售价约一百五十元,每年产值约在一百四十三万元。此系根据各厂生产能力估计。若照宁波统税管理

所所收卷烟税款每年三十万元、每箱征税八十元估计,则年产不过四千箱,产值不过六七十万元耳。

各厂所需原料,以烟叶、卷烟纸为大宗,河南国货烟叶,几为英美烟厂全数收买,而国人经营之烟厂,反须购买外货。名为国货,实则多系外货。至于卷烟用纸,类皆×[1]货,由走私输入者更多。商人固重利,岂真无国家民族观念乎?

(《浙江经济情报》,1937年,第10期)

宁波草席产销概况

草席为浙省著名草织业,以宁波、永嘉、余姚为最盛,黄岩等次之。宁波以宁席著,永嘉以软席名,均以原料出产特殊所致。在前清织席用具简单,编织便捷,就地取材,需资甚微,及日本花席,倾销国内,海外销路,几被攘夺。至民国十年甬之华丰席厂设立,十五六年,明心厂、翔熊厂、宝星厂、大生厂、仁安厂等相继开设,因此花席软席及粗硬土席之出产,多至七八百万余,为宁波席业之全盛时代。自民国十八年后,受世界经济不景气之关系,销路大减,资本较小之席厂,相率停业。

宁波织造旧式草席,以西乡最盛,西南乡次之。西乡之黄古林、石碶、栎社一带,更为织席户之集中地,织席工人约十万人,工资平均每人每日约四五角,至制造软席工资,织工每条九角,织边每条五角,补织每条二角五分,磨光剪清工资每条二角,抽草、刮草、检草、破草、纺草、摇草,以重量计算工资,大概自由抽草起至摇草止,每席约工资一元六角。

织席原料,粗席及旧式席所用者为草,改良花席所用者为龙须草,软席所用者,为三角草,此外为麻与纱。宁波西乡如黄古林、石碶、栎社等处,种植极广,西南乡产量次之,总计每年约产干草五万担,每担价值分上中下三等,若平均以四元计算,总值二十万元。龙须草较席草细均而长,为织席之佳品,产于永嘉、青田两县,集散市场以永嘉为中心,宁波、余姚需用该草,均向永嘉采办,每担价格,上等七八元,中等五六元不等。三角草又名咸草,永嘉之江北,年产约五千担,宁波西门外马园一

---

[1] 原文即为"×"——本书编辑者。

带,亦有种植,每担价格,五元至八元不等。

席之制造,分旧式硬席、改良花席、及台式软席三种。其织造机为直立式,以苎麻或线麻为经,以席为纬,当工作时,先取席草分别长短粗细,浸入水中,半小时后取出,由二人盘坐机前,一人司织席之扣,一人加草工作,合作进行;每加草一根,扣向下一压,使草与草密接;及扣向上举起时,则复添草,并屈折其根端,以成席之边缘。如此者久之则席自成。改良席,以席草龙须席为纬,以纱或线为经,其织法与织布同,取干燥之草拣去粹断,次用石轴滚过并浸以水,然后上机编织,最后车边印花,过蒸炼气炉一小时,取出俟冷,经轧光机轧就平滑,即成。软席因仿造台湾席织制,故又名台式软席,原料为三角草,其法亦如织布,惟手口较花席尤紧,织成后尚须织边、补席,始上朱石,并剪边后,乃包折出售。

宁波草席,年产约五百万条,半销于内地,半运销于外埠,其交易在每年三、四、五月最盛,乡民以所织旧式软席,售于席庄、席行,完全以现金交易。庄行收买后,再经整理捃紧工作,并加盖牌号印章。至于席厂所出之席,直接运出,不经席庄、席行之手,上海等埠多设有批发及代售处。宁波现有席庄、席行约计六十余家,资本自三四百元起至一万数千元不等,城乡均有设立。现在正是夏令时分,机声轧轧,忙个不了。

(《农业建设》,1937年,第5期)

关于宁波粮食问题

朱大公

《上海宁波公报》三周纪念,征文于余,申言须着重史实,不尚虚文,并嘱写关于宁波粮食问题。余也,自去年"七一五"镇海事变,《商报》停刊后,即家居休养,对于社会事业,早已置诸不问,尤其是偌大"粮食问题",有官绅主持其间,小子安敢过问,但就政府压平米价,乡队时乘机敛钱,省令自由流通,黑市场黑心抬价,粮管会苦心调剂,各乡镇饿殍载道,种种渗涌情形,乘兹《宁波公报》三周纪念,书以应征,或有一观价值。惟拉杂成章,挂漏之处,在所不免,尚望读者大谅而特谅之也。

关于宁波粮食问题,约可分为下列三时期。

第一，压平米价时期

宁波海口，自"七一五"镇海事变后，即告封锁，不幸旱潦成灾，秋收又告不丰，于是粮食问题，遂起极大恐慌，俞县长为防止奸商巨户囤积居奇起见，决心压平米价，订定早谷每石十五元，早米每石三十五元；晚谷每石十六元五角，晚米每石四十元，一面令各乡镇长调查乡镇内收获确数，办理存户登记，各存户除去自留三个月食粮之外，悉数由储备仓库备价收买，转售各米店碾米发售，各米店每石净得佣金一元，市内居民，发给购米证，规定每口购米八合，凭证购买，实行计口授粮，政府兼筹并顾，细民受惠不浅，讵知利之所在，人必趋之，推行既久，弊乃丛生，各乡镇存户之谷，既由储备仓库备价收买，当然县境内不准自由流通，于是由县府组织查缉哨，各乡镇查缉事宜，委乡队附负责。一般无知乡民，以及希冀获得高价之奸商，不免有偷运等情，一经查获，悉数没收充公。夫奸商图利，没收充公，罪有应得，无知乡民，多属由乡携城，备作自己食粮者，似有可原，乃乡队附亦予没收，未免过分。没收之米，能涓滴归公，尚可说，而饱入私囊者，大有人在，即奸商偷运之米，亦有向乡队附疏说，贿以相当代价而放行者，以故各乡镇队附，莫不"利市三倍"，主任长官，不得而知也。各米店发售口粮，亦弊端百出，不胜计述，其最普通者，将储备仓库发来之谷，碾成之米，不尽量出售，故意存藏一二石，市民持证向之购买，答以卖完了事，记得某镇曾发现此事，警局巡官将该米店主带局，将报县罚办，结果反由某镇长保去，灭迹了事。此种事实，一镇既有发现，他镇当然难免。自应绳之以法，为杀一儆百之计，乃某镇长计不出此，反为之作保灭迹，细民隐痛，不堪闻问矣。而主任长官，亦不得知也。上述两种事实，均为压平米价时期之弊端，不特为笔者所耳闻目睹，亦为众人所共见共闻，初非俞长县所及料者也。

第二，自由流通时期

各乡镇存谷，既搜罗殆尽，各米店又复如此舞弊，细民均有断炊之虞。再加省令准许县境内自由流通，不得借端阻挠，于是县府遂颁自由流通之令，自由流通，在表面上看来，准许细民自由购买，不受任何限制与束缚，用意至善至美，其实各乡镇存谷，已为县府收买一空，自由已属无可自由，流通亦属无米流通，一般奸商，一闻自由流通之令，又复派员分赴各乡，以高价收买存户余谷（此为未经县府查获者），或则八十元一石,或则一百元一石,运城碾米,不在米店发售,暗中雇人,设摊售米,米价由一百元增至二百元,最高时涨至二百四十元,即所谓黑市场,皆由一段奸商所造成者也,地点大多设在江东灰街,市民以食粮之所需,又无他处可以购米,只得巨价收购,大抵以商店居多,盖商店有的是钱,开支增加,可以递高其物价,巨价之米,仍可吃诸市民头上,漫不在乎,市民遂于无形中增加两重负担:第一重为米价,第二重即为商店因米贵而增加之物价也。至于贫苦细民,安有如许金钱可以购米,于是吃细糠者有之,吃麸皮者有之,吃豆渣者有亦之,甚至有细糠、麸皮、豆渣而不得食者,盖因米价之递高,细糠、麸皮、豆渣之价亦随之增高。贫民所入有限无力购买,以致饿殍载道,路毙者日有所闻,沿途啼哭求乞者,更不可胜计,各乡镇公所所办之平米,限于平民购籴,规定平价为六十二元,而因来路之稀少,每口自四合而减至二合,由二合而减至一合。此一合之米,安能供一人一日之粮,但政府亦无可如何也。稍足自给之家,在压平米价时期,在乡间预购之谷,既经自由流通,当然可以运城,乃乡间各保,各自为政,不准保内之米,运出保外,一以防止奸商收购,一以维护保民食粮,此种办法,原属未可厚非,但保长良善不齐,其能廉洁自守,正直无私者,固足为保民造福,而一般借口防止贪粮外输,从中舞弊者,正是发财大机会,城内居民预购之谷,反因之受阻,不能输出,则又大受其影响。至若省颁自由流通不准借端阻挠之令,又等若具文矣。

第三,食粮调剂时期

在自由流通时期,政府原订定三级米价:甲级每石八十元,乙级每石七十元,丙级每石五十元,但虽有米价之订定,市民仍无处可以购米。即或有之,亦属极少极少,盖因储备仓库,存米不多,供不应求故也。仓库存米既不多,政府当然不能坐视其断粮。于是成立粮食调剂委员会,推竺梅先为主席委员,竺氏首先提倡节食,曾在报端发表意见,不特宁属各县群起响应。即金华方面亦推崇竺氏之主张。通令全省,一致推行,竺氏既就调剂委员会主席委员,即于会之下设节食组,以姜伯喈君为正主任,丁立成、张方庆二君副之,组织节食推行委员会,发行节食周刊,分别推行与宣传,一面派员分赴温、台、衢县各地,采办食米杂粮,以资调剂。又因运输之困难,特组运输队,手车队,以专责成,虽因运输困难,办到之食粮不多,而竺氏之热心从事,至堪钦佩。截止笔者离甬为止,已有三四批杂粮运到,分发各乡镇出售,充作贫民食粮,闻尚有大量杂粮,正在赶运之中,如能于短期内运到,则市民食粮,可以无虑,纵不能救活全县人民,至少路毙可以减少几个。再加徐专员提倡之冬作运动,各乡播种之麦豆等等,亦为数不少,不久可以收割。是以宁波食粮,决不至于中断,此皆官绅调剂有方,而厥功最伟者,则为竺氏,竺氏调剂之法,不外上述"节食"与"采办"两端。关于节食方面,两粥一饭,早已推行于城市,诚恐乡间各户,仍有三餐或四餐燥饭者,因有节食组之设立,令组宣传检查队,用劝告方式,推行至于乡村,俾习惯成为自然,食粮欠缺时候,不致发生恐慌,即食粮充实时候,安可端省几许,总以不有碍卫生为原则,此竺氏之"节食"主张,所以为省所推崇,而通行于全省也,关于采办方面,尤能不避艰险,亲自出发,向各地接洽采办,设法起运,使宁波食粮,得以源源接济,虽施粥等种种善举,未能见诸实行,则因办到食粮不多,不敷分配,不能归咎于竺氏,好在旅沪同乡,多属热心分子,均在设法募捐救济,即《宁波公报》亦为经收家乡米荒救济捐,已有成数汇甬,委托妥人办理施粥,并致电竺氏,对于施粥之米,一律予以平价购买,此为竺氏调剂食粮所未能办到之事,应引以为遗憾者,对于旅沪同乡之要求,当能允如所请,而救济各乡贫民者也。

关于宁波食粮问题,不外上述三时期,而就上列三时观之,当然在第三食粮调剂时期,县民受痛最深,因此时期,宁波存米不多,有钱者已有"有了钱买不到米之虞",遑论贫民,在此时期,政府虽有一百六十元、一百二十元、六十二元之定价,而无米可买,亦属徒然之事。至若黑市场之米,绝非贫民购买得起,调剂会虽有食粮运到,亦属杯水车薪,无济于事,县民之痛苦可知。但据笔者而论,在第一压平米价时期,第二自由流通时期,县民所受之痛苦,亦不亚于第三食粮调剂时期何以言之,盖在第一压平米价时期,各乡镇之查抄存谷,不肯稍予通融,乡队附之狐假虎威,尤属令人难受。动辄没收,动辄处罚,此种痛苦,何处可以申说?在第二自由流通时期,奸商操纵,造成黑市,政府因无米之故,任其为所欲为,商民出重价购米,一面递高其物价,及至今日,有增无已。县民因日用之所需,不得不高价而购用,乃于无形中加了一重负担,此种痛苦,较之第一、第三时期有过之无不及也。

吾人于此,可证"有备无患"、"未雨绸缪"之古训,应牢记不忘。更应随时实行，免得临渴掘井，不及措手。此次宁波粮食发生如此严重恐慌，虽属天灾人祸，不及提防，然能于平时预为策划，厉行垦荒政策，俾地尽其利，人尽其力，即令收获不敷，亦不致于如此之严重。海口之封锁，乃吾人意料中事，战事一日不平，海口即一日不能开放，深望政府加紧垦荒，务使境内无一亩荒地，处处可以生产，人民方面，则实行"节食"主义，节其有余，以补不足，而省令提倡之圳田制，尤应劝谕农民，督促实行，要知多一分生产，即多一分民食，纵令海口长期封锁，我亦足以自给，如此，方不背"未雨绸缪"、"有备无患"之古训，而宁波粮食再不致有如此之恐慌，人民亦得安居乐业，此所希望于宁波官民通力合作者也。

(《上海宁波公报》，1941 年，第 16 页)

浙东邮汇未复　宁波一处可汇

上海与浙东、绍兴、余姚、镇海、慈溪、奉化各地之邮汇，虽一度传将恢复通汇，惟迄目前为止，尚难通汇，惟上海与宁波汇兑，则邮局可以开发兑付。

(《经济日报》，1943 年，第 748 期)

宁波和丰纱厂

宁波和丰纱厂股份有限公司，设立于光绪三十一年九月，资本初为九十万元，至民九增资至一百五十万元。该厂厂址设立于宁波，事务所设于上海汉口路、河南路口。自三十年十二月八日太平洋战起，该厂因曾悬挂美旗关系，由日本军部管理，至去年八月间，解除军事管理，移交国府接管，嗣经该厂当局向有关当局解释，至本年六月十日左右，始奉令启封发还。惟该厂欲恢复开工，非扩充资本不可，故由股东厉树雄君出面，与本市信和纺厂接洽合作问题，拟将资本总额增至一万万元，内五千万元，由老股一百五十万元升值，其余五千万元，假定由信和纱厂投资，乃由留沪董事二人，于五月廿五日召集在沪股东，作非正式讨论增资复工等重要问题。因事关重大，必须举行股东会，正式讨论，乃于六月二十日举行股东临时会，公推王伯元为临时主席，报告历年情形及此次收回厂产之经过，最后讨论增资问题。经三小时之热烈讨论，结果投票解决。开票结果，决定增资至一万万元，其中半数由老股升值，半数尽先由老股东比例认缴，六月底止，为缴款截止期，期满老股东仍不缴纳，作弃权论。其他老股东有优先认缴权，如仍不足额，由董事会负责向其他方面招足。并定于七月四日召开增资后新旧股东会，报告增资经过，修改章程，改选董监等重要事宜。

（《华股研究周报》，1944年，第7期）

湖塘葑荄发明造纸

东钱湖水利参事会主任陈如馨，近以东钱湖整理期间，对于五里塘一带葑荄，弥蔓数千亩，扫除为难，最近与上海宝山造纸厂厂长兼工程师张仁寿，及宁波华伦造纸厂经理朱瑜章，经研究化验后，始发明此种葑荄，可供造纸原料，合算成本，与稻草相埒，可称废物利用。

（《宁波旅沪同乡会会刊》，1947年，第16期）

废物利用，炼化煤质

（蒋孝成设社提炼）

甬埠人民蒋孝成等，因鉴于战后复兴事业之重要，特根据中央复兴建设计划，服务社会起见，现就废物利用，将煤质用科学方法，予以提炼，当呈奉国营招商局核准，组织建易煤质炼化社于江北岸后马路一八〇号，即日开始炼化云。

（《宁波旅沪同乡会会刊》，1947年，第20期）

宁波电话之后顾与前瞻

倪维熊

（一）创业情形

宁波之有电话，始于民国纪元之年。创之者，朱葆三、李征五、王仰之诸先辈；大之者，现任董事长兼总经理厉树雄先生；经理其事至三十有四年之久者，蔡酉生先生也。在草创之初，原名"宁波电话股份有限公司"，在甬城江心寺跟（即今战船街）租赁民屋数椽，装置容量一百门之磁石式交换机两座，并架设如交换机容量之单导体架空裸线。规模虽简而缔造维艰,盖其时风起未开,人咸以守旧鸣高,对于新兴事业无不各存疑骇之见。故于架设线路也,动曰有关风水,横加阻挠,对于征求用户也,则曰无关实用,拒之甚坚。虽经数月之解释与疏通,得于次年五月五日开始通话,然所得用户不过机关团体二十余户而已。又越二年,始有用户二百家,但以原机程式无复式闸口之贯通,欲扩充则感接线之困难,欲更易又苦资金之告罄。几经商榷,得南浔刘翰怡先生之援助,慨然贷以款四万元,始有购就原址基地房屋改建西式楼屋三间,废弃前备机器改购瑞典依力克生厂最新出品容量一千二百门之磁石式交换总机全部三分之一,即实装容量四百门之举。(前曾拆除而现仍复装于共电式交换总机侧者)落成以后,满翼基础已固,可期日新月盛,具有无穷之希望,不谓事之兴替竟有不可以常理测者,数年以来,用户以商业凋敝而不见其增,开支因负债过多而日见其巨。连年亏损,各股东咸具戒心,遂于民国九年由股东会议决依法解散,此岂始事者之才之力不足以昌其事欤?盖亦时会未至使之然也。会厉树雄先生自海外归来,鉴于欧美各国电话事业莫不突飞猛进,而吾甬硕果仅存之市内交通事业岂可任其中断而不为之计乎?遂起而谋诸孙公慕韩,转商债权人刘翰怡先生将债款改为投资,并另招股款十六万元,共为二十万元,依法组织四明电话股份有限公司,推刘公为董事长,厉公为总经理,此为本公司所由始也。

(二)暴风雨后

本公司成立后,遂以十二万元收购前局全部财产,继续营业,以八万元改良设备,兼事扩充,乃事固多磨,正值接收整理之余,忽遭空前飓风之变,其势摧坚如朽,扬石如尘,彼时全部线路概系架空,杆木甚高,挂线甚多,一经狂风暴雨之袭击,竟全部摧毁无遗矣。幸值本公司成立之初,尚有余资,遂一面收拾残余,一面装置架空电缆,地下电缆,水底电缆,以免再蹈覆辙。兼日而作,凡六阅月,始克恢复通话,此因天灾而改良线路之实在情形也。幸自兹以后,营业日有进展,设备亦迭有扩充,在民国二十三年,有股本三十万元,交换机二千四百门,用户二千余户。以现有之设备,应付现有用户,原属体用相称,措置裕如,但就原机程式而再事扩充,则如小知之才而忽责以大受,必竭蹶不胜其任,使人以器,使器何莫不然?欲为一劳永逸之谋,必作彻底改革之计。遂由股东会议决增资二十万元,借款二十万元,并决定改良三原则：曰购地另建房屋,曰更换机构程式,曰改单线为复线。

（三）气象一新

嗣即依此进行,关于房屋者,在原址左侧购地二亩五分有奇,聘奥国建筑专家林斯诰君为之设计,俄籍建筑师托抛林君为之监督指挥,建造钢骨混凝土三层楼大厦一座。第一层为办公厅,第二层为供电设备,配线架,测量台,第三层为交换室,有容纳八千门总机之面积,以备络续扩充之用。关于机构者,由瑞典依力克森厂为之设计,派专家詹生君会同本公司所聘技术员徐正大君为之监造,装置凝电法共电式交换总机二十五座席,计容量二千五百门,附设领班监督台一座,呼数记录表一座,配线架一座,继电器一座,测量台一座,振铃机两座,马达直流发电机一座,引擎直流发电机一座,蓄电池两组。关于线路者,除原有电缆外,增加架空电缆一百对者5321尺,五十对者38706尺,二十五对者50189尺,十五对者5355尺。地下铠装电缆三百对者20023尺,二百对者15947尺,一百对者1200尺,五十对者2400尺。架空裸线概用十七号铜线,每户约合五磅有奇,引进概用双纽皮线,室内概用二十二号皮线。计装分线箱一二四具,共有杆木二千支。施工之余,虽一线之征,一技之末,无不审慎考虑,以求合于标准,费时九阅月,施工18792工,于民国二十四年九月内全部告成。启用后,声音清晰,信号准确,交换敏捷,障碍减少,不仅与前此设备迥然不同,且足与平津沪汉各大埠之电话齐驱并驾,此本公司设备最完整使用最便利之时期也。

（四）战时工作

未几,抗战军兴,本公司以商办之通讯机关,不惜举其所有人力物力以供军政当局之指挥与运用而从事于抗战之工作,在炸弹纷飞之际,人皆疏散,独本公司员工仍据高楼工作而不辞,在四一九最后巷战之余,全城已空,独本公司员工仍追随军政长官服务而不怨,岂有他哉,盖亦激于爱国之忱而已。故前督察专员、现任辽宁省主席徐公士达有亲题忠勇之褒,前鄞县县长、现任山东省省政府委员俞公济民亦于年节亲莅公司授以奖金,奖勉有加,均足感奋。数年以来,虽前后处境之不同,而其所以为国宣勤,为社会服务,为股东效忠,以保兹血本有关之财产及地方公用必须之设备而期无忝于职责者则一也。幸顽敌投降,得出水火而登衽席,然当事者心力交瘁矣，原有之设备亦残矣，所亟待于整理补充者何止万绪千端，现任董事长兼总经理厉树雄先生以维熊曾长鄞县建设有年，与前经理蔡酉生先生为至交，对于公司情形尤熟悉，故以善后之责见嘱，而维熊亦迫于公义与私情，不得不勉竭绵薄以为地方服务者也。

（五）复员以后

抗战八年，陷敌五载，幸权操在我，未被喧夺，然机线材料一部分移藏乡间，毁于劫火，复以交通梗阻，采购无从，以致年久失修，元气大伤，影响话务至深且巨。乃于复员以后，积极从事整理，全城杆木二千二百余支已换新者三分之一以上，地下铠装电缆与架空电缆为适各地段用户之需要，加以调整补充，分线箱与明线亦同时加以整理。又总机部分之信号灯、塞子头、塞子绳之逾时者一律更新添补，话务员于战时改用一部分女性，间有经验不足技术未精者重予训练考核。至用户话机原均由公司配装，战时在敌伪势力下颇多遗失，而内线装置亦均不合规定，一时尚未及逐户整理，而自备话机良窳不一，以致通话效率大受影响，此则有待于继续改进者也。战后工商业虽未必如战前之盛，而电话之使用则以时代之进展而日增，原有共电式总机二千五百门骤告满号，基于供求不克相应而用户转辗过让之间，有所谓"黑市代价"，犹房屋之挖租费然，此一恶风，固不独甬埠为然，实缘各国在复员以后，制造厂家亦成求过于供现象，而欧美各国既"近水楼台先得月"，我国遂不得一羹矣。本公司际此艰难，于无法中筹一办法以应急需，即重修改良后废弃不用之旧磁石式总机以资替代，先修配三门，即告满号，最近又修配二百门，意在使供求略能适应。惟磁石式与共电式程式不同，须经中继线转接，是以磁石式门子愈多，共电式门子同受其累，影响通话效率，目下不拟再添，暂以此为度，一面积极从事共电式总机之扩增，以期一劳永逸，此复员以来之整理经过也。

（六）扩充计划

理想中之扩充计划，即为增加共电式总机，虽自动电话较共电式为进步，然在使用手续上，共电较自动为便利，是以当时甬埠之采用共电亦以是故。房屋设计亦留有容纳八千门总机面积之余地，为符合原定计划同一程式计，自以仍采共电式为宜。本公司曾与原承造瑞典依力克森厂函洽，该厂亦遣工程师来甬察看，尚在洽商中。同时又探知中国厂家亦能仿制，熊曾赴沪参观数家，洽其试制，如能满意，当与订约。估计经费，如先装六百门，约需费六十亿元，若以营利为目的，话费之收入不足以维持其经常开支，本息更无由取偿。按公用事业监督条例之规定，纯益超过百分之二十五者用于扩充业务，法良意美，而本公司连年亏折，负债累累，股东虽一度增资，然以物价之继涨增高，仅能弥补日亏，尚不足以事扩新。是以计划中之经济来源，除股东增资外，拟由公司筹垫若干，并向用户酌收话费话机保证金若干，如是则众擎易举，想为地方各界人士所乐闻而予以维护也。

(《建设》，1948年，第1期)

宁波万丰祥纺织厂呈请迁台部令不准

宁波万丰祥纺织厂前呈纱管会，以电力不足，原料价格较昂，与技工缺乏为理由，请准请许迁台经营。该会当据情转部。昨已奉到部令驳斥。盖台湾非产棉区，迁台经营，原料更贵，同时与经济部提倡发展内地纺织业政策不符，故对该厂请求，不予照准。

(《征信所报》，1948年，第696期)

酒捐近百万

(鄞县讯)鄞县货物税局本县办事处，以三十七年度酿缸应纳税额已奉层令，于本(三十六)年十一月二十三日改征为土黄酒完税价(九万七千五百元计格以八分之八十算)，即应纳税额一五万八千元每百市斤计算)，每缸六百斤即九十四万八千元，并奉令附征米酒十二斤，土烧酒完税价格三十六万三千七百五十元，应纳税额二十九万一千元，座照土黄酒计算。

(《宁绍新报》，1948年，第22、23合刊)

宁波人恨煞招商局

任懿斐

本月十日左右，浙江省政府突然接到招商局电文："以沪甬班往来旅客，每日达八千余人,供应膳食,日需食米五十余石,由甬转温州、福州、厦门、汕头各轮,均由甬置备食米,故每月所需约在二千石以上,拟在宁波采购,请转饬县政府准予放行"云云。省府对于这个怪文,倒是一怔,而且相当尴尬,假使不准所请,似乎于情于礼有点说不过去,那么依其所行呢,显然宁波人对于这巨额供应是无法负担,在这二相矛盾下,浙江的省府诸公终于想出了一个比较圆滑的办法,说宁波是一粮食消费市场,全年需量均赖临近省县接济,实无余粮促资供应,而且经过宁波的海轮,也不独招商局一家,如果均由宁波采购,事实上自有困难,应由各轮启程地按实际需要量分别采购,例如自沪开甬应向沪地采购,自甬开沪可向甬采购,以期兼顾……并把这件事行文告知了宁波当局。到了十二月十五日,宁波各报登载《招商局竟拟在甬,每月购米二千石》的大标题后,宁波群情大哗,这时刚巧江亚轮惨剧正闹得满城风雨,遍地哀嚎,后援会正积极展开工作向招商局抗议,火上加油,宁波人真要怒发冲冠了。

于是商民指责,工人反对,舆[1]论更攻击的体无全肤,《宁波日报》的"小言"上以"招商局办事"为题说:"……充其量六千人已足,现在该局说有八千余人,则依规定多了二千人,也就是说:如果该局请求如愿以偿,可以多余许多米,以沪甬差价,一转手间,不是赚了许多钱吗?招商局是一个航业机构,不注意于改善业务,却专动这种唯利是图的脑筋,殊有假公济私之嫌。以如此作风办航业,则江亚惨案之发生,也可说不是偶然了!"

假使这不是恶意中伤,假使舆论是代表民意,那么可见宁波人对招商局已无好感,确是事实。可是话虽如此,采办还是采办,并不因省府不准而停止,更不会因民意反对而顾忌,招商局还是再电省府说明维持航业困难,缺乏粮食的苦楚,再用掼纱帽的方式说明军运殷切,上海存粮实无法顾及等等,于是省府就在二大原则下,第一批二千石已准予放行,不过附带一个原则,就是只此一遭,下不为例。但是依招商局目前的行动看,似乎有再接再厉的企图,宁波的码头工人已正式表示绝不再驳运食米出口。在相互冲突的情势下,好戏似乎还有下文。

(《群言》,1949年,第24期)

---

[1] 原文漏一"舆"字,由本书编辑者据上下文所加。

宁波简讯三则[1]

宁波卷烟业三十余家烟厂,因不断增税及外货倾销下,几已内部陷于停闭,失业职工约在数千人以上。

京象国道线,由京经宜兴、杭州、曹娥、观海卫、鄞县,而至象山港,宁属各线有鄞镇慈、宁横、象西各段,业经行政院通过。

(以上两则均载《宁波人周刊》,1946 年,第 2 期)

宁波竹器商同业公会,近已组成,选叶阿憎为理事长。

(《宁波人周刊》,1946 年,第 5 期)

---

[1] 此标题为本书编辑者所加。

近现代报刊上的宁波

JIN XIANDAI BAOKAN SHANG DE NINGBO

宁波市政协文史委员会 编 / 龚缨晏 执编

下

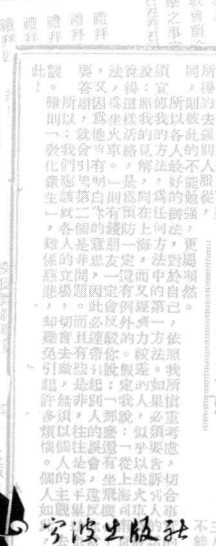

三、农业与渔业

宁波农业动态三则[1]

种葵用广

慈溪陈君启怀,精究化学,近来考得向日葵为用极广,多种可以避疫,其子可以榨油,若作乳哺婴,胜于牛乳,其秸及叶,干后烧灰,则可为极好胰皂;又闻西人将葵秸用化学提炼,可以抽丝,光泽不损蚕丝,是其利用,又在胰皂之上矣。

象浆志略

宁波产鸦片之处,以象山为最。东、西、南三乡产烟之处,不胜枚举,其产烟尤佳之地,东乡曰珠溪,曰海墩,曰陈跳,曰涂茨;西乡曰西洲,曰淡港,曰泗洲头,曰溪口,曰墙头,曰大溪蒋;南乡曰石埔[2],曰大泥塘,曰中泥塘,曰鸡鸣,曰关头,综计每年一县所产约银十万元,本年多雨,收成稍歉。

(以上两则均见《农学报》,1897年,第5期)

水利续闻

宁波修浚钱湖,去年由绅士禀请,于月波寺设立总局,已见前报。兹者宁波府庄坚白太守出示晓谕,拟令大业户出资每亩一百八十文,小业户出力每亩七十文,然经费浩大,拟先由绅富垫款办理,秋后给还,按月归利一分,统缴城中所设分局,领取官印局票为凭云。

(《农学报》,1899年,第69期)

---

[1] 原文无此标题,此标题为本书编辑者所加。
[2] 原文"埔"字当为"浦"之误——本书编辑者。

宁波教育会会员毛雍祥等上谕观察农业改良书

窃维中国以井田治天下,黄帝画疆分野,夏禹尽力沟洫,文武康功田功,故其时国有余三余九之饶民,无甚富甚贫之患,美矣哉,一农战之大国也。中古以来,民生之速率日增,而荒地之开辟已尽。一夫授田百亩之制,既有应接不暇之势,故因时制宜,惟有废井田、开阡陌之一法,使民田骤增多数以暂济目前之急。商鞅、李悝之伦,固有未可厚非者也。自是以后,农事益废,学术益疏,沾体涂足者,往往目不识丁,而学士大夫之流,则又不屑为此。因陋就简,每况愈下。加以庐墓寺观遍地皆是,而无关日用饮食之物,又复杂出于其间,宜民食之日少也。少则不足,不足则争,争则大乱以起,故历代亡国之原因,半由凶荒而起,虽曰天命,岂非人事哉。今者泰西各国,百度改良工商而外,首重农事,国家则设农部,以总其成;州郡则立农学会、农业学堂,以究其理;乡村则创农学试验场,以习其艺。故农事之进步,蒸蒸日上;新理以研究而愈出,器械以制造而愈精。旱则有以为之润,水则有以为之防,补偏救弊使人为之,力足以竞胜于天演而无或失败之患,富强之源固以是为基础也。近来埋筒压条媒花之法,逐渐发明。于是用新法所获之出产,往往倍蓰于旧日,而人工之省、肥料之省,尤不可以同日语。我国地势腴沃,天气温和,地球物产无一不有。西人考我国物产之数,约得二十六万余种,徒以相沿成习,无新智识以察验其间,故一亩所入,自古至今,只有此数,而食者之数日益增。遍地丰年,尤时形其不足,故米价日增,数年之前已成此势。一遇凶荒,则民食之缺乏,几至牵动全局。昔年淮海之灾,各省之米无一处不形竭蹶之现状,职是故耳!夫持其末者,不如培其本,补于后者,不如豫于前。以今日生寡食众之现象,观之十数年后,将有不凶而荒之势,祸乱之成必在此。时有志之士忧其势之已成,而无以善其后,于是创移民开荒之说,使东南无人满之忧,西北无旷土之患,迭相为用,而民食得以丰裕。故东三省起其前,而蒙古应之,新疆陕甘又应之,握要以图,亦未始非足食之良谟裕民之上策,而备荒者之先步也。然措置不周,水利未兴,一曝十寒,何济于事。必使逐段分认合力开办,官长提倡于上,绅民奔走于下,察其土质之所宜,准其天时之所适,贫者给以牛种,则无裹足不前之虑,富者导以机器,则有一泻千里之势;芜尽辟,耕种得宜,则其所得之数较诸昔日虽不能倍,当得其五。此数十年深根固蒂之谋,夫岂小补之哉。然于农事之精微,农业之发达,固有所未尽焉。考法国种植学家一亩所入,岁得银百余两;日本维新以来,每岁出产,骤增多数。任天生之物产,其不如求人力之进境者,固甚彰明。我国百度维新,而于农业尚未能祛其旧习,器械则永守高曾之耜锄也,破土不深,天气无由而入二尺以下,其土即如石块,欲祛其弊,宜用埋筒之法;培壅则仅恃人物之弃粪也,燐养不足,土质日滞,初生之苗,往往被其所害,欲祛其弊,宜用人造肥料之法;植物生长任其自然,而无以限制之,故有枝叶繁盛而果实反疏者,欲祛其弊,宜用压条之法。且人工虽备,而风雨之受害于无形,亦不得不豫为之防,故一穗之禾麦,其颗粒之肥绽者,不过四分之二,欲祛其弊,宜用媒花之法。况自今岁以此地植此物,而明岁复以此地植此物,所吸之原料愈用而原料日少,势必每况愈下,年复一年,欲祛其弊,宜用易土之法。至于迁移植物,不宜于春而宜于冬;栽种植物,不宜于阴而宜于阳。杀虫则有药也,可以省捕捉之劳;蓄水则有法也,可以免旱干之患。故用其干者减其枝,用其叶者去其实,用其实者节其叶,翦枝得其道,接干合其法,则于种植之事思过半矣。宁波地居滨海,土壤膏腴,最宜耕种。土产之饶,载在《郡志》,班班可考。但只能擅天然之美利而坐收成功,不能穷人为之学术以力求进步,货弃于地,坐而患贫,甚可惜也。夫农业之事,关系国计民生者至大,而关系于学术技艺者至精,非竭数十年之心思才力以究其理而试其效实,不足语于改良农业之事。沾体塗足之伦固未足以语此,而士大夫犹以经验不足无以自见。若欲实力提倡,使农业界发一文明气象,则创设农学试验场实为当务之亟矣!公祖莅任以来,热心教育,无微不至;立学会、设学堂,法政、师范次第成立,宁波学界顿放光明,开风气而造人才,革旧习而行新政,凡属子民同声感戴,是造福于宁郡,致力于学界者,固已仁至义尽,而农学一事,尚待踌躇。实业不兴,社会之影响甚大,衣食足而知荣辱,仓廪实而知礼节;枵腹而谈《诗》《书》,空言无补。前以学校初兴,公事旁午,先其所急,自不得不稍置农学于缓图。今则诸事业已就绪,乘此闲暇之时,正可借手有为,使农界日有进步,民生日益饶裕,以立确乎不可拔之基,则实业之前途必有异常之希望,而富国富民之道,胥在乎是要恃贤长官之力,为提倡耳!近今各省农学发达颇速,而宁郡尚未议及。虽社仓旧址已办有植物园一区，然究其性质，分门别类，仅以供学士之研究、资博物之认识，而于若何而可以择善种、若何而可以得新理、若何化瘠土而为沃土、若何变弃料而为肥料，实未能为之讲究此无他性质有不同也。是宜选择负郭之田数十亩，购办泰东西各国佳种，并各省之土产，聚植于一隅，何者宜何者不宜、何者利厚何者利微、何者用新术则所得赢、何者改旧法则所得愈赢，试验即确；即将其法著成浅说，劝导农民，俾得仿种，并收教学生以为他日推广地步，庶几地无遗利、国有余食，而工商之战胜亦藉是以为基础，此固王者足食之本谋，而亦今日富强之嚆矢也。且开办颇易，经费无多，握要以图，不难一呼而立集，大之可以挽回灾荒、维持民食，小之可以裕闾阎之生计、扩贫户之利源，而学术之进境，亦可由博而反约，弃虚而蹈实，其关系于国计民生者，为何如哉！

（《北洋官报》，1907 年，第 1464、1465 期）

宁波慈溪委员禀报植棉织布情形

慈溪种棉情形，日前由委员巢文烈二尹禀报到府，略谓：查得慈邑植棉，以北乡沿海一带沙地为最多，其余各乡间栽种有限，其品类具系草本，有白花、紫花二种，紫花仅居二十分之一，出产之数视岁之丰歉为差，最丰之年，可获值三四十万银元，其销路系装至宁波出洋，转运至温州、上海等处。岁出土布亦伙，系用本机织造，每匹约长三丈左右，宽一尺一寸有奇。因近余姚，概称为余姚布，行销之地，远者皖之徽州，约销六成，近则鄞县、象山、石浦等处，约销四成。本地无纱厂，制品无优劣可考。播种之法，在立夏前后下种，不施肥料，得雨则生，惟锄土使松，芟去蔓草，八九月间即可收获。慈地偏僻，并无绅商创设公司，亦未著有此项专书云云。

记者曰：地处偏僻，岂遂不能设公司、著专书以图纱棉业之发达乎？呜呼！是不为也，非不能也。

或谓记者曰：慈邑殷实绅商栉比鳞次，其于商业上固甚注意，何独对于该业而不能组织公司？探厥原因，大率由乎地方官之不提倡耳。

（《华商联合报》，1909 年，第 10 期）

（宁波）禀复查明种棉情形

分宁委员张经历汝镛奉札抵象山调查种棉情形，已于日前会同该县，将查复情形，禀报略说。象山地处沿海，种植棉花向以东乡之海墅、盐厂下，南乡之大泥塘、胡家峙、浮礁、三叉、岱洞等处为最旺，其余各乡村间有插种，为数无多。花分黄、白两种，白色为良，立夏前下种，八月收割，性喜干旱，最忌风潮，因干易折而铃易脱故也。惟近年米粮昂贵，就地民食不敷，故从前种花之地，多有改种禾稻。现查售销之数，除本地外，运瓯运甬者，每年约得洋一万数千元，以每元约买花衣五六斤计之，约销花衣七八万斤。其本销之花，皆由女工纺织土布，面阔二尺，种数略同，只供本地婚嫁，及平日成衣之用，并无出运他处，亦无特别制品设立公司，并无专书可以征取云。

（《并州官报》，1909 年，第 77 期）

两浙运司训令宁波各场盐事长文

照得各场欠完灶课，前经本司将滞纳罚则颁发执行在案，所有元年分未完各户，该盐事长自应上紧严催，按照罚则，尽征尽解；其本年上忙之课，早经开征，又未据各场呈解到司，合即令催该盐事长迅即实力催征，源源报解；倘有催征不力，及征而匿报者，一经查出，撤惩不贷。切切此令。

（《谈盐丛报》，1913 年，第 8 期）

宁波本年鱼市之兴旺

宁波曩称鱼盐饶富之乡，鄞县之张茅山，镇海之栎社，定海之舟山、沈家门，象山之三门湾，地滨大海，乡民皆习渔业。据渔捐局调查表，宁、台洋面共有大小渔船一万八千余艘，现届渔汛，此项渔船每日进镇海关至甬江起货者，进口出口必数十艘满载黄鱼、墨鱼等类，其银数每艘在万金以外。故近来是项鱼价颇极便宜，闻渔船中人云："今年洋面鱼花极盛，大可获利。"因是宁郡一般商业中人与渔业做交易者，亦因而借沾余润，莫不喜形于色云。

（《中华实业丛报》，1921 年，第 4 期）

宁波支所呈两浙分所文（第二零七零号）

敬肃者：案查，余姚查板开始日期，业由场局双方议定，并经本年六月二十二日职所第二零一四号函内陈明在案。查此案照总所电令，应于十四天以内举办，嗣以场知事离署未归，迟至七月一日方始实行，计奉到总所电令之日，已阅四星期。查此案关于查板人员应行职务，已由余姚秤放员蓝田屿会同场知事议订办事章程数条，并据该秤放员将该项章程抄送前来。据此，查该章程内所定各节，尚无不合，惟附则数条，据称系该场拟添。助理等谨参照该处情形，略加按语如下：查该场知事对于将来处置私板一事，似未能妥加注意；按照该场最近布告云，照得本场产盐晒板，上年叠奉运使令饬清查，今本场知事会议办法，拟请将现有板片一律编入，以期兼顾贫民生计；嗣奉省令，饬将无照私板悉予封存，复经迭次呈恳转请部署恩予免封，现已奉电照准，一律烙印注册（下略）等语。揆其用意，似不过为安慰盐民，免生枝节，不知此种布告足使盐民视为官厅认许私板之表示，设将来须严加取缔，或因此发生阻碍。至附则甲项所开各节，尤易使查板人员对于分别官私不甚加意，倘该场仅凭篷长报告断定官私，则此次查板结果恐仍难满意。窃以官余私板数目均须详细登记，以资区别，而为将来处置之地步，业正照此饬令余姚秤放员遵照矣。再查，该场有力之盐民大都皆有照无板，享有特殊权利，乘此添制新板，曾经职所五月二十一日第一九四二号函呈报有案。缘新板与私板二者，其弊相等，故将来处置之法，似应一律办理，并应随查随记，以便稽查。惟一般制板盐民，未始不愿牺牲金钱以来所欲，即难保无不肖之徒借端需索，为预防流弊起见，应请钧所咨司，迅行出示，表明新板自有所、司会商妥善办秉公处理，如有借端需索情事，一经指控，定予严惩。如此广为布告，或可收防微杜渐之效。再查旧板照与新板证其性质迥不相侔，盖旧照为个人所执，新证则不论户名。至于缴销旧照换给新证，本不收分毫之费，第恐板户无知，对于上述情形有所误会，或因此而开行贿之端，自应明白晓谕，咸使知悉；抑助理等更有进者，查编查晒板会同办理，系属奉令而行，惟查该场知事对于会管一节似不十分重视，应请钧所咨司饬令该场恪遵明令，会同进行，否则该秤放员会办此案，结果如何殊难预卜。所有余姚场开始查板情形，除将场局会订办事章程译送外,理合备文呈报,仰祈鉴核施行,实为公便。谨呈。

查板纲要

组织。余姚场境向划五区,此次查板系各区同时并举,故办事员役分为五组。每组设查板员一员,填证员一员,挑证牌竹管兼凿板夫一名,挑油桶兼擦油夫一名,烙印管炉加煤夫四名,弁目一名,营兵六名,共计十五人,由查板员、填证员指挥杂役,切实办理。每组驻宿所每日轮派兵一名看守。其查板员、填证员由司、所派定,下场归场局综其成。每组之外,另雇书记共四名,专司造册并缮写副证。

区划。五区界限:中区以马家路为东极点,高王路为西极点,自六塘起,东西往返,向北进行;东一区以马家路为西极点,南北往返向东进行。东二、三区以新浦堰为东极点,南北往返向西进行;以两组相遇、彼此查毕为竣事,其间不先划定界限;西一区以高王路为东极点,南北往返向西进行;西二、三区以泥墩潭为西极点,南北往返向东进行,亦以两组相遇、彼此查毕为竣事。

宿所。中区组驻万蒿菴,至出发渐远时再易地点,届时场局召集区董指定之。东一区组驻传[1]家路市福缘菴。东二、三区组驻罗家路最东处沈宅,至出发渐远时,再改驻德庆菴。西一区组驻张家路塘内高宅。西二、三区组驻小陈家路最西处严宅,至出发渐远时,再改驻胡家路冯宅。每日三餐,由场局委托各区董雇人包办。委员一荤一素,每月膳费小洋六十角;兵役一素,每月膳费小洋三十角(茶水在内)。

薪工。查板员、填证员月薪三十元,杂役每名各十二元,弁目每日津贴小洋四角,营兵每日津贴小洋二角。除员役弁兵膳费另行提存代给外,其应得薪工以每旬旬底列簿送交查板员、填证员会章,点收照数给发。又,每组得月支杂用十元,以为纸张、灯油、茶叶等费,以每月一日及十五日分两次送发。

物品。查板应用各种器具另有表说明,需用之际,应由查板员、填证员列入领物薄会章,向场局具领,由场局盖章照发;查板员、填证员应负保管撙节及准备之责,俟查板竣事,用余物品仍须缴还;其宿所应用床榻桌椅,由场署代为筹借,不得损坏。

---

[1] 原文"传"(繁体作"傳")字为"傅"之误——本书编辑者。

手续。每日清晨,将应用物件带齐,除兵一人看守宿所外,计十四人一同出发,由篷长一二人引导至场基,应即按照下列程序,由查板员、填证员督率兵役共同动作:

（甲）弁目率兵令板户迅将晒板叠起,每十块为一堆,以便烙印,并巡视有无漏查之处。

（乙）甲役鼓动风箱,使火炉盛燃,乙役管加煤炭,应俟煤性燃尽方可出灰,不得大意浪费;将烙印四个每二个替换烧热,以应烙手之用。

（丙）乙役察视晒板,有过于腐旧及湿透凿者[1]去一层,以备烫烙,并准备竹管一个,板牌一块,听候应用。

（丁）丁、戊二役各钳烙印,认定每堆晒板,分别逐块烫烙。

（戊）查板员点验晒板总数及烙印,按证牌各栏查[2]一询明板户;查询时应加谨慎,以免滋生误会。

（己）填证员应将询明各节照写于证牌及存根,各栏内数目字概须大写,副证另由书记填写,一面由查板员核对。

（庚）已役即将证牌抹油,丙役即令盐民将竹管理[3]于场基上,以便竖立证牌。

(辛)查板员之谕话:

一、晒板如有隐匿,将来查出,即须罚办;

二、晒盐时必须将板竖于场基,不晒盐时则妥为收藏;

三、晒板不得任意增减并移至他处,如有租卖等事,必须赴场报明;

四、旧板照应即由板户送缴场署换领副证,为各板户永远执业之凭证,其愿交篷长转缴者,听。

日记。查板员、填证员各备日记手薄,应利用时间详加调查,将下列各项逐日记明（此日记于查板竣事,分别汇缴场局备案）:

（甲）日次及晴雨。

---

[1] 原文"凿者"当为"者凿"之误——本书编辑者。
[2] 原文"查"字当为"逐"之误——本书编辑者。
[3] 原文"理"字应为"埋"之误——本书编辑者。

（乙）板户姓名。

（丙）晒板总数。

（丁）有无旧板照。

（戊）察得本年新制之板有若干块（此层最为紧要）。

（己）其他可备考查考之事。

凡日记所得，每五日分别报告场局（逢六逢一发送），以便采择。另编查板旬报，按期呈送司、所备考。

期限。阳历七月一日开办，至十月三十一日止，无论如何不能延长；非大雨之日不得中辍；每组每日所查场基至少四十处，每日烙板至少一千二百块。

注意。

（甲）查板员、填证员应先将个人图章式样摹送场局分存备案，嗣后领用物品薪水及报告公务等，均须盖章，以昭郑重。

（乙）对于杂役，从严取缔，如借端需索，不服命令，或其他有碍名誉情事，应即分别报告场局，立予开革。

（丙）此次查报期限甚短，又遇炎天，每日应利用清晨尽速出发，赶紧办理，以不使虚耗时间为要旨；倘已烙板一千二百块以上，亦可提早时间休息。

（丁）如有临时发生事故，应将此场基之板暂为留出号次，不予查烙，当报告场局，决定办法再往补查。

（戊）牌证应于先一二日粘于牌上，以免临时潮湿不能抹油；应用物品或添或换，应从早准备。

（己）其余未尽事宜，随时由场局会议修正。

附则。

（甲）查板员以点明各场基之晒板总数为主，务求确实，其板证内是官、是余、是私三栏，登时不及清查，毋庸查询填入，以节时间。

（乙）各场基之晒板无官、余、私，一律烙印登记，不得遗漏一块。

（丙）旧板照但须谕知板户送缴场署换领副证，并不责令当场呈验，以省手续而免误会。

（丁）每区查板事宜应由查板员、填证员共负责任，并得酌量情形，照查板填证职务轮流担任，以均劳逸。

（《盐政杂志》，1922年，第34期）

疏浚宁波奉化县溪计划书

县溪为奉化县境之一大干流，发源于新昌、宁海二县与奉化交界之镇亭山，蜿蜒曲折，经白粉壁、大堰、楼岩、西溪、新桥、南渡等处，至三江口与奉化江相会，计程凡百三十里，年久失修，时为水患。爰于民国十三年设立工程局，从事浚治，先招上海华洋义赈会测量队来奉实地测量，数月竣事。乃本测量及调查所得之结果，草拟疏浚计划，以为兴工之依据。兹为便于计划计，分该溪为上、中、下三游。自西溪至新桥为上游，自新桥至南渡为中游，自南渡至三江口为下游。上游自西溪以上，虽多砂石淤积，而水在两山间，沿岸为患尚不甚剧，兹以经费关系，暂不治理。其为患最剧，而影响于下游者，厥惟自西溪至新桥一段。中下游虽多滞塞，而浚治尚不甚难。惟各段河道致病之症结，各不相同，于是施治之方法有异，应兴之工程与夫所费之工料，亦容有巨细，今遂段分述之于后。

（甲）上游

（一）症结所在。考上游之症结凡三，一曰水无一定规范，放浪奔腾，任其所至，以致河流时常改道；一经改道，则旧有河底涸出，成为一片砂砾；再改道则新成河底又涸出，而沙砾又见；如是几次改道，则沿岸膏腴田地，悉成沙漠矣。二曰河道之曲折度过大，凹岸之坍崩甚剧，如黄泥墈以下之二大曲折，其凹岸所崩塌之田亩，不知凡几；且一经崩塌，则所崩下之泥沙，势必积淤于下游，其为害尤大。三曰河床之比降（即倾斜度）陡削，水势湍急，山谷溪涧所圮裂之石块，因自身重心之力与水之推移力，易于滚下；下游河底，所以多沙砾者，即是故也。

（二）施治方法。（1）欲使水有一定规范，非筑堤防不可。（2）欲使河道不致曲折，须于尚曲折而有曲折之趋向时，施以相当之护岸物；如已曲折过度，而尚欲施行保护物，则所费殊大，而工程亦不易耐久，反不如裁湾取直为经济，如黄泥墈与新桥以上之二大曲折，不如裁湾取直为得计。（3）上游河床比降陡削，为天然之地势,今欲使之平夷,殊为不可能之事,不得已惟有逐段建筑截沙坝以救济之;截沙坝为运河工程所名,实亦堰坊之类也;坝之用,在将陡峻之上游河床分为若干阶段,每段之间,其水面比降,皆得和缓,而沙砾即为坝所拦截,不得直下;坝之多寡,视河床比降陡夷而定之,要必使每坝之脚,适当其下一坝上所拦沙砾之终点;如此法所成之阶段,必须上达山谷圮裂处,沙石所自来之所为度;县溪自新桥以上,亦有广平堰、龙潭堰等之建筑,不过其目的大半在乎设堰蓄水,以为农田灌溉之用,今欲作为截沙坝亦无不可,惟位置之上下,堰身之高低,稍事斟酌可矣。

(三)各种工程建筑法。(1)堤防:两岸堤防间所隔之距离,务须宽广,不致有宣泄不畅之弊;堤身不宜过高,能泄同等之流量;与其增高堤防以深河漕,不如远隔堤防以广河面;盖高则易于溃决,狭则水流湍急,俱非所宜也;惟上游堤防之高度与广阔,究须若干,建筑时尚须探察最大洪水位而决定之;至于建筑材料,自以近便者为当选;上游河道之沿岸,多大小卵石,建筑材料,自以用此物为经济;惟徒用卵堆筑成堤,不甚坚固,当编竹笼以范之。(2)截湾取直:寻常截湾取直法,只须于新河所欲经过之地面上,凿小沟几道,两侧范以堤防,塞断旧道,使水行于新河间,则河床受水力冲刷而渐深,无须人工开掘之也;今县溪上游采用此法,恐自新河所冲刷之沙石,淤积于中下游,是以不如全用人工开掘为宜,且距离不长,所费亦少;惟新开河道,两岸亦须施以相当之保护物以免再趋曲折。(3)截沙坝:坝之制,有用石者,有用木者,有混合木石者,要皆随环境如何而取择;上游多碎石,且大石采取亦便利,似用石坝为经济;筑坝之方法,依照李宜之先生所著之《水功学》所记述,详于《河海月刊》,兹不赘。

(四)建筑各种工程之大约费用。(1)裁直新桥以上之二大湾曲,约需六千元。(2)先筑截沙坝二埭,约需三千元。(3)护岸及修浚费,约需三千元。(4)建筑新堤及修理旧堤,约需四千元。

(乙)中游

(一)症结所在。考中游惟一之症结,在于淤沙过多,河床日积日高,其所以致此者,约有三因。(1)沿岸多无堤防,即有亦高卑不称,残缺不齐,以致水流迂缓,水中所挟泥沙,于以停积;且无堤防以遏水,自必漫溢两岸,田禾庐舍,不无漂没之患。(2)河线曲折处过多,流水常受顿挫而迂缓,于是而生上述同样之结果。(3)因河线曲折多而沿岸崩塌之患者,凡所崩塌之泥沙,势必停积于河槽中;尝考此段河道,两岸几无处无崩塌之痕迹,即尚未有崩塌之实现,亦有崩塌之倾向;有上三因,此所以日趋淤塞也。

(二)施治方法。(1)两岸无堤防处增筑之,有而高度不足者,增高培厚之,务使水流集中于两堤间,藉冲刷力而自深其河床,即或无刷深之功能,而水中所挟之泥沙,当不致随处淤积。(2)河道曲折过多,本可裁直,惟限于地方情形,以及经费浩大,采用此法,势所不能,今欲使其流速流量增大,不得不施用别种方法。(3)防止崩塌,惟有施用护岸工程,他如平其岸坡,种植杞柳,亦为防止崩塌之一方法。(4)直接用人工挑挖河底淤沙,以为两岸筑堤护塘之用,惟挑挖不宜过深,过深则两岸易于崩塌。(5)县溪水源,不甚丰富,经旬不雨,中游即不便通航,须于南渡相近,上落水与潮水相衔接处,筑活动坝一座,水涨则启,水涸则闭,于宣泄无所妨害,而灌溉通航,两有裨益。

(三)各种工程之建筑法。(1)堤防:建筑堤防之原料,势不得不利用河中所挑出之泥沙,盖此种泥沙,购地堆积,不但不甚经济,且运输至指定地点,所费甚大,今用以筑堤,既省费用,又免漫溢之患,诚两全之策也;惟沙土少凝结力,用以筑堤,不甚坚固,建筑时须格外留意;堤身之高低,随沿岸地势而定之,至少须高出最大洪水位二三尺;沿岸地势之高低,从华洋义赈会所测之结果,可以知其大概,洪水位亦可访问各处人民而得;堤之内外坡斜度,至小须一比二五;堤顶之阔,亦视所在之情形而定,紧要处定为一丈二尺,平常八九尺足矣;堤之坡面,为防止溃决计,须用乱石或草芥为掩护,草芥不易在沙土上繁殖,必须另加泥土一层于坡面;惟此种泥土,须取之于离堤百尺以外,以免损及堤根,倘河内所挑出之沙土,作为增高培厚之用,则只须加培于背面,坡面亦须栽种草芥;在尚未筑堤以前,须将地面杂物除净,且须耨掘地面深约尺许,借以增加新旧二种泥土之凝合力;堤脚距河边至少须一丈三四尺,其曲折能免除则甚佳,倘不能免,则角度愈平钝愈佳。(2)护岸工程。各种护岸工程之适用于县溪者,约有三种,一曰石功,二曰扫功,三曰种植杞柳,其方法均参照李宜之先生《水功学》所记载,详于《河海月刊》,兹不赘。(3)坝工。筑坝之位置,与天坝之式样,均不能率尔断定,容后作详细之水准、流速、土质等测量,再行计划。

(四)建筑各种工程之大约费用。(1)建筑堤防,及增高培厚费,约需一万元。(河线约长三万四千英尺)(2)两岸须加以护岸工程者凡二十处,约需四千元。(3)人工疏浚费约需一万六千元。(只浚金钟桥、玉新桥一段,其余去年已经浚过,稍事修理可耳)(4)植柳费约需一千元。(5)坝工容后计划完毕,再行估计,兹暂缺。

(丙)下游

(一)症结所在。下游宣泄不畅,为江河之通病,县溪之下游,其弊亦在乎是。考其所以不畅者,厥有二因:(1)河道本不宽广,而又受桥墩桥块之阻碍。(2)年久不浚,淤塞过甚,且县溪自力树塘分支向西北流,至琉琳碑复来归汇,流量骤增一倍,而河面之加阔无几,此所以益不济其宣泄也。

(二)施治方法及应兴工程。欲使尾闾畅达,不外疏浚二法。下游河道,借以宣泄者凡三,一出方桥,一出坝桥,一出大塔堰。兹三者之流量,惟出大塔堰一支为最大,出方桥一支,河道本甚狭小,而各桥桥洞,又广不盈丈;出坝桥一支,则更属淤塞不通;今欲通尾闾而畅宣泄,势不得不浚深河床,开阔河面,桥洞之狭者增广之,低者增高之,浚出之泥土,用以建筑两岸之堤防,此皆应兴之工程也。

(三)各种工程大约费用。(1)挑浚山隍桥江(即出大塔堰一支),计长一万尺,约需六千元。(2)重建山隍桥,约须六千元。(3)前隍山江(即出坝桥一支)责令本地自行浚治;出方桥一支,去年已经浚过,惟有桥五六处,均须重建,以开阔桥门,由工程局补助一千元。

合上、中、下三游各种工程之费用,共计银六万元。

上述计划,只及于县溪之干流,而疏浚支流,以畅宣泄,亦为要务,惟以限于经费,不能兼顾,只得归各地自行浚治,工程局只尽劝勉指导之责。疏浚程序,宜先下游,而后渐及于中上游。一切工程,期以三年告竣。倘经费充裕,工程局宜作为永久机关,以尽养护维持之责,庶几浩大之工程,不致即趋陵夷矣。(所附图表均从略)[1]

(《河海周报》,1926年,第11期)

---

[1] "所附图表均从略"几个字均为原文所加——本书编辑者。

宁波抽捐兴修大嵩江塘

鄞县大嵩江之北官塘、月英塘及平水坝,历年捍御咸潮,宣泄山洪,关于农田水利,至为重要。近因年久失修,时遭水患,特由该处公民徐企勉等发起,抽收亩捐,及时兴修,其抽捐方法议决东至小桥,南至江内官塘,西至珠山大碶,北至长沙地方桥头,视水利关系远近,分上中下三等,上等每亩一元五角,中等一元,下等五角。兹已呈县署出示晓谕,并请保护,俾资进行。

(《河海周报》,1926 年,第 12 期)

宁波电请撤销垦放局

鄞县巨绅李镜第、赵家荪、戴敦勋、钱玉骐、赵之伟等近日联衔致电杭州夏省长云:吾甬地处下游,内贯姚慈奉三江,以蛟门为尾闾,江流湍急,易酿水患,全恃沿江涨涂护卫塘身,藉免其鱼之叹,按诸垦放局办法大纲施行细则第三条关系护塘之规定,是项涨涂,本不在垦放之列;况查民国六年本埠商民洪康沚等,向官营产事务所朦买工[1]厦庙道头涨涂一案,除吊销部照发还原价外,并奉省长指令,嗣后沿江一带,无论新旧淤涨,一律禁止报买,饬县勒石永禁,以保水利等因,特于滨江庙地方勒石示禁在案;民国十二年商民李祖庚又向该所报买江北岸、和义渡道头西首涨涂,经县议会议决,呈请道尹转饬鄞县知事缓案撤销各在案;此外别无沙灶荡涂可资垦放,本无设立垦放分局之必要;乃自该分局设立后,到处扰民,怨声载道,最近又准商民吴东山报买自和丰纱厂跟起至杨木碶止沿江一带涨涂,计辟一二丈,计长十余里,沿涂插有吴东山管业标帜,群情愤激,几酿事端,幸经县议会议决,函请已[2]鄞县知事转饬该分局援案撤销,借平众怒;总之,吾甬沿江涨涂,确有关系农田水利,万无可以垦放之处,微特商民朦买应予撤销,即设立分局亦实足扰民,应请省长查民国五年省议会议决禁止江涂河湖荡涨地报买案第一条之规定,迅饬[3]垦放

---

[1] "工"当为"江"之误——本书编辑者。
[2] 原文"函请已"应为"已函请"之误——本书编辑者。
[3] "饰"当为"饬"之误——本书编辑者。

总局撤销鄞县分局,以弭隐患,一面查明历届成案,吊销执照,发还原价,以维禁令,而杜效尤,地方幸甚。

(《河海周报》,1926年,第13期)

宁波镇海之鱼行

一般开鱼行的,可说大都是宁波人,且不论在他们的本地,就如上海小东门十六铺一带的鱼行(包括鲜咸的),又哪一家不是"阿拉"人?

穆时英曾说宁波是鱼城(见《申报》),确也不错。现在我就来谈谈镇海鱼行的情形罢:

镇海是宁波的入口处,同宁波的关系,恰和上海同吴淞一样,虽然比较起来,各方面都不如吴淞多多。镇海地方不大,商业本不甚发达,兼之近年来受不景气的影响,更显得萧条不堪。从前鱼行倒有三四家,但后来以营业不佳,相继闭门,到现在仅存两家了。它们是专门代客卖货,而从中赚些佣钱。一般渔户,凡有鱼运来,都是交它们卖出去(均售与就地的鱼铺子和贩摊们,亦间有转运到外埠去)。那些渔户分为"冰鲜"、"溜网"、"大捕"数帮,虽是同一的性质,却稍有不同的地方。如:"冰鲜"是非自捕,而都是向海洋中各小渔船收罗来的。至"溜网"、"大捕"均系自捕,自投鱼行。又"溜网",渔人别称为"海鸟",因其船身构造的不同,在海洋中不畏猛风浪的袭击,似生活在水上的海鸟一样。渔户都是一手货来,一手钱去,彼此间似谈不到有什么深切的关系。不过鱼行为招徕生意,反很迁就的放账给他们,(就是先付钱,然后由他们运鱼来)这完全是一种信用放款(在他们叫做"行头"),其银额每艘自二三百元至数千元不等。一年中鱼行最忙碌的时候,是在三、四、五月,九、十月,十一二月之间,在那些日子中间,他们差不多天天都在极度紧张中工作着。镇海一埠,在往年渔汛兴旺时间,全年营业总额约在四五十万之谱。年来因市景恶劣,洋面不靖,渔船大大减少,总计只有三十余万了。

一爿鱼行的组合份子大概分配如下:一、经理,二、账房,三、秤手,四、大头脑,五、小头脑,六、学生子等,一行倒需要三十多个人。这里除一、二、六三者,其意义已很明显外,其余三、四、五三项,是尚需一番解释:秤手是管理秤鱼的。大头脑和小头脑("头脑"是等于上海人说的"老司务",但其任务却又和"跑街"差不多)二者间是有着大分别,大头脑专招徕渔船,地位很高,可说同经理不相上下,小头脑则帮同拉拉买客,以及打杂等,其地位聊胜于学生子。

  它们在天色尚黑沉沉,夜里三点钟的时候,便开始营业了。正是人们好梦方酣的当儿,他们已在忙碌的工作着。倘说都会的早晨是劳工们最活跃的时间,那么那里的早晨便是鱼行的世界。这时候许多贩摊们聚集在一个地方,喧闹的声音打破了周围的死寂空气。秤手的口里不住地嚷着:"阿上,现铜钱呵!×元×角×分。"秤手的一副头脑很是灵敏,如什么鱼什么价钱,和几斤几两应要几元几角几分,都能在秤锤一放下间随口唱出来。这种妙算真可令人佩服的。现钱的,便马上在账台上付钱,银钱声是叮叮的响个不休。上账的,便写在簿子上。一旁坐着的管账,耳朵留神的听,手挥动着毛笔快速地写,同时还忙着检点银钱。此项工作,非经过一番训练是不易应付的。而各项工作,亦应以管账为最劳苦,像早晨过后,一天的事物大半是完毕了,然做管账的还要忙着抄帐等事。其余做头脑的,风雨无阻的,一起床便须赶到海边去同渔户们接洽各事,尤其是严寒天,海风尖刀一般的迎面割来,这个苦处亦是很难当的。

  现在且来说鱼行里的一种口号,而为局外人所不解。他们是用以代替鱼的价目,其代表字略如下:

  挖竺春罗吾交化分旭田

  曰兄行少办茶仙茂欠康

  吉如干利古竹心法友王

  田财寸世丁莫手过光阴

  上列共四十字,每排均系代表一至十的数目,然并不能相联一气,并毫无意可言。不过第一排的十个字,却尚有一点意思,如:"挖"字右下"乙"字代一,"竺"字下面"二"字代二,"春"字上面三画代三,"罗"字上面"四"字代四,"吾"字上面"五"字代五,"交"字上面"六"字代六,"化"字右半"七"字代七,"分"字上面"八"字代八,"旭"字左半"九"字代九,"田"字中间"十"字代十。以下三排,则无意可释,连他们自己亦不知所对的。此种口号甚多,不胜备载,另有几个较有意义者,如:"桃园"代三,其出典是《三国志》里的刘、关、张桃园结义;"眉毛"或"眼上"代八;"拜相"代十二,出典是甘罗十二岁为相;"孝子"代二十四,俗有二十四孝子。所有各代表字均联缀相用,譬如:十二元五角,他们叫起来是"拜相古";六元七角五分,叫做"茶心古"。试问非此中人能懂得吗?真要莫名其土地堂了。

倘在晨间经过鱼行的那条路,总以为昨夜是下过雨吧?那里不论晴天和雨天,老是湿漉漉的,一些吃鱼行饭的人,是很有患湿气病的可能性,而他们便是这样的生活下去。每天半夜就须起来,纵大冷天亦不容你在热被窝里多留恋一会。一定有人以为他们每天这般早起身,可以享受到新鲜的空气,十分有益于身体,可是,如果你到他们那里去闻一闻那种难闻的鱼腥气,那你便要连忙摇头,大呼不卫生的了。

论待遇是低微的,月薪除经理约三十余元,和几个高级的约二十余元外,其余均自十余元至四五元。此外只有希望行中能有盈利,可分得些花红。虽数目极少,且须每三年后才分,但究胜于无所望的多了。他们每餐是吃黄糙米,下饭的总是些下劣的咸鱼咸虾,豆芽菜的一类粗肴,这在高贵的人们是绝不能下咽的。许多不幸的人群中,他们或者是幸福的吧。(钦)

(《上海市水产经济月刊》,1934年,第9期)

宁波合作事业

宁波合作事业,发轫于民国十九年,中间兴替存亡,不下四十余社,同[1]二十五年冬,中国农民银行及中国银行,先后开始在本县办理放款,于是合作社组织,更形蓬勃,本县各乡已正式组织成立,经呈请准予登记者,计达一百二十九社,正在筹备中者,尚有三十余社,而此后各地继起效法筹设者,尤不在少数,所有已经县府核准成立登记之各社,大都已向中国农民银行或中国银行举办青苗借款所以转贷各社员农民生产之资金。渔业方面,本县东钱湖一带渔民,亦经于民国念三年七月间,成立东钱湖外海渔业生产兼营合作社一所,三年以来,办理渔业贷款及渔获物之联

---

[1] "同"字可能是"至"或其他字之误 —— 本书编辑者。

合运销,尚著成绩。至于特产在二十二年春曾指导樟村贝母产户,组织贝母运销合作社,办理之初,成效卓著,嗣以社员未能切实合作,自相倾轧,以致社基动摇,至二十五会[1]夏,始全部陷于无形停顿,迄今尚成悬案,深为惋惜。又横溪方面之水蜜桃,年产亦巨,已于本年三月间,指导成立运销合作社,以期集中运销,增进产户利益。余如西乡之席草,东乡之棉花竹木等,皆为本县著名之特产,亦均在正分头计划组织合作社,藉谋本县整个农村经济之复兴云。

(《农友》,1937年,第4期)

奉化茶业渐苏设立茶厂制销箱茶

茶业为本县特产,据查战前产量,每年不下四千余担,其中除部分内销外,多数悉由茶厂分级精制,运销国外。惜自三十年后,惨遭敌骑蹂躏,遂致该项特产,贷弃于地,迄去春始有溪口恒荣、董村企农二茶厂,加以收购,先后已制销箱茶约一千二百担,虽尚不足半数,对于茶厂,不无实惠。闻今春恒荣业已开业,拟在新茶上市前,制成箱茶一千五百担,据熟悉茶业者言,东岙、东山等地,将有茶厂数家出现。

(《宁波旅沪同乡会会刊》,1947年,第13期)

溪口农行发放化肥完竣

(溪口讯)溪口中国农民银行,实物贷放化学肥料,已发放完竣。计共贷放合作社乡镇农会等二十九单位,二四七七六五市斤,以溪口镇最为普遍,共贷白岩等六村四九六三零市斤,其次金水乡二零零零零市斤,以刻口乡乡合作社为最少,仅一零零零零市斤云。(又讯)该行贷放化学肥料,迭曾函请县政府转知各农民,体申请贷借,惜因农民智识幼稚。多抱观望后经先领农民试用结果,成绩特佳,则纷纷申请。

(《宁绍新报》,1947年,第11、12期)

---

[1] "会"字当为"年"之误——本书编辑者。

水利部郭处长视察雪窦水电工程,决于千丈岩设水力发电所

(奉化讯)水利部视察工程司兼代水力示范工程处处长郭暄(少海),由京过沪,至奉化溪口,当即转赴雪窦寺,视察并指示该处第二九一测量队,聂队长守智等在雪窦千丈岩,上中下三隐潭或徐凫岩一带设计之水电工程,并决定于上列数处成立水力发电所一处,俾供应奉西各项电力之用,闻郭氏在奉将有若干日勾留,一矣任务完毕,即行返京去。

(《宁绍新报》,1947年,第11、12期)

宁波冷藏库巡礼

正言

自到宁波以后,就同冷藏库做了邻居,已经整整的一年了,虽然天天见到这六层高厦,但始终没有见到他的内部。最近才得机会参观了一次,当开出一尺厚的库门时,只觉得寒气袭人。天气已是初夏了,而库内温度只有华氏八度,便是摄氏零下十一度,比起最冷的冬天还冷。冷气管上凝结着针状的雪花,好像降了一阵大雪,宛如冬天的气象。冷藏库共有八间,四周用弯曲的冷气管围绕,以免热气透入。室内放着大量鱼肉,最大库房可贮十多万斤,全库贮量约七十万斤。凡进库的货物,先要送进凝结室冻结。凝结室共有三间放货的架子,是冷气管曲折而成的,温度非常低,所以容易冻结。我参观了一周,觉得身上太冷了,赶紧走了出来,再到机间参观,机间在楼下后部。压缩机、引擎、再生器、自流井同抽水机、马达,都有二部,引擎马力一百五十七匹,马达马力一百五十八匹。在货少时,两部轮流开动,货多时,两部一齐开动。用电力厂电时开动马达,用柴油时开动引擎,阿麻尼亚在地下铁筒里,经唧同压入铁箱后,再用压缩机压缩,压缩时放出热量,用自流井里打出的水冷却,那水便放入水池,所以人家向他们买来的水,总是有一点热的。压缩后的阿麻尼亚气,除通过库房的冷气管,吸收库房热量,使物品冰冻外,还可通入前面盐水池里。盐水池长十九尺,阔十一尺,池里放着一只只的铁匣,铁匣里是沙滤水,沙滤水是从五楼上沙滤器来的。盐水温度大约华氏十度,铁匣放在盐水里:匣内

沙滤水等了不久就结成冰块以后，就提出放入另外的水里，使冰与铁匣脱离，而后滑到隔壁冷藏室贮藏出售。每天可制二万斤，因为没有碎冰机，所以渔船买后，必须用人力打碎，同时因每斤售二百元，虽然趸卖是七折计算，但还比天然冰贵，所以买的并不多。至于冷藏价格是肉每斤每月三百元，鱼类每斤每月二百元，外加冻结费每斤五十元，不满一月也照一月计算，包库每斤每月一百元，冻结费照旧。同鱼价比起来，觉得很贵，所以贮藏的不多。但听说成本也很高，所以无法减低，因为无论贮藏多少，机器总是一样的工作，开支也照样。希望大家能联合包库，也许能减低一点。我想这到确是比较好的办法，因为宁波冷藏库，只此一家，而设备也比较完备，容量也不小，正好应鱼市的需要。过去因为冷藏费太高，鱼货贮藏以后，就要增加很多的成本，所以不能送去贮藏，但藏量愈少，每斤所合成本更贵，听说有时还要亏折。如果包库以后，便有了固定收入，不致亏折，货主也可随时贮入取出，即使每月几十次，也不要付几十个月的冷藏费，市价也不会太高或太低了。还希望渔业人士，联合起来办理。

(《宁绍新报》，1947年，第11、12期)

石浦设立暴风警报台

浙江省渔业局石浦工作站，奉令设立暴风警报台，最近向渔业局领到五灯收音机一具，台址暂设石浦，并在东门岛、铜钱礁、铜瓦门各地，建立警报旗杆，如收到有风暴消息，即分别现旗杆上悬挂信号。又该站最近拟将东门岛灯楼修复，计划放光，以策渔民之海上安全云。

(《宁波旅沪同乡会会刊》，1947年，第18~19期)

宁波农、盐信息数则[1]

（象山讯）象山玉泉盐场全体盐民，以最近盐务当局对于盐民生产贷款，自七月一日起，改发十分之五（即半数），际兹连朝风雨，盐斤淡产，即使日产日收，日收

---

[1] 此标题为本书编辑者所加。

日付,亦难维持个人最低限度生活,何能顾及家小,兹竟贷发半数,故痛苦万状,象山县盐业工会,迭据盐民要求,特电请两浙盐务管理局,要求修正贷款办法,并分电省县民意机关协同呼吁云。

(《宁波人周刊》,1946年,第2期)

镇海县农会请查禁宰杀耕牛之庄市大华宰牛场。

(《宁波人周刊》,1946年,第4期)

美国优良菜种由浙闽分署配发五桶到慈,县府派员下乡督导播种。

(《宁波人周刊》,1946年,第7、8期)

(宁波讯)各区县佃业仲裁委员会,已经浙省党政双方会衔,令饬于六月底一律裁撤,所有各县府所列本年仲裁会经费预算,并应改列社最[1]及救济支出云。

(象山讯)象山县煎盐每担已增为三千七百五十元,晒盐每担增为三千元。该县盐业产业公会以目今每石米价,已超出五万大关,每千斤盐价之收入,除福利费及印花税费外,不足三万元,距"石米千斤盐"之标准甚远,特申叙苦衷,电请该局迅予增价。

(以上两则均载《宁波人周刊》,1946年,第14期)

---

[1] 原文"最"字可能是"会"之误——本书编辑者。

四、金融业

宁波钱业[1]

本星期则以钱业多缺相轧,冲突颇剧,盖宁波系过账码头,同行洋单之多缺均在范围之内,甲多则乙缺,乙补平则丙缺矣。假如甲多洋单百万,乙、丙、丁必缺洋百万,针锋相对,分毫无错。若甲多洋不放与外行,不拆与同行,不收银,不收现,乙、丙、丁无论拆出银,卖出洋,总归不能全体补平;内中必有几家缺甲家之数目,要待现水压平时,方可解彼冲直。乃现在升水六七元,天然不能冲直。是以多家恒孚欲想压平现水,计将所多洋单,不但不照旧习惯拆与所信用之缺家,反将同行多缺数目,登报揭晓,各往来家阅之,致生疑窦,或有向信用未坚者提取存款亦有之,缺家之信用,被其损失,气愤已极,无可想法,不得已,欲想与彼绝交,停止过账,适有人家向多家者,致不能达到目的。且行政官长只知停止过账之事,实不悉以上情形所激成。所以劝令缺家照常过账,调处人亦劝多家洋单照旧习惯分拆,取消登报,一番冲突就此和解也。(五月二十日通信)

(《银行周报》,1917年,第1期)

宁波金融简况[2](五月廿七日通信)

本星期因恒孚连日轧单子,声言平现水等,规元缩至一百四十四元二角,合规元六钱九分三左右,于星期六停止行市。议以多缺拆银一律计价,说有五日之停顿,其余条规尚在磋商中,究能改现与否,尚未可必。规元改为平盘,苟能以现洋出

---

[1] 标题由本书编辑者所加。

[2] 标题由本书编辑者所加。

入,亦永禁卖空之一法,若仍行使过账,将来更不堪设想矣。

(《银行周报》,1917年,第2期)

宁波金融消息[1]（六月廿六日通信）

甬地自十三日商会开会后,钱庄公议,规元卖买,改为平盘,十七日起,卖买按投标法开柜后,视卖买孰多,再评价值;若卖多于买,则价跌,买多于卖,则价长,事实公平,且空盘可永禁,亦未始非维持商市之一法。然市面呆滞,不如从前之活泼,因其开标后,不得添插交易,自开评盘后,最长系一百四十七元,最缩系一百四十五元一角五分;从前之行市,无论银根如何紧急,有买者必有卖者,此后如遇紧急,恐有停滞之虑,因其先投标,不能添插故也。

(《银行周报》,1917年,第6期)

宁波金融信息[2]（七月十六日通信）

上星期甬市规元上落,每千仅相差两元,皆因钱业公议改订评盘,故不甚悬殊。即此次改变,现水提高亦只在十元有零,规元故亦无巨价之增。若在未经公议以前,现水势必升至一二十元,规元亦必飞涨。由此观之,评盘虽呆,于市局实有好处。溯自改革以来,每市出入最多时约在十万之谱,平时不过二三万进出,迥不若从前动辄几十万,多或百万。其实大都买空卖空,藉博输赢。现在出入虽少,胥归实用。倘能永久如此,投机事业庶可铲除,内外行实利赖之矣。

(《银行周报》,1917年,第9期)

宁波金融通讯[3]（十月十四日通信）

本星期甬元最长一百五十一元四角五分,最短一百五十一元另五分。查其致

---

[1] 标题由本书编辑者所加。
[2] 标题由本书编辑者所加。
[3] 标题由本书编辑者所加。

长原因,为今年花汛不旺,用场减少,加以洋广帮大概收元,所以与上海比较,每千两几抬至一百四十元耳。洋拆闻旧历九月有加开五分或一角之说。

(《银行周报》,1917年,第22期)

宁波金融情形[1]（十月二十八日通信）

本星期规元比较前星期又长一色,现洋升水,亦随增高,皆因各业于下半年添备各货,为进口货多所致,且因出口各货不旺,现时花虽当令,价格究比上年较高,兼之收成减色,故各处装花出口,不如往昔为盛也。甬元本星期之价,最长为一百五十二元九角,最缩为一百五十一元八角一分,现升最大在十元〇五角,最小亦在九元八角。现升之随规元为伸缩,显而易见。日拆常在三角五分,就大势而观,亦有增无减也。

(《银行周报》,1917年,第24期)

宁波金融信息[2]（十一月四日通信）

本星期元价自一五二九五步涨至一五四九一,每百相差在二元左右。实因将届冬令,洋货帮及糖行均须进货,汇款申江,是以元价日增,继闻星期日之翌日有加拆之说,故又渐短至一五三六五。总之来款甚少,用场加大,看势总难评短,日拆三角五分,已开多日。明日为阴历九月二十一日,传闻加开一角,大约须四角五分矣。现洋升水最大做至一二二六,亦为规元长上,所以现水跟大,实无大用也。

(《银行周报》,1917年,第25期)

宁波金融通讯[3]（十一月十一日通信）

本星期元价日长一日,自一五三〇五至一五四〇一。因米用已起,不能概携

---

[1] 标题由本书编辑者所加。

[2] 标题由本书编辑者所加。

[3] 标题由本书编辑者所加。

现金,间有收元汇沪转芜办米者,再加时值冬令,又得各洋布庄助力,故常觉挺立不移。而各庄放往上海长期,亦较上春加额,都因本地日拆不大之故。幸得丝茶两帮,尚有汇入,否则非再长不可。现洋升水,近亦随之而增,至十一元四角。商家习惯每逢三九月期,相率竞做长期放款。现闻本帮有做出六对半过年长期开息六十五元,九月二十五起期,开息六十二元,但非大众公盘。

(《银行周报》,1917年,第26期)

宁波独立后之金融情形

自甬江独立消息传布后,本埠各商界甚为恐慌,已经报装之米豆、糖、北货等,至关止运者甚多。二十九日下午,某公司又接甬电,谓前日起,贴水飞涨,每百元汇沪,竟涨至十五元六角,较独立之前三数日,突加十余元。故本埠各商业,前日运往之货,其款项甬商以贴水过昂,恐多亏折,借口不肯汇申者为数甚多云。宁地市面,日紧一日,恐慌亦日甚,所稍有身家者,均纷纷离避,商号亦预备结束,虽不致闭市,而停顿之象已现,以致换现每百元需二十五六元。是以宁绍公司总理,为顾全大局起见,特商沪行,备银购买现洋十余万元,于前、昨两日装运到甬,以维市面,而定人心,并每日派人分赴沪同乡会报告甬地状况,以免沪地同乡悬念,是以两同乡会消息,得以传达云。

(《银行周报》,1917年,第28期)

宁波金融通信[1](十二月二日通信)

军兴之始,甬市虽属如常,而人心惶惶,在所不免。金融为之阻滞,加以官厅限制,元价自一二六二五至一五七四七,复降至一五七元,遂未开市;收家虽有,苦无售主;现升最大为十六元三角,最小十四元三角。星期六溃军散尽,此后常可照常交易矣。

(《银行周报》,1917年,第29期)

---

[1] 标题由本书编辑者所加。

宁波金融通信[1]（十二月二十三日通信）

本周及前周市面交易，颇形活动，盖各帮前因军事发生，收束期间，正不可知，故咸向各地止进货品，钱市殊见岑寂。现在浙省大定，仍照往届筹备采办既就，货款自当源源汇出，故收兑者日多。元价自一百五十七元起，回旋于一百五十八元五六角之间，尚不嫌其过巨也，现升最长为十五元五角，近日在十四元五六角左右，日拆前开一角，近日开二角五分。

（《银行周报》，1918年，第1期）

宁波金融状况[2]（四月二十一日通信）

甬埠金融，向以沪市为转移，今庚沪银鉴于时局多难，咸抱收束，所以存贮较丰，元价因此有短无长。近二三天因各业欲向申进货，贪价尚廉，纷纷预备；三底将界，本帮多单钱铺闻防申银收紧之说，亦群相覆致，故元块骤长至一百四十七元有奇。现水与甬元有连带之关系，前数天跌过五元，今亦涨至六元九角，洋拆闻本星期五尚须增开四角五分云。

（《银行周报》，1918年，第16期）

宁波金融简讯[3]（五月五日通信）

此两星期甬元本系看涨，只因申至步俏，银拆极松，三底将届，多缺均须轧直，加以茧客纷纷预备，以致元价旬日内仍在一百四十六元之间。现升亦因茧款用场，故近日稍抬。洋拆多单，意欲早加，缘为缺家情商，此时各业，已经吃苦，若再增加，恐群抱不平，因此仍开三角五分，近日之开四角者，为扯月小耳。

（《银行周报》，1918年，第18期）

---

[1] 标题由本书编辑者所加。
[2] 标题由本书编辑者所加。
[3] 标题由本书编辑者所加。

宁波金融消息[1]（五月十二日通信）

本星期遭逢阴历三月告终，钱庄六对长期价开十元，外行均属平稳。规元因有茧款、花款汇甬，收客极稀而售客颇多，致元价步缩，最长一百四十五元五角五分，最短一百四十三元六角六分。现水随元块为标准，故亦逐见减轻，最长六元七角，最短五元六角。照申厘核算，升水只得五元。近因茧洋运绍，街底轧缺，是以每百元做抬四五角之谱。

（《银行周报》，1918年，第19期）

宁波金融情形[2]（五月十九日通信）

本星期甬元最长一百四十三元五角，最短一百四十元〇〇六分，其短缩原因为绍市汇水日减，现升逐小，纷传甬将继起平现之谣，闻皆胆寒，以致各庄多缺咸欲求售，故此高低相差三色有奇；现升最大五元四角五分，最小三元三角，虽以规元为标准，然近日为茧茶当令，照申厘核来，仍抬四元五角之间。甬拆明日起，议减五分云。

（《银行周报》，1918年，第20期）

宁波平现风潮之善后谈

浙省革除现水，乃整理金融，铲除积弊之善举，当省议会提议之初，本报即著论鼓吹之，继复研究其利弊，探讨其真相，为文以促钱业之醒悟，而当浙商会集议办法之际，又条陈其善后策，以供当局之采择。近自省署厉行革除现水之文告颁布后，杭州首先奉行，虽银根因之稍紧，而尚无重大变故发生，唯宁波意存观望，即因恒孚轧现事故，促成钱业停市风潮（其详情已见各日报）。迄今函电纷驰，互相攻讦（如宁波钱业致同乡会节略虞君洽卿之平现意见书、宁波同乡会呈部之平现办法及齐省长各电），一若现水乃调剂金融之利器，不可革除之以扰乱金融也，本报因金融事

---

[1] 标题由本书编辑者所加。

[2] 标题由本书编辑者所加。

情,关系复杂,不敢以先入之见妄加论列,以淆人之观听,乃向各方咨询确实消息,意欲发表正确主张,条陈善后办法,以贡献于阅者,兼备当局之采择,而宁波商业学校林斗南君,亦因平现风潮,发表一善后方法竟[1]见书,送呈商会,原文力主现水有革平之必要,对于缺单各庄,及恒孚庄同益银公司中国银行等,均有极剀切之忠告,并附有善后方法八条,其所持理由,与本报第五十二号浙省废除现水之研究无异,其所陈办法,亦与第五十六七号浙省革除现水之善后策相似,而逐层阐发,尤觉详明,故特转录之,以供留心浙省金融者之参考焉。

作附志

自省属有厉行革除现水之文告,早虑及吾甬钱商若不速自觉悟,共筹善后方策,必惹起血脉停滞之恐慌,屡拟贡一得,以备采择,徒以怵于去岁忠告无效,反遭意外疑诱,用是愤悒缄默,不愿多言,以重嫌疑,今也近数日来种种不可思议之恶剧,迭演于甬市商场,虽经诸乡老委曲调停,而上不见谅于官厅,下不奏效于社会,甚至现贴暗增,汇兑无市,岌岌乎有不可终日之势,长此延误,吾庄严灿烂之宁波,势必因金融阻塞而自扰,斗南固宁波人之一分子,覆巢之下,安有完卵,忍无可忍,不得不言,且革平现升,改良营业,斗南虽言不一言,或尚有不甚明了。滋人误会之处,欲贯彻主张之本旨,并说明其疑点,更不得不言。第有一事,不能不预先声明者,斗南今日所发之言论,并非攻击个人,亦非偏附何人,但尽我良知,发挥本问题利害关系,以促钱业界之觉悟,并就鄙见所及,代筹一善后方法,以期保全甬市大局,若疑斗南发此言论,或受某方面运动,有丝毫权利关系,则固可以矢天日而质鬼神,此应请阅者诸君先行注意也,兹先举甬市现升飞涨之原因及其恶果之实例,分别说明如左:

甬市现升之突然飞涨,自民国五年始,其飞涨之原因,有一部分钱商颇多似是而非之论调,最足以淆人听闻,特为列举其说而一一辨明之:

甲

谓甬市过账码头是赊码头,提取现洋,应有重大升水,斯言之是否正确。吾有一最简单之断语,即宁波钱庄之过账,是否由民国五年创始是也。查甬市之为过账

---

[1] 原文"竟"为"意"字之误——本书编辑者。

码头,已数十年于兹,向来平日进出,现洋与过账无所区别,惟当九十月花米上市时,乡民交易频繁,现洋需要增多,偶有短期现升,然至多亦不过三四元,至年底节账归集,正二月间现洋往往减水,未闻如五年以后现升之大而期间之长者,更未闻如六年正月,钱业尚未开市,现升即涨至十六七元者,此有历年钱市行情簿可以核对,非余一人之私言也。盖甬市之过账,据经济学上言之,为节约硬货之使用,从商业学上言之,为便利交易之收价,与欧美各国所称道之簿记信用,同一性质,断不能以赊码头而口实,即征之钱业庄规,其对于同业支单,有拆出收现应听其便等语,是其为现码头而非赊码头,更有明证矣。

乙

谓欧战延长,现银缺乏,而升水逐继长增高,此又一说也,殊不知欧战对于经济界之关系,全球的问题,胡独于甬市一埠受特别之影响,此自欺欺人之谈,实无辩论之价值也。

丙

谓甬市进口货之数恒远超出口货之数,现银因之外流,现升逐即而飞涨,此说也就表面上观之,似属持之有故,然按诸实际,殊有大谬不然者,海通以来,吾国输入额之超过输出额,早成为全国通病,讵独吾甬一埠为然,即就甬埠而论,通商数十年于兹,亦向系进口货占大多数,何以从前并无如此元价,亦无如此现升耶?犹忆七八年前,甬元每百两缩至一百三十三元,现洋减水,其时进口各货尚多一种洋药,今鸦片禁绝,已少一种大宗洋药出款,而规元增高,现升增大,转为从来所未有,谓非钱庄之作祟而何,此第三说之巧自掩饰亦不足深信也。

右述甲、乙、丙二[1]说,均不足为现升飞涨之恶因,既已辨明,然则现升果何由而飞涨耶?间尝悉心调查,反覆探究,而得一最真确之病源,即因订定呆板洋拆,而贪放外埠抛单,致甬市现底枯竭,而升水逐突然飞涨也。查甬市洋底素称丰富,商家富户及零星存款存储各钱庄者不下二千余万,存息悉照日拆计算,而日拆随市情为增减,自五分至五角不等,此钱市之习惯也。五年二月间,忽有少数钱商,为贪放抛

---

[1] 原文即为"二",应为"三"——本书编辑者。

单计,发起呆板洋拆之议(即通年洋拆定为呆板六厘,不随市情为增减)并恐同业中人之或有翻悔也,又复立议据盖图章,经过极严重之手续,使各庄无变动余地,此议一成,而甬地商民胥受其毒害起,盖吾甬物产之出口额每年虽不及进口额远甚(甬市每年进口货约二千七百余万,出口货约一千一百余万),而其所以能维持不敝,流通无阻者,全赖旅外商民爱乡念切,时有存款汇入抵消,尚足以资挹注而利周转,故当呆板洋拆未订定以前,甬市日拆之大小,既随市情为转移,即甬市银洋之进出,亦随市情为周转(例如甬市洋拆大,则存申之银返甬兑洋,甬市洋拆小,则存甬之洋汇申易银,周转不息,乃得其平),断不至如近三年来之阻滞(因日拆大小,逐日不同,未可预计,各庄断不敢多欠本街洋单,易银汇申,致受亏损,即存户亦不至将存款移存他埠,则本街洋单,不致过空,即元价不至过高,现升不至过大,此一定之理也),自呆板洋拆之议成,甬洋千元之拆息,通年不得逾六十元,而以洋易银千两,贷放上海或汉口,通年得九十两至一百六七十两之厚利,重以元价高抬,每万两又可得一二千元之特别利益(例如放款时元价百四十元,后抬至百五十元或六十元,则每万两有一千元或二千元特别利益),于是在钱庄方面,既有确定厚利可以预计,逐尽举各户存款之洋卖空,易银汇申,以博厚利,而在存户方面,鉴于存息只有六厘,现升日益飞涨,先存后取,不独利息无着,甚且亏蚀存本(例如有人于四年腊底存现洋一千元于钱庄,当时并无现水,则钱庄以一千元收账,至六年正月提出,当时现水为十七元,假定利息为年利六厘,则仅能取出现洋九百零六元,不独利息无着,且蚀本九十四元)。因之咸怀戒心,移存他埠,外埠多甬款数百万,而甬市即缺本街洋底数百万,洋底愈缺乏,则市面愈空虚,市面愈空虚,则甬洋、申洋之价格相距亦愈形态绝,元价之高抬,现升因之飞涨,而商业民生遂直接、间接受其损害,岂非呆板洋拆阶之厉耶。

现升飞涨之恶因既如此,而其恶果之实例又如彼,故今日不欲救济甬市也则已,如欲救济甬市,革平现升四字,实为天经地义之办法,万无依违两可之余地,而急欲为钱业及一般商民告者,则先有最简要之数语,即不贪近利而忘远害,不闹私见而顾大局,不图苟安而计长治,再本此意旨分别说明之如左:

甲、敬告缺单各钱庄

当五年分订定呆板洋拆时,君等亦不过为便益营业计,实不图利害关系有如此之重大，乃未几而元价抬至百五十元矣，又未几而元价抬至一百六十余元矣，使当时诸君能采纳鄙人之忠告，速悟此竭泽而渔之非计，则抛单逐渐收回，元价逐渐减缩，何至受今日之倾轧，而无如君等心理，适与之相反，元价愈抬高，则抛单愈贪放，抛单愈贪放，则元价愈抬高，循环不已，互为因果（即如今年三月，甬市洋拆开三角半，计每月一分外之利息，而君等甘心以八厘半加放上海抛单，岂非以元价抬高为目的耶），遂引起去年之恒孚，今年之中行、同益，虽彼方作用如何，获利如何，斗南非个中人，不能为之武断，而君等固已实受其损失矣，空穴来风，咎由自取，尚何言欤。夫以一百六十余元之元价，受中行、同益之影响，骤跌至一百三十余圆，举历年列入决算之厚利，一转移间而尽等泡幻，诚为诸君所不愿，然诸君试从良心上判断，此等竭泽而渔之政策，是否足以驱逐存户，是否足以摧残商业，是否足以损害民生，至于存户逃，商业败，民生困，钱庄是否能独自存立，且也现升高抬之黑幕，不经过本年之揭破，犹足以贪近利而延残喘，今也黑幕既已揭破，现升既已革平，而君等仍始终执迷，必欲固守此抛单营利主义，以巧弄其故伎，无论事实上万难办到，即使退一步想，姑代君等作快心之论，自今日起，官厅不禁止，中行不干涉，同益、恒孚皆退让而取消，然则君等之志愿偿，目的达，可以畅所欲为矣，试问甬市金融能从此流通否耶，就鄙见所及，悬拟未来之恶果如左：

一、存户迅烈之驱逐，甬市钱庄存款，因去年现升影响，曾受八折有奇之剧耗，至今年现升革平，又归复十足金额，此人人所知也，使此后再无现升发生，则存户将源源而来，决不至移往外埠，若如君等计划，元价不随洋厘核算，现升仍可随时高抬，则存户感于从前之折耗，必视甬庄为畏途，且此次用雷霆万钧之力，尚不足以图救济，则嗣后除外国银行外，谁复有平吾甬现升者（此语实不忍言，惟已有某行提议及此，不能不忠告以促觉悟），现升愈抬愈高，存款愈亏愈大，亦为不可掩之事实（此次未停市前现升实已划平，自有现升不得过三元之议决，取现百元，即须加汇水三元，又内扣贴现二元，则每百元已折耗五元矣）。谁无计算，谁愿损失，使一闻现升复活之信，焉有不各自为计而汇往外埠耶，故如君等志愿，则存户必受迅烈之驱逐，可以预料，此未来必至之恶果一。

二、空洋来往狂热之投机，吾甬钱市一投机市场也，空家以高抬元价为本能，多家以重开洋拆为后盾,双方倾轧,由来已久,近日元价缩短,实受中行同益之遏抑,若果如君等志愿,元价可以自由高抬,则元价必有抬无撤,固意中事,彼惯于射利之投机家,焉有不乘此时机,而狂做空洋乎?空洋愈狂做,则元价愈抬高,元价愈抬高,则现升愈飞涨,而商业民生亦愈受其损害,此未来必至之恶果二。

右述两种恶果,皆为现升平而复涨后当然之结果。故果如君等行动,达到君等目的,非惟前此得而复失之抛单厚利,仍可失而复得,即元价抬至百九十元,现升涨至三四十元,如去年某辈事之宣言,亦未必不见诸事实。为目前近利计,诚可谓特别丰厚,然而各庄股东,资金不过数万,因存为放,全赖存款,藉令存户尽被驱逐,君等将何所赖以营业,且因此而助长投机之风,致元价抬至百九十元,现升涨至三四十元,究竟于商民有无损害,平心以思,当亦无以自解,故君等处今日地位而筹善后方法,第一须觉悟现升二字,自经此番风潮以后,虽不受官厅干净,为自己利害计,亦决无再行回复之余地,然后本公平心理,筹议革平现升后救济之策,庶几有完善计划,若先挟一现升不肯革平之成见,则虽有良医,亦不能救人之自杀,固无劳鄙人多渎清听也。

乙、敬告中国银行

调剂金融,整理通货,本为国家银行固有之职务,吾国中国银行,受北京停止兑现之影响,致商民有所借口而怀疑,亦为本问题一大阻力,鄙见中行既受官厅委托,负协助革平现升之责任,其急应注意者约有三项:

一、宜筹备现洋二三百万元运甬,资市面之周转,以昭大信而示实力。

二、接济钱庄款项,依照中行原议,除每庄长期三万元外,不足可加借短期款项及规银,以资流通,息订长期,按月八厘,短期随订,其办法诚属公允。惟报载二十九庄启事,有中行借款,须出立现洋票据,到期以现洋还划单等语,此说果确,似未免予人以怀疑,夫吾甬划单与现洋之区别,既因现升而发生,现升如果革平,则划单即现洋,其间固无所区别,犹之纸币可随时兑现,则持纸币与持现金无异,奚必区别现金与纸币耶?官厅此次革平现升之本旨,无非欲划单、现洋,出入均归一律,命令煌煌,昭人耳目,在缺单钱庄,因不愿革平现升,故有划单与现洋之分,若中行既有革平现升之决心,则划单与现洋不能有两种观念,今对于钱庄借款,必欲其出立现洋票据,是不啻将现洋、划单仍作前种看待,安能不贻人口实耶,此等笔墨上之疑点，如中行别有正当理由，请为明白宣示以祛群疑。

三、甬市因近年现升飞涨，现金逐渐外流，一旦革平现升，则现金之需用增多，恐有供不敷求之患，全赖中行善为调剂，方足以资周转，若因此而受些微之损失，实为国家银行应负之义务，切勿别生枝节，设法弥补，致涉藉公图私之嫌。

丙、敬告恒孚庄

当五年分现升飞涨时，斗南首倡临时公庄之学说，实具有三种作用：

一、呆板洋拆之订定，各庄均经过严重手续，非特设临时公庄，不足以达打消之目的。

二、欲打消呆板洋拆，不能不暂高利率，委之公庄，决不至长开重息，增商民之负担。

三、公庄之组织，拟向上海借公款银若干万两，汇甬易洋，充作资本，俟现升遏平，即易银汇申，偿还借款，取消公庄，其因现洋进出所得盈余，充作地方公益经费。如是则缺单钱庄虽受损失，鉴于公庄所得盈余，悉充公款，未饱私囊，当亦晓然于公庄之真正维持，初无所利而为之，自不至因嫉忌而生恶感，无如此说不行，而次年三月，遂有尊庄出现，尊庄系私人营业，与公庄性质不同，而反对呆板洋拆，遏平现洋升水，则利用斗南之学说而实行之，开业以来，在二十九庄方面，多谓尊庄因维持市面而获厚利，究竟内容如何，获利如何，斗南与尊庄无丝毫关系，固无过问之权限，亦无过问之必要，惟就斗南良心上之主张，则深愿尊庄受亏损，不愿尊庄得利益。盖天下事，名利不能两全，尊庄既博维持之美名，自未便再享盈余之实利，故今后缺单庄如仍始终执迷，不肯牺牲其抛单营利主义，则尊庄固无维持之余地，若能幡然觉悟，革平现升，则尊庄既抱维持之宏愿，均应协助中行，运巨额之现金，认若干之损失，以表明其真正维持之心迹。如是则甬市金融大局，固不至再生意外之恐慌，而首倡学说如斗南者，亦不至蒙意外之疑谤，斯尤斗南莫大之愤悒，不能不垂涕而道也。

丁、敬告各绅董

吾甬凤负乡望之绅董，其道德文章，诚可景仰，惟先入为主之成见太深，常易受他人之蒙蔽，抱营业自由不受官厅干涉之主张，故一闻官厅干涉商事，益复愤愤不平，致被他人所利用。窃谓正当营业，不应受官厅干涉，惟如甬某某等庄假三万资本之名，吸收本地钜数存款，尽举而汇放外埠，不足又罗集他庄洋单以增益之，致甬市现底缺乏，现升飞涨，商民受重大损失，是犹米商私运食米出境，致本埠民食缺乏，米价飞涨，同一弊害，究竟应否受官厅之干涉耶，万一听其把持，愈趋愈恶，数年之后，演成如湖南长沙以三千两易规元千两，尔时吾甬商市，尚堪设想耶，公等对于社会有特别信用，其发言亦有特别价值，如能乘此时机，劝谕多缺两方，消泯私见，顾全大局，则于甬市必大有裨益，若偏听片面似是而非之论调，以为现升无革平之必要，或暂定若干之限制（今日现升只有有无问题，并无多寡问题，元价能照洋厘核算，则现升必可革平，否则有一元升水，即可有十元、二十元升水，前日三元限制议决后，旋即暗增，其明证也），则若辈益有所恃而不恐，而甬市更不堪救济矣。

右述各项，心所谓危言之过激，诚不免有开罪诸公之处，惟诸公鉴其愚妄，俯赐采纳，则试不嫌琐渎，再述善后方法如左：

一、宜用钱业全体名义公决宣告，此后甬市现升，永远革平，以免存款之外流，按近两旬内，甬庄存款，移住外埠者有五六十万之多，皆因现升问题，迟迟不决，恐受折耗而逃避也，若用钱业全体名义，宣告永远革平现升，则存户安心，存款决不至再行外流，此为开宗名义第一要着。

二、洋拆随市情为增减，除有特别情形外，平时以申市银拆之升降为大标准，按申甬一夕之隔，交通接近，经商者因此而多便利，亦因此而多困难，故洋拆增减，随申市银拆之升降为大标准，实为最公允之办法，惟洋用较大，有特别情形时，不在此限。

三、同业拆单，定三万或五万之限度，在限度以内，照钱行所开市拆计算，若过限度以上，其超过部分之拆息，宜仿照从前上海钱庄拆外国银行拆票办法，双方协议，照市拆抬高若干（申市晚间同行拆银亦有此办法），按甬市洋底缺乏，皆由缺单钱庄抛单弋利所致，欲取缔之，以抬高利率为不二法门，惟因取缔少数抛空钱庄之故，而使全埠商民均负重息之亏累，殊非事理之平，若照此办理，则钱庄固不敢过于抛空，各业亦不至同负重息，一举两得，莫善于此矣。

四、汇款宜要求中国银行代汇，凡钱庄请求汇兑，无论金额大小，均须一律照办，其汇费限于现金输送费以内，按汇兑为节省现金输送费之方法，若汇费超过于现金输送费，则人将舍汇兑而输送现金矣，虽中行或因之略受损失，然义不容辞也。

五、中行既定每庄可借长期三万元,不足又可加借短期款项,则各钱庄可要求中行立一往来存款契约,订明透支限度,及其利息,一面仿照上海钱庄办法,设立一汇划总会,为过账或其他票据交换之机关,每日于午后二时左右,各庄总汇应收之款,出一公单,交于付款庄,至四时前后,齐集总会,互相核算,出入抵销,而交付其差额,此项差额之交付,即以中行为汇划至[1]总机关,于各庄往来存款中转账,若其差额为数过巨,超过于订定透支限度以外,则应由该庄筹款抵补。如是缺单钱庄有活动资金,可资挹注,固不致妨碍其营业,而中行仅代理其差额之交付,亦无须备多额之现金,则金融自然流通矣。

六、存款宜仿银行办法,分定期、活期两种,而定相当之利率,吾甬钱庄之吸收存款,向来多不订期限,存户之何时动用,不能预计,此于因存为放,量入为出之原则,殊不符合,且往往因市慌偶袭,纷动巨款,而被挤搁浅者,比比皆是,为今之计,此后钱庄对于存款,宜分清定期与活期,视期限之远近,以定息价之厚薄,如是则挹彼注兹,既可熟计,而意外风潮,亦得消弥,亦善后方法之要义也。

七、放款宜趋重于抵押,甬庄放账,悉以信用为主,纯系属人主义,无所谓抵押品,与银行业之属物主义,性质迥异,故常有惑于表面上之声势,与夫外界之煊赫,堕其术中而受莫大亏累者。上海钱庄,从前亦深中此弊,今鉴于既往之失败,信用放款,已渐减少,而趋重于抵押放款,吾甬似亦宜仿效改良。如是则各业有货物可做押款,运用资金,较为活泼,而钱庄放款亦不至如昔日之危险矣。

八、甬庄宜要求中行及同益银公司订一新章,凡甬庄所贷放之本埠商号洋盘长期票据,可向中行、同益做押款或贴现,并应负该票偿还之责任。按吾甬洋底缺乏,皆因钱庄贪放外埠银盘,而不放本埠洋盘所致,若本埠洋盘长期票,可向中行、同益做押款或贴现,则钱庄必收回外埠抛单,而加放本埠商号洋盘,如是则洋底丰厚,金融自然流通。至中行及同益收受此项押款或贴现,亦极为可靠,票上之支付人,为本埠之商号,固对于该票而负偿还之负责,而来请求抵押或贴现者,为宁波之钱庄,亦对于该票而负偿还之责任,两重保证,皆甚确实,若中行同益格外谨慎,对

---

[1] 原文"至"应为"之"——本书编辑者。

于不甚信用之商号票据，亦可拒绝，则更无倒欠之危险，好在本埠商号其资本信用及营业状况固易于调查也。

此外尚有最主重之要件，即中行与同益、恒孚既负维持市面之美名，必须运巨额现金接济甬市，方足以博社会之信用，已详前述，兹不赘言。

总之吾甬钱商，向分谨慎、冒险两派，而两派之中，各有最大缺点，谨慎派之缺点，以蹈常习故为唯一宗旨，素无革新远大规画，致不合时势之潮流，冒险派之缺点，以驾空弋利为不二法门，从不肯在正当业务上着想，致引起市面之恐慌，在昔闭关时代，犹能独树一帜，今则门户大开，银行林立，金融之情形，迥非昔日可比，此后营钱业者，苟不合经济进化之原则，或不在正当业务上实力从事，必受天演之淘汰，故斗南敢为切实之忠告曰，现升固不能不革平，而营业亦不可不改良，在缺单钱庄方面，急应破除成见，速自觉悟，存革平现升之决心，以保全自己之营业，而在中行、同益、恒孚方面，既负维持之美名，抱救济之宏愿，对于缺单钱庄真正困难之处，亦应量予通融，免酿成经济界之恐慌，而自身一举一动，尤宜平心静气，正大光明，勿贻反对者以口实，至于地方父老及各业商董，更望放远大眼光，用冷静头脑，研究本问题因果关系、利害关系，求公平的解决，初勿为少数人所利用，贻子孙之祸患，呜呼！北京纸币折扣之苦痛，公等当亦耳熟能详矣，物价因之腾贵，购买力因之减少，工商业因之停滞，贫民生计因之困迫，现水折扣之害，何独不然，其犹可养痈贻患，而不急图革平耶？斗南一寒士，为本身计，于现升无重大关系，惟为地方计，不能不痛陈其弊害，然竟因此而遭不白之疑谤，今也心所谓危，忍无可忍，卒不能避疑，谤而不言，亦尽个人之天职而已，知地罪我所不计也。

（《银行周报》，1918年，第39期）

宁波改规银码头之研究

林斗南

宁波改规银码头之议，发生于民国五年，盖如五年分现升飞涨以来，有一部分绅商，怵于洋底枯竭，元价高抬，不得一善后良策，逐主张改洋码头为规银码头，以施救济之方，顾呼声甚高，不过供集会中谈话之资料，从未有作具体之规画，效正式之建议,以图实行斯举者,最近得南中友人报告,谓此议已将由理谕而见之事实,不久即拟具说贴于官厅,斗南不敏,敢将此举之是否必要,及有无利害关系诸要点,详加研究,分别陈述,以与邦人士一一商榷之。

第一,甬市有无改规银码头之必要

甬市自改钱码头为洋码头,已数十年于兹,商民相安,本无异议,近因现升飞涨,始有改规银码头之主张,故欲研究斯举之是否必要,应以下列两要件为断:(一)现升飞涨,是否纯属于洋码头之关系;(二)欲革除现升,除改规银码头外,有无其他便益方法。关于第一问题,在主张改银码头者,常谓申甬两埠,金融关系最密,而银洋本位不同,致钱庄因元价、洋厘之差别,而现升逐难以革除,欲救济之,莫如改洋码头为规银码头,与申市同一本位,则元价既不成问题,现升自无从发生。斯言就表面观之,似具有充分理由,然按诸实际,则近于因噎废食之主张,并未将现升之何时飞涨,及飞涨之何种原因,从根本上研究之也。盖甬市自改洋码头以来,相沿数十载,除有地方特别警变外,本无巨额之现升,自五年春间,呆板洋拆之议成,一般抛盘钱商,尽举各户存款之洋,卖空易银汇申,以博竭泽而渔之厚利,于是甬市洋底愈枯竭,而元价愈高抬,元价愈高抬而现升愈飞涨,故其表面之病象,虽由申甬银洋本位不同,致被钱庄利用之以抛空,而其主要之病源,则以时期计,实发生于五年春间,以事实言,实中伤于呆板洋拆,至相沿数十载之洋本位,万无代人任过之理由。换言之,即五年分苟无呆板洋拆之议定,则钱商决不敢贪放抛单,而现升亦不至突然飞涨,宁波人对于洋码头之观念,固仍如五年以前,安之若素,而毫无异议也,有食物不慎而患噎者,噎与食虽有关系,而其病源实在不慎,今不自咎其不慎而曰吾将废食,人未有不笑其误会,现升与洋码头之关系,何以异是。此第一问题之不能成立,固已昭然若揭矣。至对于第二问题,在主张改银码头者,当然以此为惟一良策,然就斗南观之,亦殊有不尽然者,甬市现升之突然飞涨,其主因固在呆板洋拆,而其所以难于革除者,尚有三大关系:(一)公单之不收现;(二)营业之不改良;(三)暗盘之不祛除。甬市庄规,对于同业拆单,本有拆出收现,应听其便之规定,不图日久弊生,多家须无限数借与缺家,而缺家可巨欠洋单,买规银以图利,于此缺单者有所恃而敢于抛空,多单者无所借以行使债权,而现升逐难以革除。去年中行、同益，汇巨数规银来甬，不转瞬化为本街洋单，即其明证。且际兹商战剧烈，银行林立时代，金融界之情形，迥非昔日可比，营钱业者，苟不合经济进化之原则，或不在正当业务上实力从事，必难免天演之淘汰。故去年拙著平现善后策中，曾代拟八条计画，并有"现升固不能不革平，营业亦不可不改良"两语，实鉴于两者有连带关系，必须因时进行，方得收良好之效果，无奈吾甬钱商，谨慎者既狃于蹈常习故，冒险者又迷于抛空投机，迄今时隔一年，除阳奉阴违，私做暗升，以愚弄官商外，从不肯在正当业务上，筹革新远大之规画，焉能望现升之革除耶，故斗南敢再为切实之忠告曰，钱业界如能彻底觉悟，对于上述三大关系，兴其利，革其弊，实行新庄规现洋码头之规定，则其手续之简单，效果之伟大，较诸改银码头便益百倍，而现升不革自除，否则成见不捐弃，业务不改良，就积极方面言，洋码头固无发展营业之机会，即改银码头后，亦未必骤形进步，就消极方面言，洋码头可于元价外私做暗升，即改银码头后，亦可于洋厘外私做暗盘，其结果徒令倡议者灰心失望，自悔其主张之多事，可以预料，则甬市有无改银码头之必要，不已彰明昭著乎。

第二，改银码头之利害关系

改银码头之并非必要，既如上述，然使目前虽非必要，而将来有利益可期，则亦有改革之价值，兹将改银码头之利害关系，分述如左：

（甲）改银码头之利益

（一）甬市向申市定货，或运土货出甲，均以银价计算，而本埠交易则用银元，因元价与洋厘时有上落，不免常受亏耗，若改为银码头，则同申市一律，而此项亏耗可以免除。

（二）甬市规元之买空卖空，皆由申甬本位不同而发生，若改为银码头，则钱商无所借以投机，而正当商民，亦不致受意外之损失。

（三）现升之不能革除，皆因申甬本位不同，与元价、洋厘之各自规定，若改为银码头，则甬市无元价之名目，而现升自无从发生。

（乙）改银码头之弊害

（一）逆时势之潮流

上海之规银，与汉口之洋例，均仅为计算价格之单位，并无铸就之宝锭，故中外金融学家,均指为虚银本位,诚不诬也。近年上海商人鉴于银两与银元并行,须负担两元市价高下之危险,且银两存底,逐年递减,银元存底,逐年递增,银两供不应求,市场上常不免有银荒之患,故有整理币制之远识者,多主张废两改元,以养成商民行使计数货币之习惯(民国六年,上海商会副会长苏筠尚氏曾建议贸易改用银元,其办法由商会议决后,即通告上海各国领事,转告各该国商人,定期实行,而以实行前一月,为银两与银元折算之期,其价格由银行公会、钱业公所、南北两商会及外国银行团公定之,所有收付,以银两计数者,均按照公定之价,折合银元,一面通告国内外各商会,凡与上海有银两往来者,一律照行云),虽因积习不能骤改,所议未见实行,而改革动机要已显著,且其所以不能骤改之原因,虽甚复难,而最大障碍,则实在通用银元,种类太多,市价不一,且以币厂铸币制度未臻完善,尚不能自由无限铸造,而成色分量尚不能整齐划一,是以国银行尚不敢遽废两用洋。今幸英龙洋市价,既经划一,则大障碍已经打消,再进一步而铲除银两习惯,其机愈顺,而为期亦愈不远,吾宁波之行用洋本位,年代虽久,而与新潮流适相迎合,实为市场之好现象,若当此规银本位命运垂尽之时,而忽欲废元改两,演人弃我取之活剧,是犹下乔木而入幽谷,岂非逆时势之潮流耶。

(二)折算之难公允

申市之废两改元也,对于银两与银元折算定价,其办法备极慎重,盖深鉴于出入之间,关系綦巨,不如是不足以昭公允也,若甬市废元改两,则所有存款,向以银元计数者,均须照定价折合两数,此项折合之能否公允,实为一重大问题,甬市本无外国银行团,即华人自办之银行,亦仅有数家。至商会方面,除少数精明干练之人物外,大多数商董对于钱业界交涉,或受制于感情,或被惑于邪说,又或因公私贷借关系,夙仰钱商鼻息,致虽有良心上之主张,而不敢公然出口,所由历年以来,呆板洋拆也听之,元价高抬也听之,私做暗盘也亦听之,甚且如革除现水,公庄收现,均于商民有永久利益,反受钱商片面运动而附和破坏之,故根据经过之事实,以推测银洋折算之定价,势必任钱庄把持操纵,而商民皆俯首听命,无从争议,其结果必至钱庄占特别利益,而商民受意外损失,可断言也。

（三）劳费之不经济

甬市今日之废元改两,既因申市银本位之关系,则将来申市苟改用银元,其必须再步申市后尘,而废两改元也,亦为当然之结果,然申市银本位命运之垂尽,已有种种事实,可以证明,则吾甬今日改银本位后,不久必复须改洋本位,其时期亦可预计,本位既经两重之改革,即所有收付各款,均须经两重之折算,微论全埠商民,金钱上固难免一方面之受亏,即以此有用精神,宝贵时间,而虚耗于非必要之计算,亦殊觉太不经济矣。

由上所述,改银码头之三利三害,就数目上计之,虽似相等,然从根本上观察,改银码头之所谓利者,亦因近年抛空钱商,不守正轨,好事投机,致使洋码头受意外指摘,而银码头遂相形见优,若钱商能改良营业,从正当轨道上实力从事,则洋码头之指摘,既无从发生,即银码头之利益,亦不成问题,至就其弊害方面言之,则无论为目前计,为将来计,均于全埠商民,有莫大之不利,语云,两利相权,必取其重,两害相较,必取其轻,况利者并非真正之利,而害者确有必至之害,何苦为此不必要之改革,以自取损害耶。抑更有言者,近因公单收现问题,各业感于钱商革除过账缩小范围之恫吓,纷纷反对,殊不知公庄收现,乃取缔钱商贪放外埠抛单之计划,而对于本埠商业,只有利益而无妨害,盖甬市之过账,据经济学上言之,为节约硬货之使用,从商业学上言之,为便利交易之收解,本系现码头而非赊码头,自一般抛空钱商贪放外埠抛单,而不顾本埠商业,于是现底愈枯竭,升水愈飞涨,而过洋与现洋遂生区别,为今之计,但求甬庄能顾全甬市,将九底到期之外埠抛单,酌量收回,改放本埠,并宣言永远革除现升,以免存款之外流,则甬市现底丰富,金融流通,无论公单如何收现,决不使甬市过账习惯,及各业贷款范围,受丝毫之影响,固无所谓革除过账,与缩小范围也(公单收现,乃总汇各庄应收应付之款,在钱业公会互相核算,出入抵销后,而支付其剩余之差额,但求各庄不再抛空,则其剩余差额之交付为数无几,亦无须备多额之现金,何至如钱业传单所称,必须革除过账,各业与钱业收付,一律以现款进出耶),否则公庄始终不解现,即现升始终不革除,抛空愈久,现底愈涸,而维持救济亦愈难,如最近湖南长沙出七八分之重息,尚无现款可筹,试问商民受市荒之痛苦,将呈何种惨象耶(甬商对于加拆息以平现升,极端反对,殊不知今日加拆不过一时救济的方法,以防现底之枯竭,至如湖南无可救济,虽长开七八分重息,亦无现款可筹,更不堪设想矣)。前清时代之上海钱庄,多赖外国银行拆票为后援,时论多谓外国银行如不放拆票则上海钱庄将无可营业,然自叶氏倒闭后,外国银行竟停放拆票,迄今时已八年,上海钱庄之营业,反较从前发达而稳固,无他,以其能舍弃投机的企业,而于正当业务上实力从事也,吾深望甬江钱业界诸君,当以上海钱商为模范,毋反对公单收现,而力图营业改良,则必有发达稳固之希望,至废元为两之主张,则利小害大,固不必逆潮流以行之也。

(《银行周报》,1919年,第39期)

宁波九月底商市之乐观

宁波向系过账码头,且查向例钱业同行中之交易,及钱业与外业之往来,每年(旧历)九月底,应作一小结束。惟收者、解者,均系过账,绝少现洋进出。自上年九月,甬埠中国分银行承奉杭州总行策略,与甬埠恒字钱庄联合,实行浙省长与财政厅长计划,将更改过账码头为现洋码头,其时钱业中一大部分群起反对,故迄已一年,而或收或解改用现洋,此策终难见诸实行。因是,今年夏间,浙省长又令知杭州总行,咨照甬分行,特在江厦设立汪处、凤处、法处等汇划机关,加入钱业大同行,将握钱行中一部分势力,并主张实行公单收现方法;时钱业中仍复反对,因在商会开会十余次,讨论对付方法,结果则以有现解现、无现照划为定规。现在九底已届,一般钱业,深恐甬分行与汪处等届期结账,又将轧现,刻已纷纷预备,有向申市、杭市钱业中买洋盘来甬以资应付者。预料甬埠九底金融,决无发生恐慌之虑,是亦甬市商业中之好消息也。

(《银行周报》,1919年,第43期)

宁波钱庄之概略

半僧

一、沿革

宁波钱庄之起源及沿革,征诸历史,无从考证,兹就管见所及,拉杂记之。夫宁波握江海之冲要,为五口商埠之一,富商巨贾,比栉如鳞。查其开港以前,固一寥寥邑落耳。当前清同治之初,市场上通用之货币,唯一文钱之铜货,无价格之标准,无交换之要素,而所谓钱庄者,不过如今日之一种现兑店。是时宁波有方七者,鬻靴鞋于上海五康庄之前,每日除衣食外,颇有盈余。而其所余之金钱,悉数存入于五康,以求子息,日积月累,已达百吊。不数年沪地难起,一般豪富,均相率迁避,络绎不绝,而五康之主人,亦宣告他去,因素感方七之忠实,临去时赠以店内一切什物,并嘱其继营斯业。于是方七罢靴鞋业,将平时所储蓄于五康之百金,转为现兑业,是即现今宁波经营钱业者之鼻祖也。迨乱平而市人各安其业,各营其生,至是方七之现兑业亦愈形繁盛,并经营重要商品之输入,卖出事项。其交易方法,甚为幼稚,或以物物交换,或以铜钱买卖,其所用价格,无一定标准,然买卖货物之市价,均以一文钱为主要货币。因之一文钱需要浩大,兑换价日有变动,而方七之资本,亦遂得而充裕。于是方七开支店于宁波,作呼应之机关,此即宁波钱庄之起源也。然当时钱业店之资本,仅二三千两,至于兑换铜钱之意味,则有招牌以揭示者也。及洪杨乱后,外国贸易渐露端绪,外人之来我国者亦多,宁波钱业亦骤然繁盛,而输入货物之价格,仍以铜钱为标准。嗣因感于种种之烦劳,至是遂以银代钱,而一般大交易者,即先采用西班牙银弗作银两价格之标准,进出有规,买卖无扣。金融机关,遂得以成立,贷借融通票单,流行吾国,金融业之发达,实始于此。当时宁波营钱庄业者,相集组织钱业公所,订立同业规则,遂有今日之盛况,此即宁波钱庄沿革之大略也。

二、种类

宁波之钱庄分为四大种,即大钱庄(大同行)、小钱庄(小同行)、现兑店及钱摊是也。大钱庄者为宁波过账组合,乃经营国内汇兑之钱庄也。次于大钱庄者,为小钱庄,加盟于过账组合也。现兑店者,专营银洋与铜元,或铜元与铜钱之兑换。钱摊亦然,惟无一定之店铺,其开设处常在路旁,此即钱摊之异点也。

三、组织

宁波钱庄之组织,大抵由一人或二人以上之合资而成,惟无一定之制限。其组织法虽属如是,而欲考其合资契约中之正确责任,不可得而知也。兹就调查所闻者而录之,基于合资契之钱庄,大概以无限责任为常例,间有参照前清光绪三十年所发布公司律之规定,依有限责任为原则者,此亦不过表示其组合员负有限责任之意也。然法律虽如斯规定,而一般营钱庄业者,罕见遵奉,均依习惯办理,未闻有依法律而支配者也。

四、资本

宁波大钱庄之资本,大抵自三万元以至四万元,而小钱庄仅一万元而已。然其全年之营业额,超过资本金之数倍,或数十倍不等。考其一年中营业之统计,有自三十万至五十万,以达百万。而其运用资本之方法,实为世界所称仰。钱庄之资本,可区别之为二,曰成本、曰护本。成本者,为最初之出资额,依中国之习惯,从资本主最先所出之一定本银是也。护本者,观营业之盛衰,更增加其资本是也。

五、使用人

钱庄之使用人,专限于一地方之人氏。因中国今日言语风俗上,不免有地方的区别,所以排他方人员而不用,然于介绍人及保证人勿论也,其名称详述于左:

正手(经理):放账

副手(副经理):应对宾客

内账房:银(又名"罗现")

外账房:场头

信房:小伙

跑街:学徒

每钱庄之学徒,自三人以上,六人以下。学徒之始入钱庄学业者,须有确实之保证人,为之保证,应服三年之义务,然于义务期限内有缴纳一二百元之保证金及三年之膳费者,或有不缴纳者。其入庄之初,年可得岁礼四元或十元,翌年二十元,翌年三十元,义务期满,即升为小伙。

六、账簿

钱庄使用之账簿,大别为二,清簿、草簿是也。今将各种之细名目,详晰分之,如左:

暂草（各往来户转账之用）

滚存（现银之出入时用之）

流水（暂草、滚存二种账簿转入之）

总清（关于营业之盈绌可以表示由流水账转入）

堆金（即各股东资本账）

汇清（即各存款户账）

洋草：付洋取用，每月三本

材头：付银取用，每月三本

送银：每庄一本，每月三本

信底：每月三本

暂记（各使用人暂借用之）

票清（发行自己庄票及收入他庄庄票时记入之）

收价簿：取来之银或取去之银一一记之，每日一本

汇票期：关于规元之出入及盈绌记入之，每月一本

零材

银查现

洋查现

依钱庄业务之繁简而定账簿之差异也。

七、开店及闭店

宁波开设钱庄，必以数人之公禀，得官厅之许可，受领部帖，始可进行，并须缴纳开业捐四百两。至开张时，先以资本利益等必要事项，共付各组合员协议，经议决后，记载于议据之上，经钱业公所董事之调查，其结果之确实，须纳公所费二百元。此开店之大略情形也。至于闭店，初无一定，有自愿闭店者，所谓普通之废业也，有非本愿而不能不闭店者，所谓经营不得其宜，而致倒闭也。夫大小钱庄，一遇倒闭，各组合员均负无限之责任，并有连带之关系，对于一般债权者，均惟商会之调停，以为结束。

（《钱业月报》，1921年，第2期）

宁波金融状况[1]

本月份甬地规元之价，无甚上落；各庄自阴正月二十六日，上市迄今，银根颇觉轻松，规元最高之价为一百三十九元四角九分，最小为一百三十八元四角。目下各庄现洋存底，尚觉丰富，故近日现升，更见减轻，最高之价为一角，洋拆已于二十六日开出。日前同业各家，在公所会议，重订规则，兹将议决各条，录之如后。

一议辛酉年为始，各帮各镇及各外项欠息，概照洋拆加一角二分半计算，不得乱盘。

一议小同行欠帐，照拆起码加四分计算。

一议苏杭绍各行欠息，仍照洋拆加五分计算，外项不在此例。

一议三九两底，大对洋盘，月大定二十八，月小定二十七开议。

一议过年三对洋盘，定十一月二十五开议，放十一月底起头，双对定十二月十五开议，十二月二十起头；以上六对、三对、双对、洋盘，未议之前，不得预放，既议之后，不得乱盘。

一议凡杭绍各帮、各镇、各乡户等，托解外项之款，或解同行入外项之款，一概早付一天；惟本转本划，不在此例；至各乡镇另星钱业，无公单团体者，概作外项论。

一议客路记理收价，必须注明汇家，如不注明汇家者，概不代理，以免舛错，而昭慎重。

一议各主客代收票款，班迟一天，再如主客如遇上即即过之票，亦须早付一天。

一议客帮及乡户上票，十二月朔日起，年终止，概归见票付账。

一议各外项支出申票，及代收申票、票贴、票力，以二钱半起码，至四钱为度。

一议洋拆以六角为度，见拆付洋，龙洋除北洋东三省外，一体通用。

一议外项存欠，规元息规司年，按月扯价计算，以昭划一。

一议正月间，未开市之前，各外项如计规元，务须按日付账，不能越格。

一议同行遇有驳账利息照补。

---

[1] 标题由本书编辑者所加。

一议驳账如未过午后四点钟者,一律照驳,钟点以大自鸣钟为标准。

一议规元进出,落地照汇。

一议姚帮收解,以一百元起码。

一议客路捆现,无论现洋、角子、元宝、铜元等,自装出后,路上风险,概归来办者承认。

(《钱业月报》,1921 年,第 3 期)

宁波金融情况[1]

本月因上海洋厘较小,故规元之价日见放长,最大为一百三十九元八角七分,最小为一百三十八元八角。惟现洋底码甚少,现升难见减轻,近日已增高至六角外。一月中最高之价为六角二分,最小为一角二分。洋拆本月一日起至三十一日,均开一角,惟三日则开一角五分。惟当此炎热之时,各业生意清淡,金融界进出款项,故亦不见热闹,一至秋凉,或能增多耳。

(《钱业月报》,1921 年,第 7 期)

宁波金融状况[2]

本月甬地金融,因沪杭两埠银根奇紧,以致现升日见增高。现洋颇形枯竭,规元之价,亦逐步高升。本月最低为一百四十元零五角,最高为一百四十二元四角五分。现升最高为三元七角五分,最低为二元一角五分。洋拆最高为四角,最低为三角五分。角子九零三二五,合现八七二三;铜元一五零七,合现一五六十。

(《钱业月报》,1921 年,第 11 期)

宁波金融状况[3]

去年甬地过年现洋存底不见丰富,同行单对息为一元五角,客帮加三元,现

---

[1] 标题由本书编辑者所加。

[2] 标题由本书编辑者所加。

[3] 标题由本书编辑者所加。

升之价则为二元，规元为一百三十九元九角三分。钱业无所增减，客岁获利，亦颇不恶。

(《钱业月报》，1922年，第1期)

宁波金融状况[1]

本月甬地，二十一日前，钱业尚未正式开市，规元现升之价，兹有暗盘，规元最高之价为一百三十九元九角，最小为一百三十八元九角，现升最高之价为一元四角，最小为四角七分。洋拆本月均为寄栈，未曾开过。角子之价，最高为八九三五，最小为八七七。今庚钱业，于日前重订庄规，兹将议决事件，录之如下：

一议壬戌年为始，各帮、各镇及各外项，欠息概照洋拆加一角二分半计算，不得乱盘。

一议小同行欠账，照拆起码，加四分计算。

一议苏、杭、绍同行欠息，仍照洋拆加五分计算，外项不在此例。

一议三九两底，六对洋盘，月大定二十八，月小定二十七开议。

一议过年双对，定十二月十八日开议，十二月二十起头，以上六对、双对，洋盘未议之前，不得预放，既议之后，不得乱盘。

一议凡杭、绍各帮、各镇、各乡户等，托介外项之款，或介同行入外项之款，一概早付一天，惟本转本划，不在此例；至各乡镇另星钱业，无公单团体者，概作外项论。

一议客路托理收介，必须注明汇家，如不注明汇家者，概不代理，以免舛错，而昭慎重。

一议各主客代收票款，班迟一天，再各主客如遇上即即过之票，亦须早付一天。

一议客帮及乡户上票，十二月朔日起，年终止，概归见票付账。

一议各外项，支出申票，及代收申票、票帖、票力，以二钱半起码，至四钱为度。

一议洋拆以六角为度，见拆付洋，龙洋除北洋、东三省外，一体通用。

---

[1] 标题由本书编辑者所加。

一议外项存欠规元息,将司年按月扯价计算,以昭划一。

一议正月间未开市之前,各外项如计规元,务须按日付账,不能越格。

一议同行遇有驳账利息照补。

一议驳账如未过午后四点钟者,一律照驳,钟点以大自鸣钟为标准。

一议规元进出,落地照汇。

一议姚帮收解,以一百元起码。

一议客路捆现,无论现洋、角子、元宝、铜元等,自装出后,路上风险,概归来办者承认。

(《钱业月报》,1922年,第2期)

宁波金融状况[1]

甬地今庚阴历三月底,到期长期款项,各钱庄收起之数,多至四五百万,市上单子,因之非常充盈。故日来虽闻北方战事紧急,而市上人心,亦仍平静如常。本月规元,最高之价为一百三十九元八角六分,最小为一百三十八元六角六分,现升之价,最高为一元四角二分,最低为三分,洋拆最高为三角五分,最小为五分,角子最高为八八五五,最小为八六九五。今日规元之价为一百三十八元九角,现升一元〇五分,洋拆三角五分,角子八七三五。

(《钱业月报》,1922年,第4期)

宁波金融状况[2]

本月甬地金融尚觉平稳,米款进出较别项为多,现洋底码稍见丰富。规元之价最高为一百四十元〇八角半,最小为一百三十九元七角九分,现升之价最高为九角六分,最小为三角二分,洋拆最高为五角,最小为二角。

(《钱业月报》,1922年,第6期)

---

[1] 标题由本书编辑者所加。

[2] 标题由本书编辑者所加。

宁波金融状况[1]

一月来,甬地金融颇形松动,米款汇兑亦甚热。规元之价,最高为一百四十元〇五角,最小之价为一百三十九元八角半,现升半月前甚小,常在四五角之间,后因各项用款较多,现洋底码不丰,故逐步抬高,最高之价且到一元三角八分;洋拆亦甚平静,九日以前为二角,十日至二十日为一角五分,二十一日至二十三日则又为二角,二十三日以后,则均为一角。角子之价,最高如八七六五,最小为八七。今日规元为一百四十元〇〇三分,规升一元三角八分,洋拆一角,角子八七六五。

(《钱业月报》,1922年,第7期)

宁波金融状况[2]

本月甬地金融尚觉松动,因各地灾荒频仍,天时风雨为患,各业生意清淡。日前风潮骤至,江水暴涨,地址较低之处,存货遭水渍者为数甚多,损失颇重。市面无甚起色,金融界生意自属不甚热闹。规元之价亦逐步跌小,最高之价为一百四十元二角五分,今则跌至一百三十九元二角三分,其中有六日与十四日两日因风大轮船未到,规元之价未开。现洋因底码不多,而申厘较高,多有装现至申者,故规升亦不见过小,最高之价为一元四角五分,最小为八角八分,洋拆一日至十二日均为一角,十三日至二十二日均为二角,二十三日至三十一日均为三角,小洋之价最高为八八三五,最小之价为八七二五。

(《钱业月报》,1922年,第8期)

宁波金融状况[3]

本月甬地金融异常活动,各业生意殊有起色。规元之价,最高为一百四十一元七角四分,最小之价为一百四十元〇九角五分。现升因现洋用途颇多,涨落亦大,

---

[1] 标题由本书编辑者所加。
[2] 标题由本书编辑者所加。
[3] 标题由本书编辑者所加。

最高之价为二元三角三分,最小为一元五角二分,角子最高之价为八八六,最小之价为八七七五,洋拆最高之价四角,最小之价为一角五分。

(《钱业月报》,1922年,第10期)

宁波金融消息[1](五月四日通讯)

本埠钱业领袖每年旧历三月纷纷往上海放长期,利息颇厚,可划至十四两有奇,而尤以放至汉口为最厚,甚有划至十七两以外者,若放于甬市,不过十三两而已。故此间钱商,每年放长期至沪、汉者,不下七百万元左右。现因奉直决裂,消息险恶,钱商之寓沪者,近日来信报告,不敢与汉商计长期,即与沪商,亦慎之又慎,故放出长期银款,刻下只有一百数十万元。

(《银行周报》,1922年,第17期)

宁波金融情形[2](五月七日通讯)

宁波钱业,往年阴历四月初旬,现洋进出,极形忙碌,盖因茧用茶用,俱在此时。今年则否,几不知有现洋进口出口等事;钱业中人,非常空闲。探其原因,实以上海茧商、茶商慑于奉直战事,相率观望,不敢采办鲜茧、新茶,故现洋用途,亦不发达,而钱业中人,遂得以束手静坐,且虑浙省发生问题,甬市必受影响,钱商首蒙其害,是以大抱其忧虑而不止云。

(《银行周报》,1922年,第18期)

宁波金融状况[3]

上月甬地金融,上半月尚觉活动,因各业纷纷结帐,市面亦称安谧,且洋拆早放,因之收束尚早;下半月则钱庄无开市,金融故甚觉沉寂。规元行市,阴腊月廿五后,即无价目。同行出入,仅以暗盘计算,其价为一百四十二元五角;过年洋底不

---

[1] 标题由本书编辑者所加。

[2] 标题由本书编辑者所加。

[3] 标题由本书编辑者所加。

丰,同行单对之价为一元五角,客帮加欠三元。钱庄新创无闻,有泰深一家,宣告清理。小同行宝成一分为二,牌号秉源、成康,准于正月二十五日,随众上市,故近日规元仍无行市。

(《钱业月报》,1923年,第2期)

宁波金融市况[1]

宁波金融,自受上海影响,发生恐慌,市面颇不安,规元、现水尤甚。二十九日被警厅、县署饬定警察地保,在钱业公所门口及滨江庙等处,严加监视,场心因之虚软。规元开市为百五十一元,渐跌至百五十元。现申初做十一元七八角,后跌至十元零几角,至下午又跌至九元七八角,角洋亦自九扣跌至八七扣云。又闻,钱业本月二十六日自接杭电,杭汇停市后,甬市洋拆,遂于次日减至一角,念八日又减至五分。江知事闻此消息,以为注此时局不靖、银根紧急之时,洋拆一经减小,恐存户纷纷提取,有碍金融,于是密令钱业,增加洋拆。而钱业亦于二十九日下午,推派董维扬、屠鸿规为代表,晋谒江知事,商议加拆事宜,并即晚召集同业会议,议定二十一日洋拆改开一角五分,至初四日开三角。

禁止现银出口

宁波警察厅长会同鄞县知事昨出有会衔布告云:为会衔出示禁止事,案奉道尹公署训令内开,案查甬埠禁运现洋出口,前于民国八年一月间,据县会所拟送限制办法到道,当经呈奉省长公署指令,即饬明白示禁,并随时认真稽查在案;诚以甬埠历年钱市恐慌,皆由于现洋缺乏所致,禁现出口,正所以维持市面;乃近闻甬埠银根奇紧,现水飞涨,竟达百分之十以上,市面顿呈恐慌之象,其中显系有人吸收大宗现洋,私运他处牟利情事,亟应重申禁令,以维市面而整金融;为此除分令外,合亟令仰该知事,即便会同宁波警察厅查照前案,出示严禁,并随时在轮埠等处严密稽查;如有私运,即予提案究办,案关金融,毋稍疏误,切切此令等因,奉此;查甬埠近日银根奇紧,现水飞涨,揆厥原因,半由奸商吸收现洋,私运出口,半因江浙风

---

[1] 标题由本书编辑者所加。

云,影响市面,以致金融受其恐慌,若不重申禁令,何以维市面而安商业,除派警随时在轮埠等处严密稽查外,合行会衔出示严禁,仰合邑商民人等,一体知悉;如有现洋私运出口,为数在二百元以上者,一经查获,即予扣留充公,不稍宽贷;至各商号如经向外埠购买货物,应需现洋交付时,准由该商号先期报告商会,查明属实,出具保结证件,特请海关鉴核,给发护照,并分函所属验明出口,庶于商业金融,两无妨碍,其各凛遵毋违。又闻宁波总商会亦接有接有[1]县公署是项公函,昨特致函各业董事云:敬启者,本年八月二十九日准鄞县知事函开,案奉浙江会稽道尹训令内开(文同布告从略)等因,相应函达,即希贵业董事查照,转知同业,在禁运期内,如向外埠购买货物,应需现洋支付时,先期开具事实及装运日期数目、轮船名号,并通达地点,来会报告,由本会加具证明书,函请浙海关监督署核给护照,俾赀执运,至纫公谊。

禁止钞票兑现

又会衔布告云:照得近日报载江浙时局不靖,访得一般奸商,利用时机,把持市面,所有市上通行各银行钞票,竟自唆使民间群众兑现,拥挤不堪,希图从中渔利,实属有意扰乱金融,言之痛恨;须知银行发行钞票,呈准政府验明,均有十足现金储备兑换;无论时局如何俶扰,银行钞票仍与现银一律通用,即征收钱粮以及各项捐税,亦莫不十足收支,以昭信实;本厅长、知事为维持地方秩序起见,除饬派警探随时侦察,切实整顿外,合行出示布告,阖邑诸色人等知悉,尔等如持有银行钞票,切勿轻信奸商诡计,抑勒把持;自示之后,敢有挟价揩索情事,抑或怂恿民间群聚银行强迫兑现,一经侦查得实,或被指名举发,定即按照破坏国币,从重治罪,决不宽宥,其各凛遵。宁波总商会自接上之会衔布告,即分函业董请为查照办理。

(《银行月刊》,1924年,第9期)

宁波钱业对于抬高规元行情之答辩

宁波钱业现水逐步升涨,前经宁属省议员赵家荪等向省署提出质问,嗣又有

---

[1] 原文"接有接有"有误,多出一个"接有"——本书编辑者。

省议员王承祖等,以省署答复,认为不得要领,续又提出质问;刻已由省署抄发原质问书,今道督促鄞县知事严定取缔办法,切实查禁;未识县知事究竟如何办理。惟宁波钱业同行,以该议员等是项质问理由,未甚正当,特致赵、王两议员一函,备极讥讽,照录如下:阅报载有贵议员等所提出关于甬市规元行情抬高之质问书,读悉之下,其措词大致与实际相左,具见言不由衷,本无辩论之必要,惟质问书中指甬元之抬价,为奸商操纵,贻害小民云云,不得不略为剖白,以供阅者之参考焉。查规元行情,每日以上海洋厘为标准,而洋厘者,即计算以银易洋之市价也。规元行情之所以与洋厘不能适合而发生抬揿者,其原因不外乎银元成色之高低,与夫银洋供求之多寡。当我国通用墨银时代,规元行情,本无若何之抬揿,盖墨银之重量为七钱三分,其成色为九三,每元含有纯银库平六钱七分八厘九毫,合上海九八规银六钱九分二厘五毫,合诸运铸各费,适与洋厘相符,若将墨洋落炉镕银,不至亏耗,所以能保持其市价,不至过于抬揿。近年我国所铸之银元,其额面之法定重量为七钱二分,而所含纯银,库平六钱四分零八毫,合上海九八规银,只有六钱五分四厘,而成色之低者,尚不及此,与墨洋相较,约差四分左右,若照近市洋厘七钱一分揭合,相差至五分以上之钜,即使每百两抬高五六元,仍与洋厘不符,不能落炉。如必欲强令与洋厘相揭合,试问谁肯以银易洋,受此巨亏?而申甬汇兑,顿形闭塞;可知规元行情之抬高,实所以弥补银元成色之不足,而持平汇兑也。倘欲实行禁绝抬揿,惟有提高银元成色,及取缔滥铸之一法,自非一纸空文所能收效。敝业无非代客买卖,除酌取手续费外,对于元价之抬揿,买者出之,卖者受之,其市面之高下,全市乎主客买卖之多寡为衡,对于现升之大小亦然。盖现洋之来源,均由各主客所付来,其升水照市面给付主客,即如银行售出钞票,亦照给以现升。可知现升非敝业所自得,有何利益、有何操纵耶?奈敝业职在金融,屡蒙不白之冤,一遇供求不敷、规元高抬、现升大时,虽同人苦心维持,每以大势所趋,无力挽回,徒唤奈何?故官厅历年一再禁革,而不能杜绝现升及规元之抬揿者,实缘规元若无抬揿,则汇兑即时闭塞,现洋若无升水,则现洋来源告乏;按诸大局,事实有所不能,凡稍明商情者,无不明晰;夫规元之抬揿,就是汇水,即如汉口、天津与上海汇票,以银汇银,每千两有时需费汇水几十两者;外国之大条先令、东洋汇票,亦均不能与现货吻合,一无抬揿,可知市面本有上落,出于自然;奈贵议员不鉴及此,动以奸商,奸商一再攻击,不遗余力,此敝业之所不得不略为剖白,以作不平之鸣耳!噫,我国币制之紊乱,于今为极!柄其政者,只知惟利是图,至小民之利害而不顾;见铜元之有利可图,即纷纷滥铸,今则铜元充斥,兑价低落,已无余利可图;于是乃滥铸双毫银角,致银铜辅币兑价暴跌,同一银角,市价竟有双毫、单角之分,且绍市复有新单角与老单角之异价;市面纠纷,于此已极;小本营生及劳动界之收入,以银铜辅币为多数,受此兑价暴跌之损害,已不聊生,其为害之烈,较现升奚啻百倍!贵议员为人民代表,理应为民请命,设法取缔,方不负托,奈贵议员噤若寒蝉,独于规元现升,一再严诘,殊不解其用意何在;况值此盗匪横行,商业凋敝已极,未闻贵议员进一善策,能无愧乎?噫,可以休矣!

(《银行周报》,1924 年,第 27 期)

宁波革除现水办法

浙江省议员赵家孙、王承祖等,前因宁波现洋升水,继涨增高,违反省议会议决法案,特向省长公署先后提出质问。省属即据以分令财政厅,并会稽道尹督饬鄞县知事,从严查禁,设法取缔。现闻此事已由鄞县知事江恢阅召集金融评议会一再筹议,业经决定办法三条:(一)增加本埠银拆,以免存户将现洋存放他处;(二)禁止大批现洋出境;(三)由宁波中国银行仍旧设立办事处于江厦,源源接济,商家一律现洋进出,革除过账积弊。以上三项办法均尚切要果能实行,则甬市现水,不难逐渐打平矣。

(《银行周报》,1924 年,第 29 期)

宁波查禁高抬现水办法

宁波现升问题纷扰已久,兹浙省署据会稽道尹黄庆澜呈称:据鄞县知事呈送本年甬埠钱业庄规,以该庄规第一条甬市以同业汇划银元为本位、又第三条规元行情无故不得意外抬揿,与历年所送庄规大不相同;历年庄规以上海通用银元为本位,其规元行情随时按照申厘揭合,尚每有巧立名目,发生抬高贴现情弊,此次庄规即不以通用银元为本位,而规元行情,又无法一定标准,将来任意抬撤,私做暗盘,势所必至;此端一开,紊乱金融,为害何堪设想;此外如第二条及第四条末段,亦复漫无限制,流弊滋多,种种不妥,碍难准行;令饬该知事召集金融评议会各议员重开会议,将本年庄规妥为拟定送候察核在案。奉令后,复经转饬鄞县知事切实查发复候核转去后,兹据该县知事江恢阅复称,是案委前知事未及办理,即行交卸;知事于奉令迭经出示,并函宁波总商会会同严禁,一面由知事召集金融评议会会员,再行开议;令饬钱业司年,将庄规修改;仍以上海通用银元为本位,规元行情每日由申厘揭合,不得抬撤等字样。惟甬埠市面,商家来往均系过帐。前因现水增涨,曾由中国银行另设办事处一所,以现洋接济商家,市面得以持平。去年办事处撤销,现洋升水,逐渐回复。虽有金融评议会之评议,钱业庄规之限制,而奸商暗中垄断居奇。逐至现水增高,知事设法制止,迭开金融评议会严查奸商卖买规元,令饬钱业司年传知同行,酌加拆息,削平现水。旬日以来,雷厉风行,现水有减无增,如欲悉数革除,情势上恐难达到。左右思维,兹事体大,关系社会生计,是非从根本上解决不可。盖甬江系商业繁盛之区,市面进出,以银根松紧为转移。如现洋缺乏,需款孔殷,供不应求,致有升水吸收现洋势所必然。知事拟先禁止现洋出口,一面仍请查照昔年成案,转商中行仍旧设立办事处于江厦,源源接济。商家一律现洋进出,革除过帐积弊,使奸商无隙可乘,庶现洋升水之弊,不禁而自平矣。是否有当,伏乞钧裁。至本年甬江钱业庄规,现据钱业司年修正呈送前来。除分呈浙江财政厅长外,理合拟办情形,连同修正本年份钱业庄规清折备文呈送,伏乞钧尹俯赐察核示遵等情。据此,道尹查该知事查禁宁波高抬水一节,办理尚无不合。至所送修正本年钱庄规,亦与历年庄规大致相同,除将修正庄规存道备查并指令外,缘奉前因,理合将督促查禁情形,备文呈复,仰祈钧长察核施行云。

(《银行周报》,1924年,第30期)

宁波现水高抬之原因

宁波现水问题,几至频年生事。本年以现水重涨、人民呼吁、议员质问、钱业申辩,详情迭志前报。孰意日来规元市价,又因买客众多,每日有二三十万之巨,而卖客虽亦有之,然终求过于供。虽经钱业各重要分子力事压制,将规元市价以百四十七元五角为限,然日日如此,压制殊属为难。据该业会议结果,由泰源、鼎丰、敦裕等十五家出面,向申庄拆银一百万,归公庄出卖,以资接济,并将洋拆开至三角,使与银拆符合。查甬市现水之上涨,因本月间各乡新谷正在上市,米商纷纷采购,因是需用现洋为数颇巨。又因甬埠向为过帐码头,现底不足,惟有向申装运现洋进口,以资运用;而装运现洋多为小钱庄及现兑庄之营业。小钱庄及现兑庄为节省运费起见,故多向申办中国、四明、通商三银行钞票(因钞票每万元仅需运费五元,运现洋则倍之),到甬后再向三行兑换现洋,以应谷用。而三银行中除通商银行,只将兑入钞票寄申装现;中国、四明两银行,复鉴于本埠现水高抬,前数日竟合申厘与规元,高抬至四五角。为维持现水计,特向申多装现洋进口,月在三四万以上,使现水逐渐平落。故十二、十三等日,仅抬二角左右,至二角左右之抬头,以充运费与利息(运现、吃元须损耗利息四天)。该两银行既将现洋运甬,以应谷用,不得不收买规元汇沪以充销。故银行之吃买规元,运现进口,实为平现,至规元之多此一笔吃帐,盖亦现底不足之故。既有钱业百万拆银以调剂之,似不致发生问题云。

(《银行周报》,1924 年,第 32 期)

美哉!宁波钱业青年励志社

镇海刘景曙

钱业为百业领袖,吾侪服务钱业,自较其他各业为优良。然吾侪既服务此百业领袖优良之钱业,则对于人格上、行为上,理因勉励提高,务达人之模范,而居一切于领袖地位者也。奈何有困于烟、荒于酒、纵于博、醉于色之人,目观耳闻,不可谓仅一二少数者也。此种坏风,或由于金钱作祟,或借口为交际媒介,然大抵皆青年意志薄弱,社会环境腐劣,一遇诱惑,往往染于苍则苍,染于黄则黄耳。故吾人苟能奋精励志,择友团结,履行正当公余娱乐,解除一切不良嗜好,庶几宝光不致于空掷,精金免耗于无益耳。同业徐君寄安、方君富章,皆好学少闲之新青年也。徐君曾组织国术社,被推为主席焉,近复发起励志社,以供同人研究诗文、敦品行、尚体德为宗旨。于是志同附合者,已有六十余人之众。将来自励励人,为社会挽颓风,为国家谋幸福,其功其德,诚无量矣。

(《钱业月报》,1929年,第10期)

宁波钱业青年励志社组织缘起

宁波钱业青年励志社

(在本刊第九卷第十号"余兴"栏里,见到了一篇《美哉!宁波钱业青年励志社》一文,奖借备至。本社同人读了,殊深惶愧。同业中人也多有以此组织见询,所以想借本刊的篇幅,把本社组织的意义宣告注意于本社组织的人。倘蒙贤达匡其不逮,那是本社同人所企盼的。)

青年犹如一块白布,社会却如染缸。青年们一入了社会,要染黑就黑,要染红就红,这全视青年们的选择。但是青年的意志是薄弱的,而社会的熏染却非常厉害,偶一不慎,便易堕入漩涡,贻终身无穷之患。我们所目见的已经不少了,那么要怎样才好使青年不走入歧途呢?我们的意思是组织纯洁的青年,使时时集合在一起,消极的以社集的规程限制其不端的行动,积极的共同讨论修德的方法,以养成良好的品德。所以,修养品德是本社组织第一种的意义。

青年时期,是成功立业的开始期。若没有精熟的技能,业何由立?功何由成呢?所以,我们第二点意义,是培植技能。如信札、如算术、如学艺,旨在必修之列。其他如商场之常识,本业之各种事项,亦拟随时贯[1]输,逐渐培养,一则以应付目前的环境,二则以树成功立业的基础,以免滥竽充数之诮,而成就我们的目标。这是本社组织第二点意义。

有了这组织以后,我们当能时常集合在一起,疏漠的感情当然可以融洽,而且在这共同集合的场所里,各人可以提出各人的所长,以便同人的采择。各人也可以提出各人的怀疑,俾可大家的讨论来解决。我们相信,在这切错磨砺的工作里,一定能够见解日新、智识日增的。这就是本社组织第三点意义。本了上述三种的意旨,就定名为"宁波钱业青年励志社"。我们知道我们的力量是非常的薄弱,但是

---

[1] 原文"贯"字当为"灌"之误——本书编辑者。

我们的宗旨是狠纯正的。所以,我们希望本业的领袖们,不要存着怀疑的态度,倘有时机,还望时时指导与规正,以期这组织普遍到全钱业界,使青年人都得着良好的陶冶,以养成良好的钱业人材,而发扬钱业界的新精神。

(《钱业月报》,1929年,第12期)

宁波钱业青年励志述[1]成立大会记事

张统镐

民国十八年十月二十六日下午一句钟,雍雍穆穆、群集于钱业公所议事室内三十余同志,盖宁波钱业青年励志社开成立大会也。俄闻铃振声,推临时主席徐君寄安莅位,陈君绍堂记录,行礼如仪,由主席致开会词。首先报告宗旨,并前社经过情况,讨论社章,及社内各组办事细则,以双记名法选举委员。结果以最多数徐子寄安、纪子安澜、徐子子经、方子夫壮、吴子纯卿、徐子书傭、陈子绍堂七人为委员。次多数竺子祖全、郑子德照为候补委员,并推定寄安君为本社主席,再选社中国术、演讲、作文、习字四大组主任,及会计、庶务、记录各职。结果推子经君兼国术,寄安君兼演讲,纯卿君兼作文,安澜君兼习字,书傭君兼会计,夫壮君为庶务,绍堂君兼记录。大会职员之选举,大略已告就绪。于是遂开各大组组务会议。首由国术组集议毕,演讲组继之,举定夏子庆年为书记。作文组次之,举定鄱人任书记,苏子子刚为协助员。习字组又次之,举定刘子景曙为书记,石子钟瑾、王子萱堂、傅子其康、郑子壹为协助员。各组会议既毕,乃复议定十一月四日为各大组工作发轫日期。更议聘鄞城宿儒、经经纬史、博古通今之陈枕珊先生任作文组指导员;童辅成先生为习字组指正员。斯时也,振铃闭幕,各社员相率离座出场,予亦遄返壮寓。因思励志社之创始,由徐子寄安三月间孑身奔走,各方号召,继得方子夫壮之辅助。抒二君之热忱,抱决心改造钱业青年之德、智、体、群四要素,劳苦卓绝,勉行艰险,始得于六月中行成立式。继因办法未臻妥善,更被一二社友之腐化,事权旁落,宣告瓦解。息帜迄今,复由徐子、方子精神再奋,旗鼓重整,详定本社之草章,作第二

---

[1] 原文"述"当为"社"之误 —— 本书编辑者。

次宣传之工具,唇焦舌敝,腹枵口干,仍到处鼓吹,逢人介绍,完一番之苦功,感各庄之同志,待二星期后,入社者已超三十有奇,斐然劳绩,卓有可观。遂决于二十六日举行改组后成立仪式,而开会结果,所选定诸委员,非少年英杰多干练,即七尺丈夫有雄图,品学两优,言行俱良,以之勉人,何顽不化?以之启绪,何蒙不驯?愧予才下丁仪,羞附紫鹿,时虞陨越,贻羞同侪,惟有朝夕乾惕,寒暑习练,如履薄冰,若临深渊,谨慎将事以补不足,而饰赧颜于万一耳。吾惟愿自励励人,先觉觉后,本古代贤哲如切如磋、如琢如磨,好遗训,励今日青年且鄙且柔、且庸且懦、恶劣志,则将来熔炉共治,珍玉同引,造他年之奇器,担国家之重任,然则励志社之于青年,有密切之关系,具靡涯之责任也明矣。今宵对檠无聊,坐独少语,即将书架残笺编成草作一章,付之本社,而为之祝曰:宁波钱业青年励志社万岁。

(《钱业月报》,1929年,第12期)

宁波钱业概况

虞廷福

商业之兴衰,与人口之多寡为正比例。吾甬十余万人民,商众林立,进出口货之运输,水由钜轮直达沪江、温州、台州、象山、宁海、舟山、沈家门以及普陀等处。陆由铁道直达沪杭,及绍属诸县。交通便利,亦为商业繁盛原因之一。清道光时,辟为五口通商之一,诚贸易之佳地矣。故目下钱业,有蒸蒸日上之势,今将其区别、家数、内容之组织、簿记之区别、票据之种类,以及洋拆、洋盘、押款、放款、银盘、规元存款等十三种,约略言之于后。

(钱庄之区别)钱庄区别可分三种,曰"大同行"、"小同行"、"现兑庄",现兑庄又分甲、乙、丙三种。

(内容之组织)大同行资本六万六千元,有多至十万元者;小同行资本三万三千元,有多至五六万者;现兑庄资本五千一万,有少至三四千元者。

(钱庄之家数)大同行三十七家,小同行■■家,甲组现兑庄廿四家,乙组现兑庄三家,丙组现兑庄十六家。

(簿记之区别)各种簿记,大概与各处钱业相仿,如暂抄、副抄、银洋滚存流水、清簿等，其余不重要簿记，有多至百数本者不一。

（票据之种类）票据种类所分三种，曰汇票、支票、本票。汇票者代理客帮委托之票也，支票者俗称三联票也，本票者本地行用较稀少，向外埠行用较多。

（洋拆）洋拆即逐日所开之利息也，由大同行开之。最多每日每千元六角，最低有白借者。视银根之宽紧，各业生意之销路、用途多寡而定，大凡五花六月之间，洋拆较少也。

（洋盘）洋盘者，期长有六对、三对、双对之分，其价每千每对十元左右，三对双对较少，其价由钱业公会早一日议定之，不二价也。

（押款）押款甬江钱业做者较少，如花押等，略有做者，然信用居多也。

（放款）放款皆系信用为主，每千照日拆加一角二分半。例如今日拆价三角，加欠息一角二分五厘，分则为四角二分半算，其数以此类推，客帮小同行，欠息加五分，甲组现兑加七分半，乙组现兑加九分，丙组现兑加一角，皆有一定之庄规。

（存款）存款皆系活款，得随意出纳，照洋拆有除一分者、五厘者，代拆（照洋拆）视主客之信用而定。

（银盘）银盘者放与上海各业之信用款也，期长亦对月。其价每千两自七两至九两不等，亦视主客之信用而定，吾甬各庄昔时每逢三九两底（废历），所放之款，达数千万，亦可谓钜矣。

（规元）规元之价格，每日由各业委托买卖，再由钱业公众评价交易，使顾客无吃亏便宜，所谓一雷天下响也，场外交易，不无上落，然亦一时一时价也。

（《钱业月报》，1931 年，第 10 期）

宁波金融空前风潮

宁波金融界，因受社会不景气影响，自七月底信源等四大钱庄宣告清理后，人心浮动，存户纷纷提现，以致市面益形恐慌，无法维持常态。本月一日恒茂等四庄倒闭后，县府即布告限制提现，同时向银行借款二百万以资救济。讵料二日又有公大等九家相继搁浅。截至目前，甬埠钱庄，几已倒闭三分之二。

（《华年》，1935 年，第 31 期）

宁波金融风潮之经过

（宁波通信）甬埠钱庄，自七月三十日起，衍源、信源、永源、五源、泰源、泰生、恒茂、惟康、兴源、衍康等钱庄，相继倒闭后，不料昨日（二日）泰涵、汇源、余丰、景源、裕源等五家大同行，宝源、泰巽、保和、元成、承源、丰大、同泰等八家小同行，又受存户提现影响，相继搁浅停业，鄞县政府除布告限制存户每日只能提取现钞百元外，并令商会会同银钱两业，迅筹善后办法，商会经于昨日（二日）下午四时召开紧急会议，到者金融界领袖俞佐宸、阮葭仙、金克强、洪宸笙、陆瑞康、陈祥余、张蒓馥、张性之、朱旭昌、余润泉等五十余人，列席者，第五区行政督察专员赵次胜，鄞县县长陈宝麟，建设科长倪维雄[1]，由俞佐宸主席，当场决议救济办法六项，（一）各庄多单不得逾十五万元，如当日过进有逾十五万元者，其超过额，归同业分拆，由同业共同负责；（二）自即日起，存户提取存款，每户每日不得逾百元，业经鄞县政府布告，明白限制，各庄应共同遵守；（三）钱业公会委员会，如认某庄缺单过多，得随时调查其拆单数目，过必要时，得令其填本；（四）希望本埠各银行暂时不收过账存款；（五）函请中央、中国、交通三银行，合借国币二百万元，以资救济；（六）已停业各庄，即日复业，过划照旧办理，并将收付账略抄送商会审查，转呈县政府察核，一面各股东尽力增垫股本，一面各存户所有存户所有存款，暂缓提取，议毕，由赵专员陈县长训话，并由商会发表宣言，以安存户，甬埠数日来异常紧张恐慌之金融风潮，想可渐趋平静矣。

至于昨（二日）宣告清理之大小同行钱庄，其内容如次：（一）泰涵钱庄，经理林梦飞，为现任钱业公会主席，资本五万元，每年总收付约百数十万；（二）汇源钱庄，经理王渔笙，资本五万五千元，营业总额一百万；（三）余丰钱庄，经理张芷芳资本六万六千元，营业总额一百万；（四）景余钱庄，经理赵时泉，资本五万五千元，平日营业百万以上；（五）裕源钱庄，经理徐茂堂，资本六万六千元，营业总额八十余万，以上五行均为大同行，因受同业影响，致被牵累停顿，（一）宝源钱庄，系甬上小同行之佼佼者，去年年终揭算，颇获盈余，资本二万四千元，收付约五十余万；（二）泰

---

[1] "倪维雄"即"倪维熊"——本书编辑者。

巽钱庄,资本两万两千元,收付约五十余万;(三)保和钱庄,资本三万三千元,收付约七万元;(四)元成钱庄,资本四万四千元,收付约在四十万元以上;(五)承源钱庄,资本三万三千元,收付在约五十余万,(六)丰大钱庄,资本三万三千元,收付三十八万另,以上六家为小同行,因受存户提现,无法应付,以致搁浅,此外同泰兑庄,系施韵笙独资创立,自任经理,资本六千元,开设已历二十余年,因大小同行紧扎单子,存户又纷纷提现,至被迫停业,查该庄往来存款各约四万,放款约十万,收付相抵,尚余二万,开俟风潮平静后,仍拟重振旗鼓,继续营业。

(《汉口商业月刊》,1935年,第9期)

宁波钱业风潮,钱庄停业二十余家

甬埠钱庄,自七月三十日起,衍源、信源、永源、五源、泰源、泰生、恒茂、惟康、兴源、衍康等钱庄,相继倒闭后,不料二日泰涵、汇源、余丰、景源、裕源等五家大同行,宝源、泰巽、保和、元成、承源、丰大、同泰等八家小同行,又受存户提现之影响,相继搁浅停业,前后共达二十余家之多。

宁波商会讨论救济

鄞县政府除布告限制存户每日只能提取现钞百元外,并令商会会同银钱两业,迅筹善后办法,商会经于二日下午四时召开紧急会议,到者金融界领袖俞佐宸、阮葭仙、金克强、洪宸笙、陆瑞康、陈祥余、张莼馥、张性之、朱旭昌、余润泉等五十余人,列席者第五区行政督察专员赵次胜,鄞县县长陈宝麟,建设科长倪维熊,由俞佐宸主席,当场决议救济办法六项:(一)各庄多单不得逾十五万元,如当日过进有逾十五万元者,其超过额,归同业分拆,由同业共同负责。(二)自即日起,存户提取存款,每户每日不得逾百元,业经鄞县政府布告,明白限制,各庄应共同遵守。(三)钱业公会委员会,如认某庄缺单过多,得随时调查其拆单数目,遇必要时,得令其填本。(四)希望本埠各银行暂时不收过账存款。(五)函请中央、中国、交通三银行,合借国币二百万元,以资救济。(六)已停业各庄,即日复业,过划照旧办理,并将收付帐略,抄送商会审查,转呈县政府察核,一面各股东尽力增垫股本,一面各存户所有存款,暂缓提取,议毕,由赵专员陈县长训话,并由商会发表宣言,以安存户,甬埠数日来异常紧张恐慌之金融风潮,想可渐趋平静矣。

专员查报风潮起因

专员办事处查报省府,谓风潮起因,可分六端:(一)上年上海放款千六百万元,不得如数收齐。(二)农村破产,乡区放款,亦多延期。(三)存户提取现款,求过于供。(四)受沪汉各大钱庄倒闭影响。(五)同业不能同舟共济,互相维护。(六)一般奸商,罔顾大局,利用时机,彼此倾轧,希图渔利。故赵专员处理该案,致力于镇慑市面,令饬鄞县县政府,将各停业钱庄经理,传案审问,限令复业,已有大同行元康,小同行恒裕两庄经理,被传应讯,具结闭释,鄞县县长暨商委等,于五日赴沪向中国、中央、交通三银行商借现款二百万元,以资流通,濒行代电省方称,查甬埠各钱庄,向以资力雄厚称。惟系过账码头,故现金向不充分准备,而存户亦鲜轧现之举,间或有之,各钱庄均能共同维护,稳度难关,比来商业凋疲,产销薄弱,银根因而奇紧,各庄咸图自保,以致周转不灵,该钱业虽有联合各钱庄组织保官库之议,惜因意志不一,未能实行,而停业风潮,突然而起,上月三十日计有衍源等五庄停业,次日惠大等二庄继之。本月一日,余丰等十三庄,亦相继停顿,计共停业为大同行十家,小同行十家(按最后停业曾经传案讯问之元康、恒裕、大小各一家,尚未列入)现兑庄四家,当此案发生之次日,县长曾电饬商会及钱业公会,迅予设法维持,一面复布告限制存户提取现钞,暂定每户每日以百元为限,无奈提款之风,仍未稍戢,而钱庄之停业者,愈演愈烈,经秉承赵专员督同商会及钱业公会,切实维持,并随同赵专员于商会等开会时,前往指导,嗣经决议,已停业者,一律复业,并向上海中央、中国、交通三总行,商借二百万元,以资周转在案,除将商借情形,另行呈报外,知关廑注,谨电奉闻。

鄞县长赴沪商借款

鄞县县长陈宝麟为维持宁波钱潮,特于日前来沪,与沪市钱业界及中央、中国、交通三银行及浙江地方银行借款二百万元,维持既倒之甬市钱业,据陈语记者,在沪接洽尚称圆满,所有款额,尚未决定,惟三行方面已应允由杭州分行拨给。故本人已于七日下午五时,搭沪甬班轮返甬。

(《银行周报》,1935 年,第 31 期)

宁波钱业风潮回顾

宁波之金融市场，素称发达；而钱庄之势力，尤见雄伟，历史久远，素以殷实著称。其资金之运用，不仅限于宁波一地，即沪、汉两地，亦常有宁波钱庄之放款。其经营之活泼，于此可见。

此次风潮之发生，事出仓猝，各庄事前未作准备，应付殊感棘手。故自七月二十九日下午起，至八月三日止，各庄陆续倒闭，计有大同行十余家，小同行十余家，现兑庄四家，共计二十九家。兹将各庄资本，及其收付总额约数，列表于下（单位千元）。

庄名	资本	收付总额	倒闭月日
衍源	六六	七〇〇	七月廿九日
信源	七二	一二〇〇	七月廿九日
永源	五五	一三〇〇	七月廿九日
泰源	六六	——	七月廿九日
泰生	六六	——	七月卅一
余丰	六〇	六七五	八月二日
景源	五五	七〇〇	八月二日
汇源	五五	——	八月二日
裕源	六六	九〇〇	八月二日
泰涵	五〇	——	八月二日
元康	一〇〇	六五〇	八月三日
以上大同行十一家			
五源	五〇	五八五	七月廿日
恒茂	六六	六〇〇	八月一日
惟康	五〇	四〇〇	八月一日
泰巽	二二	五六〇	八月二日
元成	四四	六〇〇	八月二日
承源	三三	五二〇	八月二日
保和	三三	七二〇	八月二日

续表

庄名	资本	收付总额	倒闭月日
丰大	三三	五〇〇	八月二日
宝源	二四	五〇〇	八月二日
宝兴	三三	五〇〇	八月二日
恒裕	二〇	二六〇	八月三日
以上小同行十一家			
惠大	——	八〇	七月卅一
兴源	二二	四〇	八月一日
衍康	——	——	八月一日
同春	六	一〇〇	八月二日
以上现兑庄四家			
恒大	二〇	——	八月三日
仁和	三三	——	八月三日
余大	——	——	——
以上属何等级不明			
共计二十九家			

此次金融风潮发生之主要原因，大概不外乎：

（一）过账制度之动摇

过账制度，为宁波特有之信用制度，即商业上一切往来，无需现款，悉以记账抵轧为原则。此制行之已久，从未动摇。此次因沪汉各地之金融风潮，层出不穷，余波所及，宁波亦受影响，遂使鄞人对于历史久远之过账制度，发生怀疑，争相提现。

（二）现底缺乏

宁波既为过账码头，平时现洋需用不繁，故各庄存底颇缺，突然挤现，遂致无法应付。

（三）放款不能收回

上年上海放款千六百万元，未能如数收齐。

（四）同业倾轧

同业不能同舟共济，互相维护。

自七月二十九日风潮开始以来，鄞市金融，陡告紧急，风声鹤唳，钱庄有总崩溃之势；宁波商会即于八月二日下午，召开银钱业紧急会议，议决办法六项：（一）各庄多单逾十五万元时，其超过额，归同业分拆；（二）每户每日提存不得逾百元；（三）钱业公会对于缺单各庄，随时得令其垫本；（四）过账存款，各银行暂时停收；（五）向中、中、交三行借款二百万元，以资救济；（六）已停业各庄，即日复业。

同时鄞县长陈宝麟及商会执委等，于五日来沪，向中、中、交三行商洽借款，闻三行均允维持。

宁波钱业风潮，自经各方救济后，形势稍见和缓。惟至九日，又有大同行瑞孚，小同行恒祥、恒春、慎益三庄，十一日又有同泰一庄，同告搁浅（连前共达三十四家）。是则危机潜伏，隐忧方深！长此以往，市面将不堪设想。鄞县政府，特于十二日令各停业钱庄，限于七日以内，垫本复业，故目前之宁波停业钱庄，格于功令，已入于半复业状态中矣。

总之，近年以来，钱庄之势力渐衰，盖亦大势所趋，莫可挽回，非经彻底改革，另筹办法，殊难恢复其昔日之光荣，而仍独树一帜也！

（《兴业邮乘》，1935年，第37期）

宁波钱业现况

宁波商业，素称鼎盛。年来农村破产，灾旱频仍，更因前年美国提高银价，世界经济恐慌恶潮，遂冲入吾国，汹涌澎湃，不可响迩，各业俱蒙影响，金融业尤首当其冲。吾甬素称浙江三大金融城区之一，自亦遭卷入漩涡，多有因之不能自拔，作遭殃之池鱼者。本埠钱庄，去年春原有大同行三十三家，小同行二十七家，现兑庄三十一家。迨七月间，相继倒闭者，计有大同行十二家，小同行十八家，现兑店九家之多。本年钱业开笔日，大同行仅瑞康、恒孚、瑞丰、元益、彝泰、彝生、益康、敦裕、天益、慎康、大源、钜康、鼎恒、复恒十四家开市。内有多家内部，甫经改组就绪，今后营业，均力主稳健。敦裕等家均缩小范围，以求平妥，益康则减半营业，复恒系与晋恒庄合并而成，新股东系秦家第二四两房，经理仍为陈元晖，前晋恒经理丁仰高，则改任复恒督理。小同行开市者，则为源源、通源、源吉、瑞源、福利、慎余、廷荪、惠余、安泰等九家，并闻安泰庄,因经理林楚香,以时局不景气,今后钱业,殊难乐观,向各股东提出辞职,现尚在挽留商洽中,据各股东意,安泰之能否继续营业,即以林之去留为依归,是则安泰之是否开市,尚不能断言。除现兑庄不计外,与去年开笔时相较,大同行除衍源、泰生、泰源、永源、泰涵、余丰、景源、裕源、信源、元康、瑞孚、汇源十二家,早已搁浅停业外,至大结束及宣告停业,今后开门收账者,为恒生、元春、镇泰元余、元亭、瑞余、晋恒七家。小同行宣告停业者,即为去年中途搁浅之宝源、保和、五源、承源、宝兴、丰大、恒裕、同泰、萃泰、恒春、仁和、恒祥、泰巽、惟康、慎益、恒茂、元成、恒大等十八家。

(《钱业月报》,1936年,第3期)

宁波钱庄联合准备库章程

第一条

本准备库由天益、元益、恒孚、鼎恒、钜康、大源、瑞丰、晋恒、彝泰、彝生、慎康、瑞康、福利等十三家同业,联合组织,故定名为"宁波钱庄联合准备库"。

第二条

同业每庄各出联合存款一万元,各别存款四万元,总计六十五万元,为同业拆单及公庄等准备金,其存款须以本埠殷实银行之存折或存单;但国内有价证券,亦得代用,惟照市八折作价,如遇市价低落,应随时补足。

第三条

前项之存折存单,均须过户与准备库,如过户后,更换新号码,随时通知原庄,以明责任,至应收利息,则归原出款人所有(证券利息亦同),倘该存折存单之银行,有发生意外时,其损失由原庄负担外,并应换补相当准备金。

第四条

存折存单向银行过户后,须用十三家同业印鉴,送请银行及准备库各一份存查,于提取存款时,以所存印鉴中十二颗或十二颗以上印章为有效,同业向准备库提取存折存单及证券时,应用印鉴手续亦同。

第五条

证券号码应各自录存,设遇中签,得以未中签之证券或存折等按数补足。

第六条

保官准备金另行组织保官委员会，由各庄推出一人为当然委员，互选常务委员五人，再由常务委员中互推一人为主席，任期一年，连选得连任，均不给薪。

第七条

保管委员会对于保管存折存单及证券等，应租赁适当地点，购置保险银箱，所有锁钥，归主席及常务委员分别保管，其细则另订之，惟应立租契，必须经过法院公证手续。

第八条

本准备库之准备金，不得用任何方法在外抵押款项，倘有发生，概作无效。

第九条

同业交与准备库存折存单及证券等，虽由保管委员会负责保管，但遇天灾人祸非人力所能抵抗者，概不负损害赔偿之责。

第十条

准备金之发还或支取及其用途如左：

（甲）同业中设遇停止营业时，并无蒂欠同业拆单及公庄或申汇法币等，其所提供之准备金，得立时发还。

（乙）同业中如中途搁浅，所该拆单及公庄等，一时确无清偿办法，同业各债权，得联名先向准备库提取该搁浅钱庄所提供之各别存款，如仍不足数，再向准备金提取联合存款补足之，但提取联合存款，不得超过十三万元。

（丙）准备库于支出联合存款后，即向搁浅钱庄追偿。

（丁）原有联合准备金，同业各庄如不足一万元时，应由同业各庄分别补足之。

第十一条

本章程经鄞县钱庄同业公会决议通过，函请宁波。

(《银行周报》，1937年，第45期)

宁波不合法钱庄限年底结束

（计有裕大等七十一家之众）

（本报宁波讯）鄞县未经财部核准之钱庄，计有裕大等七十一家。地方当局迭奉令催,限即休业。乃该未核准之钱庄公推董开夫、张贤良、李子坚等三人为代表,分向六区专署、鄞县政府、中央银行等机关请愿,要求展期执行,俾稳定金融。俞专员为求妥善解决,特于二十六日假座宁波商会,召集各机关、各银行及未核准之钱庄负责人,举行谈话会。讨论结果:一、凡未经核准之钱庄,以阳历年底为结束期;如有特殊困难情形,最迟展至废历年底为止;二、如在结束期内,申请复业,已奉部令核准者,应向钱业公会登记,转报地方政府备案。兹录其未核准各钱庄之牌号如下:恒丰、裕大、志鸿、五丰、通利、生康、盈泰、信诚、顺记、顺源、通惠、瑞祥、安康、惠大、泰昶、永康、永盛、元生、汇业、涌丰、晋昌、元成、天成、信昌、汇丰、德丰、诚大、晋康、瑞丰、汇泰、益和、德元、元昌、筠康、洽源、均丰、志裕、益利、惇叙、裕华、甡泰、协元、新益、同孚、恒源、元康、汇泰、仁和、茂康、伟民、宝泰、恒裕、协利、甡昌、元康、元赍、宁庄、涌丰、复康、顺康、同源、慎丰、协记、其昌、盈康、慎生、聚成、升昌、大源、志和、元春。

(《银行周报》,1946年,第49期)

中央合作金库筹设宁波支库

(甬讯)中央合作金库设立,旨在通融特业资金,辅植合作事业,借以调剂社会经济,促进国民生产,兹该库为辅植宁属各县合作事业起见,特设宁波支库,现假江厦街浙东银行后进二楼为临时办公地址,闻不久即将开业,已函知各县县政府照予以协助云。

(《宁绍新报》,1947年,第11、12期合刊)

宁波支库通讯

战前浙省合作事业原具相当基础,沦陷数载,摧毁殆尽,胜利后,以资金短绌,恢复困难,本库成立以来,各地纷起组织各种合作社,尤以消费运销合作社为多,蓬蓬勃勃,颇呈朝气。本库除派员指导社务、财务、业务之进行外,并根据各社实际需要,核给贷款以开展业务。惟合作贷款需要殷繁,尤以渔业合作社为最盛,因本年秋汛已于八月下旬开始,冬汛亦将于十一月中届至,各社纷请贷款,应付为难。本库前曾拟具计划,呈请总库转四联总处核拨渔贷专款一百亿元,一俟核准,即可扩大贷放。

(《中库通讯》,1947年,第7、8期)

宁波金融信息两则[1]

中国垦业银行宁波分行,日前复业,该行董事长秦润卿、总经理王伯元,均亲往主持;秦氏且于事后回本籍慈溪祭扫祖墓。

(《宁波人周刊》,1946年,第2期)

自沪往宁波、镇海旅客招商局明起先行举办保险

(联合征信所讯)国营招商局,兹为保护旅客安全起见,业定于十月一日起,举办旅客保险,并由局方负责付给保费,先自上海往镇海、宁波两地旅客开办,并其他各地,刻尚在准备中,预期于下月杪即可全部办理保险云。

(《征信新闻》,1948年,第836期)

---

[1] 此标题为本书编辑者所加。

五、经济金融专论

调查上海宁波银洋交易情形之大概

觉齐江义修

伏查宁波上海均为通商大埠，上海系规元、现银码头，宁波系洋钱、过账码头，两地汇划，各钱庄均通往来，上海应解宁波之款，则须以银易洋，宁波应解上海之款，则须以洋易银，银洋交易，市面使然，外行不能对做，必须钱业经手，此预定银洋，均系钱业每日应办之事也。

从前宁波市面银洋互易，均用摊手，即在街市，互相买卖，难于稽考，嗣因查有比照钱业实在银洋行情，借以暗做买空、卖空之弊，经地方官谕饬钱业司年，妥议章程，革除摊手，设立钱业公所，不准再在街市交易。凡每日互易银洋，均由公所曾经挂号之殷实钱庄，自行派伙交易，当时摊手百余人，纷向钱业滋扰，以谓绝其生计。经地方官恩威并济，分别抚恤惩办，以杜后患，而摊手空盘之风，即从此禁绝此系，已往之事，有案可稽者也。

现在商务年盛一年，即交易日广一日，出口土货，以丝、茶、席、棉花四项为大宗。进口洋货，以洋布、洋药、各国玻璃器皿为大宗，上海与宁波进出之大，固盛于前而本省之杭、嘉、湖、绍，外省之镇江、芜湖电报通行，银洋汇兑之贸易，亦非从前可比。每年四五月间，当丝、茶畅旺之时，宁波与各埠交易，不能不以洋钱过账，即须预定规银数目，因之而大，即如上海与外洋交易，必须以金磅计给，金磅之行情，有远期现市之别，洋布各业，无不预买金磅，日登报章。

即宁波南北各货、洋药、火油之款，价值涨落，均未能一定预先抛出，即有预先买进，商人会计最精，有可见机预定之处，焉肯坐失其利，虽似预买预卖，究其银洋货物均归实在，然此虽宁波、上海各钱庄正经交易，预定银洋亦须确定数目，不得漫无限制,庶市风可饬而弊端自绝矣。

至于拆息一层,市上存积丰厚,拆息自然落平,若存底不敷周转,必须拆息加增,则各埠现洋可以赶集。倘于存积不厚之时,绝定拆息之增减,势必窒而不通,市面从此阒寂,此即宁波系过账码头,全仗各埠挹注,必须日拆维持市面,不致竭蹶之实在情形也。

(《华商联合报》,1909 年,第 2 期)

宁波过账制度之研究

严燮

(一)绪言

宁波为中外互市通商口岸之一地,当海口外洋货物之转轮,邻境物产之销售,率取道于是。廛肆星罗,轮运辐辏,为浙东唯一都会。往者市中行用通货,以钱不以银。自墨西哥银币流入内地,始稍变其习,然不用银如故,积久弊渐。彼此轮纳,感于钱重之不便赍送,于是有钱庄为之周转。凡钱庄必乃世之富厚者主之,郡人盛取信焉。复以计簿流转之法,以通其变,吾甬过账之制,即滥觞于是。所谓过账者,即为欧美诸国之转账制度,以双方之债权债务,仅由钱庄账簿之流转,以了结其收付,在货币学上言之,为节约硬币之使用,从商业学上言之,则为便利交易之媒介也。其信用制度之完善,实足与世界经济最发达之国家相媲美。惜吾乡人,狃于旧习,不加以深切之研究,图根本之改进,用是成效日鲜,而弊宝乃滋。作者不学,因其事之有系吾乡金融者綦巨,用揭其利病所在,贡诸当世,并以乞钱业界先进者之指正焉。

(二)沿革

宁波过账之起源,昉自何时,史乘所阙,无可考证。读忻江明先生《宁波钱庄会馆碑记》有云:"吾闻之故老,当前清咸丰之季,滇铜道阻,东南患钱慌,甬市尤甚,市中流转之钱值大减,民生日困,汹汹谋为乱,有谋以善其后者,法令钱庄凡若干家,互通声气,掌银钱出入之成,群商各以计簿书所出入,出界某庄,入由某庄,就钱庄中汇记之。明日各庄互出一纸,交相稽核,数符即准以行,应输应纳,如亲授受,彼此赢绌,互相为用。自此法出,数月而事平。厥后市场交易,遂不以现银授受,一登簿录,视为左券,亦不虞其有他也。"挽近以来,作伪之徒,颇有用此以为欺绐者。十八年春,各庄集议取缔,交约都若干条,此风稍戢,然亦非彻底之图也。

（三）过账之意义

所谓过账者,即在同一区域内,彼此均有钱庄往来者,遇有收付款项时,先由双方互相通告其所交往之钱庄名称,由付款者命令其往来之钱庄,收入收款人之帐中。质言之,甲乙两方之债权债务,一移转间,而由钱庄帐簿以了结其收付也,是故过账与现货收受,初无差别,但节去一切货币赍送之劳力与时间耳。

虽然吾甬过账之制,与欧美诸国之转账固相类,但欧美之转账,非与同一银行有往来者,则不能利用,此又过账之特长也。

（四）过账之方法

英美二国,以转账方法,施于票据之交换,卓著成效。德国所采取转账制度,尤为大陆诸国所称道。而奥国则以转账制,用之于邮政储金,其成效亦极可观。皆所谓别具会心者也。吾甬之过账方法,蹈常习故,鲜有臻进,盖以为市侩之技,为学者所不屑过问。是以欲考其原委,渺不可得。兹就现状,略述过账之经过程序如左:

例如甲乙购货物洋五千元,则甲须纳款于乙,更征乙之同意,不以现金相授受,且互告以往来钱庄(限于加入过账同盟者即俗称"大同行")之庄名(例如甲为恒孚庄,乙为彝泰庄)及日期金额等,即俗谓"抄家头"是也。届时甲乙两方,各将其应收应付之数,抄入各该庄之过账簿(过账簿概由钱庄发给,长约五寸,阔三寸,内分上下两格,过出书上格,过入书下格)。因甲须付乙洋五千元,即在其往来钱庄(即恒孚)之过账簿上格,书明"彝泰洋五千元",加盖印章,于下午四时以前,送入恒孚庄。同时乙亦仿甲法,在过帐簿上之下格,书明"恒孚洋五千元",送交彝泰庄。而恒孚庄接到甲之过账簿后,即知本日须代甲付彝泰庄洋五千元,同时彝泰庄亦接乙之过账簿,知本日须代乙向恒孚庄收洋五千元,各自抄录于"摘草"之散页帐内。翌晨,由收款庄持简核对(即俗所谓"对家头"也)数符,由值日钱庄,将多单缺单各庄,汇集而轧平之。其结果以图示之如下:

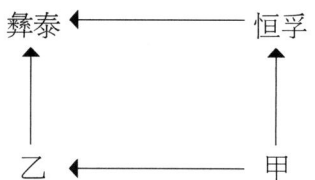

如翌晨往对无着,即在过账簿上,盖一"查"字,盖即俗所谓"吃查字"者。吃查字有无意与故意之分:无意者,如误抄家头,致无从核对者是也。至故意者,则与其空头支票同,为最失信誉之事(如上例之甲无意误抄"乾泰"或故意不通知代解是)又有同一金额,在收款庄同时有甲乙二笔之过入,而付款庄仅有丙一笔之过出,则收款庄不知丙之过出与甲乎,仰与乙乎,因即在过帐簿上,盖"查下家"戳记,其意即欲查明丙之过付者为谁何。亦有付款人已过出,而收款人或有误抄及忘抄等事,此谓之"宕账"(即俗称"暹账")。须俟日后查明核付(如上例之乙误书"恒孚"为"恒大"或忘抄入过账簿)。其次尚有"驳账"之一法。驳帐者,例如甲过账与乙,临时因货物破旧,或其他原因欲拒绝支付时,在翌日十二时以前,得通知代付之钱庄,向过入庄如数拨回之谓。惟驳帐须依钱庄之习惯,在相当范围内,始准行之耳。兹更言钱庄之"划账"。

例如恒孚与彝泰两庄,本日均有往来各户之过入与过出,汇记于散业之"摘草簿"如左:

8112
———
772
340
1600
400
5000
———
彝泰
———

670

450

1240

376

584

———

3320

则恒孚应向彝泰收者为八一一二元,应付者为三三二〇元,收付相轧,尚应向收四七九二元,故于翌晨即将对帐单送交彝泰庄,同时彝泰庄对恒孚"摘草簿"上之记载,当为:

3320

———

584

376

1240

670

450

———

恒孚

———

5000

400

340

772

1600

———

8112

经遂一核对，其数若符，即与以"划单"一纸，书名"划恒孚洋四七九二元"，加盖"彝泰"印章。恒孚即汇集各庄之划单，交由值日钱庄清理其=[1]收付。值日钱庄即集各庄之划单，分别多缺，缺家即向多家拆进，或由多家先拆与缺家，其性质实具票据交换所之雏形。例如：

恒孚划单	收五十六万	付三十万	轧收廿六万
彝泰划单	收二十八万	付三十六万	轧付八万
慎康划单	收四十八万	付五十四万	轧付六万
汇源划单	收六十四万	付六十八万	轧付四万
鼎丰划单	收十二万[2]	付八十万	轧付八万

则令缺家如彝泰、慎康、汇源、鼎丰等庄，划给多家恒孚作为清讫，余准此。但值日钱庄（俗名"当庄"）并不负任何职责，不过代为清理各庄划单之收付而已。[2]

乃者为避免印花税之征收计，彼此间已不用划单，仅由收款庄备一"同业理账册"，送往付款庄，加盖回单为凭，即将收付之余额，抄交值日钱庄，以备轧账之用，亦一变通办法也。

（五）过账与经济上之影响

信用经济发达时代，社会上凡百事业，莫不以信用为基础。是故今日之经济社会，信用之种类甚多，吾甬之过账制度，即其一也。其过账者，仅凭双方口头之契约，即可代替现金之授受，为交换之媒介，非惟便利交易，节约硬币，更可防止货币之磨减，及其铸造之费用，为用实多。苟移此巨额之消耗，以为生产事业之资金，施之于有益之途，其能增加一国资金之效用，有足使利率低落，促进产业之兴盛者。且信用既为社会公共所重视，则一切作伪，自可稍戢；大言之其能默移国民之品性，增进社会之进化，岂又可胜言哉。

然吾甬过账制，行之数十年矣，而效用不著，盖因改府无严厉之监督，同业又无革新图远之计划，驯致转为病民之具。按经济之原，则营业以信用为基础，而信用

---

[1] 原文即有"="——本书编辑者。

[2] 原文即"十二万"，似应为"七十二万"——本书编辑者。

尤以货币为基础，未有无货币而信用能独存者。吾甬同业，或故步自封，或戈利自务，不知运用经济真谛，其欲不成今日畸形之状态，亦有所不能矣。

（六）过账与现洋

过账与现洋，平时轮纳，初无区别，然何以有差价之发生。兹分言其故。

（一）差价之由来

差价发生之原因，约举如次：

（甲）供需不均

市场每因金融季节，致现洋供求不相应，遂有差价之发生。甬市当九、十月花米上市之秋，乡民交易频繁，现洋之需用增多，因需过于供，而现洋之"升水"遂生，惟为时甚暂耳。至正月二月间，现洋用途不亟，则供过于需，故以现洋易过账，例须"减水"（俗称"现贴"，例如减水二角，以现洋一千元存入钱庄，仅作九百九十八元收账）。若在平时进出，初无区别。此则因供需不均，而生差价者一也。

（乙）沪甬汇兑

兹先略言汇兑发生及构成之原因：

（一）进出口货

宁波所产之货物，因交通上之关系，必先经沪埠而后出口。若为进口，亦以沪埠为起运点。因此两地间，必有货价之收付，乃有互相汇兑之必要。

（二）放款

钱庄恒因甬市利率不及沪上之优厚，因而放款于沪，藉博厚利。

（三）侨商

经商外埠者，恒寄资回甬，此则汇入甬埠者。

沪甬汇兑发生之原因，既如上述，而吾甬进出口货物之计价，概以上海规元为标准，故每日有规元（沪汇）行市，以为依据。但甬市银价之伸缩，应以上海洋厘为根据，并视沪甬间汇兑供求之状况，而酌定其高下。其最高限度，固不宜有超过现金输送点（即运费）之范围。至甬市规元行市之算法如左：

例如上海洋厘为行市为717875时，则甬市应为139.30，即使加连费24/10000，亦不能超过139.54以上。而实际则不然。若上海洋厘为717875时，甬市银价则为 159.30，则每百两相去为 20，即每百元现升为 14.358。兹示其算法如左：

10000÷717875=139.30 上海归元[1]百两合洋价

159.30-139.30=20 元，甬市规元每百两抬价

139.30：20=100：X

X=20×100／139.30=14.358 现升价

查吾甬进口额，年约二千八百七十余万，出口额年仅一千八百二十余万，相去悬殊，全赖旅外商民寄资回甬，藉质调剂。无如投机者流，利用机会，于是做抬做揿，买空卖空，有所谓多银缺洋者，有所谓多洋缺银者，前者谓之空家，后者谓之多家，空家以抬高银价为能事，多家以重开洋折为目的，双方利害，适形相反，其两方倾轧，亦各走极端，因是而过账与现洋之差价，亦相去愈远。此因沪甬汇兑，发生差价之由来者二也。

（丙）贪放抛单

甬市洋底，素称丰富，祀会及各户存款之存储于各钱庄者，其数不下二三千万，因过账制度之效用，信用发达之结果，足以使利息低落。往者钱业议订固定利率（即呆板洋拆），为贪做外埠抛单张本，遂尽举各户之存款，卖空易银汇申，以博厚利，抛单愈放，银价愈高，银价既高，过账现洋间之差价亦愈远。循环不已，互为因果，此因贪放抛单，发生差价之由来者三也。

（二）平现之必要

故友林君瑞甫，本其金融革命之精神，鉴于现升之病民，著《甬市革平现升之必要及其善后之方法》一文，反复推阐，洞中窃要。兹更引申其意，而论述之。过账制度之目的，原为供日常交易之便利，此种记账货币（Money of account）既因种种原因，与现洋发生差价，是不啻无形中有二种本位货币，即现洋为实价货币，而过账可比于名目货币（Token Money）。今后者之价格，既低于前者，依恶币驱逐良币之公例，现洋势必绝迹市面，流往外埠。如是则甬地洋底日益空虚，沪甬汇价，起异常之变动，促现升之飞涨，其结果非惟影响物价，其因此而及于一般经济社会之影

---

[1] 原文"归元"即"规元"——本书编辑者。

响甚大。例如(1)一般物价腾贵,(2)定额收入者生计之困难,(3)债务者负担减轻及(4)输入减少等尤其著焉者也。

夫一般物价所以腾贵者,则因过账制度之流行,足以使记账货币流通数量之增加。而流通数量之增加,即足致物价之腾贵,所谓物价腾贵者,即货币购买力减少之谓。如甬市现升之发生,由于银价之抬高,银价高则成本较大,而物价腾贵矣。

至定额收入者之生计所以困难者,因其收入有一定,而实际所得,因之减少。或谓吾甬对于劳动者之赁银,本系现洋,现升愈大,则所得愈丰,无所谓蹙其生计也。殊不知劳动者之赁银,本兼具过账现洋二种(如数年前木业工会呈禀县署,沥陈现升之痛苦,请加工资,以维生计,可为例证)。即使假定全数为现洋矣,收入虽较多,而物价之腾贵,生活费之增加,往往超过现升,实属得不偿失(例如某甲工资每月现洋十元,假定加现升一元七角,而物价因成本较大,腾贵十分之二,每月虽多得一元七角之现升,而受物价二元之损失,故曰得不偿失)。宁非病民耶?

然则能使债务者负担减轻果何如乎?则以因豫先约定受取一定金额之债权者,因现升之关系,而反受损失。例如甲于一月一日存现洋五千元于钱庄,当时并无现升,钱庄收甲存款洋五千元,假定周息七厘,至年终支取时,若现升为十六元九角六分,则提取时本利之和,不过现洋四千五百另二元。核计所得,尚损失现洋四百八十八元。兹示其算式如左:

5000+(5000×7%)=5350 年终应得本息

5000×0.1696=848 现升

5350−848=4502 净得数

因之,凡拥有巨额者,咸有戒心,纷纷移存他埠。而支付一定金额之债务者(钱庄亦其例之一),不特负担减轻,反因此而获厚利,是不啻驱逐存户,自绝绝人,万一愈演愈烈,演成昔年哈尔滨通行之卢布、北京之中交钞、最近之汉钞等(作者昔年服务东三省金融界,目击卢布置暴落状况,竟见有朝为富翁暮成流丐者,言之痛心)。或低落在原价十倍百倍以下,吾甬市况,尚堪设想乎?

至能使输入减少者,则因现升之飞涨,银两商埠,对银元商埠之输入贸易必衰,因采办外埠货物,即须多付货价(如无现升时,以甬洋一万元,即可购办一万元之货物,若现升高至十六元时,每万元即须多付一千六百元之货价)。多付货价,与输入货物价格之上涨无异,换言之,输入物品价格之腾贵也,势必抑制其需要,减缩其销路,因其成本昂贵,无人问津,终至非减少输入不可。更因汇兑行市,涨落靡常,一切交易,俱若投机,至是而金融紊乱极矣!

总之,现升飞涨及于一般经济社会之影响既如是繁复,则革平现升之举,实为天经地义之事,而为吾侪所当努力者也。

(七)过账制度改善之商榷

夫过账为信用制度之一,而信用必以货币为基础,无货币则信用无独存之理,前已详言之矣。是以在今日制度之下,无论信用发达至任何程度,绝不能舍货币而不用。吾甬之过账,几已全弃货币,此其所以失也。查钱业庄规,虽有"拆出收现,应听其便"之规定,而无必须解现之制限。因之多家须无限额借与缺家,缺家亦可任意而为透欠,彼此轮纳,几成纸上文字。因之记账货币之数量大增,其币值亦相因而下落,社会经济胥受影响,使物价贵之腾贵,诱投机事业之勃发,酿成恐慌,盖其尤著者也。作者不学,试为其改善方法,约举如左:

经营上之改善

(甲)设立中央银行办事处

中央银行,既负调剂金融之职责,则对于甬市过账制度之改善,中央银行应居提倡指导之地位,是则该行有分设机关于甬埠之必要。兹略举办法如次:

(一)运现

甬市现洋,即因种种原因,流往外埠,以致洋底空虚,过账盛行。若欲尽调剂之职,当先运巨款至甬,以资周转。

(二)提倡重贴现

吾甬钱商,对于票据贴现,向无彻底之认识,故经营之者甚鲜。吾之所谓重贴现者,专指甬庄所贷放甬埠商号之长期票据(即定期放款,为期二三月或半年不等)。随时均可请求中央银行为之重贴现,借以周转资金也,按吾甬洋底缺乏,皆由于钱庄贪营外埠放款所致。如果本埠长期票据,得随时向中央银行请求重贴现,则钱庄以便利所在,或可收回外埠抛单,而加营本埠放款。如是,则洋底丰裕,金融活没有必然者矣。

(三) 作划帐之总汇

甬市钱业公会之会员钱庄(即大同行),每日同业间收付相抵之差额,向归值日钱庄清理之。值日钱庄即由会员各庄,依次轮值,俗所谓"当庄"是也。今使吾甬各银行钱庄均先在中央银行开立往来,则银行钱庄间,每日之应收应付款项,概由中央银行为之转账,此亦足限制其过账办法,而稍减现升之痛苦。

(四) 公定汇兑行市

沪甬汇兑行市,苟无特殊情形,应有一定之范围,即现金输送点是也。吾甬之现升,基于汇价之揪抬,不特脱离其范围,且其相差之巨,实足骇人听闻。故欲图过账制度之完善,必先有标准之汇价。此汇价每日应由中央银行公布之,其计算方法,向采支付计算者(如甬洋一百四十二元易规银一百两),今则应采用受取计算,以资便利(如规元七十二两易甬洋一百元),其标准以上海洋厘为依据,不能超过现金输送点之范围(或仿沪例,进出加减二毫半)。曩者故友林君瑞甫主张不准有丝毫揪抬,此或亦为事实上所难得者乎?

(五) 公定市场利率

甬市洋拆,除洋用较大或有特殊情形者外,中央银行得依上海银行拆升降为标准,伸缩而公告之。因利率过高,其影响及于工商业者甚大;过低则吾甬钱业,又纷纷向外投资,足以使现升飞涨,投机勃兴。要在中央银行审时酌宜行之而已。

(乙) 现定存款准备金

钱庄本为信用机关,应以信用为其生命,始克尽其职能。故钱庄对于存款之准备金,实不可不加以注意,所谓准备金者,即库存中之现金是也,考甬市存款,其总额不下二三千万,全市洋底,有时尚不足百分之一,因信用制度之发达,虽不致捉襟见肘,然在信用发达之途径上言之,信用愈发达,则准备愈应丰富。反之,准备愈丰富,其信用亦更因而巩固,金融遂无复有发生纷扰之虞。甬市钱庄,对于存款,既无相当准备之制限(多以本街洋单及存放上海银两为之准备),因之少数钱商,尽以甬洋易银汇沪,以图厚利,乃促成今日奇特之现升。夫存款准备金,固为不生利之资金,尤为减少钱业之利益,非钱业界所乐从(如从前某某等庄假三万资本之名,吸收巨额存款，尽数汇放外埠，即其一例）。但欲改善制度，应先考察市场之状况，视其缓急之程度，以规定其适当之准备率，并加以严重制裁，而后事乃有济。按美国银行对于存款准备率恒在百分之十五至十八以上，揆诸吾甬市况，或未尽合，可取其最小限度或在百分之五以上，藉资应付，或以准备之一部，存入中央银行，以生利息，并由政府严厉制裁，以厉行其规定，此亦为改善过账制度之根本办法也。

（丙）设立票据交换所

票据交换所，为节省时间与工作之机关，占今日金融制度中极重要之地位。而吾甬金融现状之改善，尤非设立票据交换所，不足以收整理划一之效。唯各国票据交换所之成立，恒在中央银行成立之后，因票据之交换与清算事务，莫不与中央银行有连带关系，若吾甬设立中央银行为金融实质上之调剂，而票据清算之职责，尤应以中央银行为总汇之机关，使之通力合作，以图共享营业上之安宁。往者上海银行公会一再提倡，而未睹厥成。吾甬正可作先声夺人之举，为全国创，尤为金融史上开一新纪元也。

实务上之改善

吾甬过账，仅凭口头一语，简易省事，世人称便。但过于简单，恒失法律之保障。故吾人欲求程序之合法，必先有缜密之手续，以成有系统有组织之制度。固虽手续较繁，钱业亦应放弃成见，不惮改革。爰就所见，敢贡当世，凡兹所述，皆为浅近之见，海内专家，幸为教正。

（甲）钱庄应发给支票于往来存户，往来存户于收付款项时，必须用钱庄所发给之支票，不仅凭口头契约。

（理由）支票为票据之一，设有争执，当受票据法之制裁，又得辗转流通，钱庄可以节省无谓之转账（例如甲应付乙二千元，而乙复须付丙二千元，而丙又须付丁二千元，照现在过账方法，必须由甲过于乙，乙再过于丙，丙过于丁，若改用支票制度，彼此可以支票授受，结果仅为甲与丁一笔过账）。

（乙）过账簿分收付二册，过进用进账簿，过出用支款通知簿。

（理由）现在通用之过账簿，进出款项分记上下二栏，兹拟改用支票，收解均有凭证，不查则过账簿为对账之用，收付分册，较易稽对。

（丙）往来存户存入款项如为支票时，仍应将付款庄名、日期、金额、支票号数等,慎记于进账簿内,由钱庄加盖收到印章,以资证明,并在该簿之首页注明"凡存入票据,须本庄收到后方可支用,倘有退票及无法退还时,本庄概不负责"字样,以明责任。如有退票情事,由付款庄附加退票理由单,交由收款庄通知之。

(理由)此即银行通行之送金簿,收款庄得据退票理由单,通知往来户,与现行过账制度之"吃查字"相类。但"吃查字"方法,彼此往来,不能知其究竟与钱庄有无往来,仅凭口头一语,较易取巧。支票制度,虽难免有空头支票之弊害,惟必须与钱庄有往来关系者,始能填发支票,若再由钱庄于开立户头时,加以慎重之审查,或可祛其流弊也。

(丁)出票人应留存印鉴于钱庄,支取款项时,除慎发支票外,并应抄入支款通知簿,记其支票号数、日期,及金额等,送交付款庄备核。

(理由)现在过账方法,如丙过账于丁,必限于甲庄与乙庄之转账,若采用支票,可破除此种制限,故收款庄名,可不记入于支款通知簿内。照银行现行通例,支票除由银行钱庄保证付款外,只凭印鉴相符,存额足付,应即照付。惟甬市为依循习惯,慎重手续起见,故采用支票时,仍以支款通知簿通知之(但此项支款通知簿专供对账之用,惟慎发支票必须记入,设有漏抄,付款庄仍得拒绝支付)。

(戊)支票分红白二种,红支票限用于加入过账同盟之钱庄(即大同行),白支票限用于未加入过账同盟之钱庄(即小同行)。

(理由)此系规定大钱庄与小钱庄之区别,支票分色,不相混淆,其实施方法分述于下:(甲法)白支票限于小钱庄发给于往来者,设大钱庄收有白支票时,应即向付款之小钱庄换取大钱庄之红支票或划条。至小钱庄收入白支票时亦如之,再将红支票或划条,托由往来之大钱庄代收(惟小钱庄之往来者,亦须用支款通知簿,通知付款之小钱庄照解)。(乙法)白支票由大钱庄发给于小钱庄,再由小钱庄加印庄名,转给往来户填用。设小钱庄之往来者,支取款项时,除填发白支票外,并用支款通知簿,咨照往来之小钱庄,复由小钱庄汇抄于支款通知簿,通知付款庄照解,至收款时亦同。

(己)钱庄得发行本票及划条。

(理由)本票为见票即付之票据,用以代替现金者。关于同业往来,得简用划条,以资便捷。

（庚）钱庄互相收解款项，除在中央银行转账外，既以现金收解为原则。

（理由）甬市现升之发生，大半由于各庄无解现之规定。设各庄均以现款存储中央银行，以备随时转账外，彼此互相收解，除自愿"寄库"不计外，余则一律收现解现，以杜积弊。

上述诸点，理论事实，或未能详尽，要在审机应变，为适当之处理，庶吾甬金融制度，日臻完善，为中外人士所称道，是则作者之微意也。

（《经济学季刊》，1932年，第1期）

宁波之金融制度

施耀刚译

（日本有本邦造原著，载山口高等商业学校所出版之《东亚经济研究》第十五卷第四号）

一、绪言——宁波之地势及其沿革

本篇拟对于宁波之金融制度略加讨究。顾凡商业都市，固亦为历史的土地，请先将其地势及沿革，略加说明，然后再转入本文。

此处所谓宁波，系指宁波市而言。故以下凡涉及宁波市之处，概以宁波称之。按宁波位东经线一百二十一度三十二分，北纬度二十九度五十二分之处，其地平面约高出海面二英尺有半，气候温和，且少洪水之虞，良非中国其他各地所堪比。拟宁波面积，约共六万八千四百二十三亩，其中六万零八百七十三亩为陆地，七千五百五十亩为河面。若以百分率表之，则陆地占百分之八十八强，而河面占百分之二十一强。

宁波之交通，不得不谓比较的便利。陆路有沪杭甬铁道通此，故欲至慈溪、余姚、蜀山、丈亭等处，近者只需三十分钟即可，远者亦不过三四小时。又绍杭、绍曹间之汽车路，亦已竣工，故交通益形便利。至若水运方面，则上海、温州、福州、象山、定海各地，均有海轮往来，大者三千吨，小者亦千余吨。据浙江海关报告，谓民国十六年度出入船舶一千七百三十只，总载重量共二百八十五万八千七百十七吨，内河民船九千五百七十三只，总载重量七十一万七千零五十八吨。又据宁波市政府之统计，谓水陆往来人数，每月平均约五万数千人。惟此等俱系民国十六年之统计，至今当更增加矣。

若论人口,则宁波共有户数三万五千二百三十一户,人口二十一万二千五百八十二人。其中劳动者占百分之三十,商人占百分之四十。由是观之,可知宁波实中国南部一大商业都市也。

其次再将宁波之沿革,略加叙述。宁波唐代称"明州",嗣后改称"四明",盖以有四明山环绕故。宋太宗淳化三年,甬东设市舶司,其后市舶司废而再兴。查市舶司之设立,系管理外侨并保护及监督内外商民之交易。迨南宋建都临安,宁波遂与首府相接近,交通又便,故人口日见增加,而外人往来于此者亦日多,即如马哥孛罗,亦曾在此居住。明末,倭寇为害,掠人劫货,海陆并行。至道光二十二年,与英国缔订《南京条约》,开上海、广州等五口为商埠,宁波亦居其中之一。自是宁波遂为中国南部一大商埠,而其金融制度,亦更有健全之发展。所谓宁波之过账制度者,其发达实不亚于福州、温州、上海及南京等处。宁波之经济,虽受制于上海,然对于其金融制度,尤其关于私经济学方面略加研讨,亦未始非有益之事也。从来关于上海及中国北部之金融制度,论者殊多,而对于宁波方面则论者殊鲜。以下请将钱庄、当业及银行三者一讨论之,其与上海等处相同者,不加详述,以下即转入本文。

二、钱庄

(一)现况;(二)组织;(三)营业状况;(四)过账制度之意义及手续;(五)过账制度对于经济界之影响。

现今宁波之钱庄一百四十四家,其资本总额共三百八十五万五千八百元,以其资本之多少及营业之性质而分为大同行与小同行两种。凡资本金在六万元以上而用过账制度者,为大同行。资本金在六万元以下而不用过账制度者,为小同行。此种区别,恰如上海之分外滩银行与非外银行。又如先施、永安、新新及丽华等百货公司与普通商店之分,又如上海钱庄之分元亨、利贞各号也。

宁波钱庄之信用,与中国其他各地之钱庄,同为负无限责任者。今日之大同行,俱有万元以上之存款,故于金融界占有极大势力,且有显著之贡献焉。夫宁波钱庄之会计组织,与上海钱庄之会计组织,略有不同。概述之于下:

(一)太上皇

太上皇为名义上之经理,并无执行何等实际上之实务者,每由曾在该钱庄经理多年而有功绩者任之。

（二）经手

经手为实际上施行业务之最高机关,既无董事会,又无股东会,故一切大小事项,悉由经手一人决定施行之。

（三）副手

副手为经手之辅助者,经手有时对外交涉,副手即代理经手掌理一切钱庄内之事务。

（四）三肩

三肩亦为名义上之职员,并无何等实务者。其设置以下列三种情形为主：一、大股东之亲族；二、对于钱庄之创立及组织,功绩卓著者；三、特由股东中选任之。

（五）内帐房及外账房

此与上海等处之内外账房,殆无何等差异,唯内帐房之职务,比诸外帐房者,略见冗忙,而其所享权利亦较多,且有时内帐房须添置助手,以助理其事务焉。

（六）信房

信房普通亦与上海者相同,专司文件及信札等事,此种文件及信札,都系商业书类。

（七）放账及跑街

放账及跑街,行施钱庄内现金之出放与借入事宜,恰与银行中之营业主任及放款部相当。

（八）长头

长头为钱庄中最重要之一部,办理规元及汇兑,其中汇兑之计算为尤厌烦。盖中国国内汇兑比之国外汇兑,更为繁杂,而为任何国所无者。

（九）银房

司保管现金之职,无另加说明之必要。

（一〇）学徒

学徒入庄之初,一若仆役,待数月乃至一年而后,令持过账簿,往来于各钱庄之间。再隔数月乃至一年后,乃教以计算等事。此为学徒修业之三阶段。惟每以年龄及其他关系而其时间略有长短焉。

（一一）栈司

钱庄之栈司，负一切银钱出入及搬运之责，比之其他商店之栈司，其责任较重，而其地位亦较优良，故非有保证人不可。

其次，再一述宁波钱庄之营业状况。宁波人比其他各地之中国人民，少有贮藏现金之习惯，而爱购置田地及屋宇等不动产，故一人而贮存巨额现金与钱庄者，不可多得，多者亦不过数千元而已。然存款户则甚多，统计一钱庄内存款总额，在一百万元以上者，不在少数也。又或有巨额余款时，宁波人亦不愿存贮于一钱庄，而愿分存于数钱庄。盖其心理，欲借以避免不可预测之危险也。

放款分长期、短期及暂时透支等数种，与上海及其附近各地者相仿佛，兹不详述。惟有应加注意者，即所谓长期放款，实际上亦不过六个月为一期，以三月及九月为结算之期，放款利息，以文书规定之。长期放款，概以过账洋计算，其利息以每千元每月几何为衡。短期放款中有所谓"进笼鸡"者，即当年关金融紧迫时之一种放款，而在十二月二十日以后所借，至翌年一月二十日乃至三十日间之十日内应行归还者，其利率最高。

宁波之"日拆"与上海之银拆相当，不论过账洋或现洋，均为一千元每日利息几何之谓也。日拆由宁波市内之大同行，互相协议而定。小同行无加入之权利，而其腾落之最大原因，多依上海金融界之宽紧如何以为断；上海银根松，则日拆小，银根紧，则日拆大。

以下请一述过账制度及其手续与效用。过账制度为一种汇划制度，即两钱庄间账簿上记入收付，以清算其贷借关系，而并无现金授受之方法也。倘欲利用过账制度，必先选定自己所欲与以交易之钱庄，以为代理者。其所选择，无论大同行或小同行，均无不可。惟大同行有直接过账制度，而小同行须经由大同行过账，故为间接的，是乃二者不同之点。

按宁波之习惯，其过账簿必于每年正月二十八日，向其交易钱庄领取。过账簿之形式，与上海及其附近之普通会计账簿略异。簿面与格子，均系蓝色，各页分上下二部，中央有一空档。上海与其附近各处所用者，簿面固亦为蓝色，而格子则系红色,且通常无空栏。至其记入方法更为奇异。普通会计账簿,收在上栏,付在下栏,而过账簿则适得其反,收在下栏,付在上栏,盖以钱庄为主而记入者也。宁波市各钱庄过账制度之形式记入法,皆有定规,一如上述,即页数普通亦多系百页。而无多少焉。

过账簿记入当日之收付后,至午后二三时,送至自己之交易钱庄,通知该日之收付,此之谓"抄帐"。翌日,两钱庄间再行检查,有无错误。倘认为有调查之必要者,则盖一"查"字章。待调查清楚后,然后过账。此种过账固为钱庄间之问题,而亦可以免去个人间现金之授受及金钱上之纠纷者也。

钱庄相互间之贷借关系,每日于司日庄清算之。此司日庄有银行中票据交换所之性质及效用。但规元、日拆行市、小洋拆扣及铜元价等,非司日庄所能决定。规元及日拆,由钱庄会馆决定之。而小洋拆扣及铜元价则由宁波之滨口庙中决定之。以上所述之过账制度,究于经济界有何影响乎,不得不略加研究。宁波商人,比诸中国其他各地之商人,常居于优越地位者,实与过账制度不无相当关系也。

(一)过账制度,可以免去死藏现金之习惯,检别真假之烦劳,及搬运现金之不便与危险。

(二)过账制度,为收付者在账簿上留一永久之凭证;他日交易者,间或发生纷扰时,可以查考。现金之授受,有时或因友谊关系,未有收据,或有收据而遭遗失者。然若用过账制度,则留有永久之凭证。一般商人,则可安心交易。

(三)过账制度,可以增加货币之使用效力。即引用过账制度后,仅于零星之交易与清算及信用制度尚未确立者方面,仍用现金,此外则概用过账洋,故市场上之流通之货币,不知不觉间已增加颇多。

(四)过账制度,可以激励对外投资宁波人之富有企业心。其原因之一,即为用过账洋后,现金之需要少,且无死藏之必要,于是遂向宁波以外各地,如上海、汉口、天津、北平等处,作盛大之投资。其投资额之确数,因无详细统计,故不可知。然据云每年长期投资,不下六七百万元,此外宁波人散于各地之个人财产,则更数十倍于此焉。现上海人口二百余万中,宁波人占百分之三以上,各种大企业之在宁波人手中者,诚为不少也。

（五）过账制度，足以使金融融通。盖商人间平时固无贮藏与运输现金之必要，即当急需现金时，亦可以利用过账制度，以救一时之急也。

（六）用过账制度可以养成精密的计算习惯。盖引用过账制度之交易，不限于金额较大者，而当以现洋换算过账洋，或以过账洋换算现洋，均不可以不计算现升。是故宁波人之望其子弟成一良好商人者，每喜使之一度为钱庄之学徒。夫宁波人精明干练，为一般人所称赏者，其原因固多，而受过账制度间接之训练，亦为其原因之一也。

以上所述各项，为宁波过账制度之利益方面。以下再言其弊害方面。有利必有弊，事之常也。

（一）因有过账制度，而有现洋与过账洋之分，遂生现升。现升为一种贴现，惟无何等理由可述者。即当过账洋换算为现洋时，所附加之升水也。此项升水，不以期间之长短而计算其利息，惟于银根紧急时，则特别高涨，有非小商人所堪负担者。

（二）因有过账制度，于是在过账洋与现洋之间作投机，藉获其差额以为利益者，比比皆是。此与投机于规元与银元之间者，正复相同。

（三）因有过账制度，则现升之腾落，足以影响小洋及铜元之折扣，而使劳动者不得不购买高价之货物，结果加重其负担而增大其痛苦。

（四）用过账制度，不啻发出一种支票；支票中有不兑换票据之存在，而过账制度有时亦有"吃查字"（注）[1]发现，实足以养成奸诈之行为。

要之，宁波过账制度，对于宁波经济界贡献殊多，然弊害亦不少也。

三、当业

（一）当业在金融界之地位；（二）当业之现状；（三）当业之会计组织；（四）当业之经营；（五）当业对于经济界之影响。

当业为调节小资产阶级及无资产阶级金融之机关，一若钱庄之为调节大资产阶级及中资产阶级金融之机关也。或谓钱庄专重对人信用，是乃仅知其一而

---

[1] 原文注曰："译者按，账簿中疑有错误，而认为有调查之必要时，则须盖一'查'字章。此种手续，宁波之钱庄界谓之为'吃查字'。"——本书编辑者。

不知其二者也。盖无人的信用者,或无物的信用者,钱庄均不顾[1]以钱借与之;即或借与,一旦疑其不能偿还时,则其催促必甚严。而当业则不然,不论金额之多寡,诸凡金银首饰、衣服、器具以及一切细小工物,无不可以作为抵押品而借贷焉。

宁波之当业,合江北、江东及城区三处,约共二十余所。每一当业之资本金,自三万元乃至四万五千元不等,而其股份亦无一定。且宁波当业中人,不称股份为股,而称为日,大约以三十日(即"股")左右为最普通。小当每日之资本金定一千元,大当每日以一千五百元为多。当新当业开设成立时,应立一种合同议单,各股东各执一纸;合同议单上所署名者有股东、代笔及见中三者,而代笔及见中,又必须以地方上有声望者为之。又当一旧当业过盘时,则股东须立一推据,新股东须立一召据,互相交换之。

今言当业内部之关系。多数当业,店内尚须分为数号,此乃欧美、日本各国所无者。例如一当业分天、地二号,而另一当业则分为瑞、昌、祥三号。其所以分二号或三号者,理由不一,或因相互营业之关系有所不同,或因有难言之隐者,甚至有因抵押品之性质不同而分者。其最为人所费解者,即各号所负损益之责任,互相分开,不相混淆。例如分瑞、昌、祥三号之当业,其第一日之营业,归瑞号负责,第二日之营业,归昌号负责,第三日之营业,归祥号负责,如此循环往复,轮流担任其职务。此种手续,一见诚极烦杂,然各号却从未有厌心而发生任何纠纷也。以上为宁波当业之大略情形。以下再进而讨论当业之组织。

(一)总上

总上以股东之地位而就任者,每年俸给约六七百元。多数当业,每号各设一总上,惟小当业中,各号合设一总上,即不设总上者亦有之。

当业之组织,大体分内、外二部。外部职员,有正看、副看、并看、账房、票房、取房、牌房、衣房及学徒等,内部职员有楼头、楼二、楼三、银房及学徒等。以下即对于各职员之职务,略加说明。

---

[1] 原文"顾"字应为"愿"之误——本书编辑者。

（二）正看

顾客持抵押品来当借金，正看即决定其抵押品之适当与否，并评定其价格者。

（三）副看

副看为正看之辅助，亦决定抵押品之过当与否，并评定之价值者也。

（四）并看

一当业中，决定抵押品之过当与否，并评定之价值者仅属一人，而无正看与副看之分，因欲别于正看与副看，故特此名此人曰"并看"。

（五）账房

账房专司将每日之抵押品等，记入流水簿、总清簿等，并保管诸账簿者也。

（六）取房

当顾客来当赎取时，取房即交付抵押品于顾客者，其所以别设此一部之理由，盖以正看、副看或并看所收入之抵押品，混杂不一，取出时若不慎重，恐滋谬误及纠纷也。

（七）票房

票房职掌授受顾客以当票及金钱等也。

（八）牌房

牌房任拴附号数于抵押品之职，实际上，当业之管理抵押品，特制就一种编定号数之木牌，牌上有空系以绳，牌房即将此木牌于拴抵押品者也。

（九）衣房

衣房将当入衣类，折叠整齐，以备藏入库房者。抵押品之中，衣服实居多数，故衣房亦有相当之忙碌也。

（一〇）楼头

楼头司仓库之一切事物。当业之中，对于顾客及一切外部事务，均由正看、副看或并看等指挥之，而仓库以内之一切事物，则由楼头管理之。

（一一）楼二及楼三

此二者为楼头之辅助，即帮助楼头负一切仓库内之责务，如日常收入之许多皮货，至黄霉时节，每易损坏，楼二及楼三即曝之于日光之下，或加防腐剂，以免腐蚀，而适当处置之,即其一例。

(一二)银房

银房大抵以楼头或楼二兼任之,其职务为司理银钱之出纳,固不待言矣。

以上之组织,为宁波当业之最普通者,其中正看、副看、楼头及账房等,多系当业所雇佣,其他职员,则以由各股东推举者为多,其余学徒及栈司等,亦多为股东之亲族及子弟,故当业对于股东之亲族及子弟之职业,关系殊密也。

宁波当业之利息,以每月二分计算,即每百元月息二元是也。抵押时期,以十八个月为限,放款总额,大抵在二十万乃至三十万之间。顾其资本金,多抵四万乃至五万元,不足之数,则为向钱庄借来之长期借款。有时当业亦兼营存款业务,但其存款利率,较之钱庄者为低,当资本金不足时,当业之总上,则负有调济之重大责任。

宁波当业之收入,其主要者,除顾客之利息外,有时对于贵重品,亦须预收保险费,又抵押品之中,如有赃物,一经证实而被取赎时,亦须加收手续费。但此三者中,第二、第三两种,实居次要地位,为数不多。由是,倘抵押品一经期满,而顾客仍不来当赎取者,即携至提庄卖却之。然则提庄对于价格,如何而定乎?提庄有提庄公会,每年于春季开会一次,以决定该年当业抵押品价格之标准,如此集同业者而决定市价,宁波人称之为"开盘"。民国十二年,衣服式样,由小袖改为大袖,以前之衣服,销路顿减,于是有开盘之创始。其次,再将当业者卖却其抵押品与提庄时所用之术语,介绍一二。有所谓"一角"者,意即当业者依照其昔日贷付之金额卖与提庄之谓。又有所谓"官一"者,乃其卖价可得贷付金之十分之一利益之谓也。当业之开支,除一般的营业费外,每年尚须有官利之分派,官利大抵以每年六厘计算。但新设之当业,则惯常于三年以内,不分官利。

宁波当业,对于宁波之经济界有何影响乎?试略述之:

(一)当业能便利劳动者及无产阶级之金融,夫任何人亦不能否认之。惟其利息,每月以二分计算,带有高利贷之剥削性,甚为不妥耳。虽然,勿论宁波或其他之中国各地之都市中,若其利率不满每月二分者,恐当业即无人经营,亦未可知也。

(二)宁波之当业,对于宁波钱庄业之得以健全发运,贡献殊多,何则?钱庄贷付款项之大宗,多系对当业之放款,而当业因有顾客之担保品,故甚稳固。如是,当业对于金融界之贡献,不可谓不大矣。惟以另一方面言之,当业之资本,实际上亦不可不谓多系由钱庄中借来之外来资本也。

（三）因当业之兴而与许多关联之事业,如提庄、拆衣庄等是。提庄之资本,普通比当业为少,大抵六七千元乃至一万元。拆衣庄比之提庄,资本更少,大抵以六七千元以下者为多。照惯例,不能向当业直接购买其抵押品,非经由提庄或拆衣庄间接购买不可。衣服以外之货物,如珠玉、金银、铜锡器具等,则多分为别发卖与珠宝商、银楼及铜店、锡店等。

四、银行、银行业之现况

宁波之银行,大多为上海银行之分行,其主要者,有中国银行、通商银行、四明银行等。交通银行,曾有设置分行之议,然未实现。劝业银行,亦曾一度设置分行于此,而今已中止。其他厦门银行、明华银行等,则尚未振兴也。上海之银行,其于宁波未设分行者,多赖钱庄以为代理。现今宁波之银行业,以江北为最盛,盖该处交通最为便利也。

宁波之银行业,至今尚未发达者,何故？实际上,宁波银行之不发达,自有其理由在也。一面因旧习惯关系,宁波人反不好利用合于科学之银行。他方面钱庄中又有过账制度,至为便利。如使改用支票,反觉其手续厌烦矣。且以存款一方面言之,与其存入银行,在友谊上、感情上及人情上,均不如存入钱庄之为愈。是故,宁波之银行,乃为钱庄所抵制而不能有显著之发展矣。虽然,近年来银行兑换券之流通,增加极速,此种兑换券,无论何时,均可兑换现金,故信用卓著,从而银行之信用,亦由是而立。宁波人对于银行之态度,殆已达转换期矣。今日宁波之银行兑换券,其流通额最多者,首推中国与四明二银行,其次则为交通、实业、兴业等银行；再次之,则为中南、中央及外国银行,此等兑换券之总额,约在六百万元以上云。

本篇为日人原著。读之可知其调查之周详,对于各地各业之实际情形,必求了解,不肯轻易放过,其处心积虑,宁不可畏？—— 编者志

（《钱业月报》,1932年,第4期）

申论宁波平现问题

冯薰

甬市现水飘忽靡定,工商各界交受其弊,鄙人本服务社会之微忱,甚思有以改善之,爰拟乘兹金融舒缓之际,预由银钱两业筹集规元三百万两,联合组织公库,俾俟规元价格抬至三元时,可将存银陆续售出,以资调剂市面,庶现水不致超过两元,而金融自亦因之安定。其大纲办法,业已公诸报端,并拟即行联合同业计划实施。辱蒙各界认为有益民生,予以同情,或加督促;即同业方面,亦谓办法正当,允为从长讨论。是固深谋远虑,不得不然,惟一般人士,因前文尚欠详尽,纷来垂询,具见关心社会金融,曷胜荣幸。综其疑虑各要点,不外洋拆之标准,与公库准备金之存放等问题,并有以愚见仍不彻底,而相诘问者。兹特根据前文,引申而详释之,还乞当代君子予以教正焉。

夫平现之策,本可径开重拆与集中单子(钱庄术语谓之轧单子,即系使缺单庄家,不得任意抛欠本街同业款项,俾无余力再行购元调沪也)。但是项办法,不免偏重治标。故鄙意拟先匡计确实需要,予以实力上之调剂,在能保持上列限价时,洋拆当力求减轻为原则,以期各业不至增加负担,且亦足以顾及钱业抛单之成本(抛单乃系将甬埠洋单,换成现元调沪运用,即做甬洋空头是也)。倘若并此可缓办法而不能收效,则当适时提高洋拆,藉资补救,兼可杜绝投机者之侵蚀。若是标本兼治,不仅较易实施,且因各方均无困难,自可垂之久远。或谓钱业惟利是图,倘若依子所拟办法,势必仍做抛单;即使调查其用途,亦不难假手于各业,迨至公库存银售尽而提高洋拆时,不特钱业行将出而阻挠,即其他各业亦将沸然震动,或竟将当年罢业停市之现象,重演于今日;是固老于经验之谈,然有似是而非,未能洞彻底蕴也。盖当年平现,以及目下开洋拆,乃完全归多单方面,任意伸缩,既不公开,又乏标准,设吾交行俟售出大宗规元后,一面授意往来钱庄,递开洋拆,以期压低规元价格而将多洋收回,是无异操纵市面而图私利,则亦无怪钱业之反对。今鄙人所拟办法,不妨俟公库成立后,规定在三元限价以内,洋拆听凭钱业自由主张;倘若存银售尽,依然不能维持限价,则当视归元[1]所抬之数,将洋拆以次递加,或即以存银售出

---
[1] 原文"归元"即"规元"——本书编辑者。

数额,按累进率计算;假定售出一百万两,洋拆开若干,以后每递增一百万两,即递加若干,总使洋拆不得低于申市银拆,以防甬单之外溢。照此办法,立为议案,预先公告各方,俾做抛单与投机者,有所警觉与顾忌,而其他各业,亦可明了底蕴,即使再有不顾利害而妄意图利者,则明知故犯,咎由自取。凡稍明事理者,自由谅解而无异议也。至平时之不提高洋拆,就银行本身利益方面而言,固属失计,但一方损失无几,而各业间接受惠非浅。银行业既以调剂市面为职志,自当以大局为前提。即有斥吾不谙商情,徒为钱庄张目者,鄙人亦甘受诬而不辞。盖洋拆减轻之是否有益于民生,因亦无庸申说,即就客观地位平心而论,吾国银行业因信用调查尚欠完备未能充量与各界接近,以是一般人民未有相当认识,仍多与钱庄往来,故银行只得将资金假手于钱业,以达间接调剂之职责。而钱业方面亦不得不赖银行为之后援,是以处兹时代,银钱两业,必须抱共存共荣之志,方可相得益彰。鄙意吾国银行固当仿效欧美新制度,以谋业务之发展。但因时制宜,兼为迎合社会心理起见,更须参采钱庄旧习惯,借以引导人民对于银行之认识与兴趣。至钱庄方面,为适应潮流计,亦宜逐渐银行化,俾免时代之落伍,故鄙人夙昔主张"银行钱庄化"、"钱庄银行化"。若是经过若干年之后,全国金融始可越于合理化,是虽不在本文讨论范围之内,惟因足以唤起银、钱两业之合作,故不惮烦琐而附言及之。

或谓既欲改善社会金融,曷不将人民痛心疾首之现水根本革除乎?窃谓取消现水,即规元按照申厘核算,不得再行抬高。然则设遇供求不能相应之时,即乏呼吸号召之余地。且过账制度与现水,虽属截然两事,但若现水取消,则多年称便之过账制度,亦将随之无形打破,不特钱业无以自卫,而一旦市面发生剧变,亦无相当工具为之缓冲。但观一二八事变发生后,人心惶惶,而沪甬两埠钱庄,均得安渡难关者,亦即汇划与过账制度之功也。虽仍有认为诟病,而加以诋评者,但当时设无是项政策为之保护,则一般无识之士,必将存款纷纷移入外国银行,在钱庄固直接发生危险,而全国经济,亦将濒于破产。故鄙人以为处兹风鹤频惊之秋,益以一般人民对于金融业未有相当认识以前,似不得不有一虚本位如过账制度者,俾应非常之变,而免庸人之纷扰。若为整理全国金融,并银行本身方面利害计,固极望币制之统一。但揆诸事实,势必须俟票据市场完成,得以实行贴现办法后,方可将各地虚本位一律废除也。

在公库创立之时，对于准备金之存放问题，确应先加斟酌。论者或谓此即银、钱两业争执之焦点，且并询予以何者为殷实之标准。鄙意公库成立后，自当由银、钱两业合组保管委员会以主持之。且沪埠银行钱庄，多至一二百家，自可妥慎选择；若欲划清界限，不妨将银行摊认之款，存之于银行，钱庄摊认之款，存之于钱庄，并拣选与甬市行庄无联枝关系者，以示公允；如于安全问题仍有顾虑，则不妨更进一步，与沪埠银行钱庄熟商归由公会负责保管，或亦可以通融照办。至公库存银售出，变成甬单后，则完全由甬埠钱业公会负责。或谓钱业亦难免良莠不齐，恐一般独善其身者，未必肯负此责任。但此款属于维持市面金融，似与其他存款性质不同。凡稍能顾全大局者，自不至借故推诿，且在钱庄公会本身方面，亦可立一议案，规定任何会员，设或发生意外，对于此项公益存款，当有优先清理之权，若是双方均可无所顾虑与为难矣。

至若以公库办法，专事调剂规元，设遇市上需要现金，恐仍不能以遏现水之暴涨。此说在表面上观之，似极确当，但仍未明真相耳。盖甬埠之现水，实基于规元之抬撤而发生，即使有畸重畸轻之时，亦不至相差过巨，因有现金输送点为限制；假定申厘七钱，甬市规元为一百四十五元八角六分，核计抬高三元，如现洋升水亦为三元，则自有人向沪装现或携钞来甬出售；同时即可购进规元汇沪，则实力既无所增损，而每万现洋犹有九十元之差益，除去运费与三日例期银拆之损失，亦绰有余裕。故欲压平现水，只须调剂规元足矣。总之甬以过账洋为主体，沪以规元为本位，其两地直接汇兑行市，乃以规元折合甬洋为换算之标准，在大宗交易上，现金"即银元"反觉无甚重要矣。或曰，子言诚然矣，但如再遇沪埠停市，或输运阻滞之时，将如之何？骤聆斯言，似觉仍有一大缺点而无以补救者。但如稍加考量实亦无甚意识。要知此种现象，乃属于天灾人祸一时之变态。吾人做事，当循常理而行，似不应以无人忧天之态度，而动生畏葸之心。若果再遇不幸事故发生，亦不患轻权达变之策。盖事变之来，非吾人所能臆料，只可就时论事，相机应付，抑亦属于短时期间之特殊情形。且社会民众鉴于银钱两业之合作，而银行复有如许洋单存之街面，自亦可以安心，不致发生过分之恐慌。盖鄙人之提议组织公库，亦兼为债权人筹一重保障计耳。

更有人谓目下现水不及两元,兹忽倡议组织公库平现,岂非不合时宜乎?要知鄙人虽属来甬未久,然为社会谋幸福之心,已非朝夕,只以时机未到,不敢发表意见。兹乘沪变以后,社会心理已深感现水之痛苦,此时发起平现,或可曲求各方之谅解;益以值此金融舒缓之际,不仅银钱业实力较充,且更可免种种误会;盖若于现升四五元时而倡斯议,则不仅做空洋者行将哗然失色,且恐外界不察,亦难免猜疑此举别有作用,即不以为敝行多洋被困,亦将诬予另营规元投机;但观昔年周宗良先生创设恒孚钱庄平现,原具维护民生之苦心,乃及今犹有人谓其别有用心者,故鄙人之于此时提议组织公库,实有深意存焉。

综上所述,各方之认为疑虑者,似均不生问题,然则交行为何不单独试办乎?窃谓鄙人既已提倡斯举,敝行亦素以调剂市面为职志。原不难独任艰巨,免成此举,但凡创一事,必当顺从众意;矧兹事体大,更须同业诚意合作,方可休戚与共,垂之永久。溯自此说宣布以来,颇有人谓钱业决难合作到底者,其实此无妨也。盖钱业中不乏明达之士,况兹事与钱庄正当营业,并无抵触。且值兹四底银盘收回之际,每家摊认二三万两之数,亦属轻而易举。即使谓其不肯牺牲实力,而仍将取之于抛单方法,亦可听其自然。盖公库方面,但求现水不再超过两元而已。假使不能维持限价,自有洋拆为之制裁。钱业素以精于计算称于世,决不致自贴伊戚。现所鳃鳃顾虑者,厥为各银行之能否积极赞助团结到底。至钱庄方面,大都均做抛单,其营业上之收益,恒视洋拆之高底为转移。虽于元价抬高极有利益,但揆诸实际情形,抛单多属按时转期,年有增加。对于规元行市作价之利益,是无异纸上富贵,一旦元价暴跌,仍将尽付东流。故稳健庄家,亦觉抬高元价之非计,自无甘受洋折上之实际损失,而阻挠此举之理。若就银行方面而论,前全为多单,假使对于是项办法不甚赞同,而以迫于舆论,免为附和,或暂占认极少数额,以资点缀,一面俟以后公库存银售出时,即乘机收回洋单,是在其他银行言之,营业原有自由伸缩之权。矧将多单收回而运用于其他投资之途,既不受洋拆之损失,且亦名正言顺,未可谓之被坏也。但果不幸而有此现象,则公库等于虚设,限价何能维持?至在交行方面,若欲贯彻宗旨,而博一时之虚誉,因不妨迳与钱业合作,以促公库之实现。盖照规元抬至三元以上售出,即使洋单被困,亦属损失无几。第恐此项切合事实之办法,仍归失败,则以后即有再欲改善社会金融者,将更不敢复倡斯说为可虑耳。交行之不敢冒昧从事,亦即为此。当代贤达,当能洞察微忱,不以为河汉焉。总之兹事关系重大,端赖同业精诚团结,深望各行再加研讨,而予以实际上之积极赞助。庶公库计划得臻实现而垂久远,吾不禁为浙东数百万人民馨香以祷也。

(《银行周报》,1932年,第21期)

论宁波过账制度与现水之利弊及其改善办法

冯薰

宁波各业往来交易,向系过账制度。因此关系钱业方面以现金过剩,均做抛单放沪生息,致甬埠洋底日空,一至时局紧张金融奇紧之际,则往往抬高规元价格,以资号召,而现水亦遂因需要关系而奇涨。民国初年每百元现水竟达数十元,即最近因日寇扰沪,现水亦至十余元,民间病之。昔年宁波中国银行亦有平现之举,惟因办法不善,仍无结果。宁波交通银行行长冯仪九君,有鉴于此,以现水制度实为病商扰民,且于社会生活程度,亦无形因此提高,特发表意见,论过账制度与现水之利弊及其改变办法,破中肯綮,兹特照录如次：

宁波过账制度,即系一种汇划性质,因不论多寡,均得过账,既可避免现金之接受,复易查考款目之来历,在平日得以省时节劳,而遇市面发生恐慌之际,亦可藉资缓冲,是虽不能与欧美票据转账制度媲美,然较之他埠金融状况,有足多焉。惟是钱业因采用过账制度,得以节约现金之使用,加之当地企业未臻发达,缺乏适当放款之途,于是将所有余资,悉数调沪运用,以事生息(钱庄术语谓之"抛单",闻达三千万之谱),遂致甬埠洋底日虚,竟成为缺现码头。迨至市面需现款之际,乃不得不抬高规元价格,以资号召。兹更设例以明之,如申厘七钱,折合银元为一百四十二元八角六分,甬市规元价格为一百四十五元八角六分,核计抬高三元,则每百元现洋升水应为二元一角。由此可知现水实基于规元之抬摔而发生,亦即沪甬汇总之差数,故又名之曰"沪汇"。在表明[1]上观之,过账制度与

---

[1] 原文"明"字应为"面"之误——本书编辑者。

现水系截然两事。但按之实际,似仍相应而生。窃谓处兹时局多故,益以社会信用程度未臻完善,似不得不有一虚本位如过账制度者为之缓冲,俾应非常之变,而减少市面之恐慌。惟现水过高,实足以病商扰民。盖商家向沪办货时,规元价格每易抬高,遂不得不将汇价损失,加之物价方面,以致生活程度,亦随之增高。至一般人民所受现水之痛苦,更属罄竹难书。设如有人于现洋之升水二元时,存入钱庄一千元(即变成过账洋一千零念元),是月洋拆通扯为六厘(即日拆二角),待至扣足一月,而须提取现洋时,现水如腾至四元,则不仅无利可图,而须负十四元之损失。但此犹属承平时代之现象,一旦市面发生意外,恐慌则更不堪设想矣。

尝考甬埠历年现水状况,故属间有轧平之时,但通常总在三五元之间。而最近辽沪剧变发生,现洋升水,会达十余元之巨,即商人因现水关系,而受官厅惩罚者,亦数见矣。于是一般不明事理者,会归罪于银行之停兑。其实甬埠现水,常年趋升,而银行之停兑,系属短时期间之特殊情形,且由于国难发生、运输不便之故,并非银行本身信用之问题也。然银行界平日对于当地金融,未能加以改善,故亦难以辞咎。鄙人忝列银行一份子,亦不能不引以为憾。

兹为调剂民生兼谋市面之永久安定起见,拟邀我同业联合钱业组织公库,预事筹集巨款,妥存沪埠殷实银行钱庄(平时约有三百万两可资应付,即猝遇事变,亦至多追加二百万两足矣)。一面限定规元最高行市,不得较申厘抬过三元,现水则以二元为度,若遇市面周转困难,即可由公库将该项存银售出,以资调剂,迨至汇价回落,再行陆续收回,总期无过与不及之虞,在此范围以内,洋拆当以力求减低为原则。盖现水之不根本革除,乃使于调拨时之呼应起见,至洋拆设或抬高,则不特钱业之做抛单者,行将得不偿失,即其他各业之恃庄款接济者,亦将增加负担(假定常年存息为六十元,再加欠拆,已达年息一分以上),是等于以暴易暴,仍未能遂维护民生之初衷。

夫银行业对于是项办法,固属无所沾润,第既以调剂为职志,似未可斤斤于本身之利益,且丁此时局机捏之秋,亦可作为对于债权人之一种保证,是一举而属善备焉。至若虑公库存银售尽,而依旧不能维持现价,则不妨于彼时提高洋拆,以资补救，兼可杜绝投机者之侵蚀。若是标本兼治，较为适宜，且亦足以顾全各方，鄙意各银行既有充分资金，而钱业值兹四底银盘到期之际，亦有相当实力，似可及时联合，成此伟举，则不仅甬埠市面得以奠定，即浙东一带数百万人民，亦受惠靡穷，甚望当代硕彦，与吾同业共起而促成之。

(《银行周报》,1932年,第21期)

宁波之经济观

张令杭

无疑地，大家都承认宁波人是善于经商的。诚然，宁波人经商的比较多，而且大多是灵活，有经商的手腕的。不过，我们要问宁波人为什么是善于经商的呢？这里先举出一段宁波经商的小口来看：

宁波故称明州，和日本通商最早，古来日本船舶来华的，以博多（今福冈）或是长崎做起点，以明州做终点，横断了中国东海，他们在航海的时候，都要利用季候风的力量。来华的时候，都在秋末冬出之间，回国的时候，大都在夏季，这是因为在六七月中，西南季风的盛行，可帮助他们的东渡，八九月间，西南季风已经停止了，和东北季风的流行，西来要比较便当得多。因为风力的关系，日本人来华的，在宁波上陆为最多；入口以后，顺着浙东的运河，经过余姚，绍兴，萧山，直抵杭州，再由浙西运河到江南各地，西上长安，北达平津，所以宁波是中日交通的门户，在唐宋以前，早和日本有了沟通。以后，葡萄牙人在明嘉靖元年的时候（一五二二年），亦到宁波来谋发展。到了清道光二十二年的中英南京条约的迫订（一八四二），宁波便开做五口通商之一。外人在宁波的势力，就此扩张了。

从上面一段的小史看来，宁波因为天然形势的优越，成为众矢之的，宁波商埠的兴盛，是当然的事，商人在这个环境之下，便活跃起来，他们的地位亦渐次的增高了，同时，更促进他们有经商的特有的技能。如今，全国的码头，差不多都有了宁波人的足迹。

现在，且来看宁波的经济情况：最值得注意的，是宁波的钱庄，它握有宁波金融界上最高的权威。我们听到过各地不少钱庄倒闭的消息,或是钱庄的本身已经到了动摇时期。但是宁波的钱庄,近年来宁波的钱庄很少有闭歇这回事。这是因为宁波有良好的信用制度,和宁波人的墨守成规,他们始终深信钱庄是最可靠的金融机关。所以,到现在宁波钱庄的势力,仍然是高出一般银行之上。

宁波和上海很接近,即自然得到了不少上海给予它的实惠;同时,使得内地的出产品像:草帽,席,扇,伞,绿茶,毛毡,粗布,药品,木器,花生油等,有了销路。不过,近来的几个年头上,宁波亦感受了宁波破产的重击。农产品的减少,和内地经济的病态,直接的会影响到宁波全部的经济,幸而它有那富有信用性的钱庄,来挽救目前严重的时病。

(《光华大学四明同学会特刊》,1934 年)

宁波钱庄之清理与复兴

楚 声

各地金融情形之危迫,不自今日始,履霜坚冰,由来渐矣。考其内在原因,固由于农村之崩溃;而外铄原因,则为八十余年外来经济侵略之结果。此次宁波钱业风潮之发生,自亦以此二者为根本原因。故信源发难,以致牵连及于二十六家之多,竟使全市金融,陷于停顿之境。吾人虽知其根本原因之所在,以兹事体大,非一朝一夕所酿成,自非一朝一夕所能补救。惟根本之补救,固非钱业一业之责任,而善后之办法,不能不借箸以筹者也。查已经济停业之钱庄,其名正义顺之善后办法,不外两途:一、备款清理,一、垫本复业。垫本复业一种办法,已由鄞县县政府之训令鄞县钱业公会,而鄞县钱业公会,已为之转令停业各庄者。在官厅以维持金融之流通为职志,自希望各庄之垫本复业,不知在此各地均感金融恐慌之时,其能备款清理、保持钱庄自身之信用者,已属难能可贵,至于垫本复业,在钱庄能力所及,讵有不愿之理,无如须视股东实力之有无以为断。股东之实力不充分,而欲强其一遵令实行,势所难能。且也垫本复业,较之备款清理,其难倍蓰。因复业之后,不能不顾到存户之提款,假令有四五十万之存款,势非先预备此数不可。但一经提出,流动资本,尚无着落。一方放出之款,当然非一时所克收还,故又须另备资本,以备流通。如资本十万元者,更非备足此数不可。非若清理时,一方可以催收放款以应付存户,即或放款不能催齐,则尽可备款先还存户。此可见垫本复业时所垫之本,必须多于清理时所备之款。如其不然,则上海永安银公司复业之失败,复将再见于今日,此一难也。

或谓商店垫本复业,并非无此先例,何独于钱庄认为困难?不知商店可以向债权者声明缓偿或分偿,苟得债权者之许可,即可营业。试问钱庄能否向存户声明缓提,而得保持其信用?假使有此声明,而该庄等于不复业。又商店以出售货品为营业,主顾交易之对象为货品,只须复业以后,货品之质量不变,即主顾仍可上门交易。而钱庄之营业恃信用,复业以后,限制提款,即失信用;欲完成信用,非储款充分,任存户提取不可。故商店尽可垫款复业,而钱庄则较为困难,此二难也。

在他国金融恐慌之时,政府为救急之计,可令银行限制提款,如此次鄞县政府,应付宁波钱业风潮,布告存户,只准每户每日支取百元是也。然此仅指现金而言,且为应急之计则可,为正常办法则不可;况过账未在限制之列。按过账虽为一种筹码,然街单之多缺,仍应有充实之后备以为挹注。在平昔同业缺单,以信用为保证,今则信用已因停业而破产,其无所持;试问更谁肯为之负责耶?故纵之复业以后,能入正常轨道,而政府法令,亦何所施?尤其为民营金融机关,与政府经营金融机关,立场不同。或有种种命令,如停兑纸币等,可施行于政府经营之金融机关,而不能施行于民营金融机关者,亦以立场有不同也。如政府为顾念金融前途计,为维持工商现状计,于命令垫本复业之时,更予以实力之救济:即一面令股东垫本,一面由政府借拨巨款,则股东之负担,一时不至过巨,或其能力可以勉强遵令办理者,不致发生困难;即对于复业进行上,亦可减除不少障碍。严令复业之政府,当不河汉斯言。而殷切盼望复业之民众,尤当以此建议于政府,而使其实现者也。否则,民营事业,在不违犯法令范围内,不能令其必开业。停业钱庄之股东,能备款清理,不使存户吃亏,即不触犯国法,安能令其必复业?在营钱庄者,一方因为社会服务,又一方为一己谋利润,而紧要条件,在资本之有无。资本矩少者,不能立时使之充裕;

苟无充裕之资本,纵有为一己谋利润,及为社会服务之心,亦惟有徒唤奈何而已。且股东苟有充裕之资金,与其停业而复业,何如对于停业之庄,备款清理;另行组织新庄,所有为社会服务及为一己谋利润之宗旨,仍不违背;而事实上,与垫款复业,难易悬殊矣。

总之金融机关,是出卖信用之商店,一经停业,信用立即动摇,固不问其原因之何在也。故已动摇信用之金融机关而复业,欲谋信用之恢复,当不完全在资本之充裕与否也。宁波此次风潮,亦不出此例。质之明远,以为然否?

(《钱业月报》,1935年,第9期)

宁波的金融风暴

魏友棐

一、宁波金融市场的大概

浙江有三大金融中心的城市:就是杭州、绍兴和宁波。绍兴是生产的区域,而宁波和杭州是近乎商业区。尤其是在上海未开辟商埠之前,杭州跟宁波都占有国际及国内商业上的重要地位。若单以杭州和宁波相比较,则杭州微近于都市,而宁波则是纯粹的商业中心。

在宋代,宁波就有市舶司,管理国内外商船进出的事。因为在那时,宁波不论在水陆交通上都占着相当的便利。

近世的宁波金融市场不能说不发达,有银行,也有钱庄,中央、中国、交通、四明等行,都在宁波设有办事处或分行,但重心却在钱庄。宁波的钱庄有一种特殊的金融制度,就是大家都知道的过账制。

什么叫做过账呢?过账就是交换记账的意思。大凡宁波的商场上款项,其根据的单位,大多数是过账,这种过账的款子,只能作为互相抵轧或登帐的标准,如果需要取现时,则须另外计算。例如甲商号收到一张乙庄的过账票据,甲号可以交付任何金融机关去收账,但是要乙庄付现,则必须另贴一种贴水,这种贴水俗称"现升",他的高下,是根据现洋的供求状况而定的。

因此,在宁波办货有两种行情,有过账,有现洋,你上市去买货如果付以现款,商店一定会付还你相当的贴水,因为他们的定价是根据过账洋的。

至于各钱庄的过账方法,连如甲号应收乙号洋一千元,甲号的往来是 A 庄,乙号是 B 庄,两号经过口头接洽之后,各通知其往来钱庄。A、B 两庄各将应收或应解的数目于过账簿内,互相交换簿子,互相核对,如相符,则过账手续即了。等到夜里,则由钱业公会将各庄的应收应付的过账款项加以清算。所以过账制,实具票据交换所的雏形。

因为宁波是过账的金融市场,对于款项收付,都以过账为代,所以现金的用途不繁。至于过账洋用途之浩大,其地位实在上海的汇划洋以上。

本文的目的,在研讨这次金融风潮的因果,因此对过账制度,只是一些简略的叙述,好在学者们早已有很详尽的研究书籍出版,便是宁波的钱业公会也有一本《过账须知》,备局外人参考的。

二、风潮之经过

宁波这次风潮的引火线,也由于上海的金融恐慌。六七月间,已有几家小同行钱庄的停业。在七月三十日一天中,因汉口源裕银号倒闭后,其中有几家钱庄的股东跟前者有关,于是,即起挤提存款的风潮,但因为事出不备,各庄所吸收的款项多已变为放款,因而周转不灵,无法应付,只得宣告停业。但钱庄的股东或关系人因有连带的关系,或者因为牌号的误传,在七月三十日一天中,又有大同行泰生、衍源、信源的停业,泰源、永源、五源三庄的宣告清理,以后继续有被挤倒闭者。全市大同行钱庄原有三十七家,仅存三分之二。

现在以日期为主,将倒闭各庄的牌号列举如下:

日期	大同行	小同行	现兑
七月三十日	信源、衍源、永源、泰源	五源	
七月三十一日	泰生		惠大
八月一日		恒茂、惟康	兴源、衍康
八月二日	余丰、景源、汇源、裕源、泰涵	泰巽、元成、承源、保和、丰大、宝兴、宝源	同春
八月三日	元康	恒裕	
总计	十一家	十一家	四家

这种联翩的倒闭,当地的人心受到极重大的影响,于是由当地行政长官出示限制提现,但结果并不能消弭来势。因之,在八月二日,后由行政长官在宁波商会召集银钱业代表,开紧急会议,议决六项办法:

(一) 各庄公单,不得逾十五万元,如当日过进者,有逾十五万元,其超过者,归同业分拆,由同业共同负责。

(二) 自即日起,存户提取存款,每户每日不得逾一百元,已经县府布告,各庄应共同遵守。

(三) 钱业公会会员,如认某庄缺单过多,得随时调查其拆单数目,遇必要时,得令其垫本。

(四) 请本埠各银行,暂时不收过账存款。

(五) 函请中央、中国、交通三银行,合借国币二百万元,以资救济。

(六) 已停业各庄,即日复业,过划照常办理,并将收付帐略,抄送商会审查,转呈县政府察核。一面各股东尽力增垫本,一面各存户之款暂缓提取。

上述六项办法,经八月三日的钱业公会通过,各庄都在设法复业中。

三、原因的分析

这次风潮的原因,可分下列说法:

(一) 信用制度的动摇

原来过账制度与过账洋,不外是一种信用。在人心稳定的时候,对于票据的信任力强,故毋须经过掉换现金的手续,而得予以流转。这种流转,代替现金的效用不少。尤因过账洋与现洋有贴水的关系,对于现今的需要上又加上一层制限。一般商社会为手续便利计,及利息的讨打计,自然愿意用过账洋,现金的效用反在空间的一边。因商业社会之信用过账洋,其款项的进出,也只在过账的钱庄集团之内,故钱庄的力量更加雄厚。这一次因了整个信用制度的动摇,不但不信任钱庄,而且不信任过账洋,演成资本逃避之趋势。因之,其波动的范围,乃为全体钱庄,而其演出的风潮,也不仅在一隅。

(二) 现金的缺乏

基于上述,宁波是过账的金融制度,对于现金的应用不繁,因之在平时的现底存额有[1]多；其所吸收的存款，类多零星存户，近乎储蓄存款，故其支出亦不多。宁波的钱庄极发达，而宁波的商业恰并不见如何进展，故其所吸收的资金，不能不转放于外埠，所留存者无多。有此种种，信用制度一动摇，已放出的巨额资金，大多数是定期的，一时不能收回；而平时不支取的存户，却一齐要支取现洋，这么一侵轧，就不得不宣告停业了。

（三）组织上的缺点

组织上的缺点，就是钱庄与股东在平时的欠检点。这次风潮的原因，由于股东的信用动摇，牵连及于有关系的各庄，颇多累及无辜。所以钱庄对于股东以及股东对于钱庄，两者实在太不协调了。因为钱庄是合伙组织，钱庄应该知道股东的能力，股东也应该体察本身的能力。如果股东自己知道不能负担应负的责任，应该早就脱离了股东的名义，钱庄对于股东也应如此。要知道金融机关乃是金融制度中分子之一，决不能脱离而独立；其所受的影响，也决不止本身而止。平时能够懂得这一层意思，则临变仓猝之举，自可避免。

（四）应付方法之欠敏捷

说到应付的方法上，似乎也只在治标的一方面。例如就六项办法说，提现不得过一百元的举动，对于人心的恐慌程度，是只有加深刻的。又如希望各银行不收过账存款一点，也不见有什么效验。因为这种制限，徒然加甚资金逃出埠际的倾向而已。最适当的办法，应该从金融机关的协调，和充实信用及现底的力量上着眼。当风潮初起的时候，钱庄本身能早一些加厚力量；政府方面，一方面能早日消弭挤提的恐慌，则恐慌的范围决不会有这样的扩大的。

四、结论

就上面的情形来说，宁波的金融市场本来只是一种畸形的发展，因为宁波在商业上来说，是一个入超的口岸，靠着旅外人士的汇入款项来弥补的。宁波金融机关吸收的资金，并不用之于宁波工商业之进展，反而流到外面去，这是一种失计。

近年农村极度衰落的结果，一般购买力也日趋低下，则金融状态的枯竭，自然是理想中的事。在这里，我们不能忽视一般小都市随时有发生恐慌的可能性。

---

[1] 原文"有"字可能是"不"或"无"之误——本书编辑者。

这一次宁波金融风潮,于各处的金融市场并不生若何影响。一般人以为宁波发生恐慌,则存在各处的外埠款项就须收回;其实这种存款,就宁波说,固然是一种巨款的放款,而分散到各埠,只不过沧海的一粟而已。

我们所希望今后的宁波的金融机关者,是应当巩固本身的信用组织,同时,不应该忽略金融事业与当地产业的连锁性。

八月八日

(《钱业月报》,1935年,第9期)

论宁波钱庄的组织

——兼质李权时先生

张家珂

这一次宁波的金融风潮,连绵到一个月,还没有到平复的时期,这自然是一件很不幸的事。影响所及,不但是一地的恐慌,就宁波的周遭而论,也因着宁波的风潮所激荡,遂有奉化、余姚各地接踵而起的同样情形。就在上海的立场上,因为宁波和上海的关系密切,引起社会人士的注意。他的范围,不但是宁波或浙东一隅,而且是广泛的。

这次风潮的起因,当然也同各处的风潮一般,由于恐慌的普遍性,实在是整个金融机关的破坏。但因为内地的银行不发达,所以受影响的也以钱庄为主。我们与其说是这次宁波的钱业风潮,则毋宁是说宁波的金融风潮比较妥当一些。

因为各处纷起的钱业风潮,所以引起许多学者对于钱庄的批评。这在钱庄而言,我们当然应该认为一种友情的诤告。这篇文章的动机,是由于读了李权时君《钱庄的前途》[1]一文所发生的感想。

李君的文章并不单指宁波的风潮而言,但笔者因为正想对宁波金融风潮说几句话,而李君指出钱庄应走的路,也正是一般人批评宁波钱庄的话。所以要跟李君探讨本问题,则以宁波风潮为例,是再正常不过的。

关于宁波风潮的专文,已有多人说过,本文只在宁波钱庄的组织方面说几句话。

---

[1] 李权时《钱庄的前途》一文,发表于《钱业月报》1935年第9期。

一

这里略述风潮的经过：

风潮的起始在七月底，延长到八月三日。在这短短的一周中，大小同行倒闭者共二十六家。我们知道宁波是一种过账制度的金融市场，任何商业上的交易都须跟钱庄发生关系。我们意想到几日内崩溃了全体金融机关的三分之一时，就可以意想到这事态的严重。

虽然当地的政府为安定人心起见，曾经想了许多办法，想消弭这次恐慌，可是结果并不生效。最后方由政府方面限期要停业的钱庄数复业，并令各庄垫本。当时因为各庄的情形不同，并不能全数垫出，但也不能不即日开业，所以在笔者写此文时，宁波停业各庄，虽名义上已复业而实际则并不经营业务。这理由，也同各地的金融机关一般，是放出的款项不能收回。

宁波的金融风潮是有一般性的，因此关于宁波的钱庄的组织上缺点，是不是足以为这次风潮的导火线，是值得研究的。

受风潮牵连的钱庄，包括大同行、小同行及现兑庄共二十六家。这种停业，其普遍的因素则为周转不灵。这里我们调查受影响的二十六家钱庄牌号、资本、股份、营业额，以及当地政府强迫垫本的数目如下，作为判断的根据。

牌号	资本（元）	股东及股份	经理人	营业总额（万元）	令垫资本（万元）
衍源	六六〇〇〇	赵占授　三股 徐霭堂　一股半 徐可城　一股半 郭渔笙　一股 周巽齐　一股 邱焕章　一股	邱焕章	一二〇	八
信源	七二〇〇〇	赵占绶　二股 徐霭堂　二股半 严祥琯　二股半 秦善富　一股半 郭渔笙　一股 赵恩琯　一股	赵恩琯	七〇	一二

续表

牌号	资本（元）	股东及股份	经理人	营业总额（万元）	令垫资本（万元）
永源	五五〇〇〇	严祥琯 四股半 俞溢卿 二股 陈子埙 一股半 赵占绶 一股半 周巽齐 一股 戴菊舲 一股	戴菊舲	三〇	免
泰源	五〇〇〇〇	严祥琯 四股半 秦善富 一股半 赵占绶 二股 俞佐廷 一股 周巽齐 一股 陈子埙 一股	周巽齐	一〇〇	
五源	五〇〇〇〇	赵占绶 二股 严祥琯 一股半 李霭东 二股 严子裕 一股半 俞佐廷 一股 陈子楚 一股 毛志切 一股	毛秀生	六〇	六
泰生	七六〇〇〇	陈衡甫 一股半 陈玉堂 一股 柳笙源 一股半 李振玉 一股半 郭渔笙 一股 赵占绶 一股 陈子壎 一股 赵松源 一股 沈亮夫 一股 陈光裕 一股	陈光裕	八〇	

续表

牌号	资本（元）	股东及股份	经理人	营业总额（万元）	令垫资本（万元）
恒茂	六六〇〇〇	蔡仁立房　二股半 薛春生　　二股半 郁震东　　二股 忻耘青　　一股半 李泉才　　一股半 应彭年　　一股	应彭年	六〇	
兴源	二二〇〇〇	杜仲甫　　一股 叶增德　　一股 严东阳　　一股 戴崧生　　二股 赵安灏　　一股半 周庆华　　一股 乐益记　　一股 孙余庆　　一股 励锦棠　　一股半	励锦棠	四〇	
惟康	五〇〇〇〇	宋莲生　　三股 柳生源　　三股 蔡仁初　　二股 林晋生　　一股 董善庆　　二股 王祖茂　　一股	王和茂	五〇	二
景源	五五〇〇〇	徐霭堂　　二股半 柳生源　　一股半 吴友生　　一股 徐可城　　二股 周翊庭　　二股半 赵时泉　　一股	赵时泉	六〇	五
余丰	六六〇〇〇	邬芝年　　二股 陈子埙　　二股 陈春霖　　一股半 童游湘　　一股半	张芝芳	五〇	八

续表

牌号	资本（元）	股东及股份	经理人	营业总额（万元）	令垫资本（万元）
余丰	六六〇〇〇	王桂福　一股 李廷泉　一股 王启慧　一股	张芝芳	五〇	八
汇源	五五〇〇〇	李瀛翔　二股南[1] 周季欢　二股 徐霭堂　二股 袁仰周　一股半 徐可城　二股 王渔生[2]　一股	王渔笙		五
裕源	六六〇〇〇	徐霭堂　二股七五 徐可城　二股二五 周也达　二股 冯孟颙　二股 周翊庭　二股 裘宋珏　一股	徐茂堂	九〇	一五
泰涵	五〇〇〇〇	李赞唐　一股 李博九　一股 李继明　二股 李光耀　三股 李连璇　三股	林梦飞		一二
承源	三三〇〇〇	徐霭堂　二股 吴彬珊　二股 施骏烈　一股 袁康祺　一股半 陈如馨　一股半 陈生林　一股 吴福年　一股 戴有恒　一股	戴有均	六〇	五

[1]　原文"南"字可能是"半"之误 —— 本书编辑者。
[2]　股东中的"王渔生"，与后一栏之经理人"王渔笙"可能是同一人，但印刷时名字出现错误 —— 本书编辑者。

续表

牌号	资本（元）	股东及股份	经理人	营业总额（万元）	令垫资本（万元）
宝兴	三三〇〇〇	黄世谦　二股 朱元鼎　一股 朱远雷　一股半 穆钦霖　三股 盛崟觐　一股	朱椽青	五〇	八
宝源	二二〇〇〇	徐霭堂　四股 冯孟颛　二股半 屠荷蕙　一股 施骏烈　一股半 周之贞　一股	徐芝馨	五五	七
元成	四四〇〇〇	虞山北　五股 沈心德　二股 屠仁政　一股 忻耘青　一股 孙宝林　一股	陈子康	六〇	一二
保和	三〇〇〇〇	李廷泉　二股 周沐清　一股 顾宗瑞　一股半 张旭燮　一股二五 谢东昌　二股二五 侯才均　一股 周公荫　一股 姚维章　一股	周正冠	七〇	六
泰巽	二〇〇〇	徐霭堂　二股 徐可城　二股 李畴德堂　三股 周翊庭　二股 陈兰孙　一股	屠芸馆	三〇	一〇

续表

牌号	资本（元）	股东及股份	经理人	营业总额（万元）	令垫资本（万元）
丰大	五〇〇〇	李廷泉 一股二五 陈生林 一股二五 邬芝年 一股二五 朱椽青 一股二五 俞佐廷 一股 陈满生 一股 周永升 一股 包时镛 一股 陈绍周 一股 杨尔康 一股	杨尔康	五〇	免
同春	六〇〇	未详		未详	一〇
元康	一〇〇〇〇	未详		未详	六五
恒裕	二〇〇〇〇	未详		未详	一六
衍康	——	——		——	——
惠大	——	——		——	八

二

就上述表格中，我们可以得到一个笼统的观念。从这个观念中推索其受风潮牵累的主因，不外如下各端：

（一）营业支配方法的特异

宁波钱庄的营业方法有一种特异之点，而不能在上表中看出的。这种特异，就是他们的放款，并不在本埠流通，而是存放到外埠去。其主要的存放区域，则是上海。据调查，各庄存放到上海的款子，每年大约有二千多万。这缘故是因宁波平日对于现金的使用不繁，其所吸收的款项又是多数是零星存户，不虞提取。又因为宁波是入超的口岸，各种洋货的输入，必须藉上海的转口，因此金融机关不能不把款项存到上海以待购货的支付，这情形，正有些上海的银钱业跟洋商银行的关系相同。宁波是入超的口岸，而其收支的差额则仗旅外同乡的汇款相冲抵。所以收入的一方面多是一些不大运用的资金，而放出去的款子则往往是为商业上的运用。

宁波并不是生产的口岸，所以实际上对款项的运用也不繁的。

上述的特异之点,在平时,一方收入,一方汇出,固然不生什么问题,可是在发生风潮的时候,收入方面的存户都来挤提,而放出的款项,不能立即收回,这是不得不出诸停业的一因。

(二)股东股份之雷同

照上表看来,有许多股东跟股份都是雷同的。我们知道钱庄的股东是负无限责任的,与银行股东不同,又因其是连带负责的关系,所以每庄有一二股东相同,就要受牵连的影响。假若股东某甲,在乙庄占有股份,同时在丙庄也占有股份,假若乙庄宣告破产,又假若某甲的资力不够,也不得不宣告破产,那时丙庄的其他股东除非那时某甲已经脱离,否则对丙庄某甲名下的责任,也须连带负责,如此辗转,互为负责,所以一庄的牵动,往往又及于全体。宁波的钱庄股东既有许多雷同的,在平日安静的时光,股东方面可以藉各庄的力量,互为融通周转,但在全线崩溃之时,则无异一股东须负全体钱庄的责任,兹举例如下:

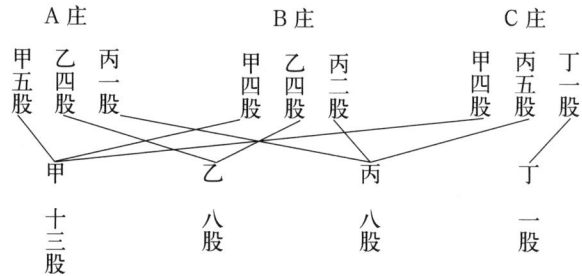

照上面的例,甲、乙、丙三人合资开设A、B、C三庄,同时加入丁的股份。照例,丁只要负C庄十分之一的责任。可是在风潮之中,甲、乙、丙三人因为负责太重,假若宣告破产,又假若甲、乙、丙三人各在C庄都曾有欠款去维持A、B两庄,则丙庄的清理以后,庶必致于使丁一人独负其责。虽照理论,不必有此,而事实则固有如此者。于是A、B两庄的清理,C庄即亦不得不清理,这是当然的事。

宁波的钱庄股东因互相牵连的关系,在这几日内仅乎牵及三分之一,照上例看来,我们还不能不认为大幸的。

(三)少有合作的精神

照此说来,宁波的钱庄有互相牵连的关系,照例是应该互为合作的了,而事实则并不如此。宁波因为现金需用不繁的缘故,所以存底不多,但联合准备却是不可少的事。假若一庄的风潮能够藉同业互相合力的帮助得以安渡,则人心既可安定,各庄也不致波及。我们对于这次风潮的巨大,在股东方面负责太重,固然不忍加以苛责,而对于同业方面的合作精神,则不免认为遗憾的。

三

上面是述宁波金融组织的缺点,这里想同李权时先生讨论钱庄的前途。

我们听得全国的金融机关都在动摇之中,宁波不过一例。这个例当然不能是行为钱庄之咎的,而不幸李先生却着目于此。因此就以宁波风潮为根据,提出做讨论的例证。

李先生的文章附在本文的后面,现在只提出大旨。

李先生云:自去年美国提高银价之后,各地金融业,倒闭时有所闻,而钱庄较银行为甚。钱庄之前途之有无希望,胥视营钱庄者能否适应新环境,赶上新潮流,改良其内部组织,刷新其运营方针以为断。

李先生"适应"、"赶上"、"改良"、"刷新"之方针有四:

一、国人不欲经营钱庄不已,如其欲之,则必巩固其组织,雄厚其资本,若能洞察世界大势改为银行,则无论有任何大风潮,与国家银行通声气,必可稳渡难关。

二、人事日繁,一切事业必须有纪律,及科学管理方法。办事不拘时间与方式,前者为钱庄的优点,即今日之不利点。

三、钱庄股东负无限责任,为本票流通无阻之最大原因,但最近自倒闭钱庄之股东不负赔偿责任以来,信用已失,此后宜改良管理,限制经理权限,增大股东顾问权,慎重本票之发行。

四、信用放款宜改为抵押放款。

上面李先生的话不止这些,是笔者缀合的,好在原文俱在,可以参照的。上面只一些大意而已。

李先生以为钱庄受难甚于银行,其实李先生不知乡间银行本少,既无开设,无从倒闭,若以上海为例,则就有例可举,所以李先生的观念是不对的。

一、这一条是一种笼统的概评,所谓巩固组织的方法如何,雄厚资本到如何限度，并未谈及。要之，资本的大小，须视范围大小及地方情形而定，不能一律如此。至于改为银行就可以避难的话，则以上海为例，风潮之来，同受影响，无分彼此。组织完美当然可以立足，有病根者不必风潮也受影响，不必拘于名义。至于以为改了银行之后可以向国家银行拆借款项一点，则我们对于中央银行的救济金融机关的方法是知道的，未闻有专门救济银行的限制。

李先生一定要举宁波为例，说宁波也有银行为什么不受影响。我们可以举出宁波也有三分之二的钱庄到现在还存在，失败的原因，恐怕不是由于名义的。

二、办事的纪律问题，我们认为是一种管理方法，而不是钱庄的缺点。就以李先生的观察，中国金融风潮由于美国购银。那末，假若全国的银钱业都能有划一的纪律，试问金融风潮可否即日平复？何况钱庄的办公也有一定时间的呢？

三、关于钱庄的股东责任问题，这是钱庄在组织时应该注意的一点，但这种弊端，我们要设法矫正他，并不能依照李先生因噎废食的方法，因了现代少数钱庄的缺点而抹杀了全体。

就照宁波的钱庄为例，我们觉得股东在认股之前须要经过长时间的考虑。自己以为力量不够应付的话，则宁可不勉强，以免贻误将来。假定股东各有雄厚的力量，或者专心一致的去维持一家钱庄，任何大的风潮，他们应该负担的责任，决不会在一庄范围以外的。

四、将信用放款改为抵押放款的话，这原是一般人批评钱业的话。我们提出抗辩的，是在严重的局面下，则抵押放款的呆滞状态，并不和信用放款有异。即以宁波而论，风潮的动机由于放出的款项一时不能收回。这种呆滞的款，信用放款然，抵押放款亦然。在市面严重的时候，信用放款，一时固然难以收回，而抵押放款的抵押品在短时期恐亦不能变现。至于转押而论，则在非常时期中，恐亦不是很容易的事吧。

总之，各地的钱庄风潮，由于恐慌的内在性，不能咎其为银行或钱庄，但措置的得法，当然可以免将事态的扩大。李先生所举的例，我们只能认为是一种钱庄人事的管理失宜，而不是钱庄本身的缺点。若以宁波的风潮经过而论，则宁波的钱庄，假若以后对于自己的缺点能够改善，则虽不改银行，也一定能够复兴的。

我们认定李先生所举的路,并不是钱庄的正轨。至于如何是钱庄的生路,容另文述之。

八月廿六日

(《钱业月报》,1935 年,第 9 期)

宁波钱庄风潮的感想

拙庐

宁波钱庄,因过账制度独出蹊径鸣于世。民初之时,为全盛时代,业务之迈进,与夫社会人士之信仰,现金之窖藏,除若干存储于典当,及少数股商外,佥集于斯。晚近之世,银行勃兴,民气大开,以昔重视钱庄之心理,转而向往于银行,遂至钱庄业有黯然消沉之趋势,其故以社会之不景,农村之衰落,固无讳言。然不佞于钱庄本身,因墨守而无改进,渐渐暴露自身之缺点,致启存户之疑窦;兼以社会人士思想之活跃,投资于公债,又以钱庄利息之低微,转移银行。推而及之,以至穷乡僻壤之民,均售其田畴,贷其簪珥,以存放滋息者,所在多有。职是则钱庄之资财愈削,钱庄之基础愈弱,一遇风波,即致存户提存。在畴昔商务兴盛有代钱庄挤提为其致命之关键,矧乎处此百业凋敝之秋,钱庄贷款一时无法收集的款不多,夫以杯水之积,欲救车薪之焚,其周转之不灵,而致停业者为当然之事实耳。况更有无积款之钱庄,仗同行拆单以济缓急者,所能防止者乎?盖钱庄比年来已成强弩之末矣。长此以往,后患奚若!此次风潮,钱庄之停顿达三十家,其形势之严重,盖有胜于洪水猛兽者矣。考其此次倒闭之由,厥有数端。爰析言之,以便明达诸公关怀宁波金融事业者,加以对症之良剂。既惕已往,用匡将来,是不佞之所以属望者也。

一

阅报载,首先受影响者,为信源大同行,当时轧缺仅四万元耳,在此区区四万元之款,以三十二庄大同行设以每庄千元调剂之,足有消钜祸于无形。乃以各自为政之政策,以观望之态度,不予援手,遂至提防既决,决不可收拾,星星之火,竟至燎原,此实基于钱庄诸公抱"各人自扫门前雪"之主观根本谬讹也。

二

报载以信源、衍源、泰源、永源、五源等之钱庄受轧,以某股东营业稍有不利之故。此在于各该钱庄除应力事紧缩、未雨绸缪外,尤应先集合各该数庄,互相磋议,预先垫本,以作准备,或开紧急会议与其他同行商榷,示以借贷以作应援。迨事变既作,迅雷不及掩耳,是欲从容以应付,固已无讨论余地矣。

三

钱庄中之股东,率有联号关系,每有同一股东拼设数家钱庄,如甲庄挤提,乙庄常感同等影响。盖存户率一味盲徒[1],以为甲庄之倒,甲庄之某一股东与乙庄同,则乙庄亦不稳矣,于是甲庄倒,而乙庄继之,演成连弩式之挤倒。不佞意同行中,会此时应审察事变,或于甲庄倒后,尽量支持乙庄;或于乙庄倒后,仅[2]量维持丙庄。视某一内容完整为依归,免昆岗失火,而玉石俱焚。夫当时援一庄之力,当较拯二庄为少,既可策自身安全,又可保滋蔓之难图。

四

某存户存款于甲庄,如甲庄有谣诼后,必至提存。然提出现金什藏于笥者,当在少数,是必转存于某一庄。事实上,甲庄之欠缺即某一庄所盈。不佞以为某一庄之所盈,当日即可拆与甲庄。如此则甲庄实缺而不缺,以子之矛,攻子之盾,循环旋转,于不知不觉中将存户款项一移转而已。又况宁波为过账制度,如甲庄划出于乙庄,或丙庄,均稽钩可查。如甲庄实内容不佳,则乙庄拆洋恐虞代人受过者,则可订之于业规,如确实为维持甲庄,其他同行应互为分负,即甲庄不幸得享有优先权,设若存户提现亦可令其告明,何家绝对落低。

五

筹设准备库,会员庄共同加入,效法上海钱业准备库,司调剂各缺盈虚一责。设如有欠缺,当以准备库为尾闾。准备库或一月常会,十日临时会,集议会员之庄各东资力之消长;或互相团结,作联络业务之商榷;或进行之兴革。因晤会之时多,

---

[1] 原文"徒"字当为"从"之误 —— 本书编辑者。
[2] 原文"仅"字当为"尽"之误 —— 本书编辑者。

友谊之因愈挚,免得有倾轧歧视之憾。如遇有非常时,得由中交银行迅筹援助,盖同为社会服务,自当不分畛域也。

六

畴时存户之信仰钱庄,因钱庄之股东率非殷商莫属,即不幸清理,本金当无问题,故存款于钱庄者,可高枕无忧。钱庄有悠久历史,此亦为其因素。今每有不良钱庄,专力经营投机买卖,或蹈空而倒,或某一股东倾覆,而至力量减少。同行事先当一有风声,慎加审察,必要时会同召集以公议之,或加以制裁,务保存款之安全。

今兹各行衰敝,其有自力经营者,能有若干,其渴望钱庄调剂,岂啻亢旱之盼甘露。不佞甚盼钱庄当轴诸公,如以愚见为可采,当急议而决行之。自身既固,而后可言救济工商各业矣。复兴市面者小,而民生所关实大,不知宁波钱庄诸公以为如何?

(《钱业月报》,1935年,第9期)

宁波之钱业与最近风潮

陈敬延

一、赘言

近年以来,我国外受世界经济恐慌之影响,内受天灾人祸之游至,衰落日甚。各国因经济恐慌之结果,均竞思奖励输出,减少输入,采取各种方策,以彼此抵制。吾国关税不能自树壁垒,又未能确立经济恐慌之对策,遂为各资本主我国家之唯一倾销市场。同时因通国受天灾人祸之结果,兼之去年美国实行白银政策,而形成市况逆转、现金缺乏、工厂破产、商业收歇之局面。

产业界处此动摇激荡漩涡之中,与之唇齿相依关系最密切之金融界即起极大之恐慌,而尤以钱业为最。试观二十年大结束后,各地钱庄倒闭家数之多,几及近三年来之半数,其衰落之速,诚足以令人寒心矣。

二、宁波钱业在金融界之地位及其优势

宁波钱庄有二百余年之历史,素以股东殷实、信用卓越著称,资本最多者为十万元,少者数千元。论其组织,泰半系属合资经营。其盛时放款总额约在六千万

元左右，其地位之重要，自昔已然。五口通商之后，宁波地位虽远落上海、广州之后，而其金融市场之发达，与旅外人士经商势力之雄厚，依然与全国金融发生极密切之联系。近年来，虽有银行之增设，然范围均不甚大，与本地工商业间尚甚隔膜，故握宁波之金融中心仍为钱庄。

宁波钱业既能握金融中心，必有其特殊之原因存矣。除以过去获得社会之信仰外，厥惟其特殊之金融制度——过账制度。此制度并不以票据为收付之工具，而以过账簿代替商场上收付款项之中介。譬如：

甲、乙、丙商，甲商应该付于乙商洋五千元，甲商与丑钱庄有往来，乙商与子钱庄有往来。甲商乃在其往来钱庄之过账簿上抄出丑钱庄洋五千元，乙商在其往来钱庄过账簿上抄进丑庄洋五千元，钱庄验理印鉴无讹，明日各出一纸（俗称"摘草"），相交核对，数符即准以行。故甲、乙两商之借贷关系，一转而为子、丑两庄之借贷关系矣。

根据上述情形，则庄家代理顾客收款多于付款，即是多单；付款多于收款，即是缺单。多单拆出与其所信用之庄家，缺单以其信用向多单庄家拆进，互相抵轧，以资周转，此谓"轧公单"。其剩余之数再由值日公庄，次日过账理清，此谓"小公单"，手续甚觉迅速，参加轧帐之范围，只限于大同行。小同行、现兑庄均须委托大同行代理，自己不能直接过账。

吾人既明过账之约略情形，可知其实有减少劳费、避免危险、节缩通货，与票据处交换所同样之功能。钱业具此在金融上之特殊优势，发荣滋长，盛极一时，虽受不景气之影响及银行势力之侵入，仍不失为宁波之金融中心也。

三、宁波金融风潮之主因

宁波钱庄去年虽有大同行保慎宣告清理，五源、元大分别改组，小同行丰和、恒康、元利等停业，大多系属周转不灵，亏耗均大甚巨，然已显示宁波钱业恐慌时期已将来临。自上海金融风潮发生后，甬埠钱庄，已呈不安。七月二十九日，空前未有之金融风潮即开始爆发，先后停业达三十三家之多，大同行有信源、衍源、泰源、永源、泰生、汇源、景源、裕源、余丰、泰涵、元康、瑞孚等十二家，小同行有恒茂、五源、惟康、承源、宝源、宝兴、元成、保和、泰巽、丰大、恒裕、恒大、慎益、恒祥、恒春、同春、萃泰等十七家,现兑庄有惠大、衍康、兴源、同春等四家。而各庄内容大都均收付足以相抵,丈余者间亦有之,全属一时周转不灵,无法维持。兹将其原因略述如下:

(一)受沪汉金融风潮之影响——六月底上海金融风潮发生后,继之有汉口源裕银号之倒闭。其股东有与宁波钱庄发生关系者,致启一般存户之怀疑,纷纷提款,是为风潮发生之最初原因。

(二)信用放款制——是为钱业之标榜政策,亦为钱业惟一之优点,颇合我国中下级商人习惯。然今日一般不景气状态下,工商衰落,农村破产,个人信用动摇,标榜政策随时代潮流而没落。宁波钱庄去年上海一埠放款一千六百万元,不能如数收回,乡村放款,亦多延期,遂成资金呆滞状态。

(三)流通资金(准备金)之告立——在宁波特殊金融制度下,钱庄准备向不充足,所收存款,素无定活之分,悉用之放款之途。多单之家,其所多之数,即为其流通资金。缺单之家,更无论矣。当市面稳定时,尚能尽量流动。一旦发生风潮,信用动摇,金融失其调节。同时现升高涨,人心愈见虚弱,风潮愈大。钱庄不论多单、缺单,难以应付现金之支付,势不得不出诸停业一途;倘股东股实,垫本复业,时所未许,其受名誉上之莫大损失,何得而偿。有准备库之组织,纵有提款,不难从容应付,稳渡难关,当不至愈演愈烈,如是之甚。此吾人引为极大憾事也。

(四)过账制度容易使信用过度扩张之弊害——过账制度,原为提高信用之效用,增进商业社会之机能。适度用之,则有利益,不善用之,或不适度用之,则反有弊害。宁波钱业以同业拆单,互相抵轧,故往往少数庄家,以其信用,缺单甚巨,以殖利源。故营业无形扩大范围,一遇风潮无法应付。

(五)存款无保障——钱庄所收各方存款,具以其股东经理及庄家之信用所招来,故一旦某股东或经理信用动摇,便可影响全局。存款一日可以提尽,此实为金融之大忌,而《宁波钱业营业规则》第十六条复经规定:"同业拆单,系维持金融之流动,实无图利之可言。设有同业不测等情,应先将放款期票提出作抵,如有来款,提早归还,有优先权,与普通债权特别办理。"是何异对存款债权法益种种限制,则存款之保障何在?存款既为钱庄之流动命派,如是存款安放钱庄,将视为畏途,此种自绝政策实其根本错误也。

（六）由于同业不能维护——宁波钱庄力量分散，团结毫无，彼此猜忌，故此次若干钱庄，内容充实，然同业拆单，未予流通，以致受迫停业。吾人处此危急存亡之秋，整个钱业允宜团结一致，互相维护，力求本身组织之健全，方为上策。乃如《钱业营业规则》第七条丁项原为："庄家收入现款及盖印对实之款，一经入账，即应作实，不论是否为债务人归还，入账后，纵发生何种纠葛或诉讼，均不得将入账之款提回。或受其他方面之支配。"本年度二月修正于原文下添加："惟遇庄家中途停业，虽盖印对实之款，亦准照驳。"是可知同业中已发生破绽，彼此猜忌，缺乏团结一致之精神，非偶然矣。

（七）由于资产负债之秘密——我国钱庄其资产负债均不宣示外人，因此社会对钱庄之信仰，仅为股东或经理个人之信誉，不知钱庄之真实状况。一旦发生变化，存户对钱庄之信用全失，影响所及，少数钱庄辄遭无端波及。如将资产负债明白公告，则社会对钱庄之信用，自然提高，亦足以安定金融巩固自身也。

（八）由于驳账之弊害——驳账为宁波特有之名词，即即日对归之账，次日四时后方能作实。原为防止影戤起见，然其弊害亦因此而生。如此次风潮一起，金融恐慌，大小同行有联带关系者，不论其信用如何，群起驳账，信用隳毁，遂不得不陷于绝境。

四、宁波金融风潮之救济

当风潮汹涌波澜壮阔之时，当局为安定金融起见，由县府布告限制提现，八月一日由专员署、县府在商会召集银、钱两界开紧急会议。会议结果，决定救济办法六项如下：

一、各庄多单不得逾十五万元，如当日过进逾十五万元者，其超过额归同业分拆，由同业共同负责。

二、自即日起，存户提取现款，每户每日不得逾百元，业经鄞县政府布告明白限制，各庄应共同遵守。

三、钱业公会委员会，如认某庄缺单过多，得随时调查其缺单数目，与必要时，则令其垫本。

四、希望本埠各银行，暂时不收过账存款。

五、函请中央、中国、交通三银行，合借国币二百万元，以资救济。

六、已停业各庄,即日复业,过划照旧办理,并将收付帐略,抄送商会审查,转呈县政府察核。一面各股东尽力垫本,一面各存户所有存款,暂缓提取。

综观上述六项办法,似非救济钱业之具体办法;钱业公会亦未组织特别委员会,管理其事,故其成效,殊不多见。其最获成功者,为第四项办法,首得银行界之允许,是亦理所必然。盖银行收受之过账存款,原是只许在钱庄间互相转账,当日不可取现,完全委托钱庄代理。如是则银行收入巨款过账存款,既不能提现,同时银行将此巨额存款,必存入信誉较好之钱庄。信誉较好之钱庄,亦有拒收银行存放款项之倾向,盖接受银行存放款项,在银钱市场势成多单,拆放与同业缺单庄家,即多负一重危险。银行方面过账存款提现,当不能以过账存款只能支取过账款项为拒付理由。则银行须增加准备,而遭损失。固不待钱庄请求,已觉其在此恐慌期间收取过账存款之不宜矣。

其最重要者为第五项办法,实为救济停业钱庄之生命线。虽经宁波当局连日在沪奔走进行,然各银行以无确实之担保品,未允贷给。故所谓二百万元借款,仍属毫无结果。

外求之救济办法,既未得要领,属于内者之其余四项办法,一、二两项办法各庄均未切实遵守,第三项办法,钱业营业规则第乙、丁两项似有同样规定,而第六项办法,却是一面复业,一面将所有款项暂缓提取。试问过划不通,何得而称复业耶?不如直截痛快,而曰"关门收账"为妥耳。

五、结论

宁波之金融风潮虽渐已平息而趋安定,六项救济办法既不足以言救济,则今后停业钱庄复业之关键,似已侧重停业钱庄本身之垫本。关于垫本一事,经当局颁停业钱庄三项处置办法,明令同业拆单不能提前归还下,虽略有进展。然前途暗礁仍多,未可乐观也。为今之计,停业钱庄应不畏艰难,尽力垫齐,一方由全体钱业力予援助,促其实现。此后仍须本过去之教训,力矫弊害,谋业务上之改进,健全本身之组织,充分发挥其对社会应尽之机能,则不但为钱业之幸,即整个社会国家亦蒙其福利矣。

八月廿八日

(《钱业月报》,1935年,第9期)

第三编

文化与教育

一、文化教育概览

宁波的文化运动

陈企白

静庐要我做这篇文,我提起笔,心里先惭愧起来。宁波文化运动的能力,实在薄弱得很。宁波的社会,是死的,不是活的,虽有一二抱着改革志愿的人,但是社会里面,已成麻木不仁的征候,虽有演讲,一般人听而不闻,虽有印刷品,一般人视而不睹;一切运动,几乎都失了效力。

现在将去年五四以来,大略经过情形写在下面:

(一)印刷品

可分二种:(一)由团体发行,(二)由个人发行。由团体发行的印刷品,除零星不计外,有救国十人团联合会的《良心》,商业公团的《民意》,及小学联合会的旬刊,都是我和一蝶、臻庠及几位同志编辑,都是送阅的。可惜经济有限,不到十期,都停版了。后来中等以上学生联合会也出一种周刊,内容芜杂得很,而且有人提倡奴隶道德,反对新思潮,有某校学生,竟和我大开笔战,真是笑话!我也不要多说了,偌大一个宁波,几千学生中,新思潮的命运,竟到这般田地,一叹!

由个人发行的《炸弹》是我编辑的,还有一种《时鸣钟》,是了烦编辑的,大致尚不错,现在都已停了。

不定期的印刷品,既然寿命很短,不能餍阅者的望,难道宁波没有日报吗?宁波只有一种《四明日报》,他是抱闭关主义的。不关痛痒的论调,满纸陈腐的新闻。什么叫新思潮 —— 文化运动,他那里懂得!有人叫他《呜呼报》《水、火、盗贼报》,真是话非无因。但在此时能在宁波文化运动史中,放一大光明的,《时事公报》就产生了。

我们几个同志，要显出宁波文化运动的色彩，所以创办这个报纸。出版后，果然受大多数人的欢迎。但是除了一蝶、痴民、尘芥、静庐几个朋友外，却没有什么人来发表意见，可知这桩事，还没有引起一般人的注意，这是我们积极运动声中的悲观！

印刷品大略这样，现在且谈演讲罢。

（二）演讲

小学联合会的演讲部长是臻庠，救国十人团联合会演讲部长是我，还有各界联合会演讲部长，我可记不清了。这几个团体的成绩，颇为一般人所称道。中等以上学生联合会也有演讲部，除露天演讲外，又常常到戏院等处去演讲。

从演讲而想到表情演讲，所以去年我们有表情演讲团的组织，大略如新剧，欢迎的人很多。

过去的情形，已经谈完了，在那永续不断的路程上，我们应该本着奋斗的精神去做！

（《新人》，1920年，第4期）

"芳子姑娘"游宁波

（鄞县的文化报告）

（宁波通讯）在枯寂的鄞乡，由友人的介绍，定阅了一份贵刊，得以每星期翻读，这是何等的愉快！

现在对于在宁波的文人近况，告诉你们：

宁波文学社——成立已年余，主要人：史济行、戴行轺、邹枋、李远鉴等，曾出版《宁波文学周刊》及半月刊，可是时继时绝，最近闻将出季刊。

《绿野月刊》——只出版一期，内有史济行的《硬抢来的（或者是偷）》，张资平的一篇《芳子姑娘》，和其他满篇的"女人呀，肉呀，唉，哟"的几篇作品。

报上的文艺副刊有：《民国日报》的副刊，前由《谁作孽》的作者陆鲁一编，后改为《青白红》，近又易他人编辑。

《时事公报》的副刊《憧憬》，系《水泡》的作者邬一蝶编，自本年起改为三日刊,编者明虽仍一蝶,实则由何揆一主编,一蝶只每期写小品一篇而已。

其他小数的文艺团体虽有,可是缺乏经费出版,而报上的副刊地位又借不到,只是在酝酿着而已。

(《文艺新闻》,1931 年,第 14 期)

宁波文化轮廓

酉生

在简短的篇幅中,要将宁波文化很详尽的写出来,这是一件困难的事;现在只能描写它的轮廓,换句话说:以表现出宁波社会的意识形态为止。

宁波是中国的一部分,固然不能把全个中国当中割取宁波一部分来说明它的文化。然而宁波亦自有其特征:就是在经济现状上,进口货超过出口货——不论是生产品或原料——这可以从金融界中有一种所谓"现申"看出来(宁波商人向上海定货是用现银的,而入口现银不能比出口多,于是就感到现银不足,发生现申)。所以宁波的市场,只是一种消费的市场,没有大规模的商店或公司,略有资本的商人,大都向外埠去发展,而知识分子也跟着资本家到外埠去。剩下来的是在大都市中不能生活的顽固文人。因此,宁波虽是五口通商之一,而封建意味要过资本主义意味。

先来说一说日报吧:历史比较长一些的《时事公报》也曾受到五卅的影响,提倡过新文艺,布尔乔亚的文艺,最早是在副刊《新月》上表示的,后来改为《憧憬》,改为《大家》,然而终于变为现今的《珊瑚网》。《珊瑚网》和前者不同之点,是前者是代表布尔乔亚的,后者是代表封建的。一改之后,销数竟增加一千份,这是很鲜明的例子。后出版的《商报》,为顾全营业计,固然不能不走这路子,就是号称党报的《民国日报》,也在它的副刊中登载什么某某阁随笔,某斋谈片等类文字,不是这样,便没有人要看。

杂志是好久没出现了,今年出版的《出路半月刊》,因为富于浪漫主义成分,得不到观众的欢迎。

近今发生的有两个文化团体,其一是"怒吼剧社",观其章程,有"以提倡新兴戏剧为宗旨"一句,最近又将公演《五奎桥》一剧,可以说比较有声色了,然而是不是得到观众之同情,还是问题。其一为"鞑靼文艺社",观其社名是很有革新意义的,可是里面的分子,多数是洋场才子一流人物,发生裂痕是旦暮间的事。

末了,再说下层群众吧:我今年春季曾到和丰纱厂四周去玩过,见工人家里放着不少的连环图书如《火烧红莲寺》、《狸猫换太子》、《彭公案》之类,以及某某宝卷,最高等读物要算《七侠五义》及《三国志》了,因此,宁波竟没有一种大众的刊物。

总之,宁波的文化是落后的,其所以落后之故,是受着经济的影响。

(《出版消息》,1933年,第24期)

我怀念宁波三"天"

——天一阁、天封塔、天宁寺

杨荫深

《上海宁波公报》发刊到今天,已经是三周了。当地发刊的时候,我也曾在这里写些小品,凑凑热闹。后来因为人事的关系,终于不能永远继续,这是很对不起它的。现在趁它三周纪念之日,再来写些小品,以祝它如我们宁波的三"天"。

宁波是我的故乡,我怀念它;但最使我怀念的,却只有三"天"。那三"天",第一是天封塔。这塔高耸云霄,一共有十三层,登临其顶,则数十里内景物,都在眼底。据说塔是唐朝所建造的,到现在已一千多年了。我现在祝《宁波公报》也像这塔一样,历千年以至万年。

第二是天一阁,那是明代范钦的藏书阁。不但我宁波人都知道的,就是国内外也很闻名。它里面包藏着许多珍本贵籍,为我国学术文化的保存者。我现在希望《宁波公报》也像这阁一样,包罗许多故乡珍贵消息,时时为我们旅沪人士报道。

第三是天宁寺,那在宁波也是著名的古刹,这里面有一钟楼,兀然高立,每天可以听闻它的洪亮的钟声。我现在希望宁波公报也像这钟楼一样,时时于报道消息以外,更激励我们旅沪人士,多尽些国民一份子的责任。

(《上海宁波公报》,1941年,第12页)

三年来宁波文化教育鸟瞰

卢梦侠

　　文化是精神的粮食,进化的源泉,也许是推进大时代的轴心。战后的宁波文化界,它是充满着青春的朝气,蓬勃的热力,向着中国海的前卫怒吼着更生的长啸。

　　三年来虽是摧残了宁波的几许物质,但在精神方面它是筑成了坚强的壁垒,尤其流亡的青年,大多数会集了在宁波去,担任文化线上的战士。

　　是民国念七年吧,宁波成立了战时文化事业推进委员会。它是集合教育家、文化人组合的集团。在这组织下,有战时剧社、战时音乐研究会、战时广播事业委员会、战时教育研究会、战时游艺人员训练班、儿童救亡剧团、战时出版委员会等组织,此外战后文化团体有战时书报交换站、宣传事业委员会、图书杂志审委会,以及战时流动施教团、各宣传团队等的组设,它们在每一个组织里,是拥有从事文化的青年战士,在救亡线上迈进。

　　先就出版事业谈起吧。战前宁波出版事业是极幼稚的,报纸方面仅如《时事公报》、《民国日报》、《商报》,以及朝生暮死迎合低级趣味的几种小报外,根本没有较有意识的前进刊物,即有,也不过昙花一现的几种文艺刊物吧了。可是战后的情形就不同了,前进的刊物如雨后春笋般的产生,期刊方面如《迅雷》、《正义》、《反攻》、《复兴周刊》、《胆肝》、《城防三日刊》、《战时浙东》、《血魂》、《新青年》等数十种,属于图书的有《儿童画报》、《妇女画报》等,附于日报的有《战时教育》、《战时儿童》、《战时妇女》、《战时戏剧》等。此外各机关政训处,亦不时有单行本读物的刊行。各日报的副刊阵容,为了环境的需要,也力专革新,如《时事公报》之《挺进》,《民国日报》之《甬江潮》,《商报》之《甘草》,都表现精警隽永的风格。同时,战时文化事业方面,为了灌输群众智识起见,首先编印了大批民间读物,和改良连环图书。

　　其次宁波经了将近一载的断航,印刷用的白报纸,虽由于价昂而至于缺货,但现在已是改用国货的报纸,更显示出苦干的精神。

　　现在,××会文化工作会特在宁波设立了图书交换站,和金华、重庆各地取了联络,使本地的出版物和外省的刊物得着有交换的机会。因此我们可以看到最近各种国际时事,经济政治的名著。

复次,智识仓库底新书店,亦随着潮流很蓬勃地在产生,这在宁波商业衰疲中是一件可欣慰的事。如生生书店、春春书店、开明书店,是专售战时出版物的大本营。

现在我们谈到戏剧方面了。它对于广泛的民众是一种良好宣传工具。战前宁波剧运是十分沉寂,新的剧团简直寥若晨星,比较有成绩的,只有狮吼剧社,但不久因内部发生意见而瓦解。战后,新的剧团更应时而屹立起来,在念七年短短几个月时期中产生了鄞县流动戏剧队、战时剧社、鄞防演剧队、鄞政工演剧组、鄞防政治部剧团、职业界业余救亡剧团、妇宣剧团、上海流亡青年演剧队、儿童剧团、流动施教团戏剧队、某某师剧团,以及各中学、各乡镇公所组织的救亡国剧等,差不多宁波的穷乡僻壤,都有剧团的踪迹,他们大多数是业余和知识青年,而日膳宿费用十九是自备的。不过后来为了经费关系也有小部分解体。其间以战时剧社人才较为齐整,服装道具灯光各种设备也较具剧团的条件,当时主持者为倪德昭,编辑为潘香芹,导演为屠去非等。

念七年冬,教育部第二巡回剧队由谷剑尘率队到甬,在宁波会举办戏剧人员短期训练班,由各剧团优秀演员抽调入训,对演剧的技巧又得了相当经验,他们在毕业的前夕,又举行了一次联合公演,舆论界给以极好批评。

宁波剧团的演出,有时因环境关系,而适应地方性的,如剧团在乡间表演时,往往是利用方言的幕表剧,和改良的甬剧来吸引观众,这大概是国语欠普遍而文化水准欠高的缘故。

念八年后,党政机关对民众剧团曾举行严格登记,并统一演剧宣传纲领,一方面在城区也排演过五幕四幕的名贵长剧,如《古城的怒吼》《八百壮士》《复仇》、《台儿庄》《黄花岗》《越王勾践》等。上海流亡青年演剧队因鉴宁波十九爱好的笃班,曾排演改良越剧如《烈女救国记》等,以配合一般妇孺们的胃口,此外鄞县流宣队则着重于乡间宣传。

念九年一月以后,民间剧团因经费关系,在量的方面也大致减少,由省三青服务大队统一扩大组合,以求质的精益求精,同时,文化推进会里的戏剧协会是负辅导、联络、探讨的责任,使演出上更有显著的表现。

以上是一般剧团的大概状况。至于各戏院舞台的伶人，当时文化推进会方面，认为须提高他们文化水准，灌输其应有智能，前后举办四五届演剧人员训练班，所有京剧、越剧、甬剧、浙东歌剧的从业伶人，都须受严格的训练，其受训课程为戏剧史、戏剧概论、国际时事、近代史、科学常识、戏剧原理、党义军训等，由党政机关长官担任精神讲话，其内部执教人员，多延聘富有戏剧经验之各剧团导演充任之，毕业人员前后达千余人，都须经过二个月的短期训练，方始登记给证，准其在戏院上演。

此外教育机关对演出剧本，亦须严格审查，如属封建性、神怪性，以及消沉民气的喜剧，都被取缔和改正，且有战时剧社尽量供给较有意识的剧本，如《新雁门关》、《苏武牧羊》、《梁红玉》、《戚继光平×》等剧本，于演出上都得相当效果，现在戏剧游艺人员，亦组有宣传队，和毕业同学会，使以往京剧、越剧、甬剧的歧视观念都打成了一片。

念九年春，上海移风剧团的改良剧队，由于素莲率领来甬，假天然舞台演出，也得到当地的好评，剧本大概是取材于欧阳予倩、洪深编的几种，如《雁门关》、《王昭君》、《年羹尧》等，演出上是有相当收获，不过当时为了日机狂炸，市面也十分萧条，在他们生意眼上当然是不能腰缠十万，因此出演三四个月就告解体。

至于电影事业自受去秋封航影响以后，影片固无从输入，但宁波原有电影巡回队，其影片多由重庆教育部及省教厅供给，现在中电摄影场，不断地在产生优良国片，且宁波乡区各处，战前是没有电影发现过，现在差不多不时有国片放映，不过大部分是后方建设剪影和战事短片罢了。

现在说到美术与音乐方面，自念七年冬，城防宣传队举行一次×建壁画大展览会以后，接着是某师政治部的油画展览，鄞区中小学艺术作品竞赛会，以及集团军政训队、教育部巡回施教队、上海青年流亡宣传队……等[1]，来甬举行大规模的美术大展览，他们都给以人们良好的印象，尤其在城区的街衢上到处可以看到巨幅壁画，和战区各种的写照，使人们悚然警惕。

---

[1] 原文即为省略号与"等"字连用 —— 本书编辑者。

此外如木刻浮雕的新兴艺术,战后也尽量创导与大众相见,为的它是大众艺术,尤为一般人所欣赏,如画家仇宇,对木刻与西洋美术都有相当研究,他集合多数美术同志,曾举行一次×建木刻漫画展览,经过了他们的一番提倡,使许多在甬的青年都感了兴趣,因此木刻画也很普及化,甚至列入中小学劳作课程。

至于音乐歌咏方面,首先值得推荐的是鄞县战时音乐研究会,它是由宁波音乐研究会和宁波口琴会合组的,人才固然是相当齐整,它的组织是分器乐组(如提琴、钢琴、管弦、口琴)及声乐组(如歌咏、广播、晨呼队等),由征编、辅导、训练各股分任主持,每周集合演奏一次,假四明电台广播救亡歌曲并数度举行联合大演奏,节目有《四部合唱》,管弦乐合奏、《提琴独奏》、《口琴合奏》、《手风琴合奏》,歌曲如《旗正飘飘》、《流亡三部曲》、《东亚之歌》、《义勇军进行曲》、《松花江上》等,其庄严激昂,颇合时代的需要。

此外各宣传团队亦多附有歌咏组,但有器乐者则较少,其中较为精粹的如鄞防宣传队歌咏组。他们且拥有广播电台一座,每天都有精彩节目播送,尤其他们的晨呼队,在晨光熹微、星光闪烁的清晨,他们怒吼着一片雄壮的歌声。念八年后,各歌咏团体曾为联系起见,举行几百人的大合唱,联合演奏,使沉寂的古城,冲击着狂热的救亡歌潮。而同时学校方面亦多举行过歌唱比赛,各乡间也由歌咏团带来兴奋歌声,使平时一般沉迷的《马灯调》、《十送郎》的旧调,也变了新的作风。

至于游艺界的歌艺从业员,他们一向是以淫荡来号召的,什么《花园赠银》、《庵堂相会》的小曲,原是含着麻醉的成分,宁波的歌艺从业员尤相当复杂,大致为南词、滩簧书、弹词、盲词、讲经、街唱等几类。念八年春,党政当局认为有改进技艺的必要,因此举行了严格的登记,举办三届的短期训练,由音乐研究会辅导以激昂兴奋的乐曲,教文会供给以新时代的唱词材料,把颓废沉迷的俚歌谣曲,给予自然的淘汰。当局尤其对盲词人员训练费了相当苦心,为的他们是盲者,训练时没有教本而以口授教材,并且为安定他们生活计,并供给膳宿及最低的生活费。

三年来故乡文化情形大概是这些。现在要掉转笔锋谈些宁波的教育大概。

宁波教育行政当局是县府第五科,在沿革上讲起来,民国十六年,宁波市政府成立设有市教育局,一度改隶鄞县教育局为教育科,二十年废市以后,遂又改并为教育局,念四年县府为调整县行政机构,遂又改称县政府第四科司教育事项,不久又改为第五科。它的组织,科以下是分督学,和学校教育、社会教育两股。战后几年当中,教育当局为力求适合战时环境,对教育行政都有显著的改进。我们就其荣荣大者如举办小教人员登记,小教员暑期训练,学校教育兼办社会教育,举办流动施教团,推行小先生制,扫除文盲运动,开办短期义小,和保学校,征编乡土教材,采用战时教材分区童军检阅和分区中小学运动会、国防教育展览会、战时教育研究会等,都适合战时的需要。

至于学校教育方面,战事发生了以后,城区各中学为避免空袭起见,都疏散四乡安全地带,继续授课。其间宁波中学,则于二十八年迁往嵊县,其他宁波工业专科、商校、浙东中学、鄞女中、效实中学,则多数迁乡。为的他们的课外活动是以建设新农村为中心。这也许是内地的好气象。至城区各小学虽未疏散乡间,但学额则较战前减少几倍,甚至有少数停办。而一方乡区私立小学,学额骤告膨胀,这当然是都市人民避难乡间的缘故。

至于社会教育,鄞县各民众教育馆举办流动施教团,分布各乡间巡回施教,大概每一乡间到达后,即假就地祠庙和公共场所为施教团址。日间举办识字教育、化装演讲、巡回图书车、战时常识班、时事演讲。晚后则幻灯教学、职工夜校,大概施教经了二个月以后,即易地施教。县立民教馆,计有中山民众教育馆、韩岭民众教育馆、西林民众教育馆、集士港民教馆等,每馆都有流动施教团的附设,因此各乡区施教网密布,其收获亦甚宏富。

此外施教团的社会活动如军民联乡游艺会,慰问征人家属,设置壁报,爬山拔河比赛,国防劳作展览,文化供应站,改良说书,战事书报展览等活动。各小学亦依教育当局的纲领,兼办社会教育,因此工作的进程,亦得着相当助力。

图书馆教育,战前本来有县立图书馆,藏书十万余册,每天阅览人数甚夥,因战后重要图书移存乡区,且馆址亦为救亡团体借用,仅在就近设立临时阅览室,另辟临时史料参考室,一方为灌输战事常识起见,搜集各战时应用图表多种,又增辟战时民众阅报处多所,其在乡间则有流动书库的设备。

体育教育方面也在积极的发展中。如军训早操很严格的推动,三年来分区运动会也没有间断过。在城区曾举行过脚踏车比赛,长途武装竞赛,使增加居民对于杀炼体格的兴趣。比外对于童子军教育,也曾举办过童军干部训练,全县童军大检阅,野外行军及露营。

广播教育近年也很重视,由文化推进会办理广播事业委员会主其事,宁波有四明电台、鄞县政府电台、鄞防宣电台、县党部电台等,每周有名人演讲,和战事常识演讲,战事新闻的报告,和救亡歌咏的播送。

十几年来宁波的文化与教育,在埋头苦干中向着光明灿烂的大道迈进!

(《上海宁波公报》,1941年,第41~42页)

宁波文化鸟瞰

邬隽

谁都承认文化是国家的血液。可是近数年来,国人对于文化却不注意,甚或有许多人鄙视文化。在这称斯文扫地的情势之下,便使国家患着严重的贫血症,这贫血症一日不诊治好了,这国度就一日不会恢复健康的。我们是宁波人,站在自己的本位上来谈谈宁波的文化,实有深长的意义。

学校总数通数百所

在宁波,有数百个国民学校,也有十所以上的中等学校,拥有这样完美的教育基础,宁波文化还会落后吗? 老实说,只要我们加紧努力,像我们宁波这样文化城市至少在浙江全省就不能多见的。是的,宁波是浙东的文化中心,可是我们并不为宁波文化的灿烂而庆幸,相反的,我们要以不满足的心情,作再接再厉的努力,求推动中国文化的巨轮,也可以给国家的命脉上注射了大量的新血液,这是作者写本文的企求,也就是各位读者共同一致的要求。

三种报纸各有千秋

宁波目前有三家报馆——《宁波日报》《时事公报》《宁波大报》,这三种报纸是甬人的每日食粮,前者是政府报,后二者是民营的。《时事公报》已有数十年的长久历史,也有过优越的成绩,因为它在于"公",所以它的评论也比较能站在民众立场。副刊《四明山》,当有富于警惕性的文字。《宁波日报》于宁波沦陷期间曾在宁海出版的,这是浙东攻揭敌伪阴谋的英雄报的在苦难的血泪中成长,至今还挺视着抖擞的精神,站立在宁波文化阵地上。《宁波大报》是今年新生的(战前也有,不过是另一系统了),社长沈友梅,主要干部有戴白浪等,导报忠实有趣,副刊也生动活泼。总之,这三种报纸可以说是各有千秋的。

本本刊物都有精神

在宁波出版的刊物方面有《四明周刊》、《甬潮》、《春风》、《民报》等,可说是很热闹,但不是漫无意义的胡闹,那些刊物却是有他们一本正经的精神,此外尚有章讯秋与胡为盛合办的《晨报》,可惜像一现的昙花而凋零了。

四个重要的通讯社

这里我们再来谈谈宁波文化的内脏——四个比较重要的通讯社吧:

首先该说的是"新潮社",该社是宁波,不,可以说是浙东通讯社中的领袖,因为它有悠久的历史与优越的成绩。社长王百川,素来是主张竭力向外发展的,所以沪杭一带的报社,多知道浙东有这个通讯社。而宁属各报的消息,差不多由新潮社供给。现因限于经费,只得暂图保守,静候机会,再图发展。次之"正义社",过去顾一帆充任外勤的时期,法院方面的新闻稿所发特多,现仅周钟科一人代为编辑,采访方面似欠缺了得力的健将,自未免有些逊色。"东南社"是社长薛浩兼任编辑又兼采访的,始终是他一人包办,因此新闻不是天天有,却是有时发,有时停的。但薛君独力支持的努力精神,是值得我们钦佩的。最后说的是"宁波社",在以上三通讯社中,是最小的弟弟,但他们的阵容相当整齐,董事长倪凡夫、社长沈渔、编辑张心楼、外勤顾一帆等,安排得有条有理,开办未久。

(《宁绍新报》,1947 年,第 19 期)

二、各类教育

三一书院二十五年纪念

宁波之三一书院,乃英国安立甘行教会所立,今年已逾二十五周年,由监院慕华德君,刊成纪念志一册,一记书院创始,二记校舍,三记章程,四记课程,五记毕业诸生,六记授课时刻(读国文、礼拜、解圣经、弹琴、教授经书、地舆、书法、历史、算学、体操、抛球、洗浴、查圣经,而青年会、神道院亦附焉),七附记初等小学堂,八记印书所,九记经费,十总结。附刊毕业生姓名表,附刊戈柏赏奖,附刊第一监院霍公死事,以志追悼。全志六十五面,插图七幅,出版后,宁波人读之,既佩服三一书院不尚英文,专究道德,又以志中语语真诚,毫无溢美。

(《画图新报》,1907年,第1期)

宁波改育婴堂为幼稚园

宁波育婴堂自乾隆元年创建,迄今已百余年,日前由张世芳女士创议,改设幼稚园,约计开办经费洋银四千元,业经禀奉抚、藩二宪,批饬宁府夏太尊酌拨公款二千元,其余二千元以及常年经费,则已由董事范翊珍等募捐矣。

(《并州官报》,1908年,第31期)

宁波府中学堂刘太守拨助经费

宁波府刘太守到任未久,奉文调办湖墅厘局,其署内一切器具,均系借用。经鄞、慈二县解到安僦费洋二百二十一元七角,太守以中学堂经费异常支绌,将此项安僦移助学堂,以资掊注;日前照会该堂绅董核收,其余各县如有续解,悉数移充云。

记者曰:"人谓官廨如传舍、权官抵劫贼。彼刘太守以二百余洋安僦费移助中学堂,岂其热心教育、为州县官提倡与?抑钓名沽誉、慷他人之慨与?第以到任未久,一切器具皆借用耳,若其出资自办也,吾知其必不肯。"

(《华商联合报》,1909年,第16期)

宁波学务状况(省视学之报告)

宁波劝学所长昨奉县署训令云,案奉浙江教育厅训令内开,案据省视学袁易呈称,窥视学查鄞总教育状况,学童发达,经费充足,交通便利,人才荟萃,商人急公好钱,相习成风,捐资与学,尤为踊跃,故该县私立学习,颇称发达,而其规模远大,设备完全,精神充实,成绩优良,无论中学小学,较省立区立各校实多有过之者;虽各校教学方法,新旧不一,致管理方针,宽敞亦不相同,而各校教职员能实事求是,尽心服务,绝不肯随波逐流,以自示弱者,此实鄞县教育之特色也;该县县教育会,组织完善,成绩卓著;县立第四高小学校,训练以尊重学生人格为本,教授以注重社会应用为归;私立育德国民学校,学校家庭,熔为一炉,校风和善,成绩优良;私立甘溪女子高等小学校,规模远大,风纪循良;佛教孤儿院教师尽心,教养儿童活泼有序;旧宁属联合县立模范单级国民学校,管教有力,名实尚符;城区区立第二十五单级国民学校,儿童天真烂漫,活泼中有沉静气;县视学周乐洪,实事求是,克尽厥职;县教育会副会长王诗城热心会务,不辞劳苦;通俗讲演员汪起凤,热心通俗讲演,态度语法均佳;县立高等小学校长范贤祥,诚敬勤朴,以身作则;私立育德国民学校林钟雅仪,以学校为家庭,以教育为生命;城区区立第二十五单级国民学校校长王崧寿,热心研究,管教有力;私立求精乙种商业学校兼国民学校校长谢天锡,毁家兴学,始终不渝;佛教孤儿院主事王吟雪,献身孤儿教育,尽心教育孤儿;该校董事傅砚云,屡赴南洋募捐,艰险不避,劳怨不辞,均应请傅谕嘉奖,以昭公道。城区区立第九国民学校校长,单级教授,绝无研究,管理训练,诸多不合;城区私立日湖国民学校,管训教育,均无研究,应请训令切实研究,力图改良。又查该县国民学校,国语一科,绝不注重,应训令饬县视学,按照教育部迭次所颁注重国语训令,切实查明,勒令一律遵章改用国语教科书,以重法令。又查各校各级学生人数,竟有多至八九十人以上者,应令各校照章严加限制,勿得任意多收,致碍儿童发育。所有观察鄞县教育情形，理合备文呈清[1]核示等情，并送教育状况报告书到厅。查该县县教育会及其副会长王落城[2]，县立第一高等小学校校长范贤祥，县立第四高等小学校，私立育德国民学校及其校长林瑞辅，私立甘溪女子高等小学校，佛教孤儿院及其董事傅砚云、主事王吟雪，旧宁属联合县立模范单级学校，城区区立第二十五单级国民学校校长王崧寿，县视学周乐洪，通俗讲演员汪起凤，县立女子高等小学校校长林钟雅仪，私立求精乙种商业学校校长谢天锡，既据分别查明加考，应均传谕嘉奖，以资鼓励。城区区立第九国民学校、私立日湖国民学校，并饬切实研究，力图改良。其余所陈以县教育缺点，及各校办理之处，应饬按照所指，切实改善。各校各级学生人数过多，并饬多设学级，以便教授精神，易于贯注。合行造发报告书，令仰该知事遵照，此令，等因到县，奉此。合行抄发报告书，令仰该所长分别转行各该员暨各校遵照，并将提出之缺点，设法整顿，以资改进，切切此令。

甲、教育行政状况

1. [3]县知事姜若，对于教育颇知注重，署内设教育科，主任朱谦专司其事。2. 县视学城厢及西乡，由冯学群充任，东乡南乡由周乐洪充任，每学期视察一周。覆阅该两视察录，冯视学填写稍歉略，评语亦欠慎，如区立第九国民校办理不善，列入甲等，实欠审慎。周视学能将编制栏教员及学生人数，详细填明，足证能实事求是，殊堪嘉许。3. 劝学所长周纬星，办理学务，尚能负责，劝学员凌贤相、桑苞、张绍龄、杨嗣震分区劝学。4. 通俗讲讲演附设劝学所内，所长由劝学所长兼任；讲演员二人，按照巡讲地点，巡回讲演，每月一次；常年经费共八百四十元，内准备金项下四百九十六元，教育费项下支三百四十四元；视学抵甬时，率同城区讲演员汪起凤，东南区讲演员王文蔚，至城隍庙讲演；汪讲演员思想、姿势、口才均佳，且能明了社会心理，故听众颇欢迎；王讲演员思想亦尚佳。5. 巡回指导员二人，系本年度新设，一吴长琮、一张颜烈。6. 县税四成小学教育费年共二万二千余元，各区由自治附捐提出十分之四之区教育费，计城区约一万六千余元，东七乡约一千六百元，南六乡

---

[1] 原文"清"应为"请"之误——本书编辑者。

[2] 据全文，"落城"应为"诗诚"之误，此外，本文中"王诗城"又作"王诗诚"——本书编辑者。

[3] 原文各条无序号，都以"一"表示，本书编辑时改为阿拉伯数字序号——本书编辑者。

约一千六百元,西五乡约三千二百余元,统共区教育费约二万二千四百元;县立第一高小固有收入一千九百八十二元,县教育会固有收入五百四十四元。7. 义务教育,自十一年度起,已将应增学校地点,分年设立,列表报县,随时由劝学员督同各区学务委员照表实施,至十四年为止,全县学校总数共二百八十所,内十三所系本年度新立者。8. 学区之分配,以原有自治区域为标准,暂定十四区,计城庙一区,东乡五区,南乡三区,西乡五区,每区设立学务委员一人,共十四人;本年度曾开学务会议三次,商议办理各区学务事宜。

乙、县教育会状况

县教育会设正副会长各一人,评议兼干事二十四人,均由会员于选举会时互选出之;又为谋会务发达办事便利起见,由会长推定特别干事三十九人,有供职驻会办事员一人;经费以入会费、常年会费、地方补助费、官府补助费、特别捐助费充之,本年度共八百七十八元六角六分六厘;正会长施国祺,副会长王诗城,评议员兼干事冯莼珺等,均热心教育;副会长王诗诚竭诚将事,不辞劳累,尤堪嘉许;本该会一年来,如校具研究会、玩具展览会、教育讲演会、通俗画报社、教育参观团、夏期讲习会、宁属县教育会联合会等,均次第举办,成绩斐然,本年十月,出有《鄞县教育》一册。

丙、学校教育状况

县立第一高小学校。该校以"诚、敬、勤、朴"四字作校训,校长范贤祥颇能以身作则,实践斯言;各教师上课时,声音宏亮,精神饱满,学生颇有生气,宿舍颇整洁;惟该校经常费,去年三千元,本年度经县议会核减后,实收仅二千一百四十元,殊令办理深感困难,应令县设法,仍维原有经费,令俾使积极推进。

县立第四高小学校。校长应廷庚,颇诚笃,校风整肃,千教员授三年级理科,用留声机器在教室内实验,易令学生领悟;徐教员授二年级英语,知注重表演,学生颇有兴趣;寝室内教师率领学生同寝,师生多接触机会,于训练上易实接效,共实事求是处,深堪嘉许。

县立女子高小学校。该校设备完善,校风优良,宿食整洁,二三年级生合上刺绣班,教师未至时,早已各自刺绣,教师来,仅备学生顾问,轻上课之形式,重学习之精神,学校生活,富有家庭化,此其特点也。校长林钟雅仪,将其年薪二百四十元,捐作该校附设之蒙养园经常费,即以该校及私立育德国民学校为家庭,其热心教育,深堪嘉许。该校附设之蒙养园,儿童亦颇活泼清洁。

县立星荫蒙养园。该园设备完全,儿童活泼可爱,唱《月亮歌》,时可听听。

私立育德国民学校。该校与县县[1]立女子高小及附设之蒙养园合设,校长林瑞辅,纯尽义务,即家于其中,其妻林钟雅仪协助之,入其校,令人想见裴斯泰洛齐及其妻安拿之为人。该校设备完全,儿童活泼。朱教员授三年级国语《老人和他的儿子》课,教材系自另印者;问难字难句,儿童均能互相答出;教态亦和蔼沉着。裘教员授二年级唱《月娘娘》歌,先令儿童自己试唱,唱至"丁丁当当"句,不谙教者,为范唱一次,以矫正云;声和婉无浮躁气。四年级生算术课,学生各自练习,演草颇努力。一年级行混合设计法,学生分两部,一部分在教室内学习国语,发问置答,均能合教育原理;一部分由另一教师率领至操场游戏,表演洗衣状,口唱洗衣歌,颇活泼有序。国语一科,知注重语体文及儿童文学尤为该校之特色。教育科目,分修身、国语、自然研究、社会研究、地理、美术、园艺、卫生、算术、音乐、体育等科,每日授学时间,用分节制,每节三十分钟,遇必要时,得延长时间数五分之一。教员七人,除一年级级任与专科教员,系省立四师毕业,及林钟雅仪由无试验检定及格外,其二均女子师范毕业。儿童则男女兼收,教员则男女同事。林校长及其夫人主持之校务,井井有条,洵足称为吾浙之优良小学也。

旧宁属联合县立模范单级学校。该校学生百六十余人,是日实际出席共百三十人,分南北两教室教学,每室一、二、三、四各年级均齐。施教员授三、四年级国语,先令各生自考国语字句,自行试读,均颇知努力。二年级生国语作法,题为《老鼠》,有数生成绩尚佳。教者直接教授一年级时,各班均知自学,足见教学时间支配得当,教授颇属合法。邬教员授春季始业各班,二年级抄书颇能努力,四年级不免有闲坐者,应再注重养成学生自学习惯,然大体尚可。

(《学灯》,1923年,第7、8期)

---

[1] 原文"县"为衍文——本书编辑者。

宁波四明中学定期旅行

宁波四明高级中学,开办迄今,校务蒸蒸日上,堪为新学制之先导,兹悉该校准于本月二十日出发旅行普陀与天童肖王二处云云。

(《学灯》,1923年,第20期)

宁波四中校长问题

浙江省立第四中学自奉令与四师合并,改办新制后,各该校业经筹备,近闻教厅令委经亨颐为校长,宁波绅学有出而反对者,有函电欢迎者,同是反对欢迎,而所抱似亦各有不同,以故意见纷歧,莫衷一是。要之新进少年,好谈新文化者,均主张欢迎,前辈耆儒,办事稳健者,均主张反对。欢迎者以四中、四师两校之毕业生与在校生为尤甚。昨日下午,雪花社、四中、四师春风社、四师毕业生同乐会等五团体,在四师开联席会,决议如下:(一)经氏长校,本会绝对欢迎,其办法分两种,一、函请教厅促经氏就职,二、函请经氏速就职(函略),三、推代表向甬埠报馆接洽,请特辟"甬江潮"一栏,专询四中校长问题,并推定编辑书记散会。又日前有某君函致经氏,兹得其十七日自沪来书,略录如下:四中校长,弟事前实毫无接洽,或有为弟怂恿者,亦并未得弟同意,但以白马湖与宁波接近,且春晖高中希望,尚无把握,将来宁波终是高中地点,公立私立,弟本主混合,故闻此消息,亦未尝不心愿,意谓欢欢喜喜,协谋宁绍合作,于省垣之外,另拓一教育净土,确是弟之志愿。讵料尚未发表,意错认弟来甬夺饭碗,连声反对,其所持理由,仍是数年前不屑辩正之谣传。弟性情本易激,有反对到非来不可,转思为自己就职而夺门,使我人格更不明,故武装来甬决不为,况与协进之本皆亦不合,此次教厅新制行政计画,弟根本不赞成,高中学区,混在地方平均设立之中,易致误会,弟为高中而来甬,范围不仅第四区,否则白马湖之外,多兼一初中何必,教育何事,疏通调停之结束,做得校长,已不成人格,弟以为这是校长,不是校长,弟断断不为。官府聘我,也有免议前愆,特别开恩,姑予起用,戴罪立功等劣意与弟人格大有损。无论四中校长做不做,非把前案严重声明不可,弟不日将有宣言发表,不能再安缄默,在杭晤开声(即教厅张厅长)一次,

既已发表,当然劝我速就,几乎不能推脱云云。(发于二十日)

(《学灯》,1923年,第22期)

宁波学界消息

四师毕业生题名。浙江省立第四师范四年生,毕业试验,业已完竣,兹定月之二十五日,行毕业式,此次毕业人数,除未试验者外,共有念六人。兹探得其姓名籍贯如下:干书稼、李元皋、方基贤、方茂庆、吴克贤、卓祥椿、周一元、蔡五昌、施永询、龚圣伊、邬谟玮、曹文刚、张名文、袁广丰、吕旌琦、张文台、张文津、郑渠芳、徐崇甫、戴立德、徐廉清、刘有树、毛裕焕、汪闻学、翁良能、毛信勤,因患天化[1]未试者凌世钦。

甬江、四明联合毕业式。本埠四明中学初级部三年级业已考毕,闻该校与高级部于念六号在府前礼拜堂行毕业礼,而甬江女子中学要求加入,故此日为甬江、四明联合毕业式,甬江学生连高小在内约二百左右,四明初高二部兼高小学生不下四百人,届时必有一番热闹也。

女校长拟提出辞职。奉化作新校长江孟君女士,长校以来,办学勤慎,有口皆碑,业因某学生,私窃校内学生衣服饰物,查获斥退,而恶讼袁某,反助某家族起诉,后得某君疏解,其事始寝寂。而该校长以办事如此棘手,拟提出辞职,教育界诸君,闻者出而挽留云。

半浦校将开恳亲会。慈溪南乡半浦学校今春开办,招收学生九十余人,"一二三年级"以后按年增添各节,以志本报。兹闻该校教务主任兼敏级主任金祖谟君,慎级主任张嘉禅君,智级主任俞本仍君,专科教员徐云士君,于前日开校教育会议,决定夏正五月十一日下午举行恳亲会。探兹其预定节目如下,一开会,二向国旗行礼,三唱国歌,四向校旗行礼,五唱校歌,六学生向家长来宾行礼,七宣开会词,八报告学校状况,九学生家得发表意见,十唱恳亲会歌,十一余兴,十二毕会。想届时必有一番盛况也。

(《学灯》,1923年,第25期)

---

[1] 原文"天化"即"天花"——本书编辑者。

宁波两中学联合毕业礼

（宁波四明中学与甬江女中学）

宁波四明中学(旧崇信浸会二中学改组,实行新学制,分初级高级两部,自今春开学来,成绩斐然可观,共有学生四百余名,定六月二十六号上午九时半在城内府前礼堂内,与甬江女子中学(旧崇德职模二女中校合并,今春开办)举行二校第一次联合毕业礼,此次四明中学第一届毕业,合初高两部,共有五十多名,甬江女中共有十二名。

(《学灯》,1923年,第28期)

海岛青年会与益德会合办之英美义务夜校

（浙江）周家珩

本校青年会与本堂益德会于上月起,合办一英美义务夜校,校址在本堂,其所用之经费,皆由本堂益德会筹备,其授课之教员,皆由本校青年会担任,其分四班,教员共有八人,学生大约有三千余人,授课时间为每日下午七时起至九时止,闻来校学习者以商界居多云。

(《兴华》,1923年,第42期)

宁波教育消息汇志

1. 维持四中预算已拟定

宁波各县教育局教育会,延期于本月十五号在后乐园开会,讨论维持四中办法,业详昨报,兹又探得是日应议事件,尚有预算一项,现经鄞县教育会教育局同拟定草案如下:(甲)中学部收入四百五十元。(一)学生学费三百元。(说明)中学师范类学生共约一百名旧制师范部学生五十人,不收学费,中学部学生五十人,每人月收学费二元,十月,十一月,十二月三个月总计如上数。(二)学生杂费一百五十元。(说明)师范部学生不收杂费中学部学生五十人,每人月收学费一元,十月,十一月,十二月三个月总计如上数。支出一千二百元:(一)教职员膳食三百元。

（说明）教职员午餐日约三桌，早晚约各二桌，日共七桌，每桌约须五角，十月、十一月、十二月三个月总计如上数。（二）教职员与车马费二百四十元。（说明）租黄包车五辆每辆租车连车夫工食月约十六元，十月、十一月、十二月三个月总计如上数按以上教职员均由宁波中等以上各校教员，各尽教务。故预算内束修一项，未经列入。（三）广务会计薪水四十八元。（说明）庶务兼会计一人，月支十六元，十月、十一月、十二月三个月合计如上数。（四）书记薪水三十六元。（说明）书记一人，月支十二元，十月、十一月、十二月三个月合计如上数。（五）校役工食一百三十六元。（说明）校役六人，每人月约七元，十月、十一月、十二月三个月合计如上数。（六）办公费四百五十元，以上收支相抵，尚欠七百五十元。（乙）小学部一千二百元。（说明）一月约须净支四百元，十月、十一月、十二月三个月合计如上数。

2. 阖象小学成绩展览会之提议

象山癸亥小学校教员黄国仁，日昨有意见书提出于教育局，兹探录如下：吾象应可举行第一次阖象小学成绩展览会，理由如下：（一）举行阖象小学成绩展览会可供各小学校学生之比赛，可观察各学校之成绩，又可供社会之人，得共喻成绩展览之旨趣。（一）吾象从未举行阖象成绩展览会，宜即举行一次以资提倡，兹拟办法如下：（一）今秋发函通告各校，定明年三月举行展览。（一）择城内县高小等处展览三天，供大众之阅览。（一）举行此事，经费一项，较运动会及暑期讲习会略省，惟须先期筹拨。（一）推筹备主任若干人。

3. 奉化教育局将改委教育委员

奉化县教育局长邬介屏君，因改委教育委员，须俟画定学区，今既由董事会议决，暂照原自治区域□区域，以是特通函各自治委员，须□学务委员，改委为教育委员，请开荐合格人员三人，以便甄择委任，限十日内函复，教育委员委任之期，当不远矣。

4. 慈城各校学生减少

慈溪城区各区私立男女小学校学生，今年来本极形发达，大有不能容纳之患，兹悉各该小学校学生家属，近因时局关系，多有不愿令其子女入校读书者，是以各该学校每日上课学生，甚数寥寥，统计不及原数三分之一，而西域女学校，因地处偏僻,诚恐女学生往来有所不便,持于本月十二日,通告各生家属云,本校暂行停课,一俟上课有日,再行分函通告云云。

5. 象山教育局催各校填列补助费

象山教育局,于本月八日,函致各小学校长云,案查十二年一期学期一览表,以收入栏内漏列县税补助费,业经发还改造,迄今时逾多日,仍未见寄,合再函催,仰即查照前因,克日填寄,以凭汇转,勿延为要,局长郑删。

(《学灯》,1924 年,第 16 期)

报告宁波第四师范学校学生生活的状况

金开训

我们如果要谈宁波第四师范学校(以下简称"四师校")的学生生活,不得不先知四师校的情形。因为学校教育应以学生为中心,这是不待言的。学校教育有没有成绩,都可从学生活动里看得出来。但是学生的活动或成绩,又是和学校环境有直接的关系,所以我把四师校的概况略说一说,然后再述四师校的学生生活。

四师校概况

四师的历史,已有十七周年了,四师校的施教宗旨,就是养成小学教员,及将来领袖之人才为宗旨。四师校址在宁波湖西,而当月湖,就是湖西河。四师校舍很狭隘,一切陈列室、展览室,和各班自修室及自备室 ——[1] 都不能完全办妥。但就现在情形之布置,对于学生生活尚称适宜,兹把四师校的组织概况,述之如下:

(甲)办事部的组织

四师的组织,时有改变,但依本学期行政组织,自校长而下,可分作四部:

(一)教务部

指导教务上事项,现设主任一人,全校教育皆属之。

(二)训育部

现有训育员三人,以助教务部之进行,暨督校内一切事务。设有办公处(即教

---

[1] 原文即有破折号 —— 本书编辑者。

务部办公处所管理事务）一所,以共办校内一切事务之进行。

（三）体育部

现设体育员一人,担任学生课内课外的运动事项。

（四）庶务部

中分文书员、会计员等,校设厨子俱属之。

校内设校医一人,负医治疾病,检查体格等责任。

经济委员会,分预算、审查两组,由校长组织之。

（乙）房间之设备

四师校舍很狭隘,因之房间亦缺少,但就现在情形之布置,对于学生生活尚称适宜,设备上犹可雅观。前会说过,兹述之如下：

（一）教室

共有七间,惟四年级生和三年级生则在大讲堂上课,现在已实行分治。各年级的同学,对于一区的事务,都尽心力而为之,所以各区的教室,都装置得很辉煌,很雅观的,再加之美化委员会内的美丽物 —— 那末,各教室自然装置得格外荣耀了。

（二）自修室

亦有七间,中三间系四年级生自修的,余为三年级生自修。至于各间自修室的同学们之感情,都是联络一气的,很融洽的并很和气的 —— [1] 所以对于本间自修室内布置得格外辉煌。现在有几间自修室,因感情之联络,遂设有文学、美术研究会等,足见学生们的感情融洽了。

（三）寝室

八人一间,共有二十四号。

（四）博物标本室

陈列动植矿三界之标本和模型。

（五）成绩展览室

所展览的,不外乎学生自作的图画、手工、植物标本等的建筑物。

---

[1] 原文即有破折号 —— 本书编辑者。

（六）理科教室

规定二年级和三年级、四年级上理化科用的。

（七）化学仪器室

具有多种试验药品。

（八）物理仪器室

多具试验器具。

（九）手工教室

所用器具，可称完备。

（十）唱歌教室

各班依定时上课的。

（十一）图书室

具有中西书籍五百余册。

（十二）娱乐室

具有中西乐器十余种。

（十三）自治会办公室

每逢星期六各区干事员开干事会一次。

（十四）贩卖室（现已改定为"商业合股公司"）

凡学生所用课业用品和日常所用的货，都具有的。

（十五）体操器械室

除本应有器具外，复加添木球、蓝[1]球、足球、沙坑等。

（十六）养病室

（十七）饭厅

（十八）盥洗室

（十九）沐浴室

（二十）电话室

---

[1] 原文"蓝"字当为"篮"之误 —— 本书编辑者。

以上所说的房间,统共有七十余间,但是对于设备上,各个有各个不同的设备。总而言之,四师所设备的房间,都合学生们心理的,所以学生们秉个人之心理,都活活泼泼地从事,去学习、工作、游戏都有定时的——这实在是适合近今教育之原理。

(丙)课程之分剖

四师课程的排列根据教育部审定的,现在仍照旧制,但今年下学期实行新学制,这是不知道的。照现在课程的分剖,则依年级而添加之。

预科级有国文、英语、数学(算术)、体操、手工(纸工)、图画、唱歌、读经、修身、国语、国技等。

一年级课程与预科级同,惟加地理、历史、博物(植物学和生理学)三科,但数学则教代数学。

二年级课程,则加心理学、论理学、化学外,余与一年级同。

三年级课程,则除却心理学、论理学两科外,余与二年级同,惟教育学、哲学、体育、物理学、商业学、文史学、日文等课目须添加之。

四年级课程,除却历史一科外,则加授教育史、经济、法制、伦理学、教育法、管理法等课,并多加教育学钟点,余与三年级同。

四年级生在春季的时候,须往上海、无锡、苏州、南京、南通等处的小学参观一次。回校后,复往四师附属小学校实习二星期,以练习经验去对付未来的社会。

(丁)班次和人数

四师学生分为五级,共有七班。本学期一年生和预科生则兼两班,每班人数,约计三十有奇。四年级生共有三十一人。三年级生共有三十人。二年级生共有三十一人。一年级生四十人。预科生五十二人。——统计共有一百九十二人。

查肄业学生的籍贯,奉化人居多数;鄞县和本埠次之;象山、新昌和慈溪人更次之;镇海人和定海人,则寥寥无几——由上所述,大约可知本校的概况。有了这个概况作背景,我们就可以进而述四师的学生生活了。

四师的学生生活

一、日常生活

据个人之调查,每星期内上课之时间,大约三十点钟。七时四十分上课,至八时四十分下课——上午共上四课,下午上二课,一时起,三时止,起休五时半,盥洗五时四十分,六时半上二十二分体操十五分钟,七时吃早饭,其中九时五十分,至十时,为商业合股公司营业之时间,十二时吃午饭,下午六时吃夜饭,七时自修起八时二十分止,八时五十分熄灯——春秋时候之日常生活,大约如此,但夏冬二季,自不在此例。

二、教室生涯

的铃的铃……当铃响的时候,知道是上课了,学生们就把本科所授的书和参考书之类一一翻开了,又把笔记大纲看了一看,再把书中最重要处用心一看,预备和先生一同讨论疑难的问题,使得大家都明明白白地而后止,一煞时间教员走上台来,行了一鞠躬,划了到班册,就把书本翻开,将昨天所讨论的材料,一个一个的问起来,个个学生都解得很明白,很有道理,这是什么缘故?因为学生在未问以前,已存有一种动机心,既存有一种动机,自把课程格外研究了,所以问起来都回答很好。

有时候,有几个学生,还要向教授提出本科所教授的难题来质问,但是做教授者遇到更难的问题处,也须略加思考一思考来回答呢,而教授者尤以自己知道的知识,来问学生的意思,有些学生见识高的便回答很快,顽的,便回答不伶俐。那末,教授者遂以"书面式"将各人的意见,书在黑板上,作短时期之讨论,若经短时期之讨论不能解决,教授者遂以举手法来付表决,举手得多数者,就为有理,但有不妥处,教授加以改正,并回答其的确道理。那末,学生们个个作起笔记来,使得永久保持印象而不失却也。

照以上看起来,上一课的课目有一课的价值了,但是现在有些的课程,是不能照以上办法的,因为别的课目,限定数年授完的。若照以上的办法,这是延长日子是不得了。再越过数年,恐怕也不能教完的,所以难变方针,不过可以说旧学制的教学问题的不好就是了。

以上我把教室生涯已讲过,此次我要把四师的图书室述一下。

图书室内现置中国书册百余种,西洋书册亦有百余种。每月增加中西书籍、杂志参考书等数十种,学生们往往被教授们说到何书,何类是要看的,在图书室里面是有的。你们各人须自己预备的,研究的,所以学生们在课后大半在图书室借书的。即使不用功的学生，也不得不油然而生阅览之心，况且学生在青年时候，真要将参考书、杂志等来研究讨论之。岂可将这机会徒费于无用之地。现在四师的学生，不过二百人，每日借书者，得占三分之二，所以四师可称自述的研究学生，这也是四师的一种乐观事情。

三、对内组织与对外组织

对内组织。自去年秋，就取联邦制，由各区组织设有总务部，以联络各区事务之进行，其各分区则有各种细则之订定，大部分不出德、智、体三育。也有总务科、审判科、编辑科、演讲科、运动科、卫生科、会计科、出版科等。但出版物的定名，各区有各区的不同，如二年级定名为《月湖之光》（不久就要出版了），一年级预科之《周刊》等。其内容不出于论著、研究、演讲录、笔记、新诗、译述、小说、报告等。以上所述，足见团体小，而个性易发展，则事易为也——所以其成绩比往日之统自治好得多云。

对外的组织。就从五四运动以来，爱国之士都蓬蓬勃勃而起，各界纷纷组织爱国团，什么十人团呀，热心救国团呀。其会名种种不一，但尤以学生界为最激烈。四师的学生就此集合宁波各中学而成学生联合会，成效大著，素为外界所钦服。现在学生会的职员，每学期选举一次。选举的重要职员，往往以四师的学生占多数，所以四师学生对于服务社会到底有经验。

四、课外作业

课下后，有些学生在庭场上掷铁球、跳高、撑高等运动。有些往图书室借书的，有些往教室或自修室预备课程的。总而言之，个个学生都各依各人个性不同的需要去学习。但有部分学生，以为欲得精深之智识，非互助、合作、讨论时不可能的。所以在课外的时候，复组织各种会务，兹关于课外活动和课外运动述之如下：

关于活动方面者：

（一）音乐会

由各人自由组织之。

（二）教育研究会

亦由各人自由组织之。

(三)博物研究会

本学期已有高级生组织之。

(四)关于文学研究者

有哲学研究会、佛学研究会、小学研究会等。

(五)演说会

四师对于演说一项,学生非常注重,往时候由校内办事者规定星期日在大讲堂演说会,由各级学生依名次轮流演说。自从分治成立后,演说会遂各区各自组织之。

有时候,训育员择定日子开一演说会,由各级选手轮流演说,得各指导员之评判。如得三名以内者,则有学校之奖赏,并有总自治会之奖赏。

(六)辩论会

由各人自由组织。每星期内辩论一次,题目由会长选定揭示的。届期,各会员都很勇[1]跃的在讲台上辩论起来。正面者往往以正面为是,反面者则以反而为是。结果,则由指导员评判一次后,个个都欣欣然而悦服。但当辩论时在会者恒作笔记大纲,以保持印象,致不忘却其真理。指导员者,也手拿铅笔,似乎像作速记员。每星期之辩论,彼此往往不能辩白,然每经指导员评判过,方知己之不及云。

(七)出版物

向之自治会,本有周刊之出版,其内容不外乎论者。研究、讨论、科学、卫生、小说、报告、学校新闻等。当时投稿者很多,个个非常踊跃。自从统自治改为分自治以来,各区都有美丽的出版物,暨有师校友会的月刊,学生等觉得非常忙碌,现在所以停办。

商业合股公司状况

合股公司,设有总经理、协理、司账员、贩卖员等。现因便利营业起见,迁延至楼上营业。时间在上午九时四十分至十时,和下午三时至三时二十分止。其所卖物品,不出学生所用课业物品和糖饼、花生、南瓜子类。若在营业的时候,买者非常拥挤,所以生意日隆一日。现在公司的基本金也逐渐增涨。又他们对于商业练习

---

[1] 原文"勇"当为"踊"之误 —— 本书编辑者。

经验的接触很多,所以反应也容易起了,这实在是他们学生的乐事呀。

童子军

自从创办以来,已经经过许多的时候,定名为"本埠第一队",投身童子军者,已有三千余人,内分三队,各队立一队长。做教练员者以四师的体操教员充之。时有上课的训练,并时参观旅行等项。在旅行时,常常在天外露营,自作羹饭,并在山上采集植物,当即压成标本。旅行时,个个童子军非常勇[1]跃,因为在校之时,胸中抑郁闷积,一旦出里巷,胸中为之一畅。故本校学生,在春秋二季,必须旅行一次。现在童子军之旅行,较学生们的旅行为更有趣,且旅行回校时,都各宜自作游行日记一篇,合众人的日记,而总纂之,得著童子军旅行的报告。四师童子军对于样样物件,都是自行的。个个童子军,觉得非常有趣。有时候,教练员择定某日,煮饭烹茶,个个都非常欢喜,即遇天下雨的时候,则自己筑架子,自己满张[2]篷,都是自任的。简单说句话,童子军精神是诚实、忠义、助人、爱物、友爱、服从、勇敢、勤俭、好礼等。我相信四师的童子军,于一一的事情能做下去,我也不能件件说他的来历。但是我的意思不能再接下去,大约为童子军的不外乎以上的规则。

我会记得本校的开同乐会时,来宾来得非常拥挤,四师校友亦来得很多。童子军本继续做这些时的,我看他数十童子军,个个把来宾归纳得很好,整整有次序的。但是做童子军的不过十五岁到十八九岁的青年,能于秩序办得整整齐齐,这也是童子军为将来服务社会的好处呀。

关于运动方面者

自张先生接任体育部主任以来,对于课外运动,极力提倡,以为一切运动,对于身体上直接能发生良好之影响,间接能得有最丰富之知识,养成种种美德也。可惜四师不能得一较完全的体操场,以致学生们无从适应环境,后由体育部将庭院改作运动场,掘一泥坑,铺下沙泥,得也可以跳高、撑高、掷八磅铁球等项。那末,学校规定一星期内,各级都有二点以上的课外运动,并有体育员轮流督率指导之。

---

[1] 原文"勇"即为"踊"—— 本书编辑者。

[2] 原文"张"字当为"帐"之误 —— 本书编辑者。

我看四师操场的地基虽小,然而亦足以运动得为适应学生们之需要,有时候学生们听上课的铃声,就往操场去运动去了。是故一个学校成绩的好不好,但看学生能"发展本能"的"能动"与否就是了。

五、服务社会底状况

四师学生对于社会上种种的服务,都很热心地去研究,去作为,但很少刺激,所以不能起一种反应,现在我所见到的,大部分可分永久的和临时的两种如下:

A 永久的

义务学校。我们中国的不强盛,其原因总在于"教育不普及",稍有常识者,都无否认的。试看我们中国四万万的同胞,除却占四万万一半的女子们,没有受教育以外,还有一般孤儿和失学儿童呢!我们观此教育之不发达,特发起义务学校,以望其普及教育呀!

经费一项,每学期向各教员处募捐,以买一般失学者的课业用品。那末,我们就在晚上七时至九句钟的时候,去教授一般失学者。但做教员者,由各级选任的,以一学期为限。我看凡当选教员者,个个都很热心的去教授,这因为是为社会的发展教育,并得自己的实际经验呀!有些学生,本未被选为教授,往往自己仍愿去作教授,所以一般儿童和一般失学者,成绩都斐然可观。可惜现在的义务学校,因经费之不足敷用,只得停办了。我们尚希望其再创办起来,也可供学生练习经验的机会呀!

B 临时的

游艺会。我们要晓得游艺会,是何理由而设的、是何用而设的。我们敢简单说句话:非供自己娱乐的,非费我们自己的光阴,而骗欺些金钱的,就是为"救国济民"呢。但是有几个人问我说:谅你们学生,能有多大本领能救国济民呢?不错,这话我也承认的,但我们要晓得,"积少成多,集腋可以成裘"的古语。我们中国个个人民能依我们学生热心的做起事来,恐怕中国不难转弱为强呢!乃我们之开游艺会亦不得已耳。试想,用何法能救国济民呢?现在我们学生只得预备些新戏呀、国技呀、国乐呀,以欢迎观看者。

去年十二月时,四师学生特借鼓舞台作为游艺之所,观者非常拥挤,总计所得之费除赏台零费,和一切用费外,尚得银洋五十元,遂将此资买胶济股票和救济灾民呢,此番所得虽不多,也可记得我们学生之热心服务呢。

演讲会。观现在国势之危如累卵,旅大不能收回,条件不能取消,四师学生都被再激而再励之,临时各级愿自组织演讲团,往野外乡村作露天演讲。其所言之词,慷慨悲歌,令人慷慨动容。乡人以为师范生来乡演讲,必有发生国际之事,个个都侧耳而听,个个觉得津津有味,亦代为婉然叹息,有摩拳擦掌欲与日人殴打之势。如此,足可见演讲之效力也。

总而言之,凡直接发生国际交涉的事情,四师学生,当即组织新剧团、演讲团 —— 下乡劝导之、露天演讲之 —— 以唤醒国民之觉悟也。自五四以来,新剧一项,可称四师学生首倡之领袖也。

六、闲暇的生活

我们在校里,终日学些功课,作些事业,心内觉得干燥无味,在闲暇时间,往往以各种娱乐品,来适应各人个性的"欲"。杜威说得好:"教育的责任,未有重大于置办充分的设备,为休闲内时间的享乐。"可见闲暇生活,是学生时代的重要生活,兹把四师校我所知道的闲暇生活述之。

1. 美术。在闲暇时候,四师学生,遂以美术上的美,如图画、手工、唱歌、弹琴,来娱乐自己个性的。

2. 校外步行。晚餐后,食物不能骤起化合作用,学生们就在这个时间内结合两三个知己,往城头上或月湖边和操场上,作缓行散步,至上晚课时,方各归自己的位置,而学习明天的课程。

3. 脚踏车。脚踏车的物件,差勿多个个人是欢喜踏的,因为这也是一种肌肉运动,所以四师学生当抑郁的时候,去练习一次,觉得身体非常爽快。现在四师学生差勿多各人都能骑了。

以下是他们的个人生活底状况。

我在五时起床后,我们同寝室的同事,都已起床了。于是我走到盥洗室洗了面,刷了牙,就走到我的自修室。沿路只看见学生,手拿着一本书,什么英文呀、国文呀,各人都读得津津有味。我们以为早晨里读书,是很好的。据生理家、心理家说："清晨时记忆力最强的。"四师学生能乘此机会利用去学习,实可称乐事呀。早饭后,各人就走到自己的案头,翻开书本看了一看,就上课了。午饭后,学生们都奔到阅览室里阅报去了。及我往阅,这时候学生们已经站满了。课后,运动者去运动,自修者去自修,服务者去服务。但从四师学生看起来,理智方面和运动方面,都可称十分注意的。晚饭后,我和干君去散步一回,觉得精神非常爽快。我就与干君说:现在我的思想大变迁了,往时间,我在校时候,不知"科学"二字为何物、教育之价值为什么,所以日日伏案埋首者,所读不过两三篇《古文观止》,和四五本《诗经》,所阅的不过奇怪小说、冒险故事等;现在想起来,科学为近世潮流最重要之起点;观我们中国国势之不振,就是无科学知识;既无科学知识,尚何望科学之发达呢？我们可知科学是急不可缓,而教育一科岂可置之于无用之地么？教育就是为我们师范生作将来教授儿童暨养成健全的公民;在这时候想起来,我方才知道科学和教育,在现在时候占何等重要的地位呢！回校时,就读了几篇英文,习了几问代数学,一日间的工作就此结束了。

我又想起来,就要说到四师同学们感情的缺乏了。同级里面,自上课以外,都各伏案预备自己的功课,相接触的机会既少,感情也因之缺乏了。他级更无论了,如同路人一般的。记得钱剑秋先生说："学校是一个最好的交际场,在学校里不结识几个朋友为将来在社会协作(Cooperation)之预备,更往那里去结识。"我们听到这几句说话,为不起他们学生去结交呢。

再想起来,我就要怪到四师学校之不好。学校之不好,就是教育厅之不好;以宁波六县内独有一个的师范学校,致养成学生们为将来小学教师,及其专精领袖之人才——其责任之大,不过胜言,乃对于校舍之狭隘、操场之有无竟置之于不顾,你道可恨不可恨。历年以来,不知陷害多少青年的学子。试看四师操场的小,就失掉我们学生的真正需要点;校舍缺少,那么,一般校内教员自然迁延到自己家里住的,遂与学生们隔离,接触亦因之而少,好像与学生宣告独立的一样呀。我终希望教育厅令其大基鸿地,创造校舍,使他们教员和学生们最好住在一块儿的,那末,学生刺激多,反应亦多了,有疑问处也可随时随地请问了。所谓刺激多,反应亦多;反应多,经验亦富;经验富足,恐怕就是学生的根本问题么。

以上说的虽是我的个人生活,大约可以代表他们底个人生活,可惜我不能把四师校学生生活的特点彻底的写出来,这实在是惭愧之至。但我尚希望大家和我讨论这个问题,指教我的不是处,那是我所最乐闻的。

以前种种所说四师学生生活的状况,就算完结了。但是我可以代表我们全体同学说一句话:"本校学生生活的状况,不出于'诚、敬、勤、俭'四个字。"我看这四个字彻底的可以包括我们学生一切底生活了,以下我亦不便再说了。

因为限于篇幅,只得就此告终了。

(《新上海》,1927年,第10、11、12期)

白沙职工学校宁波分校开学式[1]

白沙职工学校宁波分校开学式:铁道部直辖白沙职工学校,设立宁波分校,于前日(五日)下午七时举行开学式,到学生三四十人,行礼如仪后,首由主席黄寿南报告成立分校经过情形与今后方针,极为适详;次由曹甬车务副段长王叔龙训词,词意剀切,引证綦详,大意谓欲增国家生产,提高工作效能,改进个人之生活,减除不识字之痛苦,须当抱定决心,趁此改好机会,发奋努力,前途正难限量;后由尹奇(代警务段长黄伯葵)、宁波站长褚起贵、两路党部代表金吉安相继训词,希望各工友持久努力于学业,并要有先忧后乐己饥己溺之抱负,继续不断治学之精神,则来日之成就,当可预卜;最后由宁波扶轮小学校长姜谦演说,论成年人读书识字之重要与可能,并希望不要轻信一种年龄长大者不能读书识字错误传说,视学为畏途,引起自己之灰心与悲哀,而阻挠无穷之进步。九时礼成。闻该校学生应用书籍及普通文具等,均由学校供给,即日正式开课云云。

(《铁路职工》,1935年,第118期)

宁波民教馆筹设渔民服务处

浙江省立宁波民众教育馆,为指导渔民生活改善,及协助渔民解决困难起见,

---

[1] 原文"职工教育消息"之一则 —— 本书编辑者。

特在石浦海滨,筹设渔盐民服务处,派员主持。视渔盐民之需要,办理书报指导,补习学校,简易治疗,常识顾问,通俗娱乐,国防讲座,渔盐民代笔等。俾一般渔民盐民,培养生产技能,以增进生产之收获量。

(《实业部月刊》,1937年,第3期)

介绍浙江省立宁波高工

钟伟农

当你们坐了火车或汽车到宁波时,那在距城五里许的途中远远可以瞧到一座半新旧和一座全新的洋房,这就是浙江省立宁波高工。

宁波高工,讲起它的历史,大概有二十五周年的悠长。听说当初是私立,后来宁波市政府鉴于该校成绩可观,即收回市立,宁波市改鄞县后,该校又跟着改县立,那时候,该校学业方面成绩斐然,校誉声闻遐迩,因此在三年前,浙江省政府把它改归省立了,这一来,受教育应直接指导的关系,该校成绩与时偕行,日趋进步。

高工同学共有二百余人,分建筑,汽车道路,机械三科。机械科创设最早(当初称金工科),建筑科次之,汽车道路科最后,因过去成绩优良,亦颇得工业界人士的信仰,因此毕业生的出路,都甚良好。在上学期吧:三年级生罗江云君,他平日颇喜研究,因此利用课余饭后的时间运用着脑汁,居然发明了两用电炉,和报年月日星期的时钟(此二种发明物闻现已呈实业部专利,不久的将来,可供大家应用云),在当时教育厅督学和陈县长不赞许。这点极值得介绍。

高工的校址,是距城五里,那里没有街市的嚣声,没有嘈杂的人声,除听到工厂里轧轧的机声外,简直静悄悄的了,可说是极适合学生运用思想研究的场所。在那里,交通也很便利,校门口便是沪杭甬铁路,校舍后面即鄞曹公路,在那里可以乘车进城。

讲到学生的生活,是很简单俭朴。这几年来,实施军训严格管理之下,处处表现出军人的精神,至于新生活的实施,在那里即可看到。上学期全县高中学生军训总检阅时,它获得荣誉的好评。

功课方面,多采用原本之故,因此学生们终日埋着头,在静静的教室里。翻字典呀，做习题呀，制图呀，忙的不亦乐乎，就是在星期日，也还可以看到许多学生在教室里，运用着各人的思想。每天下午，多是实习课，到五点钟才算课毕。

虽然功课老是应接不暇，然而学生们对于运动都感到很兴奋，在过去的区运会中，总锦标老落在高工。

学生组织方面，除学生自治会外，各科有互相研探讨的学术团体，要算机械学术研究股，办理的最有成绩。

今年添造校舍，加大运动场，这一年来，环境更觉完善！

高工也有许多美中不足的地方，像该校的理化仪器和测量仪器的设备倒很缺乏，图书馆的书籍也不多，校园未免太小。校舍四周少栽树木，没有自修室和大礼堂，没有体育馆……这也许是经济的关系吧。不过听说容后还要逐渐改造和添置。

(《学校新闻》，1937年，第52期)

省立宁波中学

璋辑

该校自去年下学期迁乡上课后，到现在快将一年了。该校师生对于救亡工作，固很认真，而对于学术的研究与探讨，尤为注意。今为适应战时环境需要起见，增添战时教育课程，规定每星期二的下午为总活动的时间，各项课程均由教师或专家指导，所以兴趣很好。兹将其大概情况，分述如左：

一、分组教学：高中与初中三年级以上者设(一)国际问题、(二)普通工程学、(三)谍报法及情报勤务三种；其在初中三年级以下者设(一)时事讲话、(二)防空防毒讲话二种，每人得选择一种或两种，预定连续实施三周结束。

二、宣传：除平时由各级自动出发向附近村庄宣传外，更规定全校大规模的宣传。宣传的方法：分(一)口头、(二)歌咏、(三)化装宣传及张贴标语壁报三种。口头宣传业已举行过，其他歌咏、化装宣传，刻正着手进行中。此外重要的工作，为慰劳出征军人家庭，由学生自治会计划进行。

三、军训与童子军的活动与演习：抗战期间军事训练的需要，自不待言，故该校对于射击、消防、传讯等活动之举行，颇为重视，只以限于环境，不能作更多次的演习。

四、时事座谈会、演讲会、交谊会：本学期均已分别举行过，大致以二学级为单位，其讨论材料有国际政治形势，及国内重要时事问题，此外对于抗战时期怎样建国一问题，各单位均有普遍充分之讨论云。

以上是该校战时教育实施与活动的大概情形，以下的则为该校救亡工作的消息：

一、宁中战时民众夜校：该校为唤醒民众发动全面抗战起见，特由学生会宣传股在虎啸州地方举办宁中战时民众夜校一所，以资组训民众。其课程分民众训练、公民训练、识字教育、音乐四科，期间以一学期为限，书籍、文具均由宣传股发给，受训民众约六七十人。

二、响应十万封慰劳信及一角运动：省战时教育文化事业委员会发起是项运动以来，该校师生纷起响应，慰劳信写得多的，有达几十封以上。

三、劝募寒衣千件运动：该校师生对于前线的将士，异常关怀，在一个月以前，就发起劝募千件寒衣运动，经该校师生努力的结果，共募得八百五十余元，制成寒衣一千余件，其中捐款最多的为初秋三甲，全班捐款远百余元，沈校长特颁给"节用救国"奖旗一面，以资鼓励云。

（《新青年》，1938年，第2期）

宁波学校消息三则[1]

省立宁波高工

该校本学期因添置土木科三班，因此学生人数激增，原有校舍不敷分配，乃添建草屋十三间，并辟一汽车实习场，虽然草创粗建，倒还宽大适用，教育方面，特别注重于战时工作之实践，体格之锻炼，及特种教育的实施，以求切合目前环境之需要，最近该校为利用寒假，以推进救亡工作起见，特组织寒假服务团，其工作为（一）推行民众教育：一、推行新生活运动；二、参加民众学校工作；三、参加抗战自发

---

[1] 该标题为本书编辑者所加。

宣传;四、编贴时事壁报;五、为民众代笔,答覆,问字;六、举行民间访问。(二)协助地方自治:一、协助壮丁操练;二、提倡指导合作事业;三、举行地方自治宣传;四、训练民众运用四权;五、指导生产技能;六、劝诫迷信等。

省立锦堂乡师

该校为加紧非常时期教育,特将寒假改期,延长上课,自一月十六日起,继续上课三星期,至二月六日方开始放寒假,并定三月一日下学期开课,停止春假,这样,学生可以在家里过年,免去了年关各方面的影响。

宁波浙东中学

该校学生共四百人,教师约二十余人,其中美籍的二人。全校分高初中上级,校舍先后添建二十余幢,颇为轩敞敷用。教育方面,积极实施非常时期的教育,加紧军事训练,授以战时必须的知能,以应战时之需。

(以上三则,均载《新青年》,1939年,第5期)

宁波小学教师的变动

曹三

(五四以前小学教师如凤毛麟角,北伐时代则多从事于政治工作,抗战军兴又多往前线为国效劳)

四师和后来四中师范科,是宁波养成小学教师的所在。宁波七邑的小学校,为数虽不甚多,然以四师一批批毕业出去的人材,还是供不应求;于是由普通中学出身的,和老学究和半路出家的商人来填补此缺。小教生活水准低得很,薪水所入,不足赡家,因而肯对小学教育发生兴趣,埋头研究实验,委实如凤毛麟角,"五四"运动以前宁波小学教育界,确有如此现象,无须讳言。

"五四"以后,全国的教育宗旨革新了,课本也有迎合新时代潮流的意味,冬烘头脑的老学究落了伍,青年们为着生活为着社会,打起精神来研究教育,负教育救国的使命,小学教育于是活跃起来。宁波因有李琯卿、林黎叔等在主持,更有革新的趋势。依籍贯说起来,奉化人做教师的最多,因为他们出身农村,较肯耐劳吃苦,服用又朴实简单。可是交易所风起云涌的开办后,受过中等教育(不论其出身师范或普通中学、工专、商专)的青年,都贪逸恶劳,舍此鸡肋,一窝蜂地投入交易所里做职员去。在交易所做生意,钱容易赚,生活又舒服,谁不羡慕?谁甘心坐冷板凳过一世呢?于是乎小学教师在那时顿起恐慌。重商重利的宁波社会,实无怪穷酸的小学教师们,趁此打出生路。"五卅"与国民革命的时代,一班觉悟的小学教师们,嫌教育救国不免迂缓,乃挺身革命,相率进黄埔军校或从事政治工作,宁波的小教界,遂又起了变化,再度恐慌。当然入交易所和后者相比,为公为私,大有分别。不过对于小学教育人材之损失,则彼此一样。

"清党"以后,稳健忠实的小学教师,仍在埋头工作,一批批出来的师范生又添加进去,教育似乎上了轨道。各县对小教的待遇,也比较抬高一些。社会教育和学校教育逐渐地打成一片,小学教师的职责,却是益发加重。

男女教师的待遇平等,宁属女子师范(后来改为"鄞县县立女子中学")的学生,也渐渐有了地位。供不应求的现象,恐以后决不会再发生了。

抗战军兴,据说故乡已有不少的小学教师,往前线工作去。为卫国而参战,其热诚自可赞许。但是后方并不轻于前方,希望努力立国基本工作的教育者,安心尽忠于你们自己的一部分工作吧。

(《上海宁波公报》,1940年,第29页)

贫寒子弟福音:宁波地方银行试办教育贷金

宁波浙江地方银行,为辅助教育推行,嘉惠贫寒子弟起见,自本学期起,奏准试办贷金,自九月一日起,接受宁波公私立中小学生申请教育贷金,并已照章成立教育贷金审核委员会,指定李副理、卓襄理、王主任为审核委员。专司审查之责,兹探志教育贷金办法如下:

《宁波浙江地方银行试办教育贷金方法》:

一、本行为辅助甬地公民,有固定职业,无不良嗜好,而确属清寒无力整批缴纳其子女学费者,得向本行申请教育贷金。

二、卅五年度第一学期申请期限,自九月一日起,至九月三十日止。

三、贷款总额以三百万元为限,利率按月四分。

四、本贷金以中小学为对象,规定各级学校之申请额如下:①私立高中学校每名七万元,②私立初中学校每名六万元,③县立高中学校每名五万元,④县立初中学校每名四万元,⑤省立高中学校每名三万元,⑥省立初中学校每名一万元。

五、贷金期限定为四个月,自贷放日起,每足月收回本金四分之一及其利息,但自顾提早全部清偿者,利息得按日计算之。

六、各贷金由本行组织教育贷金审核委员会审定之。

七、申请手续及应注意事项:①申请人限于当地服务求学之家长,亲友不得代为申请;②公费生、师范生及其他免费生,不得申请贷金;③每人为其子女申请贷金以二人为限;④申请人得向本行索取申请书,逐项以正楷详细填明,并须亲笔签名盖章,连同其子女上学期成绩报告单,以及本学期注册证件,汇送本行;⑤本行接受申请,经调查后,送审核委员会审核,准者通知订约,不准者发还证件;⑥申请人接到本行核准通知书后,尽三日内来行办理保证手续及签订契约,逾期作放弃论;⑦本贷金额满后得随时停止申请。

八、申请贷金须具左列之一之保证:①申请人服务机关主管及同事各一人担保,②普通商店担保,③殷实商号高级职员之个人担保,④经本行认可之担保品。

(《宁波人周刊》,1946年,第9期)

宁波慈、镇两县教育新闻

慈继善学校募集资金

慈溪城区继善学校,自经该校资金保管委员会报委俞昭为校长后,并函召赴沪洽商校务。俞校长应召去沪,与旅沪校董策划改革方针,已获具体结果。闻保管委员会已募得法币一千万元,作为学校资金,并交俞校长一百万元为开办费。俞校长业于日前回城,并在沪购到各级科书及应用文具等,近日正在鸠工构料,修理校舍,不日即可竣工。近日报名学生极为踊跃,该校前途定有一番新气象云。

朱惠人继先志,复兴忠良小学

镇海汉塘朱家桥私立忠良小学,系故绅朱声榜所创办,成绩优良,声誉卓著。沦陷时,数受敌人摧毁。光复后,其哲嗣朱惠人、惠文、惠珊、惠安诸子,继承先人遗志,力谋复校,斥资数百万,作为学校资金,于今春呈县立案,聘请胡明光为校长,惨淡经营,不遗余力,半载以还,校誉雀起。新秋开校,学生负笈而来者,络绎不绝。朱校董近又函知校方,遵照中央实施国民教育方案,学杂等费,一律不收,寄蒸午膳之柴草费,亦概由校方供给,免除学生负担,嘉惠地方子弟。如朱氏昆仲者,可谓热心教育矣。

(《宁波人周刊》,1946年,第9期)

宁波三一中学复校后之新气象

浙江宁波三一中学为圣公会所开设,位城区之北。面公园,临甬水,场地宽广,校舍整齐,创办迄今,垂八十年,声誉素著,实宁波教会学校中之完美者也。惜自二十一年四月起,该校为敌伪所侵占,达四年之久。待三十四年冬接收之时,房屋倾圮,廊台倒斜,墙垣断残,门窗破碎,图书则散佚殆尽,仪器则荡然无存,损失之大,难以数计。该校校董目击心伤,急谋恢复旧观,特选聘才学俱富之冯俊先生为校长,畀以复校之重任。冯校长殚精竭虑,锐意经营,三十五年春,接收旧仁德女中及旧仁泽医院之全部校舍,修葺整理,招收高初中学生七百六十三名。辟教室十四,分班教授,从此学校重光,弦歌相续矣。是年夏高中秋始毕业者计十有一名,初中秋始毕业者计四十三名。同年秋接收原三一中学校舍,该部中学破损尤甚(原三一校舍光复后为宁波联中续用半年,经折冲樽俎始得收回)。经大事修理,耗款达数千万金,始得楚楚可用,于是乃一面调整校舍,以原三一之部,划为高中部校舍,以旧仁德女学之部,划为初中部校舍,以旧仁泽医院之部,划为附小校舍,一面购置仪器药品,及图书杂志,并新建新浴室一间,厨房三间,辟足球场二,篮球场五,排球场二,网球场一,从此设备渐见完美矣。至教务、训育、宗教、教育各部门,在富有学识、经验之各主任指导之下,逐渐改进,以臻完善。该学期学生总数达一千一百九十三人,高中春始毕业者计二十九名,初中春始毕业者计七十三名。本学期开学之后,除继续修葺未完竣之校舍外,更添置化学药品及仪器图书多种,故目下教学方面之参考图书、示范仪器、试验药品、军训枪械、童军用具、治疗机械等等,均敷应用。学生在设备完全之环境中,颇富研究学科之兴趣,实为一好现象。训导方面,除依照原定之训导标准实施外,更注重于勤学、礼节、纯朴、自治四项之重点训练,并实施健康教育,俾学生身心均臻健全。宗教教育方面除设宗教科、早晚礼拜、主日礼拜、查经会外,尤注重于学生自由活动,爱组织学生团契,分股办事,收效甚宏。所聘教职员五十五人,学生总数九百六十五人,高中秋始毕业者计四十五名,初中秋始毕业者计六十八名,附小学生五百四十人,高级毕业者计四十八名,初级毕业者计六十八名,其毕业生人数之多,亦已打破历年纪录矣。

又闻浙江鄞绍区县政视察团之许督学,于六月中旬赴该校视察,观该校复校后,校舍业已修理完竣,图书仪器添配甚多,学生发达,为甬校之冠,教师资历均佳,则肯负责管教,非常快慰,并加奖许。在县政座谈会中报告谓:"宁波公立中学,不及私立中学办理完善。私立中学之中,尤以三一中学办理得最好云云。"

(《圣公会报》,1947 年,第 8 期)

省立宁波中学的学校生活

俞发族

从前我在宁海,先生们总是勉励我们:"你们暂时吃些苦吧!光明已在眼前了,大家要支持最后的五分钟。"呀!是的,我们都眼盼盼的等候着胜利,但是料不到胜利带来了不是快乐,却是失望,我们的学校生活,倍苦于抗战期中,不信请让我慢慢地道来。

五点钟起床,军训教官比我们早二十分钟起床,因此打下了起床钟,才打了个哈欠,一个不长不矮的军训教官就已经站在脚头了。有时候校长亲自出马,情形更是严厉。温暖的被窝,谁愿意早些离开呢?望望天井还是一片模糊,梧桐冷清地站着,尤其是冬天的早晨,更显出肃毅的景像,我们这时的眼睛都醒忪的,朦胧的,好像还做着甜蜜的梦,挤在同学的群众中,糊里糊涂地挤出了污暗的走廊,就走到一条狭隘的墙同。这是寺院的建筑,有着许多终年不见阳光的走廊,我们也在这种地方钻来钻去,从太阳还未升起到太阳落山。

经过了狭小的墙同,拥出了小门,豁然开朗,这又是一个寺院。我们的学校幸有这二个寺院,方才有复员的资格,否则还不能复员呢!这就是一个有历史的延庆寺,里面没有僧侣,初中部四五百左右的寄宿生,就住在这寺中,我们的盥洗室也在这寺中,于是早晨必经过这地方。洗了面,天总是不大亮的,于是就捏起了拳头,拉开腿开始跑步。早操的钟快将敲了,这时候我们也汗流浃背地赶到,到学校操场上,立即排起队来,点名的先生向迟到的同学白着眼睛,那里知道从盥洗室到操场,实在有里许,我的跑步已是花了九牛二虎之力了。

就膳的整队,都好像出发行军一样,必须排得挺好才穿进膳厅,一碗菜,一碗龙头鲓,照样地显现在眼前。回忆到抗战中,还有青菜豆腐汤,偶然也有肉味。至今全属这等含盐的营养物,叫我们如何活得下去呢? 我们有二句话就说明了我们的营养,"吃的是菜腐,做的是大代数",这句话可代表我们的生活和营养了。我们脑力的衰退,影响功课的很显著,程度的低落,也不是偶然的了。

三点钟的夜课,要专专心心的上着,训育处的先生是惯会注意自习课的,所以我们校里的自习课风气很浓厚,而校长说还要注重自习,借以提高程度。夜课下的时候,身体已很疲惫,在经过一条漫长的环城马路,呼号的西北风,就刺进了每个人的心。不下雨犹可,一下雨,泥泞的环城马路,就寸步难移了,尤其穷苦的学生,一双破鞋,前面一个大孔,走起路来,就像压力唧筒一样,呼呼作响而吐出白沫,你想,在一个深冬的夜里,下面的冷水侵入进鞋来,裤脚整半截都染上了泥,这是多么可怜呢? 一进观宗寺,大钹小钟的声音就来迎接了进去,多么可恨的声音啊! 我不欢喜它来迎接。当我们想睡的时候,这些和尚和护法的善男信女,做腔作气使你睡不熟。将要天明的一段时间中,最为舒服的时光,而大钟响了,把我们的耳膜都振破似的,还有何法不惊醒呢? 明天的功课又是代数,英语,啊! ……

最近校长拟定了六年计划,预备实现五项大策,(一)提高程度,(二)充实师资,(三)修建校舍,(四)扩充班级,(五)添置设备,现已提到省府,切望省府能照我校长的意见,与以援助,使后来的同学不至于有跋涉之苦了。

我们的生活,还是在战时的状态进行着,赵校长又只重生活训练,于是倒霉的是我们同学,据说这一切都是由于省厅缺乏教育经费所致。那么省厅又为什么没钱呢? 希望那些明大义的尊长们,为我们造福些吧,不要使我们太可怜。

(《青年知识》,1947年,新8期)

征收学费直接税，宁波税吏生财有道

（宁波讯）据宁波某小学校长谈：这学期开学后，曾有宁波货物税局（现已与直接税局合并）职员到学校来，调查学生人数，以便按所收学费征收百分之十直接税。其他学校亦有同样情形，一部分家长知道后，大为反对，认为依照宪法，凡公民都有免费享受基本教育的权利，现在政府不但不实施义务教育，并且还要收税，对这种摧残教育的举动，他们表示严重的抗议。

（《燕京新闻》，1948年，第14期）

宁波教育简讯数则[1]

镇海前县立中学国语教师胡丕雄，近因神经衰弱更剧，于上月廿九日晚在柴桥樟溪头小河自尽。

（《宁波人周刊》，1946年，第2期）

鄞县下学期中小学教科书，由尼缅书局、竞新书社、文明学社、新学会社、明星书局、振新书局、星星书局、新化学社等八家书店联合采购，售价照上海门售增加一成。

（《宁波人周刊》，1946年，第6期）

（慈溪讯）本城私立普迪学校，原有一二两校，县城重光，一校即恢复，先办六学年。城东二校，应各方要求，下学期亦拟复校。

（镇海讯）私立声远小学，系黄声远独资创办，聘请金鹿生、董佑拭等九人为校董，黄素瑛为校长，闻县府将依据捐资兴学条例，呈请教育厅核奖云。

（镇海讯）镇海县中兼简师校长李价民，当选县参议员辞去校长职，遗缺暂由钱健生、张锄荆分别代理云。

（以上三则选自《宁波人周刊》，1946年，第14期）

---

[1] 此标题为本书编辑者所加。

三、报社电台

宁波通讯

奴

此间无线电台奉令裁撤后,本局报务激增。两月以来,平均每日去报约百号左右,来报尤多,以致人手不敷。现经部核准添调报务员及试用报差各一人。

二十一年度奖金发表已历数月,迄今当未领到,同人等莫不翘首企盼。

甬局岳君钟铣与杭局陈君诗鋆呈准自费对调,岳君已于上月底离甬,陈君因杭局人员缺乏,尚未来甬。

(《电友》,1934年,第6期)

日报广告在宁波

宁波于中英鸦片之役,与上海等同时被订为通商口岸之一,工商业得风气之先,惟困于内地交通不便,未及上海之繁盛,现有报社四家:兹就五日一天内四报广告版刊登情况,略为分晰如左:

一、各报社之概况

报社	负责人	首次发行时期	月收广告费	月收报费
宁波民国日报	陈光增	民国十六年三月十日	一一九九	五四〇
时事公报	金臻庠	民国元年六月一日	二六〇〇	五〇〇
宁波商报	朱铭熙	民国二十一年三月一日	一二〇〇	三〇〇
宁波大报	姜伯喈	民国二十三年十一月十二日	二〇〇	一〇〇

广告费、报费,系就去年全年每月平均之约数。

二、各报新闻版与广告版面积之比较

报社	篇幅（白报纸）	新闻版面积	广告版面积	全面积
宁波民国日报	二开二张半	四六.七	五三.三	一〇〇
时事公报	二开三张	三六.五	六三.五	一〇〇
宁波商报	二开二张半	三七.八	六二.二	一〇〇
宁波大报	四开一张	四七.〇	五三.〇	一〇〇

三、各报广告分类之比较

类别	宁波民国日报	时事公报	宁波商报	宁波大报
商业	七八.八	八八.七	八四.一	八五.〇
商务	二.二	二.三	五.四	三.〇
公告	一二.〇	四.三	九.六	九.〇
人事	七.〇	四.六	九	二.〇
文化	〇	〇.一	〇	〇
宗教	〇	〇	〇	〇
迷信	〇	〇	〇	一.〇
其他	〇	〇	〇	〇

四、各报商业广告之剖视

类别	宁波民国日报	时事公报	宁波商报	宁波大报
必需类	一三.二	七.一	一一.二	一六.二
日用类	二一.六	三四.〇	二三.三	二七.五
文化类	〇	六	〇	二.五
消耗类	二五.七	二〇.〇	二五.二	二〇.〇
娱乐类	一一.四	九.五	二〇.六	一六.〇
奢侈类	二三.八	二三.一	一五.五	一五.〇
其他	四.三	五.七	四.二	二.八

（《新闻杂志》，1936 年，第 2 期）

浙江省立宁波民众教育馆教育播音推行委员会简章

本会定名为"浙江省立宁波民众教育馆教育播音推行委员会"。

本会设主任委员一人，由本馆馆长充任之，委员七人，则由主任委员聘任之，任期以六个月为限。

本会任务规定如左：

研究劝导民众听讲之方法。

计划收音设备及听讲场所之添置或改善。

计划播音有关讲题之教材或教具便民众听讲时应用（地图、表格、挂图、标本、仪器、补助了解之文字或实物以及其他教具等）。

推定指导员，在教育播音时间利用教材或教具指导听众了解播音内容，每次播音完毕后，并将播音要点对听众为扼要之讲述。

研究其他利用教育播音之方法。

本会每月举行会议一次，商讨推行事宜，由主任委员会召集之，必要时得召集临时会议。

本会经费暂不固定，遇有应用时由本馆事业费项下支给。

本简章如有未妥事宜，得于委员会中提出修改之。

（《播音教育月刊》，1937 年，第 7 期）

杂谈在上海出版的宁波报

汪北平

说起上海之有宁波报，真惭愧，"始作俑者"就是在下。就记忆所得，二十年来，先后出过《宁波七邑周报》《宁波周报》《宁波三日刊》《上海宁波日报》《宁绍周刊》《上海宁波公报》等六种。这六种刊物，倒有四种是我主办的。今天是《上海宁波公报》二周年纪念，苻荪兄来叫我写二篇东西，我是有名的"懒人"，而且近年来多病，多闲事，今年除给西安 × 报写了三篇通讯以外，连一篇三五百字的小品也没有写过，自己也觉得有些太不成话了。要末我是改行，可是我到现在还是靠一支笔来糊口,来拿人家的薪水做通讯员。

荇荪兄,真可算得是我的出橐弟兄了,他叫我写东西,决没有还价。可是我现在实在有提笔头痛毛病,只能随便写点,好像一篇旧账,既无"噱头",又无精彩,实在毫无看头,惭愧惭愧,恕罪恕罪!

言归正传,上海之有宁波报,第一种就是《宁波七邑周报》,时间在民国十一年。那时候,我刚脱离《上海市场公报》,和周孝庵、严柏梁办"中国通讯社",现任《宁波商报》记者张传畴兄,时在兴业银公司任事,每夜到我们社里来玩,一天他从宁波回来,告诉我《四明日报》老主笔叶伯允先生,为了雅片变糖新闻,被警察厅长徐时霞捉了去,险些性命交关,后来费了九牛二虎之力,交保出来。可是,当地报纸不敢提起只字,地方报真不容易办,军阀势力范围下办报,实在太可怜了。那时我正当血气方刚之年,听了这不平消息,发指皆裂,当夜就同传畴讨论,要办一种刊物,在上海出版,即不受恶势力之压迫,又可替故乡一般社会鸣不平,当时赞同我的主张的,除张传畴外,有胡耐庵、王崚夫、陈秋阳三君。坐言立行,不上一礼拜,《宁波七邑周报》就在上海出版了,社址在贵州路北京路口(即现在金城大戏院原址),对开一大张,报头是娄天权先生题的,发刊词是蝶哥从宁波做好带出来的,但不署乌一蝶真名,而署了"记者"二字;一、二、三版,除社评外,每条新闻都加短评,四版小品,由卢阿全主编。秋阳写了一张报头,画的是一支笔,串了血淋淋五个人头,题了"口诛笔伐"四字,每期印一千张,上海只销三百份,宁波七邑倒可销五百份以上。投稿者甚为踊跃,宁波人都叫这张报做"出气洞"。后来徐时霞被我们骂得没有办法,特地到上海来,向先师李征五先生前哭诉。这张报大约出版一年,成绩很好,其间最脍炙人口的,要算《陈△口传》(按陈△口即汉×陈企白道量,自《七邑周报》题他外号为△口后,原名竟至湮没不彰。)和《宁波一百名人录》。《七邑周报》停刊的原因,至今我还记得很清楚,原来某一天,镇海寄来一则新闻,说道头某广货店纵火图赔,经理张某如何如何,我就在这条新闻之后,加了一只短评,大骂一场。过了几天,传畴突然哭丧着脸回来,立刻要辞去《七邑周报》经理的职务,原来镇海某广货店经理就是传畴的老太爷。因为我不识张家老伯才有此失,不知者不罪,可是《七邑周报》经理张传畴,尽人皆知,儿子办报骂老子,还成话说?传畴可以原谅我,老伯不能原谅儿子,于是我在万分不安之下,只得和耐庵、崚夫、秋阳等商量"遵命停刊"。

第二年(民十二秋季),我进商报一天夜里,陈布雷、张静庐两兄弟和我闲谈,谈及《七邑周报》事,他俩认为《七邑周报》办得很有意义,停刊可惜,怂恿我再来一下,于是原班人马,除传畴外,加入张静庐、洪锡范,我任经理,静庐任主笔,改单张为册子,十六开五十面,省去七邑两字,定名宁波周报社,社址在五马路福裕里三北物产公司楼上。第一期发刊词是布雷做的,裘由辛先生也做了一篇论文,内容很充实,封面也是秋阳画的,是二个新青年,捧了一个巨轮前进,巨轮当中嵌了鄞、慈、镇、奉、象、定、南七个图案字。每期出版前一天,在《申》、《新》两报登预告,规模相当可观,销数二千份,外埠定户,在五百以上,所以用了学徒以外,还用社役。报社门前,悬挂了一幅黄底红字"宁波周报"大旗,后来洪雪帆的三北物产公司关门,我们就搬到四马路《商报》对面太和坊口钱店楼上。

不久五卅惨案发生,《宁波周报》发起五卅惨案甬籍烈士追悼大会,在民立学校举行,当时为便于宣传起见,改周报为三日刊,改十六开册子为四开单张,望平街能销一千多,每期印三千份,报头题写《宁波三日刊》。是年,中华海员工会,委我办《海员工报》,《宁波三日刊》同人全体加入,社址合并。不久,由《海员工报》同人产生光华书局。第一部出版物叫《洪水》,生意好得不能再好,静庐、松泉、卢口诸兄,致全力于光华,耐庵、崚夫、秋阳诸兄早已离沪,只剩我一人守住《宁波三日刊》,独力难支,遂于十二年十二月三十一日停刊。

民国二十二年夏季,我和静庐从汉口交卸湖北《中山日报》职务回沪,闲着没事,刚巧徐朗西先生发起筹备太华银行,筹备处在现代书局楼上,房子很宽敞,我就在太华筹备处担任文书职务,洪雁宾、洪雪帆二兄也在那儿,朝夕相见。一天,闲谈到我前次所经营的《四明日报》问题,雁宾兄对于《四明日报》的停刊很为扼腕,静庐就大发议论,竭力主张恢复《四明日报》,我以为宁波当地几位"大人"对我很过不去,要是再去复刊,一定又要不开心,弄到被逼停刊下场,我为识相起见,不赞同静庐的主张,于是雁宾、雪帆二位,便提出《四明日报》移沪出版办法,全体赞同,第二天便在晋隆饭店请客,当场推出十一位委员,计洪雁宾、洪雪帆、余华龙、任矜苹、周曹裔、全仁夫、陈霭麓、裘珠如、卢建人、张静庐和我，预定资本二万元，日出二大张。洪雁宾任社长，洪雪帆副社长，张静庐总主笔，我任经理，霭麓、建人任编辑，诸事大部舒齐，宁波方面忽地传来消息，说《四明日报》停刊已逾六个月，已由局外人用这个名义向当地党部登记，我们不能再用《四明日报》名义。当时我们得到这消息以后，立刻开一紧急会议，为免除麻烦起见，改名《上海宁波日报》，当场由陈霭麓兄起草宣言，在沪、甬、粤、杭各报刊载出版启事，筹设各地分馆，计宁波分馆主任杨元臣，杭州分馆主任陈仲回，汉口分馆主任周文明，广东分馆主任陈信候，八月二十五日出版，内部工作人员三十余员，只自由车送报人有十一名之多，声势可称相当浩大，新闻网遍设于沪、甬、粤、汉、杭、川、平、津，出版三个月，销数每天平均在六千份以上，广告收入在一千五百元光景，卒以开支过大，三个月用去一万元有奇，于是，经济发生大恐慌，原因是资本只收到八千元，其余认而未缴者差不多有一万元，所以观望不缴的原因，是三个月中小品栏《新宁波》登了二篇得罪同乡大亨的文字。一篇是卢建人的《一日一推敲》里《某某桥》，一篇是洪雁宾的《忆王君》。其时，大东旅社的东六社还存在，诸位大亨都表示愤慨，说是："我们拿出了钱，来骂我们朋友，这还成话说吗？"因此一唱百和，大家不肯缴款，直至是年十二月底，我们十一委员开了一次紧急会议，决定改组，其他委员退出，归我一个人主持下去。那时，年假停刊五天，仅此五天中，须二千元来应付债务及继续出版费用，我急得束手无策，幸亏金臻庠兄借给我一千元，乌崖琴先生也助我不少经济上的助，总算平安接办，难关渡过。第二年一月，虞洽老、方椒老、乌崖老诸公加入本报，举行征求大会，募集基金，大张旗鼓，内容已焕然一新，销数曾激增至八千份，这实在可称上沪《宁波日报》的黄金时代。直至八一三沪战开始，沪甬断航，日机袭甬，销数曾至一万二千份。我军西撤，我报也在奉命停刊之例，至此出版四年之《上海宁波日报》，遂忍痛与旅外同乡告别，以至于今。

以上在上海出版的宁波报，先后计四种，都与我有相当的关系。此外民国二十五年出版之《宁波周报》，系王蓤夫君主办，十六开本子，共出十六期。二十七年今天出版的《上海宁波公报》，则为陈荇荪兄主持，这二年来"活力满身"，成绩远在他报之上，这真是使我自叹不如，不胜钦羡之至。

背书背了半天，不但背的人吃力，恐怕听的人也有些讨厌，就此打住。可是荇兄的命令,是除供述掌故外,着再提供几句经验话,于是话又多了。我说:办这张报纸真不容易讨好,一般同乡,都说新闻太少(勿误会,这不是专指《公报》)。其实这是外行话,以前内地访员寄来的消息,十九都是空中楼阁,尤其是乡村新闻,任意捏造,甚至"旧闻翻新",无日无之。现在这种毛病,可说完全没有了,条条新闻,都是准而且确,所以我敢说,新闻多少没有关系,准确第一。说起乡村新闻,尤其要特别慎重,在宁波当地编新闻,多注重于城市消息,这因为读者多为城市区域人;在上海则不然,因为旅沪同乡,大多来自各乡各村,宁波城区中人可说是绝对占小数。当《宁波日报》刚出版时,三北访员来一镇北某村大火消息,内容甚简,"详情容探续志"云云。不料所谓续志详情,迟迟未来,而旅沪镇北某村人,大起恐慌,纷纷电话探询,这种新闻,要是在宁波当地,某村人未必着急如斯,因为距离较近,证实这新闻之是否真实的方法较便。在上海,则适成一反比例。所以我说上海宁波报,应该特别注重宁属七邑乡村消息,务求其敏捷准确。再说到上海宁波报的销数,真可算得"另有一只弓",平日二三千份,一旦遇有重大事件发生,立刻可以激增六千七千份。譬如《宁波日报》出版时,庄源大小开被诬为盗案,开审之日,卢家湾法院门前竟销去二千份;宁波实业银行倒闭,《宁波日报》定户增加三千份,诸如此类,可见旅沪甬人并非不需要宁波报,而是不肯重视宁波报,以致产生这种"有事有报"的不良现象。但是我们办报者不要灰心,终有一日能够养成阿拉旅沪同乡急切需要乡报的习惯的。末了,我代表旅外同乡请求贵报大记者,请尽量采登各乡各村的社会新闻,实行敏捷准确的新闻记者唯一信条。

(《上海宁波公报》,1940年,第35页)

吾甬报章之变迁

莞

蛰居沪上,一阁圭窦,知交虽众,夙昔不相过从,其可以称市隐矣乎!乃者旧友陈君荇荪,来告曰:"余等之创此报二周矣,将增刊以资纪念,子其为我书诸耑?"余方治愈,辞以疾不获,乃作而言曰:"世之刊报也,居其地则言其地之事,朝闻而夕迁,且得而暮更,如风雨之不崇朝,如电光石火之不须臾。今子居沪而言甬,甬沪虽比邻，犹阻一重洋，其在平日，传电置邮，惟恐不速，今则海有氛，陆有敌，航程绝续，音讯滞迟，以此效言也，不亦难乎？虽然沪之人口，为数四五百万，而甬之人居四分之一，盖百万以上焉，或商、或贾、或工、或艺、或居、或游、或学、或业，莫不有羁客之感，起乡里之思，故其关切之怀，或有过于久客远游之欲闻故园平安之消息者，此在甬报，为投乡人之所好，而陈君之能善运用其长也。抑陈君亦知吾甬之有报章，为始于何时乎？要知吾甬文化事业，初不后人，在清光绪中叶，有天台王泳霓孝廉，尝从曾劫刚袭候于英、法、意、比四国出使大臣任所，比其归也，乃首创《甬报》于宁波江北岸，虽不久旋歇，然此实为大路之椎轮。其在宣统二年，有《四明日报》之创立，集资为有限公司，镇海李霞城、吴阊，及江东董翔邃为董事，而霞城先生为之长，司发行者鄞王东园，主编辑者瑞安张楚玉、镇海张朴生。翌年，民气益张，胡运将终，朴生邀余共事，阳夏事起，革命告成，于是楚玉归瓯。又翌年民国元年，朴生任财政部事，以余主报事，而宜兴吴铁花君来佐余，宿学也。继而又有《方闻报》者起，为处州人章巨摩主其政，一年而罢。民国九年，有《时事公报》者起，延镇人乌一蝶主笔政，一蝶亦四明旧友也。比余十三年去四明，先后计十四年，而情形一变，盖报章多而宗旨更矣。自民十六国民革命军席卷东下，则《民国日报》代兴，余亦衰倦不复与报政，然十七年犹一度为党部委任三月《民国》报事。今则甬地报章，所可举者，《时事公报》、《民国日报》、《宁波商报》，鼎足而三。而沪上之甬报，始于汪君北平之《宁波日报》，因沪战而停刊，今由《宁波公报》起而代之，倏又二年。夫作始简者，其将举必巨，况如陈君之有精强干练之精神者乎！天道后起，其事其时，吾知有望夫陈君矣！若夫应变立言，投众所好，以光大其为社会喉舌之宗旨者，则有陈君与诸君子在。"

（《上海宁波公报》，1940年，第36页）

宁波报史略

椿岁

宁波最早之报纸，当推《中外新报》——创刊于一八五八年，即前清咸丰八年，其出版在《申报》之前，自为最古之刊物。始为半月刊，旋改月刊，出十一期而止。然此系外人所创办,不足以为宁波报纸之鼻祖。次之,为《宁波日报》,出版在《申报》前二年,亦为基督教中人所创刊。其为吾甬人所创办者,则为人人所知之《甬报》,发刊于戊戌以后。主办人为张让三(美翊),日出对开一张,自备印机(此印机,即后来为钧和印刷所所购进者),以四号铅字排印;其时白报纸尚少流行,故所用者为有光纸;约四阅月而停版。至一九〇六年,前清光绪三十二年,乃有《宁波新报》之出版,创办人为袁荷龄,日出对开一张,亦以四号铅字排印者。然其纸已用白报矣。材料枯竭,消息迟缓,思想落后,更不待言,故不为甬人所欢迎,不半年而停刊。

自满清政府为欲消弭革命风潮而宣布"预备立宪"后,各地方之自治团体,亦次第成立,宁波上层民众,始渐注意于地方事宜,除阅读上海出版之报纸(如《申报》、《新闻报》、《时报》等)外,更有阅读地方报之要求,而所谓《四明日报》者,乃即乘时而出现——时为一九一〇年,即清宣统二年。发起人为王东园(栋),主编人为杭县人王卓夫(荦),嗣易为镇海人张丙旭。日出对开二张,第一张为国内外新闻,大都剪自上海报。第二张为宁属各县新闻;其时无外勤记者,新闻全恃各县之访员投寄,文字除每日例有时评一篇外,又辟《东西南北》一栏,系一种杂感文字。惟此时已有五号铅字,系与四号字相杂而排印者。辛亥光复以后,王东园离甬北上,经理易人,报纸内容,日趋枯竭,至有目之为"水、火、盗贼报"者,盖所记载者,无非为火警窃盗等事也。"五四运动"以后,文化革新,此等落伍之刊物,已不足以合社会之需要,于是而《时事公报》乃崛然以起。《四明日报》虽以"老牌子"而依然存在,然销数则大减。至一九二七年大革命,以言论与宁波党部不合,为党部所封闭,后虽有人恢复出版,而为时不久,卒归消灭。

当《时事公报》尚未出版时,曾有与《四明日报》先后相对峙之二报:其一,为《方闻报》,民国三年出版。发起人为袁履登、方椒伯,主编为陆某,约阅半年而停刊。其一为《浙东公报》,民国七年,为张天锡所创办,主编者为温州人闵某,日出二大张,约四阅月而停刊。

《时事公报》出版于民国九年——一九二〇年,发起人为金臻庠、陈章鸿、陈荇荪等。最早日出二大张,后增为二张半,最后又增为三张。主编者为乌一蝶。其时交易所与信托公司如雨后春笋,广告发达,收入丰富,足以发展其报纸,故在形式上已大有改进——如排印全用五号字,副刊特辟一栏(始名"散花场",后名"新月闲云"),皆为前此报纸所未有。至一九二七年大革命后,且用无线电以收电讯,后又改用短波;自此以后,宁波报纸始不专重地方新闻矣。

《时事公报》出版后四年,慈溪人叶伯允(秉成),曾创刊一种报纸,亦名《宁波新报》。叶以经理兼主编,助编者有戴渭春、陈立三、王潄琅等,亦日出对开二张,未半年而即停刊。

以上各报,虽创刊之动机不一,要皆侧重于营业,而无一定政治之主张。至民国十六年——一九二七年二月,《宁波民国日报》出版,始纯粹以三民主义为其内容。宁波党部自封闭《四明日报》后,即将其社址(在江北岸洋船弄)改为《民国日报》社,主体为中国国民党宁波市党部,委王任叔为编辑人,日出二大张,其内容虽与《时事公报》异,而形式则一。时王任叔在奉化别有职务,不能即来,编辑部人员,皆年少尚意气,文字上致有得罪于地方当局之处,其时又适值清党时期,报社乃以四月十一日遭封闭,社员亦星散。越数日,因党部之改组而改组,继续出版至十余年,至一九四一年四月二十日以宁波事变而停刊。

叶伯允在创刊《宁波新报》以前,曾与庄觫山等创办一《宁波商报》,社址系在今之车站路。然不久即停刊。至民国二十二年,《宁波商报》始重复出现。经理为金梦麟,编辑陈伯昂,社址在城内崔衙街,亦日出二大张。越一年余而改组,经理易为朱酒仙,编辑孟锦华,社址本在车站路,复迁至城内咸塘街。孟锦华离甬,陈伯昂、朱大公先后为编辑人。民国二十八年,以经费支绌,复由镇海人周启范出而改组,聘蔡竹坪为编辑人,出版数阅月,至二十九年六月十五日停刊。

《中南日报》,出版于民国二十三年,社址在崔衙街,经理为朱绣芳,编辑周若笑。日出二大张,内容颇为充实,惜亦以费绌,故未及三阅月而停版。

宁波小型报纸以《兰江报》为最早,其出版在民国二年。经理为慈溪人叶某,主编向某。以经费不充,印刷系用石印机,每日出四开一张,全以妓院琐事为报道之材料,以故购阅者多为挟邪之徒。出版未及一年,以费绌而停刊。至民国六年,复有《詹詹报》之创刊,发起人为金臻庠、乌一蝶等人,亦日出四开一张,惟印刷已易为铅印。其内容系以平章戏剧为中心,兼及于文艺,然亦不久停刊。越二年,又有《四明繁华报》之出版,董事为蒋东初、周一苇诸人,经理张云卿,曾邀余主笔政。内容注重于小品文,而兼及于花事剧艺。不久以内部相互倾轧而停版。以上为第一期之小型报,盖出版之旨趣,纯在消遣,无关于政治文化者也。民国十年以后,小型报纸风起云涌,不可数计;虽多为青年一时高兴之创刊物,而面目与前大异,盖一方注重于地方新闻,一方亦注重于文艺,盖已不复以猥琐文字污其篇幅矣。惟主办者初无一定之政治主张,仍不免为无聊消遣之举动而已,故为第二期之小型报。民国十五年,有《甬江潮》报之出版,为宁波市之党部机关刊物,至此,始纯粹为含有政治性之小型报矣。清党后即停刊。此后继起者虽有多种,而皆无关宏旨者。直至民国二十三年,始有《宁波大报》之出现,主办者为姜伯皆,聘翁闲鸥为编辑人,纯以鼓吹三民主义为主旨。编辑方法,亦至美善。战后,姜以无暇及此,乃由派报人袁关福接办,全以营业为目的,大失昔日之面目矣。

　　杂志之鼻祖,为《宁波小说七日报》,出版期远在前清光绪三十四年——一九〇八年。主办者为倪轶池。系三十二开本,每周出版一次。内容以小说为中心,兼及笔记、诗歌、论文、文虎等作品。其销行远及于南洋爪哇、雪兰峨等处。惜以经费不充,仅出十四期而停刊。此后出版之杂志,其稍有可观者为《切言》,亦系纯文艺刊物,为乌一蝶所创刊,未及三期而停版。在民国十四年,含有政治主义之刊物,接踵而起;如《火曜》、《炤星》,为赤色之刊物;《爱国青年》,为国家主张之宣传品,《大风》为"雪花社"之刊物,皆如昙花一现,不久停刊。在自十四年至十六年中,尚有几种出版之杂志,然皆以捧角捧妓为主旨,不足以当刊物之名。至民国二十一年乃有《出路》之出版,主办者为张萱怀,而乌一蝶主编者也。内容虽亦谈政治,而文字多以幽默出之,略如《语丝》、《论语》等刊物,共出十三期而停止。

(《上海宁波公报》,1942年,第15~16页)

三十年来宁波报界之鸟瞰

酒仙

　　人群之进化,政治之良窳,视乎舆论机关之健全与否为转移。四明为文化之邦，报社林立，最初有《四明日报》，成立于逊清末叶，系李霞城、王东园等所创办。主政者先后有冯友笙、金鹿笙、张申之、乌崖琴、傅筠石等。主笔则有吴铁花、庄禹梅、叶伯允、俞宝璇、陈布雷、李瑁卿、王玄冰诸氏。其间虽有《方闻报》、《浙东公报》等发刊，皆为昙花一现，不旋踵而风流云散。复有《兰江报》、《詹詹报》等产生，而《兰江》重在品花，《詹詹》重在评剧，只谈风月，不涉时事，仅足供文人墨客酒后茶余之消遣，不为社会所重视。《四明报》抱稳健主义，对于地方之建设，社会之情形，噤若秋蝉，故十余年来，无籍籍名。及民国八年，《时事公报》崛起，为明州报界放一异彩，主其事者为蛟川金臻庠，陈荇荪副之。主笔政者为乌一蝶君。一蝶构思新颖，下笔如春蚕食叶，滔滔汩汩，有一泻千里之势，复能提倡新文化，迎合时代化，不数月而《时事公报》不胫而走，风行一时。《四明报》虽力求改革，急起直追，终因陈旧而落伍。而主办《时事公报》之金君，勇于任事，嫉恶如仇，不避嫌怨，公然抨击，民众虽极表同情，而官绅则为之侧目，卒因锋芒太露，为军阀所陷，居囹圄者二十余日，饱尝铁窗风味，经各方之营救，始复自由。及民国十七年，革命成功，党政机关，改组《四明日报》为《民国日报》，与《时事公报》对垒。然《时事公报》宗旨为地方服务，而《民国日报》则偏重党务。当时主《民国日报》之笔政者，有陈伯昂、左天虹、姜伯喈、陈光增、吴则民辈，亦皆一时之秀，平时之言论作为，非无足取，第以立场关系，不能尽量发展。姜伯喈君亦曾服务于《时事公报》，因与金臻庠君意见相左而脱离，虽居党部之要津，掌《民国日报》之笔政，又能鼓其余勇，独创《大报》；名为《大报》，实系小型报，取材精而开支简，故能维持至六年之久。回忆民国廿二年间，甬友金臻庠、王文翰、俞佐宸、蔡酉生、周大烈等，沪友俞左、廷金、延荪、竺梅、先金、润庠及不佞等十人，合办《宁波商报》，与《时事公报》、《民国日报》鼎足而三。公推不佞主持社务，不佞滥竽甬路，日无暇晷，顾彼失此，力不从心，与其陨越于后，何如退让于前，无奈一再坚辞，未获允许，始延陈伯昂君主笔政，陈午韵君协助编辑。及二陈相继解职，则嘱予季大公承乏，内须整饬人事，外须联络感情，卜昼卜夜，心力交瘁，数载以来，成绩斐然。发行数目，虽不能与《时事公报》并驾齐驱，而信誉则远在《民国日报》之上。及车站被炸，甬路破坏，不佞避难来沪，《宁波商报》遂由周大烈君委托周启范君接办，而《商报》遂告一段落。信笔书此，作为宁波报界之沧桑观可,作为宁波各报之简史观亦可。

(《上海宁波公报》,1942年,第16页)

宁波文人大办日报

大甬社士

并非为自己是宁波人存心"魁脱二句",阿拉宁波人在上海滩可称"一只鼎",四百万春江居民,三分之一据是宁波人的额子,高矗在西藏路上之宁波同乡会,又可说是全国规模最大的同乡机关,该会拥有会员达数万人之巨(敝人并未参与其间,特此声明)。在过去因为经营不得其人,内部一团糟,现在加入了一批"明州社"的有力分子,会务总算为者像样了些。该会在过去缺点甚多,最大者,可举一例,即从未为同乡文化尽过推进之责,故而这番改组之后,巨头若魏伯桢、夏功皆[1]等俱主张于文化上有所作为,推进乡土文化之"处女作"传为先出版《宁波同乡会会报》一种,由夏功楷氏主笔,样而消息发出后,有会员周小舟君认为同乡会会报仅限于报告会务,无多大意义,于是他便和前镇海报主笔曹静涵君另办外[2]一本《宁波人》周刊,除了报道同乡消息兼刊公正之言论,周小舟君为报坛斫论老手,故毋怪一经问世,遂到处风行矣。夏功楷君见周小舟君办《宁波人》,颇有自知之明,于是不惜巨金,又拟复刊其九九胜利后尝发行三月而停刊之《宁波日报》,登记手续在办理中,不日问世,于同乡文化,当亦有所贞[3]献也。除上述三刊物之处,传更有宁波出版商名陈荇荪者,即旧宁波公报老板亦拟复刊《宁波公报》,然希望殊缺。更有宁波闻人王晓籁氏近与"明州社"台柱王某更有一《宁绍日报》之筹备,前四种一并达五种之巨,宁波[4]人之作风素称大胆,此处实可见一斑也。

(《新光》,1946年,新3期)

---

[1] 原文"皆"字应为"楷"之误 —— 本书编辑者。
[2] 原文"另办外"当为"另外办"之误 —— 本书编辑者。
[3] 原文"贞"字应为"贡"之误 —— 本书编辑者。
[4] 原文"宁波"误作"波宁"—— 本书编辑者。

宁声电台台长全永钊访问记

本刊驻浙记者——柴拉

记者对于广播事业，极感兴趣；只可惜自己是一个"门外汉"，于是只好徘徊播音室外，采拾些零星小闻。每逢宁声电台特别节目，必亲自到场"凑热闹"。现在想把自己的短见杂闻，报导给上海的"无线电迷"。日前记者更没有理由地冒着盛暑趋访该台负责人全永钊君，企图得到些电台的内幕。现在姑且将彼此问答，略志于后：

记者问："记者闻贵台商业广告甚少，目前收支，能否相抵？"

答："安能相抵？宁波地方小；今日如果东门街开起一爿新店，则尽人皆知，实无做广告之必要，况区区电台！"

问："然则贵台报告新闻、商情……敦请名流演讲等节目，占去播音时间之大部，政府对贵台有无经常津贴？"

答："但愿政府不加摧残，如能豁免捐税已感官恩不尽矣！"

问："请问贵台创办之目的。"

答："本人有鉴于胜利后，本埠无广播电台之设置，特将私人创设之XUSYC业余电台改造而成。故本人对此电台，仍系业余性质。其目的则在服务社会，聊尽国民天职也。"

彼此交谈半小时，记者辞出后，返途暗暗替全君及献身广播事业者同情。

（《胜利无线电》，1946年，第4期）

宁声半月花絮

（本刊宁波通讯）

万关

美国旧金山广播电台系"美国之音"，阿拉宁波则曰"宁波之声"（The Voice of Ningpo），盖宁声电台所呼者也。

×纪念日,鄞县县党部沈书记长莅宁声电台作广播演讲,讲词有条不紊,国语流利,确不愧为一大政治家。沈氏身材魁梧,硕大无朋,尤以臀部为最出色;播讲时,屁股肥肉从小凳子两旁拥了下来,引得在场的记者,作无声大笑。

沈氏演讲毕,作立正姿势向"麦克风"毕恭毕敬地鞠了一躬;盖习惯使之然也。

宁波人见闻甚少,不知点唱,常常向电台询问:"请你们唱一只要多少钱?"

自从宁波电台宣布点唱无须钞票后,害得二位电话生的耳朵,终日嗡嗡——作响。据记者探悉该台听众电话,每晚不下一百五十次,而所唱的则仅不过十分之一弱耳,盖受时间之限制也。

宁波人最爱听越剧,尤其是姚水娟的《泪洒相思地》与袁雪芬的《步步高》。宁波人一天不听,就似乎不能"过瘾"!

观众最苦者,莫过于没有电话,除写信外,亲往电台点唱"挂号"者不乏其人。当宁声电台报告上海商情的时候,全市收音机,很少有收听其他节目者。上海商情,似乎是宁波人"生意经"的指南。据台中人语记者:一旦商情稿子来到,则必须把电话线暂时挂断。

上海电台,报告商情之前,必唱《双鹰进行曲》。宁声电台,别出心裁,则唱《步步高》半段。唯利是图的商人听了,每弄得啼笑皆非!

具有历史性之第二次原子炸弹试验,在比基尼海面浅水爆炸。宁声电台,曾准时转播实况,宁波人好奇,都子夜起床收听(记者亦在内);幸亏成绩很好,堪称值得云。

(《胜利无线电》,1946年,第4期)

《时事公报》刊登贪污七罪被控处罚,《大众日报》揭露象中措置失当停刊

宁波《时事公报》编辑周然中,因于五月十六日在《时事公报》发刊慈溪公民陆荫先检举该县司法处主任审判官孙颂楠贪污渎职七罪文字并发表短评"检举贪污"于同日该报,孙颂楠当向鄞县地方法院,控诉周诽谤及损毁名誉罪,经审讯后,处周罚金并道歉。鄞县记者公会获悉上情,当即召开第三次理监事会,表示声援,即席决议两点:(一)本案周会员然中,除径向高三分院提起上诉外,本会应函请该院,维护言论自由,撤销原判;(二)函请司法行政部,解释关于报社评论成立诽谤罪之范围。兹闻该案已引起各界普遍之愤慨,将有扩大之形势。

《象山大众日报》,于六月六日,刊载县立中学学生五十余人因未缴足食米受膳学停课处分新闻一则,标题有《不能如此啊》,新闻内有"校方不应下如此毒手"等字样,致遭该校之怒,七日晨,由体育教师王洪率学生二百余人侵入报社,不问情由肆行搜查,又将该报社长吴保宗,强行押赴该校,形如游街示众,经吴向学生解释后始获自由,然该校意犹未足,迄晚又嗾使学生二百余人至社,经警局派警弹压,幸未发生事故。后经县长邀集双方于其私邸调解,王仍胁迫吴签订停刊字据,吴屈于淫威,无可奈何,事后通电宁属各报紧急呼吁,闻各报对该案已有严正表示。

(《宁波人周刊》,1946年,第14页)

从《宁波白话报》谈到本报

五长

宁波人在上海出版之刊物,最早的就我所知,要算一九〇五年出版的《宁波白话报》。

距离现在已经四十多年了。那时在清末,同乡先辈钟宪鬯、陈屺怀、虞含章、洪樵苓诸先生,都是热心"新学"的人,他们办《宁波白话报》的目标,不外输进簇新的文化到宁波,替家乡开开风气。

主编就是那位陈屺怀先生(布雷先生的哥哥),内容虽然近乎改良主义,可是

文字运用明白浅显的白话（要知那时胡适、陈独秀等还不曾提倡白话文学），对于旧礼教,旧习惯,却肯用力抨击,仔细想来,不仅在宁波文化中是报界先进,就是在中国文化史上,也是难能可贵的一页。

同时钟宪鬯、虞和钦等又有《科学世界》的发刊,借以提倡科学,破除迷信,介绍仪器,劝用西医,不过此非地方性的刊物,恕不细述。

可惜是《宁波白话报》终因钟宪鬯先生等的游学日本,参加革命,后继无人,不久停刊。于今钟、虞、陈、洪诸先辈,都作故人,不及见后进《宁波人》的出世,追怀先贤当时处境的艰苦奋斗,同人等在民主政治,言论自由之下,敢不格外努力,沟通沪甬消息,闸扬四明文物,激发爱乡情绪,促进桑梓建设。

在民国十三年,张静庐、汪北平先生等有《宁波周报》的创刊,《宁波周报》停刊后,汪又出版《宁波日报》三四年,直至"八一三"后停报。《宁波公报》由陈荇荪先生主持,继之而起,内容充实,风行全沪,后以人手分散,改出周报,目前陈荇荪先生因印务忙碌,周报亦告停顿。

至于王菱夫先生等会办《宁绍周报》,沦陷期中又有《浙东日报》出现,但均以出版时间不长,且地方较大,而后者更有"伪派"色彩,似亦无须多述,昙花一现的关于宁波人在上海出版的报章,当然还有,无如记忆力太不行,也多说不起来了。

此次重来上海,与好友言谈间,认为宁波旅沪同乡的众多,地方性刊物殊有续出之价值,因商浩然兄,合作发刊《宁波人》。

同人等能力薄弱,见闻有限,希望同乡予以鼓励协助,那末宁波人的精神,可更比以前发挥了。

（《宁波人周刊》,1946年,第18页）

宁波空中之声广播电台访问记

言正

宁波一带无线电收到的广播节目,其中三处比较中国最强大的中央电台还响,那便是宁钟、宁波、宁声三电台,大家不但喜欢他们的响亮,并且便于点唱,所以都要收听他们,记者为了要明了他们内部情形起见,曾假闲作了一次访问,现在把所见所闻写在下面，报告读者。

　　首次访问的是宁钟电台，在和煦的春风里，在上禺学街，望着悠悠的白云，发现了高矗的天线，按址找到了电台，见到主人赵宁钟先生，蒙他详予指示。

　　电台房屋是旧式的，所以布置也是古典型的播音室，门口挂着书画，里面不是沙发而是螺钿嵌的大背椅。墙壁和天幕都用布障着，那虽是防止回声，使音浪清晰的，但因为布是米色的，所以格外衬出了古色古香，同播音机相去有两个世纪，唱片架上放满了唱片，中间写字台上，除播音机外，还有只盘的电动唱机一只，声音是那么的静，除了钟摆的答同唱针括在唱片上发出微微的歌声外，什么都听不到，收音的人有时觉得声音太响，那知播音者听不到呢？唱片完了，女报告员开始报告了。声音是那么清脆，怪不得收音机里发出的声音，觉得像黄莺出谷一样了，还有一位报告员，是一个男孩子，当时并没有听他报告，但平时收听他报告本社新闻的时候，觉得非常清晰，小小年纪，能把特出的稿子，一字不错的读出来，真是难能可贵了。他们很用功，闲时读书看报。前途有无限希望，据赵先生说，还预备把前面另一间，辟为第二播音室，把他布置得更好一点。

　　发射时间[1]离播音室很远，以免方四[2]的声音，传到播音室去。发射机架上的电表摆动着，指示电流同电压的强度，真空管发出暗红的光辉。我找不出转动部分，便问钟先生灯丝怎么烧的，他说是班交流电烧的。我很怀疑为什么听不到交流声，他说这是技术问题，是的，用交流电烧灯丝，有防止交流的方法，但要完全没有真是不容易啊！赵先生研究无线电已经二十多年，如果翻开无线电发达史，那时全世界除美国外，对于广播事业还没有感到兴趣呢？发射机的真空管，原有八只整流管，十二只发射管，现在已扩充到九只整流管，十四只发射管了。电力一百五十华脱，波长三百三十七公尺，周率八百九十千周波。上海、杭州、温州、金华等地听众很多，都来信说好，他们还预备扩充，使发射得更远，怪不得赵先生和他助手，忙碌的工作，原来是改进扩充。

---

[1] 原文即为"时间"——本书编辑者。

[2] 原文即为"方四"——本书编辑者。

办公室里放着一架收音机,收听自己广播,以便校正;控制机关,也在办公室。橱窗满放真空管和零件,赵先生说:机件要两套,以备名人演讲时,就地接收转播。电话往来不断,都是点唱唱片的,所点以平剧的为多,可惜时间有限,应接不暇,现在已把平剧时间增加了,我便要了一张节目表,兴辞而去。

在一个月色朦胧的晚上,过了浮在江面上的新江桥,访问天主教堂旁的宁波电台,宁波电台在甬声无线电料行内。门口的收音机,正在接牧[1]自己的广播,蒙他们招待,掀起了厚绒门帘,踏进播音室。皮鞋跟踏在地毯下,并无声息。播音室布置很是精致。四周隔音的黄色绒布,又射着日色灯的光线,觉得分外柔和。电唱机上转动的唱片,发出闪烁的光辉。唱片完了,报告员用柔和的声音,报告点唱人所点唱片,他们广告不多。这在收音的人是十分欢迎的,因为可以多收一些节目。据说:他们设立广播电台,完全是兴趣关系,所以尽量的服务。最近余姚商界函请播送本埠消息商情,现在本埠新闻,已经在每日下午九时三十分播送,商情因为人手缺乏,不便探听,还没有实行,正在请各界借给资料中。正谈时,报告员开始报告本社新闻了,讲的是国语。我们疑惑是调了一个报告员,因为方才听到的。是本地话,但门口没有人进去,里面只有一个女的,那么一定她能讲多种方言无疑了。大家屏息着,不敢作声,等了半小时,报告完毕,播送唱片,方继续谈话,请他们的领导到隔壁的房间里去参观。

发射机有一人多高,线路非常清楚。有十个真空管,电流是由外一只间里的三相感应马达拖动六百伏脱,七安培的直流发电机供给的。所以用不到校正流,容电器的刻度盘,正对着六一〇,知道周率是六百十动周波,波长四百九十二公尺,电力五十华脱,因为天线高,因之效力也很高。同时没有波长相近的电台干扰,所以上海也能收到,关于附近各县,那更好了。他们本预备扩充,因强力发射管不容易买到,自己电料行材料不多,但大多是普通的,一时不容易扩充,我祝他们早日扩充,仍以服务的精神来做广事业。

西过大青,湖西的柳丝分外鲜嫩,在这种环境里去访问湖边的宁声电台,真是

---

[1] 原文"牧"字应为"收"之误 —— 本书编辑者。

适宜极了。我敲着门,开门的恰是电台主人金先生。金先生是一个青年无线电研究家,电台本来是试验用的,因为胜利以后,宁波没有电台,所以就把他作为广播电台。把周率定为一千五百千周波,开始播送节目为社会服务了。现在的播音室,就是实验室:没有职员,一切事情,都是自己家里人做的。可以说是个家庭广播电台。但电力也有五千华脱,效力很好。温州、黄岩方面对于商情报告,很是注意。可惜受内外国电台干扰,真是美中不足。

播音室布置得很雅致,室内除了同他台一样的有话筒唱机、唱片外,还有风琴一只,大型收音机一只。收音机是预备播音用的,自己检查用的收音机,在另外的地方,发射机装置在一个木架上,整齐美观,每处空隙都能利用。调节机关都在一起,容易控制,因为广播没有开始,所以金先生把机件详细解释了一下,机件非常灵敏,当金先生搭上开关轻轻一闻口哨,安培表便起了一个大大的摆动,我想如果奏起西乐来,安培表不知要摆动得怎样了。金先生说:同一装置的机件,效用都大有出入,宁声电台虽是亲手装配,但效力的高,连自己都不相信。金先生看是青年有为,所以上次沈主席来甬演说时都由他广播。前途真是不可限量。本想多请教些,听他播音,可是事情催我回家去做,不得不离开他了!

(《宁绍新报》,1947年,第5、6期)

宁波四通讯社的暗斗

贞

宁波现在的文化事业,可算是很发达的,除《宁波日报》、《时事公报》二大报以外,刊物有俞梦魁的《甬潮》,孔祥辉办的《四明周报》,陈载办的《春风》,可惜林炎办的《民报》,章讯秋、胡为盛办的《晨报》,早已半途停刊,不然的话,更要热闹。此外尚有四个通讯社,彼此采访新闻,暗斗至烈,现在我把这四个通讯社分列于后:

(一)新潮社:在宁波各通讯社中,历史最为悠久,外勤孙守正在着的时候,新潮社消息也最多,社长王百川,很能竭力向外发展,所以沪杭各报,多有知道他们的,目下该社限于经费,同时孙守正又到了上海,王社长只得抱着曾国范[1]的"稳扎

---

[1] 原文"范"应为"藩"之误——本书编辑者。

稳打"主义,只求暂时保守,再图将来进展。

（二）正义社：该社社长为青年团的周正祥,在宁波除了新潮以外,要算正义资格最老,从前顾一帆充任外勤的时候,法院新闻很多,目下只有周钟科代为编辑,采访方面,少了一个健将,自未免有些逊色。

（三）东南社：该社社长、编辑、采访,始终只有一个薛浩,新闻稿似乎没有天天有的,有时发,有时不发,但薛君的一种勇敢精神,我是觉得很佩服的。

（四）宁波社：在各通讯社中,历史最浅要算宁波社,但是他们的阵容很整齐,董事长倪凡夫,社长沈渔,编辑张心楼,外勤顾一帆,创办后不久,骎骎乎有后来居上的形势。

以上四个通讯社,为着互要争取新闻稿的多寡,大家都在暗斗,不过四位社长,彼此见面,却很客气,暗斗虽然暗斗,可是这种的暗斗,却是很正当的。但是不知道今后的宁波,还有其他的通讯社,会再出现吗？如果有的话,又要多一个暗斗的机构了。

（《宁绍新报》,1947年,第7期）

简讯数则[1]

鄞县政府拟以六百四十万元资金,筹设广播电台一所,每一乡镇得普设直流电收音机一具。

（《宁波人周刊》,1946年,第6期）

宁波宁钟待命中。宁波宁钟广播电台虽经交通部许可设立。但因部分关系,尚未正式开始广播,刻在待命中。（治）

（《胜利无线电》,1947年,第12期）

宁波浙东新闻社,最近决革新组织,所出《四明周报》将改称《浙东新闻》,社会科杨科长任社长云。

（《宁绍新报》,1948年,第22、23合刊）

---

[1] 此标题为本书编辑者所加。

四、文艺活动

儿童文学讲演会

宁波

南乡六区区教育会,于昨日(一日)上午开职员会,下午开儿童文学讲演会,请王吟雪君主讲,听者七八十人,皆系小学教师,兹探录王君之演词如下,儿童文学讲演大纲:第一,什么是儿童文学。(一)儿童文学,是儿童喜欢看的,喜欢做的文学;(二)儿童文学,是儿童能够看的,能够做的文学;(三)儿童文学是文学,不是科学的叙述,也不是教训的文字。第二,儿童文学与普通文学的比较。(甲)不相同之点:(一)儿童文学与普通文学,风格和文句不相同的;(二)儿童文学与普通文学,理解是不相同的;(三)儿童文学是教育的工具,普通文学不是教育的工具。(乙)相同之点:(一)儿童文学与普通文学都要表现具体的影像;(二)儿童文学与普通文学都要造成组织的全体。第三,儿童文学对于教育的价值。(一)顺应满足儿童之本能的兴趣与兴味;(二)培养和指导那些趣味;(三)唤起那些从前没有的新的兴趣与兴味。第四,儿童文学的材料来源和分类。儿童文学的材料来源,分做四种:一、选录作品,二、搜集民间文学,三、翻译,四、创作。儿童文学的分类,分作八类:一、神话,二、民间传说和神仙故事,三、动物故事和自然故事,四、寓言,五、英雄故事,六、实际生活故事,七、诗歌,八、戏曲。第五,儿童文学的教学法。(一)播种式的教学法;(二)萌芽式的教学法;(三)灌溉式的教学法;(四)收获式的教学法云云。

(《学灯》,1923年,第4期)

镇海文艺界近讯

落叶

本刊一卷六期各地文化通信栏内"宁波文坛片片"一则,对于镇海文艺界略有提及,然犹嫌未详,特再草镇海文艺界近讯以告读者。

镇海现有的文艺的团体:

1. 客窗社。陈斯人等发起。社员大多是从前镇高的毕业同学。第一卷借《镇海报》及《四明日报》副刊出版,已出汇刊。第二卷起,单独出版《客窗》半月刊,每逢一日、十五日出版,已出至第六期。又有《天灯》半月刊,亦系该社编辑,每逢五日二十日附《镇海报》出版,今已出至第六期。

2. 蔷薇社。俞撷青等发起。社员有的是商界中人,曾单独出版《蔷薇》半月刊,出至第十期即改出周刊,附《新闻公报》副刊发表,但出至第四期即行停刊,目前销声匿踪消息,不复活动,想因经济上感到困难了。

3. 飞蛾社。范世勤等组织,社员大多数是小学教员。出版物《飞蛾》系不定期刊。其第三、四、五期系教育专号。今已出至第五期。

4. 苗圃社。为二十年之新兴文艺团体。由王烈元、张玉璋等发起。社员大多是镇中的学生。其《苗圃》半月刊系该社编辑,每逢十日、二十五日附《镇海报》副刊出版,已出至第四期。

5. 寒雁社。新近由金民天、杨克刚、袁佚民等组织。社员大多是镇中的毕业同学。每逢星期六附新闻公报出版《寒雁》周刊。今已出至第六期。

镇海文艺团体大多因着经济的关系,所以除了《客窗》、《飞蛾》能单独出版外,大多借副刊地位发表。其中《客窗》资格最老,但内容似不甚精彩,《寒雁》为后起之秀,《苗圃》第一期似甚幼稚,现已渐有起色。但弹丸之地,能有五个文艺团体,亦属难得之至。吾愿五个文艺团体,互相联络,则该地文艺之发展,当更有可观云。

(《读书月刊》,1931 年,第 1 期)

宁波文化消息三则[1]

郑振铎在宁波（彳亍）

《小说月报》编者郑振铎，于日前往宁波，下榻万安栈。闻郑氏此去，完全为翻阅天一阁藏书，以作参考云。

将有《山雨》周刊出版（彳亍）

听说史济行、李匀之等，将发行《山雨》周刊，形式和《语丝》相似。

（以上两条均载《新时代》，1931年，第2期）

宁波出版《未名》半月刊。宁波最近出版一《未名》半月刊，由乌一蝶等主编，创刊号业于二月十五日出版。

（《出版消息》，1934年，第30、31期）

宁波文坛消息片片

齐衍

成立已有年余的"宁波文学会"，主持人为史济行、邹枋、戴行韶等，曾出《宁波文学》周刊和半月刊，最近将改出季刊，早经出版的丛书两种：（1）《虹彩的梦》（小说集），李远鉴著，（2）《论过去之歌》（诗集），史济行、邬鉴泉合作。预定付印的丛书一种：《灵与肉》（小说集），史济行著。他们乃提倡海洋文学底集团，通讯处是张主宁波江东华严巷弄六十号转。

"民族主义文艺"的开展分社，他们底总社在南京，出有《开展》月刊，组织人大半党部人员及学生，有左洵、周文夫、何揆一、陈伯昂、周然中等，听说将出《开展》半月刊。

有多人骂为"性史派"这一流的绿野社，出过一期《绿野》月刊，负责人为张鲁津，张尔华，特约撰稿者有史济行，雪华女士等。

近尚在狱中的孟斯，做了一篇《七叔公》（曾载《北新》半月刊），笔调颇似鲁迅，得着不少人的赞许，都说是宁波文坛中未能多见的作品。

---

[1] 此标题由本书编辑者所加。

在各报上都有一个文艺副刊,《时事公报》是《憧憬》,从前为日刊,近已改为三日一出,编者乌一蝶,是一个擅长小品文的作家。《民国日报》初名为"副刊",编者陆鲁一,现今改称"青白红",聘邱孔畏为主编,供给稿件者,大多数是中学的学生以及小学的教员。

去年六七月之间,"宁波文学会"曾请田汉演讲,地址假年会大礼堂,题为《戏剧上的忧乐问题》,听众有三百余人。

记得"宁波文学会"亦曾举行一次"文艺座谈",地址假镇海初级中学,到者有周浩然、范世勤、张岱、戴延俊、戴行辂、邹枋等二十余人。

在宁波相近的镇海,有三个文艺团体:(一)飞蛾社,出有《飞蛾》半月刊,负责人是范世勤、陈坤良等。(二)客窗社,曾出《客窗》汇刊,今出有《客窗》半月刊,又有《窗头》周刊(附在《镇海报》),负责人是陈斯人、方懋瀚、崐水等。(三)蔷薇社,曾出《蔷薇》半月刊,现出有《蔷薇》周刊(附在《新闻公报》),又有将出的《蔷薇》月刊,负责人是周撷青、孙亦萍、林良蔓等。

又有一个小学生社,出有《小学生》,编者王振。

一九三一年、一、二十三,写于宁波。

(《读书月刊》,1931 年,第 6 期)

宁波文坛鳞爪

福熙

乌一蝶创办《出路》

《水泡》散文集(光华书局出版)作者乌一蝶,近除任《时事公报》主编与国文专修学校校长外,将办一半月刊,定名《出路》,内容侧重文艺术云。

史济行编《彗星》周刊

前宁波文学会主干史济行,现赋闲家居,闻拟编周刊一种。定名曰《彗星》,特约撰稿者有王鲁彦、向培良、王任叔、杨荫深、邬孟晖等诸名流。

彭家煌任民强教职

国内名作家彭家煌,来宁波已有年余,初为《民国日报》副刊《青白红》编辑,旋因意见不合离去，近任民强中学教务主任，惟绝少创作云。

袁牧之将发起剧团

著名戏剧家袁牧之，乃宁波南郊人；近闻袁致书与其友人，将在宁波发起话剧团，先拟征求男女团员三十人，再定进行方针。

陈百主持《闲话》

陈百（即伯昂），长于民间文学，曾著有《从民间来》（开明书店出版）、《民间故事集》（中华书局出版）等书，在甬任党部执委，已有四年，近出其余暇，主持一种小刊物，名曰《闲话》，内容文字，注重趣味化，因而出版以来，销行甚广。

星聚社重整旗鼓

星聚社发起于前岁，曾出《星聚》周报多期，后因事停顿，现由该社社员周颐年、董杏晴等，重新组织，已出《星聚》月刊第一期，第二期正在付印，闻特约撰稿人有章衣萍、徐雉、史济行、曾今可等云。

文艺茶会在酝酿中

庄平青、史济行、黄谷穗、王玄冰等，闻将发起文艺茶话会，其办法与上海相同，现尚在酝酿中。

张资平入小说

月前，《宁波商报》副刊《杂货店》中，登载一中篇小说，定名曰"张资平"，内容系叙述著名小说家张资平事迹，作者齐衍，闻为史济行之化名。

《茵梦湖》改编剧本

《茵梦湖》乃世界名著，中国译本有五六种之多，近闻甬江女子中学教授黄谷穗，与史济行二人，合力改编为剧本，一俟脱稿，即可在沪地某书局出版。

《文艺周刊》将发刊

宁波报纸，共计有《时事公报》、《民国日报》、《宁波商报》等三家，其副刊多载红绿文字，中惟《民国日报》"青白红"，登载时代作品，今年《民国日报》另变方针，将副刊改为"妇女"、"儿童"、"文艺"…[1]等七种，日出一种，《文艺周刊》由何揆一

---

[1] 原文所加 —— 本书编辑者。

主编,特约撰稿人有陈福熙、周然中、潘子农、陈迹、邹枋等。

1933,1,12,上午,于宁波,时漫天飞雪

(《出版消息》,1933年,第5、6期)

宁波文坛花絮

雪华

宁波是浙中巨埠,商业尚称繁盛。唯一说到文坛,荒芜得不堪,简直是块不毛之地呢!

近年来,文艺界始稍稍萌芽初茁,有几个青年活跃起来了。兹把最近的一些文坛动态,拉杂写在下面,给关心文艺的朋友瞧瞧。

出路社:是乌一蝶、庄平青等组织的,出有《出路》半月刊,内容文字有些模仿论语,可是幽默少而肉麻多,得不到读者信仰,因而最近听说已停刊了。

宁波文艺社:是史济行等继绿野社而组织的,刊物大家出一种《文艺日报》,是预告已久,可是迟迟未见出来的原因,听说是立案和经费问题。现闻该刊决在最近付印,我们且待着出来后再说吧。

鞞鞑文艺社:是冯振声、邬家簧等发起的,社员闻有七十余人,大多数是商店店员和小学校的教授,将于十二月一日出版《鞞鞑》半月刊,听说内容文字,皆取思想进步云。

前锋社:由张建人、陈瘦竹等组织的,刊物有《前锋》周报,定本月二十六日出创刊号,内容除登载文艺作品外,间有社会性的文字,形式与《上海生活周刊》相仿佛。

文学自修社:乃陈枕楚等组织的,似乎曾出一种近体诗选,刊物未见。

新贡剧社:最近由张心痕等发起,闻预定亦将出周刊一种。

怒吼剧社:为宁波唯一之剧社,社内主持人有潘湘芹、尹宗良等,现正在练习《五奎桥》剧本(原剧为洪深所作),有定二十三年元旦出演说。

除上所述外,几家报纸的副刊,也顺便来说几句:《时事公报》的"珊瑚网",是十足的珊瑚派。《民国日报》的"中庸",时常登一些某斋谈片,或几首狗屁不通的诗。有时候,抄几页《中山全书》,转载几首秋瑾等遗诗,看的人恐怕很少。惟有一

长篇曰《天方演义》，将《天方夜谭》改编而成，尚得一部分读者欢迎。《商报》的"杂货店"，可一望而知其名。闻不久将有一种《宁波日报》出版，其副刊将一新读者耳目，不过说虽这样说，我们尚须待事实的证明。

完了，所谓的宁波文坛情形！

1933.11.23，于甬东滨水楼

（《新垒半月刊》，1933年，第9期）

漫谈宁波的几个作家

彭雪华

一、鲁彦

鲁彦姓王，是宁波的镇海人。父业农，他是学徒出身，后赴北平，入工读互助团，是时一面读书，一面作工，生活很苦。旋随俄国盲诗人爱罗先诃学世界语，并开始翻译及创作，其所如《黄金》《柚子》《童年的悲哀》等，颇得读者好评。曾任职中央党部，不一年离去，近仍以著译为生。

二、王任叔

王任叔乃宁波的奉化人，毕业于浙江第四师范，曾任小学教员多年，后与许杰相交，始从事创作。所著有《监狱》《殉》《在没落中》等，以描写乡村景物见长。王又有化名赵冷，且曾编《山雨》半月刊，现闻任职于交通部，著译颇少。

三、杨荫深

杨荫深原名德恩，宁波之南乡人，毕业于上海美专，所著甚夥，尤长戏剧，作品如《一阵狂风》《曼娜》《哭与笑》等，皆颇脍炙人口，又有《先秦文学史大纲》一书，不久可在华通书局出版，闻长有六十万字。

四、马彦祥

马彦祥为当代国内名剧家，近在天津任《益世报》副刊编辑，其事迹人多熟知，不详述。

五、袁牧之

袁牧之已擅剧，尤长于化装一项。且闻袁为现任宁波商统会会长袁端甫之侄儿云。

六、徐雉

徐为宁波慈溪人,毕业于东吴大学,曾任沪甬二地之青年会英文教员,现编申报附出《业余》周刊,所著有《毁去的序文》《不识面的情人》《卖淫妇》《酸果》等十余种。

七、胡行之

胡乃宁波之奉化人,毕业于东京高师,现任上虞春晖中学教席,所着有《永久的情人》《风铃》,以及《中国文学史讲话》等多种,昔年且曾主编《生路月刊》(该刊乃新学会社出版)。

八、冯都良

冯为溪上名宿冯君木之孙,著有《怅惘》小说集。

九、潘念之

潘原名风度,又名丹芩,曾留学东瀛,译有《蟹工船》及《新俄学生日记》等书。

十、毛翰戈

毛原名圣翰,一名含戈,曾主编《白露》月刊,且著有《两种力》小说集,前年一度留学日本,回国后不久及[1]患疾而亡。

十一、梅川

梅川原姓王,名以方,宁波镇海人,现尚留学德意志,昔曾译有《红的笑》等小说多篇,发表国内各大刊物中。

十二、陈白尘

陈为滕固黄中的学生,且为南国社社员,所著有《漩涡》《一个狂浪的女子》等,其作风另具一种风格。

十三、唐性天

唐为文学研究会会员,译有《意门湖》一书。

十四、王抗夫

王一名奔石,又名启煦,亦为宁波镇海人,曾任《商报》及《民众日报》记者,又

---

[1] 原文"及"为"即"之误——本书编辑者。

曾任创造社出版部职员,译有《铁踵》《到城里去》等书,颇脍炙人口。

十五、孟斯

孟斯原姓吴,并非现今之孟斯根,所作《七叔公》小说(昔年曾发表于《北新半月刊》),曾轰动甬上文坛。孟前年因事入狱,现尚未恢复自由。

十六、白莽

白莽即徐殷夫,宁波象山人,兄为徐培根,曾任师长。白擅诗,所作发表于《奔流》《萌芽》《拓荒者》等刊物内颇多,前年惨遭非命,鲁迅曾有文以纪念之。

十七、朱镜我

朱原名德安,乃宁波南乡横溪人,所作长于社会科学,曾在创造社编《思想》月刊。

十八、胡开瑜

胡开瑜别号兔诗人,因耳大眼红颇似兔,所作发表于《洪水》《白露》《金屋》等刊物颇多,近已久不写作矣。

十九、乌一蝶

乌原名统远,人称白眼才子,所著《水泡》小品集,笔调颇似周作人,现在甬编《出路》半月刊,兼任当地《时事公报》总编辑。

二十、邹枋

邹卒业于复旦大学,着有《三对爱人儿》《青春散记》《香吻》等书,现任职于中国经济学会。

二十一、史济行

史一名天行,又名彳亍,曾发起宁波文学会,出有《宁波文学》半月刊多期,又曾主编《绿野月刊》,著译颇多,时发表于各大刊物中。

二十二、陈福熙

陈著有《密约》及《春之烦恼》等小说集,现肄业于暨南大学。

二十三、穆时英

穆自发表《南北极》后,一跃而为当代名作家,现闻尚肄业于光华大学,年仅二十二。

(《出版消息》,1933年,第16期)

宁波作家考

甬谚云，"阿拉宁波出怪人，文有王正廷，武有蒋中正，阿德哥虞洽卿，那一个，勿是顶呱呱的要人。"的确，宁波人，不但在军政商业界，占了重要地位，即在现文坛上，也出了不少的宁波作家，为供文化界参考，爰作宁波作家考如次：

杨荫深（先秦文学史著者，擅戏剧文学）、马彦祥（名话剧家，近任《津益世报》副刊编辑）、穆时英（一鸣惊人的新作家，现肄业光华）、袁牧之（《戏》刊主编人，戏剧协社要角）、徐雉（《申报》业余周刊编辑，兼青年会教员）、鲁彦（世界语学者文学编委之一）、白莽（已故五左翼作家之一，鲁迅有文纪念他）、朱镜我（创造社要角，曾编《思想月刊》）、王抗夫（译《铁踵》名著，曾加入创造社）、潘念之（《蟹工船》及《新俄学生日记》译者）。

（《摄影画报》，1933年，第41期）

宁波文坛零讯

琦

宁波的文坛，实在是荒漠得可怜，在最近的过去，且又演出这许多的失败的悲剧。现在把她来提一提吧：

（一）《宁波文艺》月刊

为史济行君所主编，只出了一期创刊号。然其内容，倒比宁波曾出版过的刊物来得充实，且也载过几篇将成名作家的作品，所可惜的，其第二期至今尚未出版，大约是停刊了吧。

（二）前锋社

为陈瘦竹等组织的，曾出版《前锋》周刊数期，第一期文字，倒还不错，不过以后的第二、三、四期，就糟了，不像文艺刊物，也不像小报文章，适那时社员也星散，更因经济和立案问题的纠葛，也就停止出版了。

（三）文鸣学社

是宁波的几个爱好文艺的青年学生们所组织的，曾出版一期《文鸣》半月刊一种，内容有几篇作品，思想倒还充实，其后因经济和各方面的关系，就停刊矣。

（四）未名社

是陆祖坤君等所组织，出版有《未名》周刊，其社员之作品都很好，且排印很新式，可惜后因编者无心，就即解散，未名也即短命的消失了。

上述是宁波文坛中最近过去的状况，那些都是宁波文坛中不幸的经过，呵！实在宁波的文坛是遭到太深刻的创痕了。

然而在最近的宁波文坛中，是展开一束美丽的鲜花，《垦荒》月刊出版了，那个刊物，是郭家簧和王永璋等所编辑，他们因看到宁波的文坛，太冷清清的荒芜得可怕，因此就开垦出《垦荒》月刊的动机。《垦荒》月刊为纯文艺之刊物，有小说翻译、诗歌小品等，内容确是很充实，且排印清洁，形式美丽，那实是宁波文艺刊物所少有的，并且每册售洋二分（三十二开本底面，共十四页），宁波及外埠各书局均有代售。

还有隐约的听说，在下月宁波将有一种文艺刊物出现，刊名为《狂流》，是青年范落华君等所主办的。

（《出版消息》，1934年，第36期）

宁波文化团体和报刊副刊

忆佩

虽然宁波也是一个繁华的都市，可是宁波的文化到现在依旧是沉默着落伍着。

在最近虽有几个文艺会产生，然还不能见到他们出版的刊物。可是《垦荒》月刊在第三期出版后，据说有扩大的改革。宁波的报纸副刊，也是不很使人满意。尤其是《商报》的《十字街头》，一些也不能使读者的爱护。

现在且把宁波的文化动向略述之：

宁波文艺茶会。是新近所组织的，其社员有陈迹、谢脱、李能为等，该社已开过二次讨论会，决案为联络宁波各大小文艺团体，然后再进行社务或出版刊物等事项。

垦荒文艺社。出版《垦荒》月刊三期，内容还佳。在最近开几次讨论会后，想把《垦荒》月刊改为半月刊,且将内容革新,再征求社员,定本月或下月出版《垦荒》半月刊云。

宁波诗歌会。为谢脱、邬家馥等组合而成,前曾在沪上某报商借地位,出版《诗歌》周刊一期,后因该报改组,《诗歌》周刊也即停止。闻最近该会会员,颇努力写作云。

其余如狂流文艺社、月夜社等,都只是自吹自捧,到今还没看到他们出版的刊物和作品。

宁波的报纸,现今共三家,副刊都不能使阅者感到兴味和满意。今照其好歹而先后论之:

《宁波民国日报》,副刊《新生活》,编者为周爽秋君,在前曾一度大谈高论鼓吹新生活运动的文章,然现在所刊稿子,比前新纯,美丽了。可是该刊有投稿某君之稿,据说不是某君所作。这一点,实也是宁波文坛中黑暗的一角。

《时事公报》,副刊为《珊瑚网》,系乌一蝶君所编,内多载"捧"和"拍马"等文字,所谓新文艺之作品实很少载。并且对于投寄该刊之稿非有熟人介绍不能登出之例。又闻该网投稿者多为乌君之学子。

《宁波商报》,副刊《十字街头》,在未改革之先,本为静波君所编。那时的确编得很有生气,很受宁波人士爱护。经改组至现今的《十字街头》后,编者也换了,就由何揆一君继职任编,可是每日所载之文章,多为酒仙和延龄两位"拍马派"之健将之文学,那当然是使读者感到讨厌和轻视的,若再与《珊瑚网》相比一下,《十字街头》是不如《珊瑚网》了。所谓新文艺的作品,该刊据说是不能刊登的。

上面所写的只是宁波社会中文化活动的一角,其余的文化团体,有怒吼剧社、警钟剧社、文学研究会等等。可是那些团体都隐隐没有圆满的确讯。

这里深深的可看出宁波的文化动向。呵!宁波的文化还是沉默着,落伍着。一些生气也没有的沉默着,落伍着哩。

八、一、镇海。

(《出版消息》,1934年,第41期)

宁波两作家

叶平

一、乌一蝶

乌一蝶,原名统远,笔名有介生、支支等。人不高,眼斜白,因而有白眼才子的雅号。平时戴一黑眼镜,说起话来带有沙声。他在宁波,任报馆记者已有二十余年。现在,他除担任《时事公报》编辑外,且办一国文专修学校。喜吃酒,常喝得大醉而打学生。你如果走到他的家里去,就可看见他的墙壁上写有:"莫谈国事,多喝老酒"的两句话。他待人很客气,但不喜欢多发言,老是静默默地,坐在室之一隅。据说:他一年内只出外一二次,而且都是为了要买几本书。他的老婆庄蝶魂女士,与他个性相反,喜欢打拳舞刀,几乎是一个女国术家。可是二人感情很合得来,吵嘴是不曾有的。

乌很佩服当代的鲁迅、周作人二氏文章,这二位作品,他是本本有的。他尤其是佩服周作人文字,许为国内第一。他自己所写的东西,也颇似周作人,因而有人称他为宁波周作人。他作有《水泡》散文集(上海光华书局出版),曾主编《苍蝇》及《出路》等刊物,是一个宁波有地位的作家。今岁十月,具曾有人在《宁波商报》副刊上出过他的专号。

二、史济行

史济行,笔名有彳亍、齐衍、岩、华严一丐等。听说现年二十九岁,是上海艺术大学毕业的。人瘦小,眼近视,常是养着长长的头发,带着一副玳瑁的眼镜。平时很喜欢和青年相混,不会搭文学家之架。人很老实,对文坛掌故极熟悉,因而有文坛包打听的雅号。他与上海文人鲁迅、田汉、巴金、茅盾等都有来往,和王鲁彦尤交称莫逆。前几年,有人说他偷过郁达夫的稿子,他自己是否认的,近来他失业家居,对人常大发牢骚。

史的写作很勤,沪上各刊物和宁波的报屁股,时有他的文字发表。他曾经发起宁波文学会,编过《宁波文学》《绿野》《今日评论》《宁波文艺》等月刊。单行本有《过去的歌》,是自印的诗集。闻又有《灵与肉》小说集,不久将在沪上某书局出版。他也曾任过《宁波商报》《宁波日报》《宁波可报》等主编,是一个宁波很负盛名的作家。

（《十日谈》,1934 年,第 48 期）

宁波《春风周刊》创刊[1]

（宁波讯）甬上唯一文艺读物《春风周刊》创刊号已出版,该刊由陈载主编,要目有俞梦魁《春风寄意》,茅盾《题词》,陶行知《春风颂》,卜东《灯下随笔》,雷石榆《诗人的情操》,熊佛西《当前剧运的途径》,路萍《金玉满堂点将录》,莎菲《门外人语》,陈载《我们珍视这次演出》等。

（《宁波人周刊》,1946 年,第 14 期）

---

[1] 此标题由本书编辑者所加。

五、戏曲演艺

宁波新剧之悲观

宁波新剧现由陆啸梧经理,该地因常演新剧,司空见惯,不以为奇。上月李悲世、秦哈哈前往串演数日,结果亦不甚佳。今年前台已蚀去千元,不久即将停办云。

(《戏杂志》,1923年,第8期)

宁波人之戏剧空气

宁波前年有海天剧社、香雪剧社、宁波剧社等,现均无形解散,今年曾发现国光剧社,惜仅昙花一现,最近有宁波戏剧研究社,其宗旨以研究新兴戏剧,曾发有宣言,惟演出尚遥遥无期。此外尚有青年会服务团之剧社,即等于上海各游艺场所演之文明班子矣。

(《中外文化新闻》,1933年,第9期)

老林发苦干宁波共舞台
(以房产抵押五千元办事)

这年头儿干戏园子,的确不容易,当老板第一个应首先解决的问题,便是资本,换句话讲,即是没有钱绝对办不好事,尤其是办新戏院,更非有充分准备不可,这回宁波邀花想容起班的共舞台,一再延展开锣的日期,也就因为经济上欠缺周转,现在据深知宁波共舞台内蕴的人谈,谓甬埠共舞台是由老林发等发起创设,资本原定十股,园子是新造的,建筑费是包工九千五百元,当此筹备紧张,需款孔殷的当口,不知为了什么意见,十位股东之中,忽然有一部分表示退出,不肯把钱拿出来,因此经济马上受到大打击,一切均呈窘态,如今老林发鉴于戏园子是完全造好了,内部电灯也都装好,仅仅没有接火,和楼板台板没有铺,在势成骑虎之下,老林发决计实行苦干主义,四处托人把他宁波自己的房产,抵押五千块钱,听说已经有人承押,中保人也找到一个,不过受主要连环保,再找着一个中保,押款便算妥当,老林发假如得到这笔款子,最迟在一礼拜和十天中,赶工把其舞台一切弄好,所以日前花想容、李秀英去甬,老林发一口说国历本月二十日可以开锣,由此可见他是有把握的,但预计起来,总得国历二十六年新正开幕,现今花想容班子里角儿,因宁波起班事,相候将近两月,如再要等下去,目前已经有人提出请老林发贴半个月包银损失,从这一点看,办戏馆子诚然不是容易的一件事情。

(《影与戏》,1936年,第 2 期)

宁波共舞台局

宁波江北成岸玛瑙路林记共舞台小老板李湘泉,账房毛月明、鲍旭初,二十六日由甬来申起班邀角,计邀妥文武老生郭丽泉,花旦王蕙芳,女角老生李秀英,包银当时撒讫。

(《影与戏》,1936年,第 4 期)

伶联会会讯

增祁

八月七日,宁波陈鸿宝同志,送来张百岁同志,身患疯病,求会救济。经本会函托虞洽卿先生介绍送入疯人医院,得该院允许,免其医药费,惟住院费不可免,每月需洋三十三元。现张百岁之病已略告痊愈,可以出院,惟住院费共计一百余元,以本会经济困难,由常会议决,于十五日勉筹五十元,函请该院院长设法免去,当蒙该院长陈引笙先生,慷慨允应,其余之数,均皆免去,陈院长仁慈为怀,本会深为感佩,当日已由本会职员,将张百岁陪领出院。

(《戏剧周报》,1936年,第 7 期)

宁波戏剧概况

缪根卿

宁波这个码头，平剧早已有之，但在宁波开办戏院，要想持久，却是很不容易的一回事。第一看白戏的太多。第二是喜新厌旧：每一家戏院开锣的几天，总是争先恐后，但演到一礼拜光景，就要渐渐地冷落下来。第三角儿要头等，往往凑集少数资本，在本地雇一班起码江湖班（老大鸿寿例外）作班底，到上济[1]邀着三四个二三路角儿，这样草率就开锣，开演不到十来天，便弄得一塌糊涂。第四要有布景机关，演出头戏，非要有名角不可。上述情形，在内地，我敢说差不多都是这样的。

宁波有看戏财力的，要算银、钱二业，次之棉业交易所里的朋友，如药材行。不幸去年钱业界发生轩然大波，大小钱庄收歇了五十多家，在这样情形之下，戏剧业是更难发展了。那么戏院难道就此任他关门大吉吗？不。因此改变方针，遂就纷纷改演绍兴文戏，在海报上都有支维永、王永春、赵瑞花、魏素莲等的大名，这因为是开缴省，座价廉，又深合爱看"小生落难中状元"的情节太太小姐们的胃口，于是绍兴文戏在宁波，是一种畸形的发展了。

宁波的京戏，时盛时衰。在民四五年间，要算盛极一时，戏院在江北岸，有四五家之多，当时名伶像王又宸、白牡丹、黄玉麟、三麻子、李春来、盖叫天、瑞德宝、小达子、芙蓉草、恩晓峰、双处等都来演过，其盛况虽不及春申江上，但与其他各码头相较，是决不会逊色的。可是盛极必衰，物极必反，这是不易的定论，这盛况终成为历史的陈迹了。此后东门口环城马路又有人建一家与"新新"相仿的"天然舞台"，这年战神降到上海，上海的游戏场所都宣告停业，于是新新主人何定生，邀聘了大批名角，第一批是王虎辰、陈嘉麟、王奎升等，再加原有出演名坤旦白牡丹、张德禄、李秀英、崔艳茹等，阵容非常雄壮；第二批是小杨月楼父子，葛华卿、张玉高；天然主任何芝根，约了刘汉臣、金碧莲、刘桐轩、傅长才，及下把多人，原有的角儿是刑艳芳、李瑞来、杜云卿、杜艳云等，后来林树森、高雪樵、粉菊花，更约了个景艳芳，率领全

---

[1] 原文"济"字可能是"海"之误 —— 本书编辑者。

体同志一百余人，浩浩荡荡，杀到宁波"民光大戏院"，这时候可算与十余年前先后辉映。等沪地恢复原状，名伶回沪，新新的白牡丹、张德禄与孟鸿茂、孟小帆合作经营排演《彭公案》，因为布景彩头优美，也着实赚一笔钱。此后天然新厦开幕，王虎辰演过半年之久，才于前年七月来申。去年金少山、麒麟童、李万春，先后去打野鸡，尤以麒艺最受欢迎。最近厉家班受聘该台。近来因为宁波市面已如上述，所以天然也是时辍时演。

宁波戏剧情形，大概是这样，若是细细地写下来，这是篇幅所不容许的，就算完了。

（《戏剧周报》，1936年，第10期）

小杨月楼有赴宁波讯

（在共舞台演出）

宁波江北岸玛瑙路新建之林记共舞台，小老板李湘泉，帮办毛月明、鲍旭初来申起班，早详本刊。李等抵申，已将坤角老生李秀英、花旦王蕙芸、武生郭丽泉包银撒讫，仅待花想容苏州赶回，据云经手之三百元定洋，早已撒讫，共舞台建筑迟缓，致班底另搭无锡玻璃厂庆升戏院，李由甬江赶到，当晚与王二姐赴苏。李老板办事能干，将花想容班底解决，多借二百元，李王于三十一号夜车赶回，至郭丽泉、王蕙芸，因苏州开明大戏院、杭州大光明戏院不放，改明正元旦登台。老生刘汉培，系孟鸿茂来手，因有原因，难成功。孟鸿茂与葛华卿谈起，介绍小杨月楼赴甬打野鸡，前后台拆账，前台每日津贴菜金三十元，后台每天包底盘三百元，每天售四百元，其余一百元，归小杨月楼父子，每天售五百元，除三百元外，一百元由前后台对拆，是否即可解决，开锣期已准二十六年一月七日云。

（《影与戏》，1937年，第5期）

谭谭宁波的戏台

宁波是浙东惟一大商埠，洋人亦注意于此，所以《南京条约》定开宁波为通商口岸中五口之一，民众以经商为多，民间生活，尚称宽裕，娱乐场所，非常之多：中南、民光、大光明、甬江、兰江，都是著名剧场，舞台则亦有天然舞台及新近建的共舞台等（此两家情形比较特殊，都聘平剧名角出演），生意均甚发达。

除了上面几家剧场外，尚有许多民间剧场，任何一乡中，都有一座戏台，总数恐逾千数，这并不是信口开河，因为宁波现有公私立小学（单级小学多）达八百所，各所校址，都是借用庙宇和祠堂，每一个庙宇祠堂都有一座戏台，以此计之，已有八百座戏台了，在加上还有许多庙宇祠堂没有改作学堂的呢。

戏台的构造，非常美观，都采用尖圆形的顶，这倒和华盛顿的白宫屋顶有一点仿佛，梁柱墙壁，皆雕凿成花，房顶内层，系盘旋而上，尤为精巧，估计工价，非巨万不可。唱台之旁为包厢，备富贵人家小姐少太设座，台下地方颇大，普通可容观众千人，尤以南乡忠公庙，斗门桥的茅山庙，西门外的惠民庙，江东的镇安会馆和天后宫各地的戏台为尤大，可容三五千人，还有许多庙宇祠堂中有几个戏台，规模也颇不小。

所演的戏剧大都为杭绍文戏，每天唱班价目，全班自十数元至一百数十不等，视表演之优劣，为给价多寡的标准。

往年各戏台按时演戏，有一年二次三次……不等，近年来，一则学校林立，庙宇祠堂改作学校，戏台大都成了儿童们的娱乐场所；同时社会不景气，商业衰落，人民财力亦薄弱，任谁也懒得出头邀班开演，于是乡戏就日见其少了，最近为了庆祝蒋委员长脱险纪念，有好处演戏。

（《影与戏》，1937年，第6期）

宁波剧闻

根卿

宁波天然舞台，自厉家班童伶期满后，即邀聘小达子父子及滕雪艳、金少宝暨全体配角，加以原有角儿，朱翠梅、唐云笙、唐云卿、贺少甫等，开演以来，轰动一时，因小达子之艺，素为甬人所渴望，况此番阵容雄壮，宜乎盛极一时也。倾据确讯，小达子等合约将届，此后如无相当人选接后队，决打住，待夏历年底重整旗鼓，准除夕夜场开演云。

（《戏剧周报》，1937年，第13期）

火炬剧团二十六日在宁波演出《赛金花》
（大光明老板愿负一切损失来担保）

赛金花在以前那么威风，而她的晚景却是如此凄惨。

可是《赛金花》的剧本还没到了"暮年"，便已遭到吃茶杯橘皮和禁演的处分了。

素来在干着农村戏剧运动的熊佛西，这次也很高兴的编了《赛金花》的剧本，也可以说是流年不利，他的剧本刚刚完成，内政部的禁演命令刚刚下来。

他曾经想改名《落花梦》在北平演出，然而北平的社会局也不许他演，这样竟把熊佛西急得生病了。

然而，火炬剧团却于日前乘轮到宁波去演《赛金花》了。

在他们临行的时候，记者也曾询问过火炬剧团，问他们在宁波演《赛金花》是不是会发生问题？可是他们这样回答我，说宁波大光明戏院愿负担一切损失费来担保他们的演出。

现在，从宁波带来了喜讯，说是《赛金花》已于二十六日大光明演出了，这信上这样写：

火炬旅行剧社，今日起在本埠大光明戏院公演《赛金花》，他们这次中，预备演三个剧本，除《赛金花》外第二个是《雷雨》，第三个是国防剧本《我们的故乡》，每一剧本的演期是三天，九天以后，他们就要回到上海去。

他们这剧社，是去年才组织的，有好些演员都是从"二十世纪剧社"转过来的，其实，他们与"二十世纪"是一件东西的两方面，有着密切的关系，他们把二者称作"姊妹剧团"，他们的每一个演员，都有他们自己的职业，并不是专以演剧为职业的；而且他们又都是从知识阶级里来的，有的是教员，有的是学生，有的还是新闻记者；因为大家对戏剧有研究的要求与兴味，而自动集合起来的一个业余剧团，他们在上海公演过好几次，博得一般的好评，使他们对戏剧的兴味更热烈而振作起来，现在乘春假的空暇，大家同意出征到宁波来。

布景、服装，以及道具，他们都带得很多；全体演员，一共来了三十五位，其中比较重要的几位演员是：黄河、潘再明、张栩孜、章漫夫、杨志清、孙琼、姚文彬、傅威廉、周良、吴镀、王蒂、杨文杰等。值得特别提出介绍的几位是：张枂孜女士，她在《赛金花》一剧中饰赛金花，是上海《大公报》编辑马二先生的夫人；潘再明，曾干过上海《社会晚报》的编辑；章漫夫，是干教员的。他们演剧的技术都有充分的把握。在上海，是已经有了"后起之秀"的荣誉的。

今天上演的《赛金花》，是根据夏衍编的剧本，担任导演的，就是在剧中担任瓦德齐一角的傅威廉先生，这剧本的如何好，如何伟大，毋须我再在这里加以什么吹嘘，只要看过原本的读者，或者已在上海看过四十年代剧社的公演的，都知道是一个怎样值得称道的剧本；至于根本还不知道这是什么戏的朋友，那末，更应该去看看，可以使你见到在你人生里所不曾发现过的新泉源，明白什么叫做戏剧。最后，我希望观众上"大光明"时，都能带了剧本去，将台上的演出，与剧本中的写作，对照欣赏，各更有意思，——说起带剧本，宁波各书店，自从大光明公布了"火炬"将要来的预告后，四五天之内，《赛金花》与《雷雨》两个剧本，销去了几百本，这消息是证明了宁波人对话剧的欣赏程度，经《狮吼》开垦后，确乎是提高了。所以我欣喜，欣喜宁波人不尽是只会看文明戏，也欣喜"火炬"这次一定能够得到广大的观众，"载誉而归"。

同时呢，在禁令全国禁演下，居然在宁波能公演，这正是奇迹。

（《影与戏》，1937年，第17期）

宁波戏剧回溯

张乙庐

故老相传，吾甬戏剧，以咸、同年间为最盛，予生也晚，不获见矣。兹请言光、宣年间之戏剧。

当予少时，时际承平，春秋报赛，辄有迎会演剧之举，所以报田事而答神庥也。其时戏剧，可分三大部：曰昆班，曰越剧，曰徽班。

昆班虽发源于昆山，实以吴中为最盛，故其发音吐字，多以吴音是法。维时风气未开，倡优隶卒，不齿齐民，故吾甬伶官，多以堕民子弟隶之，虽其中不乏隽才，究以学识所限，未能与吴伶抗衡。驯至字音沿变，声律渐漓，不能行之及远。当其盛时,吾甬昆班,多至三十余家,率以丰字命名,如新庆丰、老庆丰、余庆丰、老绪丰等,不胜枚举。其中脚色,如正生仇云奎,官生郑月楼,老生戴金官、徐月楼,白面徐黑虎,二面戴礼文,四旦王月仙,五旦顾九兰,六旦徐云标、顾文兰等,皆为一时之选,尝数度来申演唱,一在胡家宅天华旧址(即群仙髦儿戏团旧址),曰大诚,曰众乐;一在满庭芳同庆广东戏园旧址,曰雅仙,共领班者为周阿虎。是时京伶小叫天(即谭鑫培)隶大新街之桂仙,见仇云奎之《别母乱箭》,亦自叹勿如。而徐云标、顾九兰等,亦尝享名于时,卒以土音杂糅,不获沪人称赏,乃先后偃旅而退焉。嗣虽尝于宝善街春仙旧址,虹口四卡子路及苏州鸭蛋桥丽华旧址等处,创设戏园,终以营业不振,仅如昙花一现,为时至暂。而班主周阿虎,且以负债累累,赖票友徐凌云君等发起苏申票友大会串,醵资三千金,得返故乡云。此清代宣统以前事也。

自民国以来,国政改革,神权式微,春秋报赛,亦渐次更张,加之戏园崛兴,京曲风靡,昆曲日渐衰落,不久乃成广陵散焉。

越剧,戏班中人名之曰大班,吾甬曰绍兴班,非今之嵊县女子之的笃班也。的笃班为鹦哥班之蜕化,向仅于炎夏盛暑时,执竹板街头歌唱,犹吾甬孤老院之盲词,今日新行所谓讲经也,无腔调身段可言,自不能侪诸戏曲之林,虽曰越剧,可卑之无甚高论。绍兴大班,在三十年前,亦尝风行一时。当其盛时,起班可七八家,推老凤台、老绪元为翘楚,其戏曲可分三类:曰高腔,曰乱弹,曰武班。高腔为弋阳腔之遗,其源出自浙之海盐,转展[1]而流入绍兴,流行甚广。近自闽赣,远迄黔蜀,尚盛行勿替。其所演之剧,以整部为多,如《碧玉簪》、《挂玉带》、《双合缘》等,尤脍炙人口。且能演全部《西厢》,其剧词每七字为一句,音节高亢,悉以土音出之。若演《碧玉簪》、《双合缘》等,则用调腔,一人唱于前,众人和于后,嘈杂取厌,不若昆曲之悠扬悦耳。吾甬名之曰乱弹,实即昔人所谓下江调也(按今之越剧家,称接腔者曰高腔,称不接腔者曰乱弹,与吾幼时所习闻者适相反,不知孰是)。武班,其所歌者亦为高腔,不过于文戏中垫戏一二出。其所重在于跌扑开打,其武工之火炽,比海派京班且有过之。有开天门、大跌、跳红白神等名目。更有目莲者,辄于中元节前后,于晚

---

[1] 原文"转展"即为"转辗"——本书编辑者。

间丛冢处演之,名曰平安大戏,其目的在于超度幽灵,而其所扮演者,无非取材阴曹故事,故其所扮脚色,如王灵官、吊死鬼、黑白无常、判官、阎王、牛头马面等,胥于义冢破棺等勾脸,以示郑重,否则辄招不吉云。今迷信破除,目莲固已绝迹,即绍兴大班,亦以京班风靡,相形见绌,而日就衰落。上海虽有一二大班露演,而吾甬绍戏,散班已久,与昆曲同告湮没。以视昔时歌舞之盛,真令人有不胜沧桑之感焉。

昔时宁波有四大徽班:曰大春台,曰大吉升,曰大四喜,曰大吉祥,相传洪杨之役,流徙到此,维时京班未兴,昆曲与高腔,方兴未艾,徽班折冲其间,自难并抗。迨光绪初叶,始稍稍为社会所重,其中脚色,自以皖人为多,而后平津伶人,亦相继来此。京班名称,始稍著于时,迨大富贵崛兴,京伶渐多,徽班渐告式微,然社会仍号之曰徽班也。自是厥后,京班代兴,若大连升、大鸿福、大鸿寿等,其尤著者。京班名称,于时始告确定。回溯其中脚色,若老生朱湘其、戚星奎,青衣象牙板凳(即故伶武生吕月樵),花旦王志环,里子茹福官等,皆尝享名于时。而盖申童(即故伶武生常春恒)、二盏灯,天娥旦(武生崔盛斌父)等,尚为后起之秀也。迨辛亥革命,江北岸戏园,一时崛兴。余叔岩、王又宸、荀慧生、芙蓉草、刘玉琴、麒麟童、林树森、杨瑞亭、盖叫天等,尝来甬串演。距时未远,知者较众,不备录焉。

以上所述,不过言其大略,虽不足称为完备,然吾甬五十年来戏剧之变迁及其兴替,亦得窥其大凡焉。

(《上海宁波公报》,1940 年,第 36 页)

宁波籍名伶

陈德珍

卑人生长舟山群岛,也算宁波同乡之一,照说宁波人长袖善舞,颇多经商发财之士,可是,我来海上七年,却是两袖清风,对商业莫名其妙,倒是对平剧却大有兴趣,写写戏稿,唱唱高调,交交伶友,颇觉自得其乐。这次承曹三兄约我写稿,在戏言戏,还是谈谈几位宁波籍的名伶,以实本刊吧!

麒麟童——是句章乡人,本名周信芳,在江南已成顶儿尖儿的名角,他之妙处在会做戏,表情佳,演慷慨激昂戏,常悲歌当哭,声泪俱下,能使观众动容,这就是他的美点。可惜嗓子受厄,天赋哑喉,唱工戏不能动,只得别处蹊径,另创麒派,风靡江南戏迷,麒子麒孙也多得不得了,麒伶亦足自豪矣!

韩金奎——听说是慈溪人,他从剧已有数十年,唱的是小丑,与刘斌崐合演《拾黄金》一剧,最负盛名。只是嗓子关系,念出来有点伧俗不耐听,论玩艺可不含糊,究属老资格。他除了唱戏外,还主持金玉堂班底,在中国任后台经理,而且儿子韩云峰也出山了,所以金奎的晚境正是昌盛可卜呢!

陆玉兰——据她说是宁波人,但其实她原生父母是他乡人,因自幼父母双亡,由宁波籍一个管箱的把她养大,于是她亦以宁波人自居了。在前三年她还是一个跑宫女脚色,但这一年来,她窜上了不少,这次去过一次宁波,以演《纺棉花》等走红甬江,最近已返沪了,一时尚未搭班,每天在姜妙香处玩儿,原来她正是姜六爷的干姑娘啊!

(《宁波人周刊》,1946年,第18页)

六、其他文化活动

睦娘娘宁波土音字典书序

中西自通好以来,讲求字语者甚众,然必须字字汇解,始能明白晓畅不至差谬。此书注解甚真,以西字二十六为挨次,所有西字即易于查考。起首一句乃英字之文理,用正大写,又用罗马字拼成宁波口音,仍用中国文理以解明其意,中西学者,皆易于检点,一目了然,诚初学之阶梯也。名之曰《字语汇解》,信不诬云。

(《万国公报》,1876年,第410期)

《字语汇解》书成发售告白

《字语汇解》一书系中英字合璧制成,讲究宁波声音,凡外国人至中国欲习此书者,暨中国人欲习西语者,均可买之,易于学习,至宁波人习之更为便捷。此书每部价洋两元半,上海口岸可在美华书馆并黄浦江滩新关南首别发洋行均有,赐顾者至该两处买取可也。

(《万国公报》,1876年,第410期)

宁波书店一览表

汲绠斋	日新街	明星书局	日新街
竞新书社	同上	文明学社	同上
新学会社	同上	大酉山房	又新街
王文正书庄	又新街	二酉书林	县前
宁波书店(新文化书)	县前	学林堂书庄	同上
三鱼堂书庄	同上	天禄阁书庄	西门内

| 世界书局 | 崔裔前 |

(《中华图书馆协会会报》,1927,第 5 期)

宁波世界语学会筹备成立

宁波世界语学会(Nin-Po Esperanto Asocio)经河汉、费明君、周文夫、何坤一、绿蒂诸同志筹备成立。现在招集基本会员,并拟开办夜校。该会颇希望与各地同志及团体联络感情,并请通信指导。其通讯处为：宁波江东民强中学陆鲁一君口。

(《希望》,1931 年,第 8、9 期)

宁波印刷业概况

宁波地方,开辟商埠最早,为清道光时五口通商之一,与上海、广州、福州、厦门同时名著中外;地处浙江省之东,自抗战以来,为东南各省唯一吐纳口岸,地位更属重要。文化发达,商业繁盛,全县人口七十余万,机关团体甚多,学校计中学七所,小学七百余所,需用印刷文件,当然不少,所以印刷业亦甚发达,计有八十余家之多。

民国四年至十六年,为印刷业全盛时代,规模大者,有钧和、华升、华达、珊珊,及宁波印刷公司五家;除大小铅石印机器外,均备有铜模铸字炉,主要业务,为承印当地书报杂志。其中宁波印刷公司,近年又添设制版部,能制照相铜版锌版,为宁波唯一之制版社。石印以国光、华升为巨擘,主要业务,为承印商店招贴广告,及包皮纸等。其他中等印刷所,备有四开印机一部或二部,大二三号脚踏机三部或五部,及二号三号石印机一部或二部者,计有四十余家,余则仅有脚踏机一二部,承印信封、名片、传单等小品,遇有大宗及整批印件,则充作捎客,承接后转让他人排印,略赚佣金,其资本仅数百元;而规模大者,则为三万元至五万元。

宁波现无专售铅字商店,战后有维昌一家,向上海贩运少数老宋体铅字出售,偶有缺字,则向宁波印刷公司商借或听价,现已停闭。战前宁波印刷公司,经售上海汉文正楷铅字，战后停售。至仿宋字体仅珊珊一家，有大量置备，因珊珊未备老宋体，而备有二、三、五号铜模，能自铸仿宋字，但不肯出售也，所以近来宁波各印刷所缺字，无处可买，感觉不便，无论老宋、正楷、仿宋，只得用铅坯叫刻字匠雕刻，然笔画有粗细，字体有差异，难期珠联璧合，天衣无缝，致印刷品损失不少。

过去铅石印刷机未输入时，宁波刻字店兼做印刷木版书籍文件。铅字业之最早创办者，首推江北岸之钧和，与西社坛之茹古斋。石印之最早者，首推小江桥之群玉山房。民元以来，营业日益发达，五四运动以后，报章杂志，多如雨后春笋，印刷业遂突飞猛进，至十六年上为全盛时代，但创办者以小规模者居多，当时同业竞争至烈，营业逐渐衰落。抗战军兴，营业一落千丈，停闭多家，即勉力支持者，亦多迁居乡镇，或迁出郊坰，以期安全。欧战事起，纸墨材料飞涨，且财政部限制甚严，西洋纸除白报及黄表古外，非呈部特许，不准进口，营业上大受打击。而各机器团体，印刷书籍文件，多采用奉化土制之报纸，及毛六纸、毛边纸，其价格亦随洋纸而飞涨，影响所及，于是又停闭多家，间或缩小范围，力图挣扎，目下所开设者，大小仅四十二家，约为全盛时代的半数。所用印刷机，多系老式国货，外国货甚少，至新式赞纳排浇机、米利机，及自动铸字机，则未见制备。据调查所得，共计有报纸对开印刷机十一部，四开机十二部，大、中、小脚踏机九十余部，大号石印机三部，二号及三号各十余部，铸字机五部。而停闭者所有之机器，约为现存者三分之一，去年及今春，多由江西、湖南客商购去，价格约为战前之二倍或三倍；此后印刷家虽减少，然营业前途，未许乐观。

宁波印刷品精美者不多觏，一则因使用人但求廉价，二则印刷商减低成本，是以所用纸墨材料，及铅字机器，精良者少，技术高超之工人，因薪水较大，亦不敢雇用，致出品大都粗劣，入目难生美感。闻宁波使用印刷品之最讲究者，为华美医院及浙海关，对粗制滥造之印件，不愿采用，盖主管人以印刷品精良，使人发生快感，阅后深印脑海，而办事人之精神，亦容易兴奋，于文字之宣传，与证件之价值，无形中增加效果不少云。

（《艺文印刷月刊》，1940年，第1期）

关于四明丛书

——与四明学社诸君子书

张寿镛

雨潇风晦之中,得诸君子相与联结,精研学术,不啻证人社重建于白云庄也,甚盛甚盛。寿镛虽老,宁愿随诸君之后,略尽绵薄。顾茫茫大海,不知何涂之从轫,敢就夙昔之所搜罗,与今后期望于诸君子者略陈一二,幸垂察焉。寿镛搜索乡献之书,垂四十年,清四库所录之四部,已得者十有其六七,其未经收录得者又在百数十种,而零星假诸友朋录副者尚不预焉。自庚午春,始刻《四明丛书》,迄戊寅夏,已刊者凡七集,印行者凡六集。第一集二十四种,一百三十卷,二集二十二种,一百七十一卷。三集十七种,一百八十卷。四集三十七种,二百九卷。都一百种,六百九十六卷。其第五集为《宋元学案补遗》一种,一百卷。是书为冯云豪、王膡轩两先生辑,卷帙浩繁,当时请诸浙省府官为之刊,而未获如愿,不得已而自为刊布。寿镛于是书费四年精力,尤赖友朋协助,乃克成书。既于《学案》作序录,更于第五集总序胪列宋元之际四明学术之源流派别,差堪作四明学术史观。今先检送一部,存诸学社,供诸君子披览焉。第六集二十五种,一百五十二卷,皆已行世。七集十六种,一百五十五卷,为时势所阻,犹未出书也。四明作者浩繁,区区百四十二种一千三十三卷,仅存什一于千百耶。于是欲编《四明经籍目》与《四明经籍述要目》者存其名,而不必尽有其书。述要者,必有其书,而仿提要之例考其源流者也。经籍目已就郡县艺文志中录出(当时称为经籍志,今拟改为目,他日当录副送上),述要则凡清四库所录者为甲集,已由亡友夏同甫先生编成,但尚待细校也。乙集则四库未收而郡县志所录者。丙集为郡县志未录者。此二集较甲集既难,而重要则过之。乙集虽略为编辑,而仅得十之二三,丙集则未著手。未知诸君子能分为肩任否?此外凡寿镛已刻之书,虽各有叙言,而四明作者列传,正与嘉应李君续川商酌另撰,此愿必欲偿之。昔读万季野与李杲堂云:吾郡人才至宋而盛,至明而大盛。近者鼎革之际,更有他邦所不及者,是不可无以传之,尝有志焉,而苦力不能为也。今寿镛虽量力而为之,然而蚊负山,他山之石,借助正殿。季野寄范笔山书又云:顾其事非一人之所能,亦非数年之能就,又自苦记诵不广,观览无暇,非得高才者相与共事,亦安能以有成?寿镛老矣!学识不及季野万一,而有望于诸君子,以杲堂笔山自居者多多矣。此就搜辑文献言之也,卓识宏谟,必有超出寿镛所见万万者。今日何日,时势之迁变,月异而岁不同,学说之流传,昨非而今未是,将欲淹通新旧,必先适协中庸,道与器不能相离。舍器而道何由寄?舍道而器亦失其灵矣!昔吾乡袁蒙斋先生释中庸生今反古一章,有曰:合天下之智以为智而不自用其智,和众人之功以为功而不自专其功,至为明切。学社既立,以文会友,以友辅仁。国家兴亡,匹夫有责,诸君子更就所见,斟酌损益,着为定论,庶与昔之贤达相比量。如何策画,并候明教。

(《上海宁波公报》,1941 年,第 25 页)

吴敬恒氏手书蒋氏家庙石碑昨运抵本埠即转运溪口

(蒋主席返籍时举行植碑)

　　国府还都后,蒋主席曾请党国元老吴敬恒,为溪口蒋氏家庙(蒋金秩园)手书石碑,并委钱大钧氏在苏州交集宝斋石刻,现已竣工。

　　主席特派副官蒋孝骞,往苏护运到沪,于昨晨由江亚轮运抵甬埠,停放招商局栈房。俟鄞奉路元贞大桥修竣后,即运往溪口。关于植碑典礼,须俟主席返籍时举行。

(《宁波旅沪同乡会会刊》,1946 年,第 4 期)

天一阁图书请求运回归藏

　　鄞县范氏天一阁藏书,为吾浙文献之冠,自"七七"抗战军兴,敌机轰炸甬城,殊为堪虞,教部鉴及于此,令饬浙教厅派员将阁搬运珍藏孤本——六大箱——移藏龙泉,安全无遗,现已国土重光,该阁后裔范鹿其等,具呈县府,恳转呈浙教厅,设法运回归藏原阁,以保国粹云。

(《宁波人周刊》,1946 年,第 4 期)

张苍水遗作藏者现愿割爱

宁波民族完人张公苍水,讳煌言,于明末义师抗清,数战不利,败退南田(今三门县)之悬山岙,招训乡壮,徐图恢复,奈为奸伪所乘,被擒自甬解杭,慷慨就义,其狱中诗集《冷搓集》亲笔墨宝,于悲歌慷慨中,又得温柔敦厚,为今世不可多得之杰作,现由余姚陈超,搜集精裱成集,珍贵非常,为欲公诸同好,如海内名家有意收藏,亦愿割爱。邮电接洽,余姚南雷日报社收转云。

(《宁波人周刊》,1946年,第4期)

政府即将修建之宁波天一阁

廷公

报载,政府为维护文物、发扬国光,将拨巨款,修建天一阁并整饬藏书,这是胜利后政府对文献方面唯一的好消息。

天一阁在宁波城西中营巷,创自明嘉靖间,为范司马藏书处,考《甬上耆旧传》载,司马名饮[1]字尧卿,号东明,鄞县人,嘉靖十一年进士知随州有惠政,寻按察九江,升广西参政,转福建按察使,进云南右布政,迁副都御史,所至有政声,性喜典籍,宦囊中收罗签轴甚丰富,为日后起阁藏书之动也。

天一阁取义系"天一生水,地六成之",还有一种传说,在初建时,凿池,得吴道士龙虎山天一池石刻,司马大喜,因即移以名阁,乾隆时,高宗钦赐,《图其[2]集成》万卷,遂由司马后人,添建"尊经阁"供置赐书,以示荣宠,民国廿二年浙江省政府曾明令鄞县县政府修建天一阁,在尊经阁后,更建一阁,名"新天一阁",至是堂构焕美,栋楠一新,为国内藏书巨擘之一。

天一阁还具有园林之胜,临湖(月湖)傍郭,引水成池,叠石为山,乔木参天,青草迎地,春秋佳日,持壶而坐读其间,拥彼百城,有南面为王的乐趣。

---

[1] 原文"饮"字为"钦"之误——本书编辑者。

[2] 原文"其"应为"书"之误——本书编辑者。

阮文达公,督学浙江,数至阁下,文达公曾在宝书楼的正中红漆椅上,坐而潘书,并命范氏后人,编定《书目》《碑目》刊行于世。

(《七日谈》,1946年,第19期)

记宁波的天一阁

海沙

宁波之有天一阁,这在文化上是值得夸耀的。因为我国不乏私人图书馆,一经战乱,散失的散失,损毁的损毁,有多少书籍化为飞灰,有多少书籍变成"还魂纸",由纸商待价而沽,幸免灾厄的有山东聊城海源阁,最近又受兵燹,一部份书籍浴在大火中,永远在人间消失,四百余年前的范司马,当其穷心竭虑,搜罗爬梳,辛苦地留下这许多书来,筑阁保藏,他是不会料到明代闯寇乱后,中经洪杨之变,其后还有这一次神圣战争的;然而可以告慰范司马在天之灵的,这许多书越时许久,残缺虽属难免,这次又与人相见了。将来借抄办,一经订定,相信博古好雅之士必闻风而来。宁波不只要成为全国文化的转运站了。这还不值得炫耀么?

我听到开放消息之后,曾于二三两日下午接连观光一下。我不想把看到的一一叙述出来,只就要说的约略报告几句。如果你关心文化,尤其近代文化的人,要到它那里摄取一些精神养料,那末你就可有一分准备了。

天一阁,坐落中营巷,它的建筑虽不十分雄巍,但其设计,当时显然经过一番考虑的。中厅区对陈满四壁,都是名人题笔,尤可观的,当你抬起头来,上面楼板上就有许多彩色形似图案的描绘,悦目非常。这里案上陈有历代帝王名人图,大半残缺;帝王十不一见,倒是唐宋韩、柳、欧、苏这些大家照上眼帘。原图一百四十幅,汇订成本,现存五六十幅,图中颜色仍属鲜艳。只是这些图究为何人手笔,未能获知,较为憾事,范文正公、忠宣公遗像也在案上,盖有御印,字迹则已减色,谅越时久矣。还有平定回部得胜图十六幅,有乾隆题句,画得精细之极。

上楼,这才是名正言顺的天一阁了。楼下进门处,匾上题着:"遥知呵护有卿云",意义未明。阁上分着六间,其实藏书的只有四间;其余二间,一为空屋、一为楼处,放有许多长形木箱,是放置书轴的。邻板光滑,敷有油漆,惜历时已久,颇有破碎。中央一间，悬有"天一阁书藏"匾额。"宝书楼"匾额也在那里。旁边还有"书城巨观，人间罕见"一联，均属金色辉煌，夺人眼目。这里是御赐《图书集成》藏放之处。当中书橱上书着两支金龙。四楼之中，每楼放书五橱；左右各两橱，中央一橱，合计二十橱。每橱之下置有巨大芸石，云为吸收橱上湿气之用。

究竟这里，多少藏书呢，这是我来此主要动机，岂可不事探明，但旧书目是有的，而现在经过一度转运，多少免不了残缺，新书目尚未印出，真相未明，就使我大大伤着脑筋。只得退求其次，请管理人引导阅览，当我顺次看去，有许多部书，标签写明原有几本，只剩几本，可知残缺实属众多。不过有些残缺之书，共有若干，以及由何残缺。都不能求得明白。而有些书，或受水渍，或因虫蠹，不但不可看，一经手触，深恐毁损，真怕敢去动，看到此种情形，我真觉得老爷大难堪！

但我如果因此失望，却也未必。因为许多志书、试卷、别集，为我看到，我知这里尽有取用之处，作为史地考证，这多少对于我国学术发生些影响。还有几种抄本，也属名贵。私人藏书能有如此收获，已属不易，何况楼下还有许多碑板，可以摹收，作为临池之助，也属难能。可是我这里要贡献几点意见：（一）该阁存书，应早编目录，如有残缺，能够向国内各图书馆补抄的，赶速办理。（二）把浸湿的，虫蠹的，予以晒晾，修补，那些没有封面以及未曾订好的，一一予以补正。（三）最要的是把散添在外的书寻访购回。必要时，募集巨款，去购乡里古今图书，俾得保存文献，以供人查考。（四）能够经常开放，予人以抄阅之便。我知该阁已有保管委员会之组织，为了文化并保持宁波光荣，必当逐一的做去。

（《宁绍新报》，1947年，第8期）

文献特种委员会昨开首次会议

东钱湖水利参事会文献特种委员会，于昨下午假救济院召开第一次会，出席委员马崖民等，主席陈如馨，讨论：①该会办公地点，暂设参事会；②推张于相为主任委员，杨菊庭、卓葆亭为副主任委员；③推江觉斋、冯孟颛、马崖民、朱鄮卿为常务委员；④东钱湖文献中心工作决编纂湖志，并推冯孟颛为主编，卓葆亭为副编。

（《宁波旅沪同乡会会刊》，1947年，第12期）

鄞县续印《通志》，昨开董事会议

（推定常务董事基金保管委员，组织文献委员会函县府延聘）

鄞县修志馆为续印《通志》事，于昨日召开董事会，到张申之、赵芝室等二十余人。汪焕章主席，甲，报告事项：一、征聘董事情形；二、筹备续印进行程序；三、报酬各董事办法；四、经费收支情形。林德琪报告承印步骤及经费预算情形。乙、讨论事项：一、公推赵芝室、张申之、屠康侯、李铭肃、金臻庠、陈苕荪、陈如馨等七人为常务董事；二、公推俞佐宸、应彬年、卓葆亭等三人为基金保管委员；三、前预约《鄞县通志》各户，续印后如何发书案，推汪焕章、冯涯民草拟办法，提交常务董事会通过办理；四、新购全部志书规定价目案，决议：并第三案办理；五、志书关系地方文化，分函各报社随时宣传；六、组织文献委员会，遴选杨菊亭、冯孟颛、张子相、朱鄂卿、倪维熊、王兴藻、汪焕章、沈友梅、冯莼馆、金臻庠、马叔平、马润民、卓葆亭、沈明才、赵伯年、张麟书、张申之等十七人为委员，函县府延聘组织之。丙、临时动议：一、本会在上海购就纸张拟运回保存，推金臻庠洽借栈房后再行办理；二、前县志抽印人物编，承印人林德琪面称战前承印县志，尚垫付纸张印刷等费，请求拨还，以归垫付案，决议准拨还纸张十令清偿之。

（《宁波旅沪同乡会会刊》，1947年，第17期）

宁波文献馆昨开委员会

（推员采访抗战文献）

宁波文献委员会，于昨（十二）日下午三时，在文献馆召开胜利后第一次委员会议，出席委员计：冯孟颛、杨菊庭、张于相、沈友梅、赵钵尼、冯莼馆、汪焕章、马涯民、沈明才、倪维熊、王兴藻等。主席汪焕章，议决各案：（一）尽量采访关于抗战文献。（二）过去文献以民国二十四年为止，至二十四年以后文献，由会推定张于相、冯孟颛、马涯民、倪维熊、汪焕章五委员，拟定办法，继续采访。（三）北平图书馆赵万里来，参观天一阁，并拟用最新式活动摄影机，摄影古版书籍，以保存国粹，俟摄影机到甬，开始拍摄时，再与天一阁保管委员会洽商办理云。

（《宁波旅沪同乡会会刊》，1947年，第20期）

镇天后宫被参议会标费

（八间公所控告侵占）

镇海县参议会，因建筑议员宿舍，将旧财神殿等标卖，被镇海县报关业同业公会，向镇海地方法院控告一结，已志本报。兹闻财神殿间壁之旧天后宫，亦被该会标卖在内，镇八闽公所等，以产权关系，日前亦向地方法院控告侵占，并声请移转管辖云。

（《宁波旅沪同乡会会刊》，1947年，第21~22期）

鄞南秦氏续修宗谱

宁波鄞南定桥镇秦姓，素称望族，最近族下宗房以宗谱岁久失纂，发起续例，并已开始采访，为谋便利旅沪族人接洽起见，特在虹口汉阳路一二号同华煤号为通讯收件处云。

（《宁绍新报》，1948年，第22、23合刊）

七、医药卫生

宁波牛痘局开施

布种牛痘中国行之已久，广东暨金陵省在道光七八年间，曾经设局施种，继而通商已来，各口岸并有附近内地等处，多有布种牛痘之举，而上海除西医施种外，城内邑庙园中，道宪设局历有年所，一年之中惟春季就种之孩提实不少矣。兹闻宁波府署内，亦设有牛痘局，于正月廿六日业已开门施种。

（《万国公报》，1879 年，第 528 期）

除烟会近闻

宁波来稿

宁波除烟会各首董，二月初一日午后二句钟，集于北郊碶桥慕宅。是日风雨，到者会正慕会吏、总书记员周松鹤教师；会董则有沈载琛、徐家恩、汪诚志、戚启运、石廷璋、应培元，其余未到。先请石君祈祷，而后公共和衷商酌，定于四月初三日下午两点半钟，齐集会友，假座府前大街教堂，演说除烟宗旨。其演说人员，特嘱会正慕公敦请，慕公亦谓愿为留心。或过三月十三至二十三日之后（上海庆贺耶稣圣教传入中国百年大会既竟），挽留英国戒烟善会游历中国专使亚烈山大君莅甬演说，或请英国圣书公会书记某君，二君必有一遇。议妥，书记员周君提议，凡我同人，宜劝人人除烟会；既入会矣，须领执照。同人赞成。再由徐君祈祷而散。宁波除烟书记员通讯处：江东张斌桥圣教堂。

（《画图新报》，1907 年，第 12 期）

宁波华美医院扩充之先声

树屏

宁波北门外华美医院,自创办迄今,已历八十余年,成绩卓著,有口皆碑。年来医院病人,日渐加多,大有山阴道上,应接不遑之概,是以该院原有病房,势难容纳,院长兰雅谷为扩充规模起见,前日特偕任莘耕医士向中西人士,损[1]助款项,闻已募得国币拾万余元。兰院长拟将此款,完全作为建筑费之用,并指定北门内沙皮厂旧址,建设病房一所,以飨病者。现正着手筹备,大约明春即可动工云。

(《广济医刊》,1925年,第1期)

宁波发起广济医、药、产三科同学会支部

朱玉泉

宁波医科同学杨槐堂、孙德载二君,鉴于近年医学之进步一日千里,各人服务社会责任又重,非有团体研究不足以增学识广见闻,特于去岁十二月间,调查在甬同学人数,计有二十余人,较之本会定章"外埠同学在十人以上得成立支部"一条超过半数以上,当将各种情形商之先后各班同学,大概多数赞成,业于一月二十三日召集成立大会,草定支部章程,公推王君家祥、杨君槐堂为正副会长云云。

(《广济医刊》,1926年,第3期)

宁波卫生运动计划大纲

宓爱华

一、城名 —— 浙江宁波市。

二、名称 —— 婴孩卫生运动大会。

三、时间 —— 民国十七年六月廿五、廿六两天。

四、地点 —— 宁波市内。

五、问题 —— 未入校的儿童死亡率太高。

---

[1] 原文"损"字应为"捐"之误 —— 本书编辑者。

六、目标 —— 唤醒父母们,使之提倡儿童卫生及预防疾病之重要。

七、口号 —— 保我赤子。

八、总办事处 —— 宁波青年会。

九、组织

（一）创办团体

（甲）宁波青年会；（乙）家庭研究会。

（二）卫生委员

由创办团体各推代表数人合组之。

（三）分股进行

（甲）宣传委员；（乙）经济委员；（丙）展览委员；（丁）会程委员。

十、办法

（一）宣传

（甲）运动标图。表示救护婴儿之一法，绘一慈母护持其婴孩，天空之婴孩缤纷如繁星之下降，助以蔚蓝之空色，下承以慈母之双手，蕴意无穷。此图可于一星期前分布全城。

（乙）开会前一星期即须于各报纸宣传。

（丙）必须得到当地报纸之合作，以求消息之分布，宣传之得力。

（丁）街壁招贴公布开运动会之意义目的，请父母们一体参加，愈多愈好。

（二）经费

（甲）商品陈列。

1.牛乳粉（以下均不止一家）；2.肥皂；3.牙刷；4.牙粉与牙膏；5.蝇拍之属。

（乙）当地人士之乐助。

（三）卫生展览

（甲）展览部。

1.积极地卫生方面。

（甲）生理规模与图表。

头之横剖面；头部表示牙齿肌肉脑之位置；脑部；心及肺之剖面；人体表示胸部

腹部各器官之位置；关节之一部；眼球表示肌肉之位置；眼之剖面。

（乙）婴孩的衣食淋浴问题。

（子）食。各种牛乳粉之样罐（如惠民、实华、克宁等）、橙汁、蔬菜，以及喂乳瓶等。

（丑）衣。中华卫生教育会鉴定之婴孩卫生服全套。

（寅）沐浴。用洋娃娃及小浴盆表演合宜之浴法。

2. 疾病及疾病的预防。

（甲）肠胃病（痢疾、霍乱及伤寒等）。

（子）原因。用污秽的器皿；吃污秽的指头；用污秽的水或牛乳；不煮熟的食物；苍蝇及其他种虫类。

（丑）预防法。器皿清洁；水须煮沸二十分钟；用清洁的牛乳，或用开水冲牛乳粉；灭蝇（清源的办法）。

（乙）天花。

（子）原因。尚未证明。

（丑）预防法。种牛痘，今日送种，不取分文。

（四）程序

（甲）演讲——每日下午三时至七时。

1. 婴孩卫生；2. 看护婴孩法；3. 我们的孩子；4. 疾病之传染及预防法。

（乙）婴孩的健康比赛。

执行此事时必须医生及护士之帮助，更需磅秤及量尺等件。

十一、人员

（一）医生；（二）护士；（三）教员，担任解释及表演；（四）学生，同上。

十二、材料及器具

（一）卫生运动标图；（二）幻灯片及活动电影（可向上海博物院路二十号青年协会书局租用）；（三）中华卫生教育会出版物（归上海北京路四十四号广学书局代售）；（四）生理模型（上海圆明园路二十三号中华卫生教育会）。

十三、希望得到的结果

（一）提高对于保护儿童健康的兴趣；（二）成立儿童健康社，聘请公共卫生护士主持之；（三）促进市民对于儿童卫生的注意。

（《卫生月刊》，1928年，第6期）

宁波市医师公会上卫生部书

为医事教育未备，医师数量不足，呈请免除现在开业医师考试，准予领证开业，以昭公允，而惠病黎事。查卫生规法，医师暂行条例第二条，凡具有医师资格者，有卫生部审查后，给予医师证书；其未经核准给证者，不得执行医师之业务。第三条：凡二十岁以上，具有左列之一者，得呈请给予医师证书：（一）在国立或政府有案之公立、私立医学专门学校以上毕业，领有毕业证书者；（二）在外国官立或政府有案之私立医学专门学校以上毕业，领有毕业证书；（三）[1]或在外国政府领有医师证书者；（四）经医师考试及格，领有证书者。第八条：本条例施行后，凡现在开业之医师，未经领有部证者，应有该管公安局所或行政官署，限期令其呈领。是现在开业之医师，除医学专门学校以上毕业外，非经考试及格者，不能请领部证；未经核准给证者，不得执行医师之业务。具征。钧部为人民选择医师，法至善意至美也。惟新医输入我国，历时未久，逊清末叶，国内尚乏医学专门学校。一般医士，多出身教会医院。比年以来，虽逐渐设立学校，为数仍属无多，不足供全国医师之产出。查各国医师数量，对于人口一万，美国为一六．二，日本为七．九，意大利六．四，德国四．八，法国四．四。我国幅员辽阔，交通未便，每万人中至少须医师五人，方足供社会之需要。据最近国际联盟报告，全世界人口二十万万，我国实居四万九千万，以每万人医师五人计之，全国须医师二十四万五千人。现在全国新医之数，尚无精确之统计，合学校毕业与非毕业者共计之，恐不满五万人，视应有之数相去甚远。一经考试，一部分必受淘汰，新医更为缺乏。此对于现在开业医师，不宜考试之理由一。医师在社会执务年龄，究有若干，我国亦尚乏统计，约计之当不出三十年；以全国医师二十四万五千人计之，每岁当产出新医师八千余人，加以人口增殖率，每岁约百分之一，全国每岁当增人口四百九十万，亦以万分之五

---

[1] 原文只有（一）、（二）、（四），而无"三"，故于此处加"（三）"——本书编辑者。

计,每岁应添医师二千四百五十人,合前数八千余人,即每岁应产出医师一万人以上。如医师出身以学校为本位,每一学级毕业人数,平均约五十人,每岁应有二百级学生毕业医师,乃足于用。非有百数十处医学校,不能产二百级之学生。为今之计,宜先就北平、广州医科大学,上海同济大学,及武昌大学四处,改设完备医科大学,招收高中毕业生,预科二年,本科四年,以养成地方医学校之教师;定世界医术最进步之德语为第一种之外国语,英语、法语、日本语次之;广聘外国确有专任教员之能力者,分担各学科之讲义及实习,努力于基础医学临床医学之建设,俾毕业后,有研究之素养,及任地方医校教师之能力;在各地则就旧道区及特别区域,青海、西藏、外蒙古各部,共计百有七处,各设医学校一所,益以繁盛都布[1]医校必不止一处,合全国计之,可得地方医学校百数十处。每校每岁毕业学生一级或二级,即每岁可产出学生二百级左右,总数以近一万为标准。惟此多数之学校,绝不能一时成立。量度各地情形之缓急,每岁平均增设十余校,十年后乃有百数十校;努力于内容之改善,十年二十年之后,考核成绩,各科有专任之教员,乃升格为医学专门学校;复经十年二十年之改造,整顿学校内设备,各科专任教员之能力,确与先进诸国医科大学,相较无逊色也,乃升格为医科大学。欲求医术之确实进步,非五十年努力经营,不能侥幸得之。现在国内号称医科大学、医学专门学校者,不过十余处。学校之设备,教员之学力,远不及先进诸国。每岁毕业学生,不满千人,不足应全国医师之需。此对于现在开业医师不宜考试之理由二。钧部对于旧医登记,尚乏适切之办法。新医非学校毕业者,即使不学无术,对于解剖生理诊断治疗,总当有一隙之明,以视旧医以阴阳五行六气十二经脉为诊疗之根据者,不亦稍胜一筹乎?乃对旧医之不合格者,无适切之办法,而对新医非学校毕业者,则必须经过考试,揆之情理,岂得谓平?此对于现在开业医师不宜考试之理由三。且新医之数,比之旧医统全国计之,恐不过五分之一。除学校毕业考试及格者外,其不及格者不过旧医数十分之一,为数固甚微也。国家为政,首宜持平。钧部对于数十倍不合格者之旧医,既无法一时令其歇业,而对此极少数之新医,必设法使之淘

---

[1] 原文"布"应为"市"之误 —— 本书编辑者。

汰,待遇不平,孰有过于此哉!此对于现在开业医师之不宜考试理由四。且我国革命,甫告成功,凡百设施,均不逮先进诸国。以军事言,一般兵士,是否受相当国民之教育者;高级军官,营长以上是否皆受高等军事教育者;以官吏言,县长以上,是否皆毕业于政治经济专科,或经过文官考试及格者;军医是否毕业于医学校,而又经军医训练者。医生行政人员,是否皆医校毕业,而又专攻公共卫生若干年者;小学教员是否皆师范学校毕业;下至船舶之机师,制造厂之技工,是否皆机械科毕业;承包建筑之工程师,是否皆土木科出身。凡此种种,非尽有相当之毕业资格,未闻一一经过考试而后可以执务者,亦以我国当此过度时代,决不能如先进诸国教育机关之完备,有多数合格之人员也,岂能独责之新医哉?此对于现在开业医师,不宜考试之理由五。且不及格之新医,多散处乡僻各地。一经考试,则此种医师,必先淘汰。是昔日对于白喉发生尚能行血清注射,霍乱流行尚能行盐水注射者,一经淘汰,则并此有效之血清疗法、盐水注射亦不可得矣。此对于现在开业医师,不宜考试之理由六。且现在开业医师,有向内务部领照者,亦有在地方警察厅警务处领照,或革命后市县政府领照者。警察厅警务处及市县政府,同为国家正式政治机关,颁发执照,不能作为无效。且医师已领执照,在法律上为一种既得之权利,不能无端取消之。即使钧部为谋医政之统一,必须改领部照,亦应一律照同条例第七条,换领新证办法,以昭大信。此对于现在开业医师不宜考试之理由七。总之,欲图医术之真实进步,必须努力扩充学校,提高程度,譬之国民教育,欲收充分之效果,必先培植师资,改良师范教育,乃克有济,绝非仅仅取缔私塾,可以奏功也。此对于现在开业医师,不宜考试之理由八。日本医术进步,颇称神速,然亦经数十年惨淡经营,乃有今日之盛。自明治八年二月发布医术开业试验规则,凡新开业之医师,除国家指定医学校毕业外,必须经医术开业试验及第者,但对于从来开业之医师及其子弟,则不要试验,免许其开业。至明治二十年从来开业医之数,实为三万二千八百余人,占全国医师五分之四。明治三十年,减为二万三千九百余人,占全国医师三分之二。以五十年之经过,至大正十二年,全国医师以医学专门学校毕业者为最多,从来开业医尚三千余人。可知学术进步,有一定之过程,绝非一蹴可几。为此呈请钧部仿东邻有效之陈迹,以医师考试,整饬将来之医政;对于现在开业医师，无论新医旧医，一律准领部证，许其开业，以示宽大，而照公允，实为德便。谨呈。

(《医药评论》，1929年，第14期)

宁波同学分会大会记

詹唯一

宁波同学分会，于二月二十七日下午五时，假福禄寿菜社，开会员大会，并举行聚餐，到俞伴梅、董鼎松、沈蕙英、陈慧庆、张志清、朱上珍、梁眷仙、黄复振、岑献环，及鄙人等十人。经众会推陈慧庆办理聚餐事宜，于是每人一元之聚会餐费，均付交陈君，有人戏谓之曰："今晚为宁波分会之第一次聚餐，筵席须特别丰盛，如餐费不敷，只得请办理人补贴可也。"此语一出，陈君大起恐慌，吓得汗流浃背。所幸会员多属斯文，叫菜不多，收付两抵，斯时陈慧庆喜形于色，可谓幸焉。六时半即聚餐（原定先开会，因时已晏，故特提前），酒至半酣，主席俞伴梅君宣开会词，并报告出席总会经过情形，颇为详晰。次讨论提案多件，在座诸人，均大发议论，连酒菜都不吃，议未及半，陆益寿、陈桢祥姗姗而来，经众邀请同席，伊等以已进晚膳为辞。佥以伊等如再加餐，不但要损失混淘罗，恐明日还要害他们吃荤蔴油，故亦不相强，只得任他们傍坐流涎而已。议毕，推选执委，及介绍部委员。结果俞伴梅、董鼎松、黄复振、朱上珍，及鄙人当选为执委。介绍部委员，为黄复振、陆益寿，及鄙人。会务既终，同座又狼吞虎咽，大嚼其走油肉、醋溜鱼。斯时以鄙人为最吃亏，因担任书记，俯首疾书，待记毕，则已碎屑不一遗，盆底朝天矣。然鄙人亦有便宜之处，盖彼等均不善饮，是以三壶绍酒，由鄙人独酌，尚有美丽牌十余支，亦由鄙人揩油，暗思鱼肉虽未入口，而烟酒悉可充数也。迨钟鸣八下，均酒醉饭饱，尽欢而散。

(《广济医刊》，1930年，第3期)

宁波医师公会致电本会函

谨启者：卫生部前岁颁布《管理医院规则》，日前，宁波市政府突接浙江民政厅奉卫生部令：查《管理医院规则》早经本部公布施行，所有该管区域内之医院，已否遵照规则，呈报其合格于该项规则者、约有若干不合于该规则者、已否勒令改为诊所，或别项名称，均应分别查明，列表呈报，以备查考等语。查医院诊所向无法令规则，是以各地新医开业，无论公立私立，多喜用医院名称，相沿日久，已成习惯。一旦改为诊所，不特失民众之景仰，抑且坠新医之威信，属会接到市政府令，当开会讨论，佥以卫生部此举，名义上虽为整饬医院，使医院有一定之组织、有相当之设备，其实新医院当此尚在萌芽时期，行严厉之限制，即为摧残新医，与教育部之停止医校招生、立法院之苛订西医条例，如出一辙，同为阻压新医之进展。如果为整顿起见，可就医院组织完整、设备充足者另定一种名称，为病院之类，以奖掖之，则固有之医院无须更易名称，实为一举两得。查日本整顿医政垂六十年，医学锐进远胜我国，国内医院林立，未有若何之限制，惟号称病院者，须有相当之设备；对于病院制度，各地虽有局部之命令，全国尚乏统一之法规。可知整顿医政，非经相当之时期，不能收整理划一之效。我国革命尚未成功，千疮百孔，百无一举。就医政言，最重要之医师问题，扑朔迷离，绝无统一之希望。就卫生言，最起码之人口死生问题，东鳞西爪，并无确实之统计。全国新医不过四千，国家经济类于破产，乃欲举欧美饶有历史之病院制度一切仿行之，其为东施效颦无可讳饬。为此恳请总会体地方医师会之公意，转呈卫生部，改《管理医院规则》为《管理病院规则》，则已有之医院不致受政令之影响，而未来之病院，亦必有相当之发展，不特新医界之大幸，实亦医政前途之福音也。抑又有请者，五月十日，立法院通过《西医暂行条例》，曾否正式公布？果尔，即国内外医校毕业者，非经考试或检定，不能谓合格之西医，更无所谓合格之医师也。且该条例并未附带声明，根据卫生部《医师暂行条例》请领部证者，继续有效；是否《西医暂行条例》公布之日，即为《医师暂行条例》废止之期？即向日已领卫生部之部证者，亦不能谓合格之医师也？《管理医院规则》第五条所称合格之医师者，一无着落矣！敬请总会详为解释见复是荷。专此布达，即请公绥。

此致全国医师联合会

十九年八月八日

（《医事汇刊》，1930年，第5期）

宁波仁济医院开幕志盛

宁波为五口通商之一，人口达五十一万有奇。甬人擅长商务，殷富巨贾比比皆是。而对于地方之公众卫生医药事业，每多坐视不顾，漠不关心。如完善之医院，又为英美友邦人士所创办，此非吾甬之耻焉。为何沪上巨绅杜月笙先生、金廷荪先生有鉴于斯，赞成善举，慷慨解囊，不惜牺牲巨资五十万，擘划经营三载于兹，华人独资创办规模宏大之仁济医院。于是，遂告成也。院址位于江北岸新马路，空气清爽，设备周全。其中，如伦托根光线之机械，亦为挽近最新式之装置，兹因工事与布置，业已完竣，乃于六月十六日正式举行。是日上午，天虽阴雨，但党政军要人，以及地方人士，前来参加者，颇形踊跃，计共约三千余人。名流到者，如立法委员庄崧甫、第二军长蒋鼎文，浙省财长周骏彦，保安处长竺鸣涛，并李征五、王晓籁、孙梅堂等百数十人，上海工部局费信惇及帮办二人，由蔡福棠陪同来院，闻各方致送银盾匾额玻框轴璋对联甚多，尤有军事委员蒋委员长匾一方题曰："施仁博济"。其他如曾养甫、鲁涤平、张难先、陈布雷、杭州市政府黄金荣、张啸林、许世英、虞洽卿、朱孔阳，均有礼物（或贺电），琳琅满室，灿烂夺目。

（《广济医刊》，1932年，第7期）

宁波中医公会快邮代电

首都中央国医院馆暨各省市县国医分支馆、各医药团体均鉴。敝曾于八月六日呈国民政府立法院文曰：哲生院长暨诸委员均鉴，闻中央政治会第三六次会议决议，石瑛、焦易堂二十九人提管理国医条例，及行政院内政、教育两部审议意见，并交钧院审议，此事系乎国计民生甚重且巨，而况国医中人乎？故不忍缄默，谨为钧长陈之。夫吾国医，始于神农以药治病，验则传之，尚实验也。黄帝继之，与岐伯诸臣探讨其理。古人薄葬，尸体易见，故所言藏府筋骨犹之乎西人解剖而得也。其病机治法，亦实验之是归。及伊尹合《本草》《内经》而制为汤液，汉长沙太守张机因之而成《伤寒杂病论》，皆实录也。实录而有实用，故传习于今五千年不替，岂有它故哉？以倡之者，帝王卿相，而拯济民瘼又实利亡弊焉耳！何期至今为国势之不振,受疆邻之侵略,采集欧化以图疆富,遂并我国粹而欲一切废弃,使我实验亡弊之国医斩丧殆尽。既裁去官府医员,又不入教育系统。凡由民赋国税而设之医校、医院,吾国医不容尝鼎一脔,是国医于今被压迫至矣,能亡令人痛哭,以之国医既被压迫而不自振,则千验万效、积五千年经验而亡毫末之弊之医学,亦将于今斩焉磨灭。岂止吾国医中人悲哉,抑亦为吾国家吾民族忧也,以是有识之士罔不怵焉伤之。彼习洋医之徒,既不知国故为何物,唯图扩其权势,而假科学二字蛊惑政府,必欲族灭我国医始快其心!一犬吠形,百犬吠声,少年寡识,喜新厌旧,与彼洋医同然一辞,欲以夷变华,此岂我独立国家所宜出者哉?夫独立国,必有独立之精神,否则奴隶而已,尚成何国家?虽取石它山亦只供吾玉之用,为攻之资耳。乌有以它石而代吾美玉哉!此理甚浅,不待深辩。而彼犬形者私欲弊之也,吠声者好奇好新之心锢塞也。天下之理,罔不因锢蔽而颇辟矣。自杀身亡,国有不暇计也,亦何足怪哉?或曰彼洋医由科学而出;科学者,理事相应有系统也,非国医所及。殊不知国医积实验而成,科学之事乃就已成之物质而分析其理,既得其理则如其理而试之同类。苟万试万验亡或一爽,其理始成;否则万有一谬,则不得谓科学之定理。是科学之定理,亦不过实验之结晶而已,与我国医之所自何有异哉?且人为万物之灵,得天地之心而生,岂同乎草木土石哉!亦非鸟兽虫鱼所可同日而语也。彼西洋科学有获于声光气电,以利其机械,遂以其法,并及人身,视人犹死物也。故其医药有效者少,亡效者多。亡效其宜也,有效岂其成哉?偶合幸中而已!不然,以彼科学论,宜万效而亡一不效矣。是其治死物之机械,安可与我国医比哉?即不然,将来科学进化,必有医生人之方而能万验亡或一爽者,此亦属于精神之生科学,决非今日之死科学所能为力也明甚。夫我国医之实验,由五千年来,以精神究察而成,将来精神生科学,舍我国医精神实验,其道未由;此非识纬之谭,乃实事实理也。然不足为庸俗人道焉。幸我党国巨公,知周万里、识超等夷,不为彼习洋医及亡知庸俗所惑,毅然决然而立国医馆,以研求其学,此可与神、黄、伊尹等,其圣哲不仅吾国医中人感印已也,中国四百兆之民命、五千年之独立精神,实利赖之,幸甚,幸甚。虽然今之国医馆者,其位未高,而其权未大,不能有所为也。必也内全国国医药于其统治之下,始为有权,举全国官府医员而由国医馆荐任,国医始有其位;有位有权,而后全国国医药中人心始归,众庶之观瞻,亦不复如今之鄙视夫;然后挈纲挚领,而厝之裕如,则国医之进化,可操券以俟矣。否则位卑而权微,安能有为?若是之国医馆,固不如亡之为愈也。钧馆为立法之府,立法宜详原委而利施行,冀于国医馆之权位,二者加之意也,幸甚,幸甚。亡任盼祷之至。浙江省鄞县中医公会常务委员印。虞。

(《医学杂志》,1933年,第74期)

与宁波《中医新刊》王宇高旧医书

汪企张

宇高医士左右:明山在望,未识荆州,甚憾甚憾。比获甬申两地旧知见爱,惠我《中医新刊》第五期,海隅劳人,始拜名言谠论,粲花妙言舌,绝倒一时。仆行文酬答,平时走笔辄忘,不图社会间十载风行之拙作,有辱大方一顾,受宠若惊,诚惶诚恐。回忆浪迹海外瞬十余年,于传染病学,纵多猎涉,愧非专家。乃商务谬采虚声,嘱编《内科》公世。时方羁縻公职,复缠尘嚣,屡却未能,遂免任一部,此《内科全书》中执笔急性传染病篇之所由来也。自为浅学不文,初不敢侈言著作,且今日之称传染病者,尤贵有科学上病原实物之根据,非可捕风捉影,信口雌黄。搜索枯肠,计惟取材先进,嗣审德国名著 Mehriug 氏《内科》,正洽初怀,遂为蓝本。揭其要旨,缀拾成章,故曰编,明学理之不敢攘功也。然而笔拙才疏,或与原书有悖,果得名流溯源匡正,敢拜昌言。惟当是篇编译之初,原计供国内新医之参考,文虽简明可诵,而未具五六年中学之理化、博物、数学等基础科学,再了了于习医预备上解剖、生理、病理、细菌、医化各科之理学实验者,不易悟也;决非自命旧学通才者,所得而解也;尤非仅识之无窃拾皮毛之辈,可得而读也。盖夏虫不可与语冰也,朝菌不可使知晦朔也。是故武叔未窥堂奥,轻毁仲尼,为先贤所深戒,而覆邦利口,更可寒心。至若学说异同,见仁见智,河间易水,同攻一经,且相冰炭,知一时管豹井天之见,智者在局,尚为之迷,人欲恶魔,水深火热,众生扰攘,而犹不自知超拔也。悲夫!虽然嵩山面壁,九年入形,愿与吾子共勉之。感成一律,遥报高情:白头宫女效时妆,旧谱新调入夜忙;穷暮千林嚣鹦雀,拒轮一臂旧螳螂；镂冰痛惜无虫解，覆影还宜傍鹄王；行远毋忘先自迩，倾蠡漫莫酌汪洋。

(《新医与社会汇刊》,1934年,第2期)

宁波访求仲景遗书记

黄竹斋

余于去冬诣南阳,恭谒医圣张仲景祠墓,心有所感,遂发愿搜罗仲师遗著,欲辑成全书,贡献医林。今春偶于南京书肆,购得浙江流通图书馆《国医图书》专号一册,载有张仲景《疗妇人方》二卷、《五藏荣卫论》一卷,均注存天一阁抄本字样。考此二书,其目见于梁《七录》,及《宋史》艺文志。而明《志》,及清《四库全书总目》,皆未著录。知其遗佚已久,余心焉识之,遂怀往觐阅钞之念。数月以来,耿耿于中。本月一日,始克启程,由京过沪,谬承海上同仁谢利恒、蒋文芳、盛心如、张赞臣、过鹤帆诸先生先后宴邀,隆情厚意,感激靡已,并拟在上海设立建修南阳医圣祠享殿募捐委员会。其好善乐义之热心,诚堪钦佩。同时得遇陆士谔、吴克潜、许半龙、朱鹤皋、陈漱庵、严苍山、章鹤年、黄宝忠、秦伯未,及长沙易南坡诸先生会晤畅谈,藉抒积愫。四夕乘轮,翌晨抵宁波。即往天一阁,适值修葺,尚未竣工。询诸守者,得悉该阁系明嘉靖时,侍郎范钦字东明者所创建。旧日庋藏宋元明木板书籍数万卷,近年以来,范氏式微,将书卖去十分之七八,现时所存无几。本县士绅以该阁为全国所知名,关系文献綦重,不忍任其散失,乃组织文献保管委员会,与范氏子孙之贤者,共同负责保管,笥藏重锁,非会同两方,不得启视。余闻之怅然,乃往访鄞邑医界硕望周岐隐先生。因周君著有《伤寒汲古》《精神病广义》,久已脍炙人口,为医林所重。余既读其书,想见其为人,觌面若旧识。导余参观怡怡书屋,乃介弟采泉君之私塾,学生二十余,经史外授以科学常识,课本皆周君编印。其昆仲友恭行谊,殊堪矜式。留余午餐,同席者王宇高君,民十八曾为全国医药团体请愿宁波代表;吴涵秋君,四明武术名家;桂林罗哲初先生,清名孝廉,通经术,能文章,精究医理,兼善针灸,身逢世乱,以医自隐,寓鄞十余年,现为本县广济施药局主任,与余谈颇欢洽,云其家藏有古本《伤寒杂病论》抄本,较浏阳刘崑湘所得者多三分之一，邀余明日午餐，可临伊庐一观；并介绍本地名宿数人与余会面，情意殷殷，余既感且喜。饭后周君邀余游公园，至图书馆，乃检查天一阁藏书目录，并无《五藏荣卫论》《疗妇人方》之目。不知浙江流通图书目录，何所据而云然，殊令人失望。然到此于无意中邂逅罗先生，得见古本《伤寒杂病论》。其书之隐显，殆有数存焉。抑仲师之灵，冥冥中有以感召耶。翌日午后，同周君至罗第，晤陈君诒先生，以所著《古本难经阐注校正》赠余一部。又有郑松馆先生在座，罗先生云，伊所藏古本《伤寒杂病论》，全书十六卷，共计四册，此间只有首一册，余存桂林。余披阅一过，其卷端序一篇，清光绪二十年甲午春三月桂林左盛德撰，叙是书传授渊源颇详，云清道光时，左公随父宦游岭南，同僚有张公学正字绍祖者，仲景四十六世孙也，言仲师之书，当日稿本原有十三，王叔和所传者为第七次稿，伊家藏有第十二次稿，历代珍藏，未尝轻以示人；左公之父，亟令左公师事之，乃克抄写一部；由是诵研，遂精于医。后旋桂林，罗先生从之学，因得手抄其书。四十年来，亦从未出以示人。虽与周先生交谊最挚，亦未曾寓目。今乃感余之诚，远来不易，特公开一览。按浏阳刘崑湘民国初年，以母丧求葬于江西山谷中，遇异人张隐君，得古本《伤寒杂病论》十六卷，后以授其宗人刘仲迈。壬申春，湘省主席何公芸樵，为之手写付印，始公于世。去秋周岐隐先生，取古本与通行本比类互参，录其佚文佚方，订误各条，编成《伤寒汲古》三卷。今观罗先生之古本首册，较刘仲迈之古本，"伤寒例"后多"杂病例"一篇（及"金匮藏府经络"先后篇全文，及"夫病者手足寒上气脚缩"一条，"五藏风寒积聚"篇，"师曰热在上焦者以下"三条），"伤燥脉病并治"后，有"伤风"、"寒病"二章；其余文字，亦有小异。罗先生言，后三册"六经"篇后，无"可与不可与"各条，而有"金匮"诸篇。则此本是较刘本为胜，盖举杂病而名书，则"金匮"诸篇实不可阙也。又左公序中云：仲师后裔，自晋以后，迁徙不一，张绍祖之高祖复初公，自岭南复迁居光州云。余因此书关系国医学术，甚为重要，恐恝其亟公于世，并嘱周君促成其事，俾仲师佚文，不致湮没，则余此行为不虚矣。甲戌十二月八日，长安黄竹斋记于普陀佛顶山。

（《医学杂志》，1935年，第82期）

宁波名医范文甫先生作古

周岐隐

　　范文甫先生，为宁波古方派之领袖，其为人性情傲岸才气横逸，盖医林中杰出之才也。宁波医学，向宗香严东垣各家，前辈之言医者，对于《伤寒》《金匮》各方，多习焉而不知其所用。及先生出，论病处方，一宗仲景，而医风为之一变。天一阁范氏，本为宁波望族，藏书多海内珍本。先生颖悟兼人，科举时代，邑试郡试，并列前茅，课艺之外，更肆力于医。年二十外，意气已凌铄前辈。辛亥之后，自号古狂生，愤世嫉邪，佯狂自放，诗古文辞，皆淋漓奔放，如天马行空，不受羁勒。而于医学，以性灵运用古方，益增神化，如以清震汤治伏湿、大黄附子细辛汤治喉痧，应效之奇，捷于桴鼓。生平亦服膺于王清任氏，其治时疫中风，皆用《医林改错》之方，所投亦无往不利。而性好诙谐，常向病家取玩笑。有请其药方加重者，书石狮子一对与之，一时传为笑谈。当张宗昌督鲁时，震先生之名，重聘邀治其母。书方毕，张诘之曰："吾母之病，群医一方辄十数味，尚无一效，今数品平淡无奇之药，何能逾病乎？"先生笑曰："公好战，请以战喻。养兵数十万，而不能应敌者，统驭之无方也。善用兵者，贵精而不贵多。用药亦何独不然？"张知其讽己，默然不怡。翌日又召诊，张翘巨擘而笑曰："不愧名医，太夫人有起色矣。吾欲留公，勿言肆也。"先生唯唯，退即不别而去。先生乘舆出门，辄戴大笠，人以其狂也，以范大糊涂呼之。先生闻之，亦不为忤。性侠而慈，遇贫棉往往资以药饵，虽犀羚珍贵之品，亦所不计。全活者以仙佛呼之，而先生亦不以此自矜。今年八月，偶撄小疾，自知不起，作自挽诗及挽联，寝疾数日而逝，享年六十有七。先生既殁，其及门弟子四五十人，望师门而痛哭。设奠之日，即于灵前组织鄞西范氏同学会，奉其长公子禾安为会长。再传弟子之列名者，百余人。盖浙东数十县，生负盛名，医成学派者，未有如先生者也。先生出处大节，极似傅青主。生平著作甚多，诗古文辞，皆蔚然成集。尤娴书法，得二王神韵，有求者无不应。家中所藏珍本医书甚多，尤好古玩碑帖。鬻医所入，不治生产，殁之日，家无余资。而所收藏，多希世之珍，盖其性之所好也。先生名赓治，鄞县庠生，子二人，长禾安，行医沪上,能世其业。

(《医学杂志》,1937年,第94期)

宁波华美医院鸟瞰

在江潮滚滚长流的甬江滨,离宁波城区约有四五里路的郊外,那里矗立着一个庞大的建筑物,它就是浙东最高医院,贫病者的福音所在——宁波华美医院了。院内有洋房四幢,进院门为门房,路畔植有绿树二枝,树作圆球形,葱绿浓郁。一块木块牌,直竖灌木前,左箭头所指为门诊室,右箭头所指为隔离病室。直向前进,在大门的墙边,浓绿的树藤紧紧地密生着,令人有宁静之感。楼下右为护士长室,左边为账房间,在院壁上用大理石刻写着三方石碑,要知该医院过来之历史,这里就是最可靠的资料,兹特详录于后,藉供参考。

"本院工作之肇始,乃由于一八四三年代表北美浸礼差会来甬之玛高温医士,医士本耶稣救世之大道,热心服务,救济贫病,历有年所,初赁佑圣观之一部以行医,继则就月湖书院组织医科,以西方医师,训练本地有志医道之学子,造成医士及药剂师之人才,此外复周游全省,于各埠创设施处,治疗疾病,尤专眼科。玛医士精通中文,熟习经学,著书多种,享有盛名,美国政府且认为明了中国事务之泰斗,伟哉玛公,尽瘁中华,至死不怠。一八四七年北美差会复派遣白系罗医士来甬,于本院旧址之男病室施诊,查其时仅有病状二十,嗣后以女病室之需求迫切,得当地士绅与麟道宪之赞助,于一八八〇年建造该病室之一部,并置备十床,以容归女。白医士舍城市工作而外,后至江口、溪口及沈家门施诊布道,下乡时,将医务悉委诸白夫人主持,白医士善于交际,受诊医务之暇,与当地人士相往还,今日大有功于本院建设之张让三先生其一也。白医士辛勤劳苦,工作不暇,一八八九年因病离甬调养,差会遂以兰医士雅谷继其任。兰公就职后数年,鉴于病室之简陋,殚思竭虑,以求美备。遂将一九〇二年至一九一五年兼任海关医员所得之薪金,捐建本院旧址之男病房及手术室。一九二〇年本院为顾全本邑病者之正当救护,乃有扩充之建议,惟以原有院址,背城面江,发展为难。兰医士乃另购城内空地一方。迨拆城筑路之议兴,本院又商得与市政筹备处之同意,以筑马路一段为条件,订立正式条约,将城墙基地让作医院之用。一九二三年、一九二七年兰医士奔波东西,以本院新建筑之必要,与宁波各界人士相筹商,以兰公与任莘耕医士之热诚服务,深得各界之同情,资助者异常踊跃,今日巍巍之大厦,乃得成之焉。总计新院捐款数为现银二十九万九千九百六十二元角五分云。

民国十九年(主后一九三〇)四月,郭悬章师濂敬书。"

按兰医士为坎拿大人,毕业于美国密电根大学医科。在一九二〇年,是他的六十寿辰,他把所得寿金,悉充购爱克司光之用,由此可见他对华美医院用心之苦了,易其名为"华美医院",是表示与华人合作之意也。华美医院院务进展的情形,可以从下列的统计表中看出一个大概的状况。

民国三十二年度,共计门诊病人一四六二二人,住院病人六六四人。

民国三十三年度,共计各科门诊病人一四四八八三人,各科住院病人一四九九人。

民国三十四年度,共计各科门诊病人一六一八五人,各科住院病人一四九七人。

为了要使读者诸君更进一步明了该院三十五年受诊病人起见,特将统计表录之于下:

中华民国三十五年度住院传染病人统计表

病名	人数	病名	人数
肺结核	二六六	大叶肺炎	二八
蛔虫病	一六四	钩虫病	二二
梅毒	一〇九	支气管肺炎	一六
疟疾	六〇	阿米巴痢	一五
伤寒	四五	赤痢	一二
其他结核	四八	淋病	一一
流行性脑膜炎	五	天花	八
回归热	四	鞭毛虫病	七
白喉	三	流行性感冒	七
百日咳	三	丹毒	二
嗜眼性脑炎	三	登格热	二

续表

病名	人数	病名	人数
癫疹	三	偻麻质丝热	二
破伤风	三	姜片虫	一
腮腺炎	二	猩红热	一
总计		八五五人	
本年度共计门诊病人一六九五人			

中华民国三十五年度门诊传染病人统计表

病名	人数	病名	人数
肺结核	二一七一	百日咳	一七九
疟疾	一四〇二	赤痢	一六一
梅毒	七四〇	大叶性肺炎	一二六
其他结核	三七五	伤寒	一二五
蛔虫病	三三六	河米巴痢	一〇二
支气管肺炎	二六二	流行性脑膜炎	二九
淋病	二三九	白喉	七一
偻麻质丝热	六〇	腮腺炎	一四
水痘	二	丹毒	四五
天花	一三	回归热	一
流行性感冒	三六	嗜眠性脑炎	一三
猩红热	一	鞭毛虫病	三二
软性下疳	一〇	姜片虫	一
霍乱	二九	破伤寒	八
肠吸血虫	一	麻疯	五
蔴疯	五	婴儿脊髓角炎	一
疯狗病	一六	鞭毛虫病	二
总计		六六八六人	

本年度共计门诊病人四一〇〇六人。从上列统计表中，我们可以看出该院病人求诊者，正逐年增进中，一个设备完全、医术驰名的医院对病患者是有他广大的

需要。每逢星期日那天，汤院长、丁院长偕同全院医师巡视每一个病人，他（院长）会对你的病症，治疗的方法参加宝贵的意见，有时还会用纯熟的中国话问你"有没有痛"之类的话。关于医药费方面：门诊为一千元，复诊五百元，特等病房房膳费为六万元，头等为五万元，二等为四万元，三等为三万元，普通房间为一万二千元，陪人房膳费亦为一万二千元，在目前，这种价格，是并不能说为过贵的。

华美医院，在宁波沦陷期间，曾一度易名为"华华医院"，盖所以适应当时之环境也。现任院长为汤默思博士，一位身材颇长，体魄魁梧之美国人。丁立成先生代表中国为中国方面之院长，年纪已在五十开外了，戴上一副金丝边的眼镜，不长也不短的身材，头发已染上了霜，因院务的繁忙，随了岁月的迁移，他已是一位热心救世的长者了。他又是内科小儿科主任。马医师是外科主任，如果初见面的话，总一定不会看出他已是五十多岁的人了，脸上丝毫找不出一点老态，流利的英语，三十多年的临床经验，温和体贴的态度，精湛的医学知识，一颗赤诚的圣心，在他健壮的双手下，不知救活了多少孤苦可怜的贫病者。会不厌繁琐地一次二次地询问你痛在何处？有无难过，而给你以满意的结果。腾医师年纪骤看很年青，可是大约总在三十岁之间吧！一口硬硼的宁波话，话说得不快，口音显然是一位温州籍，对病人态度也极温与关怀。林医师是一位年青的医师，不纯粹的宁波话，口音很软，是一位福建籍的医生。年青热诚，诊断病症，极尽详确之能事。至于其他尚有几位年老的和年青的医生，有看门诊的，有看牙鼻眼科的，他们都是虚怀地研究医药学理，想尽方法，使病痛者早日恢复健康，在他们的生活过程中要留下了不易腐朽的功绩，让缠卧床笫者，重新获得了健康与幸福。还有值得一提的，是三位女医师，诊断病症之速，与夫处理态度之诚恳，实使身受其治疗者永远不忘。院中现共有医师十三位，给人总括的印象是：温和地看治病人，富于同情心及人类互助的美德。院内附设护士学校（A Nurses Training School），其招生之资格为凡品行端正，经爱克司光肺部透射后认为无病，品性优良，初中毕业，年龄在十八岁以上三十岁以下之未婚女子。在这个教育温床摇篮里，不知培育出了多少优秀的看护人材，为服务社会，造福人群，发挥了潜伏着的本能。本院现有主任护士二十五位，她们的服饰是全身白的，多么纯洁的色彩呵！白鞋白袜，白帽上仅有一条黑边，资格在高中以上，三年毕业,即着此种服饰。次之为护士生白帽蓝衣尚在继续求学中,一面读书,一面实习,容经验学识于一炉,学以致用,三年的努力,即成主任护士。最少者为穿蓝衣,不戴白帽的实习生,他们服务期限还不满六个月,在此六个月期内为试读生。她们的课程,据一位小姐告诉我,也读英文,溶液论之类,一日只有二点钟的课程。实习生的职务是每日清晨替病人折被褥、换枕套,替不能下床的病患者,擦洗背部、倒茶水、量温度等工作,其次,看护生的工作是:打针替病人换换药,调调药水分配药丸药粉等事宜。主任护士,为督导看护生、实习生,指示工作方面种种之方法,每晨向每个病人询问病情,有无难过,温柔的抚问,予病人心理上莫大慰藉。主任护士中设护士长二人。夏季天气燠热,在天未黎明之前,这时晓风侵窗,值夜班的护士小和,他会轻轻地把毯子覆盖在你的身上,使你不致受寒,在这许多痛苦无告的病人之前,护士们任劳任怨,不辞劳瘁的精神是令人钦佩的,据一位在院服务多年的先生告诉我说:"因了华美医院所设立的护士学校,平素训练的严格,精细的技能,在毕业前夕,往往会接到国内各医院争聘护士之信件。"一从这句话里,我们不难窥见该校学生素质之高与一般之评价了。

现在,让我调转笔头,来插写病房中指(外科病)一般的轮廓吧!——他是一个十九岁在理发店做学徒的小伙子,在左边肚旁,生了一块硬冰块,大约是盲肠炎之类,本拟开刀,后因以冰袋冰散,住院两星期,即安然出院。第五床,是一个十七岁的小孩子,小便时膀胱常要发痛,后以"X-Ray"透视后,发现内有黑块,以手术剖腹后,肚内是一块坚硬的石粒,历时月余,亦安然离院了。最可使人同情的:一个三十六岁的壮汉是做泥水匠的,因他正在木架上砌墙时,偶一不慎,木架与人,同时堕地,竟沉卧床上达二月之久,今伤处虽愈,然出院后仍需静养,一时不能工作。还有一个六十七岁的老农夫,双鬓霜白,以左脚内第二脚趾骨部腐蚀,看了他从割症间出来时的面色,麻醉剂熏倒后未醒时呻吟叹息之声,令人凄然生病之痛苦。其老妻目睹此境,眼泪辄潸潸而下。十一号是一个二十五岁的青年,因了贪图一时的便利搭乘过路客车,不幸车行过速,不及刹车,致车与墙撞,其人不幸夹于车子与墙之间,当即血出如注,血从小便中流出,颈骨既断,两腿亦伤,膀胱轧扁,小便竟从肚中流出,病床上以引磅沙袋吊悬其上以接骨部,肚内水涨,小便不能畅流时,他常狂喊，宛如杀猪一般，这种啼笑皆非的创伤，使身受者太可悲了。十六号是一个嵊县人，数月前，脚部常发冷，因了脚上血管变黑，以致把两脚，都用手术割去，人只成了半截，三十六岁正是事业发展的年头，不幸罹此恶疾，使人看了，怪可怜的。在病房里，充满着苦恼、长叹、欷嘘的声浪，从每一个人面带菜色的脸上忧郁的眼光里，透露了人生的困厄，烦恼与灾难呵！

华美医院，临近江畔，病房外遍植了乔木，绿树，红花闲草，悠长的蝉声，轻歌的鸟语，环境是够幽闲的。因了院中的医师们及护士们，都是上帝的女儿们——虔诚的耶稣教徒。当黄昏影里，晚祷的歌声起来时，这时你的病若是尚可自由散步的话，不妨迎着习习江风，看江边远山，远眺变幻的奇云，和倦鸟归林时的召唤，静聆从绿树丛中，传出来的颂赞诗，使你会忘了你是一个来此养病的病人，而增加你对"人生"依恋的情趣，因了他的治疗平民化，所以有许多病人，正在静静治疗中，但愿他们早日恢复康健，在人生的道路上，重迈开康健的步伐。

三十六年九月二十八日病房中
陈仁荣

（《宁绍新报》，1947年，第16期）

宁波医药简讯[1]

华美医院院长丁立成，鉴于本年疟疾之流行，恐明年更甚，认为中国旧习偿之岁底除尘，与端节烧苍术，为防疟最好方法，遍发传单，提倡今冬必须家家大扫除，明春必须家家烧苍术，俾越冬疟蚊，杀灭殆尽，所见极有理由，愿政府与人民合力推行。

（《复兴旬刊》，1939年，第24、25期）

鄞县助产士发起组合会，近正征求会员积极筹备，定八月二十日召集或[2]立会。

---

[1] 此标题为本书编辑者所加。

[2] 原文"或"字应为"成"之误——本书编辑者。

宁波卫生院奉令改组为鄞县卫生院,范家骏(海宁人)接充院长。

(以上两则均载《宁波人周刊》,1946年,第5期)

鄞警察局规定日期检验娼妓性病。

浙闽分署卫生组拨发鄞、奉等县医院学校医药用品一批,于七日到甬,计美华医院十一件,慈溪保黎医院四件,奉化武岭学校十二件,定海存济医院一件,临海恩泽医院廿四件。

(以上两则均载《宁波人周刊》,1946年,第6期)

宁波中医师杜惠璋,发明止泻膏,普济病家,免费赠送。

慈溪县成立临时时疫医院,旅沪五和厂经理任秉道慨助百万元。

(以上两则均载《宁波人周刊》,1946年,第7、8期)

(宁波讯)本埠近日实施交通检投,无防疫证旅客,须补行注射。

(象山讯)象山县府通令全县各乡镇,举办烟毒总检举,凡曾经吸食者,均须报县调验云。

(以上两则均载《宁波人周刊》,1946年,第14期)

八、社会风俗等

宁波方言

辰生

吃饭曰曲饭,何物曰沙戏。洋钿曰番饼,何处曰沙乌错。小菜肆曰划饭,不好曰架娃。急事曰万贵,喜笑曰奶湖。

(《滑稽时报》,1915年,第1期)

宁波二月中之观察

袁伯樵

宁波为五口通商之一,未到过宁波的人,总以为必有可观;虽比不上上海这样奢华,但定不为与那穷乡僻壤一样。然一到宁波,必定大为惊异,所谓大商埠者,真与那穷乡僻壤者好不到什么!余将一己在这二月中观察所及者,述之如下:

(一)街道

宁波的街道,除开那相近火车站的草马路、新马路外,没有一条是广阔平坦,便于行人的。既然这样不与的街道,还要杂着那黄包车,一天到晚,轰轰……的拉着。外加咸鱼的腌气,鲜鱼的腥气,拼命的熏着。要是我们不出去,若要出去徘徊一下,定要发瘀吓!

(二)清洁

宁波的污秽,可说见所未见的,其中最惊心触目的,就是那向着天的粪缸,像兵会操似的排在街路的旁边。真可说在在皆是。照我所知道,北门外未到半里路的距离,有粪缸二百七十三只。照此推算,全城的粪缸,大约在一万八千以上。由此可知,宁波地方的污秽一般了。此外如垃圾堆也不少于粪缸,号称大商埠的大城,竟有这样的怪闻，实在可令人惊异。

（三）教育

宁波地方有公私立的中学七所，师范一所，女师范一所，女中校一所，及县立男女高小和区立国民小学若干所。表面上看来，他的教育不可谓不好；然照精神讲起来，能完完全全的，实在不可多观，至于社会教育一方面，有的，就是基督教青年会一所，群学社一所，劝戒纸烟会……无的，就是公共图书馆，演讲厅，运动场等。最可怪的，就是各地中学，在春日融融，惠风和畅的时候，田径赛啦，篮球比赛啦，闹一个不休，在宁波竟一无所闻，即是小范围的，除斐迪一处外，他校一点没有表示。据说本来是有这样举动，后因大家太为闹意见，所以就无形取消了，这倒是十分可惜的。

（四）迷信

人家说迷信是僻壤多行的，想不到这堂堂的大商埠，竟有连门的举行"阴配"啦，"阴寿"啦。最可奇的，有一次我到天童、育王去——近宁波的大寺。还有许多人，辛辛苦苦，忙忙碌碌的在那里打"水陆"。他的费用，大约六百元起至三千元不等。还说打的人太多，僧人颇有应接不暇之概。由此可知，居通商大邑的人，于迷信一端，实要较僻壤间的人要厉害。

（五）早婚

早婚这事，在中国差不多已成为通病，但我想宁波实在较他处来得利害，他们最普通的就是十七至十九岁。早的，十四十五岁很多。迟的，念二念三岁颇少。作者的学校，初中一年级，婚姻过的已有数人；我看他还是小孩子，听说他的女儿已经很大了。他们早婚的原因，大概：

一、父母希后心太热。

二、男人多营商外埠，家内少人照料，早点娶她回来，可以助理家务。

三、青年男子在外血气方刚，情欲发动，不若早点给他成亲，免得越墙的危险。

四、女子一面，大概因为她的父母要早了些责任。

以上就是我所知道的，所以我特地将他写出来，俾得大家知道宁波的情形是这样的。

（《青光》，1923年，第26期）

宁波婚俗[1]

宁波的头婚风俗,大概是如下所述:

一、说合

由媒通问两姓,如双方都称合意,则成约请帖。

二、请帖

成约后,男家礼具果品,请媒人往女家取生之年月日;送之以归,就叫做"过帖"。

三、过书

宁波人俗谓"挖允帖",他的意思,就是婚事已经决定,双方都允诺了。男家仿古法纳吉,除小礼外,还备一小箱,内面放一"敬求台允"的帖子,送往女家,女家收纳之,还一回帖,上写"敬遵台命",这就是过书。

四、发聘

过书以后,就是发聘。由男家具备"首饰"、"样红"、"聘金",通称"六礼",连同描金全帖送至女家,女家回书答礼。

五、报喜

发聘手续已过,男方乃择定日期成婚,将婚期写在帖子上,送往女方。

六、搬嫁奁

结婚的日期已决定,女方即办理橱、桌、箱等妆奁;男方在婚期前三日派人前往女家搬取。

七、迓归

婚日已到,男家向锦绣铺租借凤冠凤袄,送到女家。

八、铺床

男家请择日者决定在婚期前几天,铺好洞房新床,新郎也就在这一夜开始睡新床,不再移动。

---

[1] 此标题为本书编辑者所加。

九、成婚

就是所谓"好日",在这一天,举行一切的结婚手续,什么"揭巾"、"拜堂",什么"接代"、"交杯",什么"换装"、"噪房"……这天的习俗,与他处仅大同小异。

在宁波有典妻和租妻的风俗。什么叫做"典妻"和"租妻"呢?如果有一男子死了妻子,没有能力再娶;或者妻数年不生育,于是另外在别处谋一妻子,订立合同,但是有时间的限制,长久的叫做"典妻",暂时的叫做"租妻",所生子女,属于男子。

(《妇女共鸣》,1933年,第9期)

宁波的"念盘"

(宁波通讯)

《杭州民国日报》记者

宁波是浙江省的第一个通商口岸,与外洋接触的历史,可以说是不短了。照理讲,宁波应该是一个很文明的商埠;可是这话却并不见得。宁波依然是一个到处充满迷信的陈旧的城市。

在宁波,有一种迷信,可以说是超越一般的,这就是宁波人俗称的"念盘"。要是你到了宁波,你到新街、千岁坊这些地方去走一走,那你一定会莫名其妙的。在那里,满眼都是"×××释道祝念斗会寓"的招牌,高高的挂在两旁的屋檐上,任它雨打日晒地动摇在热闹底人丛中。宁波的"念盘",它的历史是长久的;而且它在宁波社会里,也有相当的地位。否则,那里会有这样许多的"斗会寓"在宁波出现呢?我并不是内行,所以对于"念盘"的一切,我都不能很详细的说出来,不过把我平日所目见的,或是几个朋友所告诉我的,简略的写在下面:

"念盘"二字的意义是这样的:通常人死后,例须"拜忏",当在"拜忏"的时候,他们必定要盘旋于佛坛的前面,而口中念着,所以就叫做"念盘"。关于它的起源,现在已不能确实地知道了。不过我们可以知道他是一种道教的变形,而参与佛教的仪式,他们所崇拜的,就是那封神榜里所说的"元始天尊",每在"拜忏"的时候,一定把它放在坛上。"念盘"的人,不全吃素,只不过要在念经的这一天,吃得比较素净一点就是。然而他们也并不以这事为他们的终身职业,大多数都是有其他行业的，便是所谓的"宁波滩簧"、"蹩脚苏滩"这一类。这是很好笑的，把娱乐和祈拜这两种性质完全不同的东西，竟会兼在一个人身上。有好许多"念盘"，他的一张嘴都很会说话，而且很滑稽，你如健于笑的话，我相信，你若听到了或是看见了他们，你的肚子也许会笑得痛起来。叫他们表现一次的价格并不十分贵，大概一次只须十三四块钱就成了。宁波人听说到那家有"念盘"、"拜忏"的话，大家都在吃过晚饭后跑去，听那所谓充满着滑稽的"八集头"——这似乎是他们对于主顾的"添头"，但是所唱的大都是很下流的。在平常的时候他们所穿的衣服，和普通无异；到了要念经的时候，他们就把一件黄色的夏布和尚衣披在外面，头上带起和道士冠相仿的帽子，双手捧着笏板。念完了经以后，就把它脱下。他们所念的经，也无一定，在拜什么忏的时候，他们就念什么经。念经的时候，态度并不严肃，而且含糊不清，甚至一个字要念到二三分钟之久；至于念的什么意思，那更使人莫名其妙。念完了一段，必定要拜一次，要等到一本经念完后，才算结束了这一场骗局。

在拜忏的时候，又有所谓的"踏八卦"煞是好看，即一个人身穿红色道袍，手持朝笏，在坛中四面八方，慢步旋转，这就是"踏八卦"。当在踏时，一面拜着，一面在拜下去的时候，立在旁边的一个人，便很快的把他的道衣换了一件，大纽[1]要换八件左右，而且每件的颜色不同，花样不同，形状不同，普通的就叫做"换道袍"。这个手术，他们是预备得很熟练的，他们所自以为别出心裁，引为宝贵的便是这个戏法，意义呢？连他们自己也说不出来。

以上所在白昼，至于夜间，则更较日间可观，自晚饭完后，两张八仙桌并列起来，七八个"念盘"都坐在两旁，每人拿着一件乐器，在这时候，前后左右，都拥挤着男女观众。"八集头"便在这时候开始了。所谓"八集头"就是他们要唱八集东西，不论是京戏、小调、滩簧。在最初的一集，大都是唱京戏，这当中也照样的有生、旦、净、丑。唱得好的，几乎可以和蹩脚些的京班戏媲美。一集唱完以后，大家都拍手大笑，在唱滩簧的时候，他可以断定，没有一个人不笑的，就是因为他们那种滑稽的声调和姿势太来得动人了。八集都唱完后，听众才一哄而散，坛内的空气，顿时为

---

[1] 原文"纽"字当为"约"字之误 —— 本书编辑者。

之清静、寂寞。继而就是"焰口",情形大致和真和尚的焰口差不多。不过这时候,真正念经的只有一个年纪比较大一些的,所谓"上台和尚",如念的人有三个,叫做"三代焰口",七个则叫"七代焰口"。坐在坛上,其余的像在下面做陪客一样。他们的职司是打鼓、击钟、鼓锣。那假的"老和尚"喃喃念了几遍后,走下坛来,在前面走,其余的跟在后面,绕着佛坛,轮流拜过,仍旧各归原位,这样约一个半钟头,"焰口"才算是结束了。也就是他们的一天的工作,完毕的时候。

综观以上所述,我们可以知道"念盘"不是一种宗教的信徒,因为它们根本没有什么中心信仰的。

(《华安》,1934 年,第 6 期)

典妻：宁波的风俗

宁波有典妻、租妻的风俗,相沿成习,就是诗礼之家,阅阀门第,当无可奈何的时候,也常常走这条路,而毫不为怪。非但典者不以为耻,便是社会也并不以之嘲笑其人。

宁波的典妻,大概不外两种原因：一是丈夫死了,家无恒产,妇人为了维持生活起见,自动的典与人家为妻。等到期满之后,则仍还夫家。一是丈夫娶了妻子,无赡养能力,于是不得不将他的新娘出典于人,以免牛衣对泣,届期续迎,又是破镜重圆了。虽是妻的青春与贞操从此丧失,为丈夫的未尝不暗暗痛心,但是实迫至此,又有什么办法呢？

典妻租妻,皆有合同,事前既经过严密的手续,事后自无反悔的纠葛。现在录其中一种典婚书式如下；

立自愿典婚书　××氏,兹因前夫见背,遗下子女几人,家无负郭之田,人口待哺,室如悬梁之磬,七件难周,虽有夫弟,各有谋生,无力兼顾,数年以来,支持门户,精力瘁尽,且债台高筑,日坐愁城,不得已邀集亲属会议,申诉苦衷,欲求出典,佥以有此风俗,不背人情,一致赞同,毫无异议,乃挽中说项,典与×× 为室,三面议定,典婚若干年,聘金若干元,当日收足,作某正用,此后家用归×× 担任,按月若干元,自典之后,任从择吉过房,前夫亲族人等不得阻止干涉,倘有窒碍等情,概由被典人及中保负责办理,不涉××之事。

(《摄影画报》,1934年,第19期)

宁波冥婚

钟英

宁波风俗,通行冥婚。青春男女未有室家,已届成年,偶然死去,其父母必为之择一年相若之死者配,作为冥间夫妇,补了向平之愿,宁俗称为冥婚。

余友某君,奉化人,年六十余,在杭某税收机关任会计,元配已故,只生一女,年将及笄,操作甚勤,某君得无内顾忧,颇钟爱之;某未有子,续娶继室,生一子,尚幼;继室年近而立,与某女如长姐幼妹然,两相得。女能襄助继母,佐理家事,并能照顾幼弟,故某爱女如掌上珠。连年相攸,未得快婿,女忽病故,某以女未出嫁为憾。有友人介绍同乡某君之子为婿,亦系新故,年龄相若,门第相当,某君费百金,为女备奁物,由男家择日迎娶合葬焉。

宁俗有"不娶不继"之风,在男家娶得冥妇,即可为亡子立继,犹可说也;女家何取乎此!某君家非富有,既丧爱女,又耗奁资,顿增老人负担!习俗移人一至于此!余意冥婚俗例,急待革除,应与宁波之"租妻"及"典妻"之恶习惯一律严加禁绝!

(《越国春秋》,1934年,第60期)

宁波七邑地名考(附"四明"释义)

张令杭

"宁波",府名。秦汉至隋皆会稽郡地,唐置鄞州。寻废,后置明州,改为余姚郡;寻复曰明州,宋曰明州奉化郡,升为庆元府,元改庆元路;明初曰明州府,改为宁波府,清因之,属浙江省;民国废,今鄞县其旧治也,今合鄞、慈、镇、奉、象、定、南田,七邑,总称曰"宁波"。

鄞县

本春秋越地(国语越语)。"勾践之地,东至于鄞。"汉置县。隋省入句章,故城在今浙江奉化县东五十里。春秋越东界鄞邑地,秦置鄞县;晋又徙置句章;唐于句章县置鄞州；寻废，复改置鄞县；五代梁改鄮县曰鄞；明清皆为浙江宁波府治；清时浙江提督驻此；民国初为浙江会稽道治，沪杭甬铁路南段起点于此，城外甬江之岸，清道光二十三年开作商埠，南京条约订开沿海五口之一也，与日本、葡萄牙通商最早，唐时日本使人于此登陆。

慈溪县

唐析鄮县地置慈溪县。明改溪曰谿，属浙江宁波府，清因之，民国初，属浙江会稽道，沪杭甬铁路经之。

镇海县

唐鄮县地，五代梁时吴越置望海县，宋改曰定海，清于舟山别置定海县，改故定海为镇海，属浙江宁波府，民国初属浙江会稽道。城当甬江之口，招宝峙其右，银鸡峙其左，虎蹲蔽于外，皆建炮台以资扼守，盖浙江省海防重险也。

奉化县

唐析鄮县地置，元升为州，明改州为县，属浙江宁波府，清因之，今属浙江会稽道。

象山县

唐析宁海及鄮县地置，以县有象山名。明清皆属浙江宁波府，今属浙江会稽道。其地为半岛，深入海中，外宽阔而内屈曲；内与大陆相连处，有狭长形之地颈，县治所在，在半岛之宽阔处也。

县北有象山港，口宽水深，巨舰肆意无阻，港内高山兀峙，泊舟其中，安若堂奥，沿岸可筑炮台之处甚多，为我国东南第一军港，将来筑坞屯舰之要地也。

定海县

宋改吴越望海县置，清改曰镇海，即今浙江镇海县治。春秋越甬东地，唐置翁山县，寻废；明置定海卫，即舟山也，清初置定海县，复升直隶厅，属浙江，设定海镇总兵驻此，民国仍改为县，属浙江会稽道，县境有定海港，一名道头澳，为舟山南岸之惟一水道，清道光二十年，英人以焚毁雅片[1]之故，率军舰陷定海，旋议休战撤

---

[1] 原文"雅片"即"鸦片"——本书编辑者。

军；二十一年复以兵攻定海，总兵王锡朋、郑国鸿、葛云飞死之，及后和议成，以地还我，有不得割让他国之约。

南田县

本象山县南五十里海中之大佛头山，山多鹤鹿，水多海错，海中十洲，以南田为第一。明洪武初起发沿海居民，遂空其地，清时置厅，属浙江宁波府，民国改县，并以石浦厅并入，属浙江会稽道。

附："四明"释义

"四明"，山名，在鄞县西南百五十里，发脉于天台，绵亘鄞、奉、慈、余姚诸县，周围八百余里，凡二百八十余峰，四面形胜，各有区分，群峰之中，有分水岭，石窗四面玲珑，中通日月星辰之光，亦名四窗，故曰"四明"。

（《光华大学四明同学会特刊》，1934年）

宁波人与杭州人

林爷

五岁那年，是我"行旅"生活的开始！

我跟着我娘四处漂流，到现在整整有了十四个年头啦。在这个长时期中，我都是被动的：谋生活费，寻房子，种种都是我娘一手包办，我不过做一个傀儡罢了。

"行旅"不是单单的耗了若干行李费，也有他的可贵处：娘在船里，倦了，我替她捶几下腰；娘想着过去的伤心，哭了，我会唱歌，讲笑话，来解她的愁。

娘喜欢"钱"，一个钱在她的眼中，头那么大。路上见着乞丐，给他一个铜元，跟着总是轻轻地说："人要上学啊！乞丐是多么没有志气的人干的。"好像这讲话的机会，是一个可爱铜元的代价。若是不讲，就是你浪费了一个铜元。

娘初到宁波，为的要读几年书，于是把我寄在一个朋友家里，那个朋友是一个不折不扣的宁波人，头上养了个短短的平顶，讲起话来，慢得不成样子；一件灰色的马褂，终年包在身上。指甲是那么长，长得像一个调羹柄。看见女人穿高跟鞋在街上颤巍巍的走，他就害怕，说："乖乖，不是玩的。"

他很有钱，可是他很爱钱，爱得比我娘还利害；日常所吃的，豆腐店里的占多数,豆芽菜啦,臭豆腐干啦！白菜炒妙千张啦,豆腐羹啦！真所谓"有豆皆备,无腐不臻"。

不但吃的方面,如此刻苦;就是穿的,三角钱半丈的粉袋布,还要当作出客用。买布又要拣黄道吉日,不是布店大拍卖不买,不是布店大牺牲不买。睡得两块板,一条破棉絮,装成一副穷相。他的几个孩子,个个都训练得骨瘦如柴,活像几只小猢狲。可是忍耐的精神,却令人五体投地,无论生了疮患了病,始终不喊一声痛。这就是他们惟一的家庭教育:理由是:"你们一喊痛,父母心里难过,与你们求菩萨,请医生。又要耗费金钱！"

记得有一次,我跌开了鼻子,哭啦！他们一家儿就觉得奇怪,好像哥伦布发现新大陆,说我太豆腐相,没有用！要是我们家里,有你这样一个,无庸说,早就糟了。

母亲每星期来瞧我,她觉得我近来变幻得可怕:从前是那么活泼,现在变得板板啦！而且,身体方面,也没有从前那么健旺。于是她决定把我迁到校里去,使我的生活换了另一个方向;豆腐饭,粉布袋,破棉絮:再不由我留恋下去！

那个学校,好像是个外国人开设的;一条黄澄澄的江,旁边是满生着翠竹,风景那么可爱！校舍大半被竹林所隐藏着:红色的围墙,高耸的礼堂顶,很难相信这里是一所学校。

校长是一个白额碧眼的美国人,虽然,他却深染着宁波人的色彩:不令学生交男朋友,禁止学生穿摩登式的衣服,这种种,在一个纯粹美国人的眼中,是一个极愚笨的人干的。他又喜欢吃宁波的饭菜,对于面包牛乳反感到溃而无味,他说"吃饭要使刀用叉,多么不文明。"总之,宁波改变了他整个的人生,他不是美国人,实在是一个打了折扣的宁波人罢了！

校里学生不多,年轻的居多数,有了孩子的妇人,不过寥寥数人。但是他们的性情,却不因了年纪的关系而有特殊的区别:几个同学在一处的时候,一有人谈起关于男人们的事,便都面红耳赤,娇滴滴的脸上爬起两朵红云,接着,不是低着头弄衣角儿,便是用嘴咬袖口儿。活现出一副羞答答的神情。还有,每个人,在众同学面前,都喜欢摆孔夫子的架子,什么举动,一本正经地,不肯露出轻荡的样子来。遇着同学中有说她坏话的,便大跳大哭,说:"不愿意再活在这个世界上。"寻剪刀铰头发,捧着头要撞墙壁,非闹得对方向她作揖赔罪,决不轻易退兵。

逢校中有考试,情形更有趣,早上头发也不梳理,躲在教室角落里下死功夫;吃饭时,心思不停,钳住小菜往鼻子里送;更有不少的人,跑到厕所里去,而不知道她为的是什么……这许多情形在上海、杭州等等的都会里,比较不易遇着的吧!

有时,跟母亲往街上去买东西,宁波商人的性情,给我一个认识的好机会,他们是那么诚实地没有虚伪,面上老是满露着笑容,使一般买主全身三万六千根毫毛,根根舒服,就是买贵了价,做一次冤大头,也还觉得有点价值。

宁波人的怕死,在这里,也来提一下:他们不论知己朋友,或者同胞兄弟,一患了重症,就不敢去访问他,恐怕累及自身,宁可让那个病人在阴间了咒诅他。一有穷朋友临门,更是逃之夭夭,休想在他身上,挖出半个青铜板来,然而,对于公共事业方面,却肯慷慨解囊,好像这个是他们责任,否则,天会加祸给他使他不得好死!

在宁波有三年光景,母亲毕业啦!因为有兄弟在杭州,所以干脆地离开了宁波到杭州来,那时候,我真舍不得离开那,洁白无污的宁波。实在的话,它太令我留恋了。但是,他方面,那个诱人的西子湖,不断地向我招手。西子湖!我早已把它深印在脑海中的,我想,假使我一到了杭州,它会给我忘去聚首三年的宁波,或者,它能赐给我更丰富的生命!

果然,到了杭州后,一切希望很圆满地实现了,西子湖比黄澄澄的海美丽多啦!它使我畅开胸襟,它又使我忘记了可留恋的乐土——宁波。

家在清波门那边,推开家中的楼窗,望得见巍然矗立的玉皇山,和那小家碧玉的吴山,一种天然的迷力,已经够我倾向于它;何况那摊有百千佳景的西子湖呢。

家里所有的房子,都是向一个杭州人那里租借来的,那个人是一爿茶叶店的老闾,生成一张讨人欢喜的面孔:不会讲话,就早嘻了嘴,迷起一双候人意的眼睛。他是一个极其欢喜占小便宜的商人,房租十五元,须先付五个月,让他可以多收些利息。否则,他就老实不客气,重新去贴招租条儿,至于房客的气愤,他人说短长,他是一概不计较的。

算来没有两个月吧,娘可吃不消那个房东的外交政策,于是决计想乔迁一次,临搬的时候,还因了一根晒衣的竹竿,引起那个房东大发雷霆,害得他干骂了两个钟头：骂我娘肚量不大，厚脸皮，以后他情愿让屋子空闲起来，不希望再寻这种烦恼，接着，还命他女人，休要和我娘来往。

以后，娘不再借房子住，就寄寓在一个亲戚家里，那个亲戚家里上下房子可不少，加上我们几个人，毫不觉得拥挤，但是那个亲戚的性情，和我娘又是水火不相容：她是一个极能浪费钱财的人，我娘却是爱钱如命；她是极喜欢装场面充阔老，我娘又是小眼界，事事希望草率。我娘为了这种种，几度想离开那里，但是，究竟为了情面的缘故，不得不容忍点子。

娘有朋友在嘉兴，请她到那边去帮忙，在一推一拉的情境下，我娘决计脱离杭州。我因为学业的缘故，仍旧留在杭州。虽然母子的感情上，觉得使我不能离开，然而为了学业，为了我的前途，我又怎能不这么做呢？

当然，初尝着脱离家庭的滋味，很令我感到万分地不自然，好像一个孩子，失了使他活命的乳头，他该怎地不乐啊！但是曾几何时，立即使我认识学校生活的真趣味，不但不感到寂寞，而且加倍的觉着热闹。一个个活泼泼的同学，和我亲爱兄们有什么两样。哦！记得在与宁波分别的当儿，不是同样的使我感到惆怅吗？但是，没有多时，杭州使我忘记了它。

学校在杭州，同学多的是杭州人，这是一个必然的趋势。从几个同学身上，我获了不少关于杭州人的性情：杭州人欢喜口上占便宜，别人骂他一句，似乎比刺他一刀还痛苦，他必定要在口上复了仇，才觉甘心。怪不得有人用铁头来形容杭州人，因为他们宁愿硬了头让你敲，不肯软了口给你骂的。

杭州同学还有三种怪脾气，倒也需要来谈一谈：或者，这不是指点大部分的杭州同学，至少，我敢担保实在有这种情形吧！

（一）平常时候，二个交情极好的朋友；吃东西的时候，便会玩一下"短期绝交"的把戏。

（二）皮包里藏满着钱，对朋友连声喊穷，等到实在"空空如也"的时候，反而打起精神，大摆空心少爷的臭架子。

（三）欢喜偷偷摸摸的交女朋友，不愿任何人来泄露他们的秘密，甚至于有一类人，为了有不少同学在监视他的举动，便不惜拿考试卷子换鸭蛋，借这个时间，却来写几张粉红色信纸,与诸暨人的大喊艳遇,真所谓相去天壤。

在校中,也点缀着极少数的宁波人,他们感觉得杭州人太难应付,他们好像被一群狐狸所包围着,但是他方面,杭州人也感觉着宁波人太顽固,一点没有青年人的生气,石头人一般地,太可怜啦! 我以为"狡猾"与"顽固"都太趋于极端,我们应该有狐狸一般的聪明,然而 —— 我们更不得不具有淳厚不欺的一种美德。我们拿宁波人与杭州人熔化在一个炉子里,造成一个新的人生。这个新的人,一定能为我们国家寻求光明的大路,也能为我们的整个社会,谋无穷的福利吧!

(《蕙兰》,1935年,第5期)

宁波居民杂论

史斌

顷自友人石君处,得读《绸缪》月刊第八期,内容丰富,格式优美,均较其他刊物为上。而各地风光一栏,专述内地各种风俗物志。记者籍隶鄞县,爰凭历年观察所得,作"宁波居民杂论"以实本刊。

优点

我乡居民刚毅勤朴多智慧,善经商,其个性与习惯,据记者个人之观察,优点少而劣点多。其优点①善于经商 —— 甬人以善经商闻于国,商人散处国内,间有家资巨万,则弃乡而居;至在国外以商名者,则鲜有所闻。其营商于国内也,勇敢耐劳而术工,全国人民无出其右者。如上海、天津、汉口各埠,均具有绝大之势力。究其因虽甚复杂(间或有政治关系者),然受地理之支配,不可谓不大也;要害之原端有三:(1)位置便于交通。鄞县处浙江之东,滨海枕山,奉、姚二江,会于三江口;江水深至二十余尺,航海轮艇,可以直达内岸距海四十余里,而沿海又无暴风急浪;至于内地交通,北有沪杭甬铁道,南有鄞奉汽车,以及四乡内河支流,汽船航船,纵横联贯,水路交通皆称便利。因此人民即以经营本地之经验,获利之后,可相率携资远营大规模之商场。(2)物产之发达。鄞县地处北温带,气候温和,寒暑匀称,虽山多地少,而物产丰饶,如席草、竹器、草帽、棉花、贝母、蜜桃,均为出产之大宗,余如稻米、丝、茶,皆足供本地人民之需要。因无内顾之忧,遂出外经商,或推销本地之土产,或运输外地之制造品,要皆以营利计耳。(3)人口密度大。鄞县农民,所耕之田,皆租自地主;故所入以年丰言尚足自给。然此等人家,偶遇水灾旱荒,常苦不足,则所入不敷其所出,贷债以生,又感重利盘剥,于是劳动农民,鼓勇出外经商;粗笨工作,多募江北、台、严等人充之,以致客主杂处密度日增。

优点②富于耐劳及服从性。甬人之富于耐劳性及服从性,实渊源于中国民族之天性。益以经商,故甬人尤觉见长;其商业能如预期中发展,此亦一大原因也。

劣点

兹将劣点胪列于下,愿我乡人有以痛改焉:(一)轻商而重官。甬人经商虽众,然恒不重视商人;虽本身出自商人,绝不愿其子孙再入此途。第以此弊之由来,厥有二端:(1)中国人历代之经商观念。中国贱商之风,来自先秦,至汉为特甚。晁错《贵粟疏》云:"商贾大者积贮倍息,小者坐列贩卖,操其奇赢,日游都市,乘上之急,所卖必倍,故其男不耕耘,女不蚕织,衣必文采,食必粱肉,亡农夫之苦,有阡陌之得。因其富厚交通王侯,力过吏势;以利相倾,千里游敖,冠盖相望,乘坚策肥,履丝曳缟;此商人所以兼并农人,农人所以流亡者也!今法律贱商人,商人已富贵矣;尊农夫,农夫已贫贱矣!故俗之所贵,主之所贱也;吏之所卑,法之所尊也!上下相反,好恶乖迕,而欲国富法立,不可得也!"上云观念,入人甚深,吾甬如不受环境之压迫,决不从而问津。今虽门户洞开,其恶习犹未稍革。故甬人以经商起家者,未尝不中途改业也!至愿其子若孙,或为政治家,或为文学家,以此认为荣宗耀祖,用以夸示乎乡人。(2)商人之困苦。甬地商人鉴于自身创业之维艰,故雅不愿其子孙再重蹈覆辙。令其从事政治工作,为唯一愿望矣。(二)眼光狭小。因轻商之故,致富商巨贾,常遣子航海求学。然其所希望者又不外乎下列二端:①毕业后达到做官之目的;②如能猎到一官半职,便惟利是图。职是之故,宁波人民眼光之狭小,已可略窥一二。推之全国,犯同病者何止甬地一隅也。(三)早婚恶习。甬地恶习之甚,为父母者,秦平以卑年抱孙为荣;故富豪子女,一离怀抱,即儿女盈堂,且穷极奢侈,以为子女荣。(四)富者不事生产。吾甬豪富,疏懒成性,虽拥家资百万,而坐享家中,不事生产;既误其身,又误其子孙,良可慨叹。且有小许富户,家中恒储现金至数十万,以致市上金融呆滞,此亟宜革除者也。(五)迷信。甬人尚迷信,为大江南北所罕见;四乡神庙佛寺,终年香火不断,岁耗巨金至五十余万,诚为咋舌。设以此资用以创办工厂,振兴实业,其成绩必大有可观。今乃耗化于废途,殊叹无谓。且有一般不肖之徒,呼朋嬲友,群至庵寺,聚赌幽叙,作种种败风伤俗之事,诚堪浩叹不置也。

(《绸缪月刊》,1935 年,第 12 期)

宁波的鬼婚记

严启鸿

在前数年宁波的鬼婚还是很流行,虽然近年来稍减,但是也不能算绝对没有了。

这一种婆的根据,当然和现在纸扎店所做生意相仿佛的,活有包车(自备人力车)坐,鬼也有坐,活有麻将(睹[1]品名)叉,鬼也有,活有西装可穿,那末鬼也可穿……总之活人有什么,鬼呢?也有什么,在宁波人迷信的眼光里,也和人间一般的待遇。

鬼婚(甬人名叫阴配),当然不能找二个鬼来,为之拜堂,送入洞房,高唱百年好合,因为鬼不知是怎样的,那末用什么方法呢?说来也很可笑。比方说:某甲死去了一个十余岁的童男,乙死了仿佛年纪的童女,等到他们达到结婚的年龄,于是二家商讨订婚,结婚,这种方法,也和活人一般,有聘金,不过东西少了一些罢了,而且这东西都是用纸扎成的。

所谓结婚的时候,乙方把死了女儿的神位扎成人形,用彩轿抬到男家去,不用说,男方儿子的神位也是扎成人形,由喜娘(堕民)吹行(堕民是男人)二方都扶着,拜什么天地等礼式,拜完后,把神位放在指定的卧房内,不消说,这是鬼夫妻的洞房,三朝后,把二个神主放到神龛内,或祠中去。在结婚那天二家都办酒,以志庆祝。

经过这次结婚后,女家可以不扫女儿的墓,并且把她的棺材抬到男方去,和甲方男儿合葬在一块,男方就把乙死去了的女儿,当自家的媳妇代代相传下去,并且找一个相当的小辈,承继给他们二个为儿子。

这一种鬼婚在外人观之,实在可笑而滑稽的,可是这里却相行此事,不过有的

---

[1] "睹"当为"赌"字 —— 本书编辑者。

解释,为活的亲家,可以联络感情而已。

(《万影》,1937年,第12期)

听听宁波人

阿拉

宁波话有一点奇特的地方,不论白狗黄狗黑狗,总称黄狗;不论高凳低凳,总称矮凳。无狗不黄,无凳不矮。又喜欢用叠字,黄色称黄黄,红色称红红,大的称大大,高的称高高。譬如看见一只黑狗,说是:"黑黑黄狗。"一只高凳说是"高高矮凳",一个大孩子,说是"大大小顽"。

宁波人骂人辞句最多,有的非常奥妙,最刻毒的是一句"贼婊子生",骂他是贼与婊子的结晶品。还有一句绝妙形容词,用在办事忙碌的时候,讨厌一个常来打扰的人,或是讥讽喜欢在别人谈话的时候,多插嘴的人,叫做"夹经乱撞",也可称为骂人辞句中的杰作。

(《艺海周刊》,1940年,第22期)

宁波话

龙厂

苏州人讲起话来,又糯又软,宁波人讲起话来,又硬又响,所以俗语说:"宁可与苏州人相骂,弗要同宁波人白话。"连苏州人的相骂也觉得好听,宁波人的白话都觉怕听,真是奇迹。各处方言各别,好听难听还在其次,最不好是听了不懂,双方言语不通,十分难过,有时还要发生误会,真是从那里说起呢!记得有一个苏州娘姨,做在一家宁波人家。有一天,来了一个主人的同乡,苏州娘姨为了讨好起见,特地高声的喊道:"太太!客人来了!"不料这位同乡听了勃然大怒,这位宁波主人出来一看之后,也很光火,连连向这位同乡,弄得这个苏州娘姨"希弗弄懂","莫名其妙"。后来她打听了我,方始恍然而大悟。原来宁波人称妓女为"客人",称宾客就叫"人客"的。同样两个字,只不过颠倒了一下,已经完全不同,这种误会是常有的。

宁波话中有许多使人难懂,令人解颐的妙语。例如狗总称黄狗,凳总称矮凳,成为无狗不黄,无凳不矮,他们用起形容词来,喜欢用叠字,黄色称黄黄,红色称红红,大的称大大,高的称高高。叠字的形容词加上了特殊的名词,别地方的人听了,真要笑得肚皮痛,而且认为矛盾到了极点。例如一只黑狗,宁波人说"黑黑黄狗",一只高凳,宁波人说"高高矮凳",一个中年孩子,宁波人称为"大大小顽","大"字念成"杜"字音,最妙是把冷饭炒热,叫做"火热冷饭",真是妙不可言。

有许多宁波话,都是字音的转变关系,使别地方的人听了,不容易明白。例如吃早饭,宁波叫做吃"天娘饭",其实就是"天亮饭","亮"字念成"娘"字声音,变为吃"天娘饭"了。吃午饭,宁波人叫做"吃昼饭",普通以为是"吃酒饭",大概是错误的。菜肴,宁波人称为"下饭",这倒是很有趣,很有理的。菜肴不是用以吃下饭去的吗?宁波人称荸荠为"蒲荠",称椅子为"窝子",大概又是转音变声的关系。至于称台子为"桌登",不知啥个道理?"唤"字宁波人念做"欧"字,别地方的人听了,容易误会,以为是"扭"。例如"欧其来",是"唤他来",别处地方的人听了,当做"扭他来",不是要闹笑话了吗?

宁波人的称呼,也有特异之处,例如称父为"阿伯";称娘为"阿姆";称家里用的娘姨,也叫"阿姆";这两个"阿"字大有分别,宁波人说起来分别得很清楚,别地方的人听见了一点儿也辨不出两样来,真是奇妙。虽则对于"阿"字读音最多的苏州人,会读"阿姨阿要吃阿胶"的三个不同的"阿",却也弄不清楚宁波人的口中"阿姆"的"阿"字来。宁波人称儿子为"晤子",称女儿为"囡",称孩童为"小顽",假使把"妙根笃爷",译成宁波话,就要说:"妙根格阿爹。"那末"阿爹"就是爷了,苏州阿爹只好做宁波爷,降了一代;不过宁波人称祖父为"阿爷",称祖母为"阿娘","阿"字和"娘"字,都要念急促的上声,"娘"字变作"酿"字音了,苏州爷可以做宁波阿爹,升了一代;一降一升,一爹一爷,相映成趣。

(《艺海周刊》,1940年,第30期)

宁波赛会的追溯

红絮

去年三月里,"景升"轮覆沉时,一般上年纪的语锋,常会牵涉到三十六年前的

"宁波"号踏沉的故事，因了宁波号的踏沉，复牵涉镇海"四月半会"的故事。因了镇海的"四月半会"，我便想起三北的"高抬阁会"、宁波的"四月半会"、姜山"礼拜会"、鄞西"高桥会"来。

　　这几个著名的会，都垂着百年的历史，一般人只知道他是迷信的产物，其实每个会的起源，都含有伟大的民族意识。尤其是三北的"高抬阁会"，他是为御寇而举行的。大明时代，寇在浙江一带沿海肆扰，戚继光、俞大猷二位将军在驱尽寇之后，为免致沿海地方再遭寇的侵略，在每年四月之望大家出巡一次，因为戚、俞二将军的部下全体出巡，所以又叫"会巡"，这好像现代欧美国所举行"大操"、"大演习"，完全含有"考勤"的意义，所以后来又叫"赛会"，意思就是各队武士竞赛其实力的表演。

　　我们再叙述三北"高抬阁会"的特点吧："会"的最前面是一队土木匠，他们遇到有建筑物阻碍他们行进时，便毫不客气的把它拆倒，这就是昔日"会巡"时的遗风，大队军士之前，必有"先锋队"，好像现代的工兵。他们的任务是逢山开路、遇水搭桥，所以逢到建筑物有碍行进时，便执行他们的任务。因为历代相循，那被拆的人家绝无违抗和怨言。"会"在行进时，有大队壮汉手持长矛刺尖在护卫着。在从前本是御寇的健儿，到后来反成为恃势肇事的祸首。"会"的里面必有好几条龙，这"龙"并非像后来用作仪仗的装饰；在从前"会巡"的时候，那"龙"便是雨篷，以备中途遇雨时躲雨用的。一队兵士，就得参加一"龙"。至于"抬阁"，后来都勾心斗角扮着"长坂坡"、"黄鹤楼"、"闹天宫"、"武松杀嫂"等京剧，其实远已失去当年的真正意义，当年在"会巡"的时节，据说高抬阁就是古式的瞭望台，我们观摩站在最高的一人，约在五丈之上，那就可证明了。

　　这也是旧习相循，每次的赛会，终难免和官府人员发生冲突，或肇祸端；因为当年"会巡"时，士兵往往恃着戚、俞二将军平寇有功的势力，无端与官府开衅寻祸，打死了人，也不须偿命。其实个中也有特殊原因——因为这些士兵起初都是农民，受了大地主或官绅的压迫，是无处伸冤的，后因做了功臣，便故意与官府为难，藉以报复而已。这些兵士到了卸甲归田时，朝廷又给了他们许多免粮的田地，让他们的子子孙孙永受皇恩。由明而清，这个制度仍未改移，三北民性之强悍，也发源在此。后来海氛既靖,三北高抬阁会为纪念先烈每隔三十年举行一次;不过已改变原来的面目,官府曾以"劳民伤财"予以中止,但七年之前(距前一次为五十七年)由虞洽老发起会又举行一次,不过时间已改在秋季。

镇海四月半会停赛已有三十六年,最大的原因就是"宁波"轮的踏没。宁波的四月半会,则已有五十三年没有举行。当时因赛会的夫役与提台衙门的乡勇发生互殴,伤毙了好几个乡勇,从此不再举行。高桥会据说发源于元代,是南宋遗民纪念"高桥大战"而发起的。姜山礼拜会,及甬镇两地的四月半会有的人说是纪念先贤,有的说是祈祷丰收及避疫,不过上次礼拜会也是因了军警的冲突,伤了几个民众,停赛也有一十七年了。

宁波四月半会的仪仗,虽不及三北高抬阁会,而比着别的赛会是高了许多。它停赛了五十三年,当时的盛况知道的人一定很少,就是亲眼见过的少数长者,他们看到本文也算聊以止渴吧。

四月半会开赛的一年,在二个月前就得筹备起来,先由得胜会、风云会、彤仁社、文英会、文华会、老协兴会等六个主持人开一个"总柱会议",规定了经费、人事等一切事宜呈报知县衙门,并向衙门具了一个切结,然后由衙门出示布告,这叫做"飘红"。那么到了三月初一日起,连续在都神殿(即今佛教会)演戏,多则一月,少则十二天,最少也得六天,其名曰"安神"。演戏的费用,则用上述六个会社轮流负担。

赛会的日期共有四天,四月十二日到四月十五日,大会经过的地方,则以有"爵献"为标准,这些"爵献",多数由各同业公会所组成的××会社所设,好像大出丧的路祭一般。当年的"爵献",共有一百余处,以君子营校场的"康宁老会"和"雨霖社"最为丰富和热闹。雨霖社更有一个特点,如果赛会遇雨,那菩萨就抬到那边去休憩:日间雇了"大连升"、"老大鸿寿"等名班开演京剧,夜里则大放焰火,若是雨儿一天不停,他就维持一天,所以"雨霖社"一般人又叫做"雨淋社",意思就是淋着雨看戏。

赛会的当儿,菩萨是缺不了的,四月半会所奉的菩萨即是都神殿的五都大元帅和一位高大将军,共六尊菩萨。据一位老先生说,钱忠介公手下有五名大将,刘、张、赵、钟、史,张苍水公手下有一位姓高的烈士,这六位烈士死了之后,大明遗民就将其设祠享祭,假托为"瘟疫之神",称之曰刘大元帅、张大元帅、赵大元帅、钟大元帅、史大元帅,和高大将军,他们的用意,就是请这六位尊神英灵不散,兴瘟作疫,把清廷搅扰不安。但我手头缺乏相当参考书,姑存其说。不过四月半会的举行,其理由为祈求避疫,那倒众口一词的。

其次再写一些四月半会的仪仗吧。

四月半的头仗,是一队"号手",马上各坐着一个彪形的号兵,手挽"弯喇叭",沿途"哗打打"的吹来,孩子们常把这声音像作"抬阁在后头,抬阁在后头"。头仗以后,第二是大纛,上面写着一个大"令"字,高度超出三层楼屋顶之上,用七八个壮汉扶持着,且尚东摆西摇着。第三为路程牌,上书某处起坛,经某处、某处,至某处降坛。第四位爆仗台,由王隆兴、吴奎记二家爆店合助的,沿途劈劈拍拍,好不热闹。其次为"火球"、"头牌"、"旗锣"、"华盖"(一名"万人伞")、"鼓阁"、"沙船"、"抬阁"、"三联灯"、"五联灯"、"九联灯"、"十联灯"、"高跷"、"三百六十行"、"莲花落"、"老龙"、"女宝马",这后面是茶水担、香烛担等,随后便是菩萨的仪仗来了。开头的两盏扁圆的"荸荠灯笼"、"肃静"、"回避"、"衔牌"、"对锣"、"罗帽"、"十八件銮驾"、"龙凤吹"、"印信马"、"令箭马",然后三班六房,官吏差役,全副明代装束的拥簇了坐着菩萨的"宪轿"秋毫无犯的走过。在"宪桥"的前后左右,尚有"日照扇"、"提灯"、"黄布伞"(后来被改为黄龙伞,这是迎合清廷的意思,其实已失了赛会的意义,这里且不谈)。黄龙伞之后为"鸢香亭"、"茶担"、"肉身灯"、"神马"、"爆担"等。再后面则是一只红漆的"衣箱",里面放着犯人的衣服、刑具。背后就跟着穿红衣服带镣铐的男女犯人。这犯人,并没有当真犯过罪,在小的时候害了疾病,他们愚蠢的父母在神座前许的愿信罢了。

以上所述,尚只"一社",四月半会共有六社,那仪仗之盛,可见一斑了。不过其余五社的仪仗大都雷同,也毋容赘述。

又据长辈说,这六个会社之中以彤仁社的"转轮抬阁"和风云会的老龙最为伟大。那转轮抬阁的式样,和从前上海大世界的转轮包车同样构造。不过只有四个座位,上面都坐着十岁左右的孩子,有的扮了"公侯将相",有的扮了"生旦净丑",也有扮各色戏文名的,车辆转动,忽上忽下,好看到了极点。而风云会的老龙,虽没有彤仁社的珠龙来得名贵,可是它有二十四节,计长十二丈,那龙头有四张八仙桌合拢那么大,龙身用整匹素绸制成,上面复用铜片玻镜做成鳞片,在日光下跳舞起来,正是金光万道喔,可是现代市政发达,电线弥天,将来抗战胜利,即使把四月半会的仪仗搬出重演,而转轮抬阁和大龙受了高度的限制,决没有再见的机会了。

用社会科学的眼光说:赛会的确能繁荣市面,而赛会中所花费的钱财虽大,可是都属于纯粹钱货,那钱财的流动不会跨出国界。更有平日视一钱如命的人,为了修下世的幸福,叫他花大量的钱于菩萨身上,他也所深愿。

但另一方面讲,赛会原是提高民众情绪的一剂神药,过去在满清淫威之下,只有假托神道了。

(《上海宁波公报》,1941年,第52页)

宁波调

丁萱

一个宁波家庭里:母在楼下做鞋子,女在楼上玩耍。

母:12(道来)拿来!

女:576(少西拉)什么东西呀?

母:35712(米少西道来)棉纱线拿来!

女:5357(少米少西)什么棉纱线?

母:235712(来米少西道来)蓝棉纱线拿来!

女:412(法道来)勿拿来!

母:21(来道)懒惰!

(《圣体军月刊》,1941年,第6期)

走遍天下不如宁波江厦

"走遍天下不如宁波江厦"此一句话,未免近于夸大。但考究此话,当在五口通商之前或在宁波通商之初。从这句话内,可知吾宁波人具有冒险性经商的能力,否则必不能走遍天下(当然此天下系指中国),而不走遍天下无以知家乡江厦之好。

江厦原指宁波江厦街,新旧江桥之中间,沿着甬江,万樯林立。大道头半旁街为鲜咸百货集合场所,爱吃海味的宁波人,出门在外,还是念念不忘。有一个人说昔日江厦为钱庄市面,"不如江厦"之意,系指江厦各钱庄之富有。"辛辛苦苦出外,不如在钱庄内做生意。"此说富有铜臭气味,且几近保守,不足表示宁波人之伟大性。

所以揆情说理,宁波人一方面喜欢向外发展,一方面也念念不忘家乡的佳味。

(《宁波人周刊》,1946年,第6期)

以山发身、以海发财、身财合一、现实主义:闲话宁波人

飞文

宁波人信奉山海经,经系祖上秘传,与坊间发行的迥异。经之内容怎样,不可得知,但知其纲目只有两句:"以山发身,以海发财"。大学不云乎"仁者以财发身,不仁者以身发财"。如是云云,宁波人认为十分费解,实际上也的确有些不着边际。为"现实主义"起见,聪明的宁波人首先从经济地理的观点上,创"山海不容分割"论,接着就以"有身应有财,有财斯有身"的"身财合一"论,作为人生哲学的全部。而从经济与哲学的合流,就有了他们的山海经:"以山发身,以海发财"。

山者四明山,海则上海也。这四明山原非宁波人所能独占,嵊县、余姚、上虞各县就都有一角份。只因"四明"二字的出处所在属鄞县境内,寖假而使四明山也变成了宁波的另一个代名词。犹之乎上海滩,明明五方杂处,谁也不能说上海属于谁。然而就因"阿拉阿拉"之音,弥漫全沪,遂使宁波人在上海一埠占了优势。君不见:宁波人一手抓住上海滩,说道:"上海者,吾宁波人之第二故乡也。"另手按住四明山,飞眉舞色而言曰:"四明二百八十峰,峰峰钟灵,峰峰毓秀,足以叹观止矣,又何怪四明人氏,个个灵秀,蒋主席特灵秀之灵秀耳。"(编者按:几近自吹,未免惹人笑话。)

这么着,宁波人就更坚定了他们的自尊心。但光靠自尊心有什么用,他们也真有办法能自强,而作的"山海身财合一论"了。

懂得宁波的经济地理的,没一个肯承认宁波是富庶之区。几条鄞县草席,几盒慈溪藕丝糖,几只镇海大泥螺,几个奉化大芋艿,几船象山番薯干,几瓶舟山酱油,出产如此,怎能养活三百万以上的宁波土著。但宁波人似乎一直就有些名气,特别

是沪甬辟港而后,一发的显得神气活现,我们认为起先靠的是他们的勤俭美德,近百年来则差不多全靠上海了。"要发财,奔上海",宁波人就这样的父以训子,妻以规夫,哥以勖弟,果然,不到数十年工夫,上海变成了宁波的殖民地。能力高强的,发了财带回宁波去,兴教育,办实业,能力差一些的,赚了钱,也着实汇过海去,赡养家眷。生于宁波,发于上海,将发于上海者,使更生生不息于宁波,此之谓以山发身,以海发财。

至于"身财合一",还须下个注脚,即所谓身,不一定指个人的身,还包含着团体的身的意义。宁波人似乎一面相信着达尔文的竞争论,同时也相信着克罗泡特金的互助论。他们在竞争中发展了自己,又在互助中发展了团体。更进一步,在竞争中发展了团体,又更在团的互助中发展了自己。竞争、互助,互助、竞争,自己、团体,团体、自己,此所以宁波人各有其事业,而宁波旅沪同乡会则要比任何别的同乡会高上几层,而又,出版界中不见什么"天津人"、"南京人"、"延安人"、"重庆人",而独有"宁波人"者,倘亦职是之故欤?

(《宁波人周刊》,1946年,第7、8期)

宁波话山歌

严克

柴急煞!
东西和总涨,
只有工钿呒告涨,
柴急煞!柴急煞!
私印钞票要犯法。

(《中国工人》,1946年,第9期)

宁波人不过八月半

大甬烈士

中秋,是一年四季中一个较大的节日,那正与端午、大年卅、立夏、重阳一般为人们所重视。端午节据说是纪念宋[1]名儒屈原,而中秋节则亦有一段可歌的史迹,那便是纪念杀鞑子的宋朝义民的。中秋节按黄历上所定的日子是八月十五日,故俗称过"八月半"。但此在浙江宁波人,是并非如此的,宁波人的中秋节并非八月半,而是八月十六,据说其中有一段历史上的典故,原来明朝有一位姓史的丞相,他是与文信国公天祥元帅同在崖山之役被贼兵掳去就义的,那位史丞相是宁波属下鄞县张斌桥人,为纪念烈士之可泣可歌史迹便定了八月十六史丞相之生日为纪念日,因为知道此段历史的人很少,故而日子一久那个纪念日便与中秋节混合为一了,浙江宁波人过中秋是在八月十六并非八月半。

宁波人对于中秋节,排场是很大的,别的不论,单以吃一项来说,实足吓坏个把外乡人,鸭啦,月饼啦,酒啦,多得无其数,外乡人做中秋节羹饭与普通祭祀原无如何两样,但宁波人即不同,一张小小的八仙桌,小菜要供上十五六碗,羹饭做好,大张筵席广宴远戚近邻,场面之大与过年卅一般无二,所以有人说笑话,祖宗要做宁波人的祖宗,朋友要辩宁波朋友,因为嘴巴的进账,最为客观也。

(《星光》,1946 年,新 10 期)

变

姚仲鲁

(战争,把城市生活带进了顽固乡村。战争又把落后的乡村重重又抛向荒凉的境地。但,既被搅动了一次的空气,她像一个被诱惑的少妇,再也无法回到宁静朴实的旧生活中去了。)

在甬(宁波)姚(余姚)航线的半途上,有一个码头叫河姆,它是慈溪县属的一个小镇。全镇几乎都是山,很少看见地田。打这里循着唯一的石路进去约十里左右,再越过一条岭,就到了一个四周被大小高低的山团团围住的村落,它的名字和这条岭的相同,叫志岭。站在岭岗上望过去,全村形似一只我们在历史科本上常见的古代战船:两头尖尖的抬得很高,脸部膨得很宽大,两头的距离不到二里。靠左

---

[1] 原文就是"宋"—— 本书编辑者。

边是一条有丈余宽的溪沟,从那边望过去似乎没有路的山缝里出来,贯穿着全村,流到岭脚下就转到后面去了。溪的左方是山,右方是条用大块石头铺砌成的石路,石路的右边是一排屋子,大多数是楼房,屋子的右手也是一条石路,再过去又是山。

虽是在同一县治内,这里住民的生活与我的故乡的有些不同。他们都不以耕种为生,因为根本没有田;路上看不见牛粪,倒是怪清洁的。他们靠自己山里生长的竹和笋拿到市镇上去换米,可以说只有米,别的菜除非过年很少买,每家自己做咸菜,笋是一年四季不断的。穿的是粗布衣,足上是草鞋,洋货的狂潮还被周围的山隔离着。全村仅有二爿店,是卖油盐杂货的,有一所小学校,校址借在志岭庙里。

我的祖上有穴坟做在溪沟左面的山上,每逢春天族里的人都去扫墓;当时因我年幼,路又远,家里不允我去。这次因战争的关系,曾先后去过三次。

当初我们搬到志岭去是有人介绍的,我们雇了二只船把米及日常用品都带齐,总共有二十余担。到了河姆上岸,那里已托好有人等着,把东西都叫他们挑到指定的地方,我们坐了元宝篮(一种竹轿子)去。到了那边物件俱全,每担付挑费五角钱。

我们住下没有几天,就有好几家我们的同乡搬过去,以后每天络续有人家搬过去。从此在河姆岸上等着挑担的人就多起来了;船到得多,大家都有挑,船到得少,大家就抢着挑,不问下落跑上船去,先把东西拿到手里,再问你挑到那里。这样一来,挑担的无形中成了一种职业,当时的五角大洋可以买七八升白米,假如用竹去换,就得长长粗粗的四五枝,每天挑一次很可以过活了。

志岭的屋子起初空的许多,现在都住满了,由一家住一幢而二三家住一幢,房金的价值每天向上涨。

我们住下以后第一件觉得不惯的是每天小菜无处买,起初几天只吃些家里带得去的咸货。但是不到一星期,就有一个贩子挑着鱼肉等叫卖,价钱比外乡的贵得多,而生意却非常兴隆,再过一星期,行贩子就有四个,买小菜的困难就此解决了。一个月以后,在石路旁有一家大饼店开起来,二个人做还是供不应求。可是外乡去的人多因水土不服而不适,因需要而生的药店在这时候开张了;这两家都是搬进去的人开的。其后本地人看得眼热起来,几个人合伙的米店、肉店、咸货店都先后开起来,形成了一条街市,冷落的志岭顿时热闹起来。生活的水准渐渐地高起来,而本地人因生财有了大道,经济宽裕,吃鱼吃肉的比前多了,卷烟的势力打倒了水烟。女子的衣着由粗布而洋布,旗袍代替了短衫裤。年轻的多搽起粉来;同时打麻将的风气一时就盛而普遍起来了。

我们第一次住了三个月就回来,第二次最长,等到第三次再去的时候,大多数搬进去的已搬出来,行贩子已没有了,肉店和米店也关闭了,只有大饼店和药店还开着;一度热闹的志岭重趋冷落,而他们的生活则有些改变了:男的多衔着烟,打打牌,女的搽粉穿旗袍成为很普通了,最可恶的是一向没有的偷窃几乎每夜都有。我们住了两个月就统统搬出来。

战争是进步的,志岭的同胞不知有没有因这次洗礼而步上新生的路?我怀念着。

(《经纬周刊》,1947年,新7期)

九、宗教

（一）佛教

宁波佛教孤儿院告募疏

天下无告之民四，而孤为甚。鳏、寡、独三者，有其养之力，至老而失之者也。夫人之至老而失其养之力，其于生也，犹有所以为养之谋，饥也而呼食，寒也而呼衣，有不忍人之心者，闻其呼，不忍睹其死，则必有以应其所急，而予以所养。独至孤者，依于人以为生；无衣食之者，虽饥且寒而不知所以谋也。虽予以衣食之具，而不知所以养也。则其受罚之酷，固生民之至穷而无告者矣！嗟乎，自国家失仁政，而此四无告者，于是益穷。顾老而穷焉，其生也闲，其效于世也可以知，而其受饥寒之虐，苟至一身而止，犹无害于群之事也。若夫幼而无父之孤，则生之方始者也，譬诸草木株株，然句曲之萌耳，极生之量而无沮，其葱茏所至，可以为骈章之植、连抱之材；而当其始，则所以躏践之而摧伐之者，一鸡犬之扰、霜霰之集而已足矣。天下至伟大之人物，莫不成于襁褓之中；襁褓之中，人群之兴替系焉。故此无告之孤，仁者尤惜之；徒惜不足以为仁，必有其方以处之，使不至于躏践摧伐，而失其生之量，此孤儿院之所由立也。佛之教曰慈、曰悲，教养孤儿，慈悲之事也。明州之佛教徒有岐昌、谛闲、一峰、净心、宗亮、圆瑛、智圆、僧胺、太虚者，诸山之先觉，而根性于慈悲以为教者也，概然有见于棣群之道，而议设孤儿院于鄞之白衣寺，节衣以被之，缩食以食之，而不足则将呼于群以补之。夫育孤，群之责也，方外犹云尔，而吾群之人，宜何如？吾知其必有以应诸上人之呼，而慷慨以援助之者。议既成，岐昌等以院事诿諈于余，余亦孤子也。回忆童昏无告之日，历历犹目前事，敢辞劳焉？遂承其事而述其由如此，并为呼之群。群之人孰不有慈爱之念乎？苟有应者，虽一丝一粟之微,亦被其仁而食其德矣。

戊午元旦,慈溪陈训正

(《觉社丛书》,1918年,第1期)

宁波王吟雪居士来函

王吟雪

佛化新青年会诸位同志:我从前与革新佛教的同志,创刊《新佛教》,想从佛教根本的教义,赤裸裸的,热烘烘的,研究一番,发表出来,供献于我中华新国,不一年来,上海一幻上人倡办《佛化旬刊》;北京平民大学诸位同志,倡办《新佛化》;我的心安慰得多了。因为我国的国中志士,都知道从佛的教化,拣出一个"爱"字来,活活泼泼地,实实在在的,爱己及人,宣扬"佛的大爱主义",救渡五浊恶世的同胞来了!所以我常常虽因经济和事情击缚,终想设法给诸位同志的些少援力;但是心与愿都很舒齐地要去干的,却为病与钱的不争气,把我的《新佛教》停了版,把我要援助《新佛化》张君宗载的事,收回成命!至今联想起来,对于诸位同志的这样努力,不畏怖的进行,很觉得惭愧无地!不过我终究是比较的想努力的一个佛教青年,对于佛化新青年会的组织,无条件的愿意担任会员应该做的一件事情,和极端赞成的志愿。

太虚上人,是佛教中近代的第一学者,为我所最敬佩的人物,佛化新青年会,一定要请他提倡和援助,想诸位同志,已有接洽了。

在这里我没有话说了,我提出几个问题来,与诸位同志,或征来阅《佛化新青年》月刊诸君研究。

一、佛教青年,怎样到民间去?到民间去做什么?去宣传佛化。

二、佛教青年,怎样建设,新佛化的事业?

三、佛教青年,应该要怎样修养,才能和时代思潮不相冲突?

四、佛教青年,应该要提倡佛教的大革命,宣传佛教大爱主义,这种进行路径,怎样计画?

诸位同志!我这几天在宁波佛教孤儿院,计画是院的十年教育大计画,没有功夫著论文，上面的问题，连这封信，请你们发表，算做我的佛化运动之导言罢。

十二年，二月二日，早晨，呵冰写这封信。

(《佛化新青年》，1923年，第1期)

宁波释显荫来函

谨复者：

顷奉朵云，敬聆壹是。显荫与贵会诸君子年相若，志相同也。去年显荫在甬有"中华佛教青年会"之组织，惜以号召乏术，同志无人，且老前辈又持反对态度，故不久中止进行，而此心耿耿常思励我青年振兹大教。今贵会成立汉上，与显荫积年之愿望相同，能不欢喜赞叹耶！如能稍尽绵薄之处，谨当尽力贡献之，以图进行。伏望诸君子勿懈初衷，努力向前，使佛化普施于大千，则其功德岂可以恒河沙计耶？如承台命，有所需要时，即请函示显荫，当惟力是视，追随提倡，并请将贵会章程赐寄一份，及入会手续亦请复音。肃勒上复佛化新青年会诸先生均照。

显荫手复，夏历腊月十九日付邮

(《佛化新青年》，1923年，第1期)

宁波任正伦君来函

弟何佛生合十

宗载先生锡鉴：

兹邮奉邮票二角二分，敬祈发寄一月份《佛化新青年》月刊一册是幸。不佞于现时名公如刘仁航、尤惜阴、聂云台、穆藕初诸公最所信仰，现代如托尔斯太、甘地二公最所渴慕，以其均提倡简易生活，根本解决人生问题也。惜仁航先生所谓最后解决之书未见出版，托尔斯太著作，未见有精要纯粹的译本，闻聂先生有托氏言行录之作，未知信否。闻贵会宗旨重在求人生第一义，故深企仰也。此请道安。

未学任正伦顿

(《佛化新青年》，1923年，第2期)

宁波圆瑛法师来函

佛化新青年会诸公均鉴，谨启者：

贵会成立，佛教幸甚，人民幸甚，亦国家之幸甚矣。敝人去岁应南洋群岛讲经之聘，束钵远渡，观见贵会所刷发之"八大使命"，无任欢迎，本月回甬，得阅贵刊及简章，愈增钦佩，仰见志愿恢宏，见解真正，可谓是如来使，行如来事者。前在南洋所寄《法华大纲》，及各稿未悉均已接收否。此处曾接贵刊一、四两号，二、三若有，望亦邮寄为荷，并请将贵编辑主任台甫，及会中坐办人员名字等号函知，以便道信，余容后详。顺颂愿行坚强、化导宏远。

不慧圆瑛合十

（《佛化新青年》，1923年，第6期）

宁波佛教孤儿院十五周年纪念

宽融

宁波佛教孤儿院六月十五日上午举行第十五周纪念大会，参加者三百余人，首由主席陈书沆报告开会宗旨，及该院经过情形，与将来教养之准备。次由县党部代表陈箕鋆演说，略谓世界上最可悯者厥推孤儿；盖孤儿毫无自卫自养能力，自襁褓失庇，至于成年，于此时期中，若缺乏保养教育，不惟不能有适当之生长，即使幸而长大成人，若无相当之谋生智识技术，其不流于贼盗为伍者几希；此种情形，在小康以上人家尚少发现，而在一般流离失所遭摈弃被驱逐之无告孤儿，尤为可悯。今佛教孤儿院能本总理博爱之怀，抱我佛慈悲之愿，成立于兹；十五年来，惨淡经营，努力于保养教育，成绩渐见，造福无告孤儿，为功已匪浅鲜；惟愿今后更扩而充之，务使所有孱弱无告之孤儿，得成为体力健全、学识丰富之青年，来服务党国，造福社会。再次教育局长叶友益演说，略谓"各孤儿皆系失庇之最可怜者，在院既得院长及各教职员努力爱护教养，他日出院为社会服务时，须不辜负今日培植之法矜，努力于各种慈善事业，如能向农村上去谋生活尤善。盖吾国以农立国，如能农事发达，即能巩固国基"云云。后由中山民众教育馆长陈仁璇及各来宾相继演说，皆多劝勉之词。至午刻十二时散会,闻下午及晚间尚有孤儿表演种种游艺云。

(《海潮音》,1932年,第9期)

宁波佛教通讯

谛闲法师西逝

传天台宗四十三世之宁波观宗讲寺谛闲老法师,于八月三日未时圆寂。按谛师昔主南京毗罗寺方丈,维时杨仁山居士尚健在,特开祇园精舍,精选缁素,授以法要,与大师法会无虚日。三十年来,南北各地,迎请大师讲经者,相望于道,每临讲座,听众如云。今法幢遽摧,人天眼灭,在台宗失一泰斗,在此土又少一龙象矣。

组织佛学社

又讯,宁波为五口通商之一,商业繁盛,人口众多,梵刹林立,独居士之弘法团体,尚未设立。现闻有丁普涛、印庆中等发起宁波佛学研究社,一俟基金充足,即扩充为居士林,简章请某大居士修改脱稿,现已开始征求社员,俟满三十以上,即可向党部备案云。

(《海潮音》,1932年,第10期)

雪窦寺讲经志盛

(宁波通讯一)

奉化雪窦寺为四明古刹之一,风景幽胜,冠于浙东。去年十月间,当地缁素,公请太虚老法师入寺主持,于四山培植森林,修理寺舍,开办农场及农民读书处,并拟于寺内设立世界佛学苑禅观林,顿改旧观,气象一新。本月十六日,法师由闽广弘法归来,应该寺全体僧众及四邻信众之请,于十九日下午一时起,恭就法堂开讲《出生菩提心经》、《如来藏经》、《弥勒上生经》,及《唯识三十论》等法典。先讲《出生菩提心经》(讲义另由宝忍法师记录),闻该寺多年未曾讲经,加以四近僧俗久慕法师之德学,咸欲一聆法音为快。故通告才出,龙象云集,是日除僧众及来宾百余人外,尚有该寺所设之农民读书处学生五六十人,济济一堂,极盛一时。惜事前该寺未曾多备坐位,致有许多鹄立堂内者。届时法师于梵声悠扬中,徐徐登座,以慈悯之怀抱,宣微妙之法音,一座肃然,叹为希有。即平日非常淘气之小学生,亦屏息静听。至三时下座,全堂听众,咸喜形于色云。

(《海潮音》,1933 年,第 5 期)

雪窦寺设世界佛学苑禅观林

(宁波通讯二)

太虚大师游化欧美时发起创办之世界佛学苑,目前决定设总苑于南京佛国寺,经过向政府立案等手续之后现正积极进行。除于总苑已先修葺旧有殿宇,及造森林数十亩,并设具图样,扩大计划,添造大讲堂,与真言祈祷坛之外,去秋复先后在重庆缙云山及武昌佛学苑,成立藏文研究系之汉藏教理院,与世界佛学苑图书馆两处。今春又议决以闽南佛学院为属于世苑之华日文系教理院,而河南佛学苑净严法师,亦积极筹设律丛林,谋戒法之整理。最近大师讲经雪窦,以雪窦寺为中国著名禅刹,遂决于雪窦设"世界佛学院禅观林"。兹觅得所订《禅观林大纲》志于下:

一、本林属世界佛学苑之一部,以专习禅观为主,就雪窦禅堂改设之。

二、每日除早暮功课外,禅观三时,讲授二时。

三、请班首四人,首座提唱宗门禅,西堂讲授净密禅,后堂讲授大乘性相禅、台贤禅,堂主讲授余乘禅。

四、晚禅一时,全寺僧皆须入林随习。

五、每年分为二季,三月、九月二十三日出堂,四月、十月初六进堂。

六、本林于癸酉冬季开始。

七、四月十六起,先设禅观研究组,研究具舍定品,深密,分别瑜伽品,摄大乘,增上心学品,法苑义林唯识章。

(《海潮音》,1933 年,第 5 期)

宁波观宗寺大殿中弹

宁波讯:本市曾遭数轰炸,今月初旬三日、八日、九日、十日,又连遭过四次轰炸,不幸观宗寺大殿中间,亦于八日狂炸中中弹一枚,庄严法物,一概破坏,金刚殿韦陀、弥勒，琉璃庄严，亦为飞弹所毁，仅大殿损失亦上万元，伤三人，代理方丈最重，送华美医治中。宝殿方丈久已避难上海，逸山当家，碰到这机会，就于九日把二百位僧解散云。

(《人间佛教》，1940年，第9期)

天童、育王二寺近况[1]

报告员

宁波天童、育王二寺，净侣颇众，国难以来，信施不继，仅供馔粥，衣履不全，艰苦特甚，上海佛教界名流近发起先筹款一千万元，赶制衣裤三百套，供养二寺僧众，再筹常住斋粮清众费用，暨佛前油灯供养之资，按现今烽烟遍地，僧伽困苦，万方一概，如后条所述河北上方山情形，即其一例，深望名流大德，群策群力，不分畛域，平等护持，则人天欢喜，鸿福无边矣。

(《觉有情》，1945年，第141、142期)

太虚大师抵奉化溪口，转赴宁波避寿

中国佛学会理事长太虚大师，前应奉化、宁波、定海、慈溪四县联合迎请，赴东南宏化，受东南各界人士热烈欢迎。又大师生辰为古腊月十八日，大师特由溪口赴甬避寿，据各地电讯称：重庆、武汉、南京、上海、杭州、香港、宁波、奉化等地，均于是日举行祝寿大典，国外印度、锡兰、南洋各地及欧美各国门徒，均于是日为大师祈祷祝寿。又据大师门徒称：大师六十大寿将到(民国卅八年)，届时国内外各地门徒必联合隆重举行庆祝盛典，以报师恩云。

又上海《大公报》一月八日载：中国佛教整理委员会会长太虚法师，于三日上午由甬偕雪窦寺方丈大醒法师来溪口，在镇上午膳，视察雪窦寺下院，并访问耆绅毛尚卿、蒋国耀、毛中行等，即趁汽车至入山亭，循山径上雪窦寺，对雪窦寺重修事宜，将由大师亲自主持，借以复兴道场。

(《觉群周报》，1947年，第26、27期)

---

[1] 原文在"播音台"栏目中，此标题为本书编辑者所加。

法海点滴

宁波延庆寺复兴消息,曾志本刊。兹悉该寺将于古历二月起陆续敦请静权、芝峰诸法师宣讲佛经,并拟请杜时霞居士为法主,主持其事。届时法会盛况,定卜殊胜空前也。

余姚杨宾渭居士今年三十初度,其同好卢基隆、梁金城、陈濂存、蔡惠明诸居士特为集念"延寿普佛"一堂,以资庆祝。此种祝寿方式,简单庄重,意义深大,堪为教内同志庆贺生日之矜式,希望海内善信有以倡导。

(以上两则均载《觉讯》,1948年,第3期)

(二)基督新教

宁波长老会聚老会事略论

蒙全能全智神之洪恩,宁波老会是年内各公会颇得平安,诸事亦颇获顺适,为此老会中人即教师葛、陶、雷、蒲、谢、张、郁、鲍,长老叶、陈、陆、陈、张莫不同心赞谢,归荣于管护圣教会之主宰暨捐命之救主,启牖之圣灵即三位一体之真活神。今将各支会于本年内所得之恩、所获之益,略于后:一、老会下共有七支会,今年内加增教友男女共有八十名,宁波八名,余姚三十三名,山北东一名,山北西七名,鲍家塔二名,杭州廿六名,上虞三名;此加增之名数,乃多于去岁也。然各支会亦有暂拒者,甚亦有黜革者。噫!此圣会之稗,何日能终无也!亦有死亡者,均得其安寝之明证,慰我侪之望焉。二、多设传道讲经之所数处,余姚去岁新立之处名周巷,道颇兴隆;又新添一处,名丈亭;杭会新添二处,名厚社、嫦娥。且闻中国与外国钦差交相往来,极其和洽,条款重整,官民共闻,在在传道,多获嘉音,上谕已示,谓诸庙宇毁焚,毋得重兴;虽皇旨为民利起见,然于我侪为圣徒者视之,则有弃邪归正之望矣。三、新立教师鲍光熙为姚会之牧师，暨新立张凤昆先生为宣道之准试。各支会乐输捐资共计一百五十余千文，另有捐资为总会使路费；且有量其所入而渐蓄之，为备后日建礼拜堂之用者。此诸般恩泽，皆由神之惠赐，大开道门，救迷亡之罪人，以获生途，脱魔网之暗府，而登天国之明宫也。维望后日老会更得诸般明证、众多嘉音，以乐吾侪同劳者之欢，以畅在主诸公会之怀望焉。幸甚。

教弟春台氏鲍光熙谨识

（《教会新报》，1868 年，第 11 期）

宁波教友信

《圣书》云："赖吾神之矜恤，使旭日自上临我，俾照夫居幽暗及死之阴翳者，导我足履平康之路。"又曰："行于暗中之民，见巨光，居于死阴之地，有光照之想。"我宁乡鲍家塔长老教会，于十年前地属幽暗，居民既无入道之门，俗尚虚靡，众人咸入恶魔之网，幸而天父矜恤为怀，慈怜我乡，特将真道之光普照，于救主降世一千八百五十八年，宁波公会始遣鲍光熙先生在桑梓设馆训蒙，欲借之以传圣教。次年秋，有二人进教，遂得传道之助，而酵始发焉。嗣后历年增加，渐昌渐炽，至一千八百六十四年，已得男女教友三十四名。于是，遂议与宁会分离，自成一支分会。自分会迄今，复增教友四十三名，婴孩受洗礼者二十二名，共计教友九十九名。除迁会、暂拒、已故者，现属本会教友七十五名，本会传道者有美国教士一位，中国教士一位，另有蒙馆二处，先生二位。因路途遥远，每逢安息日，分为三处礼拜，每堂听道者不下数十人。今四乡传道人，皆欣然喜听，惟望圣灵丕降，使所播之美种勃发生焉。仰祈该处同劳之先生，在主之兄弟互相切祷，使主恩遍及万方，而嘉音时时传闻，是则余所厚望也夫。

戊辰十月　教弟郁忠恩谨启

（《中国教会新报》，1868 年，第 17 期）

宁波教友信

尝思天主教人至中土传教者，跋涉山川，每以道理谆谆劝人，其用心不可谓不苦矣。而我耶稣教中宣传圣教者，虽曰笃志诚心，而姑待苟安者亦未尝无人。窃思彼传天主教者，既尽心而竭力，况我等确知耶稣圣教尽善尽美，实救灵之要道，而吾教之教士用法多不如之，其故何哉？盖彼教中主事者勇往直前，如军帅之在战场，每至一处，必竭力宣教，虽听者藐藐而讲者仍亹亹不倦，所以传道之处较多于吾教者无他由，主事者亲历艰辛、不惮劳苦故也。然主事者身担重任，固当尽心力而为之，而赞助圣教者，亦宜协力同心。倘遇一事，主事者委之于下，而赞助者仍让之于上，若此行事，其能成功乎？曷不思传道者贵于一心，初何分于彼此乎？智者既私其力而不为，愚者安于拙以自误，如此可使公会兴盛乎？抑可归荣于救主乎？晚本寒微后学，虽任公会之责，愧乏效主之才，所以直言而不讳者，非敢上渎诸公之听，实以晚所已悟而未行之罪，转以劝未悟之兄弟耳。嗣后无论中外教师、牧师、在主之兄弟等，皆能一心一意，以传道为己任，不敢守株以自待，则人人踊跃，个个争光，将见闻道信道者必多于迩日矣。

十月十五日　劝慰子谨启

（《教会新报》，1869年，第18期）

长老会教友宁波鲍先生苏州来信[1]

（"欲慕监督之职者是慕善务也，诚哉是言"为题）

　　凡为即耶稣门徒者，当思世上受天父之诸恩，与死后天国之福，一至思及，不能不存感激之心，以报上天之恩。然神欲人存感激之志，非由于财，非由外貌，亦非由虚礼，乃如《路加福音》书云："当一性一心一意爱神，斯乃神所喜悦者。"但人有上下，德有厚薄，才有智愚，名有褒贬，非同一辙。如身有百肢，各有一名，各适其用，各借其需，其名虽繁，合则一体，而主门徒之中亦然。徒虽多，而仍归于一主，所从者惟一神，所信者惟一主，所靠者惟耶稣赎罪之功也。况《保罗达哥林多前书》亦如是言曰："吾欲尔知凡人之首，基督也，女之首，男也，基督之首，神也。"（十二章二节）故可言身虽分而不可分之谓矣。然人虽无分之中亦有可分之故，何则？盖

---

[1] 原文既无标点，也不分段，为了便于阅读，特按原文结构将其分为几个段落——本书编辑者。

神欲任己意赏赉各人，各因其材而用焉，或经营而为生，或技艺而糊口，或耕种而得生，或识天文与地理，以知神造物之奥，或格物而广用，或勤读以加添人知识，此数者皆循主之意以成教会之益。但独教会内之分亦有数焉，立学堂以训蒙，设局以医疾病，印书以扬神之嘉音，思赒济以立执事，办事以立长老；然其中至大有名者，莫如监督也。然监督之名，其名不一，吾特举圣书章节以申明言之。因其监管基督之群羊，故有监督之称（《使徒行传》二十章二十八节）；因其以属灵物与人饲，故有牧师之名（《彼得前书》五章二三四节）；因其为神所使，故称会使（《默示录》二章一二节）；因其奉差示神旨于罪人、恳其赖基督复和于神，故称钦差（《哥林多后书》五章二十节）；因其分给神所赐之诸恩并理基督所立诸例，故称宰神奥义者（《路加传》十二章四十二节）。但此名虽多，而究仍归于一职，枝虽多，而原归于一木，肢虽繁，而总归于一体，即此之谓。然人欲慕是职者，当必寻一闲暇之时，以自思我有何心欲慕是职，我有何意欲任是事，或度名誉，或贪钱财，或好逸乐，若此数者有一在其中，其何能掩他人之耳目？又何能免神鞫日之刑哉？故凡欲慕监督者之分，至重者有四：宣道也，管束教友也，与人行事也，克己之身也。吾于此数者试略言之。凡慕监督之职者，此宣道之事，必不可少。有人焉，心不甚切、意不甚诚，早不预备，以致言之不明，讲之不详，怠惰自安，不存恭敬，淡而无味，亦无惧色。若此者，其何能使人听之诚信哉？又何能率人诚意降服哉？亦何能使人听之以生敬惧之心哉？且不能使人以发敬惧、诚信、降服之心，益知己而无面，反羞辱神之荣。噫！此人耶何堪任宣道之职哉？故凡欲为宣道者，身则因人之待劝而劳，心则因人之不信而忧，上求于神默而指引，早宜预备，出言分明，心存热、意存切、外恭敬、内诚意若此者，岂无望以使人诚信哉？岂无望以率人凛凛畏惧哉？亦岂无望弃邪归正、而为耶稣之徒哉？此即所谓宣道以成监督之分，壹也。

且慕监督之职者，仅有宣道之明，而无管束教友之能，于理亦有所歉。且忆吾主在世而言曰："我乃善牧，善牧者为羊捐命。"又曰："由门入者，乃羊之牧也。守门者为之启门，羊听其声，彼呼羊名而引之出。彼放属己之羊，先而引导，羊不从他人，乃必避之，以不识他者之声也。"由是听吾主尚言之如此，但慕监督之职者，是代理主之事，岂不当效法乎？且初为教友之人，见识未明，信德未坚，行事未清，出言不顾邪道与真理，不免扰乱。若此之人，岂不易入于诱惑，而中于魔鬼之计哉？故凡欲慕监督之职者，宜携圣书，常与诵读，可使彼一己独处默思，可望彼广其知识，宜勉励其心，可使彼能坚其德，宜指引其行事，可使彼无错误，宜叮嘱其出言，可望其失言而渐减有心于此者，此可谓以成监督之分，二也。

且慕监督者，若仅宣道与于人听，以及勉教友之德行，若不与教友代劳以行事，其分亦有所未全。但慕监督之人，至大者原属人之灵为重，而顾人之身在世事为小；若不顾其身，岂能顾其灵？况《保罗达加拉太书》曰："若或有机宜行善于众，而于属信之家者当尤切焉"（见六章十节）。倘或教友疾病在床，或彼家有丧亡，或为道而受人欺谑，或一家有争竞，或凡难而度生，或数教友而不睦，以及一切不料之事，若此之时，为监督者若不亲自看顾，代彼祈祷而为筹画，竟以束手旁观，置若而罔闻，如此岂可任监督之心哉？故凡为监督之职者，心存宜存爱人之心以为心，身存宜存役人之役以为役，毋贪小利而起见，毋见中饱而设谋，正如《路加福音书》耶稣所云："尔中为长者当如幼，为首者当如役。孰为长者，席坐者乎？抑役事者岂非席坐者长乎？然我在尔中正如役事者也。"（见二十二章二十六七节）但有此心与人行事者，此可谓任监督之分，三也。

上所言三意，亦不过与人得益，以成监督之分。今则言监督亦宜克己之身。若不克己，岂能克人？若不正己，岂能正人？故治国平天下者，必自修身起而后得。若慕监督以治天国之民，更宜切此。所以《保罗达哥林多前书》亦如是言曰："我乃克制己体，而使之服恐，我已教他人，而自见弃也。"（见九章十七节）故为监督者，必无可责，宜一妇之夫，谨慎端庄有礼，善待旅人，乐施教训，非贪酒，非好殴，非度污利，乃温和非争竞，非贪吝且善治己家，以端庄使子女顺服，盖不知治己家，何能理神之会乎？又非甫入教者可任其职，恐自骄而陷于魔鬼之网也（见《提摩太前书》三章二至六节）。由是言之，若人无愧于此诸言者，斯诚可慕监督之职，四也。且世上乐其天年，可得其名于后世，至死方进天国，享神极大之赏，以至永远，诚哉是言。哑门。

寓苏长老教会鲍哲才字华甫谨识

（《教会新报》，1869年，第18、19期）

宁波新闻[1]

宁波路从周先生

邻有朱某外出经营，其妻居家勤绩。一日，女母来探，各叙阔别，偶道："穿窬蜂起，汝后生切勿贪睡，须要儆醒提防。"是夜，母女同榻，其女牢记母言。及睡去时，果见贼来，乃号呼有贼，而声若被重压，无有闻之者，比及声出，母已醒矣。母闻有贼，即起拾衣，女觉衣被有人拾着，更大叫贼已劫衣。于是，顿时拖衣不放，母益信有贼，用力转夺，母女且呼且夺，互相拖拽。邻舍闻贼，各持器械追逐。迨四邻毕集烛之，始知并未有贼，乃女因心切而梦。母虽醒，亦在蒙眬，故不觉母女之自相为贼也，邻人皆哄然大笑，竟成笑柄矣。嗟乎，彼朱某之妻因心切于防贼，以致贻笑邻人，而世之挚挚为利、日夜劳心与贻笑邻人者，几希矣，岂独朱某之妻哉。耶稣曰："勿积财于地，盖尔财所在，尔心亦在焉。"有心天国者，尚有鉴之（并来一件，下次再印）。

（《教会新报》，1869 年，第 37 期）

宁波路教友来问

人非生而知之，孰能无惑，惑而不从师，其为惑也，终不解矣。仆本愚鲁，蒙三位一体之鸿慈，幸忝公会之末，虽略明圣书大义，但遇疑难之处，屡至伏案三叹。盖凡看圣书，必先晓原文英文，方可达其精微，倘不深究底蕴，可谓志于圣书乎？现承诸公美意，稍有汉文注释，究不如旁采博览，得参诸子之注提撕我后人者又多。奈仆平生蒙昧原文，既曰难求英文，何敢妄想？若不以圣书疑难之处力加讲究，时行考问，何能辨疑晰惑乎？孔子曰："疑、思、问。"仆不敢安于不知，故以疑难之事逐记一策，意欲叩诸高贤，恨无利便。今值林老夫子创立《新报》，而周先生又劝友问道，足见二公之盛德，亦小子之幸也。倘蒙不弃鄙陋，自当陆续抄呈，仰祈中外懿范开小子之茅塞，扩后学之胸怀，不胜佩感，谨陈其事若左：一、神赋人性既曰纯善，贪念何处而生？苟无贪念，夏娃见果，何生羡耶？二、地狱为魔设乎？为人设乎？且不知设地狱

---

[1] 原标题为"新闻"，此标题为本书编辑者所加。

在先,违天命在先？三、始祖受造时,身无所蔽,既不知羞,岂寒暑亦不觉乎？盖埃田非在赤道也。四、《耶述纪》何书(《撒母耳》下一章十八节)？《老底嘉会书》(《哥罗西》四章十六节)及《哥林多会第一书》(《哥》前五章九节七章一节),为何皆不列于《圣经》？雅尼羊比之敌摩西(《提摩太后》三章八节),及天使米加拉与魔鬼争摩西尸,其事出于何典？五、耶稣曰："尔言宜是是否否"(《马太》五章三十七节),雅各亦如是云(五章十二节),观拉哈之救二侦者(《约书亚》二章四节),米甲约拿单拯大辟(《撒母耳》上十九、二十章),及雅各之求福(《创世纪》二十五、二十七章),皆由诳也,欺也。或谓二侦与大辟之得救,神所定也。由诳而得救,亦岂神之旨耶？神既以雅各为耶稣降生之祖,其福由欺而得,何也？犹有多端,容后再呈,伏乞勿吝赐教。仆不胜惶愧待音之至。顺候林老夫子近安暨诸先生福祉。不另。

路从周谨顿

(《教会新报》,1869 年,第 38 期)

宁波教会近事

宁波教友杨修诚

六月初六日,我宁乡公会教友齐赴主筵席者,不下七十人。肃肃雍雍,咏歌颂诗,咸感三位一体真神,鉴顾教会之恩。此间之和乐,真令人念念不置矣。其日受洗者男女二人,此二人虽各居一村,而信道一致。去岁天津事变谣言纷纷,吾乡尤甚。因而宗族劝阻者有之,逼迫者有之,或用恶言讥刺,不一而足。而二人非惟不惧,益坚信不疑,刻志进修,每逢安息日必赴讲堂礼拜真神,其信心之笃与事主之诚,历患难不变,洵足录也。嗣后凡我同教兄弟,务须切求圣灵丕降,使圣教流行,普救斯民,庶几真道蒸蒸日盛,信道之人必时增于圣会也。

(《中国教会新报》,1871 年,第 147 期)

宁波长老会事略

宁波教友

同治十年八月二十九日,耶稣教长老会集于宁波江北岸教会堂。至者外国教师四人，中国教师五人，治会长老八人，和衷共济，议商会事，至初四日始散。兹将今年教中大概情形，无论善恶，并请登报，俾众感知夫福音之流行于中土也久矣。蒙神及主耶稣基督逾格鸿慈，而信道之人蒸蒸日盛，我长老会虽未得教化大行，亦可述其一二。考今岁长老会境内，大概情形与去年相似，然八支会中多有可喜之事，亦有可悲之事。夫可喜者，必神恩默佑，以护之也；而可悲者，殆吾人自取，以酿之也。所谓可喜之事，即今年支会沐神之泽，咸享平康，而男女信道受洗者，共有四十一。析而言之，宁波教会五人，鲍家塔五人，余姚十五人，山北二人，西山四人，上虞二人，杭州四人，新市四人。其中归教者，皆能黜华而崇实，去暗而就光，虽未造于纯全要，皆有圣灵之善果也，岂非事之可喜者乎？所谓可悲之事，即今岁诸支会被魔所害，不得安顺，而男女以教律黜革者，共计十人。析而言之，余姚教会二人，鲍家塔二人，西山北二人，上虞二人，杭州二人。其中离道者，或明知而故犯，或偷生而畏死，虽未至于极恶，要皆为肉躯而妄行也，岂非事之可悲者乎？其余诸支会，虽无遭此不幸之事，而当劝当责者亦有之，或因见之不及，或因治之不严，以致违犯圣诫者，隐而匿之，是实不悲之中之尤悲者也。至于可喜之中，更有数端在焉。今年婴孩受洗者一十九人，初慕真道可望有成者不下数十人。安息日课读圣书者，各堂多则三十人，少则八九人。乐输捐资亦增于往年，约计有三百四十千之则。另在新市建一新礼拜堂，业已告竣，而听道问道者陆续不止。又长老会每年二次考试学教师者，九人悉见上达进境。若此者皆喜中之美事也。抑可悲之中，亦有可慰之事存焉。即信道逝世者五人，其临终时不第无畏葸之心，而且有安寝之状，此实悲中之慰事也。由上而观之，可喜之事约十居其八，可悲之事约十居其二，苟非神恩之深、神能之大，而我辈罪人，焉能获此？且可悲者，亦神之所以警惕我治会之人也，俾吾侪自慎，亦慎全群牧，夫神以己血所获之教会，不使残狼入我中。故由喜而言之，我侪不得不鼓舞雀跃，同心赞谢，荣归三一之真神；更由悲而言之，我侪不得不咨嗟抑郁，切心痛悔罪负自己之一身。自今以后，凡我同人，特当儆醒为主之忠仆，力播福音，尽己之职守，且恳切祈求愿圣灵丕降感格亿兆万民，使信道之人日增月盛，而信者之心尽善尽美，不复见有麦中之稗也。

（《教会新报》，1871 年，第 166 期）

长老会大会记

杭州长老会教友张宁奎

同治十年九月初七日，耶稣教中国长老会大会于浙江宁波府之江北岸集于礼拜堂，是日赴会者，宁波教师九人，长老七人，上海教师五人，长老一人，山东教师二人，长老二人，广东教师二人，长老一人，北京教师一人，共计中外会友三十人。其约期而未到者，则福建、北京、日本诸教师也。大会既集，前会正倪维思先生率众礼拜，以《新约》"提摩太后书"四章五节末句"尽尔之役"为题，讲毕祈祷。公举教师狄考文先生为今年大会正，再举教师来恩施为外国佐史，教师张凤崑为中国佐史。其大会也，自聚至散，总计十有四日。其间所议诸事，皆赖神恩佑，和衷共济，颇称顺遂。所有议成事宜已别载于记录簿，俟缮清本交印书局刊印再行布告。兹先将本大会所记四老会辖下各公会近时教化大略请登于《教会新报》，呈请诸君观览，其略如左：感谢神暨主耶稣基督鸿慈，使福音自西徂东行于中国历有二十余年矣。虽吾耶稣圣道尚未沛行于中土，而教化渐兴之象，实已兆[1]基于此焉。查今岁本大会境内情形仍与去年相似，宁波老会新增教友四十一人，上海老会新增教友六人，山东老会新增教友四十人，广东老会新增教友八人，合计新增教人九十有五人；小孩受洗者，四老会共三十人；男女塾中学生，四老会共三百余人；安息日课读者每处多至五六十人；企望受洗进教者亦复不少，并且公会乐输捐金较前尤多，四老会共捐之金约计六百六十余千。又宁波老会于德清新市镇建立一新支会，并新建礼拜堂一所。上海老会分设讲堂三所，一在昆山，一在太仓，一在嘉定。山东老会于平度地方亦新立一支会。其所用堂费，均由本地教友自给。此皆各公会欣喜之事，吾侪应当于神前鸣谢。至若四老会内黜革者十八人，辞世者八人，且有数堂不能同心协理会事，深为隐忧，总由我等疏于谨慎负罪莫逭也。惟愿中外会友一心一意，恳切求神丕锡灵贶于各公会，俾教友与传道者咸得为主之忠仆，恪守诫命，亦使通国之民闻道速悟，脱离魔网，归诚于神，共享太平之福，同和永生焉。

（《中国教会新报》，1871年，第166期）

---

[1] 原文"兆"疑为"肇"之误——本书编辑者。

宁波教友来信（附答）

福州美以美教会岛肩木先生在二百零五卷《新报》内提及"请商各会庆祷大婚事"条中"凡中国各教师、教友先行约期集议,当循中国礼仪"句,未识要循中国何仪？请问尊先生来示指知,以解茅塞,晚静候嘉音也。专此。禀候金安。宁波教友陆信义拜询。九月朔日。

余谓"当循中国礼仪并遵圣教规矩,两择所宜"者,意在教友中有职或衔者,是日皆具顶戴礼服；无职者,是日或衣袍套或着长衣,一体入堂祈神祝福皇上、皇后大婚之喜,而未知各会中国教师、教友以为何如？故特请问。今辱来书询及,且以为此语出自岛肩木先生者,想是阅《新报》时尊务纷繁,未分节段,误将两段而认为一也。襄理《教会新报》,教弟葛重生谨覆。

（《教会新报》,1872年,第207期）

宁波长老会近时清报

且吾耶稣圣会,譬根株之相附,犹手足之相连,但以各守一隅,苦关山之多阻,动离千里,怅觌面以无时,故欲联千里于一室,忧乐与同,合天下为一家,患难与俱,使误者正、邪者返,苟非丽藻鸿词,曷免管斑窥豹、群集汇议,何妨集腋成裘？此我长老会老会之设所由来也。于八月二十八日老会聚于宁波江北岸礼拜堂内,教师八人,长老九人；自聚至散,共计四日。兹将今年事略登报,俾众咸知。查本年教化情形,大概与去年相若,虽可悲之事不能尽离圣会,而可述者却仍在焉。即如八支会内自西徂东,屈计讲堂二十余所,本年于姚邑临山、鄞乡雅应、杭州轴头港各添一教堂,听道者皆陆续不绝,而轴头港已纳教友九名。猗欤休哉！圣会之扩其疆界,真理随在播扬,是可述者一。大义塾二处,小义塾,三处本年又添立二处,学生共计八十余名,本年学生受洗者二名,斐然成章,裁之异日,为传道之助,宛然作磐石于我疆,是可述者二。宁波高桥、余姚周巷、山北长河市各建一支会,春三月立准师四人,本次收学生一名,使圣会之得人无异械朴作人、水清选举,是可述者三。周年内进教者宁波二人,余姚七人,山北二人,山北西三人,鲍家塔三人,杭州十人,上虞三人,新市一人,共计进教者三十二名;孩提受洗者二十名;初聆圣道详行考究者,亦实繁有徒,使暗者明、愚者达、迷者醒,是可述者四。安息日课程派读圣书,各堂内均有,小则十余人,多则四五十人;捐输增于去年约计四百千文;杭州丰乐桥与宁波高桥各建一礼拜堂,业已告成;乐捐输以同心,与年俱进,喜神殿于中土,随在咏歌,气象日新,鸿猷日广,是可述者五。而且传道者沐恩平安,虽有病革之人,膺天百禄均得如故;即暂拒悛改者三人,天父眷顾公会至深切矣,是可述者六。然而可述中亦有加我殷忧者,如叛道黜会者,余姚四名,杭州二名,新市二名;暂拒者余姚二名,杭州一名,新市一名,圣会之驳而不纯,不得不引罪于我等治理者之不力,致麦中之稗不去于会中也;初传道之地或造谣言谤我圣会,或出亵语污我教堂,虽杭州传道有年,于月前地方官出牌严拿牌上书不安本分之姓名约三十余人;此三十余人中有七人已被拿进,内二人各杖一千,一枷号一月,一枷号三月,余幸得免。后细查拿进与受刑者,皆卖地与外国教士,或作中代与租屋等人。为此,外国教士上禀英、美二国领事,领事与地方官商办,地方官许出示晓谕,并许出业人与中人释放。越数日,告示张贴,载明"卖地或租屋与洋人,例无禁阻"等语。但现今七人中,三人虽具保释,将产价一半入官,余则仍受缧拽,是皆俑自魔鬼,足可殷忧者也。更有去世男女六名,又孩提二名,就人视之,虽可悼叹,但均得安寝,反宜转悲为喜;盖神之被宠也深,则其见召也早,离尘世而登天国故也。忧之中更可忧者,如传道之地虽渐广而受洗者反较少于去年,实我等之不协力同心所致耳。幸天父慈悲为怀,信道者虽较少,究不尽绝。况传道之地虽亵渎频仍、迫害几加,而今究无阻碍;即暂拒与黜逐者,虽不能尽离圣会,其余仍素位而行,不陷于迷惑,故我等宜格外感天父鸿慈,严以持己,宽以御人,同为群羊表率,一如救主所云:"忠信善仆以事天父,庶几所许之圣灵无不常居于圣会焉"。

宁波长老会十一支会传道名单

宁波公会:宁波府江北岸教堂雷音百、浦德立;大女义塾一:监司雷;府前中街教堂路介臣;平桥头教堂谢元芳;鄞县东南乡公会、陈婆渡教堂郁忠恩;姜山教堂陈雪莺;雅应教堂路振文;任家堰教堂李良会;鄞县西乡公会、高桥镇教堂徐嘉铎。绍兴府余姚县公会：余姚县连环街教堂鲍光熙；义塾一：教授王令全；丈亭教堂管仲贤；临山教堂陈金钟。山北公会：东塘港教堂张凤昆、徐越琛。浒山公会：浒山教堂叶尚圣、周维庆。长河市公会：长河市教堂陆同华；义塾一：教授杜炳绅。周巷镇公会：周巷教堂杨邻交；义塾一：教授鲍哲桂。上虞县公会：上虞县城内教堂谢行栋；义塾一：教授张凤科；曹娥教堂楼品芳；义塾一：教授余延祝。杭州公会：上皮市中街陶锡祈；丰乐桥来恩赐；丰乐桥教堂张宁奎、余状福；大书院一：业师吕文振、监司陶；轴头港教堂周延沐。新市镇公会：新市东栅教堂包孔嘉。

（《教会新报》，1872年，第209期）

宁波教友挽诗并序

葛牧师客华宣传耶稣圣教十有二年，品行才学无不兼优，实圣会之干城、门徒之砥柱也，况其仁爱宏深，中外所未有。三年前，为子病旋里，别时犹恋恋不忍舍，均望其再临浙地，振兴福音。及本年九月闻来宁，有期大慰众望。讵料我等得信之月正先生捐馆之时，闻先生升天日，面犹如生，病革时别无遗嘱，但屡念荣华二字而逝。呜呼！伤冬日之难留，悲仁凤之不再。子等幸列门墙，受惠最深，各赋七律，和泪以吊，短歌当哭，能不悲哉！

二律

鲍光熙

忝列门墙十二年，言犹在耳忆师传；缁帏共被仁风化，草野咸瞻法雨天；一世精神新旧《约》，半生事业《圣贤编》；可怜薤露歌声切，埋骨高邱霭暮烟。

万里知君兴未阑，重来又别泪泛澜；世无药树伤生易，天折栋材续命难；庄蝶梦惊魂有恨，蜀鹃啼彻月初残；最怜人去鸳帷寂，剩得遗孤不解酸。

又：**郁忠恩**

岂是名传第一功，菁莪雅化德声隆；支分江浙留劳迹，派衍余杭仗惠风；事主在天诚独竭，爱人如己善从同；襟期此后谁堪继，千载高情颂葛公。

乍听薤露益悲哀，遥向江头哭几回；绛帐休言歌曲杳，轮船不见好音来；新书已绎留劳阴，旧稿将翻折栋材；太息生平崇道德，年刚强仕忽逢灾。

又：张凤昆

忆自江东瞻肃容,谁知一别不相逢;镜花水月终成幻,道脉恩情实可宗;白发数茎留旧恨,青山万里渺芳踪;口碑啧啧鄞乡地,听得伤心泪正浓。

研削追随历有年,问奇从此断琴缘;缁帷雨露难重沐,绛帐弦歌忆旧传;教衍明州诸弟肃,道宣浙水寸心虔;可怜一世多征辟,未许鳣堂铎再悬。

又：三律

杨灵照

风尘碌碌总堪怜,觉世真诠荷一肩;为主辛勤忧少缺,待人和蔼费周全;文章李杜高千古,经术韩欧重百年;功德与言同不朽,回思那不泪涓涓。

中华久住姓名香,为省双亲返故乡;纵与师门重讲论,奈逢祖帐益悲伤;泪痕犹湿青山老,离恨空添白水长;十载同堂怜永诀,徒令弟子诵甘棠。

闻得先生病热多,病中呓语往宁波;速装方把书囊检,促命何期鹏赋歌;面貌如生归乐国,道心永固谢尘魔;而今幸事荣华主,屡念荣华定不讹。

其同此稿寄来之王素卿教友挽葛牧师诗,下次准登。

(《教会新报》,1873年,第221期)

收到宁波分送圣书

收到前江岸福音殿各种圣书,计同治四年十月重印刊送,又同治十年夏新印赎罪文,又同治六年孟夏中浣全印《新约传汇统》,又同治四年孟冬印《约翰福音传》,又九年小春月新印《胜旅景程正续合编》,又同治五年印《新约传》,又同治九年仲冬新印《胜旅景程续编》,又同治五年孟冬印《约翰阐隐录》,同治六年春重印《善恶有报说》,又同治五年孟夏印《保罗后与哥林多人箴函》,又同治五年仲春重印《希伯来人书》,又同治十二年十月重印《指南针》,又同治十三年正月印《主日论》,又同治七年正月印《经录问答》。以上之书皆胡德迈先生所译所撰而分送也。胡德迈先生系英国浸礼会牧师,前在西印度传教,数年嗣由本公会派至中国,于一千八百四十五年九月二十一日,即中国道光念六年八月间,至香港旋至宁波,至今犹在宁波宣传圣道。

(《万国公报》,1874年,第310期)

宁波寄来痴道人稿

读三百四十三号《公报》，有劝慰子"耶稣即神天父，即上帝，儒教异同"等辨，为教外人委曲指陈，以冀见而生悟共入其教。吁！吾子之心良可敬也，而理亦似可信也！吾华古昔圣人之言"天者，理与数二者而已，太极生两仪，五气顺布四时行焉"，此言理也；"日月星辰躔度次舍"，此言数也。至于苍苍者，则积气为之，地之上即天，一言尽之矣。《易》曰："云行雨施，品物流形"，言天之功用如此其盛，非谓天之上复有施行此云雨者。《书》曰："天视自我民视，天听自我民听"，言天无视听，就群黎百姓而寄此善恶是非之理，非谓天之上真有具耳目之质而司此视听者。虽齐东之野人邹衍、蒙庄之怪诞不经，亦未有指"天所生之人"以为能踞乎天之上操之纵之于清虚广漠之中也。西洋之教流入中国几三百年矣，创为天主、耶稣等名，各立门户，劳心焦思，冀人信从。虽浸淫沉溺入其教者，愚夫愚妇而外，稍知文墨者亦间有之，此盖无可如何，或为饥所驱，或为势所迫，不得不尔耳。余留心此道有年矣，遍览教中之书，于敬天爱人之道，亦每每言于人曰："中西相距数万里，当日周孔之道所不及至也。赖有耶稣其人者，出而化之，使人咸知礼义，是彼之耶稣，即彼之圣人也。"及阅至耶稣无父而生，五饼二鱼能饱数千人，指水变酒，钉死三日复活，四十日升天之语，又不禁叹耶稣不可得而圣矣。耶稣之不得为圣者，殆此数事为盛德累耶，抑彼之门徒当时欲竭力尊之，故神其说耶？耶稣既为女子马利亚所生，姑不论其父为约瑟为他人，必有一父在，然则耶稣明明是人也，何得谓为神？各国当称之曰"善人"，或以怪诞之语存而不论直尊之曰"圣人"亦无不可，惟不宜尊之为神。若以神视耶稣，则已浅之乎视耶稣也。若竟谓耶稣无父而生，则不特浅视，直亵之太甚也！至以天为上帝，吾华经文屡见之矣。上帝即天，天为上帝，比之拟之可也，特不可于天字下加一"父"字；加一"父"字，即有一母在，试问地可谓之为母乎？地不得称为母，天独可称为父乎？此与耶稣无父而生之语同一辙也。或又别其名曰"真神"，此外皆不得奉为神。呜呼！神称真神，是必有一假字在矣。夫真莫真于父母，假莫假于无父而能生人；天而有主、天而称父，入其教者，必将至远至荒之天父敬之奉之，而转以至亲至近之父母坟茔牌位弃若敝屣，以示归教之诚,不知人之所以敬天奉天者,以天能生人生物也;人之所以奉祀父母者,以我身何来不忘根本也。今以生我之父母祖宗而弃绝之,不知尚何取于圣人生物之天而敬之奉之也。至谓耶稣教与儒教通,引经据典而比拟之,或可也;若指其书中本本源源发孔子所未发,能补其所不逮,则甚矣。夫孔子之道,上合天理,下合人情,仁之至义之尽无一言无据也,无一毫矫饰也。吾子谓发所未发、补其不逮者,岂即指所谓无父而生、五饼二鱼能饱数千人、指水变酒、钉死三日复活四十日升天之语,能发孔子所未发耶?能补孔子所不逮耶?不知怪力乱神,孔子所不语也。"未能事人,焉能事鬼?"、"未知生,焉知死?",孔子所以责仲由之问也。此孔子所以为大圣人也。总之,西洋教中苟能举忠孝节义之大纲以勉人为善,谓人能自尽其本分则死后之所受或悉循乎生前之所行,不必确而指之曰天堂曰地狱,而人自乐闻其道矣。中外殊途,同归于一,曰"惟善而已"矣!岂有他哉?

(《万国公报》,1875年,第 349 期)

宁波寄来教会近事

二月二十四日,嵊县受浸礼者十五人。该处地方道颇兴盛,即信道者,亦颇称诚实,皆蒙主之选派也。闻尚有十八人,虽未受浸,亦坚守圣道,将来均可望其入教。长老会长和市公会于三月初八日受洗礼者四人,内二人系妯娌,乃老教友之媳妇也。宁波东乡公会求洗者八九人,闻新年另有数人,欲聆真道。又余姚公会,亦陆续有人听道求洗。此南方之好信息也。

(《万国公报》,1876年,第 384 期)

议会记略

浙宁浸会本地牧者周顺规述

西国十月第三礼拜一,议会聚在宁波府城西门真神堂内,中西牧师、教师、传道教友共二十八人,先祈祷读圣书,后议论教会一切章程,及修书奉达各省各国浸会教会,兹谨将所议之事,与一年教务逐款缮录,登诸《公报》以公同好。

一、兄弟议定下年议会聚集之处在绍郡。

一、定下次议会改为隔年。

一、兄弟举问圣餐酒与馒首当用中国物或外国物。

一、总数：教堂二十二处，传道二十三人，分书男三人，分书女一人，受浸者二十三人，荐进者一人，荐出者一人，进出者十四人，去世者五人，在会教友男女统共三百人。

一、捐项总数，捐为公并周济等项钱九十九千七百余文；捐供应教师钱七十二千二百余文。

一、书馆总数，男书馆三，男学生五十余名，女书馆一，女学生二十余名，一学习传道者二人。

光绪二年十月
耶稣一千八百七十六年

（《万国公报》，1877年，第423期）

宁波乡间会堂略成

宁波东南乡立公会十年于兹矣，通会教友约八十人。前堂太狭，兹蒙前任长老麦嘉缔先生出资捐助，兼全会教友竭力捐输，已于陈婆渡地方新建礼拜堂一座，可坐二百数十人；牧师郁忠恩住屋楼房三间，又平屋七间，教友厨房并栖息之所，于前月落成，定本月初十日上午十点钟开新堂行祈祷礼。是日，天朗气清，贺客并教友齐集堂内，美国牧师雷音百升堂领礼拜，择《马太》十六章十八节为题，言立堂之要，分三段剀切指示。浸会牧师高、寓杭牧师郝、寓宁牧师蒲，以上均美人；谢行栋（上虞牧师）、鲍光熙（余姚牧师）、徐嘉仁（高桥牧师）、路振文（浒山牧师）、杨修诚（周巷牧师）、鲍哲才（上海牧师）各申贺意，并略加劝勉后，监督会陆姑娘（英国闺女）鼓琴共咏新堂诗三章。祈神祝福后，午餐宾朋满座，觥筹交错，堂之内外悬灯结彩，热闹异常，正所谓"胜友如云，盛筵难再"也。是日教外人有自二三里，或六七里，到堂者络绎不绝，不下七八百人。十二安息日，系圣餐期，赴主筵者，较往时为多，有一长一幼受洗，惟望天父祝福，如《诗篇》八十七章所云，幸甚慰甚。

杨修诚笔述

（《万国公报》，1877年，第452期）

宁波长老会近闻

门人陈书绅题赠

雷音百教师寓宁设教十有二年，拟于本月束装回国，有越二年重来浙宁之说。前任宁波公会牧师张凤昆因案革职黜会，会中事务系雷牧师暂行代理，兹教友公具请书延原任高桥牧师徐家镐先生兼理宁会牧师，业经老会允准，已于上年十一月初五日任事，系英国教师陶锡祈、上虞牧师谢行康、周巷牧师杨修诚行礼。

去年春，特派传道者新往金华之东阳县宣讲救道，荷神鸿慈，横开福音之门，现受洗者八人，求授洗者十余人，每安息日就道者不下五六十人。

（《万国公报》，1878年，第478期）

长老会于宁波议事

美国长老会之西国牧师、教师，现于中国各省传道者多矣，每年皆有聚支会之期，五年一大聚集，是因议会中诸事而轮派年月地方也。现今是本月应聚之期，乃在宁波会议，所以在苏之费教师启荣现已来沪，不日同沪上范教师诸人赴宁也。其浙属之人，想由浙省而至宁也。

（《万国公报》，1879年，第526期）

宁波祈祷会记录

（一则。此会系中国每月第一礼拜后之礼拜五聚集）

客腊初十日礼拜五下午三点钟，宁城祈祷会集于城西之真神堂，美国浸礼会周顺规先生领礼拜，唱诗第一百廿九首，自祷后读《哥林多前书》十二章四至十三节又三十一节，以"尔宜切求至美之恩赐"为题，请美国长老会路介臣先生祈祷，唱诗第一百廿二首，讲论开端言"灵之示赐于诸人以致益也，如增知识加信德是也"；讲"求至美恩赐"，以"所罗门求聪明、以利沙求感灵"作比，一言"所罗门求聪明，以利沙求灵感，我侪何求？"；二言"所罗门为君，故求聪明，以利沙欲为先知，故求感灵，我侪系欲尽何本分、当思所求？"；三言"所罗门求聪明，见悦于神；以利沙求感灵，亦合神旨；我侪求圣灵，非亦悉合乎神旨哉？"；四言"所罗门求聪明，果得聪明；以利沙求感灵，果得感于灵；我侪求圣灵，亦必得圣灵"；又言"以利沙欲得以利亚所感之灵，故不离以利亚，我侪欲得耶稣所许之灵，亦当不离乎耶稣，勿失爱敬之心，勿离耶稣之道"；又言"圣灵既感夫古人，亦必感于今人"，且言"圣灵既感夫古人，尤望更感于我侪，较昔人维倍"。请内地会朱杏舟先生祈祷，唱诗第一百廿四首。请会众共感请开明山公会陆先生祈祷，唱诗第七十首。周先生激励数语，唱颂《赞歌》第一首。请长老会徐嘉锌先生祝福，散会。

(《万国公报》，1879年，第530期)

宁波教事近闻

长老会小子

长老会每年有老会集议，今年定聚宁波府前礼拜堂。本月初十日上午开会，美国教师二人、华牧师八人、长老九人。是日，浸会牧师晏玛太、黄品三、周顺规亦入会议事。所议之事，迨后详述。东阳县设有教会传道者三人，蒙神恩佑福音流行。客月，新领洗者十名，求授洗者四十人，而慕道者不下百人。

大英教会监督禄司讳悦理驻宁传道历有年，所热衷事主，赤心爱人，措置会务，悉合机宜，解讲圣书，令人猛醒，不愧监督之职。今秋患痢于八月廿一主日溘逝，享年五十八岁。出殡之日，中西送者数百人，其嘉言懿行，兹不罄述，谅该会友必有传之日。

曹子渔先生讳景荣，定海人也。壮年信道，曾赴山左京都宣教十有七年，历行神工约三十载。丁丑之夏，携眷回宁，自食其力，号为"罢钓渔人"。入秋以来，患痢剧，医药妄效，竟于本月初六辰正谢世，享年五十有四。著有《寓言》二集，《补纲编》一集，附刊《公报》。病中安然，视死如归，想北方素交诸君闻信之下，同深惋惜也。

(《万国公报》，1879年，第563期)

宁波老会近时教化略说

　　九月初十日上午十点钟起,十四日一点钟止,我宁波老会集于宁波府署前公会堂内,会友同在者有教师谢行栋(上虞牧师)、鲍光熙(余姚牧师)、郁忠恩(鲍家塔牧师)、张迎奎(杭州牧师)、蒲德立(美国教师住宁波)、来恩赐(美国教师住杭州)、陆同华(长和市牧师)、杨灵照(周巷牧师)、路振文(浒山牧师)、徐嘉仁(宁波高桥二会牧师),长老路介臣(宁波公会)、徐越琛(北山公会)、谢元芳(余姚公会)、李良会(鲍家塔公会)、余延祝(上虞公会)、余状福(杭州公会)、谢志永(新市公会)、徐金德(周巷公会)、邹张槐(长和市公会)。此外又有他会教师同坐,如上海本长老会教师范约翰、上海浸会教师黄品三、徐先生,内地会教师朱杏舟,宁波浸会教师周顺规、邬采芹,宁波监督会教师沈昌周。此次公举教师蒲德立为会正,所办一切皆有实记,兹择要略登报,知本老会教化虽渐增广大,然更有望焉。恳阅《公报》诸翁,于公私祷告时,代本老会切祷,使教化盛行,消戾气而瞻明光,俾千百年极敝恶俗转移一旦,其造福于吾中夏岂有涯哉!

　　窃维今年老会境内情形与去年颉颃无大异也。进教者共五十五名,去世者十八名,逐出者四名,统计现存教友,除孩提外,共六百十四名。安息日能读圣书者共三百零八名,孩提受洗十七名,义学生徒有居食者男女五十一名,无居食之学生一百九十六名,本次立楼品芳、杜炳绅、周松鹤为准试传道之职,惟期善颁真理、克成无愧之工师也。至于捐项,去年老会所报,共六百三十九千六百文,自前次派人往各公会激劝后,教友互相鼓励,本年捐洋共八百三十六元,较往年多捐三百千文,斯亦乐闻之善事也。宁波、高桥、余姚、鲍家塔、杭州,此五公会牧师束修教友自供,其余六公会或教友自供半年,或供三、四月,要皆协力同心,均望离慈母而自能食饮也。杭会教友杜元章,籍隶余姚,山北信道受洗历有廿年矣。十年前,率妻子躬耕于临安之岳山头,其为人也朴讷谦逊,虔诚事主,于捐助一事,更足称道者。今年正月一病不起,自知不久人世,谆嘱妻子代出本年牧师捐金,亦可知心夫主事至死不变者矣。其余病亡者亦皆安心见主,并无畏惧状。孰果先登,洵足信也。余姚支会新立一讲书堂,传道者之费,大半教友自出。又有一书馆,学生二十名,束修皆诸生奉上。更可喜者，有一教友，七八年前因罪被逐，今悔悟求复，斯人正如百羊亡一、荡子归亲，幸莫幸于斯矣。此固我等所乐闻，即在神前之天使，谅亦足蹈手舞者矣。杭州支会新设讲堂二处，一在上城大学士牌楼，一在城外湖墅，受洗虽无其人，慕道者却有之焉。宁会一女教友每日往邻家讲论救灵赎罪之道，束金皆该会女徒量力捐集，如孩儿初学步履，不赖西士，亦西方人士切望乎中国者。鲍家塔支会之任家堰教登施教者自乐宣讲，不取束修，反助公会洋每年十余元，足可矜式者也。我老会十一支会，境内外分派传道于远方者，又有东阳县在焉。二年前遣史善皋先生往彼宣道，觅得陆石口并楼西宅，蒙主恩佑，听道者日众。去年又遣伊长子致斌赞襄，道之兴，已兆于此矣。楼品芳先生，东阳县之楼西宅人也，今年春派往故土传教，新立一堂于郭宅，问道者熙往攘来，川常不辍，可望受洗者不下二十人。所奇者，有人患鬼病，信祷告之法，祷后病即脱体，是以畏主名而来归者众焉。本年东阳新收教友十五名，去年收八名，慕道者尚有八九十人，佳音屡报，虽曰人工，岂非神力哉！绍兴我长老会初未遣人传道，因有教友在彼，故于北海桥新立一堂，已有慕道之人，每开堂，听者实繁，有徒可欣可喜，莫不于是。虽然，亦有可悲者，如山北支会公堂今春移至小路头，听者虽有，可望入会者几希。崧厦前年立堂，至今未有人入会。即十一支会中，亦有数会无人进教。其余虽有人受洗，究属不多，况乎间有被逐者、冷怠者，悲乎不悲，特抒管见，略呈数语于同劳之侧。今日者，道之将行也，与人或生骄矜之心，功归于己，故道将行而仍未行，抑道之未行也，与人或起怠惰之念，咎委于神，故道未行而终不行。言念及此，我等其可骄情与惰意并来而负吾主之托哉！主曰："尔往普天宣福音"，又曰："孰是忠信之仆？厥主立之，督其家人，依时予粮于众"。嗟呼！惰仆有刑救主之谕辞，维确忠宰有赏，保罗之取譬最精，可不皇皇于传道，以尽奉召之职也哉！

修诚杨灵照寄

（《万国公报》1879年，第567期）

宁波祈祷会记录

光绪六年四月初六日礼拜五下午三点钟，宁郡祈祷会遵前次所定时处，集于郡城北门外之福音讲堂,主讲周顺规先生,率会众同心礼拜,颂诗祈祷,以《哥林多前书》第二章十一节"夫人之情,非灵在其内,谁识之乎?如是,神之情非神之灵亦无识之者矣"为言,总论吾侪教中之人欲识神之情与夫教外之人能识神之情,均惟圣灵是赖,故宜求圣灵降居人心,因言祈祷明验数端,如苏格兰不信之会归教之类。斯时同在者,内地会教师朱杏舟、浸礼会教师李儒怀、邬采臣长老、丁本立、邬逢生、庄礼受、黄德芳、张炳辉、魏先生等。其余是日未到者,有若长老会、监督会、开明山会是也。周教师又略提风水无益之论,又复举意询问会众,愿否按期会同恭行祈祷,请众立而选之。会众欣然允从,周教师因谨祈祷祝福,乃散。

(《万国公报》,1880年,第596期)

宁波老会书院启

且夫西士传道中邦,立讲堂以广圣教,设书院以布心传,无异械朴作人。菁莪造士,凡身逢其际者,仿佛泮水鲁宫重睹于今日也。懿欤休哉,何养士之隆欤。然而树人之益莫大乎书塾,即如我长老会三十余年前,承美国牧师倡建义塾于宁波江北岸。初立时效虽未见,而其机已伏焉。迨后诸牧师多方栽培,苦心雕琢,于是有任牧师之职者九人,准试十一人,如玉之琢大小方圆而器成焉。此外训蒙传道相继而兴者,亦属不少,屈指传道,浙江省大半由义塾栽成昔也。荷陶镕之益,今也布上主之恩。所谓幼学壮行者此耳,然则诸牧师义塾之倡厥,功不可谓不伟,而效不可谓不广推。往日逆将来传道中邦,义塾之设,乌可已耶讵。同治年间,差会迁义塾于临安,从此我宁波无义塾者十余年,若不亟为续兴,不第负诸牧师倡立之美意,抑凡事全仗西士,不几如孩提常依母怀,何能步趋耶。矧树材为传道计,诚今日不可缓之事,以西士履危蹈险,传道中邦,言语不通,风俗互异,又患水土之病,来兹者,虽不乏人,以我中华幅员之广,户口之繁,究属杯水舆薪。诚如圣书所云,穑多工少,若不培植少年英俊,力为传薪,何能广教,未闻布大命于四方哉。去年秋,质诸同人,佥欲重兴书塾,盖继先辈之志,造后学之材,收异日之效,莫过乎此。于是谋所以兴之者,乃举数人筹画经费,拟立条规,赖天牖其衷,教友举欣欣然踊跃相助,有愿每年出银钱布匹什物等件,纷纷赡助,无异昔日会幕之成。不数日而集银洋五百余元，上海各会中西教士惠赐一百六十余元，冠西丁牧师过沪闻之，赠洋五十元，教外乐善之士，亦助洋四十余元，诚可谓急公好义，不分域者矣。第书塾之设，非数百金所能成，况经营伊始，费用浩繁，捐资不敷，仰祈四方乐善君子，中西教士，念本老会培植人材，为传道起见，恳慷慨疏金襄成善举，不但福种心田，恩推黎庶，即馨香可纳之祭，吾主亦欣然接纳者矣，此启。

条规

一、本塾为培植人材起见，如才品兼优有志攻书，将来可为教师者，自当刮目相视。

一、本塾以二十四人为度，俟将来捐有眉目再行加增。

一、学生拟定十岁、十一岁方准来读，其父母必详开姓名、住址，并要确实保荐本塾，察核合例者定期入塾。

一、来塾者，宜先读书识字，可按次就班。

一、来塾经试验后，须立关约，不得半途而废。

一、诸生来塾，铺盖、茶饭、桌榻、床帐、笔墨纸砚，皆馆中供给。

一、诸生能自备资斧，适合设馆本旨，倘无力全归者，可商馆董酌为补助。

一、一年大考二次，须老会派人考验，如所习礼仪、背诵讲解诗文等学大有进境，酌为奖励，倘有懒慢，不循规矩，经业师严加教训，仍不愧奋，便是弃材即交保人领回。

一、学生入塾至十五岁，甄别一次，除天资颖异，照旧肄业，外凡禀资鲁钝，无志于学者，出馆就业。然有资禀，虽愚能奋志前程者，准其课读，以示嘉纳好学之至意。

一、学生如资质平常，而父兄必欲其由困至成，愿出一切费用，亦听其留塾课读。

一、满馆日须老会派人考试，如与满馆条规无违，方准给伊文凭出学。

一、本塾延名师二位，必求品学兼优、精神充足，方可延聘。每月定以修脯若干，并将馆规送阅，愿则受聘，庶无两误。

一、外会子弟，如喜本馆附读，准其来附。

一、老会每年预派数人筹画经费，并与馆师商酌一切事务，不时巡察须内外交督相与有成。

一、入塾读书逐年功课另列详细条规,俟酌定再为登报。

一、此举乃本老会境内,并各处捐集每年某地、某人捐若干,某项、某件用若干收付帐目,一一寄登《万国公报》,俾得周知。

一、以上条例,系委员办预拟呈报老会,尚未准定,迨后或有增减,再当布告。

老会委办:郁忠恩、张宁奎、蒲德立、鲍光照、杨灵照、徐嘉仁同具

(《万国公报》,1880年,第600期)

宁波高桥公会近事

本会教友谢柏英识

离宁城十里许,土名新桥,有教友包姓者居焉。一家八口,大半皆信救道,以经计力田为业。溯进教以来,仅四五年,皆安居乐业。凡从前所信奉诸邪教,如演戏、迎神、赛会等事,早已断绝不为。但教友虽不欲与分邪事,而该处教外人,终不肯休。每逢赛会、演戏日期,约同二三董事者,至其家写钱,上数年,包等皆以婉言推却,明言我家已信耶稣救道,只崇奉独一真神,此等邪术左道,向因不知,虽亦曾敬信,今已知其为土木偶像,非但我家不当出钱,即尔等亦当遗弃为是。诸董事虽一时不敢强索,然已积怨在心,久欲雪此恨事以为快。今年春,二月间,适值该处迎赛会期,知上年数番写钱,皆属徒费唇舌,反被教民讥讽,今年须另换新式,遂纠合十数人,将该教友所种蔬菜,尽行割去,约值钱六七千文,又公然插牌田中,写"喜助东狱大帝"字样,后教友知觉,往董事家查访,直认不讳。且云,明后年,又将仿此而行,教友不知所为,祈得往告会中先生。而会中先生,因其事有关教道,遂至该处查看,果然菜畦一空,当即投地保,至董事家理说,且告以此事有违中西和约,必要赔偿。诸董借偶像之名,仗众人之势,声言既行之,复偿之,羞辱极矣,必不能为,任汝禀官。我会内不下数百人,已定意同上县堂听审,虽千言万语,总不济事,治会先生,不得已,将其事告西教师麻维理,遂互相商议。若非禀官,恐远近皆相效尤,事更掣肘,当即写实事,以备禀告领事。是夜皆为此事祈神扶助,至冀日,我等皆转念,不如约同麻先生再去一说,看其如何情形。因思一成讼,定多龃龉,如官秉

公办事，诸董事之家皆将破败，将来与该教友结怨更深，倘官因人众而偏护，则教友之冤，仍不克申，反为不美，又念教外人，昏愚可悯，自当再三忠告，庶于心而无所遗恨矣。于是约会三人下乡，并持总理衙门谕单，至是处，邀集族众，互相讲谈，虽其中不免有强项者，胡说者然亦有，照例作谈者，反复辩论，为时良久，始许赔偿大钱二千六百文，且云，下年必不敢再割。麻教师等，想既如此，复和好为妙，而该教友亦愿省事，于是两下具散，而我等复至教友家祈祷，谢神恩。后闻迎会日，彼等自知惭愧不复向该教友家门前迎过，由他处绕越，亦属快事。此事本无大奇，仆所以记之者，欲令凡我同事、教长等，须知近今传道，虽有和约准行，官长保护，如遇民教难事，毋遽藉人势从事，须全凭神力安排也可。

(《画图新报》，1888年，第1期)

甬北礼拜堂生命册序

尝读《经》而知名必登生命书者，始可免黑狱之沦亡，应苍穹之荣福。童年诵之，至今未忘。或有难之者曰：此生命书，乃主藏于天城，至尊至荣，名登其上，自能获祉，非今日各礼拜堂之名册，出自人手，即登入其中，无关荣辱者比也！余应之曰：《经》不云乎"缚于地者亦必缚诸天，释于地者亦必释诸天"，然则在地之名不入册者，亦安望在天之名能登书乎？生命册之郑重如是，人其可忽之乎哉？岁庚寅，夏已过半，余由蛟川调赴甬北，入其堂则不见有名册之存。询诸会友，皆以乌有对。於戏，名册为一堂众友登名之书，亦乌可任其遭失，使会中各友，其姓氏皆不得稽考。前之不知无论矣，今知之而复不为之立册，我罪其可逭乎？爰乃采询各友之姓氏，汇登斯册，使后我者确有所据，而各友之姓氏，自一目了然矣。纵访查之余，不无遗忘，或作恶太甚，亦多有按例割绝者，惟望三一真神，隐为眷佑，默为劝导，使在册之友，或有信心未坚，遭人事之扰缠、几乎中道而止者，而能引入范围，不至若逃牧之羊，自迷歧路，且使信道之徒，日见其增，皆能勇于为义，作会中忠贞之仆，为旗下坚劲之兵，不致若滥竽充数，则下之名入于册者，自上之名登于书也。余实深有所望焉。是为序。

主降世一千八百九十年，即中华光绪十六年中秋日，执甬北教堂事，自惭不如人序于堂之惜阴书馆。

(《画图新报》,1891年,第10期)

第六次中国勉励大会全录书后

美国林乐知著　东吴范祎述

本年四月上旬,第六次中国勉励大会集于宁波。一时中西人士,由四方来会者,至数百人之多。本馆得其记录读之,诚大观也。统计全录,美不胜收。今姑摘取邢孟文君所述勉励会之源流,以念阅者。

其略曰:考中国勉励合会,十二年前业已创设。而推广之功,应早举行。所以迟迟未行者,为未选派一人,专任是事耳。勉励会之起点,由现任合会总会长许高志牧师倡立是会于福州。迨后八年中,各省闻风,相继创设是会。如广东、宁波、上海、北京,无不争先设立。一千八百九十三年,适值地球会长嘉教士到上海,多方鼓励人心,以设是会。至一千八百九十四年,始有第一次勉励大会,开于上海,而各省遣使赴会者,决议是会之名目称曰"勉励会"。后约有数年之大会,均集于上海。一千八百九十七年之大会,据各使者之报告,计八省中设有一百十六会之多。至第二年议定,凡开大会,须使各省均沾大会之利益,轮流团集。一千九百年第五次大会,遂开于福州,维时嘉教士亦赴会焉。计是年八省中设有一百四十二会矣。同时,上海、天津亦举行大会。而北边所设立,计有勉励会三十余处。惜此会尚未散,值拳匪猖獗,而是会与别等公会之工,皆从此而停止。约有数阅月之久,且有多数之勉励会,亦由此解散。更有甚者,如山西、直隶二省之会友,遭害者亦不少。迨后各教会重新振作,而北边之勉励会,亦复兴盛,如前之热闹焉。查第五次大会后二年,惟福建一省之勉励会,已大发达,会数增至一百二十八会。而宁波长老会属之勉励会,亦每年聚会,为勉励会年会。盖自直隶一省遭乱后,幸公理会中人再行设立勉励会于各府县,惟不复如前之发达耳。为拳匪时所解散之会,若再行续创,此亦不易焉。即山西一省论之,自一千九百年后,其进步可谓迅速,闻有会友一百零二名。属于一处之勉励会,现调查尚有数会,早称为"勉励会",而后改名,其章程与勉励会相似。近今在书院中之勉励会,愈形兴盛,为接受青年会之一助焉。溯自前五年，而至今日，勉励会异常发达之气象，足可证明有堂会之处，不可不有勉励会也。现合会处接有报告，计在中国全境内，除广西、贵州、甘肃、云南外，设有三百四十会之多，而十八省外，如满洲、香港、台湾，亦创有是会。质之中国全境内之教会，无不啧啧称善，以为勉励会之有益于各公会之各项工作，非浅鲜也。现尚未能调查勉励会会友之实额，为未接有总报告之数，惟于合会处售书一事，可悉其大略，计售出勉励会题目并祈祷会题目，约一万五千本。由是推之，而会友之数，应有一万五千人之多。观现在勉励会既有如此之兴盛，则日后自然时势之发达，诚不可限制也。忆一千九百零一年，提议在宁波开第六次大会，所应办之事，而是时适当美国开行万国勉励大会，聚集开捐，以应前福州大会时所议；选派一人，专任勉励会推广之事。至一千九百零三年春，嘉教士派一副办长，以二年专办勉励会事宜，令彼驻扎上海，其办公所，设在长老会美华书馆内，至如会中各项委办，亦就地选派，以便就近与副办长同心戮力，推扩勉励会之工。前五年各委办在福州所定之章程，深望凡设立勉励会者，宜此作为定章。究之虽勉励之章程，未经大众认可，然已有合会之会友，共一百二十人，均签名认可。万国勉励合会所选举各委办，酌定副办长所当行之事如下：一、管理往来函牍，记录各处设立勉励会，并刊印单篇或簿本书籍，或英文、汉文；二、游历各处，授以各种设会之法，并聚集勉励会会友，互相勉励；三、每月宜预备各种新闻，译成华文，登入报端，以供众览。是以现时勉励会，似乎推行各境，如满洲西人避暑处，均有是会。余自一千九百零三年冬季，往满洲一带设立是会。至一千九百零四年冬季，往河南、湖北倡立勉励会。此番游历，深谢彼处之教会，鼎力相助，致稍有成效，且蒙彼处之人，欢然接纳，许我乘机设立是会。至如往福州、厦门、宁波、广东、北京、南京、上海之各勉励会，足壮观瞻，为井井有条，而结极度之热诚。会中人勉励之心，亦骎骎乎大有日进之势。盖彼处教士在祖国时，业已洞悉勉励会之法，与其有益处，且有一二教士，老在中国，实具有见识，而能如此留心。是会在上海一隅论，共设有十三会，据云尚有数处，亦将创立是会。福州、厦门、宁波之勉励会，每年聚集一次，曰"同邑合会"。惟北京与南京，尚未有此等合会聚集之举。想为时未久，亦能成有合会之集，致彼此互相交通，互相鼓舞耳。查各处之勉励会，近来有此异常发达，实因前印度副办长回国时，顺途到处，宣讲是会之有益，且特往福州、厦门、广东、上海等处，于大众中高言宏论，听者心倾，莫不受其激动，而倡立勉强会于其本属。余之所深望者，乃内地稍远之地方，若能蒙本处传道之人允可，同行而种勉励会之种子，则异日定卜有千百倍之结实焉。幸近来铁路盛行，由此可至内地，而谋推广之工，以愚观之，勉励会与教会有密接之关系，因是会无论设于何处，即倚托于何处之教会，如勉会合会创办以来，所有函牍，皆倚托彼处之教会，致相往来无间。且有多数新设之勉励会，实从合会处所售书籍，由教会递寄所致耳。如江西与浙江两省，有许多新立之勉励会，皆由教会协力相助，故虽有人迹难到之处，亦创立是会。或有一二稍远之处，虽已设是会，而合会处未接有报告，间亦有之。合会首次刊印一书，颜曰《勉励会要旨》。原书系万国会长嘉教士所著，幸蒙英国教士季理斐译成华文。未几，又译成官音，以供众览。此书购阅者不少，是书附入《勉强会愿词》。一千九百零四年，勉励会祈祷会题目，译成华文后，统计售出六千本。一千九百零五年之祈祷会题目，印成二种。一其式如小本之书，二如单张。共计售出单张八千张，售出小本四千本。且各等教会报纸中，均有刊登勉励会各种新闻，并祈祷会题目讲义，以及诸位演论，实有大益于阅报之人。如《月报》《画图新报》《通问报》《中西教会报》，皆可采用。据现时之情景论之，而勉励会之价值，于中国不可计也。余计所接往来函牍，皆证明是会之有益于堂会者，非笔墨之所能形容也。且皆许日后偏设是会于各堂会，盖会友入勉强会后，其心灵益觉活泼。余觉今日中国各教会之用勉励会，所有之成法，施于本堂会者，实有过于美国初行是会于中国之冀望矣。其实此会非但为青年之人起见，且成为一初生之教会耳，为是会中各项执事，与祈祷会题目，真能使各堂会生起自主之心，且成为自备资斧之堂会。余忝膺是任，二载有奇，谨将所有亲历之事，敬以二事略陈其管见，付之公评。一、将来美国或英国所派出之教士，皆由勉励会中习练而来；维时中国之勉励会，谅已通行偏设，则所派出之教士，不拘何往，且不必再申另设是会之举，移勉励会之全力全意，使中国之教会能成为自立自备之教会。二、勉励会之经营，诚能使华教友生起新思想，并能深晓基督教宜当如何。而勉励会之法，使其尽心习学，成为自然之时势，互相感激，互相勉励，由此方能以道居心，始终事主，而中国之基督徒，定蒙上帝重新赐以无穷之福，未始非由大众青年之基督徒所召耳，且当以勉励会之格言，铭刻一生为主云云。以上皆邢孟文君所述也。

记者谨按：勉励会者，起于美国之公理会与长老会，而在美以美会与监理会则一称"务德会"，一称"益赛会"，实则皆青年会也。此种青年会，皆为本公会之附属，而关系于青年之德育者居多，无论男女俱有之。其不为一公会之附属者，则曰"青年会"。各会规制，大都每年有一大聚集，以道德相助勉，以热心相鼓励，合全群而谋进步，是其最大之宗旨也。

虽然大会之益，如上文所云云外，以余论之，尚有三事，请毕其说，用告吾党：

一、使青年熟于自主与自治之法，而成为国民也。夫教会者天国之事，本不干预人国。然吾人皆有两种义务，一为天国之民，一为人国之民。而为人国之民，莫大于有自主与自治，必以选举权为基础，选举之模范若何，并无专立之学校。彼青年者，自幼即与于此等大会中，习见公举公选之规则，他日成为国民，其自主自治方能应付而有余。今中国立宪之机已动，将来议院成立，谁为之备豫乎？全恃此等大会早有以养成之而已矣。

二、使青年得联络交通之便，有言语统一之希望也。中国之人所以不联络、不交通，令全国如散沙不能成为团体者，言语各殊，为之障蔽耳。若此等大会岁易其处，居者虽限于一方，而来者则皆东西南北之人，万难各操其土音，以相交接，于是必取一种公用之官话（"官"字即"公"字之意），始可通款洽而致诚悃，斯亦造就青年之要端，而异日由言语统一以得全国之联络交通，固振兴中国必由之路也。

三、使青年知有世界主义，而化其仇敌外人之心也。此等大会，中西人士集于一堂，无所隔阂，欢然相迎，蔼然相接；又以各处学校，皆已英文盛行，故明英语者亦渐多。彼青年对乎此而生其世界主义之思想，不再歧视外人。夫今日之青年，不久将为政界、学界、商界之主，苟取其仇敌之根性一变而成亲昵之交情，则中外和平之幸福不可胜享矣。

余读勉励大会之记录，辄发其余意如此，阅者欲窥全豹，则成书具在，非本报所能详矣。

（《万国公报》，1905年，第203期）

宁波教会新闻[1]

宁波通信。顷接宁波偕我会徐学传牧师函,寄宣统二年宁波传道联会第十集知单曰:宁波传道联会于宣统二年春季为第十次聚期,本期改章为"传道研究会",合聚在江北岸槐花树下礼拜堂内,并预备寓屋,俾聚者得同食同宿,以一心志而免奔走;兹将序定其事于左(原稿限于篇幅不及全录,择优刊登,阅者谅之);计开二月十八日下午,由本年会正牧作霖领众开会;首请长老会牧师徐家镐主讲,再请安立甘会牧师沈载琛续讲,晚会请浸礼会牧师姚士美主讲。

十九日上午九点开会,首请安立甘会慕秅德主讲,再请浸礼会牧师高雪山续讲。下午一点首请徐家镐牧师主讲,再请安立甘会教师马宽裕续讲,晚会请偕我会牧师徐学传主讲。

廿日上午九点开会,首请慕秅德君主讲,再请浸会牧师戚启远主讲。下午一点,首请徐家镐君主讲,再请安立甘会教师徐家恩主讲,晚会请长老会牧师鲍明鉴主讲。

廿一日上午九点开会,首请慕秅德君主讲,再请内地会牧师巴显荣主讲,下午一点首讲徐家镐主讲,再请长老会牧师路振文主讲,晚会请偕我会教员袁礼敦主讲。

廿二日上午九点开会,首请慕秅德主讲,再请长老会牧师倪文炳主讲。下午一点由会正开会后,即请会众各言其平生所遇神赐恩券之事,惟起言者不得过十分钟,四点一刻闭会。

(《月报》,1910年,第12期)

浙省教务麟爪

庞子贤

浙省第八次联会在宁波府前聚集,苏联会代表李云笙赴会参商,一切情形已见前报。兹悉该会议得两端要题,摘录于下:以三年中有一次由江浙两联会各会使合开大会一次,地点苏浙轮转;再英书记柯达士主张,教友每被同族强逼跪祭祠宇,

---

[1] 该标题为本书编辑者所加。

应请长官按法办理。议决由各公会推选代表,联名函致杭州巡按使交涉,使饬知各属禁阻强逼祭祀,以除虚假而重信仰;当经会众赞成,已由中西书记缮具公牍,呈请屈巡按饬温交涉使佩珊转行各县知事查核办理矣。

(《兴华》,1915年,第23期)

宁波中华基督徒会募捐启(来稿)

吾国百余年前,未闻耶稣救道。自西教士航海东来,出囊资,建会堂,阐扬圣教,不遗余力,于是信道者日众,传道者日广,而创立教会亦日益多。凡此皆西教士之热心,归荣耀于上主,而吾华人无闻焉。不知当仁不让,遑论中外?况外人既以提倡圣教为己任,吾华人目视其忍苦耐劳,不一辅助,于心忍乎?且外人尚牺牲资财性命,以援吾同胞,而吾顾漠视不关心,依赖成性,而不一创立建设,以自救同胞,于心安乎?然则宜若何设施之?曰:吾郡十余年前,本有热心教友,发起自立公会,仿照上海中国基督徒自立会办法,赁屋开堂,由各教友轮流布道,特以经费未充,规模未广,信道者虽日有其人,而终嫌不能及远。拟于吾华人中捐资扩充,聘请牧师,专任其职,非故离开母会,实因天职所在,同为天国之民,不能不共服天国之务耳。且以本国人,而救本国之同胞,亦义不能辞。惟经费一项,须预为筹画。语云:众擎易举,独力难支。所望笃信圣道者,解囊慨助,庶几集腋成裘,共襄盛举,将见圣道广行,偏于华夏,吾中华自立公会,亦得与欧美诸国而并盛焉。是为启。

收捐处:宁波西门内缸桥头真神堂

    戚启运收

募捐委办:戚启运、邬光道、施秉璋、周吟甫、丁育三

(《兴华》,1918年,第34期)

宁波府前教堂七十载志喜

镇海盐务秤放收税局局长长松寿夏清瑞稿

维民国十年,双十节后,旬有三日,为古董长老会,建堂七十载纪念之期。邻会均申贺悃,拟刊联语,以垂永久。时林牧元珏先生,三莅敝庐,星夜就请撰句,大有

迫不及待之势。讵余随侍高堂,为承欢计,若关若邮,朝发夕至,四十年来,屡却远道之聘。今秋邂捧檄委,长镇海监务秤放局,兼官收税,强而后可。然沉沉大梦,仆仆前尘,尚何暇雕虫炫异,复贻笑于方家哉?奈忆迷信偶像者,且甘庙刹枯题,以尽义务,兹既两全情义,不计拙工,姑允克期之请。爰向该堂主任,询溯本原,始悉是堂建自丁公韪良;未几而应公司理,又为造梯;苟美苟完,人才辈出,相埒古世所称撒冷;其间署牧缺者,西士七,授牧职者,华士四,核计十有一人,而列在第十者,徐前牧家镲先生是也!是善牧也,是善颁真理也。即其治以殷勤,怬以喜乐,供圣徒所需,柔远人之来,惟谦是从,勿智是恃,抚羊如己出,羊亦奉之如召父杜母。此之谓羊牧,岂使骄且吝者,所可同日语乎?内外口碑,要非阿好,居今思昔,惟愿堂以人胜,人以堂传,逮至八十九十载、百载千载万载,而厥名不朽,庶本今日荣庆之宗旨也夫。是为跋。

我室原为祈祷室,鸿基叨厦庇;创成年历七旬,本福音以宣教;设堂分江浙而遥,看奋兴开会、勉励开会;高阁矗郁城,相堪海瀣山陬,均沾手泽。

尔身实乃执事身,羊牧叙舟忱;继任数才十一,果忠智之宰治;毓才合中西并茂,快圣品有人、博士有人,兆民归乐国,漫道丁男子妇,共爇心香。

顽顽歌

得顽顽处且顽顽,三一校中秉笔闲;最是霍门桃李盛,英才今日说难攀;流水高山调已删,得顽顽处且顽顽。凭拈秃劣毛锥子,一纪光阴浙海关;城邮主任心何足,为侍高堂甘屈蠖;得顽顽处且顽顽,谁毁谁誉恁荣辱。倦飞鸟岂不知还,五斗折腰太厚颜;收税官兼盐局长,得顽顽处且顽顽。

(《新民报》,1921年,第12期)

宁波教会通讯

(浙江)约伯

上月北堂聚三堂总晚餐,乘便开柯义培西牧来甬欢迎会,列席者四百余人,主席牧作霖牧师。礼毕,施洗礼十余人,受晚餐而散。按柯牧年廿五岁,父亦牧师,新从神学毕业,当离英国时,在闭步江边,遇孩子失足堕水,君一跃下水,力提上岸,衣履尽湿,巡士叩其姓字,登报称谢,其勇敢可知。愿伊勇敢往前,建设本会焉。

一月九日,德牧师新由英莅甬。按牧师十五年前,在云南布道,作工十余年,故人情、风俗、国语均谙熟。敝人与黄美成君,隔日授以方言,想不日即能对众演讲。人既老诚,经验宏富,本会获益不浅。

大议会订定夏历正月十二、三日,开会于斐迪大学堂。照本会定章,三年一调,今届调动之期,必有一番大更动。十三日议毕,牧作霖牧师,即辞别会众,登轮往申,就大英圣书公会经理职务矣。回想本会,前年去一良牧烈德理,任山东干事,今又去一牧师,幸有柯、德二牧,先后莅止,教务庶无搁浅之患。

(《兴华》,1923年,第5期)

宁波圣道公会大议会略志

(浙江)廖毓明　黄美成

宁波圣道会于本年二月廿七、八两日,聚大议会于斐迪大学,先于廿六日晚开欢迎会于北堂,并有施秉瑜、顾保强两君报告去年全国大会经过事。廿七日上午开正式议会,会长牧作霖牧师主席,出席者凡三十二人。兹将关于会议要件略志于后:(一)多派传道人,增加传道人薪水,自本年四月份起加。(二)体生医院由吴莲汀医士接办。(三)斐迪大学须有本会中国人为该校副校长,以补助费培植真正贫寒优秀教中子弟,要求差会准行。(四)神学生王福生君,于去冬病亡金陵,丧葬费尚欠八十余元,除差会补贴外,其余五十元,由中国人担负之。(五)选举神学生,施煜方君当选,并规定公会每年洋贴洋一百六十元,神学毕业后,每月薪水洋廿四元,余约均照前章。(六)自助会基金,由委办专存银行生利。(七)传道人调任地点如后,均于本年阴十月第一礼拜调任。

(1)宁波区:顾宝绥(开明山)、黄桂林(体生医院)、施明恩(姜村)

(2)镇海区:桑保廷(镇海)、林云棠(肚斗岙)、盛辉谟(骆驼桥)

(3)浦口王区:凌尊荣(火烧州)、立湖(浦口王)

(4)松岙区:叶宗基(邹溪)、林光大(裘村)

(5)西华区:张桂馨(西华)、廖毓明(马渚)

（6）象山区：顾宝祥（象山）、萧梦传（东乡）、倪祖乾（西州）。

（7）石浦区：黄美成（石浦）、黄崇信（新桥）、李锡三（南田或鹤浦）。

（8）浙江联会代表：黄美成君。

（9）宁波本埠传道联会代表：德道扬君、林元珏君、顾宝绥君。

（10）历日单筹备委办：顾宝绥君、黄美成君。

（11）本会各堂沿革史编辑委办：徐学传君、黄美成君。

（12）助道士修养会委办：德道扬、柯义培、顾宝绥、黄美成等君。

（13）廿八日下午四时，欢送牧作霖君赴申就圣书公会主任职。

黄美成启事敬启者：鄙人承大议会分派，调至石浦圣道会，今后凡信报邮件，请改寄浙江石浦耶稣堂，为感。

（《兴华》，1923年，第11期）

宁波圣道会记事

（浙江）顾约伯

瑞和工厂布道。瑞和真丝袜厂，经理戎国卿君，本堂热心信徒也。去年圣经研究会，曾设查经班子。该厂今年三月间，要求本会派人，到该厂每礼拜讲道一次，并得厂主李租赓君同意，随将中间两边间开拓，使三间皆可坐听，且置桌凳、电灯、风扇等件。自四月起，每礼拜三晚讲道一次；六、七、八月天气热，夜工停憩，每礼拜二、五晚讲道；九月以后照前举行。厂内男女工人三四十名，并邀集邻居静听福音。讲员亦完全义务，若刘松山君、谢凤鸣君、倪长安君，及敝人轮流演讲。本会经费分文不担，竟得良好布道处，实戎君之热心、李君之开通，布道员之热忱，亦吾华人接受基督之好现象也。

刘松山君小史。刘君生于同治五年，鄞县人也。少时往申营马车行，及别种职业，所得颇丰。惜壮年放荡，吸鸦片烟，嫖赌齐来。二十年前，在麦家圈天恩堂，听道悔改，皈依基督数[1]，得改换一新，并改习岐黄术，行医传道。民国初年返甬，携

---

[1] 原文"数"可能是"教"之误——本书编辑者。

带母会荐书,来开明讲堂。以后谨守主日,售药糊口,为本会义务传道,得益良多。其讲道多述说基督救他的恩言,精神充足,声音洪亮,讲时往往坐为之满,路为之塞,匪但本会,即宁郡各布道机关,常请他去讲道。不幸八月廿九晚,身染霍乱,调治无效,延至九月二日下午三时,安然返本焉。享寿五十八岁,并无子女,其夫人亦去年十二月去世,今已合葬于祖茔云。

追悼会志盛。刘君松山,有益宁郡教会,本会同人,情不能已,拟表示之,随于领袖会议定,九月卅日主日下午三点,在开明讲堂开追悼会,凡与伊感情和洽之教友,及来宾等百余人,演说中,多述说刘热衷事主事。其秩序录后:(一)唱诗;(二)祷告(徐学传牧师);(三)读经(顾宝绥先生);(四)唱诗;(五)演讲历史(林元珏牧师);(六)来宾演说(陆凤冈先生、赵仲光先生、德道扬牧师);(七)答词(刘松林君);(八)唱诗;(九)德牧师祝福散会。

(《兴华》,1923年,第39期)

宁波教会记事

(浙江)顾约伯

感恩公祈之盛况。本月十四主日上午十时,圣道会江东堂、开明讲堂教友均聚集于江北岸洋关跟教堂,男女会友约三百数十人,迟来者坐于门外,济济满堂,极一时盛。堂内饰以各种鲜花,挂以禾捆,均表示年成丰收,宜感谢上主大恩焉,其秩序列后。

一、主席德道扬牧师率众唱诗。二、请林元珏牧师祈祷。三、唱诗。四、读经徐学传牧师。五、唱收成乐歌。六、主席述感恩公祈史略。七、唱诗。八、顾宝绥先生演讲题目《使徒行传》四十章十七节。九、收谢恩捐。十、女斐迪唱诗。十一、唱诗。十二、德牧师祝福散会。

多加会小史。本月十七日下午二时,记者访友至江北岸斐迪女校,适逢多加会会友集于该校工作,随询之,略知其概,拟登报端,希冀教会中女信徒仿效之。据是会五年前,西国女教士方小姐在斐迪学堂执鞭时发办,后得雷汉伯师母继办,今则归斐迪女校校监桑聪女士接办。其法邀邻近信主女徒入会,随意捐助,购买棉花布匹，会员家中每礼拜挨次轮值。聚会次序，先唱诗，祈祷，读经，劝勉毕，同做针黹，地主尽谊，饷以茶点，散会。所制衣裳，夏单、冬棉两种，男女大小均备。其宗旨，系仿《使徒行传》九章卅九节古女徒多加施衣服给贫乏宗主者，其费约每年洋五十元，出于会友之捐入。噫！宗主姊妹们，既可得正当往来，且可以有余财力济人，诚积财天上之良法也。

追悼会志盛。本月廿一目[1]午后二时半，长老会同人，为前任崇信中学校长励德厚西教开追悼会于江北岸槐花树下教堂。出席者，崇信、崇德二校教职员、学生暨本埠五公会代表，约六百余人，济济一堂，演讲谢志禧、楼呈祥二牧师，挽联挂局甚多，从此见得励教师在甬时事主爱人之可风矣。惜记者下乡行圣餐礼，不克躬逢其盛，仅得之传言以志焉。

（《兴华》，1923年，第42期）

宁波教会纪事

（浙江）顾约伯

工厂布道结束。一月二日晚七时，瑞和真丝袜厂内布道所，暂行结束，开交谊会，其原因系阴历年节工作忙碌，并旧新年息工度岁，待阳历四月重整旗鼓，再为基督宣战焉，唱诗祈祷开会，节目十余，其中德道扬牧师演讲，顾宝绥先生旧约故事索图问答，与韩徐亚兰女医士卫生常识，略备茶点饷众。是晚工人和邻居聚集六七十人云，谢年遭回禄。一月廿三晨二时许，鄞东乡徐东埭教堂侧大屋一座，四十余间，暨厅二进，全焚于火。居户数十家，仅逃性命，丰衣足食之家。一旦为衣食全无，无家可归之赤贫，据起祸原因，是一家循例请谢年菩萨，遗火柴薪，致遭燎原。但年成丰收，应感谢上帝，偏要去请菩萨，岂勿祸由自作。可喜者，这教堂传道人住宅无恙，那边教友所开鑫和祥亦留着，均感谢上帝之大恩惠也。

三堂轮流传道。二月五六七号，为阴历元月初一二三日。圣道公会本埠三座礼拜堂，开堂传道。初一日江东百丈街教堂，初二城中开明讲堂，初三江北岸洋关

---

[1] 原文"目"为"日"之误——本书编辑者。

跟教堂。钟点每日下午一点至三,题目《耶稣为中国之救主》,主讲员,林元珏、徐学传二牧,暨顾宝绥先生,以同一讲题,讲了三天,并无雷同,裨本会教友,得在上帝面前正当贺年,亦得布道于非基督徒之脑际中。

新年奋兴大会。二月八日至十二日,为阴历元月初四至初八日,本埠传道联会,所组织之第廿五次奋兴会,原订请陈金镛牧师,慕教师总二位。上下午轮流演讲,奋兴我宁波八十载老师母的教会,惜陈教师因身体违和,不克来会。幸喜慕教师总,黄忠老将,措置裕如,和各会教牧担挡。慕教师总选每日三点至四点彼得前书,题为一慈爱的上帝二基督的代赎三救恩四永远产业,上午十时至十一时沈载深会督,《爱主爱人》,赵仲光先生,《信徒体统》,顾宝绥先生,《圣灵充满》,乐后铨牧师,《仁爱为大》,并各堂教牧等领开会礼拜,期内阴雨连绵,道路泥泞,赴会者仍行踊跃诚感谢真神恩惠也。

(《兴华》,1924 年,第 7 期)

宁波教会记事

(浙江) 顾约伯

别开生面之布道法。开明讲堂教友王生源君,开设成衣店薄业,手头充裕,颇肯输将。今届旧历新正,拟印历日单附劝世文二千张,偏贴内外河航船,裨一般乘客,既可消遣,得将圣道默化彼辈。先商之张芝贤、沙杜来、竺鸿运三君,担任分贴。商议毕,请敝人编辑,上以新旧合历主日单、年岁节气,两边排以自始祖犯罪至基督救法成功"七字韵言"、"月季花歌",中间排以陈金镛先生编辑单张(祖宗不可不敬),印以白报纸。三君往贴时,口唱"月季花歌",因得一般撑船夫欢迎焉。

圣道公会聚年会。圣道会,定二月二十、廿一号两日,聚年会于斐迪学堂课屋,代表和教师、传道出席者,四十名。本会有会堂五十一坐,教师十四,教友一千六百余,去年收入自助会费洋七百六十余元,预科大学一所,高等小学二所,初等小学八所,学生共六百卅八名。医院一所,增传道先生辛工,每人每月洋三元。全国协进会费认每位教友,年纳洋三分,以今年算起。兹录大端列后。

石浦坦塘筑新堂。坦塘当民国五年仅十余教友,守主日于石浦镇。因交通不便,民国六年随在王东梅君家聚礼拜。而王君三子三媳,夫妇一家热忱,主和他们同工,用神迹随着。居民慕道进教者,六七十人,每次聚会,不下百余人,且系在茅草房子,亮光无从得入。去年黄美成君,至该布道,邀集同志,募捐盖堂。王君助基地一方,和各堂捐入洋二百八十余元,加差会二百八十余元,建造平房三全间,但尚欠百元之谱,在议会中募集五十九元,而差会倍之,则可竣工。德道扬、柯义培、施明恩三君,各捐洋十元,张睦松君捐洋二元,桑保廷、范冕卿二君,各捐洋一元,顾宝祥、顾宝绥二君,各担任洋十元,凌尊荣君担任洋五元。

教士赡养会。本会发起已廿五年矣,定正式传道人能入会,会费每月付小洋四角,过年四十五岁,月纳洋一元。现有会友十人,积基金三千三百六十余元,若将欧战后买进金磅洋七百元卖掉,则数目达四千元。今年收新会友二人,林云棠、林光道。此会性质,防传道人年老残废,和妻儿等可得些费,以过余生。虽曰杯水车薪,俾使传道无内顾之忧。窃愿教友领袖,皆提倡之。

斐迪学堂。校长裴德施君报告,去年上学期,学生二百卅六名,下学期学生二百四十名,惜非信徒居多数。宗教生活,逢主日,上午正式礼拜,下午主日科,晚祈祷会,和出外实行传道班,守晨更等。科学因时势需要,从七岁级,增商科、打字、省笔法、簿记,且列年毕业生,有进大学者,有因肄业面领洗礼者,或出而担任教书、传道、社会事业,但营商业者为尤夥。

体生医院。院长吴莲艇,烦徐学传君报告,去年三月间接办,计八个月,门诊八千一百九十九次,出诊四百六十七次,住院三百九十四人,内有上闷药割症一百十一人,上麻药三十四人,拔牙一百八十七名,放尿九人,种痘六十五人,产科廿一人;并备免费券、优待券、历日单赠议会代表。考吴莲艇君,嘉兴福音医院文医生高徒,任慈溪保黎医院院长十四年,声誉颇著,故长院长时期虽少,医务进步,现每日门诊四五十名。盖吴君老诚谨慎,为西医中难得人才也。

宁波传道联会。三月十日,副会正乐俊铨君,召集六公会代表,聚会于府前教堂谢志禧君府上,出席者,中西会员二十余人,聆上海青年协会学生立志布道团干事海慕义、沈嗣庄二君鸿论。海君言论,大概谓教友子弟,寻职业,多不以传道为然,何故?就教会职业之医士、教员,多有不肯在教会终身服务,愿意高就,何故?

沈君希望教牧师：1. 对于学生介绍救道存何方法；2. 如何使基督教学生明了神旨；3. 何法能帮学生立志布道；4. 如何能使立志布道团，成功为我国本色的团体，略加讨论。三时许，二君告别赴轮埠。联会同人，随讨论浙江联会，聚于府前教堂改期至（四月初六）即五月九日，下午取齐欢迎会，十日议会；十一日上午派往各堂主讲，下午总聚于府前堂，十二上午毕会。

春季勉励合会。三月十六日，下午二时三十分，宁波五公会教友，假府前教堂聚会，人数七八百人，讲员上海勉励总会干事施君。施君会前被余姚长老会中会请去，讲给四百多勉励会会员听；返申，顺道邀请。演讲大致，谓欧美会友协助布道事业之勇敢，印度会友之灭鼠运动之功绩，甬江会友苟能帮助传道，则教会必日益兴旺。讲毕，主席赵仲光君，请会众站立致谢施君，并读勉励会愿词。会毕，董事会定下次聚会期六月十五号下午二时半，地点照旧，主讲长老会担任。

（《兴华》，1924年，第12期）

宁波圣道公会添人

（温州海牧师回华）

浙江　范冕卿

海和德收师，吾圣道会之老良牧也。来华三十余年，始至温州，十余年间，增支堂一半，今已二百七十余处。至甬，甬亦如之。则海牧为主服务，可想见矣。继又至欧，以教务过劳成疾，于十一年秋回英国修养[1]。今冬同夫人又来，此其第六次也。同行者直柏达理君，来襄理斐迪太学校务。有福女士担任斐迪女学校务。有柯义培牧师夫人来甬结婚，即于月之七号上午行礼于甬，北新马路之西人礼堂，来宾一百五六十人，中西参半。由二西人招待入座，布置雅观简洁。斐迪校长依次奏琴，海和德牧师主婚，德道扬牧师主席，牧作霖君祈祷。礼毕，均至裴府茶点。想甬地圣道会，将来教务学校，比前起色矣。兹有感者，海牧与夫人素来热心事主接物，印人脑中，故宁欧教内人士，无不仰慕，此次之来，仍在欧郡为柯牧结缡，道经、甬上

---

[1] 原文"修养"即"休养"——本书编辑者。

人士得遇良牧，无不欢迎，并深盼其再来甬耶。

（《兴华》，1924年，第46期）

宁波谢志绍牧师安赴迦南

（浙江）林汉达

今日因孙中山先生仙逝，国人吊之悼之以其为民族争光，为人道尽忠也。孰知为国为人道而奋斗者，固不只中山一人也。宁波谢公志绍，自幼即具乃父之志，置名利于度外，以服务为分内，既毕业于杭州育英书院（即今之之江大学），又专修于山东神学，为牧师数十年，破迷信，除恶俗；与黑暗宣战，为真理奋勇；邀同志兴办戒烟局，组织放足会。凭信心，创设宁波高桥恤孤院；藉祈祷，得建高桥、上虞，百官礼拜堂三处。牧养教友，原属己责；教导群众，岂在他人？跋涉山岭，不觉劳苦；频遭风浪，亦复得慰。体弱矣，壮志未尝稍磨；力尽矣，热血反见鼓腾。相其面，问其年，谢公固已老矣；察其志，观其行，则一少年也。不料上天爱才，遽赐圣者荣冕；下界少福，不能长留此"真理健将"。谢公竟于四月八日，嫣然见父，享年六十有六。从此不但教会中损一栋梁，亦人类中失一天使也。至其一生之事业及人格，知之者有口皆碑，固不必多事赞颂也。余特奇一政治家为国事而死，竟至全国哀悼；一宗教家为真理，为天道而尽忠，人反若无其事。天道故不如人事耶？抑世人愚昧，不知孰为轻重耶？

（《兴华》，1925年，第15期）

三一神学之所闻

不才

宁波三一中学，向设神道一科，由杭、宁、绍、台四牧区之正式卒业于三一中校，曾经派任小学教职员五年者，得报名神学，复由西议会择成绩优美、道德高尚、资格精炼、立志坚决者，选为神学生。其宗旨专务神道，限二载毕业，给予证书，乃由西议会派往四乡传道。故现任牧师或传道之职者，皆由神学毕业者也。该校向系春季始业，今改为秋季始业，往年所收之神学生丁光松、孙忠林、朱良才、章泽民四人，今已满二载，准于暑期毕业。业已由西议会选取新生五人，以补其缺，兹将其姓名籍贯开列于后：戚惠法（诸暨人）、吕连元（诸暨人）、陈宗水（台州人）、高如松（绍兴人）、闻方模（宁波人）。多士济济，联袂而来，道学前途，庶有望焉。

(《圣公会报》，1926年，第14期)

欢送徐台扬先生

天台徐台扬先生，吾等莫逆同事也。其人俭约忠直，勇往磊落，处事以勤，交友以信，且居心闲静，好学敏思，故在甬江三一中学毕业，转入师范，实地练习教育事宜，大有心得，嗣后任温岭屿孙学校教员五年，由英行教会保送宁波三一高等神学，研究圣道二载。后又主任于黄岩高桥头教会，一时慕道济济，从学莘莘，全台人士，无不啧啧称羡。十二秋调入台城，与姚教师创办敬爱学校，不第该校之成绩卓著，而且热心教道，对于桑梓教会改造也、提倡也，无不肆力经营，竭诚措置。徐君又长口才，登场讲演，炯炯有神，尤为吾等表率。年来发起《台州圣公会刊》，亲主报政，以冀唤醒同人，促进台会前途，其用心可谓至矣！然良骥之材，不能久处槽枥。此次徐君赴沪之举，乃本能发展、上帝有旨，义难强留，吾等惟有摄影欢送，留作纪念。特赠自鸣钟一具，以合徐君分阴是惜之素志。预祝履新后，更能继晷焚膏，造福沪会也。爰为之歌曰：沪水泱泱，云山苍苍，先生之风，无往不祥。

(《圣公会报》，1926年，第14期)

宁波临时奋兴会之佳音（浙江）

（龚斯德博士主领，四百余人签名）

施振芳

十一月四日至十一日，中华基督教会、全国总会、三届干部会议，集合于宁波地方，特请龚斯德博士为灵修及指导讲员演讲。宁波传道联会同人，因慕龚博士之名，不肯失此良机，就请求龚博士主领公开兴奋大会，一面通知城乡各公会教友，来领受灵食，当蒙龚博士首肯，遂于五日晚起至九日晚止，日夜公开演讲八次，晚间特别为青年男女学生讲道（无分教内外各学校）。此次奋兴会情形甚佳，每次于开会前半小时，就告人满。末后一次有军政学各界男女四百余人签名，愿意加入教会，要求研究圣道,诚宁波空前之盛会也。

(《兴华》,1932年,第45期)

宁波布道团春假布道记

王贤哉

鄞城牧区董事黄光普先生,热心服务,欲圣道普及,特联合本公会男女学校教员,并牧区男女教士教友等,于去年成立布道队,由书记崔志干君预约本年春假四月五、六两日,来东乡布道。团长黄君于五号带领布道员十三人,来东乡莫枝堰布道。由陈庆余牧师,并本牧区教友殷勤招待。首在莫堂开会,陈牧率众唱诗,读《哥前》九章十六十七节,致辞欢迎曰:"今日承贵团降临,鄙人与敝牧区教友,无任经迎,诸君各有职业,而能乘公事余暇,旅行东乡,非为踏青,欣赏春光明媚,亦非为游湖(东钱湖),欣赏名山秀水,其唯一目的,即为布道,实为难能可贵,足见诸君热心教会公益,肯负传道责任,即使徒保罗所说,'我若甘心传道,就有赏赐,若不甘心,责任却已托付我了。'今日出外传道,时间甚宝贵,希望借诸君之口才,赖恩主之同工,不致撒种子道左,或石地,或棘中,而能播于膏腴之田,使闻者温柔领受,以救其灵魂,祝今天贵团辛勤播美种,愿后日敝区欢乐获嘉禾,如主耶稣说:'播获同乐',此即鄙人欢迎于贵团者。"讲毕祈祷。由团长分三队出发,有本牧区布道队员陪往前徐、官音庄、大堰头、史姑山、莫枝堰等村布道。午餐预约各处教友供应,下午四时半回堂,作谢恩礼拜。由黄光普、李英绪、宣贤堂三君,报告布道成绩,统计各处欣然听道男女,约二百五十人,均为满意。继由黄君致谢本牧区之招待,末由陈牧率众唱诗祷祝,并款以茶点,约以后会,遂欢送回甬云。

(《圣公会报》,1934年,第9期)

第十九队在慈溪宁波布道状况

感谢主恩,由圣灵的指示,上帝的护卫,我们四人奉基督的名到慈溪传扬真道。虽然每日当晨曙微熹时就开始奔跑,直至日暮时,方才归回宿舍,但是为了上帝的慈爱充满心中,所以一点都不觉疲惫。更因每日见到数百群众很虔诚静肃的,听我们讲解主的奇事神迹,越是显出主的大能大爱,与我们同在,直到永远。

于大隐镇附近的溪头乡中,主内的弟兄姊妹,连慕道友约二十余人,崇拜爱主的热心,像火焰一样的烧灼;虽然没有礼拜堂和传道人,甚至不能讲道解经,但他们却聚集同道,在家庭里恳切的向上帝祈祷,来满足他们的需要。真是:"地基有人捐助了,但没有经费建筑圣殿"——缺乏属灵的工人。他们的无中心地点聚会与正确的领导,而彷徨歧途。尚望诸团员教友诚恳的为他们祷告,愿神的旨意,成就在那里。

我们去的共四人,包翰芳、马拉撒路、郭仲康、祝介眉。往返共十七天,每日的行程平均二十几里,所工作的是墺溪乡落,听众为农妇村夫。他们真是饥渴慕义的接受真道,如同在黑暗里仰望光明。

愿上帝保守他们,保护我们所撒的种,致能有百倍的收获,阿门。

（上海慕尔堂教友布道团第十九队队长郭仲康）

(《灵声》,1935年,第2期)

宁波自立浸会募建新堂(浙江)

庞子贤

南门教会,原系北浸礼宗所设,自华徒自立,十年以来,教友日众,聚会堂屋,几无立足之处。本主耶稣捐躯救人之宗旨,为扩充规模,应建新堂之必要。有孙君国富,省衣节食,自购民田三亩六分助作建堂之基。既有堂屋宜建,但本教堂教友自动兴工,每人每日捐助以来,业得建堂基金千余元。欲建大规模之新堂,则建筑费势非一万余金不可。然吾人信主所言,芥种一粒能成大树,吾人亦信《圣经》所载,海云若掌,能化大雨,故吾人本诚恳之祈祷,作将伯之呼吁,务望宗主之兄弟姊妹,慨解义囊,共襄斯举。深信吾人之纤微基金,获诸君之雄厚,俾得兴工,美轮美奂之圣殿功成,以荣主名。经该会劝募同人任莘耕、杨炳仁等二十余人,推派牧师孙国富莅沪,与侨沪甬商等,接洽募款,一面由信行救国十人团宁波区团,及自立会甬区联会同道,分队劝募云。

(《真光杂志》,1935年,第2期)

戴得生先生的祈祷

（一八五八年七月九日在宁波）

万福的主耶稣,你既用你的心血救赎你每个肢体,你也把圣灵更多的充满他们,叫此地因无知而灭亡的人,可以得着生命的玛拿并生命的光罢!

（《圣经报》,1936 年,第 182 期）

（三）天主教

宁波徐司铎逝世

宁波消息：宁波遣使会华籍会士徐玛弟亚司铎,于二月二十一日在温州逝世,享年六十四岁。

司铎过修士生活四十三年,晋铎亦近四十年,为宁波教区中之华籍神职班领袖,其德行懿范足资表式。多少年来,往来温州区内,恒以步行。数十年前,不幸因足跌伤而跛,不复能长途奔波,一如往昔。然司铎之勤奋忠勉固未尝因此稍减,彼留处堂中,除为教友办理神工外,对于传教士亦服务不少。一九二一年,教宗曾锡以"圣教会与教宗之忠仆"（Pro Eecolesiaet Pontfice）十字勋章一面云。（宠光社）

（《公教周刊》,1935 年,第 310 期）

宁波余姚二五银庆纪念志盛

（浙江宁波通讯）吾姚地方,在 1911 年以前,信友仅数百,自先主教赵公保禄,建造若瑟大堂后,教务日见发达,诚有一日千里之势,信友总数,现已增至十倍以上于前矣!

今年适逢本堂二十五周纪念,才由本堂司铎指导,信友自动发起,举行庆祝大会,实为吾姚空前之盛典。记者参与其盛,爰将筹备经过,及大会盛况,披诸报端,以供读者。

发起

本年二月间,为本堂司事第四次联合会议,会中由本堂司铎杭格思提议,"举行庆祝二十五周纪念"一案,由联合会一致通过;当场推定童清浩、袁守正、传万康、吴大章、俞松庭、施克良、蒋全芳、蔡文宝、陈静波等九人为筹备委员,互推童清浩为主任,陈静波为副主任,并委各司事为征募员,向各该属信友筹募经费;定四月十九日——本堂瞻礼举行庆祝。

筹备

逾月,所募得款,已超过预算二倍以上,乃先修理大堂,扩充知圣所,更衣所,会客室;所费约在五百元左右。

大会前,堂前中正,高搭牌楼一座,题着"二五纪念"四字样,两傍道上,设有东西两辕,气象极为庄严。堂内布置,特别美丽,另以各分堂信友赠送之二十四对缎联,为最醒目,并题各该所信友人数,观者无不称异。

先时,预计出席人数太多,故在三德小学体育场上,特架天帐一座,设为会场,挂灯结彩,姑不容说,而布置设备,为时多日,轰动全姚之二五纪念大会,就此开始举行了。

欢迎会

本籍徐(安海)、史(甬城)二司铎,日前先后而到;戴主教,田副主教,陶、郭二位司铎,拯灵会修女等,一行十余人,均于二十八日上午,由甬乘火车莅姚。

十时前,本堂司铎暨筹委会代表,三德小学全体童军候站迎迓。汽笛一鸣,火车直驶而至,停车后,主教等便从车厢中徐徐下来,代表等齐向主教敬礼,主教微笑,点头以答,即改乘彩舆入城。此时,堂钟齐鸣,炮声四起,沿路观者途为之塞。

逾时入堂,行主教进堂大礼,毕,举行欢迎大会。行礼如仪,首由主席陈静波君致欢迎词,略谓:"今天承蒙主教大人,诸位神长光临,来姚参加二五纪念,不胜荣幸之至!可是天不做美,设备定有未妥,招待更有未周,减少兴趣不少,祈请诸神长原谅",云云。主教答词谓:"我深知你们,对神长的诚恳敬爱,又早知你们的热情,踊跃捐助,筹备二五纪念事情!今天虽下雨,而有这许多信友,真使我快慰万分!

讲到雨,这是很好的象征;天主赏赐圣宠,真如雨一般的滋润,将来余姚教务发展,教友的数儿,也要似雨一样的多!而今你们有这样热心的真忱,天主一定为你们的苦劳生活而赏赐你们的!那里有对不起的呢?"云云。继唱欢迎歌而散。

是日,各分堂信友,络续来堂者不绝,宁波教区指导会代表吴正乾君、支会代表吴永福君,新昌县天主堂副本堂周司铎等,也于是日络续到姚;新昌全体司铎,并赠"二五纪念"缎轴一帧。

主教大礼弥撒

本日上午八时,宁波保禄总院院长安公,马、华、沈等数教司铎,全体修生,及毓才小学代表余司铎,一行三十余人乘特备汽车转观而至;此时,信友均已入堂诵经,堂内既无容足地,幸而童军维持得力,秩序尚佳。

早课毕,戴主教演讲,谓:"我们今天在淫雨连绵中,举行二五纪念,而尚有这许多信友,多么光荣!这虽由主保圣人在天格外护助,且也是从前诸位传教司铎的功绩,有以致之!所以我们,不能忘记他们;对现任本堂诸司铎,更当敬爱之、护助之,恳求主保圣人,转祈祷天主,恩赐他们康宁,多做些传教工作!那就是今天二五纪念所应纪念者……"云云。继述余姚开教史略,十字圣绩及二十五年来之教务状况(见附后表),末谓:"按去年教务报告,余姚信友,已有四千二百三十五名保守且有一千二百九十三名之谱;在这二十五年内,而且又产生了毛、胡、徐、施、童、柴、史七位本籍司铎,在余姚教史上最为荣幸的一页"云云。毕,主教付行坚振,计有四十人;继行大礼弥撒,主教主祭,安院长助祭,徐、史二司铎为五六品,保禄总院全体修生,除辅祭外,余唱圣歌。歌声抑扬,祭礼隆重,全堂信众,肃静无哗,外教观者,咸谓"难得之见",弥撒毕,举行大礼圣体降幅,后由筹委会分赠二五纪念圣像,以资来堂参加者纪念。

午膳,计酒筵二十席外,又便饭百余桌,可见出席人数之众矣!

纪念大会

二时许,鸣炮二十五响,全体信友集群会场开始举行纪念仪式了。行礼如仪,首由主席陈静波君致开会词,略谓:"原来我们庆祝二五,非单为圣堂落成后之二十五年头,且是为我们劳苦的前前后后的主教神父们……今日的荣光,也就是我们的荣光！"末谓："我简单的说一句就是用本圣诞会（现拟改组公进会）的一对联语来结束我的演词：'由从前开教伟业功绩，得今日建堂纪念光荣'。"田副主教代表登台演说，谓："你们余姚地方，虽然还没有公教团体——公进会，可是从你们的精神上看来（指自动举行二五纪念而言），实在是良好团结力的试演，今天所以我要代表主教、教宗说一句，你们要继续努力，实力团结，进一步而筹备公教进行会，以期主教更是教宗的期望而促进公进会的进行吧！"

后由筹委会主任，暨代表等相继演说，词长从略。

游艺会

礼成后，由仁德（女子）德两小学举行游艺会，以助兴，有大圣若瑟小史等趣剧、话剧、歌舞、魔术等节目，至五时余，始尽欢而散。

电影

前日，戴主教见信友众多，又以筹委会办事热心，特遣使往甬，运装自备电影机，于当日晚膳后，开映本教区传教工作，慈善事业等本产名片。是夜观众，一千左右，直至十时余，还不忍离场，个个赞叹不止云。

欢送会

次日早晨，七时，由田副主教举行谢主大礼弥撒后，开会欢送，主教等就乘车往崧视察教务，并参加小越开堂典礼去矣。

记者按，此次共计告解者四百五十余人，领主者七百五十余人。且吾姚信友，自动发起二五纪念，所费约在一千元左右；在兹经济衰落，农村破产之时，而有这种工作，实可钦佩；又闻三十日下午，召开公进会发起人会议，其前途之浩大，定抱乐观，吾可拭目以待之。

(《公教周刊》，1936年，第9期)

宁波老妇之传教芳表

（宠光社宁波通讯）浙江宁波有老妇名阿娇者，奉教已二十年，其夫素在定海港设一小肆，以作航行旅客之息止所。后其夫死，老妇遂继其任。老妇于招待旅客时，每喜与旅客畅谈，往往由茶米之问题引入事主救灵之大道，由是滔滔不绝，听者为之佩服。据宁波主教语人称：经该老妇劝化奉教之成人，至少应在五十名以上，而其他两个小教友会口之成立，亦系老妇宣传之功，此外如最近逝世之某青年修女，其修会圣召亦为老妇所栽培。

老妇经营之小肆，初不甚恶，奈自舟山群岛失陷后，定海港被毁，老妇不得不回归故乡，但其传教热火初未稍减退，且时时语人云："此系天主圣意，不欲我在彼远离司铎之海岸上建设新教友之中心云。"

（《安庆教务杂志》，1940年，第5期）

（四）伊斯兰教

宁波回教堂简略史考

可人

宁波回教堂，位于今宁波旧城垣内，月湖之西边，其历史颇久，据考得，与杭之凤凰寺相比美。该教堂占地约两亩，大门向东，为楼房三间，上有望月楼，二门为石栅门向北，三门一大间向东，两配房各一间。门前有鱼池，池东为高大之映壁墙，中高而两边稍低，与三门相对峙，三门中为一大圈门，中有屏门四扇，出此为中走廊，直至院中花墙，墙下有南北花池各一，北花池北，为浴室一间，角门一间；南北花池之南，为水房一间，厨房一间；再至花墙内，为宽阔之石板庭院，有南北讲堂楼房各三间，中有石路至殿台，台高约五尺许，拾级而登；大殿为三大间，前出抱厦三间，后有后殿一间；大殿之南，有一院落，本为教堂所有，闻于数十年前，被人卖出！大殿之北，仍有院落一座，有房约念余间，现为教堂所有。该教堂之匾额多，由大门至大殿中，约有数十方，中文阿文咸具，而院内花木亦颇多，闻该堂尚有石碑一方，埋葬于殿之东北隅，但尚无从发掘，想该碑定有可考之历史。该堂原名为清真古寺，今改为回教堂，当地人多称为回回堂。其历史之久，颇值注意，据本地老人云："该堂之建设，相传为一瓢海商人，约有船只数十，来此贸易后，建立此教堂。"依该教堂之重修记碑云:"据谓唐代有凤凰寺后,而次即衍有此寺。"据鄞县县志:"该寺之有,自宋咸平间,建于东南隅,狮子桥北。元时,仍建于东南隅,海运所南,即今鄞地之冲虚观前。明末毁于兵燹。清康熙三十八年,复建于西南隅,月湖之滨,虹桥西畔,为明陈恭洁公祀地之隙。以前之教长,概无可考,乾隆初,为王斗文阿衡,迨四十一年,为江梦麟阿衡,曾偕张光祖、马廷元等重修;嘉庆十九年,王锦泰君,又修高殿台,设二门之石栅;道光十二年,殿宇墙垣毁于飓风,冯振川阿衡,偕张履桥、马熙台三人,出资补葺之,又租陈公祀地文余,为围墙外基,粤匪扰后,有西源阿衡者,又劝修之;同治十一年,白玉庆阿衡,协袁梅亭、张小楼等,又修之;民元间,袁君汉云,又重修之,并望月楼,董其事者,为马君体修。白阿衡自壬申年,执甬教长后,修葺颇多;二十七年春,何友仁阿衡任该寺教长,亦稍见修理,时董其事者,仍为马君体修、张君小琴、吴君宝泉、张君金标等。"然宁波教堂之历史,确已悠久,若起于海商,即不可考,若起于唐代凤凰寺之后,则近千余年矣;即依县志可考者,自宋始,已有八九百年,若元始,亦五六百年矣,依康熙年始,已有一两百年矣。若实始于唐,该寺之于中国,可谓历史颇久矣。然考该寺坟地之多,为义坟者七八处,义地之坟墓,虽经世远年湮,迁移平毁,但仍有数千穴计,于此亦可知该教堂具有常久之历史可据无疑。

  记者按:宁波于今日国难时间,为全国通商唯一口岸,而教友之到是地,知有教堂者,实为寥寥。往年记者在沪时,亦未曾闻宁波有教堂之讯,使此有悠久历史之宁波回教堂,不能为一般教友皆知,亦吾人之一大憾事。今略为写出,绍介于注意回教史地者一点参考。

二十九年夏写于甬江

(《绿旗》,1940年,第7~10期)

十、各类人物

方公介堂传

公讳亭黉,字建伦,号介堂,姓方氏,镇海人。考永锡赠,公有隐德,生五子,公次居三,丰颐隆准,仪表伟然,望气者知善人之有后矣。比长就傅,聪慧夙成,好读史,精识伟论,恒发古人未宣之蕴,旁览诸子,尤精珞琭麻衣术,故知人哲而自知审。尝请于父母,改图商业,偕从兄建康设肆于上海。上海握南北之枢,在海禁未开时,市舶辏集,已极繁盛。公识侪辈,亿则屡中,不数年业隆隆起,称雄于沪。年老倦游,始委政于犹子。性孝友,起家虽赖公力,而兄弟析产,纤悉维均。长兄早世,抚犹子如己出,洎后卒赖是子以肩公业,则造就为不虚矣。生前义行不可殚述,而事之卓卓,尤为乡人所称颂者,莫如修建上海四明公所事。公所肇自嘉庆丁巳,迄道光辛卯已历三十五年。岁久颓废,乡人畏其难而莫为之先也。公与从兄建康慨然引为己任,振私财,策群力,式廓敞地,遐迈前规。既蒇事,为久远计,请免岁课,购置市房,节流开源,规划尽善。复积公钱,设赊材局,以周贫乏。盖乐善不倦,于乡谊为尤挚云。道光庚申年卒,春秋五十有八。

(《四明公所募集赊材捐特刊》,1928年,第 3 期)

宁波范文甫轶事

周岐隐

范文甫先生,以名士作名医,自号舌狂生,人以其落拓不羁,佯狂骂世,辄以"范大糊"呼之。浙东数百里,无不知范大糊者。先生有时亦欣然以大糊自呼也。张宗昌督鲁时,有浙商在济南,以母病邀先生。投以大剂,病立起。商与张为莫逆交,时张母亦病,遂介先生治之。疏方毕,张怫然曰:"了了数味,何能治病?且此等药不知服过多少矣。"先生从容曰:"医道非大帅所能知,与大帅谈用兵即了然矣。拥杂色军队,互相牵制,不服调度,何以克敌制胜?故善用兵者,贵精不贵多也。"张踌躇曰:"说亦近理,试投一剂,当亦无妨。"先生与[1]辞而出。翌日复诊,张趋迎握其手曰:"昨方大妙,太夫人已更衣进粥矣。君能暂留,吾当宴宾客为君揄扬。"先生力辞,退即整装南下,谓介者曰:"张母之病,非吾所能为力,不久当有变,吾久留滋不便也。"后竟如其言,张闻之益以为神。

吾鄞医有洪某者,生平不用热药,芩连、石膏,不问外感内伤,信手拈来,尤好重用芦根,几于无方不用,亦颇负一时盛名,人皆称之为"芦根先生"。有富室独子患温热,延洪某治之,服药十余剂,病势有增无已,渐致神昏囊缩、舌黑齿焦。洪医束手,乃延先生诊之。先生见案上有洪某方,略为按脉,即振笔疏方,方仅黄猺桂三钱,自批其后曰"甘温除大热",别无其他按语。病家骇愕,不得已而进之。连服三剂,而神气始清,舌苔转为黑润。又服数天,日见起色。自始至终,用猺桂二两四钱,不杂他药,凡八日而病愈。或问其故,笑曰:"我非医病,乃医药耳。"洪某闻之曰:"此亦命该不死尔。大糊之言,乌足为训?"

有病湿热者,热炽神昏,群医治之不效。先生嘱服老鸭一只。吾鄞俗,湿热病最忌食鸭。群医哗然。病家素重先生,竟烹服之。翌日求转方,问其病状,无若何变动,先生曰:"不必改方,再吃一只愈矣。"如其言,夜半热退神清,天明下宿垢甚多,略为调理,不日而疗。

沪有富室,晚年得子,珍若掌珠。年三岁,忽得奇疾,一日间发厥多次,厥醒仍活泼如常。中西杂治,莫识其病。闻先生名,电邀来沪。时方十月,登楼入室,帘幕沈沈,室中已开司汀,煖气盎然。乳娘抱儿出,则重棉大氅,袭裹厐茸。而主人方横陈榻上,吞云吐雾。先生骤起夺儿,抱之而出,缘梯而下,健步如飞。主人疑为绑票,挥佣仆逐之。先生抱儿置亭中(其家庭有花园,园中有亭),尽弛其外衣。主仆环而斥之,先生曰:"室中有鬼,非汝辈所能见,衣服亦染有鬼气,不能再着。"主人大骇,问计,先生曰:"可取清水一大盂来,吾能画符。"如其言,戟指画符毕,曰:

---

[1] 原文"兴"应是"与"之误,故改——本书编辑者。

"可取鹅鸭等浮水小玩具来,俾儿作水嬉。"于是儿嬉笑大乐。先生乃曰:"鬼已远去,今夜不宜再登楼,可别相一室。"于是卧之东轩,嘱减其衣被,不得过煖。是夜儿大安。翌日主人求疏方,先生曰:"儿固无疾,能使鬼不入室,病即大愈。"主人问:"鬼可禳乎?"先生笑曰:"吾所谓鬼,司汀也、丝棉之袄也、灰鼠之氅也,无一非鬼也。"主人大疑,先生曰:"吾实吉子,公子之病,非鬼也,乃热厥也。近方小春,天时和暖,吾入室即觉得闷热不可堪,稚体何能当之乎?薄其衾袭,勿闭之密室,不药亦自愈矣。"

先生生平最得意之方,为借用大黄附子细辛汤治喉痧,及借用附子理中汤治吐血,借用清震汤治湿热,得心应手,几于无往不利。而平时所用古方,运用自然,并无胶柱鼓瑟之弊。诊病不重按脉,以验舌辨色为主。立方不书案,即书亦如老吏断狱,直截了当,不作模棱两可之辞。于时流少所称许,而于余则引为忘年交,有心得辄举以相告。作诗文振笔立就,才气横溢,玩世不恭,有不当意,辄肆口漫骂,不避权贵。尝有富人,病至极危,方邀先生诊,先生素恶其为人也,闻邀即去,振笔书"黄稻草十斤",夷然而归。病人不及服而死,先生闻之曰:"便宜他了。"人问其故,先生曰:"此本草料",(犹言牛也)只配吃草耳,其狂有如此者。

(《国医砥柱》,1943年,第6期)

毛圣栋与奉化中学

奉化名人中多有毛姓,如毛勉庐(已故)、毛懋卿、毛邦初等先生,似皆深具才力,与主席有旧,因而令誉远播。近在京沪有毛庆祥、毛文荣,在奉化有毛龚虎,亦为人所熟知。

自报上刊载奉化中学筹备讯,于是又见毛圣栋其人。据奉化中学之发起,虽系蒋二公子纬国领衔,而内幕主持人即为圣栋。圣栋任职沪市警察局督察处,固一道地之公务人员也。以公务人员而抽暇办学校,其热心教育可知。

该中学名奉化而设在上海,一般同乡认为未尽妥善。因奉化县立中学经费深感不敷,设将募集巨款移而造福桑梓,则其意义更甚于设在上海(第五期本刊《奉筹备献金祝寿》新闻)。

英俊有为之圣栋君,未知肯循故乡向法团公意否?(一知)

(《宁波人周刊》,1946年,第6期)

朱维官对俞济民

现任宁波商会理事长为朱维官。维官之名可有二解,一则"维官是望",一则"维护官僚",皆不免含"热中"之意。以发财为目的之商人,而有升官之希冀,顾名思义,朱维官不愧为一活动人物。

据闻朱维官本系工人出身,亦一昔日甬上劳动界活动人才,后即转变入资方而为面团富商,一度被选为省商会理事。近亦参加文化事业,又置身某农场发起人之列。工商学农,朱俱有份,维官缺如。

友以"朱维官"嘱对,余答为"俞济民",一个商而维官,一个官而济民,同在甬上,巧极巧极!(聊生)

(《宁波人周刊》,1946年,第6期)

礼敦、敦礼人名颠倒

袁礼敦即履登,近日居住本市"忠"字监内,享受无期待遇,营救者固大有其人,依国法恐不易反案。袁在监中一心皈依耶教,视囚笼为疗养院。接见新闻记者时,春风满面,不似开审时颓唐,自谓以往病态,全由人教装,想拖延宣判时期,不料用心徒然,不胜懊悔。且言倘在外面天天应酬,酒肉征逐,反易成疾,确是可怜人由衷之谈,然觇此知"好好先生"平日之易受人包围,专以适应环境,诚亦铁般事实。

袁敦礼为一月前由美返国之体育专家,莅埠时欢迎者甚众,同姓而名字颠倒,切勿误会。(了凡)

(《宁波人周刊》,1946年,第6期)

方椒伯之涵养

镇海方椒伯先生,连年主持沪同乡会会务,颇为尽力。此次乡会改组,乃以力衰辞职。

椒伯先生一度任沪市商会会长,亦即不出庭之名律师方积蕃。交游甚广,而谦和有礼,人皆乐与亲近。

近有友人相告一事,藉悉其涵养之深,固非常人所及,因略述之。

椒伯先生昔年喜作方城戏。有一次在某俱乐部雀战,列席者有一年少气盛之某甲(姑隐其名),战局中有一付牌,先生与某甲俱听"二万",而某甲则坐先生之下,另一人抛出二万时,某甲先喊"碰",即想将牌摊倒,先生则徐徐放倒牌而"和"。某甲气愤火起,遽以右掌相饷,"劈拍"一声响在先生面上,且汹汹然以先生为"刁和",有失赌德。当时易以他人,则必盛气相复,回以老拳。而先生竟谦让为怀,自认吃亏,谓某甲先碰,例应先和,终局不作怨言,不现愤色。

先生身体羸瘦,弱不禁风,气度却洪大异常,实由平时富于涵养之故。然旁人见此无理人粗暴举动,皆为愤愤不平。因此该俱乐部中,若某甲前来,群皆婉辞同局,实行消极不合作。某甲经几次拒绝,始翻然憬悟前次冒犯先生之非,结果挽友认输,向先生正式道歉,此后亦不敢再在雀战场上得罪他人。

(《宁波人周刊》,1946年,第6期)

宁波皇帝官途遭末路

黄郚臣自甬寄

宁波皇帝在阿拉同乡中谁都会忆悟得到他是谁,当然是俞老板俞济民了。俞济民是军务局长俞济时的哥哥,交通部长俞飞鹏的阿侄,而是道地"犯正"奉化人,在宁波由"宁波市"时代公安局局长开始,继现任浙江省财政厅长陈宝麟氏而为鄞县县长,至抗战军兴,兼任浙江省第六区行政督察专员,十六年来一直统治着宁波,宁波成为了他的天下,宁波人对于这位长官的称呼,也急转的变为名符其实的俞老板。在宁波,无论什么事凭俞老板一句话有什么行不通,因此老板手下的几个伙计,抖起来的也着实不少,县政府时代的建设科长倪维熊出任了商办宁波四明电话公司的经理,专员公署科长姚逸群出任了宁波永耀电灯公司的副经理,握两大公用事业于一掌,周大烈为商会会长,抗战期城区区署区长一跃为某烟厂大股东,谁说不是俞老板看得上眼。但胜利后,俞老板的官运显然有了打击,发行代替法币的代用券,使人失去了最大的信心,当局似乎也有所觉察,第一步把他兼县长的职衔割去;第二步要调他到山东省去当警务处长,俞老板显然的不高兴,于是去年年底,又发表了他山东省委员名义,结果,据说"有人挽留",上一月省府干脆把六区专署裁撤,俞老板官途末路,势必垮台。宁波当必来一次欢送。因此他心中,郁郁不乐了。

(《国际新闻画报》,1947年,第78期)

记阮毅成厅长

周群

浙江省民政厅长阮毅成氏,才学超群,深谙法学,而且为人十分机警,善能随机应变,领导浙省县行政首长,清廉自守,省主席数易而未换,十余年似一日,颇得下层拥戴,上峰倚重。

阮厅长,余姚县临山镇人,是司法界名人阮恂伯的犹子,思想观念,均具旧道德,还懂五行命理,亦时为人推八字算命,颇为风趣。

阮氏在浙省的官场中,已造成相当地位,他既非CC派,又非政学系,而是受蒋主席所器重,故在政海中一帆风顺,他不但是行政官,还是一个文学家,时选政论、时评,每值集会发言,僻语风趣警辟,使人深省。

他方面大耳,很有威仪,但具民主作风,做事清、慎、勤为前提,处事守法,守正不阿,是亦出身法学世家故耳。

阮厅长平时有两位得意的干部,一位是前鄞县县长陈宝麟,连任鄞县十余年,政绩卓著,地方感情融洽,现在已由浙省审计主任晋升财政厅长兼省府委员了。另一位是现任绍兴县长林泽,前在余姚连任七年,亦颇具政绩,抗战时任浙西行署政务处长,陈、林两位磐磐大才,阮厅长好贤若渴。

阮氏本选为杭垣国大代表,后因为阮氏是浙省竞选国大委会主持人而放弃,否则阮氏确实是一位标准的民意代表,杭市民众至今犹深表惋惜。

(《宁绍新报》,1948年,第22、23期)

"四明近代人物传"选刊[1]

鄞县 周利川（岐隐）

虞和钦先生传

虞铭新，又名和钦，字自勋，镇海人。父景璜，字澹初，以孝廉居乡授徒，治经以《礼》为本，笃古而自信，翠然有望于古之作者，年三十三，邃以毁卒。和钦幼诵经史百家言，博闻强识，既乃致力格致，慨然以革新学术自任。既与钟观光等，创办科学仪器馆于上海，复东渡日本，习化学，三年毕业回国，入京应部试，列最优等，诏赐格致科进士。宣统元年，殿试列一等，授翰林院检讨，旋被举为硕学通儒。民国初年，任教育部视学，六年除山西教育厅长。在任六年，增设农工商各专门学校，共增小学二万五千校。寻回京，时冯玉祥任检阅使，聘为秘书。十四年，代表冯氏赴苏联考察政治，著视察记十余万言。归国，任热河教育厅长，转任绥远实业厅长。十六年任河北省政府总参议，年余告归。久历仕途，无意再出，遂居沪从事实业，不问世事。少好诗文，老而弥笃。其为诗，沈雄高亢，胎息少陵，曾梓其先人遗著诗文集若干卷，而自梓诗集十六卷。平居好琴、擅书法，著述极富，或梓或待梓，都一十八种。卒年六十有六。

（《宁波旅沪同乡会会刊》，1946年，第3期）

李征五先生传

李征五以字行，镇海人，家拥高资，轻财慕义，为人侠。尝奉母张氏命，赍巨金赎贩奴于海外，得生还者四百三十余人，义声著于海隅。居沪延纳四方豪士，民党之杰者，皆慕义来交，总理孙公亦数推称之。及武昌义举，海上兵应之，举陈其美为沪军都督，征五则自将数千为光复军，驻闸北以为之援，又招致夙所结纳，而张宗昌、黎天才，皆将兵来会。联军攻南京，任兵站总监，饷械皆取给焉。南京既下，将骄士横，辄起纷扰，即陈情首解兵柄为各军倡，叙功以陆军少将归田。及袁氏窃国，既阴遣黎天

---

[1] 以下人物传，选自《宁波旅沪同乡会会刊》中的"四明近代人物传"系列文章，作者署名为"鄞县周利川（岐隐）"——本书编辑者。

才将旧部图武汉,又遣客四出游说反袁,来归者衣之食之,被锢者奔走赂救之,家已毁,犹称贷以赴之,日常盎无留粮,而客常满座。晚年益困,卒于沪,年五十有九。

(《宁波旅沪同乡会会刊》,1946年,第4期)

范仰乔先生传

范贤方,字仰乔,鄞人。清光绪壬寅科举人,资遣赴日本,治政治之学,渐与同盟党员接,乃锐意革命。武汉军兴,偕邑人士筹设保安会。迨杭州光复,保安会应之,遂成立宁波军政府,被任为司法部长。旋调省提举省会法院,不一年去之,与于反袁反曹之役,尝出亡日本。广州政府成立,归任国法院长,性亢直,在官恨不能展其抱。疽发背,卒于任。

(《宁波旅沪同乡会会刊》,1946年,第4期)

陈季衡先生传

陈时夏,字季衡,鄞人,清诸生,留学日本,究政治之学,归国后,任浙江咨议局副议长。光复后,以浙代表赴武昌、南京,议时多所建白,任参议院议员,讨袁后再起为众议院议员,拒贿选,南下,参与护法之役。素性骞特,高自标致,人忘其才辩,常抑沮之,既潦倒无所就,佯狂自放,竟老死于家。

(《宁波旅沪同乡会会刊》,1946年,第4期)

竺梅先先生传

竺梅先,奉化人,少贫力学,习贾于沪,雅好昵就文人。辛亥革命,投义旅组织蓝十字军,事平仍理故业。性行挚诚,坦易轻信,所业往往失利。衔党人命走东北,阴结义旅图倾军阀,事败脱走谒总理于广州。既复返沪,以商自隐,而密襄义举益力。十三年,少将李征五练兵徐州,强邀之长军需,常居济南,乃营商于济。三年业大起,闻党军已誓师广州,跃然曰:"我党人也,与敌相处,何以自解。"亟还上海,将善用其资以利国家,既设大来银行于上海,又集资创民丰造纸厂于嘉兴、华丰造纸厂于杭州,用泰西机器制造纸板,规模宏大,出品骎骎夺外纸之席矣。于战祸猝起,沪杭沦陷,敌寇据有二厂,欲与华人合作,有以权宜之说进者,拒之不顾。宁波甬断港,航轮失其自由,于宁绍公司董事会,方举以任总经理,即上书当道,列陈海运之必宜维护。又常乘小舟,出海港历视岛屿,勘择航轮碇泊之所,海上交通赖以不绝者几二载。当沪战之殷也，将卒夷伤，不可胜数，奔走筹设救护医院。迨医院结束，即因成局，设残废院。时战区侵广，人民遗弃幼弱，相望于道，目击心伤，谋收容教养之法，乃筹设国际灾童教养院于奉化之忠义乡，集灾童五百余人衣之食之，疾病则医疗之。教育之责，则其妻徐锦华任之，学制遵部令而加速，废寒暑假期，始初小，毕于初中，以六年之功卒六年之业。经营之初，须算六年所需，可三十万。既而岁大饥，馆谷不继，物价腾踊，劝募之途亦穷，资用不给，举私财以继之。既筹巨款，购米十五万石以救甬人之饥，复冒盛暑至永康，为教养院购储粮，中途积劳咯血，犹力疾前征，返抵宁海，竟委顿数月而卒。平居于院中，灾童期望殷切不殊子女，卒以众口待哺，忘身远涉，以殒其生。归丧之日，群童出迓，号恸如雷，行道皆为雪涕，卒年五十四。

(《宁波旅沪同乡会会刊》，1946年，第5期)

项松茂先生传

项世澄，字松茂，以字行，鄞人。少歧疑，以劬学自奋，客贾于沪，恢廓有远谋，知救国以兴实业为本，尝渡日本，考察药业，派员赴欧美，调查制药，归而依远西法，设厂自制药剂，其出品直与外货相颉颃矣。二十年冬，倭寇我远东，寻获重兵压上海，激于义愤，阴部勒壮士为义勇军，谋自卫，倭侦知之，掩入其所主五洲药房沪北支店，略十一人以去。松茂犯难营救，再入敌军。罗者识之，挟赴江湾倭营。倭酋鞫之盛数其罪，负气抗辩不屈，遂被杀，且毁其尸，所略十一人者皆死之，时二十一年一月三十一日也。松茂生平，事母至孝，自律勤俭，遇事振贷无所吝，毅力绝人，临难不苟免，卒殒其身，死年五十有二。

(《宁波旅沪同乡会会刊》，1946年，第6期)

姜伯嚍先生传

姜伯嚍，原名颖凤，以字行，象山人。卒业法政专门学校，为中学讲师，寻从事新闻事业，宣传革命。党军入浙，推为宁波市党部筹备委员，兼宣传部长。历任宁波市党部指导委员，象山、鄞县县党部书记长，浙江第三届临时参议会议员。开会之日，痛举民隐，流涕陈辞，听者动容叹息。战事起，浙江沦亡，辗转流徙，树立敌后党务基础，与敌作政治斗争，素患咯血，积劳不休，竟卒年四十九。

(《宁波旅沪同乡会会刊》，1947年，第18~19期)

十一、游记

宁波一瞥

盈昂

借募捐底光,今天来到宁波。清早轮船抵埠,即下船步行。从所谓江北外滩过浮桥,转了几个湾,到了拆毁尚未成功的东门。我们是要到西门去的,如是就乘直向前跑。脚踏麻石条的街道,身子仿佛在上海十六铺。一壁向前走,一壁用眼睛左右看,都不过铺店。或曰不然,是乃阿拉宁波民间也。鄙人来到民间,忽然,看见"东辕门"、"西辕门"。心想是官府罢,一看,果然是警署。又忽然,看见"云影"、"风声",道是"天王殿"。仍向前走,脚下还是麻石条。然而"有德"、"能忠"来了,看看是"白马庙"。

大街上点缀着"云影"、"风声",煞是闲雅风韵,其中大可"出将"、"入相"。将来"有德"、"能忠",中国前途,实利赖焉!而……

想没想完全,忽然来到"耶稣……堂"了。啊,耶稣也来到了阿拉宁波么?!里面的金字招牌更其显耀,题曰:"真神堂"。小孩子的时候,曾唱过一首儿歌,说:"人家夸,一朵花;自家夸,狗屎巴!"这时也忽然记起来了。

麻石条在脚下向后退,两旁屋子又过去了许多。"护城庙",又是一个庙来眼里。庙之为护城,城当然不远了,果然,抬头城门在望了。

折而东,入"盘诘坊",到了借寓地方。借寓地方是效实中学。这有招牌为证。一看那校牌,左旁有一个"土地堂","土地堂"前左手粉墙上有文章。文章曰:"尊孔惜字文。"接着洋大文,尺方黑字跳向前来:

字为国粹第一　学生尤宜敬惜
将来用夏变夷　胜于抵制英日
欧西已重中文　国粹势必发起

抛掷任意糟蹋　黄种必趋愚拙
我国向来敬字　不比东倭西狄
万弗散在地上　务祈簏中放入
若再自由抛弃　但看他省惨剧

天运乙丑岁秋月立

（不敢瞎标点，故仍日。）

看了一遍，再看一遍，连看几遍，才始恍然觉得这是寓言。只怪年来人心浇薄，世道衰微，连我小子用讲义当草纸就不只一回了，如此不惜国粹——本来当时我还是抱的废物利用的科学态度呢——所以这次山东（他省也）发生惨剧了。

兹不研究不敬惜国粹——此处专门指"字"的——以后的坏处，现在且让我们看看敬惜——学生要特别注意！——字纸的正面利益罢：

将来可以用夏变夷，胜于抵制英日。

这里就有大道理了。这次我们来募捐，是为抵制日本的，不远数百里而来（还有上海其他各校之分赴各方）。真是不必。因为有胜于抵制之法在也。而今而后，大家把国粹第一的字好好敬惜起来罢，那就用夏变夷有日了。

至于欧西已重中文，鄙人寡闻，不知根据"何典"。恕我不多讲了。

"梅"一九，地运一九二八岁。写于阿拉地方。

（《语丝》，1928年，第26期）

宁波风景琐谭

刘天演（宁波）

浙江风景甲于全国，西子之湖，普陀之岩，游侣踵接，终年不暇。宁波地处浙东，介于西湖、普陀之间，其附近之风景古迹，亦颇有可取者，兹略就所游，叙其梗概以供同好：

（一）普陀

南海普陀，名震遐迩，与西子湖同为浙江名胜，未亲临其地者，辄疑为神仙福地，当别有洞天，究其实，除海景及古迹外，固亦无特殊之佳景如西子湖之引人入胜也。普陀为浙东一岛，属舟山，距宁波约二百余里，每日均有轮往来，入夏则沪甬线之新江天及宁兴二轮每于星期日自甬特开普陀，以载游客，次日即返。斯时甬关特派二人监押，实不啻为我外班同人游普陀之良机也。普陀为一袜形之岛，周围约四十余，全岛均属寺院，不下百余，其大者为前后二寺，均属古刹，其次多属半新式之禅院，为香客游侣游憩之所，其设备有若旅舍，高下不一，壮丽者与海上一等旅社等。名胜古迹以梵音洞、潮音洞、观音跳、磐陀石、南天门、佛顶山、千步沙为最；其次若短姑古迹、太子塔、观音洞则多属人工，无甚可取。盖普陀为一多石层之岛，少树木缺花草，故减色不少也。游者均乘轿，以一藤椅贯二竹竿二人肩之行，作竟日游只三四元而已。登岸处有洋灰碑楼一，上书"同登彼岸"四字，为沪商所建。北行约三里上山，即磐陀寺，石在寺后，二石重叠，其上者形如陀螺，与底石相连处为陀尖，石大数十围，而相连处数寸而已，有梯可登其顶，案如磐石，因名"磐陀石"，据寺僧云若以细线由连接处穿之可过，亦一奇也。再上有石岩一，二石如龟附其上，因名双鬼听法石。东向沿岭行，可北望舟山，为一大岛，势甚雄伟。下岭沿路均小禅院，山麓为普济寺，即前寺，寺前有荷池，其东有太子塔，均属古迹。由前寺东行，越岭为千步沙，盖一长约二里之海滩也，其沙细而斜平，潮声锵然，夏日游泳者甚夥。过沙为法雨寺，即后寺，较前寺清幽，盖树木环绕，清邃古雅，不若前寺之混俗也。由寺侧北向登山，路甚陡，护以铁栏，路旁怪石嶙嶙，参差欲坠，诚所谓"山高风惯到，岩陡石能撑"也。造其顶为佛顶山，有寺院一，登山东眺，海天一色，渺无边际，东北为舟山，东南为落伽，均属群岛，仰瞻太空，碧天如洗，俯听潮涌，雷鸣虎吼，不知此身仍在尘圜也！下山循法雨寺而南，沿岭行，路甚狭，岩下为海，怒涛汹涌，心为之悸。行十余里为舍身崖，其下为梵音洞，盖百丈悬岩，忽开一隙，深邃莫测，潮灌其中，声如狮吼；后闻人言，洞中有观音像一，细瞩之绰约可见。仍循旧路返，过法雨寺，涉千步沙，越岭东南行，约二里至潮音洞，洞不甚深，其音与梵音同。再西行约半里为观音跳，一巨石矗立海边，方寻丈，其上有足印一，长二尺许，传系观音大士遗迹。石下怪石甚夥，起伏海中，形态各异。再西行约五里即南天门，为一大石岛，孤悬海外，连以石桥如半岛然，潮涌桥下，铮锵不已。再北行数里返原登岸处。普陀为全国名胜之一，惜缺少树木花草，为名山减色不少；西潮以艳称,而普陀以奇胜,诚确评也。

（二）招宝山

在镇海县东门外,距宁波约四十里,有小轮可达。山扼甬江之口,与金鸡山遥峙,山前有炮台,山顶有庙一,登山可望海外,"虎蹲"、"与七屿"二岛之灯塔,遥遥在望矣。山麓有观音洞一,洞甚浅,有楼一楹,为老尼清修处,其东有紫竹林,略有松竹而已。

（三）育王寺

在甬东约四十里,有小轮可达五乡碶,登岸步行约三四里。寺在灵峰之下,竹树丛翠,清幽绝俗。初进为天王殿,殿前有池名鱼乐国,其中金鱼长约尺许,殿中塑四大天王像高约十丈,虎虎若生；再进有舍利殿,中供舍利子塔及卧佛一,极为名贵；最后有藏书楼,建筑壮丽。余所游庙宇甚夥,远自北平、太原,近如西湖,其殿宇建筑之精美,佛像雕塑之灵活,无有出右者。寺后登山,偏种松竹,不见天日,优游其中,乐而忘返；山顶有塔一已颓坏,下山西北有塘一,其上有泉,塘水澄清见底。

（四）清道观

在慈豁[1]县东门外,由甬乘火车半时可达。观在龙山之腰,周围柏竹甚多,青翠可爱,观外甬道之古柏,更具古色。观之东有大观楼,遥望群山环抱,一山孤立于中,如龙之抢珠然,故名龙山。

（五）龙山

在余姚城内,由甬乘火车约时半可达。山甚小无树木,山腰有王阳明之祠及其读书之龙泉书院,屋宇已颓败,尚有阳明塑像一,不蓝面长须,不识何谓也。

（六）白马湖

在驿亭,由甬乘火车约二时可达。湖形如马因名,水甚澄清,四围环山,垂柳依依,湖虽小颇具天然秀。

（七）曹娥庙

在曹娥江之滨,由甬乘火车至百官,约四时可达曹娥江,渡江约三里即曹娥庙,

---

[1] 原文"豁"字应为"溪"之误——本书编辑者。

甚雄伟,然年久失修已颓败,今则又遭回禄,数千年之古迹自此绝矣!

(八)雪窦寺

在奉化雪窦山,由甬出南门乘公共汽车约时余可达溪口,有蒋主席之私宅,建于一小丘上,三面环溪,极壮丽清幽,其宅西有武库[1]学校一,其建筑为东西合参之宫殿式,乡村而有如此学校,诚难得也。由溪口坐藤椅轿,穿山越岭约十余里始抵雪窦山之麓。盘旋而上,既达其顶,道旁有御碑亭一,为清乾隆所书。过亭则群山合抱,中露一小平原,雪窦寺位其中,山门外有蒋中正书"四明第一山"五字扁额。寺不甚大,但古朴清幽,隔绝尘俗而已。寺外有望远亭一,登而回瞻,则群山环绕若釜,寺在其中,寺前百余武为悬岩,高万尺,一小溪自寺后来,至岩折而为瀑,匹练千尺,三折而坠于一塘,自上下瞩,目为之眩,诚奇观也!望远亭之西有蒋介石之别墅,甚壮丽,其前有望远台,亦悬岩万尺,护以铁栏,遥望山川起伏,林木青翠,诚有神飞天外之慨!

余来甬渚,转瞬三载,暇辄邀伴作山水之游,惜只能领略其大意,而不克探奇尽幽,盖关中假期最多不过二日,决无远游之便,是故天台雁荡之胜,山阴道上之景,均不能一临赏鉴,周耘青君"此身枉自在江南"之句,不啻为余写照。

(《关声》,1930年,第12期)

宁波风景线

叶沧林

宁波是很美丽的。

夏天,上海轮船还没有进口的时候,太阳却已偷偷地在海波中沐浴了,一轮血红的朝阳,嵌在茫无边际的烟波上,真像是健美的神孩子亚波罗带有金箭在跳跃;同时,太阳的微光照射到奇伟的招宝山,于是招宝山披上了一件紫色的锦袍,隐蔽在山中的炮台,海浪冲激着山岩的澎湃声,这自然的伟大,便是宁波给予你的第一个好印象。

---

[1] 原文"库"字应为"岭"之误 —— 本书编辑者。

假如你性喜欢热闹,你可以常常跑到中山花园、老城隍庙走走,那儿,有猴子戏,江湖卖艺者,人头蛇身等骗人的把戏。至于看电影和京戏,那末不了妨跑到青年会、民光、大光明去。大光明虽然比不上跑马厅对面那所 Granp[1] Theatre 一样富丽,在宁波是首屈一指了,那里所开映的,也是阮玲玉、蝶儿、小燕儿、陈玉梅、珍妮、麦唐纳、希佛莱的杰作,不过不是 First hanb[2] 罢了。京戏,大光明有时也演京戏的,虽然不看到[3] 梅博士和马老板,王虎辰却是的常露色相的。

然而如果你喜欢清静的,好,你可以去凭吊范氏天一阁旧址,那儿毁颓的墙垣,地面上的荒,却蕴藏着不少诗意,此外可以去瞻拜张公祠 —— 张公祠是张苍水祠,他是清初的民族英雄,和郑成功共同抗满清的,不过郑成功所奉是唐王,而张苍水却奉鲁王。

假如你既不喜欢热闹,又不喜欢过于消沉,那末最好雇一叶轻舟,到月湖去荡舟。月湖是非常秀丽的,水像镜一般澄清,那个湖中的土墩叫做竹洲的,那儿有丝丝垂柳从柳荫里看出宁波女子中学的半面,这时候,仰望蔚蓝的天,俯视深绿的湖水,倚着船舷,一面低诵毛诗"关关雎鸠,在河之洲,窈窕淑女,君子好逑……"那真是另有意味的。

(《光华大学四明同学会特刊》,1934 年)

旅行宁波奉化日记

举(总)

四月九日下午四时,赴十六铺金利源码头新江天轮船,对号入舱,五时启碇,在轮晚膳后,七时就寝。

十日晨五时抵甬,步行至功德林进早点。六时渡河至鄞奉长途汽车站,乘定备车至育王寺及大悲阁。略事休息,即参观藏经阁及后山小景。十一时午膳后,乘轿至天童寺。天童离育王约二十五里,轿资二元四角,于下午三时抵达,对号入卧

---

[1] 原文 Granp 应为 Grand 之误 —— 本书编辑者。
[2] 原文 hanb 应为 hand 之误 —— 本书编辑者。
[3] 原文"不看到"应是"看不到"之误 —— 本书编辑者。

室休息。该寺建筑虽不及育王之富丽，但伟大则过之，尚有若干殿宇，正在建筑中。六时晚膳后，即就宿寺中。

十一日晨六时早点后，步行或乘轿至小白河头，离天童约十五里，轿资一元二角。九时半到船埠，坐汽艇还宁波，改乘人力车至城内车桥弄同兴馆午膳饭，毕，乘定备车赴溪口镇。文昌阁临溪巍立，与武岭小学望衡对宇。蒋母墓道及蒋氏老宅亦在焉，除文昌阁及蒋院长老宅，谢绝参观外，武岭小学，可以自由游览，校内设备极称完美。蒋母墓道，由宪兵二人倍[1]同参观，内有屋二幢，一系蒋氏卧室，一系蒋氏宗祠。由祠后登山，即达蒋母之墓。据云为风水最佳之地。溪口镇系蒋氏生长之乡，蒋氏关怀故里，故于道路之建设及教育之提倡，不遗余力。三时半乘定备车赴入山亭，入山亭系入雪窦山之起点，该亭由某公出资重建，美轮美奂，焕然一新，自入山亭至雪窦山资怪寺，路长约八里，轿资规定八角九分，入寺后对号入卧室休息，六时晚膳后，即就宿寺中。

十二日晨六时早点后，步行或乘轿游览雪窦山。全天行程约四十余里，轿资三元。先赴仰止桥观瀑亭，再达千丈岩之底。仰视瀑水，自千丈岩飞洒而下，中以石纹凸山[2]，析为数枝，若珠帘，若碎玉，若轻纱，若飞雪。闻在正午时，日光映照成五彩，其奇丽更有不可名状者。旋山而上，山路殊峻险，肩舆不易行，游客必须下轿自行，以免危险，行数十步，即须小憩，步行约一小时，始抵妙高台。内中陈设均极精致，屋前岩石突起，宽平如台。俯视峻谷，深不可测，水从隐潭来环绕其下，左右群山，壁立巉峭，远望田畦，错杂如织锦，其前则万峰簇云，旷览无际，不独为雪窦最胜处，实亦人间难得之境也。由妙高台下取道妙高路，即系飞雪亭，由亭下瞩，则千丈岩瀑豁然■眸，赏玩良久，始返寺午膳。正午十二时出寺门，至潭隐观瀑，隐潭计分上潭、中潭、下潭，西行五里许，抵隐潭庙，上潭在庙下，就台级直下，凡二百卅六步，既尽，则如身坠深谷，仰见危崖绝壁，涧水就崖旁怒奔倾泻成瀑，有千军万马之势，声若雷鸣，状如飞帛。近之则飞珠溅玉，如梅雨濛濛，湿人衣裾，岩石尤诡奇幽邃，

---

[1] 原文"倍"字应为"陪"之误 —— 本书编辑者。

[2] 原文"山"字应为"出"之误 —— 本书编辑者。

瀑水流注成潭，复湍泻入涧，凡此异观，在石级之上，一无所见，故有隐潭之名，观瀑后，重登石磴，返隐潭庙，取道往中隐潭，其瀑在山谷之中，仅能遥视，隔涧未能达其地，复循山径行，峰回路转，随势低昂，峡愈窄，境愈幽，两面翠嶂重岩，屏立如石城，涧流湍急，崖石障之，形成小瀑，不计其数。俄而从小径曲折下，抵崖底，有悬崖凸出，如夏屋，其旁飞瀑，注入清潭，仰面仅得一线天光，此即下隐潭。出潭返寺，计步行四十余里，疲惫之极，略进干点，即就寝。

十三日晨五时起身，早点后，进见该寺主持僧太虚法师，并合摄团体照。六时半步行或乘轿至亭下，距离约十里，轿资一元四角，八时抵亭下，乘竹筏浮流，至溪口，改乘定备车至宁波城内同兴馆午饭。饭后游览市街及购买土产，三时到新江天轮，坐原号房舱，四时启碇返沪。

（《新语》，1936年，第9期）

宁波中山公园纪胜

洪明汉

中山公园为前考场及校场旧址，荒芜已久。民国十四年以纪念孙总理乃改葺为公园；故今园中犹有碑石甚多也。园址在鼓楼前后，约距五十步，面积颇大，不亚上海之文庙公园也；而建筑之美，设备之精，则又胜之。

进门为大道，直通园中，旁出有砖砌之两大支径，分左右环入各处，径边植树，高可及腰，间以松柏，迤逦长栏，颇幽致也。缘径行，可达阅报室、艺乐馆、演讲厅、动物院、饮食堂及理发所等处。其中以阅报室设备为最，不但置有各种大小日报，且有小说、杂志、图书及棋局，以供市民游客之阅读消遣；惟不能携出室外。每当晨十时及午后二时许，室中充塞人数；故时有"室中客常满，座间椅不空"之感。

艺乐馆中所有乐器，咸属国粹，举凡：琵琶、三弦、胡琴、月琴及笙、箫、管、笛等莫不全备。平时绝少开放，盖系社团性质，非经纳费报名，正式加入，不得轻易入内地也；惟乐声袅袅，时出窗隙，勾心撩神，清脆悦耳，散步经此，鲜有不为之辍足而留恋者。

演讲厅者，该园演说讲道之所也：其中陈设整洁，布置井然，除元旦国庆及各纪念日，则人影拥挤，语声激昂，否则毫无动情，加以厅隅之潇潇修竹与习习凉风，更形悄然寂寞矣。

至于动物院，虽无骇群炫众之怪禽珍兽，而所搜罗，尚称不鲜：禽如鸽雉，兽如猴兔，亦将近百种，一猞猁狲则尤觉活泼可爱，独居一笼，往复跳跃，时且对人嬉皮笑脸，状极可哂，幼童见者，咸为捧腹不止。

饮食堂以出售食点兼饮料故名，苟于游倦兴尽，入堂小坐，必能大使游客惬意也；盖其中不特坐次宽洁，而出品之卫生可口，尤为全甬所鲜有：饮料若咖啡牛乳，食点若面饺炒汤，莫不应有尽有也。时至溽夏，更有汽水啤酒出以应市。高朋胜友，围坐共酌，谈笑至兴高采烈时，莫不几疑其身在杭垣之湖滨矣。

理发所之附设于公园，为余平生所未闻，是所装饰摩登，陈列精雅，且标有染发烫发等广告，其内容如何，由此可窥知其一斑。

园中游憩地除上述并亭椅假山外，有可行舟之碧溪：是溪曲绕于园之四周，登高而望蜓蜒围盘，宛如长蛇伏地。有租船处，可供游客驾游，其租值每小时约四角许，舟可容二人至三人；如于春三月间，与至友二三荡桨清淡，颇极隽永。苟绕园一匝，不特神快意爽，而竹亭泥丘之雅，桃苞柳芽之妍，亦可一一囊括，尽入眼帘矣。

（《华童公学校刊》，1937年，第 7 期）

从上海到宁波

方梦樵

（方君此稿，作于去岁之春，虽属明日黄花然未经发表，而又与宁波一县，当地人士提倡武术有关，且内家拳之访求，记载特详，尤可资研究斯道者之参考。闻铁佛寺则洪上人言：陈微明高足陈铎民，调查王征南墓，二年未得，盖王氏贫病交困而卒，无余资以立碑，故其墓志铭，只见于梨洲之《南雷文定》耳。他日予当纠合同志，为补立于铁佛寺中，借以纪念此赍恨以殁之民族武士也。唐豪附识。）

唐范生先生自莅屯溪调查体宁汶口之明代少林臣子程冲斗文物后，复续往宁波同咨，访求清初王征南氏之内家拳法及文献，以旅途岑寂，颇欲觅一臭味相投之伴侣同往，记者对于王征南之内家拳，固向往已久，此时又值因公来沪，聆此消息，认为不可多得之机会,于是忙里偷闲,效毛遂之自荐,居然得附先生骥尾,欣幸何似!兹将此行耳目所及,拉杂写成笔记,以志鸿爪。

此次旅行,以中华民国二十六年三月二十九日,为自沪出发之期,是日午后,方在旅邸料理杂务,忽接先生电话谓:船票已买,就嘱先至其寓所取齐。记者乃收拾旅行用具,依嘱前往,以时间尚早,复由先生教击剑之术,剑为籐制,其外厚里棉布,击时并带特制之皮手套,以防创伤。按我国旧法,凡练习刀枪剑棍或拳术,多为单人套子,或按照预定之势法对打,仅图形式美观,绝少注重实用!先生察知其弊,乃采东西各国之所长参合中国古法,实地击刺,既免学非所用之弊,复能增加学者胆识,法至善也。

四时登"新北京"轮,因所定为官舱,铺位颇舒适。唐先生言:初原拟乘宁绍轮,奈舱位已售满,只得改乘外商轮船。按宁绍轮为甬籍领袖虞洽卿等所经营,凡甬籍人士往来沪甬间者,咸非该轮不乘,其团结力如此,可知沪上宁绍帮工商业之发达,自非偶然。

轮船于七时出吴淞口,吾以有生以来,不知海为何物?特与唐先生凭栏眺望;但见灯塔明灭,波涛汹涌,海水与天相接,四顾茫无际涯,正在出神之际,忽见远处似有市容,灯火万家,疑是崇明岛。及近前谛视,乃赫然两巨轮,方鼓浪向长江口岸前进中,先前心目中之灯火万家,乃轮船上窗户间所透之灯光也,于是相与失笑。闻唐先生言:此处系黄海,水波混浊。若在太平洋中,则碧波浩淼,水天一色,更当美观云,惜我无镀金资格,不能乘长风破万里浪,一观大洋之美妙!然在此海阔天空之际,对景想象,亦不觉神往矣。是时风浪渐钜,水花溅入脸面,觉有寒意,大海被暮色笼罩,四顾亦无所见,乃进舱休息。唐先生恐夜间风浪大,嘱服人丹,以防呕晕;幸今晚风平浪静,不如理想中之可怖,乃得安然入睡。

三月三十日,晴,黎明即起,尚欲乘机一观海景;不想轮已进口,驶入镇海县境,两岸乡村密布,田多而山少,一望而知为富庶之区,惟房屋之高度,除西式建筑外,大都高不盈丈,回忆吾国旧小说中,形容拳术家之本领,尝有"飞檐走壁"之记载!以吾徽之高楼大厦相拟,每疑言过其实,及今观之,则又有一跃而登之可能,乃知读万卷书,行万里路,□有真见解,闭门读死书,终有坐井观天之诮。

七时轮泊鄞县——旧宁波府,先入大同旅馆小憩,宁绍轮亦同时抵岸,沿江一带,行人蚁聚,嘈杂不堪言状。九时偕唐先生往青年会,访倪德昭君未遇,后驱车过江桥,直趋鄞县国术馆,馆址乃孔庙改造,屋宇宽敞,空气清新,花木亦布置得宜。馆长系陈宝麟县长自兼。已因公晋省。副馆长亦他出未晤,仅由办事员张某,引导参观一周,我等以志不在此,乃向张君详询赴同岙——王征南故里——之途径而别。回经青年会,倪德昭君随后亦至,彼与唐君为十余年前挚友,相见甚欢。宁波之青年会,设有技击社,提倡国术,不遗余力,据倪君声述该社概况云:该社成立,远在民国十四以前,初名国术研究班,敦请杨琛伦、阮增辉二君为义务教师,学员约六七十人。至十七年,中央国术馆馆长张之江氏莅甬倡导,又改称国术总社,直隶于中央,教师仍由杨、阮二君担任,社员则增至百余人。翌年各县奉令筹设国术馆,该社因应陈县长之商请,又将国术总社改组为鄞县国术馆,经费由县府拨给,馆址仍在该会大礼堂,另聘阮增辉、朱润身二君为教师。至二十二年春,县府为管理统一起见,又将国术馆迁入城中之体育场;但住居江北、江厦等处之学员,以道远往返不便,中途辍废者颇不乏人,于是有热心技击人士,如钟一桂、吴涵秋、吴朝贞、陈文臣等,重新组织今日之技击社,并聘请方恒萱君为教师,前已星散之学员,至此又复集合。

(《精武丛报》,1938年,第6期)

今日慈湖

一瘦

距慈溪县城东北里许,有慈湖,与邑东清道观并为慈邑两名胜利[1]。湖广四百五十余亩,相传系唐开元间县令房琯所开凿,旨在调节城郊水利,用以灌溉北郭名田,初非供人游览已也。

湖原名"德润",又称"阚湖",以吴太子太傅阚泽德润曾驻足于此,故以名。嗣复有"普济湖"之称,盖湖北有普济寺,遂并称之。至"慈湖"之名,传系后人企慕邑名系董君慈孝所易云耳。

---

[1] 原文"利"字系衍文——本书编辑者。

湖呈扁圆形，东北倚阚山，西南环浮碧，绿峦衬周，碧水垫心，仲春初秋间，与一二友人荡舟酌醴，遨游湖上以欣览山水，固有无穷乐趣在焉。

湖中有横堤，贯通南北，为宋普济寺僧所筑，几经修葺，今已不复旧观。堤以巨石奠基，水泥饰面，正中有桥名"彩虹"，伫立桥心，远眺翠峦重叠，而俯瞰澄波微漾，环湖景色，洵已一览无遗。距桥北丈许，巍立一篮瓦石亭，额题"师古"。清胡观澜氏所筑，题名"师古"，盖明非妄作也。

阚山东麓，滨湖有烈妇金梁氏墓，墓前牌坊耸立，横题正楷"湖山生色"四字，石柱有联"惨景万般尝向烈火焰中几个须眉傲巾帼"；"灵魂千古在看清泉石上常留风月伴松楸"，系邑人冯本怀撰题，笔意漪丽，词文悱恻，诚为湖山倍添景色。

过墓经颜襄毅公祠，黄垣在望，名刹"普济寺"在焉，寺邻慈中操场，近以慈中校舍尚待修建，故暂为慈中所借用。更数十武，过惠庄公祠及杨氏宗祠，迎面一片瓦砾，此即遭敌焚毁之慈中原址。右侧悬立陋屋一所，前无牖，后无扉，败瓦颓垣，两道土墙，数支石级，内存木偶一，踞正椽下，面目模糊，不可辨识，苟非嵌有碑志，固不知陋屋即系慈湖书院也。

篇幅所限，未能尽述，一言以蔽之，则慈湖景色固出天然，然以年久失修，复遭敌伪摧毁，偶一瞩目，终不免有荒凉之感，且湖周壅塞，今恐百亩不足，实有亟谋疏浚之必要；再如慈湖书院，县立初中等，一一均待兴修，尚期政府当局策动地方贤达，集腋共筹，俾区内风景得以更新，而古迹藉免湮没，实地方之幸焉！

(《宁波人周刊》，1946年，第2期)

梁山伯庙半日游

(宁波通讯)

天行

(若要夫妻同到老，梁山伯庙到一到)

梁山伯和祝英台，这个动人故长[1]是普遍流传到妇孺间的。我们宁波，居然有

---

[1] 原文"长"字当为"事"之误——本书编辑者。

一个梁山伯庙,每年旧历八月初八日,说是梁山伯的诞辰,男女进香去的,一路很多。尤其是今年,比往年更多了。何以呢?因为前几年抗战期中,有敌兵盘踞着,无论何人都是不敢前去的。今年敌兵早退了,并且庙也加以重修,更何况有人发起在庙前建筑了一座夫妻桥,据报上宣传:欲求爱情专一,非推行一夫一妻制不可,又非效梁山伯和祝英台的故事不可,有了这种大道理,无怪青年男女趋之若鹜了。

宁波本来有一句俗语:"若要夫妻同到老,梁山伯庙到一到。"所以到梁山伯庙去的,多是夫妻二人。那天九月三日,也就是旧历八月初八日,我为了好奇心的驱使,约了友人孙宗汉特地到梁山伯庙去作了半日的游程。

梁山伯庙距城约二十里,地名叫做龙嘘乡。我们一路步行去的,早晨六时动身,走出西门,就见到水面船舻相接,岸上行人不绝,大都带有香烛,或肩挂黄袋。一路经过的地名,有:西林桥、望春桥、新桥、芦蓬桥、高家弄等。弯弯曲曲的走来,差不多有两个钟头,看到一带长长红墙,知道已到了目的地。

庙的周围相当的大,分前后两屐,入门,便见到梁圣君庙的匾额,旁有一联云:"惠政犹存,碑崎荒江还照日","真魂不泯,树遮古墓独留云"。中殿供奉着梁山伯,俗称梁圣君,左面供有马公子,右面供着梁和祝英台合坐一处的泥像,后殿楼上,设有床帐厨桌,第宛若人间夫妇的卧室。前后殿均有台,听说太平时世若到了八月要演一个月的戏,这一天,人是拥挤极了,摩肩擦背,几乎有立足为难之势。香烟满室,像一片白雾腾腾,门外摊贩林立,各色食品均有。时序虽已近了中秋,可是天气比六月还热,冷食品如刨冰、食化、西谷米、酒酿等,在这一天可以说是利市十倍。

庙的左面办有一所龙嘘小学,似乎规模相当完全。右面庙门外有园林一所,建有荒亭,下有土隆起,立有石碑,碑上写着——"英台义女冢"五字,是清代道光年间重立的,庙后为滔滔江水,就是姚江,有一渡,叫邵家渡,乘了渡过去,就到了慈溪县治的洪塘村。这一段地带,当得起"风景清幽"这句话。

关于梁祝的事,古来传说不一,有的说梁为会稽人,祝为上虞人。有的说梁为山东曲阜人,祝为江苏宜兴人。在《宁波府志》,有这样的记载:"梁山伯乃东晋会稽人,字处仁,少与上虞祝氏女英台同学,凡三年,英台先返,初英台乔装为男子,后山伯妇,往访英台,始知为女子,欲娶之,而英台已先许马氏,弗遂,旋山伯为鄞令(鄞即今之鄞县),撄疾不起,遗命葬鄞城西,明年英台适马氏,舟经墓所,风涛不能前,英台闻有山伯墓,临冢哀恸,地裂而并埋。马言之官,事闻于朝,丞相谢安奏封义归冢,后立梁山伯庙,英台亦共祀焉。"今闻曲阜有梁山伯的读书台,孔林内且曾发现梁的碑石。宜兴有善权山,山有善权洞,洞口有水可通内,驾舟入洞,暗不见天,行约数分钟,突放光明,遥见茅屋三间,大书祝英台读书处,我昔年也曾至其地,顺笔写此。至于梁祝究为何地何时人? 那是无从查考了。

清末定海王定洋,有咏梁山伯庙竹枝词云:"梁山伯庙去烧香,拜拜多情祝九娘,年少夫妻双许愿,不为蝴蝶即鸳鸯。"描写男女到梁山伯庙的心理,要算最确实了!

我们走马看花似的,在梁山伯庙内外都奔遍了,就循着原路,匆匆回来,计算时间,只费半日,想到明人有"偷得人生半日闲"之句;我就称之为半日游吧。

三五,八,四,自甬寄

(《沪西》,1946年,第16期)

宁波闲话

大木

天童寺,为吾鄞第一大丛林,建筑雄伟,虽全国闻名之汉阳归元寺、洛阳之白马寺、北平之碧云寺、广州之汉珠寺等,亦无以过之。全寺计屋一千五百余间,蔚然大观! 数年前天王殿毁于火,近已修葺一新。其胜之最著者,为十里松关,长松夹道,连绵不绝,夏时浓荫蔽日,骑驴觅诗其间,真天造地设之仙境也。宋王安石诗句有"群山捧出梵王宫",非身历其地者不能知之。寺之附近,有镇蟒塔及玲珑岩等胜,叩之僧侣,皆满口神话,一笑他顾,不如听泉声于山间。

阿育王寺,稍逊于天童,地在鄞东宝幢,往游者多欲观舍利真相,传令[1]利为佛骨,乃释迦牟尼火化后所留下者,予往年至其地,僧出一小盒,欲观之人,罗跪殿阶,僧捧舍利盒,令游人逐观,游人窥见,或言红黄色,或言白黑色,红黄主吉,白黑主

---

[1] 原文"令"字应为"舍"之误 —— 本书编辑者。

凶，舍利形如龙眼一颗，所以能分颜色者，想为光线关系耳。

吾鄞乡间旧有二湖，鄞东有东钱湖，鄞西有广德湖，今惟东钱湖独存。东钱湖，一名万金湖，昔时李夷庚曾出万金以修此湖，故名。湖广十八里，宛同小海，两旁竹篱茅舍，风景甚佳。湖上有陶公钓矶，传范蠡载西施曾隐居于此，数千年后，犹为疑案？又有前堰头，徐偃王尝居于此。更有名曰小普陀者，乃钱武肃王母后颐养之所。是湖胜景尚多，笔难尽述，如加以修筑，恐不在杭州西湖之下。

灵峰亦在东乡，离城约六十华里，山巅有葛仙翁庙（传即晋代之葛洪，著有《抱朴子》），每岁旧历四月初十日为诞辰，往者颇多。山下石级如螺旋，自山下至山顶约有千余级，足力不健者，多在山腰席地而坐，作暂时休息之计。如雇轿登山，亦颇不适，盖人众径仄，惧有挤堕之虞耳。登山巅四望，群山起伏，如列画屏，大有立马吴山第一峰之慨。

甬人有一俗诱谚云："若要夫妻同到老，梁山伯庙到一到。"梁山伯庙在西郊，距城约二十里，以旧历八月初十日传为梁之诞期，士女进香者颇盛。考梁山伯晋时人，为鄞令极有政声，幼与祝英台同学，祝为一女子而乔装男人，梁初不知，后祝许配马氏子，梁闻之郁郁而卒。祝出嫁日，轿过梁之墓地，忽狂风大作，祝出而祷之，墓忽裂而引祝入，乃合葬焉。事传于晋相谢安处，乃奏封为义妇冢。惟今之山东曲阜，亦有梁之墓碑，宜兴且有祝之读书楼，至今遗迹均存，孰是孰非？不能细考，然其故事，已遍传妇孺之口。友人杨荫深，曾将其故事编为话剧《一阵狂风》。至于坊本《梁祝艳史》《楼台会》《双蝴蝶》等等，更是不能尽举。梁山伯庙，现称梁圣君庙，庙中塑男女二神像女即祝英台也。最奇者，且塑有马公子像，情敌相逢，岂醋海不兴波乎？庙左有冢，闻即梁祝合葬处，碑上书"英台义女冢"五字，无梁之名。清人王定洋有诗云："梁山伯庙去烧香，拜拜多情祝九娘，年少夫妻双许愿，不为蝴蝶即鸳鸯。"盖记实也。

鄞县南乡金峨寺，与奉化雪窦寺并称，山高而秀，传为唐代百丈禅师开山之地，百丈一生勤苦，梁任公最重其为人。闻吕洞宾曾亲访之，今建有来仙亭。予上年执教泰清中学，离其地甚近，课余之暇，数游其地。偶作小诗，旋即弃之，兹录存一首，以志鸿爪。诗云："四明名胜地，耳久熟金峨，野水开明镜，峰峦耸翠螺，双泉汇碧涧,夹道绕青萝,安得王宏酒?笑颜满目酡。"

(《礼拜六》,1947年,第86期)

朱佩弦兄遗念
—— 甲子年游宁波日记

俞平伯

一九二四年三月七日,由杭州城头巷寓所启程赴沪,车上人多而暖,昏昏然,于下午七时抵沪,寓法界爱多亚路七二一号许宅。接着佩弦自春晖来信,遂决作甬游。至亚东访汪孟邹,适去芜湖,未晤。取了二十元。以西还诗集版权印花三千枚付店。在竹生居晚饭,饱甚。至孟渊及振新旅馆,打听船,归作家书,十二时睡。

八日,九时起,在南来理发,定新江天舱位,打电给佩弦,嘱来接。访圣陶伯祥,以时间局促略谈即别。在复兴园午食,甚昂。返寓取行李上船。发杭州一片,亚东图书馆一信。四时许开船。所占舱位颇小,人声嘈杂。同舱者二人,予得下铺,付船钱一元。甲板上全以油布围之以搭客,故作海行而未观海。阅《水浒后传》,和衣昏昏而卧,睡不甚佳,晚饭时由茶房吆喝去吃饭,草草而已。

九日,曙色朦胧中舟抵镇海,暂停复行。不及六时抵宁波,天阴雨甚。给茶房酒资一元。雇人力车至沪杭甬车站,费二角,路远而价贵,敲竹杠也。佩来信云,"在百官车站见面",遂打票赴百官。我以为离甬必不远,孰知二等票须一元四角许,始大讶。雨中登车,久待至八时始开。二等车中客亦殊不少。沿途景色可观。近五夫站时绕壮山湖甚阔大。过驿亭而抵百官,下车。地殊荒陋,且有小山,觅佩弦不得,不解其故。欲雇轿子到春晖中学,而居人对以不知。后问询一剃头者,始知在驿亭附近。到百官已多走一站。后来雇得轿子,价一元八角。

途中遇雨,幸未沾湿。走了许久始回抵驿亭,跨过铁轨,南面有一牌大书曰"春晖中学校",始知不误。又里许望见校舍,入校展转询问,始由教中职员导行,得佩弦之居,启门而入,果得晤焉。付轿钱二元。急询以究竟何谓百官车站。他说,宁波人管沪杭甬车站为百官车站。他信上的意思,在宁波百官车站会面,而我初不知有此称谓,解释为百官的车站。其实他和我同车来的。我大约先到站,在车上久待之顷,已经错过了。我亦不知今晨他将由甬赴春晖也。

略谈后,他去上课,是日为星期,春晖例不休息,我旁听了一堂。学生颇有自动的意味,胜第一师范及上海大学也。未进午食,枵腹奔走,后得豆腐花、油条食之。

下午夏丏尊君来,邀至他家晚饭。去时斜风细雨,衣服为湿。他屋颇洁雅素朴,盆栽花草有逸致。约明日在校讲演,辞之不获。饭后偕佩灯笼而归。傍水行,长风引波,微辉耀之,踯躅并行,油纸伞上沙沙作繁响,此趣至隽,惟稍苦冷与湿耳。畅谈至夜午始睡。是日寄家书及京信。

十日,寄沪许寓守者信,告返期。佩弦上下午各有课二小时,我写讲稿。下午同在郊野散步。春晖地名白马湖。校址殊佳,四山拥翠,曲水环之。菜花弥望皆黄,间有红墙隐约。村户稀少,只数十家。校中不砌垣墙,亦无盗贼,大有盛世遗风。学生多朴实,理解力亦好。是日雨未止,出行路泞沾足。归续写讲稿。晚饭后在校讲演,议论病空泛,人文犹可,说话似迫促,勉强对付而已。仍与佩弦夜谈,睡较昨早。

十一日,今将去此,在沪给佩之电报终未送达,可怪也。整治行李。丏尊过谈,以讲稿付春晖刊出,从夏嘱也。他送我信纸一匣,丰子恺所绘。午后匆匆而行,行装已由校役挑送驿亭站。途中仍有小雨,到站略待,火车始来。三等座中尚不甚挤。佩弦在车中取吾箧中稿《鬼劫》及白采的诗读,均赏之。于下午三时余抵宁波。车中茶房已识我,为我携行李,殆以百官之行花了冤钱之故欤。雇人力车赴湖西第四中学师范部。

宁波道路全以石版铺之,车行颠敧,尤甚于杭州。抵四中校暂息,佩约在李荣昌夜饮,品宁酒及绍酒。绍自胜于宁,但宁酒初尝耳。此店佐酒有野味多种,如竹鸡、鹌鹑、水鸭等品,均甚美,亦畴昔所未经。共喝了两斤酒,稍胜了一点,不殊昔年碧梧轩之洗味也(碧梧轩,杭州酒店名,在旗营)。又吃了炒年糕,扶薄醉而归。杜君来久坐,始去。三年级学生数人来,约我讲演。他们前曾向佩说,他迳代我辞去。今又当面来说,我不得已允之。游玩杂以讲演心,殊畏之。佩弦小眠,我为他看诗稿,备删订用,旋即就寝。

十二日,七时起,整行李,八时赴三年级教室讲《中国小说之概要》约一时而毕。返室,杜君及郑萼村君来。郑还邀我作一公开讲演,力辞之。佩弦下课后,卢君及经子渊君来。佩抽空写信,及为我写字一张。午,郑君邀至李荣昌。今日食单与昨相仿,惟添食麂肉,我则以面代年糕耳。返寓雇轿,佩送至码头,轿钱也是他付的。得三十九号舱下铺,上午预定也。佩小坐始别去,凭舷送之,仍不免惘惘之色。四时余船开,在上层甲板上闲眺,稍领略此行海景,抵镇海后进舱,同舱亦二人。来时新江天,返时亦新江天也。午饭太饱,晚饭吃不下,又船上餐亦不佳,后买油豆腐食之。在铺上略翻阅《断鸿零雁记》,觉文笔殊欠自然。因表在白马湖时坏了,不知道时刻,睡醒了又睡,如是者终宵。十三日,天未明而船停,起看灯火粲然,已抵上海金利源码头矣。(下略)[1]

(《论语》,1948年,第161期)

---

[1] "下略"两字为原文所注 —— 本书编辑者。

后 记

宁波历史悠久,文化发达,人才辈出。在1840年爆发的鸦片战争中,宁波是重要战场。1842年,清政府被迫签订中英《南京条约》,宁波被列为"五口通商"城市之一。从此,宁波踏上了近代转型的道路。

从清朝末年到1949年5月,宁波经历了一系列波澜壮阔的历史事件:1861年,太平军占领宁波;1885年,法国侵略军的军舰在镇海被击退;1911年,宁波以实际行动响应武昌起义,告别了帝制时代;在风云变幻的民国初年,宁波先后发生了"癸丑独立"(1913年)、"丙辰独立"(1916年)和"丁巳自立"(1917年)运动;在艰苦卓绝的抗日战争时期,宁波人用鲜血和生命谱写了光辉的篇章……在坎坷曲折的历史进程中,宁波的土地上诞生了一家又一家近代企业,建立了一所又一所新式学校,创办了一个又一个先进的医疗机构。坚固高大的城墙被拆除了,固定的钢制桥梁取代了古老的浮桥,宽敞的马路在不断延伸,开放的公园出现在城市中央,电灯、电话、电影、汽车、自来水、抽水马桶等西式发明陆续传入,宁波的城市和城市生活经历着翻天覆地的巨变。近代宁波不仅造就了叱咤风云的政治人物,还养育出了蜚声中外的"宁波商帮",以及一大批文化大师。近代宁波的这些巨变,不仅在宁波留下了永恒的印记,而且在全国产生了回响。在各地的报刊上,都有关于宁波的大量内容。但到目前为止,仅仅对《申报》上关于宁波的报道进行过系统的整理,出版了《〈申报〉宁波旅沪同乡社团史料》(宁波出版社,2009年)、《〈申报〉宁波帮企业史料》(宁波出版社,2012年)和《〈申报〉宁波史料集》(宁波出版社,2013年),而对其他报刊上关于宁波的内容关注较少。为此,我们特委托宁波大学龚缨晏教授编纂这部《近现代报刊上的宁波》,使读者能够更多地了解当时其他城市对宁波的反映,以及宁波在国内的地位,并且为相关研究者提供一手资料。

从本书中可以看出，近现代宁波有过曲折，有过辉煌，有过痛苦，有过欢笑，有过兴奋，有过失落，还出现过丑陋的事件以及龌龊的小人。阅史鉴古，追昔抚今，我们不仅可以得到经验教训，更可以获得迈向未来的勇气和力量。

《近现代报刊上的宁波》编委会
2015年5月

图书在版编目（CIP）数据

近现代报刊上的宁波 / 宁波市政协文史委员会编 . — 宁波 : 宁波出版社 , 2016.1

ISBN 978-7-5526-1674-3

Ⅰ . ①近 … Ⅱ . ①宁 … Ⅲ . ①宁波市 — 地方史 — 史料 — 近现代 Ⅳ . ① K295.53

中国版本图书馆 CIP 数据核字（2015）第 309068 号

近现代报刊上的宁波

编　　者	宁波市政协文史委员会
责任编辑	徐　飞　何培瑶
责任校对	庞守江
封面设计	金字斋
出版发行	宁波出版社
地　　址	宁波市甬江大道 1 号宁波书城 8 号楼 6 楼　315040
网　　址	http://www.nbcbs.com
印　　刷	浙江新华数码印务有限公司
开　　本	710 毫米 ×1000 毫米　1/16
印　　张	44
字　　数	688 千
版　　次	2016 年 1 月第 1 版
印　　次	2016 年 1 月第 1 次印刷
标准书号	ISBN 978-7-5526-1674-3
定　　价	90.00 元（上下册）

如发现缺页或倒装，影响阅读，请与承印厂联系调换
电话：0571-85155604